船舶电力拖动

主编　高　峰
主审　程真启

HEUP 哈爾濱工程大学出版社

内容简介

本书结合船舶实际工作的特点，介绍了电动机的认识与维护、电动机控制电路的认识与安装、机舱辅机电力拖动控制系统的维护和船舶甲板机械电力拖动控制的维护等基本知识，对船舶各种设备的电力拖动与控制系统进行了详细的表述，并配以大量的电气线路图，遵循职业教育的规律，以培养高技能人才为重点，突出实用性，由浅入深，循序渐进，有助于培养学生分析和排除船舶实际生产中典型电气故障的能力。

本书可作为航海类高职高专院校船舶电气、轮机管理、船舶机修等专业教材，也可作为从事船舶电气工程技术人员及轮机员自学或培训教材。

图书在版编目(CIP)数据

船舶电力拖动/高峰主编.—哈尔滨:哈尔滨工程大学出版社,2012.12
ISBN 978-7-5661-0536-3

Ⅰ.①船… Ⅱ.①高… Ⅲ.①船舶-电力拖动-高等职业教育-教材 Ⅳ.①U665.1

中国版本图书馆 CIP 数据核字(2013)第 019864 号

出版发行 哈尔滨工程大学出版社
社　　址 哈尔滨市南岗区东大直街 124 号
邮政编码 150001
发行电话 0451-82519328
传　　真 0451-82519699
经　　销 新华书店
印　　刷 黑龙江省委党校印刷厂
开　　本 787mm×1 092mm　1/16
印　　张 22
插　　页 3
字　　数 560 千字
版　　次 2012 年 12 月第 1 版
印　　次 2012 年 12 月第 1 次印刷
定　　价 46.00 元
http://www.hrbeupress.com
E-mail:heupress@hrbeu.edu.cn

序

近年来，在国家相关职业教育方针的指引下，我国职业教育现阶段的主要任务已由外延扩展转为内涵建设。在此阶段，教材建设的重要性就愈发凸显。《国家中长期教育改革和发展规划纲要（2010—2020 年）》明确提出要将工学结合作为办学模式改革和提高职业教育质量的重点，这一定位决定了高职教材必须反映职业岗位对人才的需求，突出实践技能的培养。为此，我院针对当前职业教育出现的新特点，结合不断创新的教学思路和方法，专门成立了工学结合教材编写委员会，举全院之力，精心策划了这套高质量、实用型的工学结合系列教材。

本套教材遵循“服务为宗旨，就业为导向”的基本原则，融合“工学结合、校企合作”的办学理念，以实用为基础，根据企业所需来选取教材内容，着重提高“工学结合、项目引领、任务驱动”内容的比重，突出学生应用能力的培养，满足高职教育“职业性”的本质需求。本套教材中的每一部作品都特色鲜明，集实用性与科学性于一体。

本套教材是我院国家骨干高职院校建设子项目“人才培养模式与课程体系改革”研究成果的集中体现，也是我院五十多年办学沉淀的积聚之作，充分展现了我院多年来专注于办学模式与课程体系改革，专注于教学经验总结的优良传统，具有很高的专业水准。

本套教材的作者都是我院各专业的学术带头人和骨干教师，具有丰富的教学经验和写作经验，丛书结构严谨，思路清晰，案例详实，文笔流畅，充分体现了高职教育教学的“实用性”特点。理论知识深入浅出，言简意赅，实践内容理实一体，学以致用，便于读者对丛书内容的融会贯通。

我衷心希望，本套教材的编写和应用，能够起到国家骨干高职院校的辐射、带动作用，能够进一步推动我国职业教育的办学模式和课程体系改革，促使我国职业教育日臻成熟和完善。我热诚欢迎全国关心高等职业教育的广大读者积极参与到本套教材的建设中来，对本套教材的不当之处给予批评指正。

杨军宇

2012 年 10 月

前　言

随着航运业和造船业的迅速发展，船舶电气自动化设备越来越多，更多的自动化元件、传感器及智能化装置应用到电力拖动自动控制系统中，因此，要求轮机管理人员必须适应发展的需要，不断提高船舶电气设备的管理水平。本书是为了更好地履行 STCW 公约的要求，根据中华人民共和国海事局制定的《中华人民共和国船员培训管理规则》和《中华人民共和国海船船员适任考试大纲》，使轮机员能够适应新形势的需要，全面胜任各种电气设备的使用、管理和维护工作而编写的；同时也为新设立的电子电气员岗位技能需求打下一定的基础。

《船舶电力拖动》教材根据国家骨干性高职院校项目式课程教学改革精神，以项目为导向、以能力培养为重点，结合作者多年的船舶实际经历和职业教育教学经验，以船舶实际工作岗位的技术需求为目标进行编写。全书共设计 4 个学习项目、18 个学习任务，分别介绍电动机的认识与维护、电动机控制电路的认识与安装、机舱辅机电力拖动控制系统的维护和船舶甲板机械电力拖动控制的维护等基本知识，以电动机为主要控制对象，以船舶实际生产机械的电气控制原理、线路分析方法为重点，对船舶各种设备的电力拖动与控制进行了详细的表述，配以大量的电气线路图，由浅入深，循序渐进，引导学生掌握各种船舶电力拖动设备控制电路的认识和分析技能，培养学生分析和排除船舶实际生产中典型电气故障的能力。

本书由南通航运职业技术学院高峰担任主编，并编写项目二和项目三，程真启编写项目一，倪伟编写项目四。

限于时间与水平，本书难免存在错误与不足之处，敬请使用人员批评指正。

《船舶电力拖动》为高职高专院校相应课程的教材。本书可用作航海院校轮机管理、船舶电气专业本科生、专科生的教材，并可供轮机员、海事和航运安全管理与研究人员使用，也可作为成人教育、电视大学、自学考试、中职学校、培训班的教材以及工程技术人员的自学参考书。

编　者

2012 年 8 月

目　　录

项目1　电动机的认识与维护

项目描述:

电机是与电能的生产、传输和使用有着密切关系的电磁机构,是电动机和发电机的总称。作为电源,将机械能转化为电能的电机称为发电机;拖动生产机械,将电能转化为机械能的电机称为电动机。由于电流有交流、直流之分,所以电机也分为交流电机和直流电机两大类。在交流电机中,根据电机工作原理的不同,又有异步电机和同步电机之分。

通过本项目的学习,应达到以下要求:

一、知识要求

1. 熟悉变压器的结构、原理和运行特性。
2. 掌握异步电动机的结构、原理和机械特性。
3. 掌握直流电动机的结构、原理和机械特性。

二、能力要求

1. 掌握变压器的运行、维护与故障分析方法。
2. 能正确使用工具,进行三相异步电动机及直流电动机的拆装。
3. 能正确使用工具,进行三相异步电动机定子绕组首尾端的判别。
4. 能正确使用工具,进行直流电动机的接线与电刷中性位置的确定。
5. 掌握三相异步电动机及直流电动机常见故障的排除方法。

任务1　变压器的运行与维护

【学习目标】

1. 掌握船舶变压器的运行、维护和常见故障的分析。
2. 掌握小型变压器的绕制和维修技能。

【任务分析】

变压器是工农业生产中的重要设备,应用非常广泛,在船舶中也大量应用。目前绝大多数船舶都采用三相三线制供电,因此船舶照明供电电源必须由变压器提供;有的船舶为了防止甲板上的设备发生接地故障影响到整个电网的运行,采用了隔离变压器;除此之外,船舶的各控制系统中还使用了大量的控制变压器和互感器等。因此了解变压器的结构、原理及维护保养方法对于保证船舶的航行安全具有重要的意义。

【相关知识】

1.1　变压器的结构与铭牌

一、变压器的结构

变压器的主要结构部件是由铁芯和绕组两个基本部分组成的器身，以及外壳。此外，还有一些为确保变压器安全运行的辅助器件。图 1－1 为一台油浸式电力变压器的外形图。

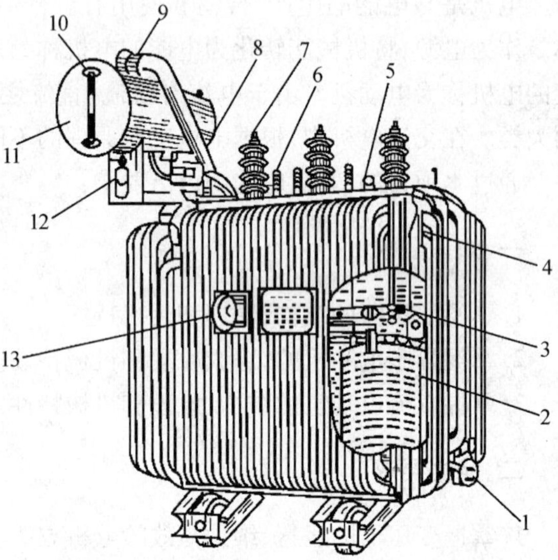

图 1－1　油浸式电力变压器

1—放油阀门；2—绕组；3—铁芯；4—油箱；5—分接开关；6—低压套管；7—高压套管；8—气体继电器；9—安全气道；10—油表；11—储油柜；12—吸湿器；13—湿度计

1. 铁芯

表面具有绝缘膜的硅钢片铁芯由铁芯柱和铁轭两部分组成，它构成变压器磁路的主要部分。为了减小交变磁通在铁芯中引起的损耗，铁芯通常用厚度为 0.3～0.5 mm 的硅钢片叠装而成。图 1－2所示的变压器，从外面看，线圈包围铁芯柱，称为心式结构；图1－3所示的变压器，从外面看，铁芯柱包围线圈，则称为壳式结构。小容量变压器多采用壳式结构。交变磁通在铁芯中引起涡流损耗和磁滞损耗，为使铁芯的温度不致太高，在大容量变压器的铁芯中往往设置油道，而铁芯则浸在变压器油中，当油从油道中流过时，可将铁芯中产生的热量带走。

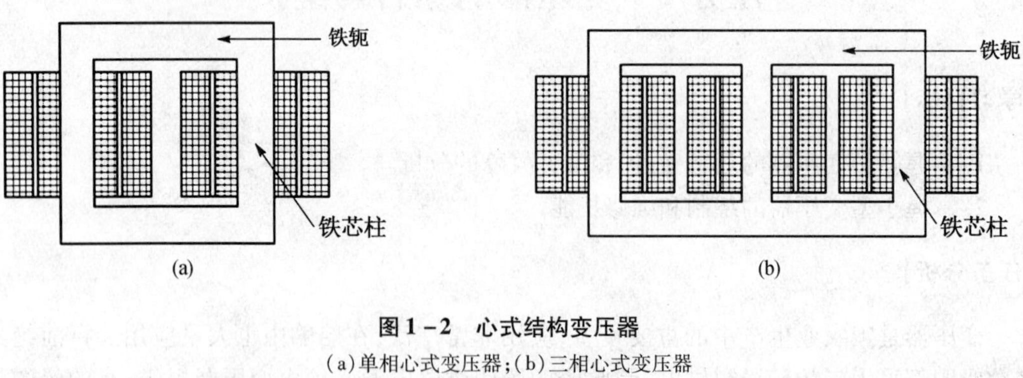

图 1－2　心式结构变压器

(a)单相心式变压器；(b)三相心式变压器

2. 绕组

绕组构成变压器电路的主要部分。原、副边绕组一般用铜或铝的绝缘导线缠绕在铁芯柱上。高压绕组电压高，绝缘要求高。如果高压绕组在内，离变压器铁芯近，则应加强绝缘,将提高变压器的成本造价,因此,为了绝缘方便,低压绕组紧靠着铁芯,高压绕组则套装在低压绕组的外面,两个绕组之间留有油道,既可以起绝缘作用,又可以使油把热量带走。在单相变压器中,高、低压绕组均分为两部分,分别缠绕在两个铁芯柱上,两部分既可以串联又可以并联。三相变压器属于同一相的高、低压绕组全部缠绕在同一铁芯柱上。

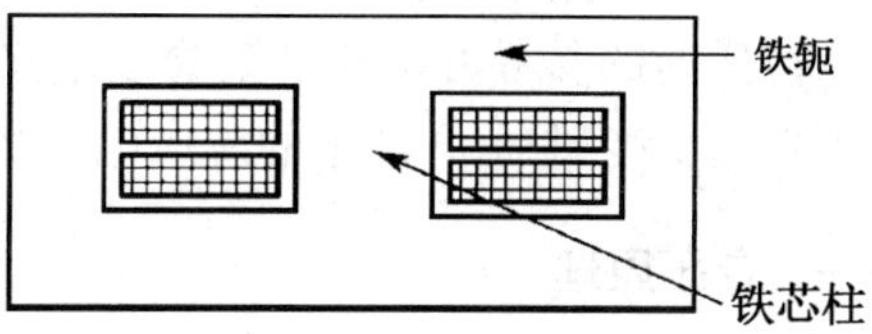

图1-3　壳式结构变压器

只有绕组和铁芯的变压器称为干式变压器。

大容量变压器的器身放在盛有绝缘油的油箱中,这样的变压器称为油浸式变压器。

3. 其他结构部件

变压器的器身放在装有变压器油的油箱内。变压器油既是一种绝缘介质,又是一种冷却介质。为使变压器油能长久地保持良好状态,在变压器油箱上面装有圆筒形的储油柜。储油柜通过连通管与油箱相通,柜内油面高度随着油箱内变压器油的热胀冷缩而变动,储油柜使油与空气的接触面积减小,从而减少油的氧化和水分的侵入。另外气体继电器和安全气道是在故障时保护变压器安全的辅助装置。

二、变压器的铭牌数据

按照国家标准规定,标注在铭牌上的,代表变压器在规定使用环境和运行条件下的主要技术数据,称为变压器的额定值(或称为铭牌数据),具体如下。

(1)额定容量　是变压器在正常运行时的视在功率,通常以 S_N 来表示,单位为伏安(VA)或千伏安(kVA)。对于一般的变压器,原、副边的额定容量都设计成相等。

(2)额定电压　在正常运行时,规定加在原边绕组上的电压,称为原边的额定电压,以 U_{1N}来表示;当副边绕组开路(即空载),原边绕组加额定电压时,副边绕组的测量电压,即为副边额定电压,以 U_{2N}来表示。在三相变压器中,额定电压是指线电压,单位为伏(V)或千伏(kV)。

(3)额定电流　是指根据额定容量和额定电压计算出来的电流值。原、副边的额定电流分别用 I_{1N},I_{2N}来表示,单位为安(A)。

(4)额定频率　我国以及大多数国家都规定 $f_N = 50$ Hz。

额定容量、额定电压和额定电流之间的关系如下:

单相变压器:
$$S_N = I_{1N}U_{1N} = I_{2N}U_{2N}$$

三相变压器:
$$S_N = \sqrt{3}I_{1N}U_{1N} = \sqrt{3}I_{2N}U_{2N}$$

此外,变压器的铭牌上一般还会标注效率、温升、绝缘等级、冷却方式等。

1.2　变压器的工作原理、用途及分类

由于变压器是在交流电源上工作,因此通过变压器的电压、电流、磁通及电动势的大小和方向都随时间在不断地变化。为了能正确表达它们之间的相位关系,必须规定它们的参考方向。参考方向原则上可以任意规定,但为了统一起见,习惯上都按照"电工惯例"来规定参考方向:

(1)同一支路中,电压的参考方向和电流的参考方向一致。

(2)磁通的参考方向和电流的参考方向之间符合右手螺旋定则。

(3)由交变磁通 Φ 产生的感应电动势 e,其参考方向与产生该磁通的电流方向一致。

一、变压原理

变压器一次绕组接额定交流电压,而二次绕组开路,即 $i_2=0$ 的工作方式,称为变压器的空载运行,如图 1-4 所示。空载时在外加交流电压 u_1 的作用下,一次绕组中通过的电流称为空载电流 i_0,在电流 i_0 的作用下,铁芯中产生交变磁通。一部分通过铁芯磁路闭合,形成主磁通 Φ,一部分通过空气等非磁性物质构成漏磁通 $\Phi_{\sigma1}$,Φ 和 $\Phi_{\sigma1}$形成总磁通。主磁通在原、副绕组上分别产生感应电动势 e_1,e_2,漏磁通仅在原绕组中产生漏磁电动势 $e_{\sigma1}$,此外电流在原绕组的内阻 r_1 上产生内阻压降 i_0r_1,它和感应电动势 e_1、漏抗电动势 $e_{\sigma1}$一起为电源电压 u_1 所平衡;由于副边电流为零,故副边开路电压 $u_{20}=e_2$,按图中各量的正方向和基尔霍夫定律,原、副绕组的电压平衡方程分别为

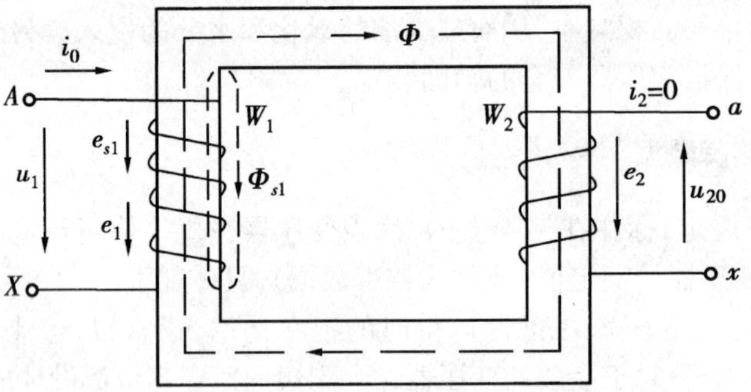

图 1-4　变压器空载运行原理图

$$\dot{U}_1=-\dot{E}_1-\dot{E}_{\sigma1}+r_1\dot{I}_0=-\dot{E}_1+\mathrm{j}X_{\sigma1}\dot{I}_0+r_1\dot{I}_0=-\dot{E}_1+Z_{\sigma1}\dot{I}_0$$

$$\dot{U}_{20}=\dot{E}_2$$

式中 $\dot{E}_{\sigma1}=-\mathrm{j}\omega L_{\sigma1}\dot{I}_0=-\mathrm{j}X_{\sigma1}\dot{I}_0$,$\dot{Z}_{\sigma1}=r_1+\mathrm{j}X_{\sigma1}$ 称为变压器的漏阻抗。由于 r_1,$X_{\sigma1}$ 的值均很小,因此对于电力变压器,空载时原绕组的漏阻抗压降很小,其数值不超过 U_1 的0.2%,将其忽略,则 $\dot{U}_1\approx-\dot{E}_1$ 或 $U_1\approx E_1$。在二次绕组中,由于 $I_2=0$,则感应电动势 E_2 等于空载电压 U_2, 即 $\dot{U}_{20}=\dot{E}_2$ 或 $U_2=E_2$。

由于 $e=-\dfrac{\mathrm{d}N\Phi}{\mathrm{d}t}=-N\dfrac{\mathrm{d}\Phi}{\mathrm{d}t}$,假设 $\Phi=\Phi_\mathrm{m}\sin\omega t$,则感应电动势为

$$\begin{aligned}e_1&=-N_1\frac{\mathrm{d}(\Phi_\mathrm{m}\sin\omega t)}{\mathrm{d}t}=-\omega N_1\Phi_\mathrm{m}\cos\omega t\\&=2\pi fN_1\Phi_\mathrm{m}\sin(\omega t-90^\circ)\\&=E_\mathrm{m}\sin(\omega t-90^\circ)\end{aligned}$$

在相位上,e_1 滞后于 Φ90°。同理

$$E_1=\frac{E_{\mathrm{m}1}}{\sqrt{2}}=\frac{2\pi fN_1\Phi_\mathrm{m}}{\sqrt{2}}=4.44fN_1\Phi_\mathrm{m}$$

$$E_2=\frac{E_{m2}}{\sqrt{2}}=\frac{2\pi f N_2 \Phi_m}{\sqrt{2}}=4.44 f N_2 \Phi_m$$

由上两式可知

$$\frac{E_1}{E_2}=\frac{N_1}{N_2}$$

则得

$$\frac{U_1}{U_2}\approx\frac{E_1}{E_2}=\frac{N_1}{N_2}=k$$

k 称为变压器的变比，是变压器中最重要的参数之一。从上式可见，变压器的变比等于一、二次绕组的匝数之比。当 $k>1$ 时，是降压变压器；当 $k<1$ 时，是升压变压器。因此，只要改变一次、二次绕组的匝数比 k，便可达到变换输出电压 u_2 或 i_2 大小的目的，这就是变压器利用电磁感应原理，将一种电压等级的交流电源转换成同频率的另一种电压等级的交流电源的基本工作原理。

二、变流原理

变压器一次绕组接入额定交流电源，二次绕组上接入负载的运行方式称为变压器的负载运行，如图1－5 所示。

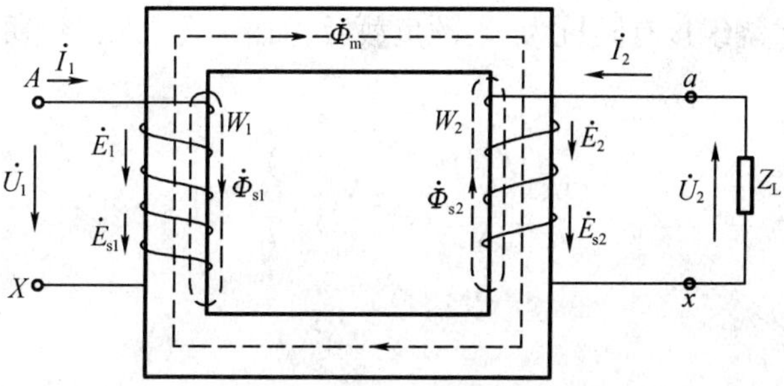

图1－5　单相变压器负载运行原理图

1. 负载运行时的情况

当二次绕组接上负载以后，二次绕组便通过负载形成闭合回路，产生电流 i_2，它反抗主磁通的变化，是楞次电流。从叠加概念考虑，副边磁势产生的磁通除极少量为仅环链副绕组的漏磁通 $\Phi_{\sigma2}$ 外，绝大多数反抗磁通经过铁芯闭合，从而改变原来的磁通势平衡。这时 i_2 产生的磁通在原边绕组中也会引起楞次电流来反抗 i_2 磁通的变化，以力图维持原主磁通不受影响，所以变压器负载后，原边绕组就增加了一个反抗副边磁通的电流分量，电流由 i_0 增加为 i_1，以抵消二次绕组电流产生的磁通势的影响。由此可知磁通势平衡方程为

$$N_1\dot{I}_1+N_2\dot{I}_2=N_1\dot{I}_0 \quad (I_0\text{ 为空载时一次绕组中的电流})$$

将上式整理为

$$\dot{I}_1=\dot{I}_0+\left(-\frac{N_2}{N_1}\dot{I}_2\right)=\dot{I}_0+\left(-\frac{\dot{I}_2}{k}\right)$$

通常变压器空载运行时 I_0 很小，因此由上式可以得到

$$\dot{I}_1\approx-\frac{N_2}{N_1}\dot{I}_2$$

上式表明 I_1 和 I_2 在相位上相差180°,其大小比为:$\frac{I_1}{I_2} \approx \frac{N_2}{N_1}$。

上式表明,原、副边的电流比近似等于它们匝数比的倒数;原边电流与副边电流成正比关系。变压器的电流变换作用也表明虽然原、副边没有直接电的联系,但是通过磁的联系将电能从原边传送到了副边。变压器的高压绕组匝数多,而通过的电流小,因此绕组所用的导线细;低压绕组匝数少,通过的电流大,所用的导线较粗。

2. 电动势平衡方程

变压器负载运行时,一次绕组的电动势平衡方程为

$$\dot{U}_1 = -\dot{E}_1 + jX_{\sigma 1}\dot{I}_1 + r_1\dot{I}_1 = -\dot{E}_1 + Z_{\sigma 1}\dot{I}_1$$

式中 $Z_{\sigma 1} = r_1 + jX_{\sigma 1}$ 称为变压器的漏阻抗,r_1,$X_{\sigma 1}$ 分别为一次绕组的电阻和漏电抗。同样在二次绕组中也存在着 r_2,$X_{\sigma 2}$,同时二次绕组中也存在漏磁通 $\Phi_{\sigma 2}$。故二次绕组中的电动势平衡方程为

$$\dot{U}_2 = \dot{E}_2 - jX_{\sigma 2}\dot{I}_2 - r_2\dot{I}_2 = \dot{E}_1 - Z_{\sigma 2}\dot{I}_2$$

式中 $Z_{\sigma 2} = r_2 + jX_{\sigma 2}$ 为二次绕组中的漏阻抗,r_2,$X_{\sigma 2}$ 分别为二次绕组中的电阻和漏电抗。

三、阻抗变换原理

变压器除了以上介绍的变电压、变电流的作用外,还具有阻抗变换作用,如图1-6所示。当变压器的二次绕组接有阻抗为 Z_L 的负载后,如果一、二次绕组的漏阻抗可以忽略不计,则

$$|Z_L| = \frac{U_2}{I_2} = \frac{\frac{N_2}{N_1}U_1}{\frac{N_1}{N_2}I_1} = (\frac{N_2}{N_1})^2\frac{U_1}{I_1} = \frac{1}{k^2}|Z_L'|$$

即 $|Z_L'| = k^2|Z_L|$。

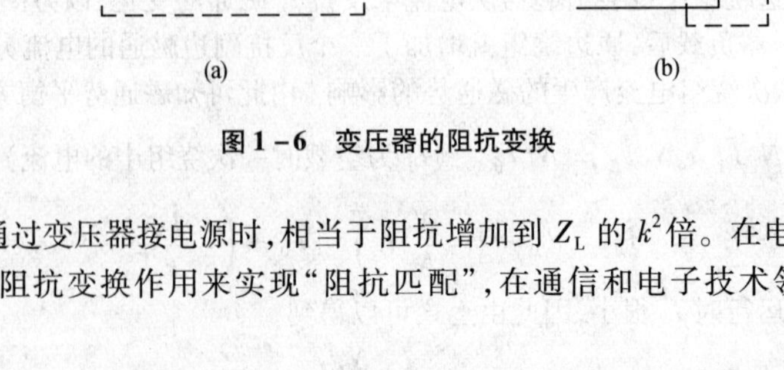

图1-6 变压器的阻抗变换

可见,负载通过变压器接电源时,相当于阻抗增加到 Z_L 的 k^2 倍。在电子技术中,经常利用变压器这一阻抗变换作用来实现“阻抗匹配”,在通信和电子技术领域有较广泛的应用。

四、变压器的用途

由于具有变换电压的功能,所以变压器首先在电力系统中得到了广泛的应用。从输电方面来说,采用高压输电较为经济,因为当输送功率一定时,电压越高,输电线上的电流越小,输电线截面小,可以节省有色金属;当输电距离、输电线材料及其截面大小一定时,线路上的损耗小。在用电方面多采用低压电,这主要是为了安全,同时可以降低用电设备的绝缘等级,减少成本,为此必须要用降压变压器将输电线上的高压降低到配电系统所需要的电压。

在使用交流电的船舶上,各种不同的用电设备需要大小不同等级的电压,因而需要有不同形式的变压器。在船舶电力系统和控制系统中,变压器主要应用于主照明、应急照明、厨房照明、控制用电源以及各种仪用互感器中;在采用电力推进的船舶中,变压器还用于升压和降压。有的船舶还利用变压器原、副边绕组电气隔离的原理将船舶甲板设备的供电与船舶电力系统隔离开来,提高船舶供电的可靠性。

五、变压器的分类

变压器的种类很多,可按其用途、结构、相数、冷却方式等进行分类。

(1)按用途分类可分为电力变压器和特殊变压器。电力变压器主要用于电力系统中,如升压变压器、降压变压器、配电变压器、联络变压器和厂用变压器等。特殊变压器指除用于电力系统以外的变压器,如调压器、仪用互感器(电压互感器与电流互感器)、矿用变压器、试验变压器、整流变压器、电炉变压器、电焊变压器和旋转变压器等。

(2)按绕组数目分类可分为自耦变压器、双绕组变压器、三绕组变压器和多绕组变压器。

(3)按相数分类可分为单相变压器、三相变压器和多相变压器。

(4)按冷却方式分类可分为油浸式变压器和干式变压器,船上采用干式变压器。

(5)按调压方式分类可分为无激磁调压变压器和有载调压变压器。

1.3　变压器的连接组与极性

一、三相变压器的磁路系统

三相变压器的磁路系统,可分为各相磁路彼此无关和彼此相关的两类。

1. 三相变压器组

三相变压器组由3个磁路相互独立的单相变压器所组成,三相之间只有电的联系而无磁的联系,如图1-7所示。虽然各磁路相互独立,但原边、副边绕组可根据要求接成星形(Y)或三角形(△)。三相变压器组的磁路特点是,三相磁通各自有单独的磁路,互不相关。当原边外加三相电压对称时,各相的主磁通必然对称,各相的励磁电流,即空载电流也是对称的。其优点是制造和运输方便,备用的变压器容量较小(全组容量的三分之一)。但它有硅钢片用量较多、价钱较贵、效率较低、占地面积较大等缺点,所以一般不采用,仅用于大容量及超高压的变压器中。

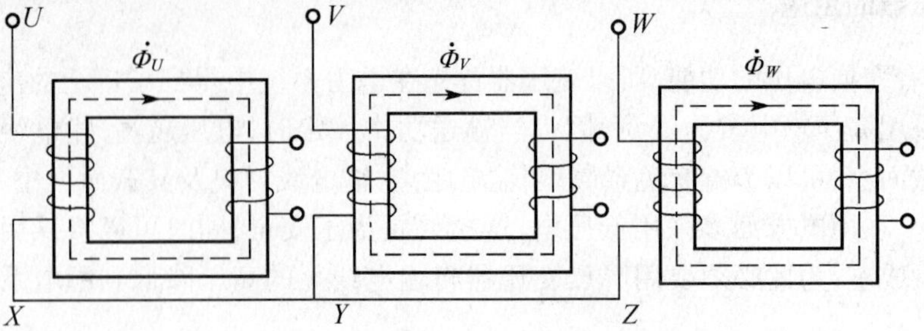

图 1-7 三相变压器组的磁路系统

2. 三相变压器

与三相变压器组不同，三相变压器的磁路相互关联。它是通过铁轭把 3 个铁芯柱连在一起的，如图 1-8 所示。这种铁芯结构是从三相变压器组演变过来的，把 3 个单相变压器铁芯柱的一边组合到一起，而将每相绕组缠绕在未组合的铁芯柱上。由于在对称的情况下，组合在一起的铁芯柱中不会有磁通存在，故可以省去。和同容量的三相变压器组相比，三相变压器所用的材料较少、质量轻，但它有以下缺点。

(1)采用三相变压器供电时，任何一相发生故障，整个变压器都要进行更换，如果采用三相变压器组，只要更换出现故障的一相即可。所以三相心式变压器的备用容量为变压器组的 3 倍。

(2)对于大型变压器来说，如果采用心式结构，体积较大，运输不便。

基于以上考虑，为节省材料，多数三相变压器采用心式结构。但对于大型变压器而言，为减少备用容量以及确保运输方便，一般都是三相组式变压器。

船舶照明变压器将船舶三相三线制 380 V 的电压降低为 220 V 的照明电压，为了保证变压器不间断地供电，国际船级社协会提出两种措施：采用两台三相变压器，一台运行，一台备用；或采用三台单相变压器接成△/△连接的三相变压器组。前者是大多数船舶所采用的。

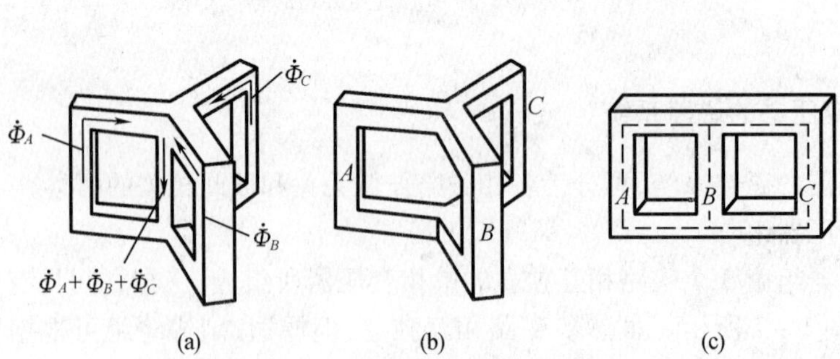

图 1-8 三相心式变压器的磁路系统

二、变压器的连接组

三相变压器或多绕组单相变压器以及电机等，都有绕组之间的正确连接的问题，外部连接错误不仅使变压器达不到正常的运行状态,甚至会烧毁变压器。因此需要考虑绕组首尾端的连接问题。

连接组是变压器运行中的一个重要概念。下面,首先来研究单相变压器的连接组,在此基础上引入三相变压器的连接组。

1. 单相变压器的连接组

(1)同名端

如图1－9所示的变压器,原边有完全相同的两部分绕组,按右手螺旋关系,它可以正向串联接220 V电源,也可以正向并联接110 V电源,但是如果误将它们反向串联接220 V电源,两个绕组产生的磁势则相互抵消,磁路磁通为零,绕组中的感应电动势为零,两绕组将因电流过大而烧毁。对于一个实际的变压器,线圈外面包有绝缘层,实际使用时不可能拆开绝缘层来查看其绕向。由于从外部无法知道绕组的绕向,无法进行正确的连接,因此,需要在外部接线端标上某种符号,以代替绕组的绕向。由于变压器高、低压绕组交链着同一主磁通,任何时刻两个绕组的感应电动势都会在某一端呈现高电位的同时,在另外一端呈现出低电位。当某一瞬间高压绕组的某一端为正电位时,在低压绕组上必有一个端点的电位也为正,把原边、副边绕组中同时呈现高电位(低电位)的端点称为同名端。如图1－9所示,当两个线圈在1和3两端通入同相位的电流时,在铁芯中各自产生的磁通相位相同,感应的电势的相位也一样。这两个线圈的极性,称1,3为“同名端”或者“同极性端”,并用“·”或“＊”作为标记。因此,线圈1,2和线圈3,4,在电气原理图上就不需要再画出铁芯了。两个线圈中有两个端子为同名端,则另外两个端子之间也是同名端;而1－4或2－3则称为“异名端”或“异极性端”。所以说,线圈同名端的标记不是唯一的。

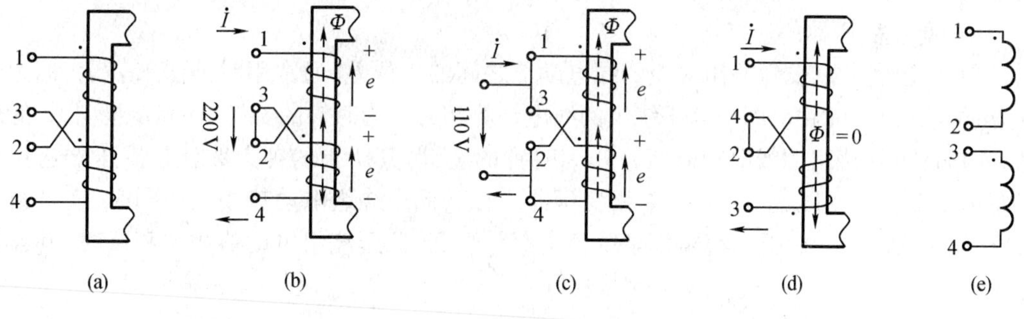

图1－9　变压器绕组的极性

绕组的极性只决定于绕组的绕向,与绕组首、尾端的标志无关。有了同极性端标记,就可以用图1－9(e)所示的电路符号表示绕组,而不需要知道绕组的绕向。绕组的极性也可用给绕组首尾端加文字符号表示,单相变压器原边绕组的首、末端被标记为A,X;副边绕组的首、末端标记为a,x。对三相变压器而言,为研究方便,也对其首、末端加以标记,如表1－1所示。

表 1-1 绕组的端点标志与极性

绕组名	单相变压器		三相变压器		
	首端	末端	首端	末端	中点
高压绕组	*A*	*X*	*A B C*	*X Y Z*	*N*
低压绕组	*a*	*x*	*a b c*	*x y z*	*n*

(2)同名端的判别方法

当原、副绕组的首、尾端或同极性端标记无法辨认时，可用实验方法判别，主要判别方法有交流法和直流法。

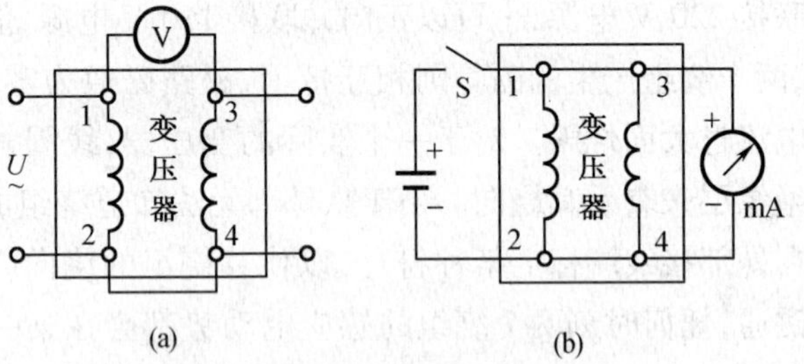

图 1-10 变压器绕组的极性判别

(a)交流法；(b)直流法

交流法接线如图 1-10(a)所示，任取原、副绕组各一端(图中的 2 和 4)进行串接，另两端(1 和 3)接一个伏特表，将原(或副)绕组接一个便于测量的较低电压的交流电源，如果伏特表的读数高于所接电压而等于两绕组的感应电动势之和时，则原、副绕组为正向串联，两串联端(2 和 4)为异极性端；若伏特表读数为两绕组电压之差，则串联的两端为同极性端。

直流法接线如图 1-10(b)所示，一个绕组接直流毫安表，另一绕组接直流电源，当开关接通直流电源瞬时，根据电磁感应定律和楞次定律，若毫安表指针正偏，则接毫安表正极的一端与接电源正极的一端为同名端；若指针反偏，则该两端为异极性端。

(3)单相变压器的连接组

单相变压器高、低压绕组对应的线电动势之间的相位差，通常用时钟法来表示，称为变压器的连接组。时钟法即把高压绕组的线电动势相量作为时钟的长针，且固定指向 12 的位置，对应的低压绕组的线电动势相量作为时钟的短针，其所指的钟点数就是变压器连接组的标号。如图 1-11 所示，对于单相变压器，当高、低压绕组电动势相位相同时，连接组为 I,I0，其中 I,I 表示高、低压绕组都是单相绕组。当高、低压绕组电动势相位相反时，其连接组为 I,I6。

2. 三相绕组的连接方式

理论上来说，三相变压器的原、副边绕组都可以根据需要接成星形(Y)或三角形(△)。以高压绕组为例，把三相绕组的 3 个末端 *X*,*Y*,*Z* 连在一起，接成中点，而把它们的三个首端 *A*,*B*,*C* 引出，便是星形连接，以符号 Y 表示。如果把一相的末端和另一相首端连接起来，顺序形成一闭合电路，称为三角形连接，用 D 表示。一旦按规定的接法连接完成，其表示方法便随之确定。为方便起见，用 Y,y 表示原、副边的星形接法；用 D,d 来表示原、副边的三角形接法。

原边绕组在接成星形(Y)时，如果有中线引出，则用 Y_N表示；副边绕组在接成星形(Y)时，如果有中线引出，则用 y_n表示。例如，Y_N,d 表示原边绕组为星形接法，并且有中线引出，副边绕组为三角形接法；D,y 表示原边绕组为三角形接法，副边绕组为星形接法，无中线引出。

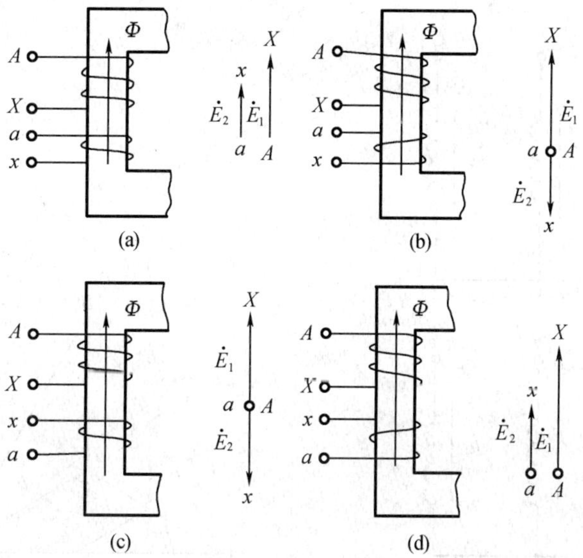

图1－11　单相变压器的连接组

三相变压器的连接组高、低绕组对应线电动势之间的相位差，不仅与绕组的极性（绕法）和首、末端的标志有关，而且与绕组的连接方式有关。由于三相变压器原、副绕组可以分别采用不同的连接方法，绕组出线端也可以采用不同的标法，绕组的绕法均会使三相变压器原、副绕组线电动势之间出现不同的相位差，这对使用变压器有重要影响，为此，必须确定每台变压器的连接组。连接组含有原、副绕组的连接方法和反映相位差的连接组标号两个内容。

（1）Y，y 连接

①Y，y0 或 Y，y_n0 连接组别

设已知绕组接法和同极性端如图 1－12 所示，确定其连接组别的方法为先画出原边的电动势相量图，将 a 与 A 画在一起，再从 a 点出发画 $\dot{E}_a$，由于副绕组 ax 与原绕组 AX 上下对齐，表示套于同一铁芯柱上，且同极性端同为首端，所以 $\dot{E}_a$ 与 $\dot{E}_A$ 同相（重合），同样方法可以画出副边的电动势相量图如（b），再用时钟表示法确定其连接组标号。时钟表示法是把 $\dot{E}_{AB}$ 作为分针且总指向“12”，$\dot{E}_{ab}$ 作为时针，所指的钟点数即为标号。图 1－12（b）中 $\dot{E}_{ab}$ 亦指“12”，12 点相当于“0”点，故标号为 0，连接组别为 Y，y0。如果副边中性点有中线引出，就是 Y，y_n0。

②Y，y6 连接组别

如果仍是 Y，y 接法，同一相的原、副绕组套在同一铁芯柱上，但改为同极性端不同为首端，如图 1－13（a）所示，则同一相原、副绕组的电动势反相，据此可得电动势相量图如图 1－13（b）所示，可见连接组别变为 Y，y6。

③Y，y4 连接组别

如果将副绕组的标号移过一相，改为图 1－14（a）所示，画原副绕组的电动势相量图如图 1－14（b）所示，连接组别为 Y，y4。

用类似的方法，还可以得到 Y，y8；Y，y10 和 Y，y2 连接组别。Y，y 连接方式，能够亦只

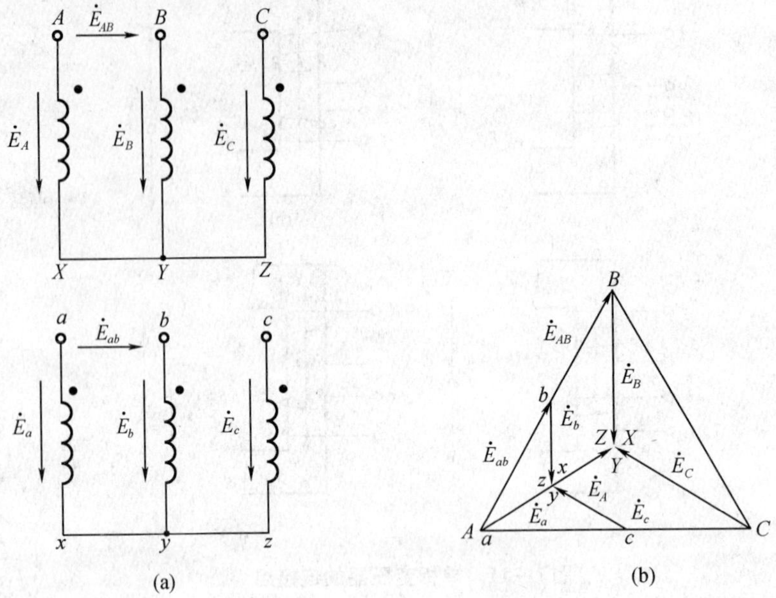

图 1-12 Y,y0 连接组别

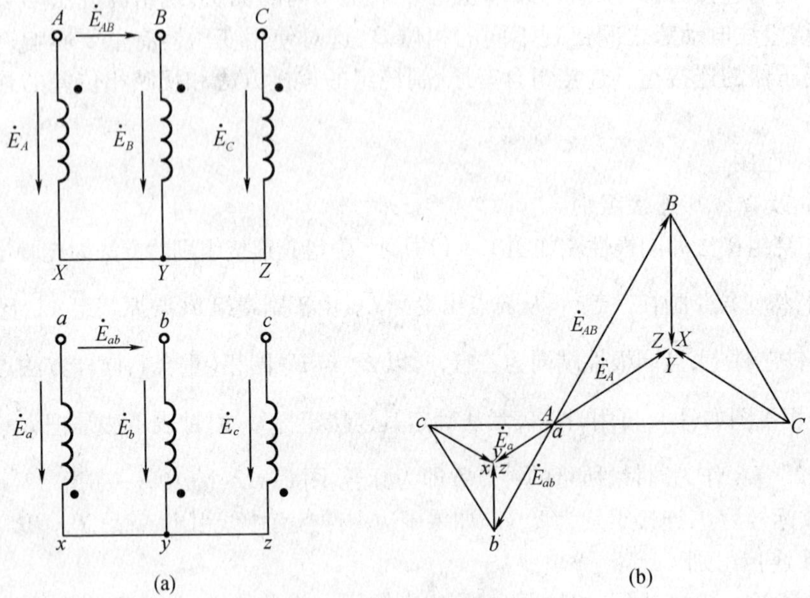

图 1-13 Y,y6 连接组别

能够得到标号为偶数的连接组别。

(2)Y,d 连接

副边采用第一种三角形接法,同相原、副绕组绕在同一铁芯柱上,同极性端同为首端,如图 1-15(a)所示时,原、副边的电动势相量图如图 1-15(b)所示,可见标号为 11,连接组别为 Y,

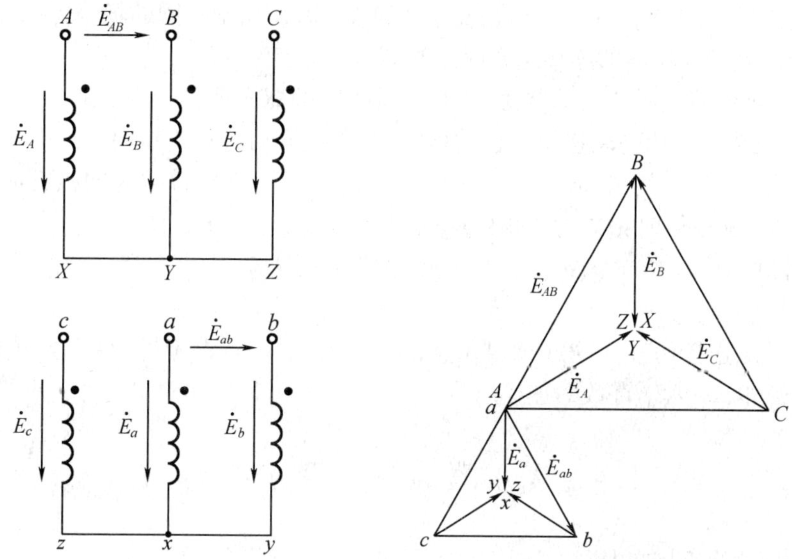

(a)　　(b)

图1－14　Y,y4 连接组别

$d11$。

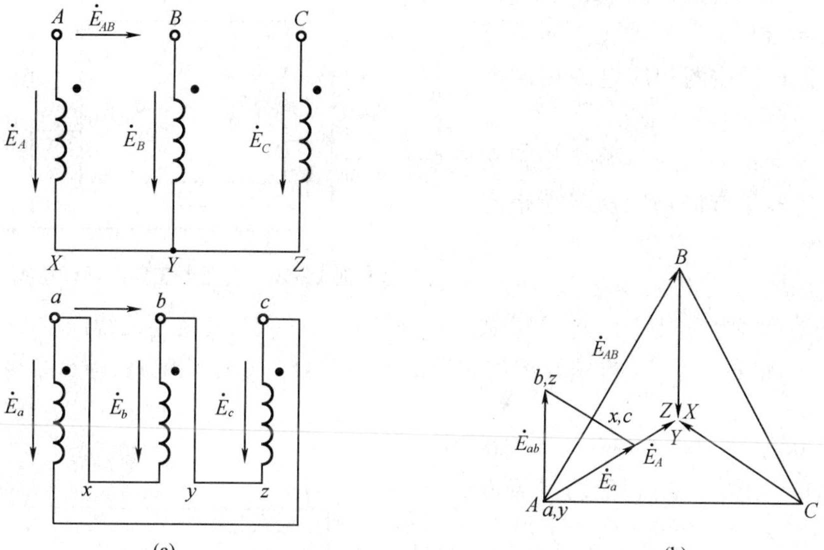

(a)　　(b)

图1－15　Y,d11 连接组别

如果同极性端不同为首端,则为 Y,d5 连接组别。

如果副边采用第二种三角形接法,则为 Y,d1 连接组别。

用类似的方法,还可以得到 Y,d3;Y,d7 和 Y,d9 连接组别。Y,d 连接方式,能够也只能够得到标号为奇数的连接组别。

连接组别太多,会给生产和使用带来不便,为此,国家标准规定三相电力变压器只用五种标准连接组别:Y,y_n0;Y,d11;Y_N,d11;Y_N,y0 和 Y,y0,使用于不同的场合。

在用相量图判断变压器的连接组别时应注意以下几点:

(1)绕组的极性只表示绕组的绕法,与绕组首末端的标志无关;

(2)高、低压绕组的相电动势均从首端指向末端,线电动势从 A 指向 B;

(3)同一铁芯柱上的绕组(在连接图中为上下对应的绕组),首端为同极性时相电动势相位相同,首端为异极性时相电动势相位相反;

(4)相量图中 A,B,C 与 a,b,c 的排列顺序必须同为顺时针排列,即原、副边同为正相序;

(5)对于 Y,y 连接而言,可得 0,2,4,6,8,10 六个偶数的连接组号;对于 Y,d 连接而言,就可得 1,3,5,7,9,11 六个奇数的连接组号。

1.4 变压器的空载运行特性

变压器的原边绕组接在电网上,副边绕组开路时的运行状态,称为空载运行。此时 $i_2=0$,变压器内部的物理过程比较简单,先从变压器这样一个最简单的情况来研究其电磁过程。

一、空载运行时的物理状况

变压器的各电磁量都是交流量,为分析和计算方便,必须规定出其正方向。图 1-16 所示变压器各量的正方向是遵循惯例,按下面所述的相应电磁规律来规定的。

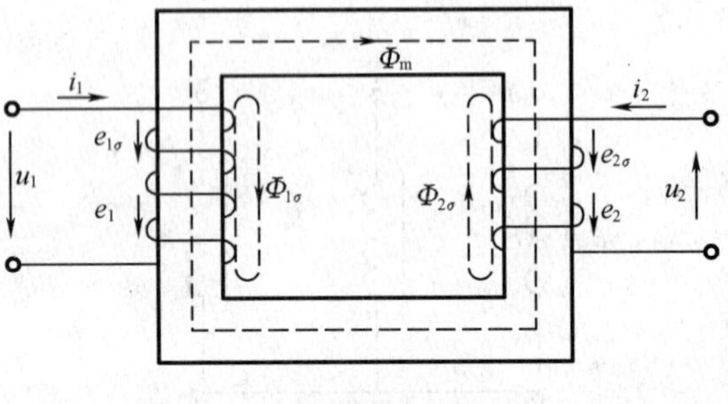

图 1-16 变压器工作原理示意图

(1)u_1,u_2 u_1 的正方向规定由首端指向末端;u_2 的正方向规定从末端指向首端。

(2)Φ_m,Φ_σ 其正方向与产生它们的电流符合右手螺旋定则。因此,判定磁通的正方向时必须注意绕组的绕向。

(3)$e_1,e_{1\sigma}$ 和 $e_2,e_{2\sigma}$ 正方向与产生它们的磁通符合右手螺旋定则,即符合电磁感应定律:$e=-N\dfrac{d\Phi}{dt}$。

(4)i_1,i_2 正方向与相应的电势方向一致。

变压器空载时各量的正方向规定与上述类似,如图 1-17 所示。

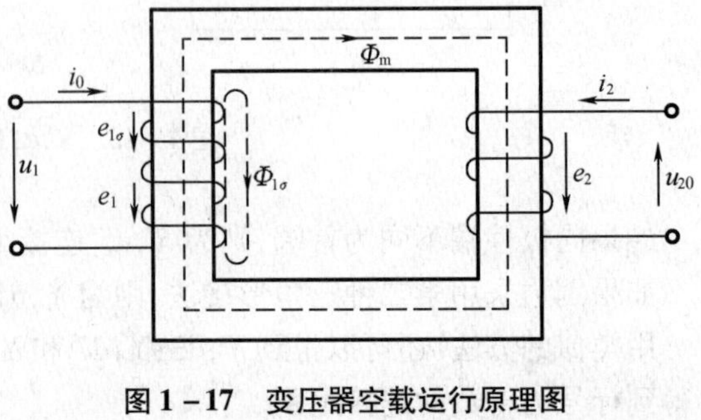

图 1-17 变压器空载运行原理图

变压器在空载运行时,原边绕组接入电压为 u_1 的电网后,便会有空载电流 i_0 流过,进而产生空载交变磁势 $F_0=N_1i_0$,建立空载磁场。磁场由两部分磁通组成,因为铁芯磁导率比油或空气的磁导率大得多，绝大部分磁通存在于铁芯中，这部分磁通同时与原边、副边绕组相交链，称为主磁通 Φ_m；少量的磁通 Φ_σ 只与原边绕组相交链，称为原边漏磁通。由于主磁通同时与原边、副边绕组相交链，因此从原边到副边的能量传递主要是依靠主磁通的媒介而实现的。

选择图 1－17 所示的正方向，根据基尔霍夫第二定律(KVL)及电磁感应定律，可得

$$u_1 = i_0 r_1 - e_{1\sigma} - e_1 = i_0 r_1 + N_1 \frac{\mathrm{d}\Phi_{1\sigma}}{\mathrm{d}t} + N_1 \frac{\mathrm{d}\Phi_m}{\mathrm{d}t}$$

$$u_{20} = e_2 = -N_2 \frac{\mathrm{d}\Phi_m}{\mathrm{d}t}$$

如果各物理量均按正弦规律变化，便可用如下的相量形式来表示

$$\dot{U}_1 = \dot{I}_0 r_1 - \dot{E}_{1\sigma} - \dot{E}_1$$

$$\dot{U}_{20} = \dot{E}_2$$

1. 感应电动势

首先研究主磁通所产生的感应电动势。由于漏磁通远小于主磁通，故 $e_{1\sigma} < e_1$，空载时的原边绕组压降也很小。忽略这两者(它们之和只有 u_1 的 0.2% 左右)的影响时，可认为 $u_1 \approx e_1$。可见当 u_1 是正弦波时，e_1 和 Φ_m 也按正弦规律变化。

设 $\Phi_m = \Phi_m \sin\omega t$，则

$$e_1 = -N_1 \frac{\mathrm{d}\Phi_m}{\mathrm{d}t} = -\omega N_1 \Phi_m \cos\omega t = \omega N_1 \Phi_m \sin\left(\omega t - \frac{\pi}{2}\right) = \sqrt{2} E \sin\left(\omega t - \frac{\pi}{2}\right)$$

$$e_2 = -N_2 \frac{\mathrm{d}\Phi_m}{\mathrm{d}t} = \omega N_2 \Phi_m \sin\left(\omega t - \frac{\pi}{2}\right) = \sqrt{2} E_2 \sin\left(\omega t - \frac{\pi}{2}\right)$$

e_1，e_2 的有效值分别为

$$E_1 = \frac{\omega N_1 \Phi_m}{\sqrt{2}} = \frac{2\pi f \Phi_m}{\sqrt{2}} = 4.44 f N_1 \Phi_m$$

$$E_2 = \frac{\omega N_2 \Phi_m}{\sqrt{2}} = \frac{2\pi f \Phi_m}{\sqrt{2}} = 4.44 f N_2 \Phi_m$$

相应的相量表达式为

$$\dot{E}_1 = -\mathrm{j}4.44 f N_1 \dot{\Phi}_m \qquad \dot{E}_2 = -\mathrm{j}4.44 f N_2 \dot{\Phi}_m$$

由上式可以看出，$\dot{E}_1$ 和 $\dot{E}_2$ 在相位上都滞后于产生它们的磁通 $\dot{\Phi}_m$ 90°。由以上分析可以得到 $\frac{E_1}{E_2} = \frac{N_1}{N_2} = k$，$k$ 称为变压器的变比。可见只要选择适当的原边、副边绕组匝数，就可以产生所需要的电压。考虑到 $u_1 \approx e_1$，则有

$$\frac{U_1}{U_2} \approx \frac{E_1}{E_2} = \frac{N_1}{N_2} = k$$

变压器在空载运行时，存在少量的与原边绕组相交链的漏磁通 $\Phi_{1\sigma}$，它也是随时间交变的，因而也会在原边绕组中感应产生漏电动势 $e_{1\sigma}$。下面对其进行分析。

由于漏磁通的路径大部分在磁导率比较小的空气或油中，它一般不会饱和，可以认为漏磁通 $\Phi_{1\sigma}$ 与空载电流 i_0 成正比，所以 $\Phi_{1\sigma}$ 是一常数。于是可得漏磁通产生的感应电动势为

$$e_{1\sigma} = -N_1 \frac{\mathrm{d}\Phi_{1\sigma}}{\mathrm{d}t} = -L_{1\sigma}\frac{\mathrm{d}i_0}{\mathrm{d}t}$$

当 i_0 按正弦规律变化时，上式可以写成相量形式：

$$\dot{E}_{1\sigma} = -\mathrm{j}\omega L_{1\sigma}\dot{I}_0 = -\mathrm{j}x_{1\sigma}\dot{I}_0$$

2. 空载电流

变压器的空载电流 i_0 一方面建立磁场，另一方面要补偿空载运行时变压器的损耗。前者仅起磁化作用，称为励磁电流或磁化电流，是 i_0 中的无功分量，以 i_m 表示；后者是有功分量，以 i_{Fe} 表示，因此，$i_0 = i_m + i_{Fe}$。为简化起见，常忽略 i_{Fe}，将 i_0 看成励磁电流，即 $i_0 \approx i_m$。

变压器的铁芯材料是铁磁物质，有磁饱和现象存在，其饱和程度对 i_0 的大小、波形都有一定的影响。

(1) 当铁芯未饱和时，磁通与励磁电流之间按线性关系变化，如图 1-18 所示。在这种情况下，如果磁通随时间正弦变化，则励磁电流也是正弦波，并且它们在时间上同相位。

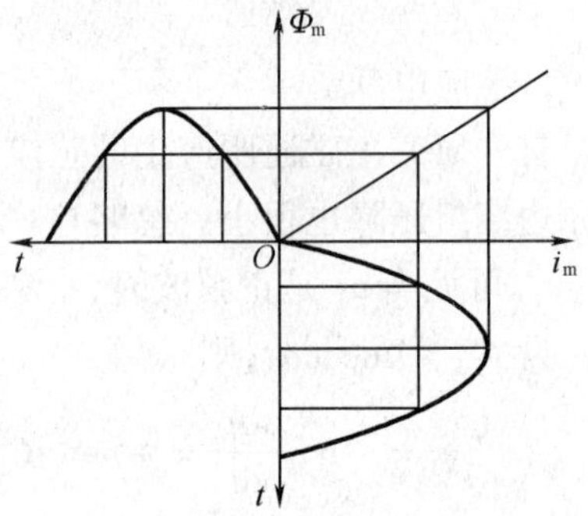

图 1-18 铁芯未饱和时励磁电流和磁通波

(2) 当铁芯饱和时，铁磁材料的磁化曲线便是一条成饱和特性的曲线，励磁电流和磁通之间便失去了线性关系。当磁通为正弦波时，励磁电流则是一个尖顶波，如图 1-19(a) 所示，采用谐波分析方法，可将 i_m 分解成基波和一系列高次谐波。由于励磁电流关于横轴对称，故只存在奇次谐波。

在工程上，通常用一个等效的正弦波代替尖顶波，该等效正弦波的幅值为

$$I_m = \sqrt{I_{1m}^2 + I_{2m}^2 + I_{3m}^2 + \cdots}$$

且等效的正弦波与基波具有相同的频率和相位。

如果励磁电流是正弦波，磁通便为一平顶波，如图 1-19(b) 所示。

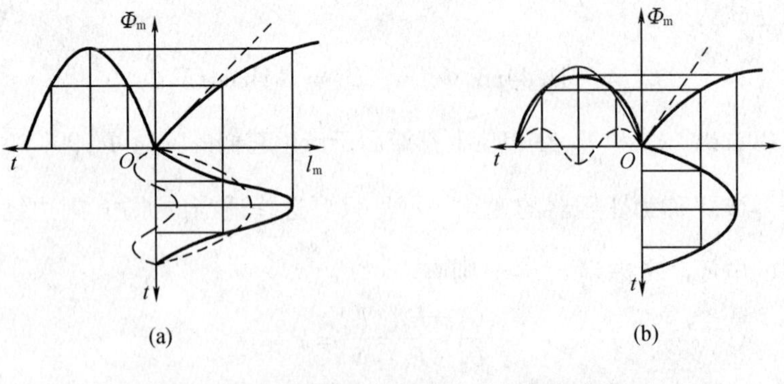

图 1-19 当磁路饱和时励磁电流和磁通波形图

(a) 磁通为正弦波，励磁电流为尖顶波；(b) 励磁电流为正弦波，磁通为平顶波

二、空载运行时的电动势平衡方程式、相量图以及等效电路

1. 电动势平衡方程式

为简单起见,上面的分析有时是在忽略漏磁通和原边绕组电阻的情况下进行的。然而,它们都是客观存在的,考虑到其影响,有

$$\dot{U}_1 = \dot{I}_0 r_1 + jx_{1\sigma}\dot{I}_0 - \dot{E}_1 = \dot{I}_0 Z_1 - \dot{E}_1$$

$$\dot{U}_{20} = \dot{E}_2$$

相应的瞬时值表达式为

$$u_1 = i_0 Z_1 - e_1$$

$$u_{20} = e_2$$

2. 相量图及等效电路

根据变压器空载运行时的实际物理情况,可以把原边绕组等效为一个电阻、一个空心线圈和一个实心线圈串联组成,如图1－20所示。电阻即为绕组内阻,空心线圈所产生的磁通为原边绕组的漏磁通,实心线圈产生的磁通为铁芯中的主磁通。这样就可以把实际的原边绕组与三个理想元件相等效,便于作进一步分析。

空载电流 i_0 流过实心线圈时,便会产生主磁通 Φ_m,该磁通在同时与原边、副边绕组相交链时,也会在铁芯中产生磁滞损耗和涡流损耗。所以,$\dot{I}_0$ 由产生磁通的无功分量 $\dot{I}_m$ 和用以补偿铁芯损耗的有功分量 $\dot{I}_{Fe}$ 共同组成,即 $\dot{I}_0 = \dot{I}_m + \dot{I}_{Fe}$。为了弄清这三者之间的相位关系,可进一步把实心线圈等效为一个电阻与一个线圈相并联的形式。其中,$\dot{I}_{Fe}$ 流过电阻R'_m 所消耗的功率与铁芯的损耗相等效;$\dot{I}_m$ 流过 x'_m 则产生主磁通,如图1－21所示。这样等效完全不改变变压器空载运行时的实际情况。由此便可得出这3个电流量之间的相位关系如图1－22所示。

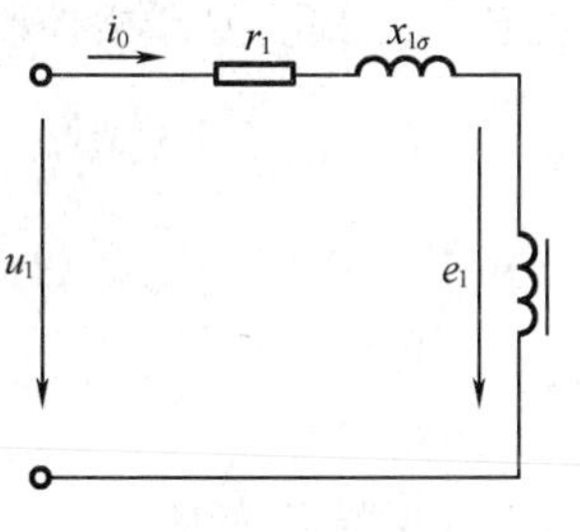

图1－20　空载时原边绕组等效图

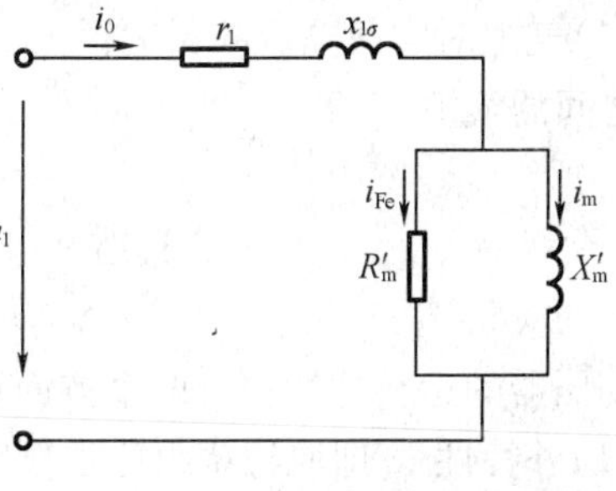

图1－21　空载时电流分析等效图

从图1－22可以看出,$\dot{I}_0$ 在相位上超前 $\dot{I}_m$ 一个α_{Fe}角,这是由于磁通流过铁芯时产生铁耗引起的。故可以把这一角度称为铁耗角。把R'_m 和 x'_m 并联支路经过串并联等效变换,便可等效为一个R的电阻和X_m的电感相串联的形式,考虑到 $\dot{I}_0 \approx \dot{I}_m$,于是有

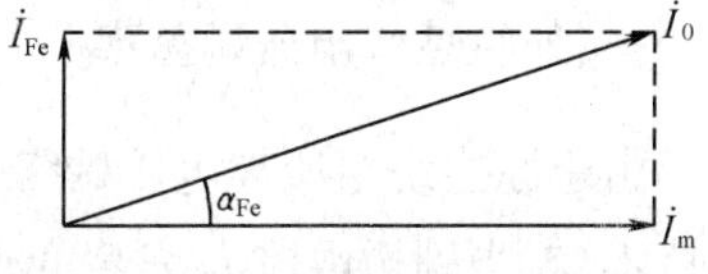

图1－22　励磁电流相量图

$$\dot{E}_1 = \dot{I}_0(R_m + jX_m) = \dot{I}_m(R_m + jX_m)$$

通过以上的分析,便可以得到变压器在空载运行时的等效电路如图 1 - 23 所示。

在绘制相量图时,可以选择 $\dot{\Phi}_m$ 为参考相量,$\dot{E}_1$,$\dot{E}_2$ 在相位上滞后 $\dot{\Phi}_m$90°,$\dot{I}_0$ 超前 $\dot{\Phi}_m$ 一个铁耗角α_{Fe},根据公式便可进一步得到 $\dot{U}_1$,相量图如图 1 - 24 所示。

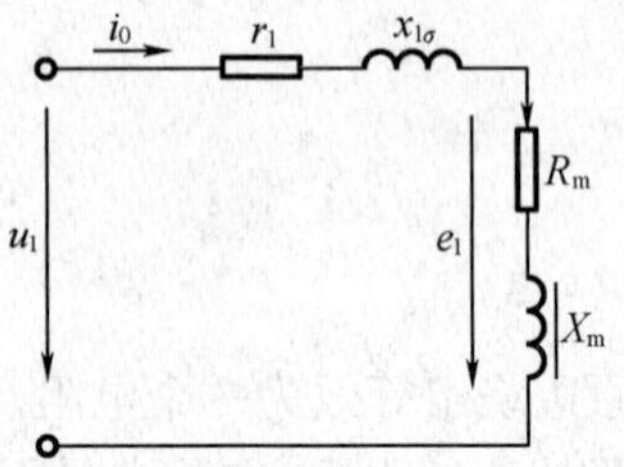

图 1 - 23　变压器空载时的等效电路图

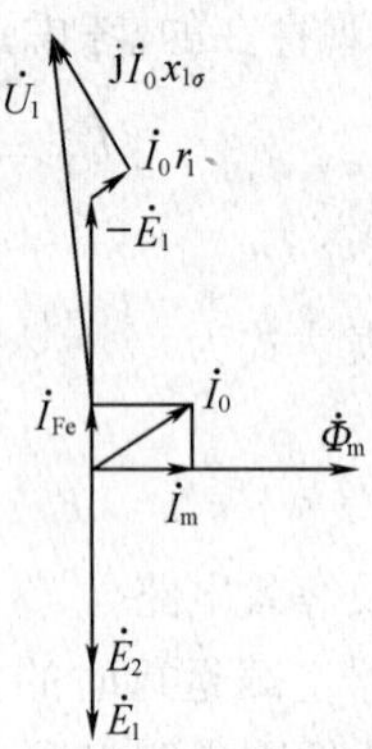

图 1 - 24　变压器空载运行时的相量图

通过上述分析,可以得出如下结论:

(1)感应电动势 $\dot{E}$ 的大小与电源频率 f、绕组匝数 N 及铁芯中主磁通的最大值 Φ_m 成正比。在相位上落后产生它的主磁通 90°。而主磁通的大小则取决于电源电压的大小、频率和绕组的匝数,而与磁路所用材料的性质和尺寸无关。

(2)铁芯的饱和程度越高,则磁导率越低,励磁电抗越小。因此合理地选择铁芯截面,对变压器的运行性能有重要影响。

(3)所用材料的导磁性能越好,则励磁电抗越大,空载电流越小。因此,变压器的铁芯均用高导磁的材料硅钢片叠成。

(4)气隙对空载电流的影响很大,气隙越大,空载电流越大。因此,要严格控制铁芯叠片接缝之间的气隙。

1.5　变压器的运行特性

变压器的运行特性包含两个方面:

(1)外特性　即原边绕组施加额定电压,负载的功率因数保持不变时,副边绕组端电压随负载电流的变化规律,$U_2 = f(I_2)$。

(2)效率特性　$\eta = f(\beta)$。

一、外特性和电压调整率

由于原边绕组所加电压始终为额定值,主磁通 Φ_m 保持不变,副边绕组的感应电动势也保持不变。当副边电流 I_2 发生变化时,副边漏阻抗压降也会发生变化,从而导致副边端电压 U_2 随之变化。将其变化规律用曲线描述出来,就是变压器的外特性曲线。变压器在纯电阻或感性负载时,外特性曲线呈下降趋势,而在容性负载时可能出现上翘的情况。纯电阻时,端电压变化比较小,感性或容性成分增加时,端电压变化量会加大。

在变压器分析过程中,通常用电压调整率 $\Delta U\%$ 来衡量端电压变化的程度。电压调整率指的是在原边绕组施加额定电压,负载功率因数一定,变压器从空载到负载时,端电压之差 $(U_{02} - U_2)$ 与副边额定电压 U_{N2} 之比的百分值,即

$$\Delta U\% = \frac{U_{02} - U_2}{U_{N2}} \times 100\% = \frac{U_{N1} - U_2'}{U_{N1}} \times 100\%$$

下面通过对变压器负载运行时简化电路的相量图的分析,以感性负载为例,对电压调整率作进一步计算可以得出

$$\Delta U\% = \left[I_1^* (R_k^* \cos\varphi_2 + X_k^* \sin\varphi_2) + \frac{1}{2} I_1^{*2} (X_k^* \cos\varphi_2 - R_k^* \sin\varphi_2)^2 \right] \times 100\%$$

式中,$I_1^* = I_2^* = \frac{I_1}{I_{N1}} = \frac{I_2}{I_{N2}}$ 为负载系数,当所带负载为额定负载时,$I_1^* = I_2^* = 1$。

对三相变压器而言,在利用上式计算电压调整率时,电压、电流分别用相电压、相电流的额定值来代替。从该式还可以看出,一般 X_k^* 比 R_k^* 大得多,故在纯电阻负载时 $\Delta U\%$ 很小;在感性负载时 $\varphi_2 > 0$,$\Delta U\%$ 较大且为正值,说明负载时二次侧端电压比空载时低;当所带负载呈容性时 $\varphi_2 < 0$,$\sin\varphi_2 < 0$,当 $|X_k^* \sin\varphi_2| > R_k^* \cos\varphi_2$ 时,$\Delta U\%$ 为负值,则说明负载时二次侧端电压比空载时高,外特性便会呈上翘的特性。

在一定程度上,电压调整率可以反映出变压器的供电品质,是衡量变压器性能的一个非常重要的指标。不同性质的负载的 $U_2 = f(I_2)$ 曲线如图1－25所示。

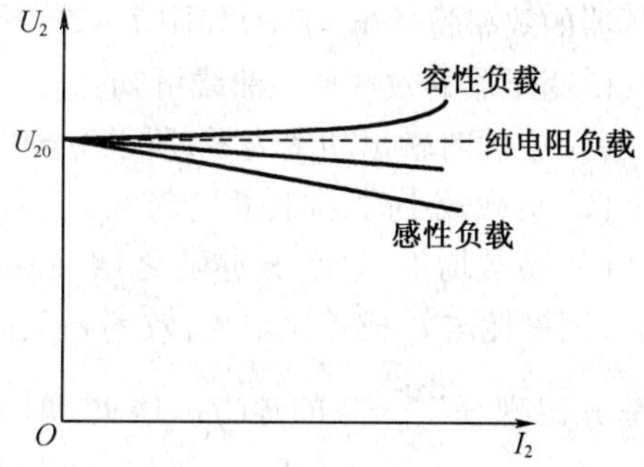

图1－25　变压器的外特性

二、变压器的损耗和效率

1. 变压器的损耗

(1)铁损耗

当铁芯中的磁通交变时,在铁芯中要产生磁滞损耗和涡流损耗,这两项统称为铁损耗,磁滞损耗是磁性物质被交变磁化时要损耗的能量。涡流损耗是在交变磁场的作用下,铁芯中产生感应电动势,从而在垂直磁通方向的铁芯平面内产生旋涡状的感应电流,由此产生的功率损耗。铁损耗与外加电压大小有关,当电源的电压一定时,铁损耗基本上是恒定的,因此也可以将铁损耗称之为不变损耗,它与负载电流的大小和性质无关。

(2)铜损耗

变压器中一、二次绕组中都有一定的电阻,当电流流过绕组时,就要发热产生损耗,这种损耗就是铜损耗。铜损耗也分基本铜损耗和附加铜损耗,基本铜损耗是电流在一、二次绕组直流电阻上的损耗;附加铜损耗包括因集肤效应引起的损耗以及漏磁场在结构部件中引起的涡流损耗等。变压器铜损耗取决于负载电流的大小和绕组的电阻值,大小与负载电流平方成正比,故也称为可变损耗。

2. 变压器的效率

变压器原边从电网吸收电功率 P_1,其中很小部分功率消耗在原绕组的电阻上和铁芯损

耗上。其余部分通过电磁感应传给副绕组,称为电磁功率 P_M。副绕组获得的电磁功率中又有很小部分消耗在副绕组的电阻上,其余的传输给负载,即输出功率为

$$P_2 = mU_2I_2\cos\varphi_2$$

这样,变压器的功率关系可表示如下:

$$P_1 = p_{cu1} + p_{Fe} + p_{cu2} + P_2$$

所以变压器的效率为

$$\eta = \frac{P_2}{P_1} \times 100\% = \frac{P_1 - \sum p}{P_1} \times 100\% = \left(1 - \frac{\sum p}{P_1}\right) \times 100\%$$

$$= \left(1 - \frac{p_{Fe} + p_{cu}}{P_2 + p_{Fe} + p_{cu}}\right) \times 100\%$$

式中可近似认为:$p_{Fe} = p_o$, $p_{cu} = \beta^2 p_{kN}$, $P_2 = \beta S_N \cos\varphi_2$, 如此可得

$$\eta = \left(1 - \frac{p_o + \beta^2 p_{kN}}{\beta S_N \cos\varphi_2 + p_o + \beta^2 p_{kN}}\right) \times 100\%$$

变压器的效率特性 $\eta = f(\beta)$ 如图 1-26 所示。

由变压器的效率特性曲线可知:

(1)空载时输出功率为零,所以 $\eta = 0$。

(2)负载较小时,损耗相对较大,效率 η 较低。

(3)负载增加,效率 η 亦随之增加。超过某一负载时,因铜耗与 I^2 成正比增大,效率 η 反而降低,最大效率 η 出现在 $\frac{d\eta}{d\beta} = 0$ 的地方。因此,取 η 对 β 的导数,并令其等于零,即可求出最高效率 η_{max} 时的负载系数 β_m。

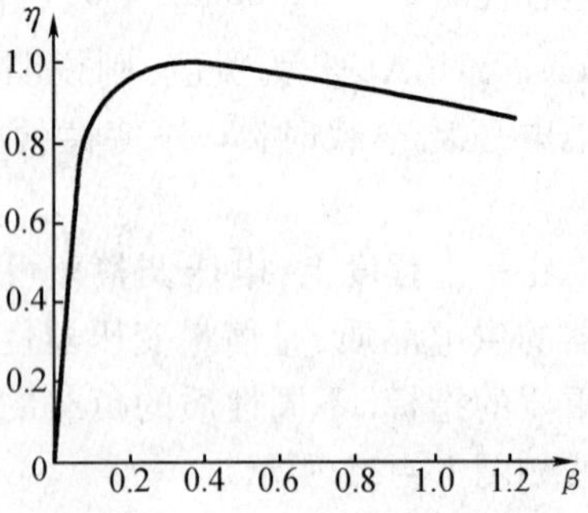

图 1-26 变压器的效率曲线

$$\beta = \beta_m = \sqrt{\frac{p_o}{p_{kN}}}$$

$$\eta_{max} = \left(1 - \frac{2p_o}{\beta_m S_N \cos\varphi_2 + 2p_o}\right) \times 100\%$$

即当不变损耗(铁耗)等于可变损耗(铜耗)时效率最大。

考虑到变压器的实际情况,一般变压器总是在额定电压下运行,但不可能长期满负载,并不在额定状态下运行。为了提高运行的经济性,在设计变压器时,常常让变压器在 $\beta < 1$ 时达到最高效率,通常设计成 β_m 在 0.4 ~ 0.6 之间,这样做的目的主要是让铁耗尽量小一些。

效率的高低可以反映出变压器运行的经济性能,它也是一项重要指标。由于变压器是一种静止的装置,在能量传递过程中没有机械损耗,所以其效率比同容量的旋转电机要高一些。一般电力变压器的额定效率 $\eta = 0.95 \sim 0.99$。

三、变压器的并联运行

在某些特种工作船舶上,变压器除供照明外还向其他用电设备供电,在进行某些作业时用电量较大,需要投入两台或几台变压器并联运行供电。

1. 变压器并联运行的意义

由多台变压器来共同承担传输电能的任务,其意义在于:

(1)可以提高供电的可靠性。在同时运行的多台变压器中,如果有变压器发生故障,可以在其他变压器继续工作的情况下将其切除,并进行维修,不会影响供电的连续性和可靠性。

(2)可以提高供电的经济效益。变压器所带负载是随季节、气候、早晚等外部情况的变化而改变的,可以对变压器的负载进行监控来决定投入运行的变压器的台数,以提高运行效率。

2. 变压器理想并联运行的条件

(1)变压器并联运行的理想情况

并不是任意的变压器都可以组合在一起并联运行,为减少损耗,避免可能出现的危险情况,希望并联运行的变压器能实现以下的理想情况:

①空载时,为减少绕组铜耗,应保证并联运行的各变压器之间无环流;

②负载时,为使各变压器都能得到充分利用,每台变压器应该按其容量成比例地承担负载;

③负载时,为了提高带载能力,并联运行各变压器的副边绕组电流相位应相同。

(2)理想并联运行的条件

①各台变压器的额定电压相等,并且各台变压器的电压比应相等;

②各台变压器的连接组别必须相同;

③各台变压器的短路阻抗(或短路电压)的标幺值 Z_k^*(或 U_k^*)要相等;

④并联运行的变压器最大容量与最小容量之比应小于3:1。

1.6 特殊变压器

一、自耦变压器

自耦变压器也有单相和多相之分,但与普通双绕组变压器的区别在于只有一个绕组,副边绕组是原边绕组的一部分。因此,原边、副边绕组之间不但有磁的耦合,还有电的联系。下面就以单相自耦变压器为例来对其进行分析。

1. 工作原理

图1-27所示为一台单相降压自耦变压器的工作原理图。副边绕组 N_2 为原边绕组 N_1 的一部分,并且与铁芯中的磁通 Φ_m 同时交链。与普通变压器一样,根据电磁感应定律可知,绕组的感应电动势与匝数成正比,所以原边、副边绕组的感应电动势分别为

$$E_1 = 4.44fN_1\Phi_m$$

$$E_2 = 4.44fN_2\Phi_m$$

变压器的电压比为 $k = \frac{E_1}{E_2} = \frac{N_1}{N_2}$。在忽略漏阻抗压降时,有 $\frac{U_1}{U_2} \approx \frac{E_1}{E_2} = \frac{N_1}{N_2} = k$。自耦变压器与普通变压器

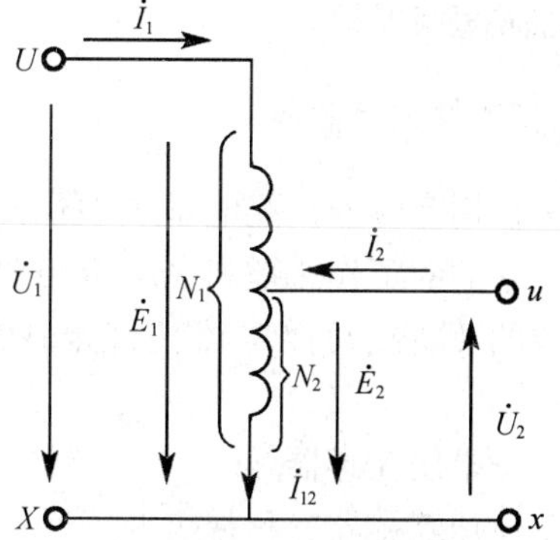

图1-27 自耦变压器的原理图

有着相同的磁动势平衡方程式,即 $\dot{I}_1N_1 + \dot{I}_2N_2 = \dot{I}_mN_1$,如果忽略影响不大的励磁电流 $\dot{I}_m$,上式可以变成

$$\dot{I}_1N_1 + \dot{I}_2N_2 = 0$$

即
$$\dot{I}_1 = -\frac{\dot{I}_2}{k}$$

上式说明 $\dot{I}_1$ 与 $\dot{I}_2$ 反相,并且 $I_2 > I_1$。

由于原边、副边绕组为同一绕组,存在电的联系,在副边绕组的抽头处可以看成是电路的一个节点。

自耦变压器的输出功率为

$$U_2I_2 = U_2I_1 + U_2I_{12}$$

普通变压器是以磁场为媒介,通过电磁感应作用来进行能量传输的。自耦变压器的原边、副边绕组既然有了电的联系,它的能量传输方式也必然有着与普通变压器的不同之处。从上式可以看出,自耦变压器的输出功率由两部分组成,一部分为 U_2I_1,由于 I_1 是原边电流,在它流经只属于原边部分的绕组之后,直接流到副边,传输到负载中去,故 U_2I_1 称为传导功率;另一部分为 U_2I_{12},显然要受到负载电流和原边电流的影响,所以 I_{12} 可以看成是由于电磁感应作用而产生的电流,这一部分功率也相应地称为电磁功率。

另外,自耦变压器也通常与设计的原边、副边容量相等,即

$$S_N = I_{1N}U_{1N} = I_{2N}U_{2N}$$

2. 优缺点

(1)通过以上的分析可以看出,在自耦变压器从原边传递到副边的能量中,一部分是由于电磁感应作用,一部分是由于直接传导作用。而对普通变压器而言,输出功率只有电磁功率。所以,在同样容量的前提下,自耦变压器所用材料要比普通变压器少,体积小,质量轻,效率也要高一些,从而可以降低成本,提高经济效益。但当电压比 k 较大时,经济效益就不明显。一般自耦变压器电压比 k 设计为 $k = 1.25 \sim 2$。

(2)由于副边绕组为原边绕组的一部分,两绕组之间存在着电的联系,低压侧容易受到高压侧过电压的影响,所以绝缘和过电压保护要加强。

(3)由于只有一个绕组,漏电抗较普通变压器要小,因此,短路阻抗小,短路电流就大,要加强短路保护。

二、仪用互感器

仪用互感器是配电系统中供测量和保护用的设备,分为电流互感器和电压互感器两类。它们的工作原理和变压器相似,是把高电压设备和母线的运行电压、大电流即设备和母线的负荷或短路电流按规定比例变成测量仪表、继电保护及控制设备的低电压和小电流。

1. 电压互感器

电压互感器又称仪表变压器,也称 PT 或 TV,工作原理、结构和接线方式都与普通变压器相同,其接线图如图 1－28 所示。电压互感器原边绕组并接于被测量线路。副边接有电压表,相当于一个副边开路的变压器。电压互感器按其绝缘结构形式,可分为干式、浇注式、充气式和油浸式等几种;根据相数可分为单相和三相;根据绕组数可分为双绕组和三绕组。

电压互感器的特点是:

(1)与普通变压器相比,容量较小,类似于一台小容量变压器;

(2)副边负荷比较恒定,所接测量仪表和继电器的电压线圈阻抗很大,因此,在正常运行时,电压互感器接近于空载状态。

电压互感器的原、副边绕组额定电压之比,称为电压互感器的额定电压比。即 $k=\frac{U_{1N}}{U_{2N}}$,其中原边绕组额定电压 U_{1N} 是电网的额定电压,且已标准化,如10 kV,35 kV,110 kV,220 kV等,副边电压 U_{2N} 则统一定为100 $\left(或\frac{100}{\sqrt{3}}\right)$V,所以 k 也就相应地实现了标准化。

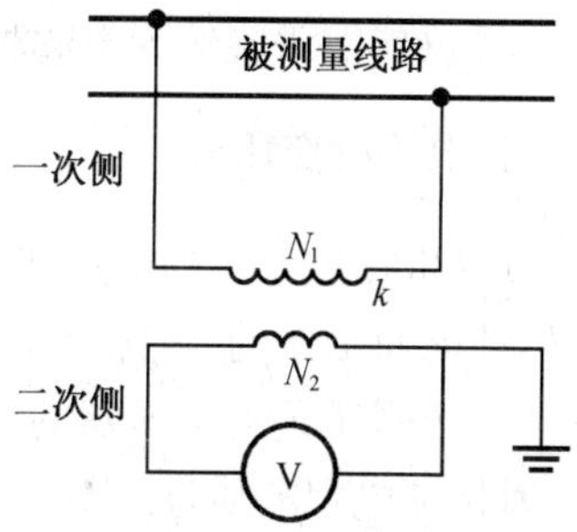

图1-28　电压互感器原理图

互感器的电压比有误差,相位亦有误差,误差的大小与励磁电流的大小和漏阻抗的大小有关,为减少误差,铁芯采用高硅硅钢片,且使铁芯工作在不饱和状态。根据实际误差的大小,精度分0.5,1.0和3.0三级。

电压互感器在使用时的注意事项:

(1)副边有一端连同铁芯可靠接地;

(2)副边绕组不能短路;

(3)副边并接的仪表不能超过规定值。

2. 电流互感器

电流互感器也是按电磁感应原理制成的,也称CT或TA。其原边绕组串接于被测线路中,副边绕组与测量仪表或继电器的电流线圈串连,副边绕组的电流按一定的变比反映原边电路的电流,其接线图如图1-29所示。由于作为电流互感器负载的电流表或继电器的电流线圈阻抗都很小,所以,电流互感器在正常运行时接近于短路状态。

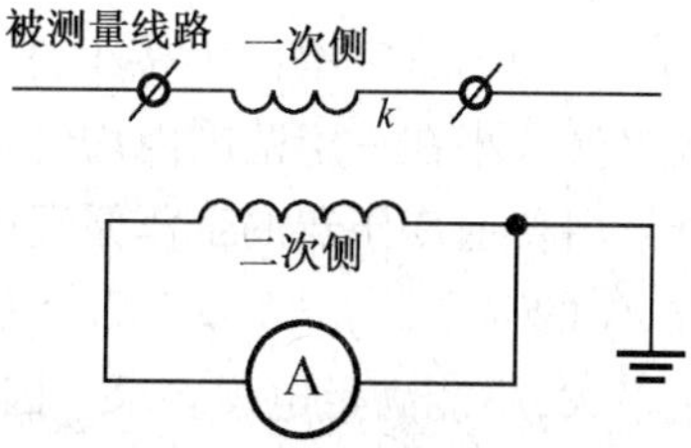

图1.29　电流互感器原理图

电流互感器的种类很多,根据安装地点可分为户内式和户外式;根据安装方式可分为穿墙式、支持式和套管式;根据绝缘结构可分为干式、浇注式和油浸式;根据原边绕组的结构形式可分为单匝式和多匝式等。

电流互感器的特点是:

(1)原边绕组串联在被测线路中,并且匝数很少,因此,原边绕组中的电流完全取决于被测电路的负荷电流,而与副边电流无关;

(2)电流互感器副边绕组所接电流表或继电器的电流线圈阻抗都很小,所以正常情况下,电流互感器在近于短路状态下运行。

电流互感器原边、副边额定电流之比,称为电流互感器的额定互感比,$k=\frac{I_{1N}}{I_{2N}}$。因为原边绕组额定电流 I_{1N} 已标准化,副边绕组额定电流 I_{2N} 统一为5(或1,0.5)A,所以电流互感器额定互感比也标准化了。

电流互感器的使用注意事项:

(1)副边有一端连同铁芯可靠接地;

(2)为安全起见,电流互感器副边绕组在运行中绝对不允许开路,为此,在电流互感器的副边回路中不允许装设熔断器,而且当需要将正在运行中的电流互感器副边回路中仪表

设备断开或退出时,必须将电流互感器的副边短接,保证不致断路;

(3)负载串接的仪表不能超过规定值。

三、电焊机变压器

电焊机在生产中的应用非常广泛,它是利用变压器的特殊外特性(二次侧可以短时短路)的性能而工作的,实际上是一台降压变压器。

(1)电焊工艺对变压器的要求

要保证电焊的质量及电弧燃烧的稳定性,电焊机对变压器有以下几点要求:

①空载时,空载电压 U_{20} 一般应在 60 ~ 75 V,以保证容易起弧。但考虑到操作者的安全,U_{20} 的最高电压不超过 85 V。

②负载(即焊接)时,变压器应具有迅速下降的外特性,如图 1 – 30 所示,在额定负载时的输出电压 U_2(焊钳与工件间的电弧)为 30 V 左右。

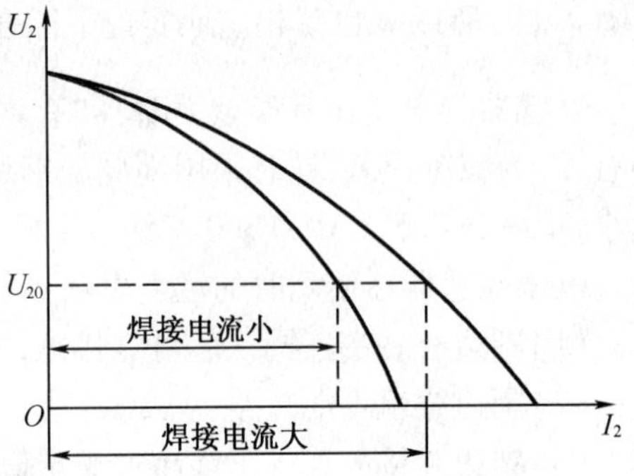

图 1 – 30 电焊变压器的外特性

③ 当短路(焊钳与工件间接触)时,短路电流 $\dot{I}_{2k}$ 不应过大,一般 $I_{2k} \leqslant 2I_{2N}$。

④为了适应不同焊接工件和焊条,要求焊接电流大小在一定范围内均匀可调。

由普通变压器的工作原理可知,引起变压器副边(二次侧)电压 U_2 下降的内因,是内阻抗 Z_2 的存在,$U_2 = E_2 - I_2Z_2$。而普通变压器 Z_2 却很小,I_2Z_2 很小,从空载到额定负载 U_2 变化不大,不能满足电焊要求。因此电焊变压器应具备较大的电抗,才能使 U_2 迅速下降,并且电抗还要可调。改变电抗的方法不同,可得不同的电焊变压器。

(2)磁分路动铁芯电焊变压器

①结构。如图 1 – 31 所示,原、副绕组分装于两铁芯柱上,在两铁芯之间有一磁分路,即动铁芯。动铁芯通过一螺杆可以移动调节,以改变漏磁通的大小,从而改变电抗的大小。

②工作原理。当动铁芯移出时,原、副绕组漏磁通减小,磁阻增大,磁导减小,漏抗减小,阻抗压降减小,U_2 增高,焊接电流 I_2 增大;当动铁芯移入时,原、副绕组漏磁通经过动铁芯形成闭合回路而增大,磁阻减小,磁导增大,漏抗增大,阻抗压降增大,U_2 减小,焊接电流 I_2 减小。

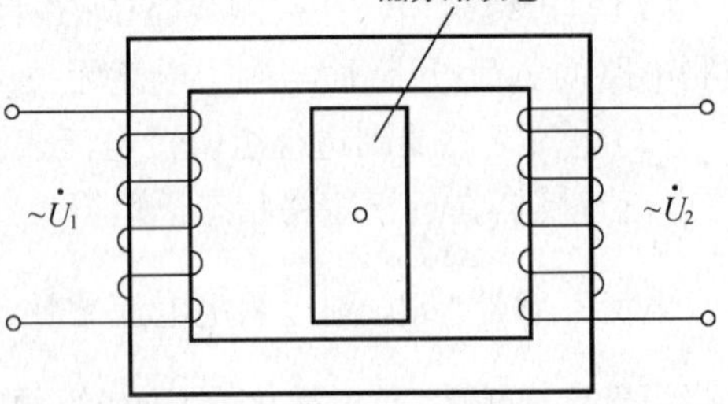

图 1 – 31 磁分路式电焊变压器

根据不同焊件和焊条,灵活地调节动铁芯位置来改变电抗的大小,达到输出电流可调的目的。

(3)串联可变电抗器的电焊变压器

如图 1 – 32 所示,在普通变压器副绕组中串联一可变电抗器,电抗器的气隙 δ 通过一螺杆调节其大小,这时焊钳与焊件之间电压为 $\dot{U}_2 = \dot{E}_2 - \dot{I}_2Z_2 - \mathrm{j}\dot{I}_2X$,式中 X 为可变电抗器的电抗。

①当电抗器的气隙 δ 调小时，磁阻减小，磁导增大，可变电抗 X 增大，U_2 减小，I_2 减小。

②当气隙调大时，磁阻增大，磁导减小，可变电抗 X 减小，U_2 增大，I_2 增大。

③根据焊件与焊条的不同，可灵活地调节气隙 δ 的大小，达到输出电流可调的目的。

电焊机原边还备有抽头，可以调节起弧电压的大小。

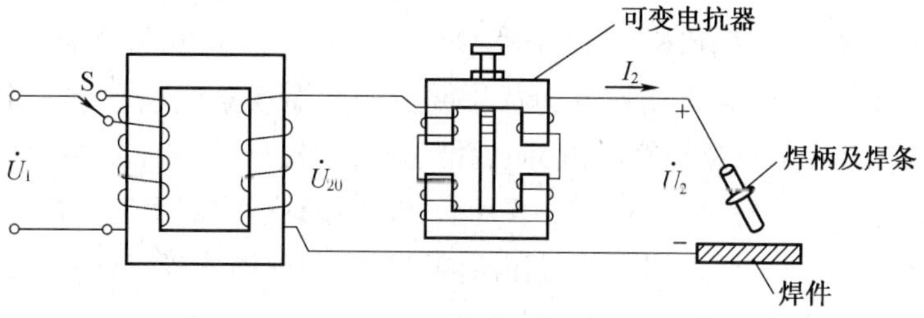

图1－32　串联可变电抗器的电焊变压器

【相关训练】

实训一　小型变压器的制作或重绕修理

一、实训目的

掌握小型变压器的绕制和维修技能。

二、实训器材

绕线机1台，变压器组件1套，电工工具1套。

三、实训方法和步骤

低频范围工作的单相电源变压器、控制变压器、行灯变压器统称为小型变压器。当小型变压器发生绕组烧毁、引出线断裂、匝间短路等故障时，均需对绕组进行拆除重绕。其整个修理过程大致为：记录原始数据→拆卸铁芯→制作模心及骨架→绕制绕组→绝缘处理→铁芯装配→检查和试验。

1. 记录原始数据

在拆卸小型变压器前及拆卸过程中，要记录下列原始数据，作为重绕变压器的依据。

(1)铭牌数据　型号、相数、额定功率(容量)、主副侧电压、连接组、绝缘等级等。

(2)绕组数据　绕组用导线规格、匝数、尺寸、引出线规格与长度、质量等。

(3)铁芯数据　铁芯形状、铁芯尺寸、铁芯片数、铁芯厚度、叠压顺序、叠压方式等。

2. 拆卸铁芯

(1)拆卸步骤

①拆除外壳、接线柱。

②拆除铁芯夹板或铁轭。

③用螺丝刀把合在一起的硅钢片插松。

④用钢丝钳将硅钢片一一拉出。

⑤对硅钢片进行表面处理。

⑥将硅钢片按只叠放,妥善保管。

(2)拆卸方法

对不同形状的铁芯应采用不同的拆卸方法。

①对"E"字形硅钢片,要先用螺丝刀插松并拆卸两端横条(横轭),再用螺丝刀顶住中柱硅钢片的舌端,同时用小锤轻轻敲击,向后推舌片,待推出3~4 mm后,即可用钢丝钳夹住中柱部位抽出"E"字形片。当拆出5~6片后,即可用钢丝钳或手逐片抽出。

②对"F"字形硅钢片,要先用螺丝刀在两侧已插松的硅钢片接口处分别顶开,使被顶硅钢片推出即可。当每侧拆出5~6片后,即可用钢丝钳或手逐片抽出。

③对"C"字形硅钢片,在拆除夹紧箍后先把一端横头夹在台虎钳上,用小锤左右轻敲另一个横头,使整个铁芯松动,然后再用钢丝钳或手逐片抽出。

④对"日"字形硅钢片,先插松第一、二片,把铁轭开口一端掀起至绕组骨架上面,再用螺丝刀插松中柱硅钢片,并从舌端向后推出几毫米,然后再用钢丝钳拉出硅钢片。当拉出十余片后,即可用钢丝钳或手逐片抽出。

(3)拆卸注意事项

①用螺丝刀插松硅钢片时,动作要轻,用力要均匀,入刀位置要常换。

②用钢丝钳拉出硅钢片时,要多次试拉,不能硬抽,对拉不出的硅钢片,一方面要继续插松,另一方面可适当左右摆动几下或用木锤轻击,以加速松动,但不要使硅钢片变形。

③拆下的硅钢片不要乱抛,要保持硅钢片完整、无损伤、无丢失。

3. 制作模心及骨架

在绕制变压器绕组前应根据旧绕组和旧骨架的尺寸制作模心和骨架。

模心是绕组绕制过程中的支撑体。将模心套在绕线机的转轴上,转动绕线机,导线便可以方便地绕制在模心上。模心的制作要求是:

(1)制作材料多为干燥硬木,如杨木、杉木等。

(2)为使绕组绕好后脱模方便,模心通常做成两个45度角对半开的楔形。

(3)中心孔要平直居中。

(4)4个矩形面要平行,边角要圆滑。

横截面要比铁芯的中心柱截面稍大一些。对于有骨架模心,其长度一般要比铁芯的中心柱长10 mm;对于无骨架模心,其长度一般要比铁芯的中心柱长稍小一些。

骨架主要起支撑绕组和对地绝缘的作用。骨架要求具有一定的机械强度和绝缘性能,尺寸与铁芯、绕组相符合。骨架分为无框骨架(也称绕线芯)和有框骨架。无框骨架一般采用弹性纸或红钢纸制成,其厚度由变压器的容量决定。有框骨架一般采用红钢纸或层压板制成,也可采用塑料、尼龙或其他绝缘材料。制作时骨架的边沿应平整、垂直,长度应比铁芯窗口高度小2 mm左右。

4. 绕制绕组

绕组的制作在工厂中一般都用专用的自动排线机或绕线机，在家庭或实验室中通常用手摇绕线机进行绕制。绕组绕制的工艺质量是决定变压器性能的关键。

（1）绕组的基本要求

①导线规格符合要求。

②绕组尺寸与匝数正确。

③导线排列整齐、紧密，绝缘良好。

（2）绕制步骤

①检查模心与骨架尺寸，并将模心安装在绕线机的转轴上。

②在骨架上垫上绝缘衬垫，并校对计数器。

③起绕时，在导线引线头上压入一条绝缘带折条，待绕几匝后抽紧起始线头，如图1－33（a）所示。

④绕线时，通常按照一次侧绕组、静电屏蔽、二次侧高压绕组、二次侧低压绕组的顺序，依次叠绕。当二次侧绕组数较多时，每绕好一组后，用万用表测量是否有断线。

⑤每绕完一层导线，应安放一层层间绝缘。根据变压器绕组要求，做好中间抽头。导线自左向右排列整齐、紧密，不得有交叉或叠线现象，直至绕到规定匝数为止。

⑥当绕组绕至靠近末端时，先垫入固定出线用的绝缘带折条，待绕至末端时，把线头穿入折条内；然后抽紧末端线头，如图1－33（b）所示。

⑦拆下模心，取出绕组，包扎绝缘，并用胶水或绝缘胶粘牢。

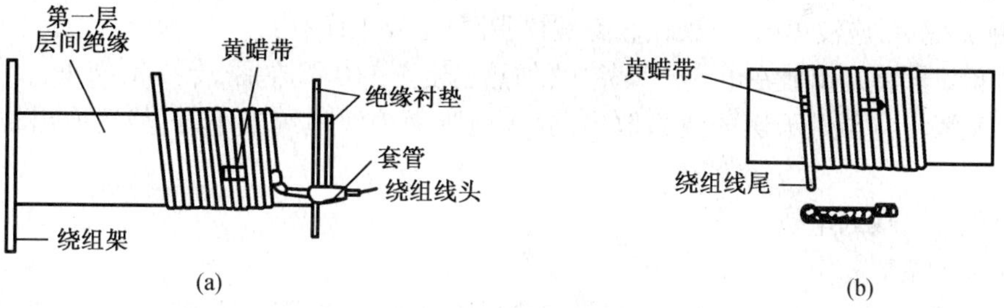

图1－33　绕组的绕制

（a）绕组线头的固紧；（b）绕组线尾的固紧

（3）绕线的工艺要点

①绝缘导线的选用要符合规格。小型变压器绕组一般采用缩醛漆包圆铜线或聚酯漆包圆铜线。导线截面乘以导线匝数应小于铁芯窗口的30%，否则线包就可能装不进铁芯。

②绝缘材料的选用必须考虑耐压要求和允许厚度。层间绝缘的厚度应按两倍电压的绝缘强度选用；对于1 000 V以下的变压器也可采用电压的峰值，即按1.4～1.5倍来选用。

③当线径等于或大于0.35 mm时，绕组的引出线可用原线；小于0.35 mm时，应另用多股软线作为引出线，如图1－34所示。绕线时通常用最后一层的导线将引出线

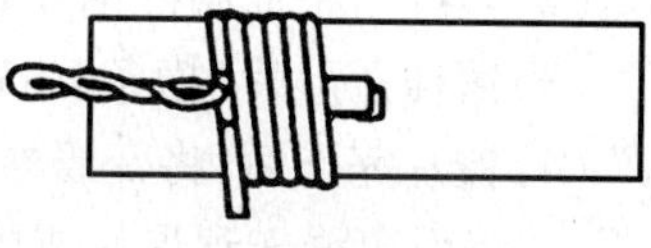

图1－34　利用多股软线作为引出线

压紧。

④导线起绕点不可过于靠近无框骨架边沿，以防导线滑出。

⑤绕线时，应使导线的移动速度与绕线机的转速相适应，务必使导线排齐、排紧，如图1－35所示。

⑥安放层间绝缘时，必须从骨架所对应的铁芯舌宽面开始安放，如图1－36所示。

⑦应放置静电屏蔽层，以减弱外来电磁场对电路的干扰。静电屏蔽层的材料为紫铜皮，其宽度应略窄于骨架宽度，长度应略小于绕组一周。

⑧绕组绕制完成后，应进行匝数检查、尺寸检查和外观检查。

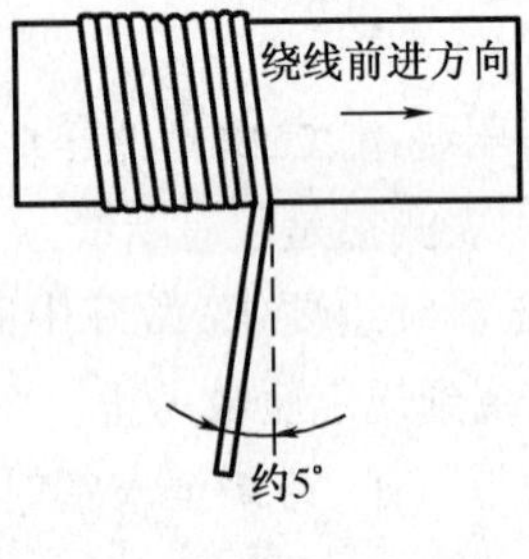

图1－35　绕制过程中持线方法

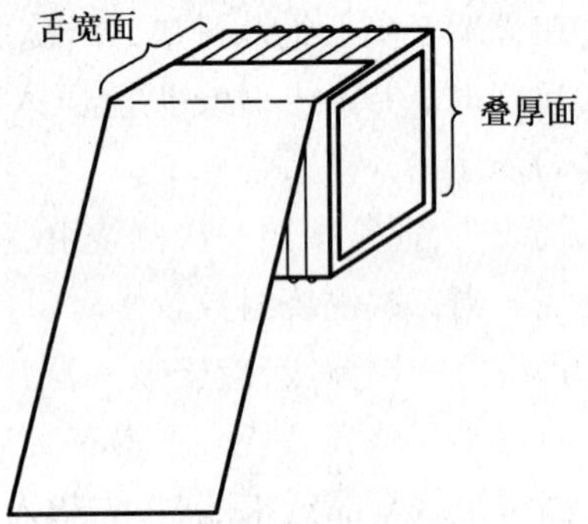

图1－36　安放层间绝缘

5. 绝缘处理

绕制完成后，应浸1032三聚氰胺醇酸树脂漆，主要工序有：

(1)预烘　将绕组放在电热干燥箱中，加热温度至110 ℃左右，保持3～4 h。

(2)浸漆　将预烘干燥的绕组取出，放入树脂漆中浸泡约半小时，然后取出绕组滴干余漆。

(3)烘干　放入电热干燥箱中。

6. 铁芯装配

将规定数量的硅钢片与绕组装配成完整的变压器。要求紧密、整齐，铁芯截面应符合设计要求。准备工作如下：

(1)检查硅钢片平整度，去除毛刺并剔除不平整的硅钢片；

(2)硅钢片表面不能有锈蚀；

(3)硅钢片表面应绝缘良好，绝缘不良要重新涂刷绝缘漆。

铁芯装配步骤为：

(1)在绕组两边，两片两片地交叉对插，插到较紧时，一片一片地交叉对插；

(2)当绕组中插满硅钢片时，余下比较难插的硅钢片，用螺丝刀撬开硅钢片夹缝插入；

(3)镶插条形片(横条)，按铁芯剩余空隙厚度叠好插入；

(4)镶片完毕后，将变压器放在平板上，两头用木锤敲打平整，然后用螺钉或夹板固紧铁芯，并将引出线连到焊片或接线柱上。

7. 实训记录表

步骤	内容	工艺要点
1	实训前的准备工作	电工工具： 电工仪表： 其他工具： 电机铭牌：
2	绕组重绕	1. 重绕工序： (1)记录原始数据 (2)拆卸铁芯 (3)制作模心及骨架 (4)绕制绕组 (5)绝缘处理 (6)铁芯装配 2. 重绕工艺：
3	绕后实验	1. 测量绝缘电阻： 2. 测量每相的直流电阻： 3. 耐压实验：

实训指导教师__________　____年____月____日

实训二　变压器的运行维护和常见故障分析

一、实训目的

掌握船用变压器的维护和主要故障的分析技能。

二、实训器材

船用变压器一台、500 V 兆欧表一块、校验灯一只、万用表一块、电压互感器一只、电流互感器一只。

三、实训方法和步骤

(一)船用变压器的维护及主要故障

船舶上用的变压器有三相变压器、单相变压器、特殊变压器。用于照明、电热等负载供电的多为三相变压器,为空气自然冷却的干式变压器。

1.使用与维护

(1)使用时严防潮湿,以防变压器绕组受潮使绝缘下降。在日常维护中,应经常检查变压器密封是否良好,螺钉是否松动,经常测量绕组绝缘电阻,用500 V兆欧表测量时,其相间及对地绝缘应不小于0.5 MΩ,低于0.2 MΩ时应采取措施提高其绝缘电阻。

(2)保持引出线端子的清洁。去除污物油垢,防止短路或接地。

(3)监视变压器的发热情况,其温升不得超过绝缘允许的最高温升。在船舶上加装容量较大的单相负载时,应保证变压器的三相电流平衡,三相电流不平衡度不得越过额定电流的±5%,最大电流不得超过额定电流。

(4)在使用各种小型变压器时,应注意电源的接线,不可错接,以免烧坏变压器。

2.主要故障

(1)变压器绕组接地。当变压器某相原边或副边对地绝缘电阻为零或接近零时,即视为发生接地故障。

发生接地故障的原因主要有:绕组严重受潮,失去绝缘能力;绕组绝缘材料老化,使绝缘电阻下降;机械原因使绕组绝缘受到损坏;变压器引线碰壳,引出端子处积有污垢和水分等。若仅为受潮引起绝缘电阻降低,则进行烘干即可。

绕组接地可用500 V兆欧表或校验灯检查。用500 V兆欧表测量各相对地绝缘电阻,如果绝缘电阻为零或接近于零则该相绕组有接地故障;如果兆欧表指针摇摆不定,则说明绝缘已破损。

用校验灯检查时,两试棒之间串一电源和灯泡,然后将两试棒分别接引绕组出线头和机壳,若灯泡稍亮,表示绕组绝缘已损坏;若灯泡全亮,表明该相绕组接地。

(2)变压器绕组断路。一般照明变压器绕组导线较粗,不易断路。

断路的原因常常由于接线螺钉松动或焊接处发热开焊。用万用表直接测量绕组的通断即可判断哪相绕组断相,至于判断断相的部位则必须进行吊芯检查。对轻度的断路,可先进行焊接后再作恢复绝缘处理;对于较为严重的断路故障,则必须更换绕组。

(3)变压器绕组短路。绕组匝间短路较为常见。

产生原因多为导线局部受力使绝缘强度减弱,在电磁力和发热作用下逐渐发展而成。此外,在维护保养中,也发生碰伤绕组绝缘而产生短路现象。

短路表现为变压器过热、有焦糊味或冒烟,测量三相电流时发现严重不平衡。如出现短路故障时应停止运行,检查修理。故障判断方法有测试绕组的电阻值及变压器的温升、吊芯检查等。

通常先用500 V兆欧表测量相间及对地的绝缘电阻,如果绝缘电阻不符合标准,则需要解体检查具体位置;然后用电桥测量各绕组的电阻,若某相电阻值小于三相平均值的2%~3%,则该相存在故障。

（二）特殊变压器的使用与维护

1. 交流电焊机的维护要求

（1）船上使用的可移动交流电焊机在露天使用时要防止海水或雨水侵入。使用完毕要放在干燥避雨的地方，并固定好以防止船舶的摇动而滑动。

（2）使用时应监视其运行情况。观察电流表的指示值，监视电焊机的温升，使温升不得超过其允许的最高温升。

（3）经常用500 V兆欧表测量原、副绕组间及它们对地的绝缘电阻，测量电抗器的绝缘电阻。上述绝缘电阻一般不应小于0.5 MΩ。

（4）电焊机电流很大，绕组和铁芯经常受到很大电磁力的作用，所以要经常检查各螺钉的紧固情况，有松动时应及时紧固。

（5）定期检查电抗器线圈及连接线有无绝缘破损、导线断裂情况。

（6）定期清洁内、外部的积垢、油污和灰尘，防止异物落入壳内。同时检查焊钳引线是否存在绝缘破损现象。

2. 电压互感器的使用

选用电压互感器时，可根据被测电压的数值和所用的电压表，选择电压互感器的额定电压比。应使互感器原边绕组的额定电压等于或稍大于被测电压。互感器的额定容量应不小于所有测量仪表消耗的功率之和。电压互感器在使用时要注意以下几点。

（1）电压互感器的原边绕组与被测电路并联，副边绕组与电压表连接。若其他仪器需量取电压时，应与电压表并联。所接负载不能超过额定容量。

（2）原、副边可安装熔断器，以对电网和互感器作短路保护。

（3）电压互感器外壳、铁芯和副边绕组需可靠接地。

（4）运行中的电压互感器副边不允许短路。

3. 电流互感器的使用

选用电流互感器时，可根据被测电流的数值和所用电流表，选择电流互感器的电流比。应使互感器原边绕组的额定电流等于或稍大于被测电流。其额定容量应不小于所有测量仪表消耗的功率之和。电流互感器在使用时要注意以下几点。

（1）电流互感器的原边绕组与被测电路串联。

（2）电流互感器外壳、铁芯及副边绕组应可靠接地。

（3）运行中的电流互感器副边绕组不允许开路。若需更换仪表时，应先将副边绕组短接。

（4）副边所接负载阻抗不能超过规定值。

任务2 异步电动机的运行与维护

【学习目标】

1. 能正确熟练地安装和拆卸三相异步电动机。
2. 掌握三相鼠笼式异步电动机常见故障的检修方法。
3. 掌握单相异步电动机的拆卸与检修方法。

【任务分析】

异步电动机是工农业生产中的重要设备,应用非常广泛,在船舶中的应用尤其广泛,目前的船舶几乎所有的机械设备都由异步电动机拖动,所以电动机的维护与检修是船舶电气人员的重要工作内容,因此船舶电气人员必须掌握异步电动机的工作原理、维护和检修技能。本单元主要介绍异步电动机的拆装与故障检修技能。

【相关知识】

交流电机按照转子转速与旋转磁场的速度(同步速度)的异同,可分为交流同步电机与交流异步电机。同步电机转子的速度与旋转磁场的速度相同,所以称为同步电机;异步电机转子的速度与旋转磁场的速度不同,所以称为异步电机。异步电机既可以作为电动机使用也可以作为发电机使用,主要作为电动机使用。异步电动机结构简单、造价低廉、工作可靠、维护工作量少,因此应用极为广泛,在使用交流电的船舶上各种辅助机械主要由异步电动机拖动。

2.1 三相异步电动机的原理与结构

一、三相异步电动机的工作原理

三相异步电动机接通电源后转子就能转起来,这是因为它具备能使转子转起来的两个基本条件,即转子绕组自成闭合回路和定子三相绕组通入三相交流电流能产生旋转磁场。

现假设定子三相绕组通电后产生一对磁极的旋转磁场。为形象和直观起见,我们用一对旋转的磁极来表示这个旋转的磁场。在图 1-37 中,假设磁场逆时针旋转,则金属框相对于永久磁铁,以顺时针方向切割磁力线,金属框中感生电流的方向,如图中小圆圈里所标的方向。此时的金属框已成为通电导体,于是它又会受到磁场作用的磁场力,力的方向可由左手定则判断,如图 1-37 中小箭头所指示的方向。金属框的两边受到两个反方向的力 F,它们相对转轴产生电磁转矩(磁力矩),使金属框发生转动,转动方向与磁场旋转方向一致,但永久磁铁旋转的速度 n_1 要比金属框旋转的速度 n 大。从上述实验中可以看到,在旋转的磁场里,闭合导体会因发生电磁感应而成为通电导体,进而又受到电磁转矩作用而顺着磁场旋转的方向转动;实际的电动机中不可能用手去摇动永久磁铁产生旋转磁场,而是通过其他方式产生旋转磁场,如在交流电动机的定子绕组(按一定排列规律排列的绕组)通入对称的交流电,便产生旋转磁场;这个磁场虽然看不到,但是人们可以感受到它所产生的效果,与有形体旋转磁场的效果一样。通过这个实验,可以清楚地看到,交流电动机的工作原理主要是产生旋转磁场。

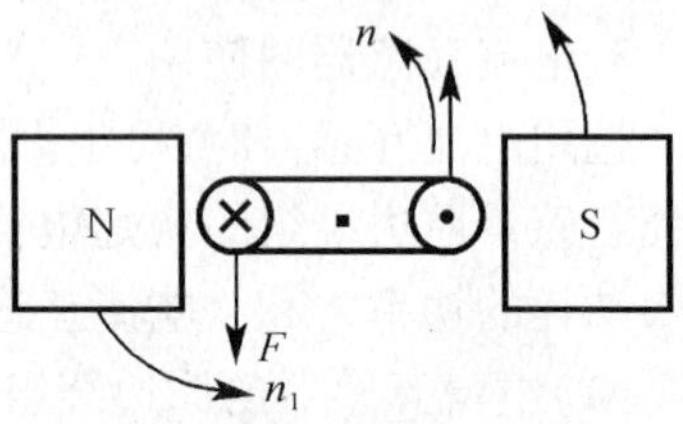

图 1-37 异步电动机的原理示意图

为了更好地说明三相异步电动机的工作原理,用图 1-38 进一步进行说明。从中可以很清楚地看到三相交流电产生旋转磁场的现象。图中所示的 3 个绕组在空间上相互间隔机械角度 120°(实际的电动机中一般都是相差电角度 120°),3 个绕组的尾端(标有 U_2,V_2,

W_2）连接在一起（3 个绕组的这种连接称为星形（Y）接法。常用接法还有三角形（△）接法，就是将 3 个绕组首尾相连，在 3 个接点上分别引出 3 根引线的接法），将对称的三相交流电 $i_U = I_m \sin\omega t$、$i_V = I_m \sin(\omega t - 120°)$、$i_W = I_m \sin(\omega t + 120°)$ 从 3 个绕组的首端（标有 U_1, V_1, W_1）通入，放在绕组中心处的小磁针便迅速转动起来，由此可知旋转磁场的存在。

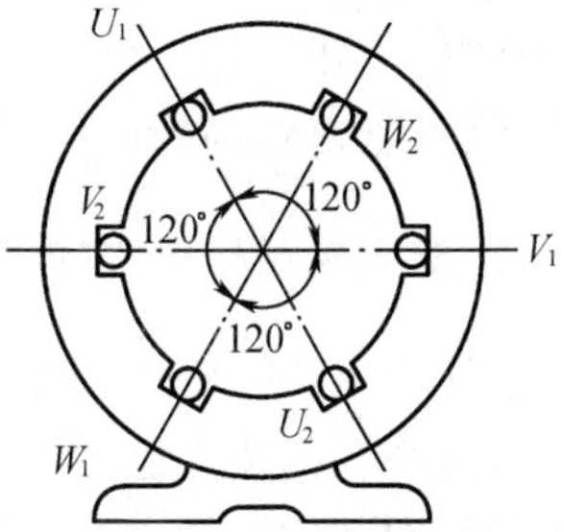

图 1－38　定子三相绕组排列示意图

三相交流电是怎样产生旋转磁场的呢？用图 1－39 进行分析。当 3 个绕组跟三相电源接通后，绕组中便通过上述三相对称的交流电流，其波形如图 1－39 所示。现在选择几个特殊的运行时刻，看看三相电流所产生的合成磁场是怎样的。这里规定：电流取正值时，是由绕组始端流进（符号⊕），由尾端流出（符号⊙）；电流取负值时，绕组中电流方向与此相反。

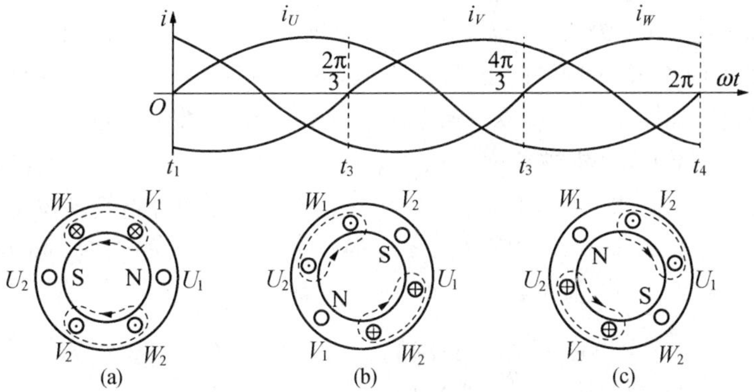

图 1－39　三相交流电产生旋转磁场示意图

当 $\omega t = \omega t_1 = 0$，$U$ 相电流 $i_U = 0$，V 相电流 i_V 为负值，即电流由 V_2 端流进，由 V_1 端流出；W 相电流 i_W 为正，即电流从 W_1 端流进，从 W_2 端流出。在图 1－39 的定子绕组图中，根据右手螺旋定则，可以判定出此时电流产生的合成磁场如图 1－39（a）所示，此时好像有一个有形体的永久磁铁的 N 极放在导体 U_1 的位置上，S 极放在导体 U_2 的位置上。

当 $\omega t = \omega t_2 = \dfrac{2\pi}{3}$ 时，电流已变化了 1/3 周期。此时刻 i_U 为正，电流由 U_1 端流入，从 U_2 端流出；i_V 为零；i_W 为负，电流从 W_2 端流入，从 W_1 端流出。这一时刻的磁场如图 1－39（b）所示。磁场方向较 $\omega t = \omega t_1$ 时沿顺时针方向在空间转过了 120°。

用同样的方法，继续分析电流在 $\omega t = \omega t_3$，$\omega t = \omega t_4$ 时的瞬时情况，便可得这两个时刻的磁场，如图 1－39（c）、1－39（d）所示。在 $\omega t = \omega t_3 = \dfrac{4\pi}{3}$ 时刻，合成磁场方向较 ωt_2 时刻又顺时针转过 120°。在 $\omega t = \omega t_4 = 2\pi$ 时刻，磁场较 ωt_3 时再转过 120°，即自 t_1 时刻起至 t_4 时刻，电流变化了一个周期，磁场在空间也旋转了一周。电流继续变化，磁场也不断地旋转。从上述分析可知，三相对称的交变电流通过对称分布的 3 组绕组产生的合成磁场，是在空间旋转的磁场，而且是一种磁场幅值不变的圆形旋转磁场。

三相异步电动机的基本原理是：把对称的三相交流电通入彼此间隔120°电角度的三相定子绕组，可建立起一个旋转磁场。根据电磁感应定律可知，转子导体中必然会产生感生电流，该电流在磁场的作用下产生与旋转磁场同方向的电磁转矩，并随磁场同方向转动。

二、交流电动机中旋转速度的问题

1. 旋转磁场的旋转速度

旋转磁场的速度也称为“同步转速”，用 n_1 表示，其单位是“r/min”。它的大小由交流电源的频率及磁场的磁极对数决定。图1－39所举的例子是只能产生一对磁极的电动机，电流变化一个周期，旋转磁场转一圈；若电源电流的频率为 f(Hz)，则一对磁极的旋转速度应为 $n_1=60f$(r/min)。我国电网供电电流的频率（即工频）为 $f=50$ Hz（即每秒完成50个周期的变化），则一对旋转磁场的转速就是 $50\times60=3\,000$ r/min。

若定子绕组采用的排列方式不同，那么产生的磁极对数也不同，依照前面分析产生一对磁极的方法，仍然选取几个特殊的时刻，根据图1－39上图各相电流的正、负时刻，画出各个绕组中电流的流向，即可判定出各时刻产生的磁场情况，如图1－40所示。$\omega t=\omega t_1=0$ 时，$i_U=0$，U 相绕组内没有电流；i_V 为负值，电流由 V_2 端流进，由 V_1 端流出，再由 V_2' 端流进，由 V_1' 端流出；i_W 为正值，电流由 W_1 端流进，由 W_2 端流出，再由 W_1' 端流进，由 W_2' 端流出。此时三相电流产生的合成磁场如图1－40所示。前面讲过，每当交流电变化一个周期，两极旋转磁场就在空间转过360°（即1转）机械角度。从图1－40中可以看出，四极的旋转磁场在电流变化一周中，在空间只转过180°（即1/2转）机械角度。由此类推，当旋转磁场具有 p 对磁极时，交流电每变化一周，磁场就在空间转过 $1/p$ 转。故旋转磁场的转速（同步转速）n 为

$$n_1=\frac{60f}{p}\quad(\text{r/min})$$

式中 f——电流的频率；

p——定子绕组产生的磁极对数。

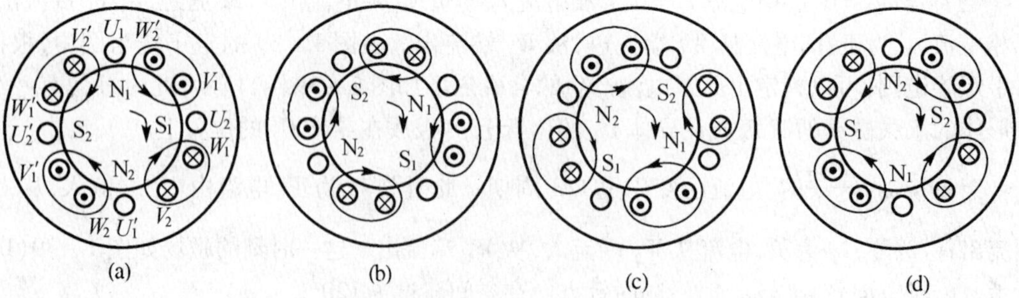

图1－40 三相异步电动机产生4个磁极旋转磁场

2. 旋转磁场的旋转方向

交流电动机旋转磁场的旋转方向，一般与接入定子绕组的电流相序有关。如前面举的两个例子（图1－39和图1－40），磁场都是按顺时针方向旋转的，这与三相电源通入三相绕组的电流相序 $i_U-i_V-i_W$（正序电流）是一致的。若要使磁场按逆时针方间旋转，只需改变通入三相绕组中的电流相序，也就是说通入三相绕组的电流相序为 $i_U-i_W-i_V$，是反（负）序

的，即只要把三相绕组的3根引出线头任意调换两根后再接电源就可实现。在图1－40中，使i_V流入W_1W_2绕组，i_W流入V_1V_2绕组，i_U仍流入U_1U_2绕组。三相绕组通入反(负)序电流后，所产生的旋转磁场分析如图1－41所示。从图中可以明确看到，旋转磁场的旋转方向是逆时针的，与图1－39所示的旋转磁场的顺时针方向相反。

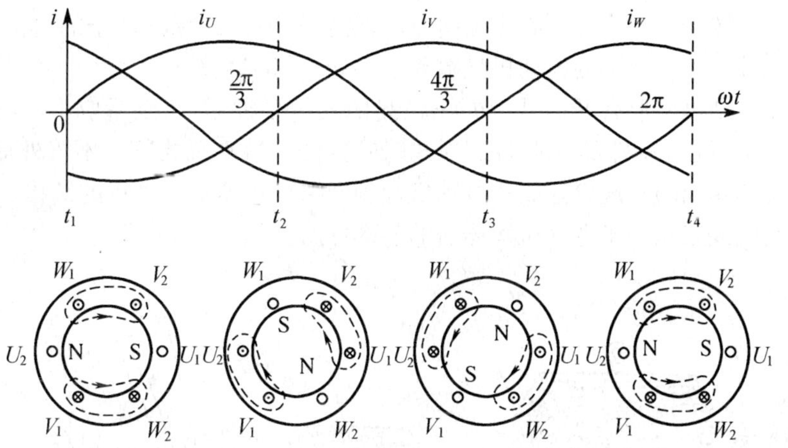

图1－41　三相绕组通入反(负)序电流时的旋转磁场

3. 转子的旋转速度

转子的旋转速度一般称为电动机的转速，用n表示。根据前面的工作原理可知，转子是被旋转磁场拖动而运行的，在异步电动机处于电动状态时，它的转速恒小于同步转速n_1，这是因为转子转动与磁场旋转是同方向的，转子比磁场转得慢，转子绕组才可能切割磁力线，产生感生电流，转子也才能受到磁力矩的作用。假如有$n=n_1$情况，则意味着转子与磁场之间无相对运动，转子不切割磁力线，转子中就不会产生感生电流，它也就受不到磁力矩的作用了。如果真的出现了这样的情况，转子会在阻力矩(来自摩擦或负载)作用下逐渐减速，使得$n<n_1$。当转子受到的电磁力矩和阻力矩(摩擦力矩与负载力矩之和)平衡时，转子保持匀速转动。所以，异步电动机正常运行时，总是$n<n_1$，这也正是此类电动机被称作“异步”电动机的由来。又因为转子中的电流不是由电源供给的，而是由电磁感应产生的，所以这类电动机也称为感应电动机。

4. 转差率

一般情况下，转子的转速n总是略低于同步转速n_1，“异步”之名由此而来，转差(n_1-n)是异步电机运行的必要条件，将转差与同步转速之比称为转差率s：

$$s=\frac{n_1-n}{n_1}$$

转差率是异步电机的一个基本参量，不同的数值范围反映不同的运行状态。当异步电动机刚要启动时，$n=0$，$s=1$；当$n=n_1$时，$s=0$。异步电动机正常使用时，电动机转速略小于但接近同步转速，额定转差率一般小于5%。

$0<n<n_1$，	$0<s<1$	电动机运行状态
$n_1<n$，	$s<0$	发电机运行状态
$n<0$，	$s>1$	电磁制动状态

三、三相异步电动机的结构

异步电动机的结构也可分为定子、转子两大部分。定子就是电机中固定不动的部分，转子是电机的旋转部分。由于异步电动机的定子产生励磁旋转磁场，同时从电源吸收电能，并通过旋转磁场把电能转换成转子上的机械能，所以与直流电机不同，交流电机定子是电枢。另外，定、转子之间还必须有一定间隙（称为空气隙），以保证转子的自由转动。异步电动机的空气隙较其他类型的电动机气隙要小，一般为 0.2 ~ 2 mm。

三相异步电动机外形有开启式、防护式、封闭式等多种形式，以适应不同的工作需要。在某些特殊场合，还有特殊的外形防护形式，如防爆式、潜水泵式等。不管外形如何，电动机结构基本上是相同的。现以封闭式电动机为例介绍三相异步电动机的结构。如图 1 – 42 所示是一台封闭式三相异步电动机解体后的零部件图。

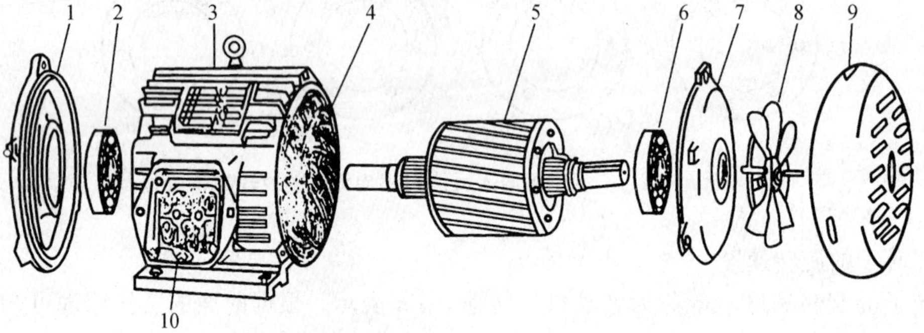

图 1 – 42　封闭式三相异步电动机的结构

1—端盖；2—轴承；3—机座；4—定子绕组；5—转子；
6—轴承；7—端盖；8—风扇；9—风罩；10—接线盒

1. 定子部分

定子部分由机座、定子铁芯、定子绕组、端盖及轴承等部件组成。

（1）机座。机座用来支承定子铁芯和固定端盖。中、小型电动机机座一般用铸铁浇成，大型电动机多采用钢板焊接而成。

（2）定子铁芯。定子铁芯是电动机磁路的一部分。为了减小涡流和磁滞损耗，通常用 0.5 mm 厚的硅钢片叠压成圆筒，硅钢片表面的氧化层（大型电动机要求涂绝缘漆）作为片间绝缘，在铁芯的内圆上均匀分布有与轴平行的槽，用以嵌放定子绕组。

（3）定子绕组。定子绕组是电动机的电路部分，也是最重要的部分，一般由绝缘铜（或铝）导线绕制的绕组连接而成。它的作用就是利用通入的三相交流电产生旋转磁场。通常，绕组是用高强度绝缘漆包线绕制成各种形式的绕组，按一定的排列方式嵌入定子槽内。槽口用槽楔（一般为竹制）塞紧。槽内绕组匝间、绕组与铁芯之间都要有良好的绝缘。如果是双层绕组（就是一个槽内分上下两层嵌放两条绕组边），还要加放层间绝缘。

（4）轴承。轴承是电动机定、转子衔接的部位，轴承有滚动轴承和滑动轴承两类，滚动轴承又称滚珠轴承（也称为球轴承），目前多数电动机采用滚动轴承。这种轴承的外部有储存润滑油的油箱，轴承上还装有油环，轴转动时带动油环转动，把油箱中的润滑油带到轴与轴承的接触面上。为使润滑油能分布在整个接触面上，轴承上紧贴轴的一面一般开有油槽。

2. 转子部分

转子是电动机中的旋转部分，如图1-42中的部件5。一般由转轴、转子铁芯、转子绕组、风扇等组成。转轴用碳钢制成，两端轴颈与轴承相配合。出轴端铣有键槽，用以固定皮带轮或联轴器。转轴是输出转矩、带动负载的部件。转子铁芯也是电动机磁路的一部分。由0.5 mm厚的硅钢片叠压成圆柱体，并紧固在转子轴上。转子铁芯的外表面有均匀分布的线槽，用以嵌放转子绕组。

三相交流异步电动机按照转子绕组形式的不同，一般可分为笼型异步电动机和绕线型异步电动机。

(1)笼型转子线槽一般都是斜槽(线槽与轴线不平行)，目的是改善启动与调速性能。其外形如图1-42中的第5部分；笼型绕组(也称为导条)是在转子铁芯的槽里嵌放裸铜条或铝条，然后用两个金属环(称为端环)分别在裸金属导条两端把它们全部接通(短接)，即构成了转子绕组；小型笼型电动机一般用铸铝转子，这种转子是用熔化的铝液浇在转子铁芯上，导条、端环一次浇铸出来。如果去掉铁芯，整个绕组形似鼠笼，所以得名笼型绕组。

(2)绕线型转子绕组与定子绕组类似，由镶嵌在转子铁芯槽中的三相绕组组成。绕组一般采用星形连接，三相绕组的尾端接在一起，首端分别接到转轴上的3个铜滑环上，通过电刷把3根旋转的线变成了固定线，与外部的变阻器连接，构成转子的闭合回路，以便于控制，如图1-43所示。有的电动机还装有电刷短路装置，当电动机启动后又不需要调速时，可提起电刷，同时使用3个滑环短路，以减少电刷磨损。

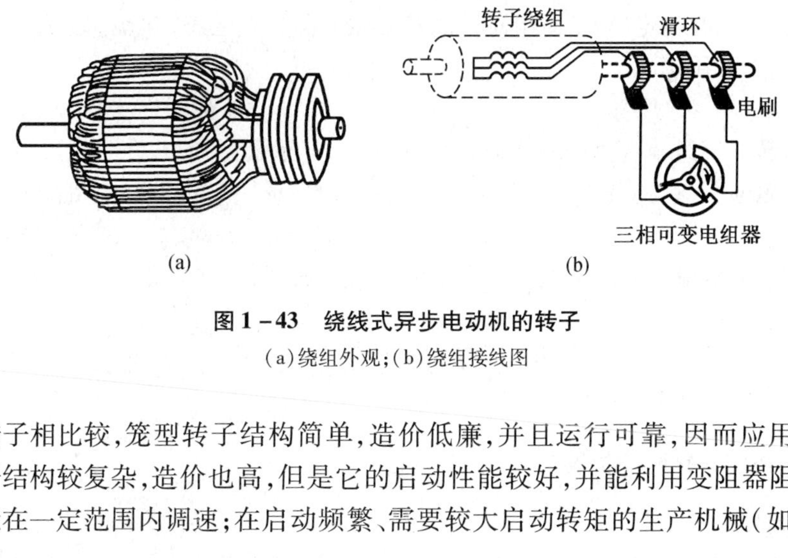

图1-43 绕线式异步电动机的转子

(a)绕组外观；(b)绕组接线图

两种转子相比较，笼型转子结构简单，造价低廉，并且运行可靠，因而应用十分广泛。绕线型转子结构较复杂，造价也高，但是它的启动性能较好，并能利用变阻器阻值的变化，使电动机能在一定范围内调速；在启动频繁、需要较大启动转矩的生产机械(如起重机)中常常被采用。

一般电动机转子上还装有风扇或风翼，如图1-42中部件8，便于电动机运转时通风散热。

3. 气隙δ

所谓气隙就是定子与转子之间的空隙。中小型异步电动机的气隙一般为0.2~1.5 mm。气隙的大小对电动机性能影响较大。气隙大，磁阻也大，产生同样大小的磁通，所需的励磁电流也越大，电动机的功率因数也就越低；但气隙过小，将给装配造成困难，运行时定、转子容易发生摩擦,使电动机运行不可靠。

四、三相异步电动机的铭牌数据

三相异步电动机在出厂时,机座上都固定着一块铭牌,铭牌上标注着额定数据。主要的额定数据为:

1. 额定功率 P　电动机额定运行时轴上输出的机械功率,kW;
2. 额定电压 U_N　额定运行时定子绕组应加的线电压,V;
3. 额定电流 I_N　额定运行时定子绕组的线电流,A;
4. 额定频率 f_1　标准频率为 50 Hz;
5. 额定转速 n_N　额定运行时的转速,r/min;
6. 额定功率因数 $\cos\varphi_N$ 和额定效率 η_N 等。

铭牌上还应标明定子绕组接法、绝缘等级(允许温升)、绕线式异步电动机还应标明转子绕组的额定电压和额定电流。

对三相异步电动机,额定数据之间的关系为

$$P_N = \sqrt{3}U_N I_N \cos\varphi_N \eta_N \times 10^{-3}\ \text{kW}$$

五、三相异步电动机的主磁通和漏磁通

定子三相绕组接通三相对称电源时,产生旋转磁通势,在气隙中建立磁场,产生的磁通分为主磁通和漏磁通两类。

1. 主磁通

通过气隙并同时与定、转子绕组匝链的基波磁通称为主磁通,以 Φ_m 表示。主磁通在能量转换中起主要作用。

2. 漏磁通

仅与定、转子绕组本身匝链的磁通称为漏磁通,定子漏磁通以 Φ_{S1} 表示,转子漏磁通以 Φ_{S2} 表示。漏磁通不参与能量转换,数量只有主磁通的 1% ~3%,但对电机的参数和特性有明显影响。

漏磁通包括槽漏磁通、端部漏磁通和谐波漏磁通三部分。

2.2　三相异步电动机转子静止时的电磁关系

一、转子绕组开路时的情况

1. 电磁过程

相当于变压器的空载运行情况。定子三相对称绕组接通三相对称电源,流过三相对称空载电流 i_0,产生基波旋转磁通势和基波旋转磁场,以同步转速 n_1 切割定、转子绕组,在定、转子绕组中分别产生感应电动势 e_1 和 e_2,其有效值分别为

$$E_1 = 4.44 f_1 N_1 k_{W1} \Phi_m$$

$$E_2 = 4.44 f_1 N_2 k_{W2} \Phi_m$$

$k_e = \dfrac{E_1}{E_2} = \dfrac{N_1 k_{W1}}{N_2 k_{W2}}$,称为电动势变比。

定子绕组漏磁通 $\dot{\Phi}_{S1}$ 在定子绕组中感应漏电动势，根据其大小和相位可以表示为

$$\dot{E}_{S1} = -\mathrm{j}\dot{I}_0 x_1$$

式中，$x_1 = 2\pi f_1 L_1$ 为定子绕组的漏电抗。

2. 电压平衡方程式

参照变压器设定定子绕组各量的正方向，可得一相绕组的电压平衡方程式：

$$\dot{U}_1 = -\dot{E}_1 - \dot{E}_{S1} + \dot{I}_0 r_1 = -\dot{E}_1 + \dot{I}_0(r_1 + \mathrm{j}x_1) = -\dot{E}_1 + \dot{I}_0 Z_1$$

式中，$Z_1 = r_1 + \mathrm{j}x_1$ 为定子绕组的漏阻抗。

由于异步电动机的磁路中有气隙，磁阻大，所以空载电流 I_0 比变压器的大得多，可达额定电流的20%～50%。

二、转子绕组短路、转子堵住不转的情况

转子绕组短路、转子堵住不转的情况相当于变压器副边短路情况。

1. 电磁过程

以绕线式为例进行分析，结果同样适用于鼠笼式。转子绕组中感应电动势，流过三相对称电流，产生转子基波旋转磁通势 F_2。如图1－44所示，转子绕组的相序取决于定子电流产生的旋转磁场的转向，转子旋转磁通势的转向又取决于转子绕组的相序，因而 F_2 的转向必定与 F_1 相同。转速 $n_2 = \frac{60f_2}{p} = \frac{60f_1}{p} = n_1$。可见 F_1 和 F_2 在空间同转向同转速旋转，既在空间相对静止，又均为空间正弦量，故可得合成磁通势

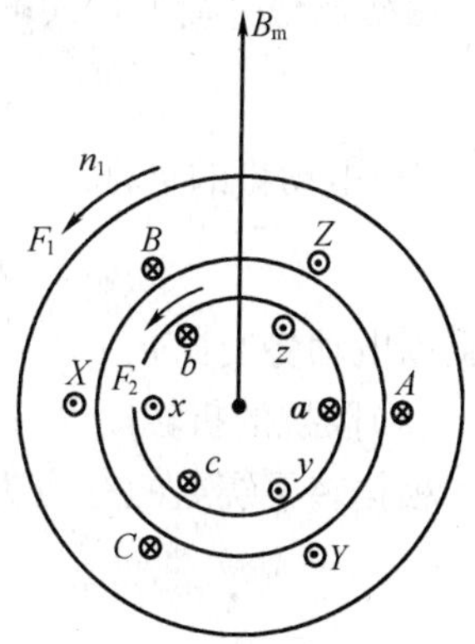

图1－44　转子磁通势的转向

$$\boldsymbol{F}_1 + \boldsymbol{F}_2 = \boldsymbol{F}_m$$

即

$$\boldsymbol{F}_1 + \boldsymbol{F}_m + (-\boldsymbol{F}_2)$$

可见定子基波磁通势 $\boldsymbol{F}_1$ 包含两个分量：一个分量（$-\boldsymbol{F}_2$），用以抵消 $\boldsymbol{F}_2$ 对主磁通的影响；另一个分量 $\boldsymbol{F}_m$，作用是产生主磁通 $\dot{\Phi}_m$。

2. 电压平衡方程式

$$\dot{U}_1 = -\dot{E}_1 - \dot{E}_{S1} + \dot{I}_1 r_1 = -\dot{E}_1 + \dot{I}_1(r_1 + \mathrm{j}x_1) = -\dot{E}_1 + \dot{I}_1 Z_1$$

$$\dot{E}_2 = \dot{I}_2 r_2 - \dot{E}_{S2} = \dot{I}_2 r_2 + \mathrm{j}\dot{I}_2 x_2 = \dot{I}_2(r_2 + \mathrm{j}x_2) = \dot{I}_2 Z_2$$

式中 $Z_1 = r_1 + \mathrm{j}x_1$ 为定子漏阻抗，$Z_2 = r_2 + \mathrm{j}x_2$ 为转子漏阻抗。

与变压器相似，将 $\dot{E}_1$ 用阻抗压降表示为

$$\dot{E}_1 = -\dot{I}_m(r_m + \mathrm{j}x_m) = -\dot{I}_m Z_m$$

式中 $Z_m = r_m + \mathrm{j}x_m$ 为励磁阻抗；r_m 为励磁电阻，反映铁耗的等效电阻；x_m 为与主磁通对应的电抗，称为励磁电抗。

3. 绕组折算

和变压器一样，为求等效电路和相量图，需对电动机的绕组进行折算，一般是将转子绕组折算到定子边，即人为地以相数、每相串联匝数以及绕组系数均和定子绕组相同的假想绕组等效替代相数为 m_2、每相串联匝数为 N_2 以及绕组系数为 k_{W2} 的实际绕组，折算的原则是保持转子磁通势 $\boldsymbol{F}_2$ 不变。

（1）电流的折算

根据转子磁通势保持不变的原则可得

$$0.9\frac{m_1}{2}\frac{N_1k_{W1}}{p}\dot{I}'_2 = 0.9\frac{m_2}{2}\frac{N_2k_{W2}}{p}\dot{I}_2$$

所以 $\dot{I}'_2 = \frac{m_2N_2k_{W2}}{m_1N_1k_{W1}}\dot{I}_2 = \frac{1}{k_i}\dot{I}_2$，即除以电流变比 k_i。式中电流变比

$$k_i = \frac{m_1N_1k_{W1}}{m_2N_2k_{W2}}$$

由磁通势平衡方程式可得折算以后的电流平衡方程式

$$\dot{I}_1 + \dot{I}'_2 = \dot{I}_m$$

（2）电动势的折算

$$\dot{E}'_2 = -j4.44f_1N_1k_{W1}\dot{\Phi}_m = \dot{E}_1 = k_e\dot{E}_2$$

即乘以电动势变比 k_e。

（3）阻抗的折算

根据转子绕组的有功功率不变的原则可得

$$m_1I'^2_2r'_2 = m_2I_2^2r_2$$

即

$$r'_2 = \frac{m_2I_2^2}{m_1I'^2_2}r_2 = \frac{m_2}{m_1}\left(\frac{m_1N_1k_{W1}}{m_2N_2k_{W2}}\right)^2r_2 = k_ek_ir_2$$

根据转子绕组的无功功率不变的原则可得

$$m_1I'^2_2x'_2 = m_2I_2^2x_2$$

即

$$x'_2 = k_ek_ix_2$$

同理 $Z'_2 = r'_2 + jx'_2 = k_ek_iZ_2$，即乘以两种变比的乘积 k_ek_i。

4. 等效电路和相量图

转子绕组短路，转子堵住不转时经过绕组折算后的基本方程式

$$\dot{U}_1 = -\dot{E}_1 + \dot{I}_1(r_1 + jx_1)$$

$$\dot{E}_1 = -\dot{I}_m(r_m + jx_m)$$

$$\dot{E}_1 = \dot{E}'_2$$

$$\dot{E}'_2 = \dot{I}'_2(r'_2 + jx'_2)$$

$$\dot{I}_1 + \dot{I}'_2 = \dot{I}_m$$

根据这些方程式可以画出相应的等效电路如图 1－45 所示。同时可得相应的相量图如图 1－46 所示。

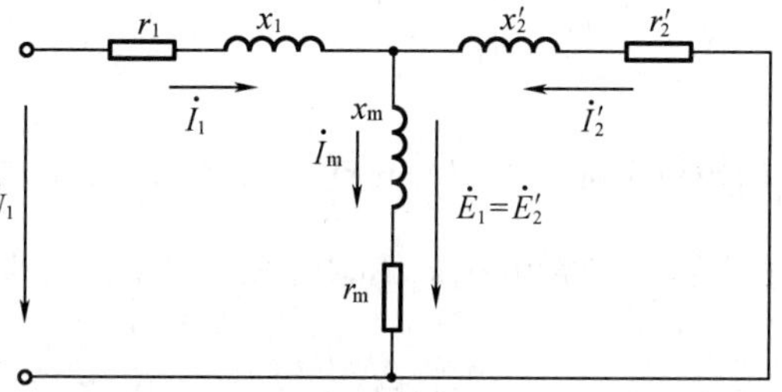

图 1－45　转子堵转时异步电机的等效电路

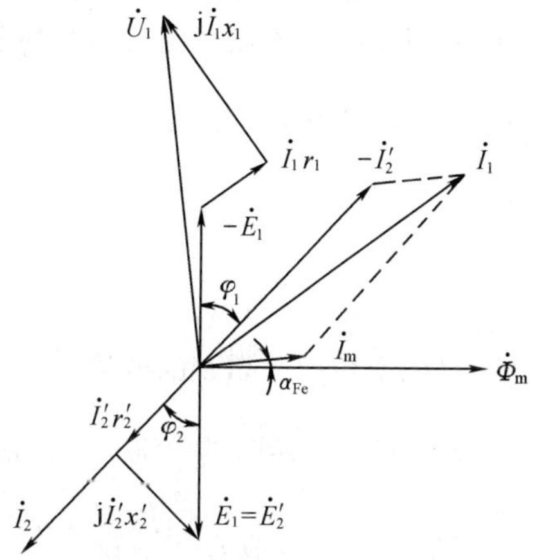

图 1－46　转子堵转时异步电机的相量图

2.3　三相异步电动机转子旋转时的电磁关系

一、基本方程式

1. 转子频率 f_2

转子以转速 n 旋转时，旋转磁场在转子绕组中感应电动势的频率（简称转子频率）为

$$f_2 = \frac{p(n_1 - n)}{60} = \frac{n_1 - n}{n_1} \times \frac{pn_1}{60} = sf_1$$

即与转差率成正比，$n = 0$ 时，$f_2 = f_1$；正常运行时，转差率很小，f_2 很低，为 1 ~ 3 Hz。

2. 转子绕组的感应电动势

$$E_{2s} = 4.44 f_2 N_2 k_{W2} \Phi_m = 4.44 s f_1 N_2 k_{W2} \Phi_m = sE_2$$

3. 转子每相漏电抗

$$x_{2s} = 2\pi f_2 L_{s2} = s2\pi f_1 L_{s2} = sx_2$$

可见转子电动势和漏电抗亦与转差率 s 成正比。

4. 转子磁通势的转速：转子磁通势 F_2 相对于转子本身的转速

$$\Delta n = \frac{60f_2}{p} = \frac{60f_1 s}{p} = n_1 s = n_1 \frac{n_1 - n}{n_1} = n_1 - n$$

转子本身以转速 n 向前旋转，所以 F_2 相对于定子的转速（空间转速）为

$$\Delta n + n = n_1 - n + n = n_1$$

即转子磁通势 F_2 和定子磁通势 F_1 的转速是相同的，均为 n_1。说明负载时，转子磁通势 F_2 与定子磁通势 F_1 在空间仍然相对静止，其合成磁通势保持定值，此时气隙中的旋转磁场由此合成磁通势产生，故磁通势平衡方程式和转子堵转时相同：

$$\boldsymbol{F}_1 + \boldsymbol{F}_2 = \boldsymbol{F}_m$$

二、频率折算

转子旋转时，转子电路的频率与定子电路的频率不相同，所以为了导出转子旋转时的

等效电路和相量图,不但要进行绕组的折算,还要进行频率的折算。

转子对定子的作用是通过磁通势 $\boldsymbol{F}_2$ 产生,只要维持折算前后 $\boldsymbol{F}_2$ 不变即可。亦即只要维持转子绕组电流 $\dot{I}_2$ 不变。由转子绕组电动势平衡方程式可得

$$\dot{I}_{2s} = \frac{\dot{E}_{2s}}{r_2 + jx_{2s}} = \frac{s\dot{E}_2}{r_2 + jsx_2} = \frac{\dot{E}_2}{\frac{r_2}{s} + jx_2} = \dot{I}_2$$

经过以上变换后得到的电流 $\dot{I}_2$ 在大小和相位上完全与 $\dot{I}_{2s}$ 一样,但物理意义却大不相同,$\dot{I}_2$ 等于转子不转时的电动势 $\dot{E}_2$ 除以转子不转时的漏电抗 x_2 和转子等效电阻$\frac{r_2}{s}$,所以这时 $\dot{I}_2$ 的频率已经变成f_1 了。

变换后转子电路的功率因数角 φ_2 与原来一样,即

$$\varphi_2 = \tan^{-1}\frac{x_{2s}}{r_2} = \tan^{-1}\frac{sx_2}{r_2} = \tan^{-1}\frac{x_2}{\frac{r_2}{s}}$$

综上所述,用一个静止的转子去等效代替一个实际旋转的转子,只要把转子电路的电阻 r_2 改为$\frac{r_2}{s}$(相当于在转子回路中串联了一个$\frac{r_2}{s} - r_2 = \frac{1-s}{s}r_2$ 的电阻),电抗 x_{2s} 改为 x_2,用这些阻抗去除转子不转时的 $\dot{E}_2$,就能得到一个大小和相位与转子旋转时一样,而频率为 f_1 的转子电流。这个电流产生的 $\boldsymbol{F}_2$ 与原来的一样。这种用一个静止不动的转子代替实际旋转转子,从而使转子回路的频率由 f_2 变为 f_1 的方法,就叫频率折算。

三、等效电路和相量图

1. 等效电路

经过频率折算,再进行上节的绕组折算,转子回路的电压方程式由原来的

$$\dot{E}_{2s} = \dot{I}_{2s}(r_2 + jx_{2s})$$

变为

$$\dot{E}'_2 = \dot{I}'_2\left(\frac{r'_2}{s} + jx'_2\right)$$

经过频率折算和绕组折算后的基本方程式为

$$\dot{U}_1 = -\dot{E}_1 + \dot{I}_1 Z_1$$

$$\dot{E}_1 = -\dot{I}_m(r_m + jx_m)$$

$$\dot{E}_1 = \dot{E}'_2$$

$$\dot{E}'_2 = I'_2\left(\frac{r'_2}{s} + jx'_2\right)$$

$$\dot{I}_1 + \dot{I}'_2 = \dot{I}_m$$

由基本方程可以推导出变压器的等效阻抗

$$Z_d = \frac{\dot{U}_1}{\dot{I}_1} = Z_1 + \frac{1}{\dfrac{1}{Z_m} + \dfrac{1}{\dfrac{r_2'}{s} + jx_2'}}$$

由此可以作出异步电机的等效电路如图1－47所示，称为异步电机的T型等效电路。

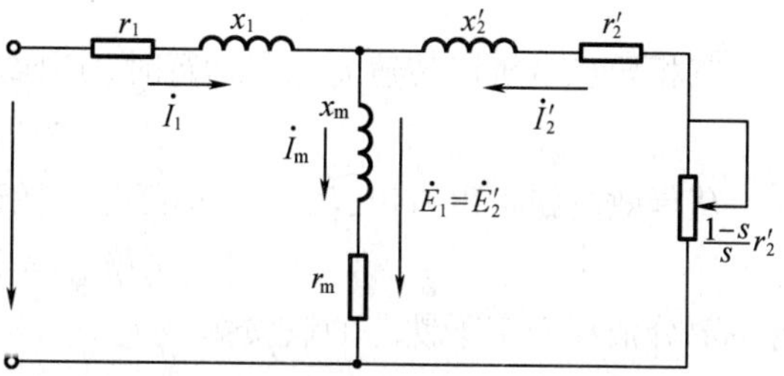

图1－47　异步电动机的T型等效电路

T型等效电路综合了异步电机运行时内部的电磁关系，能反映异步电机的各种运行情况。空载运行时，$n \approx n_1$，s很小，$\frac{1-s}{s}r_2'$趋于无穷大，转子绕组相当于开路，$\dot{I}_2' \approx 0$，$\dot{I}_1 \approx \dot{I}_m$，功率因数很低。相当于变压器副边开路的情况。

额定负载运行时，$\frac{r_2'}{s}$约为r_2'的20倍，转子电路的功率因数提高，定子电路的功率因数也较高，可达0.8～0.85，由于$\dot{I}_{1N}Z_1$不大，$-\dot{E}_1 \approx \dot{U}_1$，主磁通基本不变（略小），励磁电流$I_m$变化也不大。

启动情况：启动起始时刻，$n=0$，$s=1$，$\frac{s-1}{s}r_2'=0$，相当于短路，为此，启动电流可达额定电流的4～7倍。

当分析或计算要求精度不是很高时，可将T型的等效电路简化为单纯并联的Γ型等效电路，如图1－48所示。

四、相量图

异步电动机的相量图如图1－49所示。

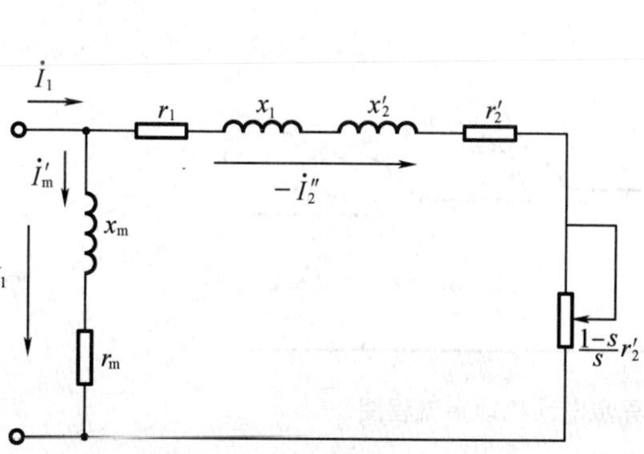

图1－48　异步电动机的近似等效电路

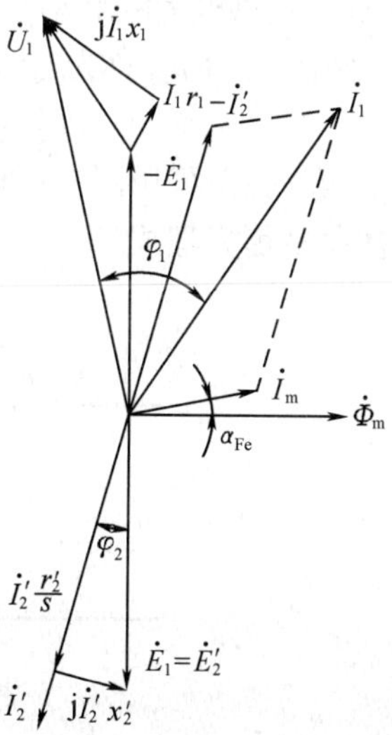

图1－49　异步电动机的相量图

2.4 三相异步电机的功率和转矩

一、功率平衡方程式

三相异步电机以转速 n 稳定运行时,定子绕组从电源输入的电功率 P_1 为

$$P_1 = 3U_1 I_1 \cos\varphi_1$$

从等效电路可以看出,P_1 的一小部分消耗于定子绕组铜损耗

$$p_{Cu1} = 3I_1^2 r_1$$

有一部分消耗于定子铁芯的铁损耗

$$p_{Fe} = 3I_m^2 r_m$$

余下的大部分功率为通过气隙旋转磁场,利用电磁感应作用由定子传给转子的全部功率,称为电磁功率 P_{em}

$$P_{em} = P_1 - p_{Cu1} - p_{Fe}$$

P_{em} 等于转子回路全部电阻上的损耗

$$P_{em} = 3I_2'^2 \frac{r_2'}{s} = 3I_2'^2\left(r_2' + \frac{1-s}{s}r_2'\right)$$

也可表示为

$$P_{em} = 3E_2' I_2' \cos\varphi_2 = m_2 E_2 I_2 \cos\varphi_2$$

转子绕组的铜损耗

$$p_{Cu2} = 3I_2'^2 r_2' = sP_{em}$$

又称转差功率。

由于 f_2 很低,转子铁损耗可以忽略不计。为此,电磁功率 P_{em} 减去转子铜损耗 p_{Cu2},剩下的转化为总机械功率 P_{mec},即

$$P_{mec} = P_{em} - p_{Cu2} = (1-s)P_{em}$$

总机械功率使电动机转动,产生轴承摩擦和风阻损耗等机械损耗 p_{mee},另外,还有一些附加损耗 p_{ad},一般把 $p_{mee} + p_{ad}$ 称为电动机的空载损耗 p_0,P_{mec} 中扣除 P_0 即为轴上输出的功率

$$P_2 = P_{mec} - (p_{mee} + p_{ad}) = P_{mec} - P_0$$

以上功率关系可用图 1 - 50 所示功率流程图表示,由以上公式或功率流程图可得电动机总的功率平衡方程式

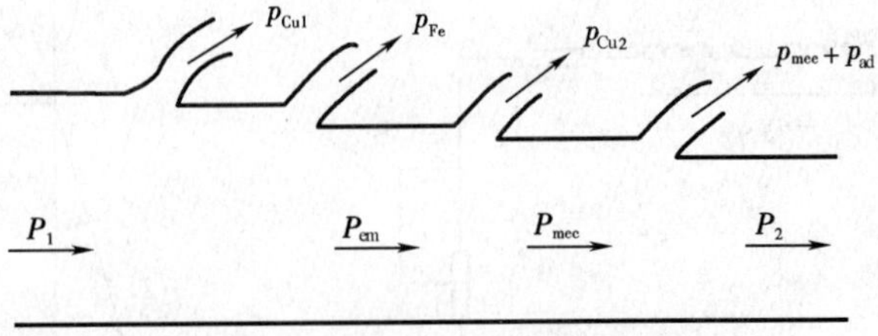

图 1 - 50 异步电动机功率流程图

$$P_2 = P_1 - \sum p = P_1 - (p_{Cu1} + p_{Fe} + p_{Cu2} + p_{mee} + p_{ad})$$

二、转矩平衡方程式

将功率关系式

$$P_{mec} = P_2 + P_0$$

的两边同时除以转子机械角速度 Ω，则得到转矩平衡方程式

$$\frac{P_{mec}}{\Omega} = \frac{P_2}{\Omega} + \frac{P_0}{\Omega}$$

即

$$T = T_2 + T_0$$

式中 $T_2 = \dfrac{P_2}{\Omega}$—— 电动机轴上输出的转矩；

$T_0 = \dfrac{p_0}{\Omega}$—— 对应于机械损耗和附加损耗的转矩，称为空载转矩；

$T = \dfrac{P_{mec}}{\Omega}$—— 对应总机械功率的转矩，称为电磁转矩。

说明电磁转矩与输出机械转矩和空载转矩相平衡。其中电磁转矩

$$T = \frac{P_{mec}}{\Omega} = \frac{(1-s)P_{em}}{\frac{2\pi n}{60}} = \frac{P_{em}}{\frac{2\pi n_1}{60}} = \frac{P_{em}}{\Omega_1}$$

式中，$\Omega_1 = \dfrac{2\pi n_1}{60}$ 为同步机械角速度。

可见，电磁转矩 T 既等于总机械功率 P_{mec} 除以转子机械角速度 Ω，也等于电磁功率 P_{em} 除以同步机械角速度 Ω_1。

三、电磁转矩公式

$$T = \frac{P_{em}}{\Omega_1} = \frac{m_2 E_2 I_2 \cos\varphi_2}{\frac{2\pi n_1}{60}} = \frac{m_1 E_2' I_2' \cos\varphi_2}{\frac{pn_1}{60}\frac{2\pi}{p}}$$

$$= \frac{m_1(\sqrt{2}\pi f_1 N_1 k_{W1}\Phi_m) I_2'\cos\varphi_2}{\frac{2\pi f_1}{p}} = \left(\frac{pm_1 N_1 k_{W1}}{\sqrt{2}}\right)\Phi_m I_2' \cos\varphi_2$$

$$= C_T' \Phi_m I_2' \cos\varphi_2$$

式中，$C_T' = \dfrac{pm_1 N_1 k_{W1}}{\sqrt{2}}$ 称为转矩系数。

可见，异步电机的转矩公式与直流电机的极为相似，表明电磁转矩与每极磁通和转子电流的有功分量成正比。

2.5 三相异步电动机的工作特性

异步电动机的工作特性是指在额定电压和额定频率下，电动机的转速 n、定子电流 I_1、功率因数 $\cos\varphi_1$、电磁转矩 T、效率 η 与输出功率 P_2 的关系。

工作特性可以通过电动机负载试验测得，或者利用等效电路计算而得，图1－51为三相

异步电动机的工作特性曲线，下面分别加以说明。

1. 转速特性 $n = f(P_2)$

因为 $n = (1 - s)n_1$，电动机空载时，转速 n 接近同步转速 n_1，s 很小，随着负载的增加，转速 n 略有下降，s 略微上升，使转子电动势 $E_{2s} = sE_2$ 增大，转子电流 I_{2s} 增大，以产生更大的电磁转矩与负载转矩相平衡，所以，随着输出功率的增大，转速特性是一条稍微下降的曲线，一般异步电动机额定负载时的转差率 $s_N = 0.01 \sim 0.05$，相应的转速为 $(0.99 \sim 0.95)n_1$。

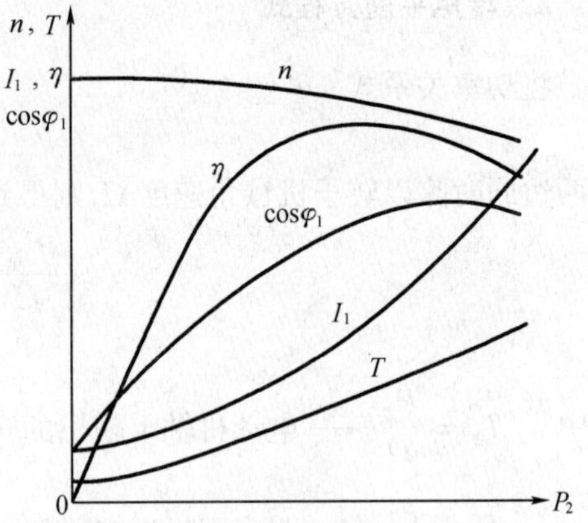

图 1－51　异步电动机的工作特性

2. 电磁转矩特性 $T = f(P_2)$

稳态运行时，异步电动机的电磁转矩

$$T = T_0 + T_2 = T_0 + \frac{P_2}{\Omega}$$

由于负载不超过额定值时，转速 n 和机械角速度 Ω 变化很小，而空载转矩 T_0 又近似不变，所以 T 随 P_2 的增大而增大，近似直线关系。

3. 定子电流特性 $I_1 = f(P_2)$

定子电流 $\dot{I}_1 = \dot{I}_m + (-\dot{I}'_2)$，空载时，转子电流 $\dot{I}'_2 \approx 0$，定子电流几乎全部是励磁电流 $\dot{I}_m$，随着负载加大，转速下降，转子电流 I'_2 增大，相应 I_1 必增大，定子电流近似随 P_2 按比例增加。

4. 效率特性 $\eta = f(P_2)$

异步电动机的效率为

$$\eta = \frac{P_2}{P_1} = 1 - \frac{\sum p}{P_2 + \sum p}$$

异步电动机的损耗也可分为不变损耗和可变损耗两部分。电动机从空载到满载运行，由于主磁通和转速变化很小，铁耗和机械损耗近似不变，称为不变损耗。而定、转子铜耗和附加损耗是随负载而变化的，称为可变损耗。空载时，$P_2 = 0$，$\eta = 0$，随着 P_2 增加，可变损耗增加很慢，η 上升很快，直到当可变损耗等于不变损耗时，效率最高。若负载继续增大，铜损耗增加很快，效率反而下降。对中小型异步电动机，最高效率大约出现在 $0.75P_N$ 时，电动机功率越大，效率越高，一般在 74% ～ 94% 之间。

5. 功率因数特性 $\cos\varphi_1 = f(P_2)$

异步电动机对电源来说是个感性负载，功率因数总是滞后的，运行时必须从电网吸取感性无功功率。空载时，定子电流几乎全部是无功的磁化电流，所以 $\cos\varphi$ 很低，为 0.1 ～ 0.2。随着负载的增加，转子电流中的有功分量增加，定子中的有功分量随之增加，使功率因数提高，在接近额定负载时，功率因数达到最高，负载再增大时，由于转速 n 下降明显，s 值变得较大，转子功率因数角 $\varphi_2 = \tan^{-1}\frac{sx_2}{r_2}$ 变大，使 $\cos\varphi_2$ 和 $\cos\varphi_1$ 又开始下降。

2.6　三相异步电动机的机械特性

机械特性是指电动机转速 n 与转矩 T 之间的关系，一般用曲线表示。欲求机械特性，先求 T 与 n 的数学关系式，称为机械特性表达式。

一、三相异步电动机机械特性的三种表达式

1. 物理表达式

电磁转矩的公式

$$T = C_T' \Phi_m I_2' \cos\varphi_2$$

此式清楚表明了 T 和 I_2'，$\cos\varphi_2$ 之间的物理关系，故称为物理表达式。虽然 I_2'，$\cos\varphi_2$ 与 n 密切相关，但此式不能直接清楚反映出 T 与 n 的关系。

2. 参数表达式

电磁转矩

$$T = \frac{P_{em}}{\Omega_1} = \frac{m_1 I_2' \dfrac{r_2'}{s}}{\Omega_1}$$

由异步电动机的近似等效电路，可得

$$I_2' = \frac{U_1}{\sqrt{\left(r_1 + \dfrac{r_2'}{s}\right)^2 + (x_1 + x_2')^2}}$$

代入 T 的公式，即得电磁转矩的参数表达式

$$T = \frac{m_1}{\Omega_1} \frac{U_1^2 \dfrac{r_2'}{s}}{\left(r_1 + \dfrac{r_2'}{s}\right)^2 + (x_1 + x_2')}$$

考虑到 $n = (1 - s) n_1$，$\Omega_1 = \dfrac{2\pi n_1}{60}$，代入上式，不但反映出 T 和 n 的关系，还可根据此式分析机械特性与各参数之间的关系。由此可以绘出机械特性曲线 $n = f(T)$，如图 1－52 所示。

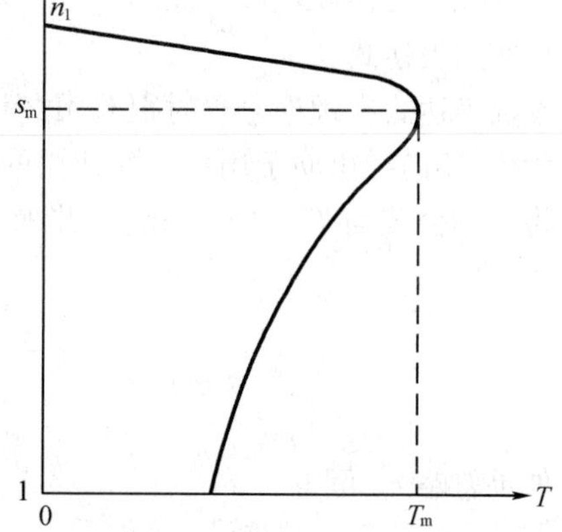

图 1－52　异步电动机的机械特性

机械特性的参数表达式为二次方程，电磁转矩必有最大值，称为最大转矩 T_m。将表达式对 s 求导，并令 $\dfrac{dT}{ds} = 0$，即可求出产生最大转矩 T_m 时的转差率 s_m 的公式如下：

$$s_m = \pm \frac{r_2'}{\sqrt{r_1^2 + (x_1 + x_2')^2}}$$

s_m 称为临界转差率。代入 T 的公式则可得最大电磁转矩 T_m

$$T_m = \pm\frac{m_1}{\Omega_1}\frac{U_1^2}{2[\pm r_1 + \sqrt{r_1^2 + (x_1 + x_2')^2}]}$$

式中正号对应于电动机状态,负号适用于发电机状态。

一般 $r_1 \ll (x_1 + x_2')$,故可得近似公式

$$s_m = \pm\frac{r_2'}{x_1 + x_2'}$$

$$T_m = \pm\frac{m_1 U_1^2}{2\Omega_1(x_1 + x_2')}$$

可见:

(1)当电动机参数和电源频率不变时,$T_m \propto U_1^2$,而 s_m 与 U_1 无关;

(2)当电源电压和频率不变时,s_m 和 T_m 近似与$(x_1 + x_2')$成反比;

(3)增大转子回路电阻 r_2',只能使 s_m 相应增大,而 T_m 保持不变。

最大转矩 T_m 与额定转矩 T_N 之比称为最大转矩倍数,也称过载能力,用 λ_M 表示:

$$\lambda_M = \frac{T_m}{T_N}$$

最大转矩倍数 λ_M 是异步电动机的重要数据之一,列于产品目录。一般异步电动机的 $\lambda_M = 1.6 \sim 2.2$,对于冶金起重机械用的电动机,可达 2.2 ~ 2.8。

异步电动机刚启动时,$n = 0, s = 1$,代入参数表达式,可得启动转矩 T_{st}的公式

$$T_{st} = \frac{m_1}{\Omega_1}\frac{U_1^2 r_2'}{(r_1 + r_2')^2 + (x_1 + x_2')^2}$$

可见,对绕线式异步电动机,转子回路串接适当大小的附加电阻(即适当加大 r_2'),就能加大启动转矩 T_{st},从而改善启动性能。

对于鼠笼式电动机,不能用转子串电阻的方法改善启动转矩,在设计电动机时就要根据不同负载的启动要求来考虑启动转矩的大小。启动转矩 T_{st}与额定转矩 T_N 之比,称为启动转矩倍数,用 K_M 表示,即

$$K_M = \frac{T_{st}}{T_N}$$

一般电动机的启动转矩倍数 $K_M = 1.0 \sim 2.0$,对于冶金起重机械用的电动机为 2.8 ~ 4.0。三相鼠笼式异步电动机的 K_M 在产品目录中可以查到。

3. 实用表达式

参数表达式在理论分析时很有用,但定、转子参数在产品目录中找不到,使用起来不方便。为此,还需导出便于用户实际使用的实用表达式。

将 T 的公式与 T_m 的公式相除,并加以整理化简,可得

$$T = \frac{2T_m\left(1 + s_m\frac{r_1}{r_2'}\right)}{\frac{s}{s_m} + \frac{s_m}{s} + 2s_m\frac{r_1}{r_2'}}$$

如果忽略 r_1,可得

$$T = \frac{2T_m}{\frac{s}{s_m} + \frac{s_m}{s}}$$

上式的 T_m 及 s_m 可由电动机产品目录查得的数据求得，求得 T_m 和 s_m，就可得到 T 与 $s(n)$ 的关系曲线。T_m 的求法如下：

$$T_m = \lambda_M T_N$$

式中

$$T_N = 9\ 550\frac{P_N}{n_N}$$

求 s_m 的公式推导如下：

以 $s=s_N$ 时 $T=T_N$ 代入实用表达式可得

$$T_N = \frac{2T_N}{\dfrac{s_N}{s_m}+\dfrac{s_m}{s_N}}$$

由此式对 s_m 求解，并考虑到 $T_m=\lambda_M T_N$，即得

$$s_m = s_N(\lambda_M + \sqrt{\lambda_M^2 - 1})$$

式中，$s_N = \dfrac{n_1 - n_N}{n_1}$。

机械特性的三种表达式，应用场合各有不同。物理表达式适用于定性分析 T 与 Φ_m 及 $I_2'\cos\varphi_2$ 之间的物理关系；参数表达式适用于分析各参数变化对电动机机械特性的影响；实用表达式适用于进行机械特性的工程计算。

二、三相异步电动机的固有机械特性和人为机械特性

1. 固有机械特性

在额定电压和额定频率下，电动机按规定的接线方式接线，定子及转子电路不外接附加参数时的机械特性称为固有机械特性，如图1－53所示。

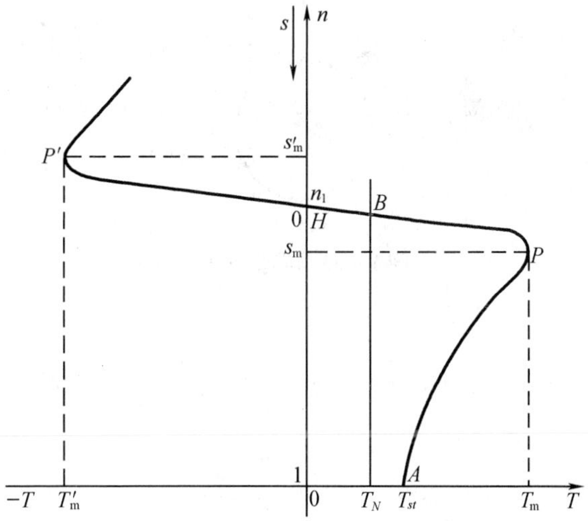

图1－53 异步电动机的固有机械特性

为描述固有机械特性，下面着重分析几个特殊运行点。

(1) 启动点 A

特点是 $n=0(s=1)$；$T=T_{st}$。

(2) 额定工作点

特点是 $n=n_N(s=s_N)$；$T=T_N$。

(3) 同步转速点 H

特点是 $n=n_1(s=0)$；$T=0$；$I_1=I_0$，是电动机状态与回馈制动状态的转折点。

(4) 最大转矩点

电动状态最大转矩点 P：$T=T_m$，$s=s_m$。

回馈制动状态最大转矩点 P'：$T=T'_m$，$s=s'_m$（均为负值），不忽略 r_1 时，$|s'_m|=|s_m|$、$|T'_m|>|T_m|$。

2. 人为机械特性

固有机械特性的条件中有一条不满足时，得到的机械特性即为人为机械特性。

(1)降低电压 U_1

n_1 不变，T_m 和 T_{st} 均与 U_1^2 成正比，s_m 与 U_1 无关。为此可得降低 U_1 时的人为机械特性。图 1-54中绘出了 $U_1=U_N$、$U_1'=0.8U_N$、$U_1''=0.5U_N$ 时的人为机械特性。

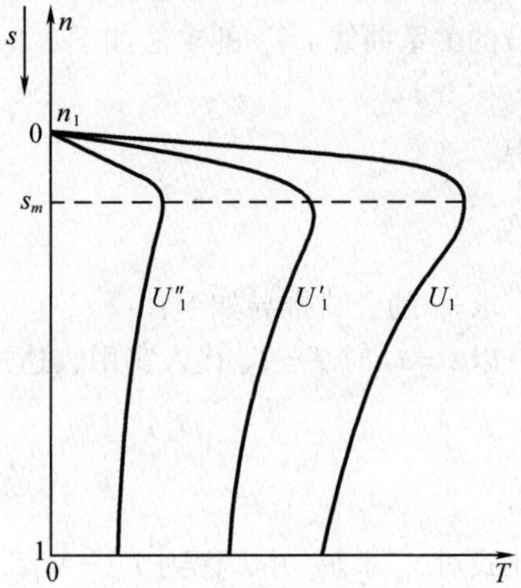

图 1-54 异步电动机降低 U_1 时的机械特性

(2)定子回路串联三相对称电阻

n_1 不变，但 T_m，T_{st} 及 s_m 将随 R_f 的增大而减小。其机械特性如图 1-55 所示。可用于鼠笼式异步电动机的降压启动。

(3)定子回路串联三相对称电抗

与定子回路串联对称电阻时相似，n_1 不变，T_m，T_{st} 及 s_m 将随 x 的增大而减小。特性如图 1-56 所示。一般也用于鼠笼式异步电动机的降压启动。

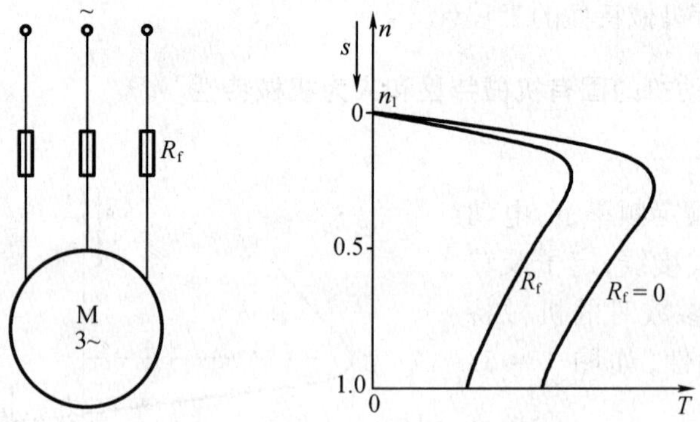

图 1-55 异步电动机定子回路串电阻的接线图及人为机械特性

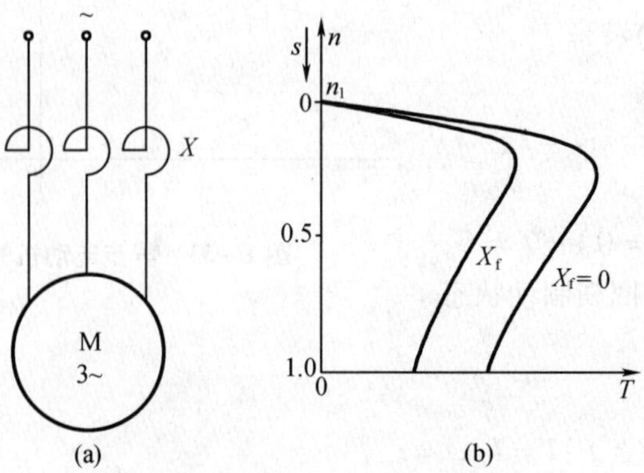

图 1-56 异步电动机定子回路串电抗的接线图及人为机械特性

(4)转子回路串联三相对称电阻

绕线式异步电动机转子回路串联电阻,n_1 不变,T_m 不变,s_m 则随串接电阻 R_Ω 的增大而增大,T_{st}也随之增大。当 R_Ω 增至 $r_2' + R_\Omega' \approx x_1 + x_2'$时 $s_m = 1$,$T_{st} = T_m$,如 R_Ω 继续增大,则 T_{st} 反而开始减小。其机械特性如图1-57所示。

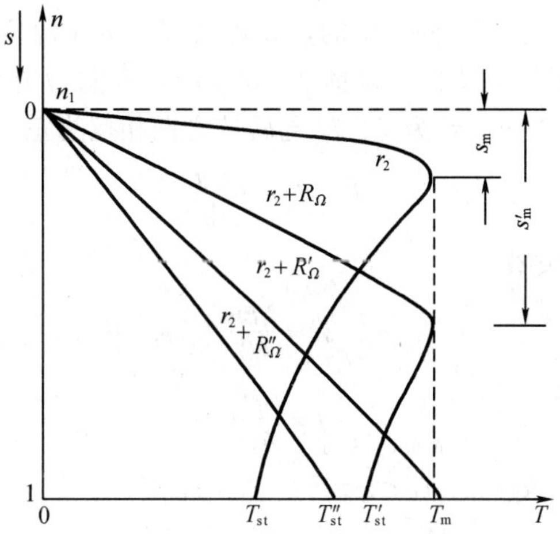

图1-57　异步电动机转子回路串联电阻时的人为机械特性

2.7　电力拖动的基本概念

所谓拖动就是应用各种原动机使生产机械产生运动,以完成一定的生产任务。如果拖动系统以电动机作为原动机按人们所给定的规律来带动生产机械,就称为电力拖动。电力拖动系统一般由控制设备、电动机、传动机构、工作机构和电源五部分组成。它们之间的关系如图1-58所示。这里主要介绍电力拖动的一些基本概念、交直流电动机的启动、调速、制动等基本原理和方法。

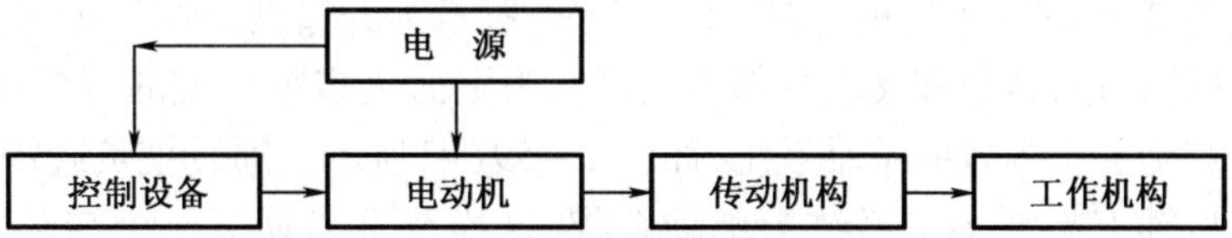

图1-58　电力拖动系统的构成

一个电力拖动系统的各种运行状态通常可以归纳为两种:稳态、非稳态。电力拖动系统运行在什么状态取决于电动机的电磁转矩和加在电动机轴上的负载转矩之间的相互作用。为了掌握电力拖动系统的运行状态,就必须了解电磁转矩和负载转矩之间的特点和变化规律,而反应转速和转矩之间变化规律的机械特性是研究和分析电力拖动系统的主要方法。

一、电力系统的运动方程

最简单的电力拖动系统是电动机的轴与生产机械的工作机构直接相连，如泵、通风机等，这类电力拖动系统被称为单轴电力拖动系统，船舶上广泛使用这种电力拖动系统。若设定某一方向为电动机转速(n)的正值方向，并取与正转速方向一致的电动机的电磁转矩(T)为正值电磁转矩，与正转速方向相反的负载转矩(T_L)为正值负载转矩，则单轴电力拖动系统的运动规律可用如下的运动方程来描述，即设定某方向为电动机的正值转速方向，T，T_L 具有方向性，T 与转速方向一致为正，T_L 与转速方向相反为正。

$$T - T_L = J\frac{dQ}{dt}$$

式中，Ω 为机构角速度。又有

$$\Omega = \frac{2\pi n}{60}$$

$$J = \frac{GD^2}{4g}$$

式中，J 为系统转动惯量，$kg \cdot m^2$；GD^2 为系统的飞轮矩(注意：GD^2 是一个完整的符号)，$N \cdot m^2$。取重力加速度常数 $g = 9.81\ m/s^2$，则运动方程转化为

$$T - T_L = \frac{GD^2}{375}\frac{dn}{dt}$$

由运动方程可以看出，系统旋转运动有三个状态：

(1)当 $T = T_L$ 时，$\frac{dn}{dt} = 0$，即系统的加速度为0，系统处于静止或恒转速运行状态，即处于稳态；

(2)当 $T > T_L$ 时，$\frac{dn}{dt} > 0$，即系统的加速度大于0，系统处于加速运行状态，即处于动态；

(3)当 $T < T_L$ 时，$\frac{dn}{dt} < 0$，即系统的加速度小于0，系统处于减速运行状态，即处于动态。

该运动方程为单轴电力拖动系统的运动方程，但是许多实际的电力拖动系统中电动机是经传动机构与工作机械相连的，如图1-59(a)所示为经过两级减速的三轴电力拖动系统，其中每根轴的转速、转矩和飞轮矩都不相同。为了简化多轴系统的分析计算，这样一个多轴系统可折算为一个等效的单轴系统，如图1-59(b)所示。通过把负载转矩与系统飞轮矩折算到电动机轴上来变多轴系统为单轴系统，这样就可以列写一个转动方程式进行计算，利用上述运动方程分析系统的运动规律了。

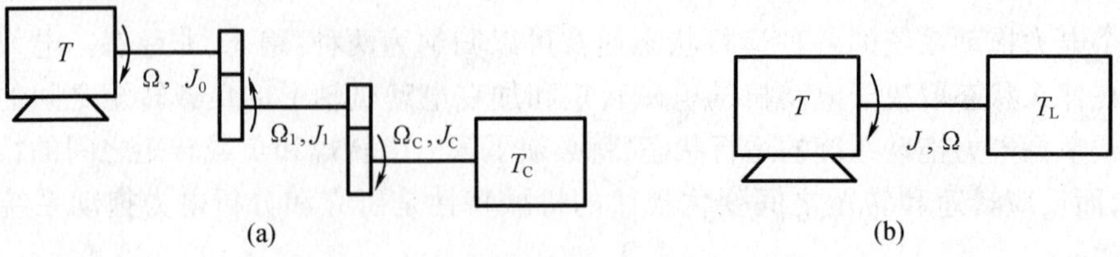

图1-59 三轴电力拖动系统简化为单轴电力拖动系统

系统折算的原则是保持系统的功率传递关系及系统的储存动能不变。分析计算多轴系统时，首先就要从已知的实际负载转矩 T_C 求出等效的负载转矩 T_L，称为负载转矩的折算，转矩的折算根据功率平衡进行。当忽略传动机构的损耗时，电动机轴上的功率 $T_L\Omega$ 应等于最后一级工作机构的功率 $T_C\Omega_C$，因此电动机轴上的等效负载转矩与工作机构的实际负载转矩 T_C 的关系为

$$T_L = \frac{T_C\Omega_C}{\Omega} = T_C\frac{n_C}{n}$$

从已知的各转轴上的飞轮矩求出系统的总飞轮矩，称为系统飞轮矩的折算，飞轮矩的折算根据系统储存的总动能不变的原则，电动机轴上的总的等效动能应等于多轴系统的各轴的动能之和，即

$$\frac{J\Omega^2}{2} = \frac{J_0\Omega_0^2}{2} + \frac{J_1\Omega_1^2}{2} + \frac{J_C\Omega_C^2}{2}$$

从而可得折算到电动机轴上的单轴等效飞轮矩：

$$GD^2 = GD_0^2 + GD_1^2\left(\frac{n_1}{n}\right)^2 + GD_C^2\left(\frac{n_C}{n}\right)^2$$

二、负载的机械特性

生产机械工作机构的负载转矩 T_L 与转速 n 的关系称为负载的机械持性。生产机械品种繁多，它们的机械特性各不相同，但大致可以归纳为两类：恒转矩负载和变转矩负载。

1. 恒转矩负载机械特性

负载转矩 T_L 的大小与转速 n 无关，转速 n 变化时，负载转矩 T_L 恒定不变，这种负载称为恒转矩负载，这种机械特性称为恒转矩负载机械特性。恒转矩负载又分为反抗性恒转矩负载和位能性恒转矩负载两种。它们的机械特性也分为两种：反抗性恒转矩负载机械特性和位能性恒转矩负载机械特性。

(1)反抗性恒转矩负载机械特性

反抗性恒转矩负载的特点是负载转矩的大小恒定不变，但方向总是与运动方向相反。当运动方向改变时，负载转矩的方向也随之改变。即 $n>0$ 时，$T_L>0$；$n<0$ 时，$T_L<0$，且 T_L 的绝对值保持不变。反抗性恒转矩负载的机械特性如图1－60所示，总在第一或第三象限。

摩擦力的方向总与运动方向相反，摩擦力的大小只与正压力和摩擦系数有关，而与运动的速度无关，所以像机床刀架的平移运动、轧钢机轧辊、行车的行车机构等由摩擦力产生的负载转矩均为反抗性恒转矩，这类机械的机械特性为反抗性恒转矩负载机械特性。

(2)位能性恒转矩负载机械特性

位能性恒转矩负载的转矩大小恒定不变，而且方向固定，不随转速方向的改变而改变，即 $n>0$ 时 $T_L>0$，负载转矩为制动转矩，$n<0$ 时 $T_L>0$，负载转矩变为拖动转矩，T_L 的绝对值不变，这种负载称为位能性恒转矩负载，它们的机械特性就称为位能性恒转矩负载机械特性。如图1－61所示，总在第一或第四象限。

起重机类机械提升和下放重物时产生的负载转矩是典型的位能性恒转矩，这类负载的机械特性为典型的位能性恒转矩负载机械特性。

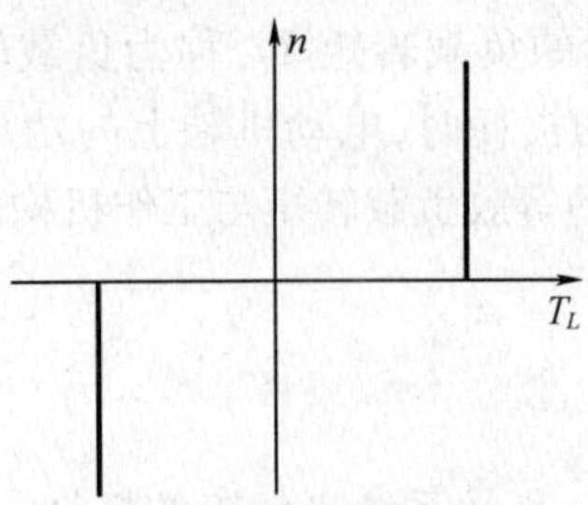

图 1 - 60　反抗性恒转矩负载机械特性

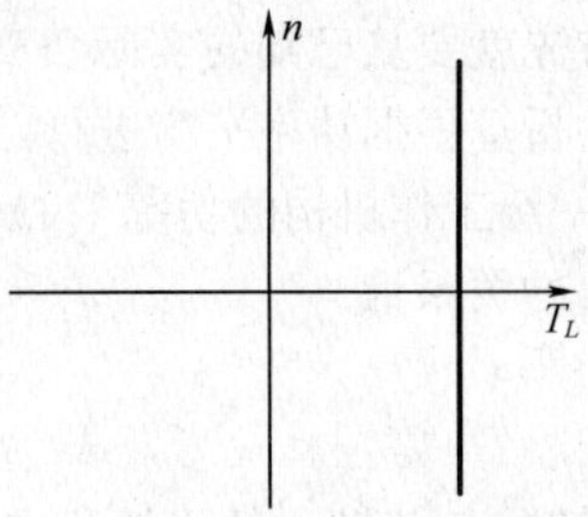

图 1 - 61　位能性恒转矩负载机械特性

2. 变转矩负载机械特性

变转矩负载机械特性主要包括两种:通风机型负载机械特性和恒功率型负载机械特性。

(1)通风机型负载机械特性

负载转矩的大小基本上与转速的平方成正比,即 $T_L = kn^2$ 或 $T_L \propto n^2$,而且属于反抗性负载,即转速反向时,负载转矩也随着反向。机械特性在第一和第三象限。第一象限的负载机械特性如图 1 - 62 所示,第三象限的特性与第一象限的特性相对称。

船舶上应用很多的风机、水泵、油泵、螺旋桨等均属通风机型负载,它们的机械特性如图 1 - 62 所示。

(2)恒功率型负载机械特性

负载转矩的大小基本上与转速 n 成反比,即

$$T_L = \frac{K}{n}$$

式中 K 为比例常数。这时负载的的功率 $P = T\Omega$ 为常数,所以这种负载称为恒功率负载,其机械特性称为恒功率负载机械特性。由于这类负载也属于反抗性负载,所以机械特性在第一和第三象限,第一象限的恒功率负载机械特性如图 1 - 63 所示。

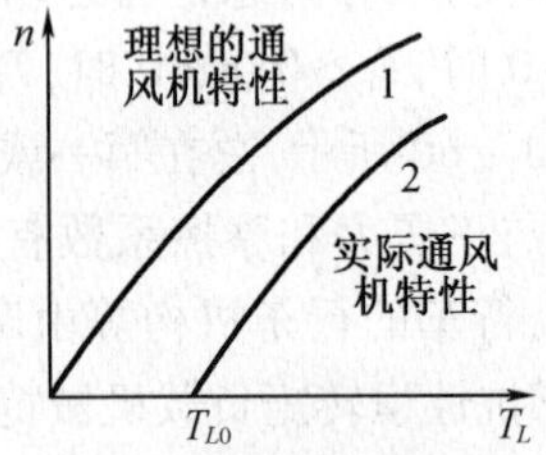

图 1 - 62　通风机型负载机械特性

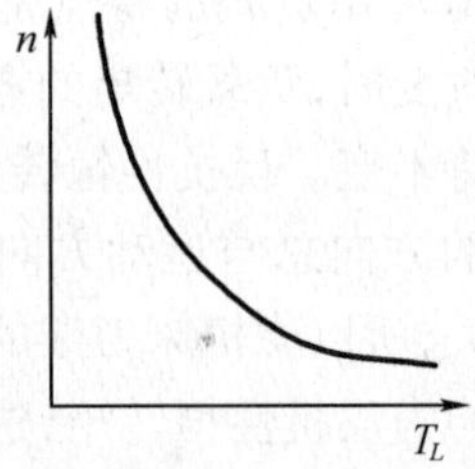

图 1 - 63　恒功率性负载机械特性

金属切削机床是典型的恒功率负载,因为它们在加工时切削量大,切削力和负载转矩大,但通常切削速度较低;在槽加工时切削量小,切削力和负载转矩小,但切削速度较高,切削功率则基本不变。所以金属切削机床的机械特性属于恒功率负载机械特性。

以上四类负载机械特性是从各种实际负载中概括出来的典型化的负载机械特性,实际的负载机械特性可能是以某种典型特性为主的具有几种典型特性的组合。例如实际的泵,主要是泵类负载机械特性,可由于轴承上的摩擦转矩 T_{L0} 是反抗性的恒转矩,所以实际泵类负载机械特性应为通风机型负载机械特性与反抗性恒转矩(摩擦转矩)负载机械特性的组

合，即 $T_L = T_{L0} + kn^2$，如图 1-62 中曲线 2 所示。

三、电动机的工作状态

电动机的工作状态按其转矩 T 与转速 n 的方向的异同可分为电动和制动两大类。当电动机在外加电源的作用下，产生与系统运动方向一致的转矩，并通过传动机构拖动生产机械工作时，即为电动工作状态。在电动工作状态下，电动机的电磁转矩 T 方向与转速 n 的方向相同，为拖动性质的转矩，电动机把由电网取得的电能变成机械能输出，机械特性及其稳定运行点在第一、三象限，若电动机运行于第一象限，$T>0$，$n>0$，称为正向电动状态，其稳定运行点称为正向电动运行点；若电机运行于第三象限，$T<0$，$n<0$，称为反向电动状态，其稳定运行点称为反向运行点。制动是指电动机从某一稳定的转速开始减速到停止或限制位能负载的下降速度时的一种运转过程，在制动工作状态下，电动机的电磁转矩 T 方向与转速 n 的方向相反，为制动性质的转矩，机械特性及其稳定运行点在第二、四象限。

四、系统运行的稳定性

电力拖动系统由电动机与负载两部分组成，并由电力拖动系统运动方程知道，系统稳定运行即恒速不变的必要条件是动转矩为零，即 n 不变时 $T=T_L$。分析系统运行情况时，往往把电动机的机械特性与负载的转矩特性画在同一坐标平面上，如图 1-64 所示，其中曲线 1 是他励直流电动机的机械特性，曲线 2 是恒转矩负载的转矩特性。系统稳定运行时 $T=T_L$，那么拖动系统的运行点即为图中的两条特性曲线的交点，A 满足这个条件，称为工作点。

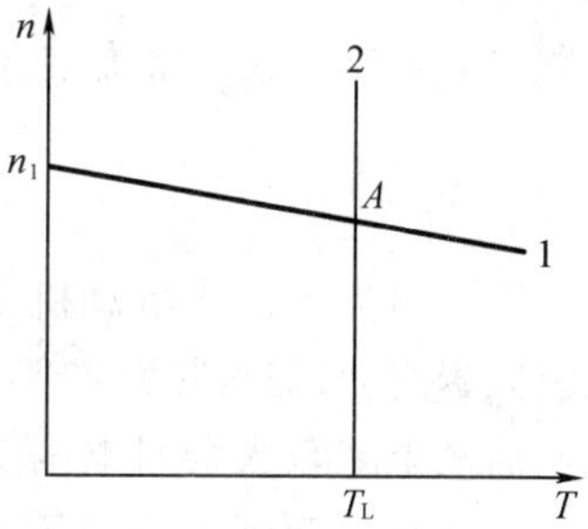

图 1-64　电力拖动系统的稳定工作点

从运动方程分析知道，电力拖动系统运行在工作点上就是一个平衡的运行状态。但是实际运行的电力拖动系统经常会出现一些干扰，比如电源电压或负载转矩的波动等，这样就存在一个问题：系统在工作点上稳定运行时，如果突然出现了干扰，等干扰消除后，该系统是否仍能回到原来工作点上继续稳定运行？如果能，我们就说是处于稳定运行状态，该工作点就是稳定工作点；如果不能，这时我们就认为是不稳定运行状态，该工作点称为不稳定工作点。

事实上，电力拖动系统在电动机的机械特性与负载的转矩特性的交点上并不一定都能够稳定运行，也就是说 $T=T_L$ 仅仅是系统稳定运行的一个必要条件，而不是充分条件。要想稳定运行，还需要电动机与负载的两条特性在交点 $T=T_L$ 处配合得好。

我们看工作点是不是稳定工作点，主要是看在受到扰动影响系统转速发生变化后，电磁转矩是否力图阻止转速的偏离，如果扰动消失后，在电磁转矩的作用下能够恢复到原工作点，那么该工作点就是稳定工作点。如果两转矩的变化与上述的相反，则将促使转速进一步偏离，这种交点就为不稳定工作点。如图 1-65 中的曲线 1 和 2 的交点 a，如果扰动引起瞬时减速，则曲线 1 上的电磁转矩大于曲线 2 的负载转矩，由系统的运动方程知系统将会加速，直

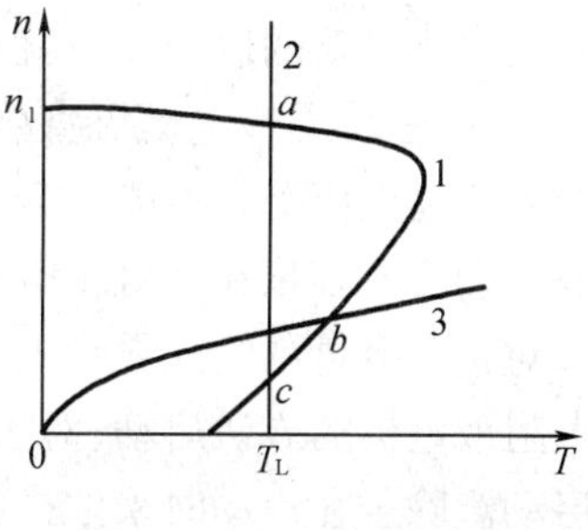

图 1-65　电力拖动系统稳定性分析

到又回到 a 点,这时 $T=T_L$,系统重新稳定运行。如果扰动引起瞬时加速,则曲线 1 上的电磁转矩小于曲线 2 的负载转矩,由系统的运动方程知系统将会减速,直到又回到 a 点,这时 $T=T_L$,系统重新稳定运行,所以 a 点是稳定工作点。图中的曲线 1 和 2 的交点 c,如果扰动引起瞬时减速,则曲线 1 上的电磁转矩小于曲线 2 的负载转矩,从而使系统进一步减速,直到停车。如果扰动引起瞬时加速,则曲线 1 上的电磁转矩大于曲线 2 的负载转矩,使系统进一步加速,直到稳定的交点 a,所以 c 点为不稳定工作点。对恒转矩负载而言,异步电动机特性曲线临界转差率以下的部分,为不稳定工作区。

2.8 三相鼠笼式异步电动机的启动

对于电动机来说,最简单、最直接的启动方法就是直接启动。直接启动是指电动机的绕组直接加额定电压,定子回路不串联任何电器元件时的启动。由电动机的机械特性知道,如果在额定电压下直接启动三相异步电动机,启动瞬时的转差率 s 为 1,主磁通 $\Phi_m \approx \frac{1}{2}\Phi_{mN}$,功率因数 $\cos\varphi_2'$很小,因此启动电流 I_s 相当大而启动转矩 T_s 并不大。以普通鼠笼式三相异步电动机为例,启动电流和启动转矩分别为

$$I_s = K_I I_N = (4 \sim 7) I_N$$

$$T_s = K_T T_N = (0.9 \sim 1.3) T_N$$

启动电流大对于电动机本身来说,如果电动机启动不频繁的话影响不是太大;如果电动机频繁启动,那么频繁出现短时大电流会使电动机内部发热较多而过热。

启动电流较大会对电网造成冲击,对于陆上电网来说,由于电网的容量相对于单个的电动机非常大,启动电流大对电网的影响不会很大,但是由于船舶电网容量有限,而船舶某些电动机的容量却又非常大,较大的启动电流会使电网输出电压短时下降幅度很大,会超过正常规定值,这样一来影响很大:

(1)对于启动电动机本身,由于电压太低,启动转矩也下降很多($T_s \propto U_1^2$),当负载较重时,电动机就可能启动不了;

(2)影响由同一电网供电的其他负载,比如电灯会变暗,重载的异步电动机转速降低甚至可能停转,一些电气设备会停止工作等。

如果启动转矩不大,电动机的启动就会非常吃力,只有在启动转矩 $T_s \geqslant (1.1 \sim 1.2) T_N$ 的条件下,电动机才能正常启动。一般来说,如果异步电动机轻载和空载启动,直接启动时的启动转矩就够大了,但是如果是重载启动,例如 $T_L = T_N$,且要求启动过程快时,某些异步电动机直接启动的启动转矩就不够大了。

因此,三相异步电动机直接启动的情况只适应于小容量鼠笼式异步电动机。由于船舶上的主发电机都配备性能比较好的调压器,因此对能够直接启动的电动机容量放得较宽,一般电动机的容量在单台发电机的容量的 60% 以下时都可以采用直接启动。

对于大容量鼠笼式异步电动机和绕线式异步电动机可采用降低定子电压或加大定子端电阻或电抗的方法启动;对于绕线式异步电动机还可以采用加大转子端电阻或电抗的方法启动。除了在启动时采取措施外,鼠笼式异步电动机还可以在结构上采取一些措施以降低启动电流,如增大转子导条的电阻,改进转子槽形等。下面就分别介绍一下各种启动方法。

一、直接启动

直接启动是最简单的启动方法。启动时用刀开关、电磁启动器或接触器将电动机定子绕组直接接到电源上，其接线图如图 1－66 所示。

二、降压启动

降压启动是指电动机在启动时降低加在定子绕组上的电压，启动结束时再加额定电压运行的启动方式。降压启动虽然能降低电动机启动电流，但由于电动机的转矩与电压的平方成正比，因此降压启动时电动机的启动转矩也减小较多，所以这种方法一般适用于电动机空载或轻载启动。降压启动的方法有以下几种。

1. 定子串接电抗器或电阻的降压启动

定子串接电抗器或电阻降压启动时，电抗器或电阻接入定子电路；启动后，切除电抗器或电阻，进入正常运行，如图 1－67 所示。

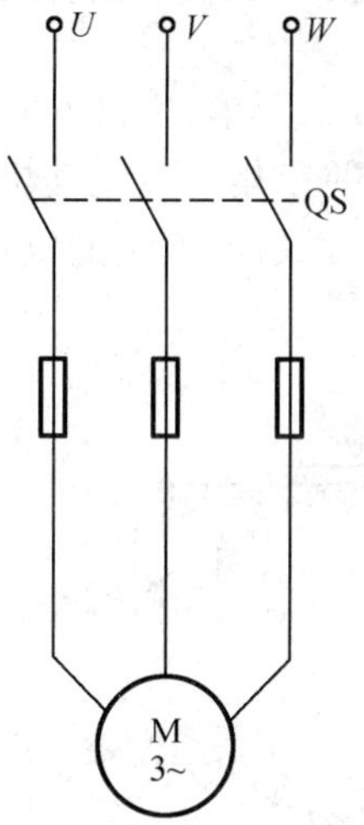

图 1－66　异步电动机直接启动接线图

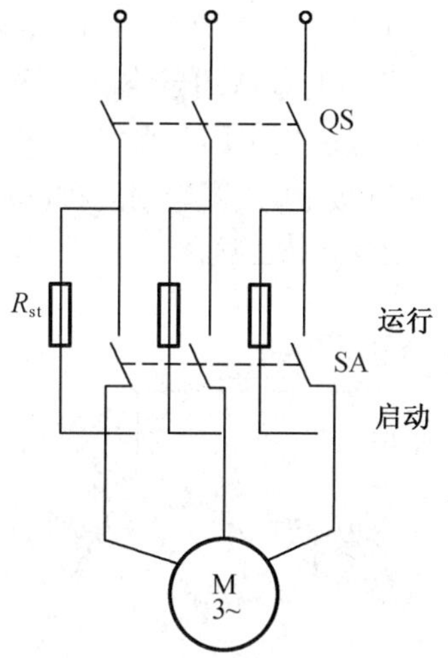

图 1－67　笼型异步电动机定子串接电抗器或电阻的降压启动原理图

三相异步电动机定子边串入电抗器或电阻器启动时定子绕组实际所加电压降低，从而减小了启动电流。但定子绕组串接电阻启动时，能耗较大，实际应用不多。

2. 星形－三角形（Y－△）降压启动

星形－三角形（Y－△）降压启动是指启动时定子绕组先接成 Y 形，经过一定的延时后，定子绕组再改接成△形，其接线图如图 1－68 所示。这种方法只适用于正常运行时定子绕组接成三角形的电动机，对于运行时定子绕组为 Y 形的鼠笼式异步电动机则不能用 Y－△启动方法。

下面分析一下 Y－△启动时启动电流 I'_s 与直接启动时的启动电流 I_s 的关系。电动机直接启动时定子绕组接成△形，如图 1－69（a）所示，每相绕组所加电压大小为线电压，即 $U_1=U_N$，每相绕组的相电流为 $I_\triangle$，则电源输入的线电流为 $I_s=\sqrt{3}I_\Delta$。Y 形启动时如图 1－69（b）

所示，每相绕组所加电压为 $U'=\frac{U_N}{\sqrt{3}}$，电流$I'_s=I_Y$，则

$$\frac{I'_s}{I_s}=\frac{I_Y}{\sqrt{3}I_\Delta}=\frac{\frac{U_N}{\sqrt{3}}}{\sqrt{3}U_N}=\frac{1}{3}$$

所以

$$I'_s=\frac{I_s}{3}$$

由上式可知，Y－△启动时的启动电流是直接启动时的1/3。由于转矩和加在绕组上的电压的平方成正比，所以Y－△启动时启动转矩和直接启动时启动转矩之间的关系：

$$\frac{T'_s}{T_s}=\frac{U_1'^2}{U_1^2}=\frac{1}{3}$$

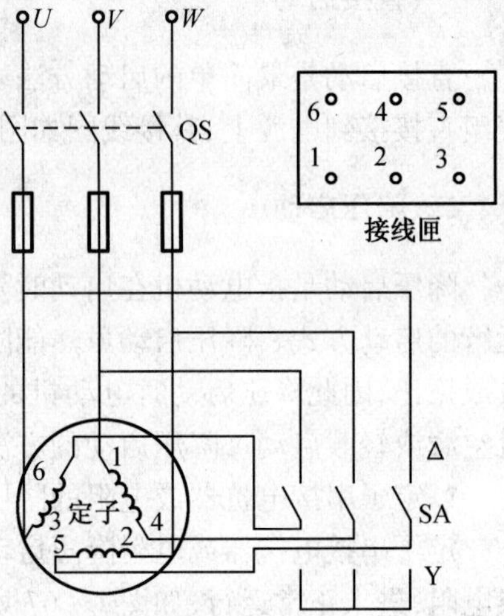

图1－68 Y－△降压启动原理图

由上式可知，Y－△启动时启动转矩也是直接启动时的1/3。因此只适用于空载或轻载启动。Y－△启动方法简单，价格便宜，因此在轻载启动条件下，应优先采用。事实上，船舶使用的很多大功率的三相异步电动机，不管是在机舱里还是在甲板上，大多选用这种降压方法。我国采用Y－△启动方法的电动机额定电压都是380 V，绕组是△接法。

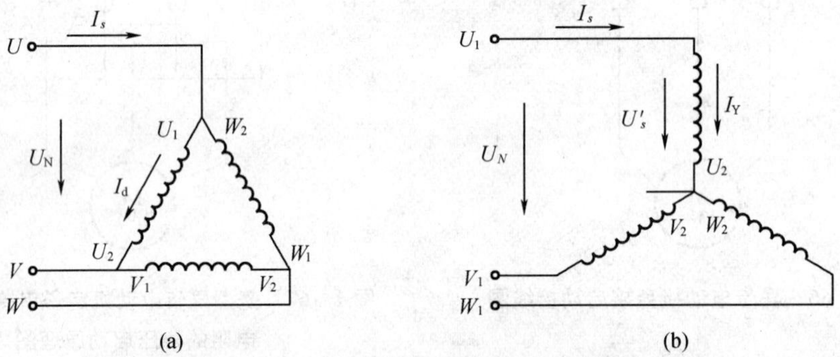

图1－69 Y－△启动电流分析图

(a)直接启动(△形接法)；(b)Y－△启动(Y形接法)

3. 自耦变压器(启动补偿器)降压启动

自耦变压器也称启动补偿器。启动时电源接自耦变压器原边，副边接电动机。启动结束后电源直接加到电动机上。三相笼型异步电动机采用自耦变压器降压启动的接线如图1－70所示，其启动的一相线路如图1－71所示。

设自耦变压器变比为 $k=\frac{N_2}{N_1}<1$，则直接启动时定子绕组的电压 U_N、电流 I_s 与降压启动时承受的电压 U'、电流 I''_s关系为

$$\frac{U_N}{U'}=\frac{N_1}{N_2}=\frac{1}{k}$$

$$\frac{I_s}{I''_s}=\frac{N_1}{N_2}=\frac{1}{k}$$

而启动电流是指电网供给线路的电流，即自耦变压器原边电流 I'_s，其与副边启动时电流 I''_s 关系为

$$\frac{I''_s}{I'_s}=\frac{N_1}{N_2}=\frac{1}{k}$$

因此，降压启动电流 I'_s 与直接启动电流 I_s 关系为

$$I'_s=k^2 I_s$$

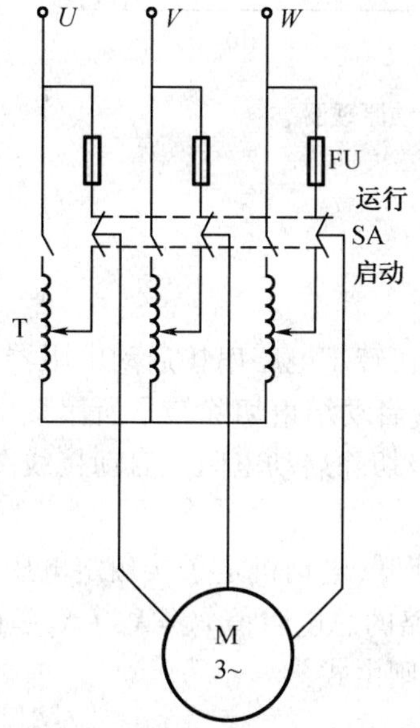

图1－70　自耦变压器降压启动接线图

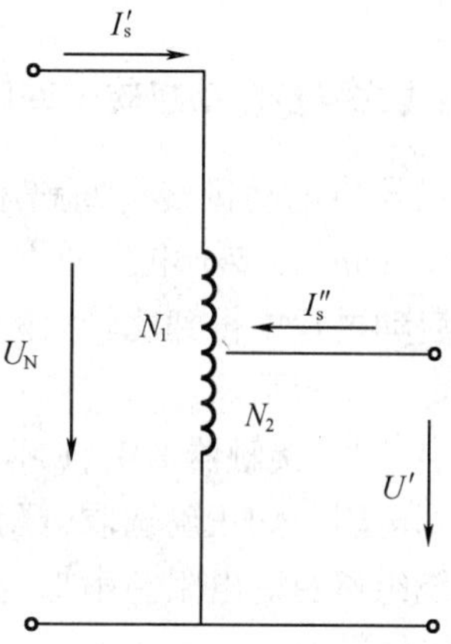

图1－71　自耦变压器降压启动的一相线路

而自耦变压器降压启动时转矩 T'_s 与直接启动时转矩 T_s 的关系为

$$\frac{T'_s}{T_s}=\frac{U'^2}{U_N^2}=k^2$$

因此采用自耦变压器降压启动，启动电流和启动转矩都降 k^2 倍。自耦变压器一般有 2～3 组抽头，其电压可以分别为原边电压 U_1 的 80%，65% 或 80%，60%，40%。这种方法对定子绕组采用 Y 形或△形接法的电动机都可以使用，较大容量或正常运行时定子绕组为 Y 形接法的电动机常采用该方法。其缺点是设备体积大，投资较贵。

4. 延边三角形降压启动

延边三角形降压启动如图 1－72 所示，它介于自耦变压器降压启动与 Y－△降压启动方法之间。

如果将延边三角形看成一部分为 Y 形接法，另一部分为△形接法，则 Y 形部分比重越大，启动时电压就降得越多。根据分析和试验可知，Y 形和△形的抽头比例为 1:1 时，电动机每相电压是 268 V；抽头比例为 1:2 时，每相绕组的电压为 290 V。可见，延边三角形可采用不同的抽头比，来满足不同负载特性的要求。

延边三角形启动的优点是节省材料、成本低、质量轻；缺点是内部接线复杂。

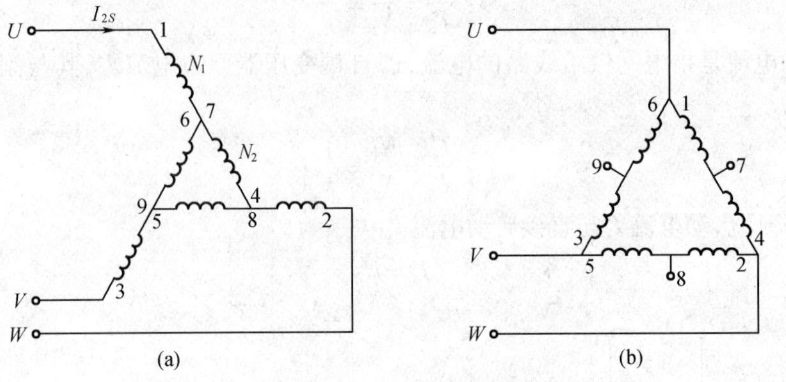

图 1-72 延边三角形降压启动原理图

(a)降压启动接法;(b)运行接法

三、绕线式异步电动机转子回路串接电阻器启动

绕线式异步电动机转子回路串接电阻器启动时,在转子电路串接启动电阻器,借以提高启动转矩,同时因转子电阻增大也限制了启动电流,启动结束切除转子所串接电阻。为了在整个启动过程中得到比较大的启动转矩,需分几级切除启动电阻。启动接线图和特性曲线如图 1-73 所示。

开始启动时,接触器 KM_1,KM_2,KM_3 的触点全部断开,电动机定子接额定电压,转子每相串入全部电阻。如正确选取电阻的阻值,使转子回路的总电阻值 $r_2' = X_1 + X_2'$(注意 r_2'是转子一相绕组本身的电阻与串加电阻总和的折算值),则由式:

$$s_m = \frac{r_2'}{X_1 + X_2'}$$

可知,此时 $s_m = 1$,最大转矩就产生在电动机启动的瞬间,如图 1-73 中曲线 0 中 h 点的启动转矩 T_1。由于 $T_1 > T_L$,电动机加速,直到 g 点,这时接触器 KM_1 闭合,切除启动电阻 $R_{\Omega 3}$,电动机的机械特性曲线变为曲线 1,因机械惯性,转速瞬时不变,工作点水平过渡到 f 点,使该点 $T = T_1$。因 $T_1 > T_L$,转速沿曲线 1 继续上升,到 e 点时 KM_2 闭合,$R_{\Omega 2}$被切除,电动机沿着运行点从 e 转变到特性曲线 2 上的 d 点,依此类推直到切除全部电阻,电动机便沿着固有特性曲线 3 加速,经 b 点,最后运行于 a 点($T = T_L$)。上述启动过程中,转子三相绕组所接电阻分三级平衡切除,故称为三级启动。

在整个启动过程中电动机产生的电磁转矩都比较大,适合于要求启动转矩大、需要重载启动的场合,广泛用于起货机和锚机等重载设备。它的缺点就是所需启动设备较多,启动时有一部分能量消耗在启动电阻上,启动级数也较少。另外转子三相绕组所接电阻并非越大越好,若出现图中特性曲线 4 的情况,启动转矩 $T_1 < T_{max}$,所以,转子三相绕组所接电阻要适当。

四、转子串接频敏变阻器启动

频敏变阻器是一个三相铁芯线圈,其铁芯不用硅钢片而用厚钢板叠成。铁芯中产生涡流损耗和一部分磁滞损耗,铁芯损耗相当一个等值电阻,其线圈又是一个电抗,故电阻和电

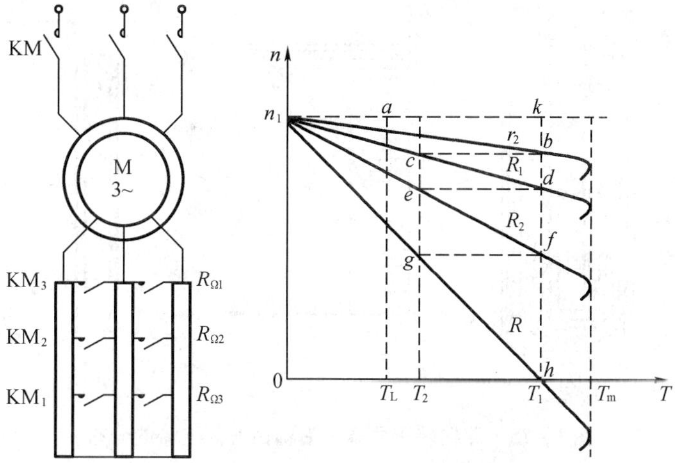

图1－73　绕线式异步电动机启动接线图和特性曲线

抗都随频率变化而变化,故称频敏变阻器,它与绕线转子异步电动机的转子绕组相接,如图1－74所示。

它的工作原理是:启动时转差率 s 为1,$f_2=f_1=50$ Hz,此时频敏变阻器的铁芯损耗大,等效电阻大,既限制了启动电流,增大了启动转矩,又提高了转子回路的功率因数。随着转速 n 升高,s 下降,f_2 减小,铁芯损耗和等效电阻也随之减小,相当于逐渐切除转子电路所串接的电阻。启动结束时,$n=n_N$,$f_2=s_Nf_1\approx(1\sim3)$ Hz,此时频敏变阻器基本不起作用,可以闭合接触器触点KM,予以切除。频敏变阻器启动结构简单,运行可靠,但与转子串接电阻启动相比,在同样启动电流下,启动转矩要小些。

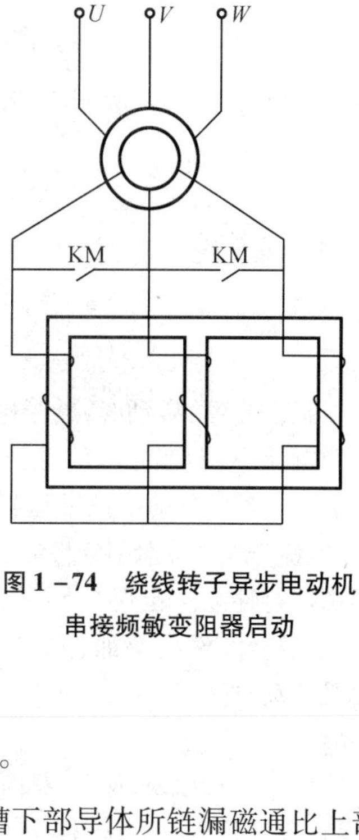

图1－74　绕线转子异步电动机串接频敏变阻器启动

五、高启动性能的三相异步电动机

保留鼠笼式异步电动机的优点,只是改变转子槽的形状,利用集肤效应,改善其启动性能。

1. 深槽式异步电动机

结构特点:槽深 h 与槽宽 b 之比 $\frac{h}{b}\geqslant12$(普通电机 $\frac{h}{b}\leqslant5$)。

工作原理:如图1－75所示,根据槽漏磁通的分布,可见槽下部导体所链漏磁通比上部导体所链漏磁通大,漏电抗较大,电流密度小,而上部导体的电流密度大。如图1－75(b)分布,这一效应称为集肤效应。使转子导体有效截面减小,电阻增大,从而改善启动性能。随着 n 的上升,转子电路的频率 f_2 下降,集肤效应逐步减小,相当于电阻逐步减小,所以正常运行时,基本不会影响电动机的性能。

2. 双鼠笼式异步电动机

结构特点:如图1－76所示,转子上有两套鼠笼,即上笼和下笼,上笼截面小且用电阻系数较大的材料,所以电阻大,电抗小;下笼则相反,电阻小而电抗大。

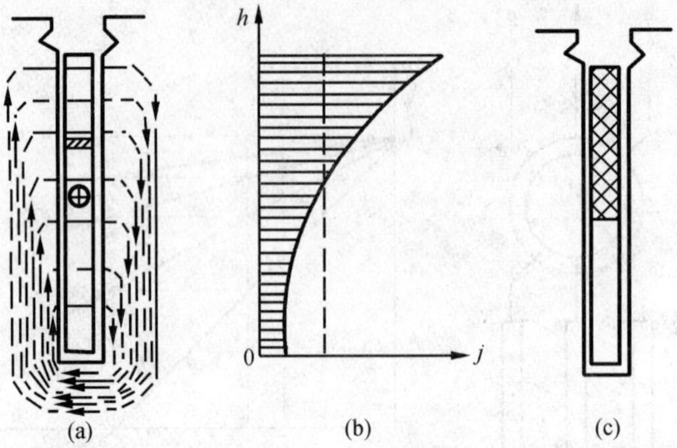

图 1－75　深槽转子导条中沿槽高方向电流的分布

(a)转子槽漏磁；(b)电流密度的分布；(c)导条的有效截面

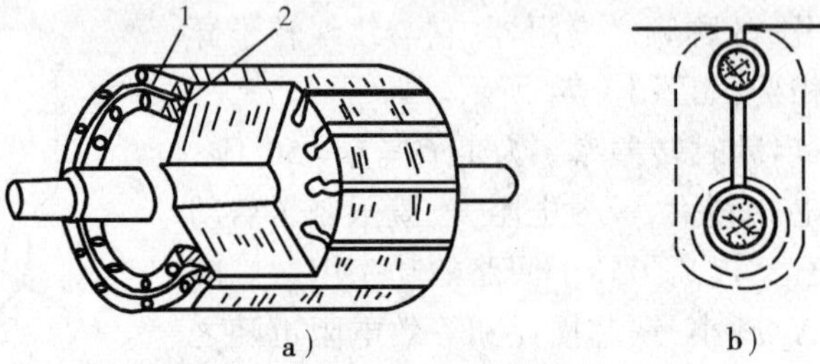

图 1－76　双鼠笼转子的结构与漏磁通

(a)双鼠笼转子的结构；(b)双鼠笼转子的漏磁通

工作原理：启动时，转子电路频率高，下笼电抗大，通过的电流小，大部分电流流过上笼，上笼电阻大，使 $I_{st}\downarrow$ 且 $T_{st}\uparrow$，而当电动机正常运行时，转子电路频率低，电抗小，电流分配由电阻决定，电流主要流过下笼，电阻小，不影响运行性能。也可分别考虑上、下笼受磁场作用产生的机械特性，然后叠加，如图 1－77 所示，可见双笼型电动机启动过程中，转矩较大且基本稳定，因而启动快而平稳。

以上两种电动机，启动性能优于普通鼠笼式异步电动机，但转子漏抗较大，$\cos\varphi_1$ 及 T_m 稍低，且结构较复杂，用材较多。一般用于要求启动转矩较普通鼠笼式异步电动机稍高的场合。

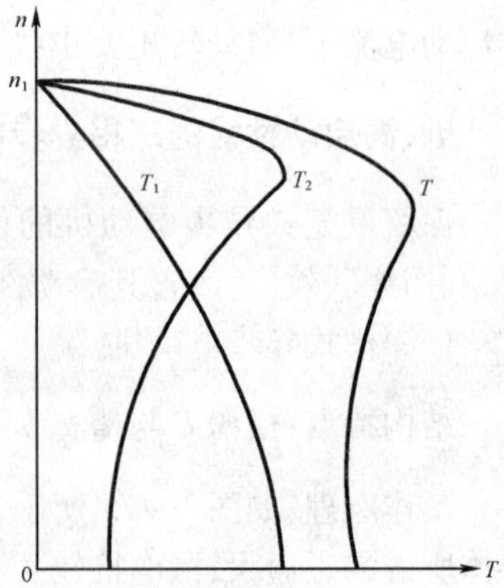

图 1－77　双鼠笼式异步电动机的机械特性

六、鼠笼式交流异步电动机的软启动

电动机软启动是通过采用降压、补偿或变频等技术手段，实现电动机及机械负载的平滑启动，减少启动电流对电网的影响程度，使电网和机械系统得以保护。软启动器是一种集电动机软启动、软停车、轻载节能和多种保护功能于一体的新颖电动机控制装置,国外称为 Soft Starter。它的主要构成是串接于电源与被控电动机之间的三相反并联闸管及其电子控制电路。运用不同的方法,控制三相反并联闸管的导通角,使被控电动机的输入电压按不同的要求而变化,就可实现不同的功能。

软启动器于20世纪70年代末80年代初投入市场,解决了Y/△启动器和变频器功能实用性和价格之间的矛盾。采用软启动器,可以控制电动机电压,使其在启动过程中逐渐升高,很自然地控制启动电流,这就意味着电动机可以平稳启动,机械和电应力降至最小。因此软启动器在市场上得到广泛应用,并且软启动器所附带的软停车功能有效地避免水泵停止时所产生的“水锤效应”。

异步电动机以其优良的性能及无须维护的特点,在各行各业中得到广泛的应用。然而由于其启动时要产生较大冲击电流(一般为额定电流的4~7倍),同时由于启动应力较大,使负载设备的使用寿命降低。国家有关部门对电动机启动早有明确规定,即电动机启动时的电网电压应不能超过15%。解决办法有两个:增大配电容量,采用限制电动机启动电流的启动设备,如果仅仅为启动电动机而增大配电容,从经济角度上来说,显然不可取。为此,人们往往需要配备限制电动机启动电流的启动设备。过去人们大多采用Y/△转换、自耦变压器降压、磁控降压等方式来实现。这些方法虽然可以起到一定的限流作用,但没有从根本上解决问题,而软启动器可以从根本上解决这个问题。

伴随着传动控制对自动化要求的不断提高,采用可控硅为主要器件、单片机为控制核心的智能型电动机启动设备即软启动器,已在各行各业得到越来越多的应用。由于软启动器性能优良、体积小、质量轻,并且具有智能控制及多种保护功能,而且各项启动参数可根据不同负载进行调整,其负载适应性很强,因此电子式软启动器将逐步取代落后的Y/△、自耦降压和磁控式等传统的减压启动设备成为必然。

由于电力电子技术的快速发展,智能型软启动器得到广泛应用。智能型软启动器是一种集软启动、软停车、轻载节能和多功能保护于一体的新颖电动机控制装置。它不仅实现在整个启动过程中无冲击而平滑地启动电动机,而且可根据电动机负载的特性来调节启动过程中的参数,如限流值、启动时间等。此外,它还具有多种对电动机保护功能,这就从根本上解决了传统的降压启动设备的诸多弊端。

本技术领域研究的主要内容分为以下三个方面:

一是使电动机的输出力矩满足机械系统对启动力矩的要求,保证平滑加速,平滑过渡,避免破坏性力矩冲击;

二是使启动电流满足电动机承受能力的要求,避免电动机启动发热造成绝缘破坏或烧毁;

三是使启动电流满足电网电能质量相关标准要求,减少电压暂降幅度,减少高次谐波含量等。

软启动器和变频器是两种完全不同用途的产品。变频器是用于需要调速的地方,通过改变输出频率来实现电动机转速的调节。变频器一般是长期工作制。软启动器用于电动机启动,启动过程结束,软启动装置退出,所以软启动器一般是短期工作制。变频器具备所有软启动器功能,但它的价格比软启动器高得多,结构也复杂得多。

1. 电动机软启动的启动方式

运用串接于电源与被控电动机之间的软启动器,控制其内部晶闸管的导通角,使电动机输入电压从零以预设函数关系逐渐上升，直至启动结束，赋予电动机全电压，即为软启动，在软启动过程中，电动机启动转矩逐渐增加，转速也逐渐增加。软启动一般有下面几种启动方式：

（1）斜坡升压软启动 这种启动方式最简单，不具备电流闭环控制，仅调整晶闸管导通角，使之与时间成一定函数关系增加。其缺点是，由于不限流，在电动机启动过程中，有时要产生较大的冲击电流使晶闸管损坏，对电网影响较大，实际很少应用。

（2）斜坡恒流软启动 这种启动方式是在电动机启动的初始阶段启动电流逐渐增加，当电流达到预先所设定的值后保持恒定，直至启动完毕。启动过程中，电流上升变化的速率可以根据电动机负载调整设定。电流上升速率大，则启动转矩大，启动时间短。该启动方式是应用最多的启动方式，尤其适用于风机、泵类负载的启动。

（3）阶跃启动 电动机启动瞬间，以最短时间使启动电流迅速达到设定值，即为阶跃启动。通过调节启动电流设定值，可以达到快速启动效果。

（4）脉冲冲击启动 在启动开始阶段，让晶闸管在极短时间内，以较大电流导通一段时间后回落，再按原设定值线性上升，达到恒流启动。该启动方法在一般负载中较少应用，适用于重载并需克服较大静摩擦的启动场合。

2. 电动机的软停车

电动机停机时，传统的控制方式都是通过瞬间停电完成的。但有许多应用场合，不允许电动机瞬间停机。例如：高层建筑、大楼的水泵系统，如果瞬间停机，会产生巨大的“水锤”效 应，使管道，甚至水泵遭到损坏。为减少和防止“水锤”效应，需要电动机逐渐停机，即软停车，采用软启动器能满足这一要求。在泵站中，应用软停车技术可减少维修费用和维修工作量。

软启动器中的软停车功能是指晶闸管在得到停机指令后，从全导通逐渐地减小导通角，经过一定时间过渡到全关闭的过程。停车的时间根据实际需要可在0 ~ 120 s调整。

3. 软启动器的轻载节能

笼型异步电动机是感性负载，在运行中，定子线圈绕组中的电流滞后于电压。如电动机工作电压不变，处于轻载时，功率因数低，处于重载时，功率因数高。软启动器能实现在轻载时，通过降低电动机端电压，提高功率因数，减少电动机的铜耗、铁耗，达到轻载节能的目的；负载重时，则提高电动机端电压，确保电动机正常运行。

4. 软启动器的保护功能

（1）过载保护功能 软启动器引进了电流控制环，因而随时跟踪检测电动机电流的变化状况。通过增加过载电流的设定和反时限控制模式，实现了过载保护功能，使电动机过载时关断晶闸管并发出报警信号。

（2）缺相保护功能 工作时，软启动器随时检测三相线电流的变化，一旦发生断流，即可作出缺相保护反应。

（3）过热保护功能 通过软启动器内部热继电器检测晶闸管散热器的温度，一旦散热器温度超过允许值后自动关断晶闸管，并发出报警信号。

（4）其他功能 通过电子电路的组合，还可在系统中实现其他多种联锁保护。

5. 软启动 MCC 控制柜

MCC（Motor Control Center）控制柜，即电动机控制中心。软启动 MCC 控制柜由以下几部分组成：（1）输入端的断路器；（2）软启动器（包括电子控制电路与三相晶闸管）；（3）软启动器的旁路接触器;(4)二次侧控制电路(完成手动启动、遥控启动、软启动及直接启动等功能的选择与运行);有电压、电流显示和故障、运行、工作状态等指示灯显示。

6. 软启动 MCC 控制柜的扩展功能

将软启动 MCC 控制柜进一步加以组合,可以实现多种复合功能。例如,将两台控制柜加上控制逻辑,可以组成“一用一备方案”,用于泵的自动切换等系统。

如果配上 PLC(可编程序控制器),则可以实现消防泵定时(如半个月)自动检测,定时自动关闭;加上相应的控制逻辑,则可以对消防泵及各个系统运转是否正常实施平时检测时,定时低速低水压(不出水)运行;在灭火时,则实施全速满载运行。将若干台电动机加上控制逻辑组合,可以组成生活泵系统或其他专用系统,按需要量逐次打开各台电动机,也可逐次减少电动机,实现最佳效率运行。还可以根据实际要求,实现多台电动机每次自动转换运行,使各台电动机都处于同等的运行寿命期。

7. 软启动器的适用场合

原则上,笼型异步电动机凡不需要调速的各种应用场合都可适用。软启动器特别适用于各种泵类负载、风机类负载及需要软启动与软停车的场合;同样对于变负载工况、电动机长期处于轻载运行,只有短时或瞬间处于重载场合,应用软启动器(不带旁路接触器)则具有轻载节能的效果。软启动典型应用包括:

(1)水泵　利用泵控制功能,在启动和停止时,减少液流冲击所产生的泵流水锤现象,节省了系统维修费用;

(2)球磨机　利用电压斜坡启动,减少齿轮转矩的磨损,减少维修的工作量,延长使用寿命;

(3)风机　利用固态软启动器取代了传统启动器,减少皮带磨损和机械冲击;

(4)压缩机　利用限流,实现了平滑启动,降低电动机温升;

(5)破碎机　利用堵转保护和快速保护,避免机械故障和阻塞造成电动机过热而烧毁;

(6)输送机械　利用软启动和软停机控制,实现平滑渐进的启动过程和平滑减速。

8. 软启动与传统减压启动方式的不同

笼型电动机传统的减压启动方式有 Y－△启动、自耦变压器减压启动、电抗器启动等。这些启动方式都属于有级减压启动,存在明显缺点,即启动过程中出现二次冲击电流。软启动与传统减压启动方式的不同之处如下:

(1)无冲击电流　软启动器在启动电动机时,通过逐渐增大晶闸管导通角,使电动机启动电流从零线性上升至设定值;

(2)恒流启动　软启动器可以引入电流闭环控制,使电动机在启动过程中保持恒流,确保电动机平稳启动;

(3)根据负载情况及电网继电保护特性选择,可自由地无级调整至最佳的启动电流。

2.9　三相异步电动机的调速

在船舶实际生产中为了提高生产效率和保证生产的安全等,要求生产机械在整个生产过程中能以不同的转速运行,比如起货机在起落空钩或轻载时为了提高生产效率而采用高速运行,而在货物着陆或起落重物时为了保证安全则需要低速运行,这就需要改变生产机械的运行转速,这种利用人为的方法控制和调节电力拖动系统的运行速度就称为调速。电力拖动系统的调速方法主要有机械调速和电气调速两大类。机械调速是指通过改变机械传动机构的传动比进行调速，比如改变锚机、绞缆机减速齿轮箱的变比就属于这种调速方法，它简单可靠，在船舶上使用也很广泛；电气调速指通过改变电动机控制电路的参数以达到调速的目的。本节主要介绍三相异步电动机的电气调速方法。

由异步电动机的转速公式

$$n = n_1(1-s) = \frac{60f_1}{p}(1-s)$$

可知，三相异步电动机的调速方法有改变极对数 p（变极调速）、改变频率 f_1（变频调速）和改变 s（转差率调速）三种。

一、变极调速

方法：改变定子绕组接法即将每相定子绕组分成两个"半相绕组"，改变它们之间的接法，使其中一个"半相绕组"中的电流反向，极对数就成倍改变。如图 1－78 所示为 4 极，图 1－79 变为 2 极，三相绕组同时改接。

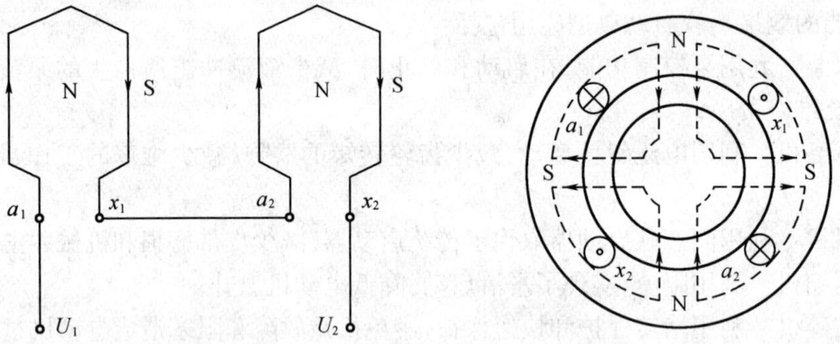

图 1－78　三相四极电动机定子 U 相绕组

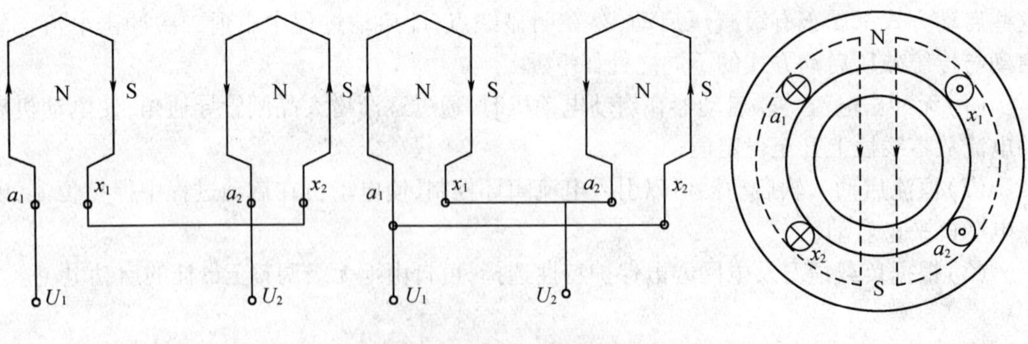

图 1－79　三相二极电动机定子 U 相绕组

但要注意，由于绕线式转子绕组不易改变极对数，而鼠笼式转子绕组的极对数总与定子绕组的极对数相同，所以变极调速只能用于鼠笼式异步电动机。

三相异步电动机变极调速的典型线路有 Y－YY 和△－YY 两种。

Y－YY 变极调速绕组改接方法如图 1－80(a)所示，机械特性如图 1－81 所示，YY 接

法时理想空载转速(同步转速)为 $2n_1$,最大转矩

$$T_{\mathrm{mYY}}=\frac{1}{2}\frac{m_1}{\Omega_1}\frac{U_1^2}{\left[\frac{r_1}{4}+\sqrt{\left(\frac{r_1}{4}\right)^2+\left(\frac{x_1+x_2'}{4}\right)^2}\right]}$$

$$=\frac{1}{2}\frac{1}{\frac{2\pi f_1}{p}}\frac{m_1U_1^2}{\frac{1}{4}\left[r_1+\sqrt{r_1^2+(x_1+x_2')^2}\right]}$$

$$=\frac{1}{2}\frac{4p}{2\pi f_1}\frac{m_1U_1^2}{\left[R_1+\sqrt{r_1^2+(x_1+x_2')^2}\right]}$$

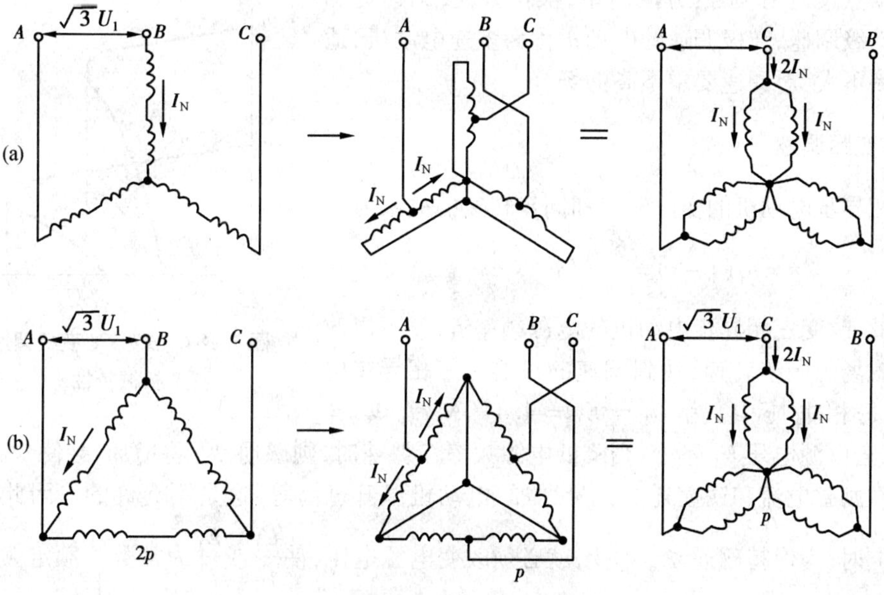

图 1-80　常用的两种三相绕组的改接方法

Y 接法时的同步转速为 n_1,最大转矩

$$T_{\mathrm{mY}}=\frac{1}{2}\frac{1}{\frac{2\pi f_1}{2p}}\frac{m_1U_X^2}{\left[r_1+\sqrt{r_1^2+(x_1+x_2')^2}\right]}$$

可见　$$T_{\mathrm{mYY}}=2T_{\mathrm{mY}}$$

Y-YY 变极调速的容许输出:

Y 接法容许输出功率和容许输出转矩分别为

$$P_{\mathrm{Y}}=3U_{\mathrm{X}}I_{\mathrm{N}}\cos\varphi_1\eta$$

$$T_{\mathrm{Y}}=9\ 550\frac{P_{\mathrm{Y}}}{n_{\mathrm{Y}}}\approx9\ 550\frac{P_{\mathrm{Y}}}{n_1}$$

YY 接法容许输出功率和容许输出转矩分别为

$$P_{\mathrm{YY}}=3U_{\mathrm{X}}(2I_{\mathrm{N}})\cos\varphi_1\eta=2P_{\mathrm{Y}}$$

$$T_{\mathrm{YY}}=9\ 550\frac{P_{\mathrm{YY}}}{n_{\mathrm{YY}}}=9\ 550\frac{2P_{\mathrm{Y}}}{2n_1}=T_{\mathrm{Y}}$$

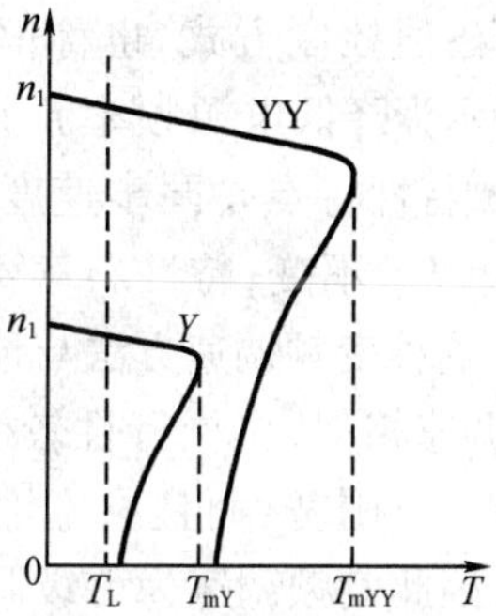

图 1-81　Y-YY 变极调速的机械特性

可见 Y－YY 变频调速方法属于恒转矩调速方法。

△－YY 变极调速绕组改接方法如图 1－80(b)所示。△接法时的最大转矩

$$T_{m\Delta}=\frac{1}{2}\frac{2p}{2\pi f_1}\frac{m_1(\sqrt{3}U_1)^2}{[r_1+\sqrt{r_1^2+(x_1+x_2')^2}]}=3T_{mY}=\frac{3}{2}T_{mYY}$$

故△－YY 变极调速的机械特性如图 1－82 所示。

△接法时的容许输出功率

$$P_\Delta=3(\sqrt{3}U_X)I_N\cos\varphi_1\eta=\sqrt{3}P_Y=\frac{\sqrt{3}}{2}P_{YY}=0.866P_{YY}\approx P_{YY}$$

可见△－YY 变极调速方法近似为恒功率调速方法。

优缺点及适用场合：方法简单，操作方便，调速范围小且为有级调速，变极调速的电动机称为多速电动机，适用于功率不大、对调速要求不高的场合。

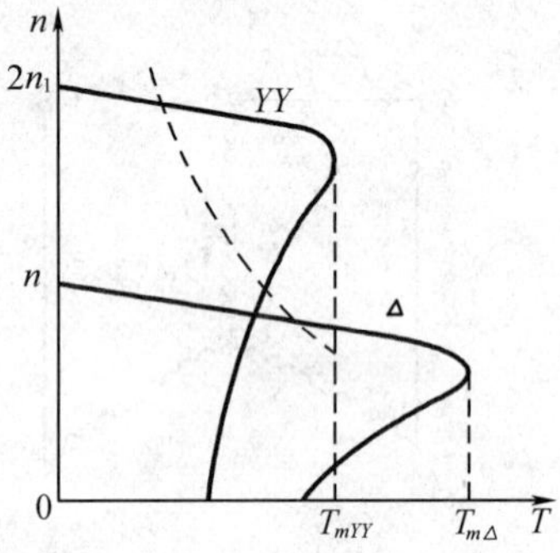

图 1－82 Δ－YY 变极调速的机械特性

二、变频调速

三相异步电动机的实际转速和同步转速的关系为

$$n=n_1(1-s)=\frac{60f_1}{p}(1-s)$$

因此，改变三相异步电动机的电源频率 f_1，就可以改变旋转磁场的同步转速，达到调速的目的。三相异步电动机的每相电压 U_1 为 $U_1\approx E_1=4.44f_1N_1k_{W1}\Phi_m=C_1f_1\Phi_m$，若电源电压 U_1 不变，当降低电源频率 f_1 调速时，则磁通 Φ_m 将增加，会使铁芯饱和，从而导致励磁电流和铁损耗的大量增加，电动机温升过高等，这是不允许的。因此在变频调速的同时，为保持磁通 Φ_m 不变，就必须改变电源电压，使$\frac{U_1}{f_1}$或$\frac{E_1}{f_1}$为常数。额定频率称为基频，变频调速时，可以从基频向上调，也可以从基频向下调。

降低电源频率 f_1 时保持$\frac{E_1}{f_1}$为常数，则 Φ_m 为常数，是恒磁通控制方式，也称恒转矩调速方式。如图 1－83所示为降低电源频率 f_1 调速的人为机械特性，人为机械特性特点是同步速度 n_0 与频率 f_1 成正比；最大转矩 T_{max} 不变；特性斜率不变(与固有机械特性平行)。这种变频调速方法与他励直流电动机降低电源电压调速相似，机械特性较硬，在一定静差率的要求下，调速范围宽，而且稳定性好。由于频率可以连续调节，因此变频调速为无级调速，平滑性好，另外转差功率 P_s 较小，效率较高。

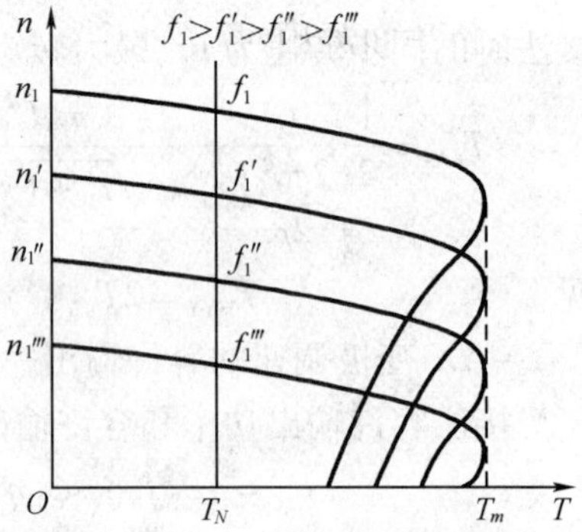

图 1－83 保持$\frac{E_1}{f_1}$为常数时变频调速的机械特性

降低电源频率 f_1 时保持$\frac{U_1}{f_1}$为常数，则 Φ_m 近似为常数，在这种情况下，当降低频率 f_1 时，Δ_n 不变。但最大转矩 T_{max} 会变小，特别在低频低速

时的机械特性会变坏,如图1－84所示。保持$\frac{U_1}{f_1}$为常数,则低频率调速近似为恒转矩调速方式。

从基频向上调变频调速,升高电源电压是不允许的。因此升高频率向上调速时,只能保持额定电压不变,频率越高,磁通Φ_m越低,是一种降低磁通升速的方法,类似于他励直流电动机弱磁升速情况,其机械特性如图1－85所示。

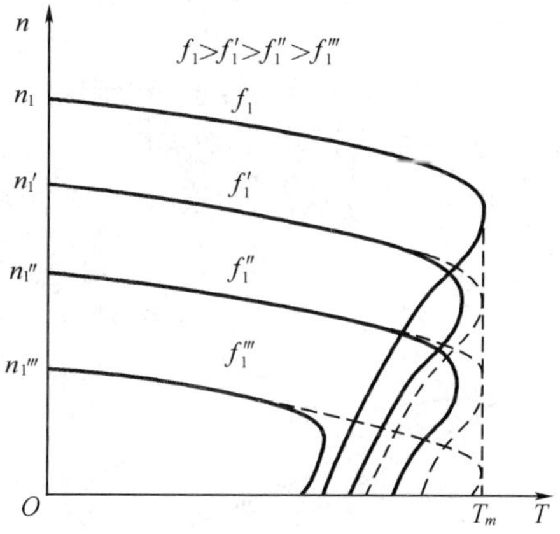

图1－84　保持$\frac{U_1}{f_1}$为常数时变频调速的机械特性

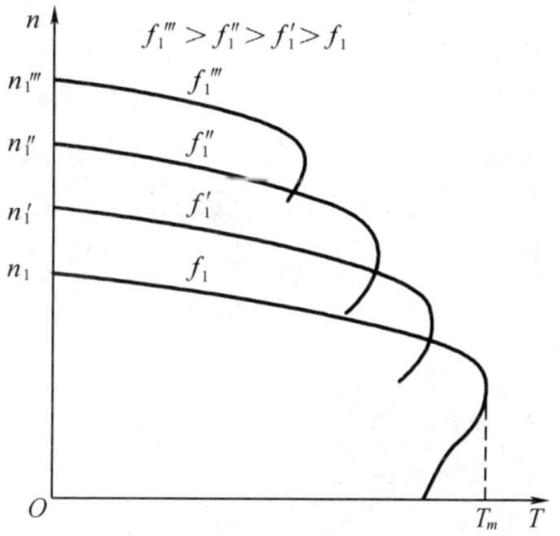

图1－85　保持U不变升频调速的机械特性

保持U_N不变升速,近似为恒功率调速方式。随着f_1上升,T下降,n上升,而P_2近似为常数。异步电动机变频调速具有良好的调速性能,可与直流电动机媲美。

异步电动机变频调速的电源是一种能调压的变频装置。如何能取得经济、可靠的变频电源,是实现异步电动机变频调速的关键,也是目前电力拖动系统的一个重要发展方向。目前,大多采用由晶闸管或自关断大功率晶体管器件组成的变频器。变频器若按相分类,可以分为单相和三相;若按性能分类,可以分为交－直－交变频器和交－交变频器。

变频器的作用是将直流电源(可由交流经整流获得)变成频率可调的交流电(称交－直－交变频器)或是将交流电源直接转换成频率可调的交流电(交－交变频器),以供给交流负载使用。交－交变频器将工频交流电直接变换成所需频率的交流电能,不经中间环节,所以也称为直接变频器。

变频调速由于其调速性能优越,即调速平滑、调速范围广、效率高,又不受直流电动机换向带来的转速与容量的限制,故已经在很多领域获得广泛应用,如轧钢机、工业水泵、鼓风机、起重机、纺织机、球磨机化工设备及家用空调器等方面。主要缺点是系统成本较高,初期投资大,最关键的是系统较复杂,一旦发生故障,修理恢复困难,因此船舶甲板设备的调速很少使用这种方法。另外由于船舶甲板设备对调速的要求不高,因此大多采用变极调速。

三、改变转差率调速

改变转差率调速有两种方法,即改变定子电压调速和转子串电阻调速。

1. 改变定子电压调速

对于转子电阻大、机械特性曲线较软的笼型异步电动机而言，如加在定子绕组上的电压发生改变，则负载 T_L 对应于不同的电源电压 U_1，U_2，U_3，可获得不同的工作点，如图 1-86 所示，显然电动机的调速范围很宽。缺点是低压时机械特性太软，转速变化大，可采用带速度负反馈的闭环控制系统来解决该问题。

改变电源电压调速，这种方法主要应用于笼型异步电动机，靠改变转差率 s 调速。过去都采用定子绕组串电抗器来实现，目前已广泛采用晶闸管交流调压控制线路来实现。

2. 转子串电阻调速

绕线式转子异步电动机转子串电阻的机械特性如图 1-87 所示。转子串电阻时最大转矩不变，临界转差率加大。所串电阻越大，运行段特性斜率越大。若带恒转矩负载，原来运行在固有特性曲线 1 的 a 点上，在转子串电阻 R_1 后，就运行在 b 点上，转速由 n_a 变为 n_b，依此类推。

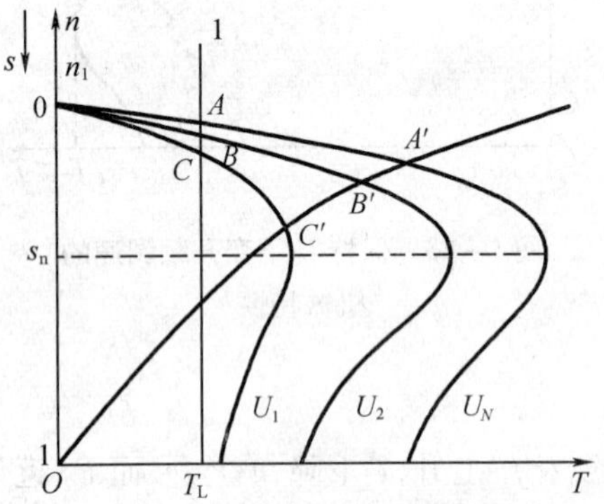

图 1-86　高转子电阻笼型电动机调压调速

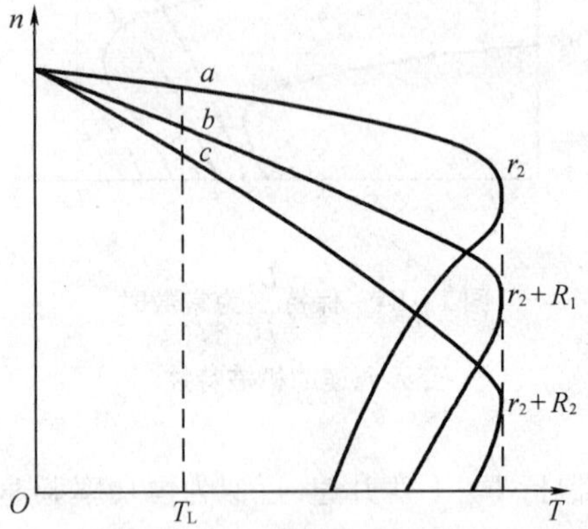

图 1-87　转子串电阻调速的机械特性

若转速越低，转差率 s 越大，转子损耗越大，所以低速时效率不高。

优缺点：设备简单，初投资低，操作方便，有级调速，损耗大，效率低，调速范围受允许静差率的限制，只能达到 2～3。

适用场合：一般用于功率不大的恒转矩负载，如起重类机械，也可用于通风机负载。

2.10　三相异步电动机的制动

在生产生活中，许多机械的快速减速或停车、提升装置的匀速下放重物等都需要产生一个与旋转方向相反的阻碍力矩，这就是制动。电力拖动系统的制动方法有两类：机械制动和电气制动。机械制动主要是利用机械摩擦获得制动转矩，例如电磁铁制动器、液压制动器；电气制动是利用电动机本身产生与其转动方向相反的电磁制动转矩。因为电动机有正转电动（$n>0$，$T>0$）和反转电动（$n<0$，$T<0$）状态，所以就有正转制动（$n>0$，$T<0$）和反转制动（$n<0$，$T>0$）状态。由此可知电动机的 4 种运行状态可表示在 $n-T$ 直角坐标的四个象限中；在第一、三象限内的机械特性曲线分别为正、反转电动状态；第二、四象限内的则分别为正、反转制动状态。电动机与负载的机械特性在四个象限中都有稳定的交点，因此电动机既可以稳定运行于正、反电动状态，也可以稳定运行于正、反制动状态。除两特性曲线的交点以外，电动机机械特性曲线上的任何工作点都是处在加速或减速的过渡状态中。

根据实现制动的方法和制动时电动机内部能量传递关系的不同，电动机的电气制动方式分三种，即反接制动、回馈（发电或再生）制动和能耗制动。不同的制动方式，其产生的条件和特点不同，应用场合也不尽相同。

根据异步电动机的工作原理，我们知道，电动机在电动状态时转子的转向和旋转磁场的方向相同，而且转子的转速低于旋转磁场的转速。因此只要不满足这个条件，都将因旋转磁场对转子绕组的相对切割方向发生改变而使电动机处于制动状态。

一、反接制动

当旋转磁场的转向与转子的转向相反时，转差率 $s>1$，则发生反接制动。有两种方法可实现反接制动，即改变旋转磁场的转向或改变转子的转向。

（1）改变旋转磁场方向的电源反接制动

电源反接制动方法是通过改变电动机的电源相序实现，即任意改接两根电源线，如图1－88所示，断开QS1，接通QS2即可。

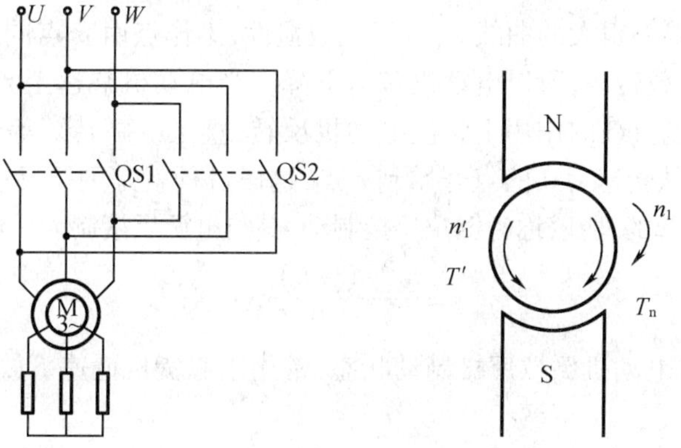

图1－88　绕线式异步电动机电源反接制动图

电源的相序改变，旋转磁场立即反转，从而使转子绕组中感应电势、电流和电磁转矩都改变方向，因机械惯性，转子转向未变，电磁转矩与转子的转向相反，电动机进行制动，这就是电源反接制动。如图1－89所示，制动前电动机稳定工作在曲线1的 a 点，电源反接制动时 $n_1<0$，$n>0$，相应的转差率 $s=\dfrac{-n_1-n}{-n_1}>1$，且电磁转矩 $T<0$，机械特性如曲线2所示。因机械惯性，转速瞬时不变，工作点由 a 点移至 b 点，并逐渐减速，到达 c 点时 $n=0$，此时切断电源并停车，如果是位能性负载须使用抱闸，否则电动机会反向启动旋转。

这种反接制动转差率大（$s>1$），使定子和转子电流都很大。因为电磁转矩和负载转矩同时对转子进行制动而做功，因此由定子输入的电磁功率和由轴上输入的负载机械功率全部转换为转子电路的电能，并消耗在转子电阻上，将使电动机温升增高，并使转子受到力矩的冲击。因此对于大容量或频繁反转的鼠笼式电动机，应避免用反接制动；对于绕线式异步电动机可串入适当大的转子电阻，以减少反接制动电流，分担转子铜损。转子串电阻反接制动的特性曲线如曲线3所示，制动过程同上。

(2)倒拉反接制动

绕线式异步电动机拖动位能性负载时,转子电路串接电阻时可产生倒拉反接制动,这样就可以限制位能性负载的下落速度。倒拉反接制动时的机械特性如图 1-90 所示。

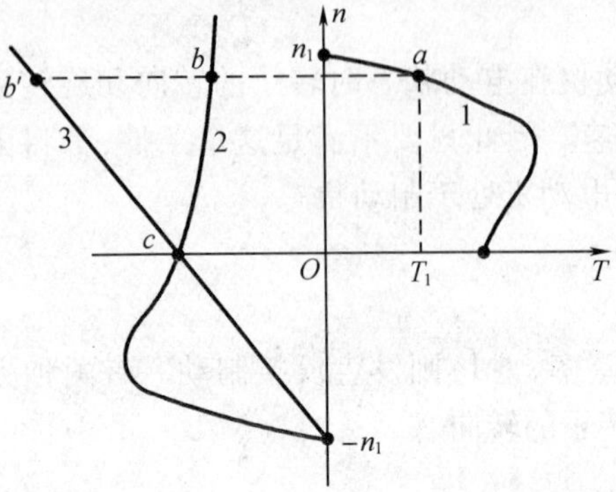

图 1-89 电源反接制动的机械特性

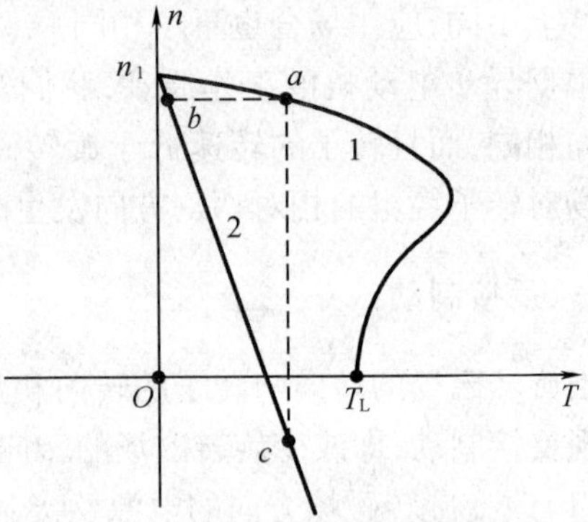

图 1-90 倒拉反接制动机械特性

当异步电动机提升重物时,其工作点为曲线 1 上的 a 点。如果在转子回路串入很大的电阻,机械特性变为斜率很大的曲线 2,由于机械惯性,工作点由 a 点同速转移到 b 点,由于此时电磁转矩小于负载转矩,所以电动机转速下降。当电动机减速至 $n=0$ 时,电磁转矩仍小于负载转矩,在位能负载的作用下将使电动机反转,直至电磁转矩等于负载转矩,电动机才稳定运行于 c 点。从转速为 0 的点开始到 c 点,这段过程就是倒拉反接制动的过程。因为制动是由重物倒拉引起的,所以称为倒拉反接制动,其与电源反接制动一样转差率大于 1。

$$s=\frac{n_1-(-n)}{n_1}>1$$

绕线式转子异步电动机倒拉反接制动状态,常用于起货机低速下放重物。

二、回馈制动

当转子转速超过旋转磁场的转速时($n>n_1$)将发生回馈制动,例如电车下坡、深水抛锚或电动起货机转速由高速突然改接为低速时,都会在重力负载或转动系统动能的作用下发生转子的转速超过同步转速的回馈制动。机械特性曲线从正、反同步转速点分别向第二、第四象限延伸部分是回馈制动特性。如图 1-91 第四象限的 a 点即为位能负载利用回馈制动进行等速下落的稳定运行工作点。

另外在变极调速或降频调速时,当由高速挡向低速挡转换的初始,旋转磁场的转速立即由高挡同步转速变到低挡同步转速,但转子转速 n 不能立即变低,因此就出现因转子的转速高于低挡同步转速而发生回馈制动的减速过程。如图 1-92 所示为变极调速时回馈制动的机械特性。变极时工作点由 a 点跳到 b 点,在回馈制动和负载转矩的共同作用下转速沿曲线下降。b 到$\frac{n_1}{2}$点即为回馈制动的过程。

在回馈制动过程中,由于转子的转速高于同步转速,因而电机处于发电机状态,将轴上输入的负载机械能或消耗的系统动能转换为电能而回馈到电网,因此又称为发电制动或再生制动。这种制动用于限速比较经济。

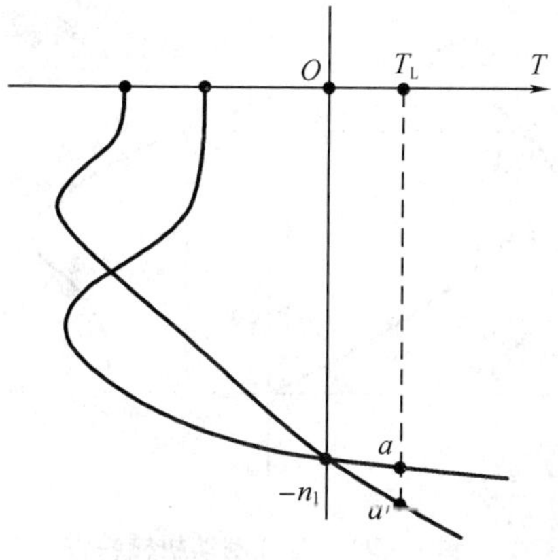

图1-91　深水抛锚时的回馈制动机械特性

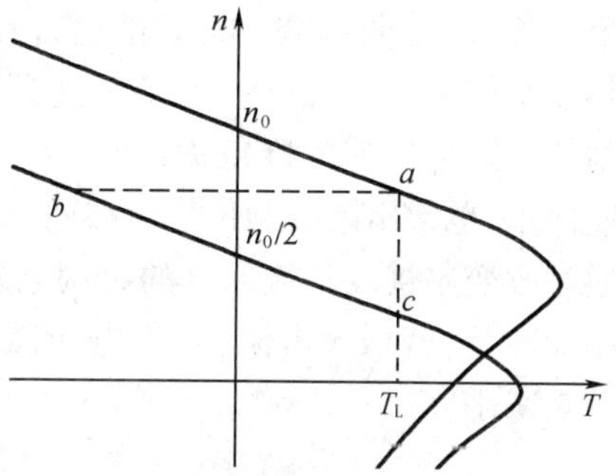

图1-92　变极调速时的回馈制动机械特性

三、能耗制动

能耗制动的实现方法是将运行着的异步电动机的定子绕组从三相交流电源上断开后，立即接到直流电源上，如图1-93所示。

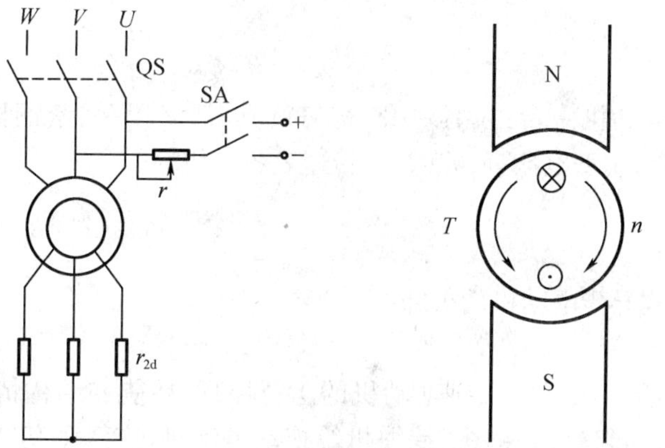

图1-93　能耗制动原理图

当定子绕组通入直流电源时，在电动机中将产生一个恒定磁场。转子因机械惯性继续旋转时，转子导体切割恒定磁场，在转子绕组中产生感应电动势和电流，转子电流和恒定磁场作用产生电磁转矩，根据左手定则可以判电磁转矩的方向与转子转动的方向相反，为制动转矩。在制动转矩作用下，转子转速迅速下降，当 $n=0$ 时 $T=0$，制动过程结束。这种方法是将转子的动能转变为电能消耗在转子回路的电阻上，所以称能耗制动。

从三相异步电动机降频调速的人为机械特性曲线知道，随着定子电流频率的降低，同步转速变小，机械特性也跟着平行下移；当频率为零（即直流）时机械特性曲线就是通过坐标原点的一条曲线，如图1-94所示，曲线2是能耗制动的机械特性，当直流磁通不等于原旋转磁通时，特性曲线的最大转矩和特性曲线的硬度不同。

电动机正向运行时工作在固有机械特性曲线 1 的 a 点上，定子绕组改接直流电源后因电磁转矩与转向相反，因而能耗制动时机械特性位于第二象限，见曲线 2。电动机运行点也同速转移至 b 点，并从 b 点沿曲线 2 减速到 O 点。能耗制动转矩随转速的降低而减小，可用来实现快速停车，也常用来限制位能负载的下落。

通过改变串接在直流回路的可调电阻 r 可改变制动转矩，若增大电阻，直流电流减小，则制动转矩减小。

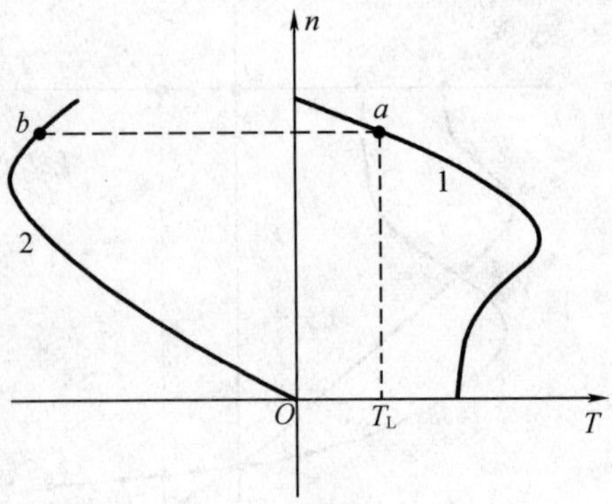

图 1－94　能耗制动机械特性

【相关训练】

实训一　三相异步电动机的拆装

一、实训目的

熟悉三相笼型异步电动机的结构；熟练并正确地拆卸、组装三相笼型异步电动机。

二、实训器材

三相笼型异步电动机一台；拉具一套、螺钉旋具、活络扳手、紫铜棒、钢套刷、手锤、毛刷、煤油、润滑油脂等；钳型电流表、兆欧表、转速表各一块。

三、实训方法

（一）三相鼠笼式异步电动机的拆卸

1. 拆装要求

拆装电动机之前，必须了解被拆电动机的运行原理、性能和结构情况。对于重要的或结构复杂的电动机，如起货机、锚机、绞缆机等拖动电动机，应熟悉其结构的技术资料。拆前根据资料拟订拆卸方案。

拆装的场地应宽敞明亮，清扫干净，保持干燥，附近应无杂物，以便放置拆下的零部件。

拆装过程中，不能损坏机械和电气部分的结构部件。尤其注意保护绕组的绝缘，防止碰伤损坏。

拆装时，应保存好拆下的零件，防止丢失，尤其注意保存好一些非通用不能互换的零件。

拆卸不熟悉的结构时，可采取边拆边装的方法，按拆卸顺序做好记号，必要时可做好记录，防止零件漏装、装错或装不上去。

2. 拆卸前的准备及标记

拆卸前准备好各种工具，拆卸场地；做好拆前的检查、记录；在一些重要部件做好标记。需要做的标记主要有：

（1）电源线标记　从接线盒拆下电源线时，应做好标记，以保证接线后电动机的正确转向。

(2)端盖与机座合缝处标记　为避免拆装后影响定子内孔与转子外圆的同心度,拆前应在端盖与机座配合处做好记号,以保证拆装前后端盖的位置不变。前后端盖的记号应不同,防止两端盖对调安装。

(3)直流电动机刷杆座标记　拆下刷杆座前在刷杆座与座圈合缝处用记号笔或油漆笔做一标记。这样可以保证安装时正确并可迅速调整电刷位置。

(4)电刷与换向极间连线标记　直流电动机必须拆下刷架时,应做好电刷与换向极间连线的记号,以保证安装时不会接错,否则会使换向极性错误,产生很大的换向火花。

(5)电刷在刷握中方向标记　应标记电刷在刷握中的方向,以免接触不良。

(6)接线盒中接线头标记　当需要拆下接线盒中绕组线头时,一定要做好标记。如异步电动机6个线头标记,同名端标记;直流电动机的激磁绕组、电枢绕组等线头标记。

3. 拆卸步骤

(1)切断电源,拆开电动机与电源的连接线,并对线头做好标记和绝缘处理。

(2)脱开联轴器,松掉地脚螺栓和其他螺栓。

(3)拆卸联轴器。

(4)卸下电动机尾部的风罩,拆下电动机尾部扇叶。

(5)拆下前轴承外盖和前、后端盖紧固螺钉。

(6)拆下前端盖。

(7)将转子和后端盖从机座中敲出,从定子中取出转子。

(8)拆下前后轴承。

4. 主要零部件的拆卸方法

(1)联轴器的拆卸

首先在联轴器的轴伸端上做好尺寸标记,再将联轴器上的定位螺钉或销子松脱取下,按图1-95所示的方法装好拉具。拉具的丝杠顶端要对准电动机轴端的中心,使其受力均匀。转动丝杆,把皮带轮或联轴器慢慢拉出,拆卸过程中如果拉不出,一定不要硬拆。如确实拉不出,可在定位螺丝孔内注入煤油,待几小时后再拉。使用这种方法仍然不容易拉出时,可用喷灯等急火在联轴器外侧四周均匀加热,等其膨胀后再拉出。注意,在拆卸过程中

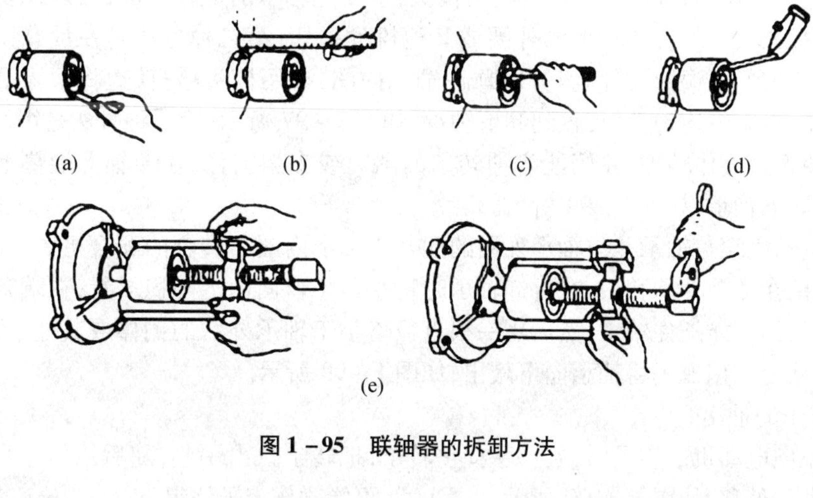

(a)　(b)　(c)　(d)

(e)

图1-95　联轴器的拆卸方法

严禁用手锤直接敲击联轴器,以免造成联轴器碎裂或转轴变形。

(2)风罩和风扇叶的拆卸

首先,把外风罩的固定螺栓松脱,取下风罩;然后松脱、取下转轴尾部风叶上的定位螺栓或销子,用手锤在风叶四周均匀轻敲,风叶就可以松脱下来。采用塑料风叶的电动机,可以用热水烫,将塑料风叶膨胀后卸下。

(3)轴承盖和端盖的拆卸

首先把轴承的外盖螺栓松下,卸下轴承外盖。为便于装配时复位,在端盖与机座接缝处的任一位置用扁铲或记号笔做好标记,然后松开端盖的紧固螺栓,用手锤均匀地敲打端盖四周(敲打时要衬上垫木),把端盖取下。另外,拆卸时也可用旋具(即螺丝刀、改锥)或铲沿缝口四周轻轻撬动,再用铁锤轻轻敲打端盖与机壳的接缝处,但不可用力过猛。

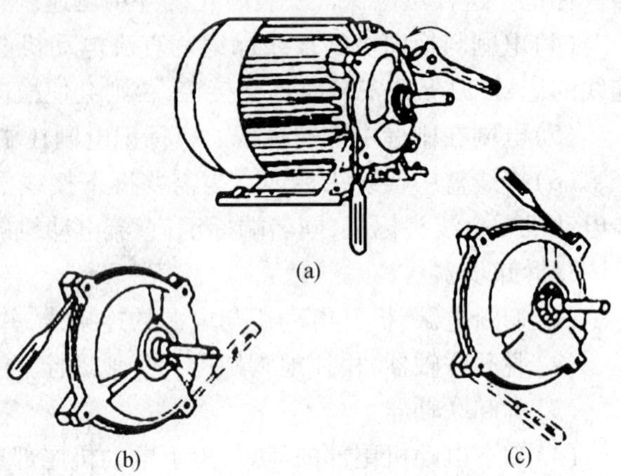

图 1-96 前端盖的拆除

小型电动机,可先把轴伸端的轴承外盖卸下,再松开后端盖的固定螺栓,然后用木锤敲打轴伸端,这样可把转子连同后端盖一起取下。

较大型的电动机端盖较大,应先把端盖用起重设备吊住,然后用木锤敲打轴伸端,就可以把转子和后端盖一起取下。

(4)轴承的拆卸

轴承的拆卸可能在两个部位进行。一种是在转轴上拆卸,另一种是在端盖内拆卸。

在转轴上拆卸轴承常用以下三种方法:第一种是用拉具将轴承从轴上拉出。这种方法和用拉具拆卸联轴器的方法相同,不过在使用这种方法时一定要注意拉脚的拉钩应钩住轴承的内圈,不能钩在外圈上,因为拉外圈达不到拆卸目的,还可能损坏轴承;拉轴承时轴承拉脚与地面的高度一定要用木块或其他东西垫得适当,使拉脚螺杆对准轴承的中心孔,不要歪斜,并要随时注意拉钩与轴承的受力情况,不要把轴承的螺杆拉坏;另外还要防止拉脚的拉钩滑脱,如果滑脱会使轴承的外圈或其他机件损坏;第二种方法是在没有拉具的情况下,用端部呈楔形的铜棒,在倾斜方向顶住轴承内圈,边用榔头敲打,边将铜棒沿轴承内圈移动,以使轴承周围均匀受力,直到卸下轴承,如图 1-97 所示;第三种方法是用两块厚铁板在轴承内圈下边夹住转轴,并用能容纳转子的圆筒或支架支住,在转轴上端垫上厚木板或铜板,敲打取下轴承,如图 1-98 所示。

有的电动机端盖轴承孔与轴承外圈的配合比轴承内圈与转轴的配合更紧,在拆卸端盖时,使轴承留在端盖轴承孔中,在拆卸轴承时将端盖止口面向上平稳放置,在端盖轴承孔四周垫上木板,但不能抵住轴承,然后用一根直径略小于轴承外沿的铜棒或其他金属棒,抵住轴承外圈,从上方用榔头将轴承向下敲出,如图 1-99 所示。

(5)转子的抽出

拆卸小型电动机的转子时,要一手握住转子,把转子拉出一些,随后用另一只手托住转子铁芯渐渐往外移,如图 1-100 所示。要注意,不能碰伤定子绕组。

图1－97 用铜棒敲打拆卸轴承

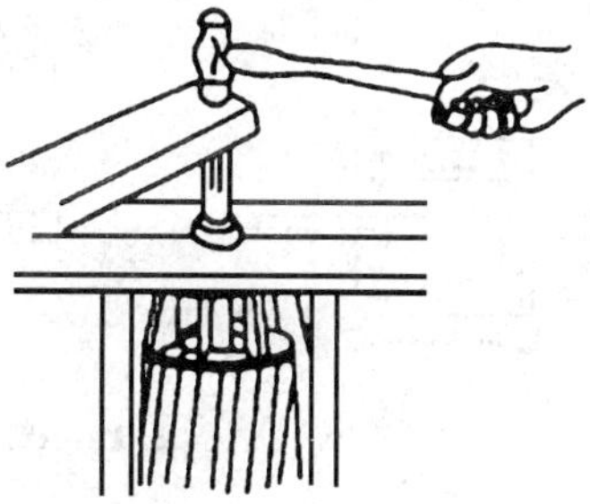

图1－98 搁在圆筒上拆卸轴承

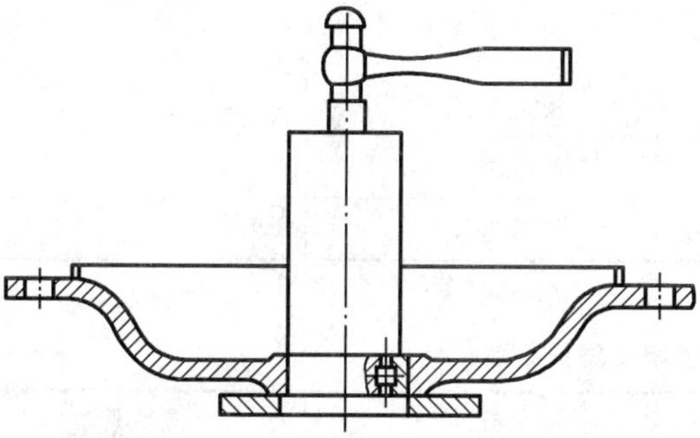

图1－99 拆卸端盖内的轴承方法

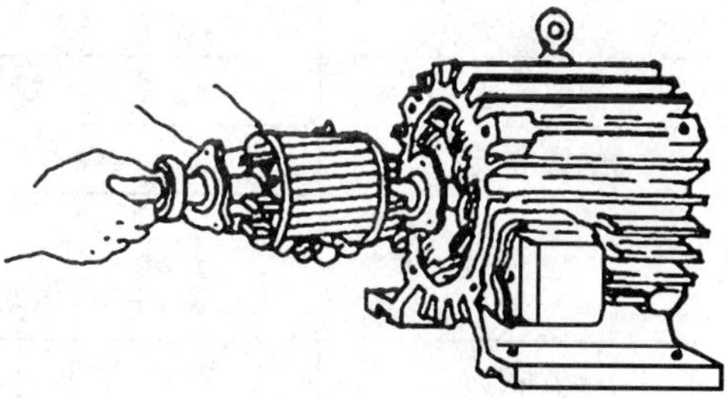

图1－00 小型电动机的转子抽出方法

拆卸中型电动机的转子时，要一人抬住转轴的一端，另一人抬住转轴的另一端，渐渐地把转子往外移，如图1－101所示。

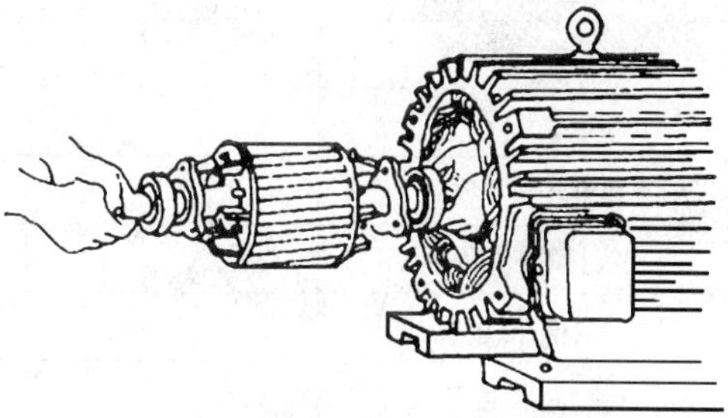

图1－101 中型电动机的转子抽出方法

拆卸大型电动机的转子时，要用起重设备分段吊出转子。具体方法如下：用钢丝绳套住转子两端的轴颈，并在钢丝绳与轴颈之间衬一层纸板或棉纱头；起吊转子，当转子的重心移出定子时，在定子与转子的间隙中塞入纸板垫衬，并在转子移出的轴端垫支架或木块搁住转子；将钢丝绳改吊转子，在钢丝绳与转子之间塞入纸板垫衬，如图1－102所示。就可以把转子全部吊出。

(6)旧绕组拆除

旧绕组拆除是电动机拆装过程中最重要的内容。为了易于修复，保持原来电动机的性能，在旧线圈的拆除过程中，应按下列步骤进行：

①详细记录电动机的铭牌数据和绕组数据，按表1－1和表1－2填写相关内容。

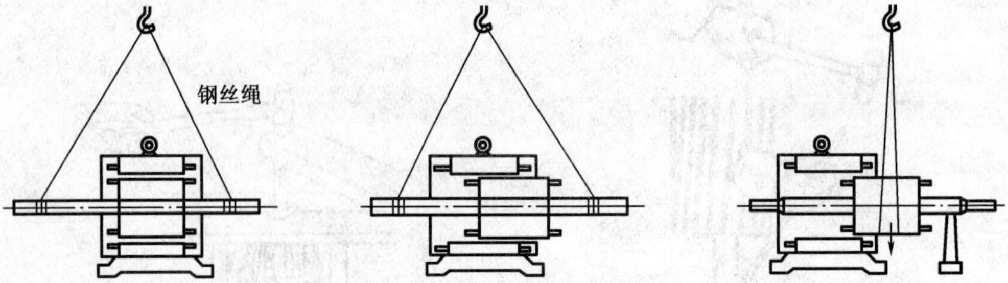

图1-102 大型电动机的转子抽出方法

表1-1 电动机铭牌数据记录表

名称	内容与数据	名称	内容与数据
型号		额定电压	
额定功率		额定电流	
额定转速		接法	
绝缘等级		安装方法	

表1-2 电动机绕组数据记录表

名称	内容与数据	名称	内容与数据
槽数		线圈嵌放方法	
每槽导线数		线圈端部的伸出长度	
导线型号与规格		线圈展开的长度	
导线并绕根数		导线绝缘的性质	
绕组形式		绑箍的个数和尺寸	
线圈的匝数		槽楔的材料	
线圈的节距		槽楔的尺寸和形状	
线槽尺寸		导线总质量	
铁芯长度			

②在小型电动机中，一般采用半封口式线槽，拆卸绕组比较困难，大多数情况下必须先将线圈的一端铲断，然后从另一端用钳子把导线拉出来。方法是用一把锋利的带斜度的扁铲，将铲的斜面平放在槽口上，用铁锤敲击，便可以将导线一根一根地铲断，操作时用力不要太猛，以防把铁芯铲坏。注意拆线过程中应保留一个完整的绕组以便量取其各部分的数据。

③对于双层绕组，先拆除上层导线，再拆除下层导线；对同心绕组，先拆除外层导线，再拆里层导线。

④对于难以取出的线圈，可以用加热法将旧线圈加热到一定温度，再将定子绕组从槽楔中拉出来。常用的加热方法有：用电热鼓风恒温干燥箱加热法、通电加热法、用木柴直接燃烧法等。

(7)清槽与整角

拆除旧的线圈后,定子槽内留有残余的绝缘物和杂质。为保证电动机的性能,必须清理定子槽。在清理过程中不准用锯条、凿子在槽内乱拉乱划,以免产生毛刺,影响嵌线质量。应轻轻剥去绝缘物,再用皮老虎或用压缩空气吹去槽内灰尘、杂质。

如果铁芯边缘局部胀开,或在用火烧法拆除线圈时因敲打、拉凿引起槽齿变形,必须对定子槽进行整角。方法是用一块硬质木块对准胀开的定子齿的上部,用锤子敲打木块,直到使之恢复原状为止。若铁芯高低不平,处理时不允许用挫刀,以免因产生毛刺连接使个别钢片间形成短路,造成铁芯发热。可用扁铲轻轻打下突出部分,然后用皮老虎或压缩空气吹出铁末,再涂上一层绝缘漆。

(二)三相笼型异步电动机的装配

1. 装配步骤

电动机的装配工序按拆卸时的逆顺序进行,装配前,各配合处要先清理除锈;装配时应将各部件按拆卸时所做标记复位。

2. 主要零部件的装配

(1)轴承的装配

装配前应检查轴承滚动件是否转动灵活而又不松旷;再检查轴承内与轴颈,外圈与端盖轴承座孔之间的配合情况和光洁度是否符合要求。

轴承的安装有冷套法和热套法两种。安装轴承时,标号必须向外,以便下次更换时查对轴承型号。在轴承内外圈里和轴承盖里装的润滑脂应洁净,塞装要均匀,一般电动机装满1/3~2/3空间容积。轴承内外盖的润滑脂一般为盖内容积的1/3。注意若润滑油加得过多,会导致运转中轴承发热等。

冷套法:在干净的轴颈上抹一层薄薄的机油。把轴承套上,按如图1-103所示方法,用一根内径略大于轴颈直径、外径略大于轴承内圈外径的铁管,将铁管的一端顶在轴承的内圈上,用手锤敲打铁管的另一端,将轴承敲进去。最好是用压床压入。

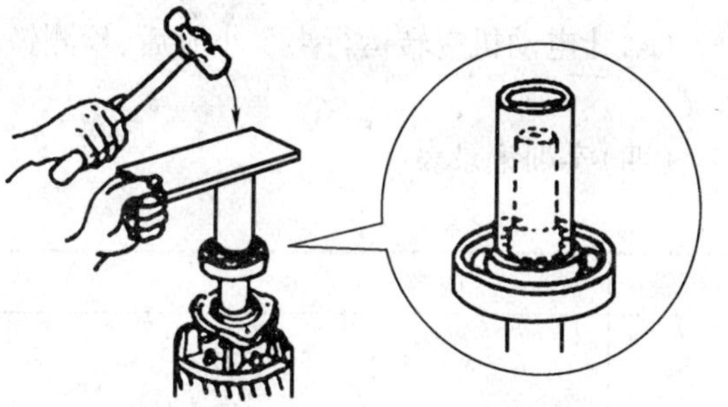

图1-103 冷套法

热套法:如配合较紧,为了避免把轴承内环胀裂或损伤配合面,可采用热套法。如图1-104所示,首先将轴承放在油锅(或油槽内)里加热,油的温度保持在100 ℃左右,轴承必须浸没在油中,又不能和锅底接触,可用铁丝将轴承吊起架空。加热要均匀,30~40 min后,把轴承取出,趁热迅速地将轴承一直推到轴颈。

(2)转子的安装

转子的安装是转子拆卸的逆过程。安装时,要对准定子中心把转子小心地往里送。要注意,不能碰伤定子绕组。端盖要对准机座的标记,旋上后盖的螺栓,但不要拧紧。

(3)端盖的安装

安装端盖时,先将端盖洗净、吹干,铲去端盖口和机座口的脏物;然后将前端盖对准机座标记,用木锤轻轻敲击端盖四周。套上螺栓,按对角线一前一后把螺栓拧紧,切不可有松有紧,以免损坏端盖;最后装前轴承外盖时,可先在轴承外盖孔内用手插入一根螺栓,另一只手缓慢转动转轴,当轴承内盖的孔转得与外盖的孔对齐时,即可将螺栓拧入轴承盖的螺孔内,再装另外两根螺栓。也可先用两根硬导线通过轴承外盖孔插入轴承内盖孔中,旋上一根螺栓,挂住内盖螺钉扣,然后依次抽出导线,旋上螺栓。

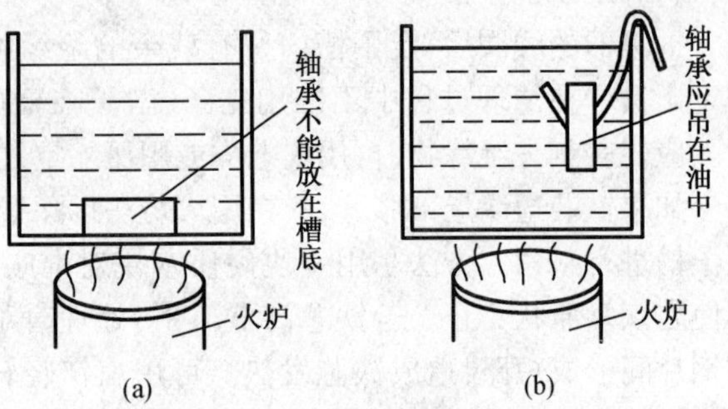

图 1-104　热套法

(4)风扇叶和风罩的安装

风扇叶和风罩安装完毕后,用手转动转轴,转子应转动灵活、均匀,无停滞或偏重现象。

(5)联轴器的安装

把联轴器的轴孔打磨光滑,用抛光布把转轴的表面打磨光滑,然后对准键槽把联轴器套在转轴上,调整好联轴器与键槽的位置,将木板垫在键的一端,轻轻敲打,使键慢慢进入槽内。

(三)电动机装配后的检验

(1)检查螺栓的紧固情况和轴伸端的偏摆情况。检查电动机的转子转动是否轻便灵活,如转子转动比较沉重,可用紫铜棒轻敲端盖,同时调整端盖紧固螺栓的松紧程度,使之转动灵活。

(2)检查电动机定子绕组相与相之间、各相对地之间的绝缘电阻。

(3)根据电动机的铭牌正确接线,并在电动机外壳上安装好接地线,然后接通电源,用钳形电流表分别检测三相电流是否平衡。

(4)用转速表测量电动机的转速。

(5)让电动机空转运行半个小时后,检测铁芯和轴承的温度,观察电动机的振动和噪声情况。

(四)实训记录表

步骤	内容	工艺要点
1	拆前的准备工作	电工工具: 电工仪表: 其他工具: 电动机铭牌:
2	拆卸顺序	1. ____ 2. ____ 3. ____ 4. ____ 5. ____ 6. ____ 7. ____ 8. ____

步骤	内容	工艺要点
3	拆卸轴承	1. 使用工具： 2. 方法：
4	拆卸端盖	1. 使用工具： 2. 工艺要点： 3. 注意事项：
5	拆除线圈	1. 使用工具： 2. 工艺要点： 3. 注意事项：
6	清槽	1. 使用工具： 2. 工艺要点： 3. 注意事项：
7	整角	1. 使用工具： 2. 工艺要点： 3. 注意事项：

实训指导教师__________　____年____月____日

实训二　绕组首尾端判别

一、实训目的

掌握三相异步电动机定子绕组首尾端的判别方法。

二、实训器材

常用电工工具、万用表、电压表、电流表、三相笼型异步电动机一台、220/36 V 变压器、干电池、开关。

三、实训方法

(一)交流电源法判别三相定子绕组的首尾端

1. 用万用表欧姆挡分别找出电机三相绕组的两个线头,做好标记。

2. 先给三相绕组的线头做假设编号 U_1,U_1,V_1,V_2,W_1,W_2,并把 V_1,U_2 按图 1-105 所示连接起来,构成两相绕组串联。

3. 将 U_1,V_2 线头上接电压表或万用表交流电压挡。

4. 在 W_1,W_2 上接 36 V 交流电源,如果电压表有读数,说明线头 U_1,U_2 和 V_1,V_2 的编号正确。如果无读数,则把 U_1,U_2 或 V_1,V_2 中任意两个线头的编号对调一下即可。

5. 再按上述方法对 W_1,W_2 两个线头进行判别。

(二)剩磁感应法判别三相定子绕组的首尾端

1. 用万用表欧姆挡分别找出电机三相绕组的两个线头,做好标记。

2. 先给三相绕组的线头做假设编号 $U_1,U_2;V_1,V_2;W_1,W_2$。

3. 按图 1-106 所示接线,用手转动电动机转子。由于电动机定子及转子铁芯中通常均有少量的剩磁,当磁场变化时,在三相定子绕组中将有微弱的感应电动势产生,此时若并接在绕组两段的微安表(或万用表微安挡)指针不动,则说明假设的编号是正确的;若指针有偏转,说明其中有一相绕组的首尾端假设标号不对。应逐一相对调重测,直至正确为止。

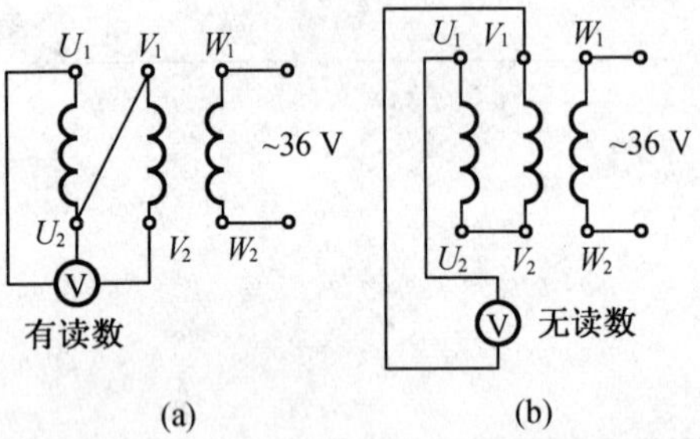

图 1-105 用低压交流电源法判别绕组首尾端

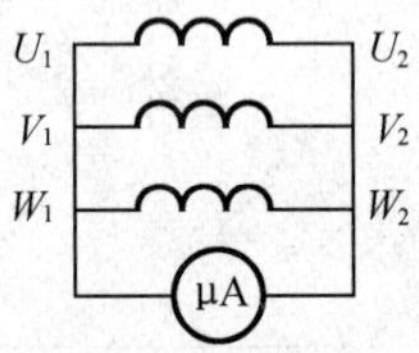

图 1-106 用剩磁感应法判别绕组首尾端

(三)直流电源法判别三相定子绕组的首尾端

用万用表欧姆挡分别找出电机三相绕组的两个线头,做好标记,然后按图 1-107 所示,将某相绕组串接在毫伏表(或万用表的毫安挡)上,另一相通过开关接干电池。在接通开关的瞬间,若万用表毫安挡指针摆向大于零的一边,则电池正极所接线端与万用表负极所接线端同为首端或同为尾端;如指针反向摆动,则电池正极所接线端与万

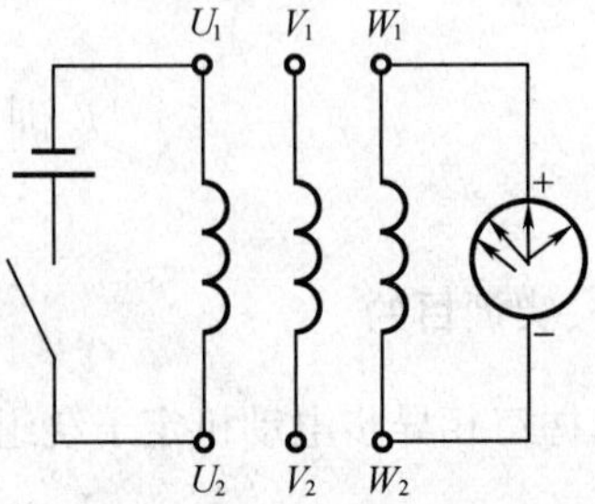

图 1-107 直流电源法判别绕组首尾端

用表正极所接线端同为首端或为尾端；再将电池接到另一相的两个线端试验，就可确定各相的首端与尾端了。

（四）实训记录表

步骤	内容	工艺要点
1	实训前的准备工作	电工工具： 电工仪表： 其他工具： 电动机铭牌：
2	首尾端的判别方法	1. 交流电源法判别三相定子绕组的首尾端 2. 剩磁感应法判别三相定子绕组的首尾端 3. 直流电源法判别三相定子绕组的首尾端
3	操作要领及注意事项	1. 接线工艺要点： 2. 注意事项：

实训指导教师__________　____年____月____日

实训三　三相异步电动机的检修

一、实训目的

掌握排除中小型异步电动机常见故障的技能。

二、实训器材

常用电工工具；万用表、钳形电流表、兆欧表各一块。

三、实训内容与方法

（一）异步电动机的故障检查一般方法

三相异步电动机的故障一般可分为电气故障和机械故障。电气故障主要包括定子绕组、转子绕组和电路故障;机械故障包括轴承、风扇、端盖、转轴、机壳等故障。

三相异步电动机的故障现象比较复杂,同一故障可能出现不同的现象,而同一现象又可能由不同的原因引起。在分析故障时要透过现象,抓住本质,用理论知识和实践经验相结合,才能快速准确地查出故障原因,才能尽量缩短故障停机的时间,迅速修复电动机。

检查电动机时一般是先外部后内部、先机械后电气、先控制部分后机组部分,检查时可以通过自身的感官采用"问、看、闻、摸、听"的办法来了解电动机的运行状态。

问:首先应详细询问故障发生的情况,尤其是故障发生前后的变化,如电压、电流等。

看:观察电动机外表有无异常情况,端盖、机壳有无裂道,转轴有无转弯,转动是否灵活,必要时打开电动机观察绝缘漆是否变色,绕组有无烧坏的地方。观察电动机和所拖带的机械设备转速是否正常,看控制设备上的电压表、电流表数值有无超出规定范围,看控制线路中的指示、信号装置是否正常。

闻:电动机严重发热或过载时间较长,会引起绝缘受损而散发特殊气味;轴承发热严重时也可挥发出油脂气味。所以可用鼻子闻一闻有无特殊气味,辨别出是否有绝缘漆或定子绕组烧毁的焦糊味。

摸:电动机过载及发生其他故障时,温升显著增加,造成工作温度上升,用手摸电动机外壳各部位即可判断温升情况。所以可用手触摸电动机外壳及端盖等部位,检查螺栓有无松动或局部过热(如机壳某部位或轴承室附近等)情况。

听:必须熟悉电动机启动、轻载、重载的声音特征;学会辨别电动机单相、过载等故障时的声音及转子扫膛、笼型转子断条、轴承故障时的特殊声音,可帮助查找故障部位。

造成电动机故障的原因很多,如果表面观察难以确定故障原因,还应在初步分析的基础上,使用各种仪表(万用表、兆欧表、钳形表及电桥)进行必要的测量检查。除了要检查电动机本身可能出现的故障外,还要检查所拖带的机械设备及供电线路、控制线路。通过认真检查,找出故障点,准确地分析造成故障的原因,才能有针对性地进行处理,采取预防措施,以防止故障再次发生。

(二)三相异步电动机常见故障及处理

1. 单相运行

单相运行对电动机的危害非常大,因单相运行而损坏的三相异步电动机要占损坏总数的一半以上。因此在船舶电力拖动系统中一般都采取单相保护措施,常用的保护元件是热继电器。由于热继电器不能准确整定动作值,所以也会经常发生单相运行故障,使电动机过热或烧坏。引起单相运行的原因通常是由电动机绕组一相断路、引出线断或接线螺钉松动、熔断器烧断或主接触器触头接触不良等原因引起。

正在运转的三相异步电动机有一相断电,并不停车,但转速降低、显得没有"力气",振动、噪音增大且异常,三相电流严重不平衡,未断相电流很大使电动机过热甚至烧坏。电动机停车后再接通电源,发出嗡嗡声但不能启动。

由于单相运行而烧毁的电动机,打开端盖,可看到绕组端部的1/3或2/3的线圈组烧黑或变为深棕色,而其余的两相或一相绕组完好无损或稍微烤焦。

可用万用表检查单相运行故障。用万用表交流电压挡测量电动机引出线端三相电压。若数值不同,则电源不对称,再检查主电路。若绕组中有断路,再用万用表电阻挡检查三相绕组的通断。

2. 定子绕组短路

三相异步电动机定子绕组短路有相间短路和匝间短路两种。

(1)相间短路

正常的三相异步电动机任意两相间的绝缘电阻应不小于0.5 MΩ。若相间绝缘电阻为零或接近于零时,则表明相间绝缘损坏,发生了相间短路。船舶上三相异步电动机发生相间短路原因有:电动机绕组严重受潮或过热时,由于定子绕组相间绝缘薄弱而产生电击穿;双层绕组槽中因层间绝缘薄弱而产生电击穿;绕组端部相与相之间有部分线圈叠靠在一起,因绝缘损坏而短路;绕组连接线或引出线间由于绝缘不良而击穿,等等。

相间短路故障表现为电动机运行声音不正常、定子电流不平衡、保护电器动作或熔断器烧断,甚至烧坏绕组。此时在短路处可发生导线爆断,而其他线圈或位置没有烤焦现象。

相间短路检查,停电用兆欧表测量任意两相间的绝缘电阻值来判断,若绝缘电阻值为零或很小,则说明该两相绕组间相间短路。

相间短路的处理,若发生在端部,损坏不严重时,可根据损伤情况更换相间绝缘或垫上绝缘纸。但中小电动机定子绕组均是浸漆而形成的整体结构,难以更换相间绝缘,一般只能将其全部拆除而重新绕组。

(2)匝间短路

三相异步电动机定子绕组匝间短路,是指某相绕组的线圈中,线匝之间因绝缘损坏而发生的短路。发生匝间短路的主要原因有:电动机在制造过程中潜在的原因,如下线过程中个别导线在槽内交迭,长期运行时在电磁力作用下使绝缘漆损坏,而发展成匝间短路;电机解体保养时操作不当碰伤绕组端部绝缘,使导线接触;电机长期过载运行而过热,使线圈局部较弱的绝缘或下线时不慎碰伤的绝缘损坏,导致匝间短路。

匝间短路刚开始可能只有两根导线交叠处绝缘磨损而短路。由于短路时线圈内产生环流,使线圈发热,进而损坏邻近的导线的绝缘,使短路匝数不断增多,故障扩大。短路匝数足够多时,会使熔断器烧断,甚至使绕组烧焦冒烟。此时,在线圈端部可清楚地看到多匝或一极线圈烧焦而成裸铜线,而未短路的本相的或其他两相的线圈都比较完好。当三相绕组有一相有匝间短路时,三相电流不平衡,使运行中的电动机产生振动和不正常的声音,平均转矩下降,拖动负载时显得无力。

匝间短路的检查:

①短路匝数较多时可用双臂电桥分别测量三相绕组的直流电阻,电阻值较小的一相可能有匝间短路。

②外观检查。将电动机空载转动5 min左右,然后切断电源,迅速解体取出转子,用手摸绕组端部,若有一个或一组线圈温度较其他的高,则这个线圈或线圈组中有匝间短路,若匝间短路较严重,可看到线圈因过热而变色或有焦糊的痕迹。

③用短路侦察器检查。短路侦察器是利用变压器原理来检查绕组匝间短路的专用工具,用它可以检查交流电动机定子绕组、绕线式电动机的转子绕组、直流电动机电枢绕组的匝间短路。

3. 定子绕组接地

绕组导体与铁芯之间绝缘电组为零或接近于零,即认为电动机发生了绕组接地故障。定子绕组接地时,如果电动机接地不良,就会使机座带电,给操作人员带来安全隐患。如果电动机绕组多点接地,则会发生短路故障。

绕组接地故障的主要原因有：电动机绝缘老化发脆；槽口处绝缘破损，导体与铁芯接触；绕组端部绝缘受损并碰端盖，绕组引出线电缆绝缘破损而碰壳；导线松动；硅钢片未压紧有尖刺；振动时损伤绝缘等。

检查绕组接地的方法有：

①用 500 V 兆欧表测量各相对地绝缘电阻，如果绝缘电阻为零或接近于零则该相绕组有接地故障；如果兆欧表指针摇摆不定，则说明绝缘已破损。

②用校验灯。两测试棒之间串一电源和灯泡，然后将两测试棒分别接绕组出线头和机壳，若灯泡稍亮，表示绕组绝缘已损坏；若灯泡全亮，表明该相绕组接地。也可用万用表 $R\times10$ kΩ挡检查绕组绝缘，在检测时注意手不要触及表棒。

在接地点的检查中，如果接地点不易发现，这时可用较大电流烧穿接地点来寻找。把电源经调压器接到接地相引出线与机壳之间。通电后调节电压，使绕组通过较大电流，这时接地点很快发热，绝缘焦糊冒烟，断开电源，便可发现接地点。小型电动机通入的电流不超过额定电流的 2 倍，时间小于 30 min。容量稍大的电动机通入电流应为（20% ~50%）I_N 即可。

定子绕组接地的处理方法：

若接地点发生在铁芯槽口槽底与绕组端部相接处，可把定子绕组适当加热，待绝缘软化后，用划线板撬开接地点的槽绝缘，垫入适当的绝缘即可。如果有两根以上导线绝缘损坏，则须同时修好导线绝缘，以免发生匝间短路。如果接地点发生在槽内，一般应更换定子绕组。

4. 电动机过热

异步电动机过热是较常见的故障，其原因也比较复杂，可从电源、电动机、控制设备和负载等方面分析，有时也应考虑到电动机的工作环境。

（1）电源电压

三相异步电动机的负载一定时，电源电压高或过低都会引起温升过高。电源电压过高时，由 $U\approx4.44fN\Phi$ 可知，磁通将增大，电机磁路饱和增加，使定子电流也增加，电机损耗增大，导致温升过高。电源电压过低时，若负载转矩一定，磁通的减小必然导致转子电流增大，同时使定子电流也增大，导致温升过高。所以电动机运行时必须保持电源电压为额定值。另外电源电压三相不对称会使定子绕组三相电流不平衡，在额定负载下会使某相电流超过额定值，使该相绕组过热，出现异步电动机绕组局部过热的故障。

（2）控制线路

控制线路出现触头接触不良等故障；拖动电机的刹车装置动作配合不好，电动机堵转严重，也会造成电动机过热。另外电动机的频繁启动、制动或电动机超定额运行也将会使电机过热。

（3）负载原因

电动机长时间过载运行而保护装置又不能及时动作，使定子电流超过额定值；电动机与被拖动机械连接不好，不同心等使电动机空载损耗增大；电动机承受不应有的冲击负荷；由于负载的原因使电动机堵转等。

（4）电动机本身故障

定子绕组有短路、接地、一相断线；修理后的电机定子绕组接线错误；鼠笼转子断条，绕线转子滑环开焊；电机散热有障碍，如风扇坏、风路堵塞、表面污垢过多等；机械方面，如装配不良、转轴弯曲、轴承损坏、定转子铁芯相擦等。

(5)船舶航行区域发生变化,环境温度升高,也会使在同样负载下的电动机温升超过允许值。

5. 转子绕组的故障排除

(1)鼠笼型转子故障的检查与排除

鼠笼型转子的常见故障是断条,断条后的电动机一般能空载运行,但是加上负载后电动机的转速将降低,甚至停转。此时如果用钳形电流表测量三相定子绕组电流,电流表指针会往返摆动。断条的检测方法通常有短路侦察器检查和导条通电法。沿转子表面圆周移动侦察器,使它的开口铁芯逐一地跨在每一个转子的槽口上,若发现所接电流表的电流突然下降,就说明该处导条损坏甚至断裂。没有电流表,检查时可用铁皮或锯条靠近两个槽口之间,凡不被吸住的,就说明转子条断裂;吸住的,说明导条未断。

(2)绕线式转子故障的检查与排除

绕线式转子绕组断路、短路、接地等故障的检修与定子绕组的故障检修相同。

(六)实训记录表

步骤	内容	工艺要点
1	实训前的准备工作	电工工具: 电工仪表: 其他工具: 电动机铭牌:
2	三相交流异步电动机故障检查与排除	1. 单相运行 2. 定子绕组短路 3. 定子绕组接地 4. 电动机过热 5. 转子绕组的故障排除

实训指导教师＿＿＿＿＿　＿＿年＿＿月＿＿日

任务3 同步电机的运行与维护

【学习目标】

1. 掌握同步电机的使用及维护方法。
2. 掌握同步电动机的启动方法。

【任务分析】

同步电机是交流旋转电机中的一种,因其转子的转速始终与定子旋转磁场的转速相同而得名。同步电机主要用作发电机,同步发电机将机械能转换为电能,是现代发电的主要设备。现代电力工业中,无论是火力发电、水力发电还是原子能发电,几乎全部采用同步发电机。同步电机也可用作电动机,同步电动机将电能转换为机械能,主要用于拖动功率较大,转速不要求调节的生产机械,如大型水泵、空气压缩机和矿井通风机等。同步电机还可用作同步调相机,同步调相机实际上就是一台空载运转的同步电动机,专门向电网输送感性无功功率,用来改善电网的功率因数,以提高电网运行的经济性及电压的稳定性。

【相关知识】

3.1 同步电机的基本结构与工作原理

一、同步电机的基本结构

同步发电机、同步电动机和同步补偿机的基本结构完全一样,都是由定子和转子两大部分组成。

1. 定子

同步电机定子与异步电机定子结构基本相同,也是由铁芯、定子绕组、机座和端盖等部分组成。铁芯也是由硅钢片叠成。大型同步电机由于尺寸太大,硅钢片常制成扇形,然后对成圆形。定子绕组也是三相对称绕组。大型高压同步电机定子绕组绝缘性能要求较高,常用云母绝缘。机座和端盖的作用也与异步电机相同,主要起支撑和固定作用。发电机定子绕组和异步电动机一样,是对称的三相绕组,一般接成星形,以减小三次谐波影响。

2. 转子

同步电机转子与异步电机转子有所不同,它的转子有固定的磁极,是通过电刷和滑环送入的直流励磁电流励磁,产生固定极性的磁极。同步电机转子结构有两种类型,即凸极式和隐极式。

凸极式转子如图1-108(a)所示。磁极的形状与直流机磁极相似,铁芯常由普通薄钢片冲压后叠成,磁极上装有成形的集中直流励磁绕组。绕组的连接应使N极和S极在电机圆周上交替排列。凸极式转子结构简单,制造方便,制成多极比较容易,但机械强度较低,所以它适用于低速、多极同步电机。

凸极电机的特点是气隙不均匀,转子磁极中心附近气隙最小,磁阻也小。而在转子磁极的几何中线处气隙最大，磁阻也大，磁导最小。因此，磁通所走路径不同，所遇磁导不同，对应的电抗参数也不一致，这是凸极电机结构决定的。

隐极式转子如图1－108(b)所示，转子呈圆柱形，无明显磁极，通常由整块铸钢制成，在圆周的三分之二部分铣有槽和齿，槽中有分布式直流励磁绕组，转子圆周没开槽的三分之一部分称为大齿，是磁极的中心区域。隐极式转子制造工艺比较复杂，但它的机械强度较好。

隐极式转子适用于极数少、速度高的同步电机。隐极电机的气隙均匀，所以磁通无论走哪一条路径，不管是在磁极中心处还是在几何中性线处，所走路径的磁导相同，对应的电抗也无变化。

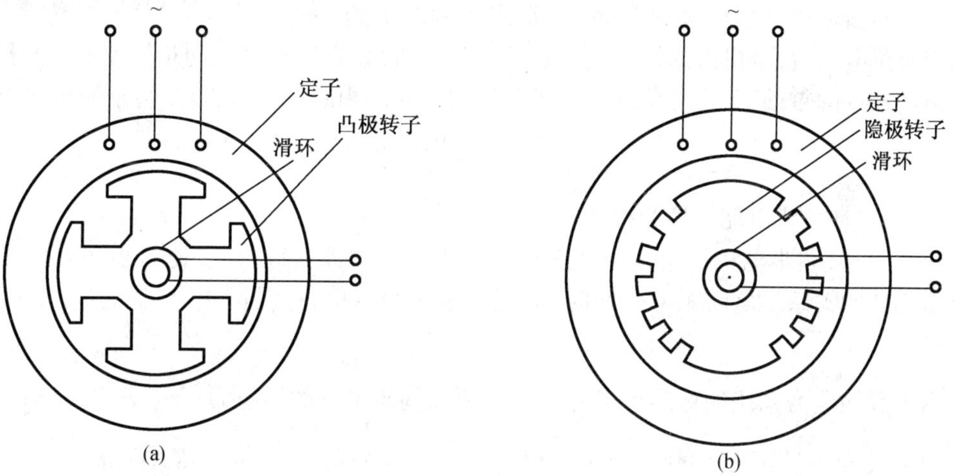

图1－108　旋转磁极式同步电机

(a)凸极式；(b)隐极式

此外，同步电机转子磁极表面都装有类似笼型异步电机转子的短路绕组，在发电机中称为阻尼绕组，在正常运行时起稳定作用，在同步电动机中称为启动绕组，异步启动时它是启动绕组，同步运行时也起稳定作用。

以上讲的同步电机都是旋转磁极式的，在同步电机发展初期还有一种旋转电枢式同步电机，磁极在定子(定子结构与直流电机相似)上，转子上装三相电枢绕组，三相电流通过滑环和电刷引出(转子结构与绕线转子异步电机的转子相似)。这种结构的同步电机仅在容量较小时工作，当容量增大时，因滑环和电刷流过的电流不能太大，所加电压也不能太高，因此，这种电枢旋转式同步电机不能适应大容量的要求，逐渐被现在的旋转磁极式所替代。旋转磁极式转子加的是直流励磁电流，它的容量仅为电机容量的百分之几，电压不高，电流也不大，可使用电刷和滑环，因此现代的同步电机大多为旋转磁极式，而旋转电枢式同步电机仅在小容量时偶尔遇到。另外有特殊用途的发电机(如励磁机)也采用旋转电枢式。

二、同步电机的基本工作原理

如图1－109所示为旋转磁极式同步电机的构造原理图，它由定子和转子两部分组成。同步电机的定子和异步电机的定子相同，即在定子铁芯内圆均匀分布的槽内嵌放三相对称

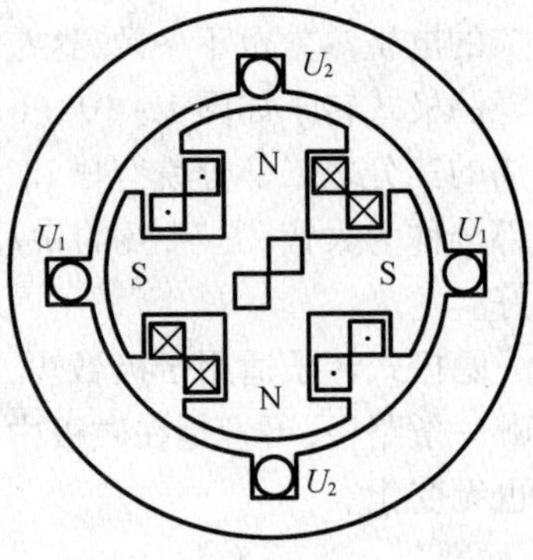

图 1－109　同步电机的构造原理图

绕组，图中只画出一相绕组。转子主要由磁极铁芯与励磁绕组组成，当励磁绕组通以直流电流后，转子即建立恒定磁场。作为发电机，当原动机拖动转子旋转时，其定子绕组切割磁场而产生交流感应电动势，该电动势的频率为

$$f=\frac{pn}{60}$$

式中，p 为电机的极对数；n 为转子每分钟转数。

如果同步发电机接上负载，在电势作用下，将有三相电流流过。这说明同步发电机把机械能转换成了电能。

如果同步电机作为电动机运行，当在定子绕组上施以三相交流电压时，电机内部产生一个定子旋转磁场，其旋转速度为同步转速 n_1，转子将在定子旋转磁场的带动下，带动负载沿定子磁场的方向以相同的转速旋转，转子的转速为

$$n=n_1=\frac{60f}{p}$$

此时，同步电动机将电能转换为机械能。

综上所述，同步电机无论作为发电机还是作为电动机运行，其转速与频率之间都将保持严格不变的关系。电网频率一定时，电机转速为恒定值，这是同步电机和异步电机的基本差别之一。

由于我国电力系统的标准频率为 50 Hz，所以同步电机的转速为 $n=\frac{3\ 000}{p}$ r/min。计算可知，2 极电机的转速为 3 000 r/min，4 极电机的转速为 1 500 r/min，依此类推。

三、同步电机的分类

按运行方式，同步电机可分为发电机、电动机和调相机三类。

按原动机类别，同步发电机又可分为汽轮发电机、水轮发电机和柴油发电机等。

按同步发电机定子和转子的结构及作用不同有两种类型，即旋转电枢式和旋转磁极式。前者适用于小容量同步电机，近来应用很少；后者应用广泛，是同步电机的基本结构形式。

按同步发电机的励磁电源的不同有两种基本类型，即自励和他励。凡以发电机本身的电枢绕组（或辅助绕组）为励磁电源的属于自励。这种励磁系统是将发电机发出的交流电，经二极管整流变成直流后引入励磁绕组。图 1－110 是一种自励方式的单线原理图。自励发电机通常是靠磁极的剩磁进行初始起励建压的。凡设有专用励磁电源的称为他励。这种专用励磁电源通常是与发电机同轴的一个小容量的直流或交流的励磁（发电）机。直流励磁机在船上几乎不再采用，大多采用转枢式小型交流同步发电机为励磁机。这种励磁机的旋转电枢发出三相交流电，通过与之同轴旋转的二极管整流器（又称旋转硅整流器）变成直流后直接引入到发电机转子励磁绕组中。由于它省去了滑环和电刷机构，故称为无刷同步发电机，发电机与励磁机之间的相互励磁关系如图 1－111 所示。由于没有电刷机构，从而提高了运行的可靠性，并减轻了维修的负担。

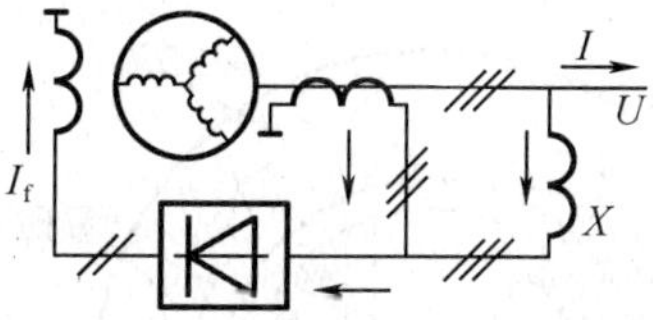

图1-110　自励方式的单线原理图

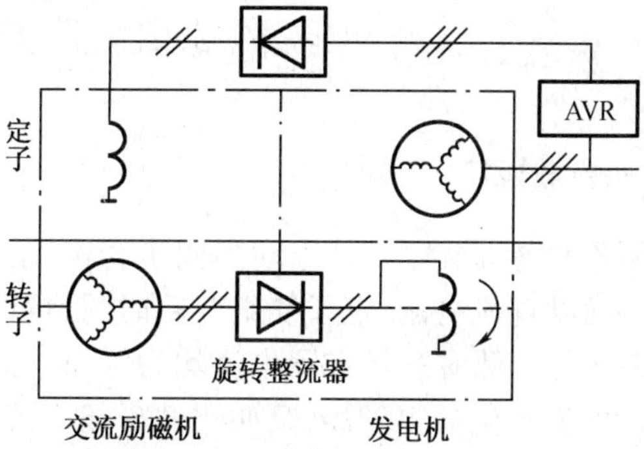

图1-111　无刷发电机的单线原理图

旋转磁极式同步电机按磁极的形状，又可分为隐极式和凸极式两种类型，如图1-108所示。隐极式气隙是均匀的，转子做成圆柱形，隐极式转子能够承受较大的离心力，所以一般适用于较高转速的发电机。凸极式有明显的磁极，气隙是不均匀的，极弧底下气隙较小，极间部分气隙较大，凸极式转子能够承受的离心力相对较小，一般适用于中低转速的发电机。

汽轮发电机由于转速高，转子各部分受到的离心力很大，机械强度要求高，故一般采用隐极式；水轮发电机转速低、极数多，故都采用结构和制造上比较简单的凸极式；同步电动机、柴油发电机和调相机，一般也做成凸极式。

四、同步电机的额定值

额定值是制造厂对电机正常工作所作的规定，也是设计和试验电机的依据。同步电机的铭牌上注明了该电机的额定值。主要有：

(1)额定容量 S_N 或额定功率 P_N

指电机在额定状态下运行时，输出功率的保证值。对同步发电机是指输出的额定视在功率或有功功率，常用kVA或kW表示。对同步电动机指轴端输出的额定机械功率，一般都用kW表示。对同步调相机则用线端输出额定无功功率表示，单位为kVA或kVAR。

(2)额定电压 U_N

指电机在额定运行时的三相定子绕组的线电压，常以V为单位。

(3)额定电流 I_N

指电机在额定运行时流过三相定子绕组的线电流，单位为A或kA。

(4)额定功率因数 $\cos\varphi_N$

指电机在额定运行时的功率因数。

(5)额定效率 η_N

指电机额定运行时的效率。

综合上述定义，额定值间有下列关系：

对发电机：$P_N=\sqrt{3}U_NI_N\cos\varphi_N$。

对电动机：$P_N=\sqrt{3}U_NI_N\cos\varphi_N\eta_N$。

除上述额定值外，铭牌上还列出电机的额定频率 f_N、额定转速 n_N、额定励磁电流 I_{fN}、额定励磁电压 U_{fN} 和额定温升等。

3.2 同步发电机

一、空载运行

同步发电机被原动机拖动到同步转速，励磁绕组中通以直流电流，定子绕组开路时的运行称为空载运行。此时三相定子电流均为零，只有直流励磁电流产生的主磁场，又叫空载磁场。其中一部分既交链转子，又经过气隙交链定子的磁通，称为主磁通，即空载时的气隙磁通，它的磁通密度波形是沿气隙圆周空间分布的近似正弦波，用 Φ_0 表示；而另一部分不穿过气隙，仅和励磁绕组本身交链的磁通称为主极漏磁通，用 $\Phi_{0\sigma}$ 表示，这部分磁通不参与电机的机－电能量转换。如图1－112所示，由于主磁通的路径（即主磁路）主要由定、转子铁芯和两段气隙构成，而漏磁通的路径主要由空气和非磁性材料组成，因此主磁路的磁阻比漏磁路的磁阻小得多，主磁通数值远大于漏磁通。

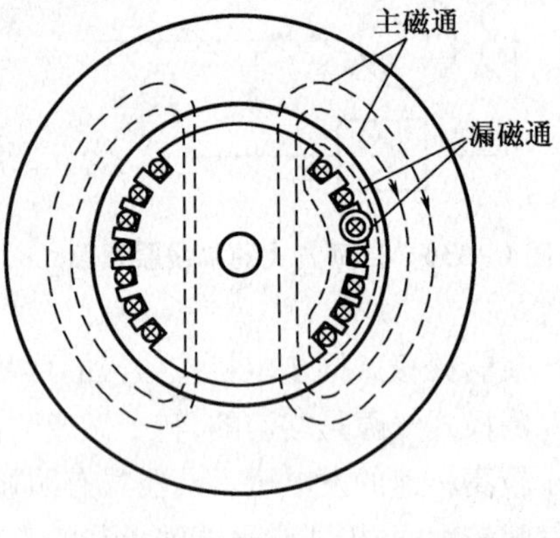

图1－112　同步发电机的磁路

同步发电机空载运行时，空载磁场随转子一同旋转，其主磁通切割定子绕组，在定子绕组中感应出频率为 f 的三相正弦空载电动势，其瞬时值为

$$e_A = E_m \sin\omega t$$
$$e_B = E_m (\sin\omega t - 120°)$$
$$e_C = E_m (\sin\omega t + 120°)$$

其有效值为

$$E_0 = 4.44 f N_1 k_{W1} \Phi_0$$

式中，Φ_0 为每极基波磁通，单位为 Wb；N_1 为定子绕组每相串联匝数；k_{W1} 为基波电动势的绕组系数。上式表明主磁通和转速的变化都会引起发电机空载电动势的变化。

保持发电机额定转速不变时，空载电动势随励磁电流变化的关系曲线称为空载特性曲线，如图1－113所示。因为 $E_0 \propto \Phi_0$，而磁通与励磁电流是磁化曲线关系，所以 E_0 与 I_f 的关系曲线具有磁化曲线的特点。空载特性可以通过计算或试验得到。

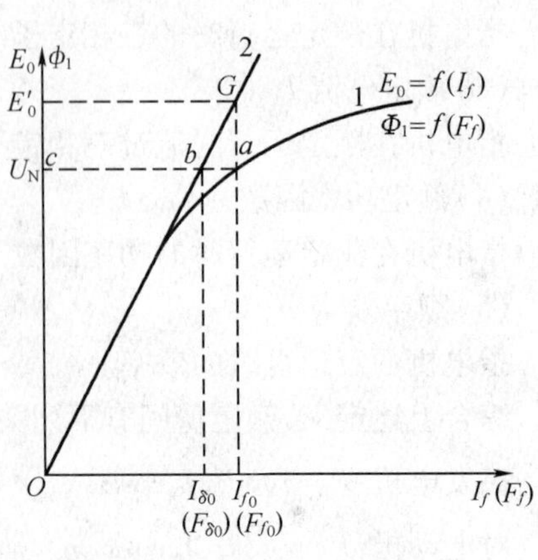

图1－113　空载特性曲线

设计发电机时，通常把发电机的额定电压点设计在磁化曲线的弯曲处，如图1－113曲线1上 a 点，此时的磁动势称为额定励磁磁动势 F_{f0}。线段 ab 表示消耗在铁芯部分的磁动势。线段 bc 表示消耗在气隙部分的动势 $F_{\sigma 0}$。

空载特性在同步发电机理论中有着重要作用：

(1)将设计好的电机空载特性与相应数据相比较,如果两者接近,说明电机设计合理,反之,则说明该电机的磁路过于饱和或者材料没有充分利用。

(2)空载特性结合短路特性可以求取同步电机的参数。

(3)发电厂通过测取空载特性来判断三相绕组的对称性以及励磁系统的故障。

二、电枢反应

同步发电机空载运行时,气隙中仅存在一个以同步转速旋转的主磁场,在定子绕组中感应空载电动势 $\dot{E}_0$。当同步发电机接通负载时,三相电枢绕组的三相电流将产生旋转磁场,这种旋转磁场称为电枢反应磁场 Φ_a。该旋转磁场的转速与电枢电流的频率成正比、与磁极对数成反比,$n_1=\dfrac{60f}{p}$,所以 $n_1=n$;而 Φ_a 的转向则决定于电枢电流的相序,即决定于主磁场的转向,故 Φ_0 和 Φ_a 两者同速同向旋转,在空间彼此保持相对静止,因而就使电枢磁场对磁极主磁场产生某种确定性的影响。这种电枢磁场对磁极主磁场的影响称为电枢反应。电枢反应是由电枢电流引起的,电枢反应的强弱和电枢反应的效应或性质与电枢电流的大小和相位有关,而电枢电流又决定于负载,所以电枢反应效应与负载性质有关。

1. 电枢电流与空载电动势同相位时的电枢反应

图1-114表示转子磁极逆时针方向旋转的某一瞬时的位置,根据右手定则可确定该瞬时 A 相绕组中感应电动势的方向如图所示。假定发电机的负载使电枢电流与空载电动势同相位,即 I 与 E_0 之间的相位差角(称为内功率因数)为零,则此时 A 相绕组中的空载电动势和电流同时达到正的最大值。根据旋转磁场的讨论可知,此刻三相电流旋转磁场的方向应转到具有最大电流的绕组(A 相)的轴线上,用右手螺旋定则可知,Φ_a的方向是垂直于主磁场 Φ_0 的方向,故称这种电枢反应为交轴电枢反应。它使主磁极前半部的磁场因两磁场的磁力线方向相反而被削弱;使磁极后半部的磁场因两磁力线的方向相同而被加强,从而使合成磁场的轴线从主磁极轴线方向往后偏斜或扭转了一个角度。

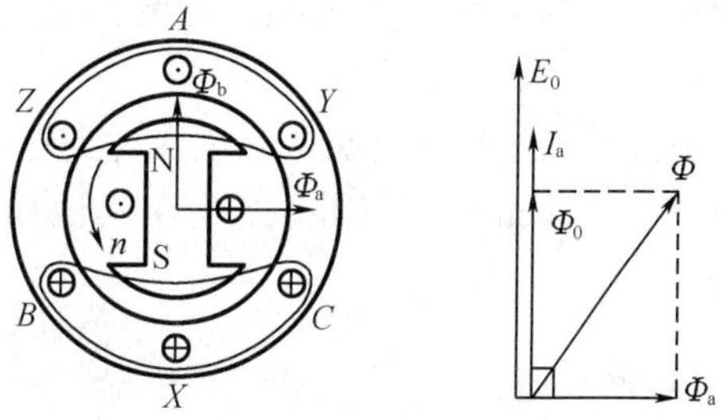

图1-114 交轴电枢反应

2. 电枢电流落后于空载电动势90°时的电枢反应

当负载使电枢电流 I 落后于 E_0 90°时,只有当 A 相电流达到正的最大值,电枢磁场也恰好转到 A 相绕组的轴线上。此时电枢磁场与磁极磁场在同一轴线上,但方向相反,如图1-115所示,故为直轴去磁电枢反应。由于去磁效应使合成磁场减小。

3. 电枢电流超前于空载电动势90°的电枢反应

如果电枢电流 I 是超前于 E_0 90°,则当 A 相绕组电流达到正的最大值时,电枢反应磁场与主磁场的轴线方向恰好在同一轴线且方向相同,如图1-116所示,故为直轴增磁电枢反应。由于增磁作用使合成磁场增加。

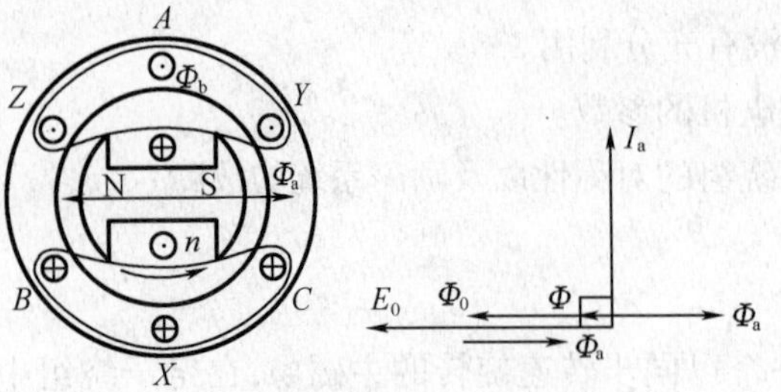

图 1-115 直轴去磁电枢反应

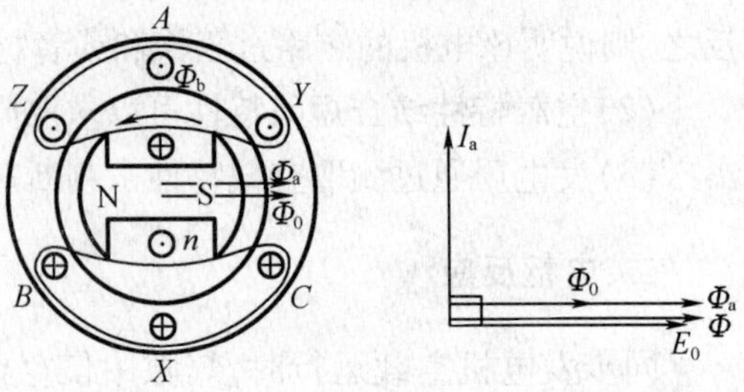

图 1-116 直轴增磁电枢反应

通常情况下,发电机的负载一般多为感性负载,即电枢电流落后于空载电动势的角度小于 90°,如图 1-117 所示。这种情况可将电流分解为互差 90°的两个分量,即直轴分量 I_d 和交轴分量 I_q。因直轴分量落后于 $E_0$90°,产生直轴去磁效应;交轴分量与 E_0 同相位,产生交磁效应。这表明一般电感性负载的电枢反应既有去磁效应又有交磁效应,因而使合成磁场既小于磁极主磁通 Φ_0,又相对于主磁通的方向往后扭斜了一个角度 θ,电感性功率因数越低,落后的无功电流分量 I_d 越大,去磁效应越严重。

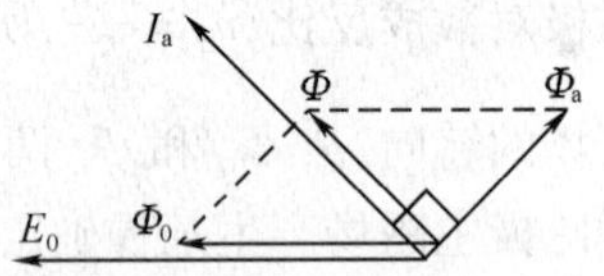

图 1-117 一般感性负载的电枢反应

上述讨论虽然都是在 A 相电流达到正的最大值这一瞬时的电枢反应,但由于 Φ_a 与 Φ_0 在空间始终保持相对静止,因此在其他任何瞬时的电枢反应都与上述选定瞬时的情况相同。

三、外特性

发电机有负载后其端电压与空载时不同,当保持额定转速不变、保持一定的负载功率因数和励磁电流不变时,发电机的端电压随电枢电流变化的特性 $U=f(I)$,称为外特性。发电机有载端电压的变化不仅与负载电流的大小有关,而且与负载的功率因数有关。因为不同性质的负载所产生的电枢反应效应不同,因而对电枢绕组中的感应电势及其端电压的影响不同。图 1-118 为三种不同性质负载下的外特性曲线。对电感性负载因有去磁效应,则其端电压随负载电流的增加而下降;对电容性负载因有增磁效应,则其端电压将随负载电流的增加而增加;对电阻性负载因交轴电枢反应占主导,故电压下降较小。

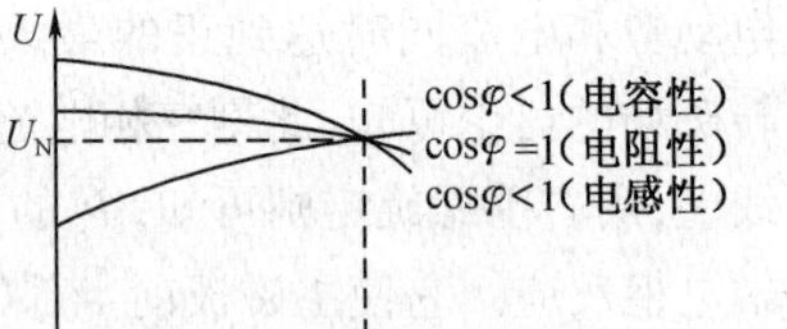

图 1-118 同步发电机的外特性

发电机的外特性对用电设备有重要影响,大多数负载要求在恒定的电压下运行。为表明同步发电机从满负荷的额定电压 U_N 到切除全部负荷后的空载电压 U_0 之间的电压相对变化程度,通常用电压变化率 $\Delta U\%$ 表示,即:

$$\Delta U\% = \frac{U_0 - U_N}{U_N} \times 100\%$$

同步发电机在带 $\cos\varphi = 0.8$(滞后)的负载时,其电压变化率为 20% ~40%,一般不超过 50%,以防自动励磁系统失灵而出现过高电压。

四、调节特性

为使同步发电机的电压基本不随负载而变，就需要根据负载电流的大小和负载性质提供相应的励磁补偿，以补偿因电枢反应引起的电压变化。同步发电机在额定转速和一定的负载功率因数下，为保持端电压基本不变，励磁电流 I_f 随负载电流 I 而变化的关系 $I_f=f(I)$ 称为调节特性。图1－119所示为三种不同负载时的调节特性曲线。

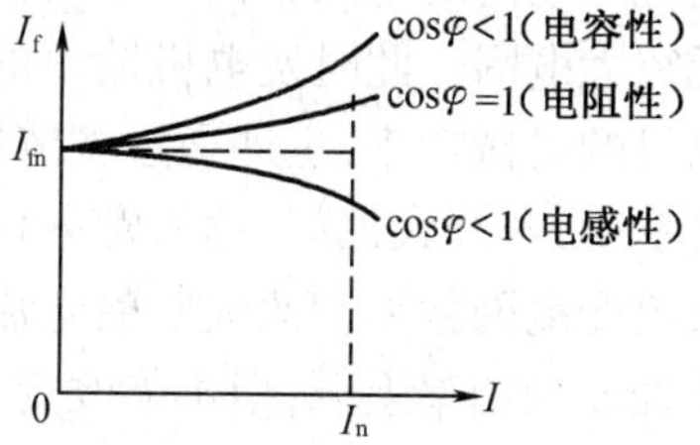

图1－119　同步发电机的调节特性

五、同步发电机的并联运行

1. 同步发电机单机运行的特点

电网上只有一台发电机在运行，称为同步发电机的单机运行。此时发电机输出的有功和无功功率完全取决于负载，即负载发生变化，就会引起发电机输出的变化。当无功负载变化时，将引起发电机输出电压的改变，其变化程度与发电机的外特性或自动恒压装置的特性有关。若发电机的负载不变，人为调节励磁电流，将使发电机的端电压发生变化。当有功负载发生变化时，将引起发电机输出电压的频率发生变化，其变化程度与原动机调速器的特性有关；若有功负载未变而人为调节原动机的转速，将使输出电压的频率发生相应的变化。

2. 同步发电机并联运行的特点

同步发电机的并联运行是指有两台或两台以上的同步发电机同时向同一电网的负载供电。多台发电机在一起并联运行，一方面可以根据负载的变化，统一调度来调整投入运行的机组数目，提高机组的运行效率；另一方面又可合理地安排定期轮流检修，提高供电的可靠性。这样就可使总的电能成本降低，从而保证整个电力系统在最经济的条件下运行。

同步发电机投入电力系统并联运行，必须具备一定的条件，否则可能造成严重的后果。同步发电机与电网并联合闸时，为了避免产生巨大的冲击电流，防止发电机组的转轴受到突然的冲击扭矩而遭损坏，以致电力系统受到严重的干扰，需要满足如下的并联条件：

(1)待并发电机电压和电网电压大小相等；

(2)待并发电机电压相位和电网电压相位相同；

(3)待并发电机的频率和电网频率相等；

(4)待并发电机和电网的相序相同。

上述条件中第(4)项要求一般在安装发电机时，根据发电机规定的旋转方向，确定发电机的相序，因而得到满足。这样并联投入时只要调节待并发电机电压大小、相位和频率与电网相同，即满足了并联条件。事实上绝对地符合并联条件只是一种理想，通常允许在小的冲击电流下将发电机投入电网并联运行。

按照上述理想条件投入并联时，发电机既不输入也不输出电功率，实际是浮接在电网上。这和单机运行时不同，同步发电机并联运行时输出的有功功率和无功功率的多少，不直接决定于电网上的负载，而需要人为地(手动或自动装置)进行调节和控制，下面分两种不同情况来讨论同步发电机的并联运行。

(1)与无穷大电网并联

当电网上并联运行的发电机总容量比一台发电机的容量大得多时,一台发电机功率的变化对电网的电压和频率影响极小。这样的电网即可认为是电压和频率都是恒定不变的无穷大电网。此时发电机输出的有功和无功功率须通过调节或控制来改变。通过改变发电机的机械功率,也即通过调节原动机的油门(以柴油发电机组为例),来改变发电机的输出功率;若开大油门,输入发电机的机械功率增大,则发电机输出的有功功率也增大,但无法改变电网频率。改变励磁电流可改变它输出的无功功率,加大励磁电流,发电机输出的感性无功功率上升,但不能改变电网的电压。

(2)与同容量同步发电机并联

船舶同步发电机的并联,大多为两台或几台同容量机组的并联。它既不同于单机运行又不同于与无穷大电网并联运行。现以两台机组并联运行为例来说明同容量发电机并联运行的特点。负载的有功功率 P 和无功功率 Q 按一定的方式由各台发电机承担,即

$$P = P_1 + P_2$$

$$Q = Q_1 + Q_2$$

由于发电机的容量和电网的容量都不大,当大的负载投入或切除时,会直接引起并联两机组的有功和无功功率同时发生变化,同时也会引起电网电压和频率发生变化。当电网的用电负荷保持不变时,单独增加一台发电机的输入功率时(柴油发电机组开大油门)可使该发电机输出的有功功率增加。与此同时,将引起另一台发电机组的有功功率自动减少,由于发电机组输入功率的增大使转速升高,而另一台机组则因功率的减轻也使转速上升,结果将使电网的频率有所升高。如果单独减少一台发电机组输入的机械功率,则其变化过程与上述相反。为保持电网的频率不变,只有同时向相反方向调节两并联机组的输入功率。

当单独增加一台发电机的励磁电流时,该发电机的空载电动势增大,其输出的无功功率增加,而另一台发电机组的无功功率自动减少,同时由于落后的无功功率的减少使其去磁效应减少,则两台发电机组都使电网电压有所上升。单独减小一台发电机的励磁电流,则其变化过程与上述相反。为保持电网电压的恒定,只有同时向相反方向调节两发电机的励磁电流。

3.3 同步电动机

一、同步电机的可逆原理

和其他旋转电机一样,同步电机也是可逆的,既可以作为发电机运行,也可以作为电动机运行,完全取决于它的输入功率是机械功率还是电功率。以一台已投入电网运行的隐极电机为例,说明其从同步发电机过渡到同步电动机运行状态的物理过程,以及其内部各电磁物理量之间的关系变化。

如前所述,同步电机运行于发电机状态时,其转子主磁极轴线超前于气隙合成磁场的等效磁极轴线一个功率角 δ,它可以想象为转子磁极拖着合成等效磁极以同步转速旋转,如图 1-120(a)所示。这时发电机产生的电磁制动转矩与输入的驱动转矩相平衡,把机械功率转变为电功率输送给电网。因此,此时电磁功率 P_M 和功率角 δ 均为正值,励磁电动势 $\dot{E}_0$

超前于电网电压 $\dot{U}$ 一个 δ 角度。

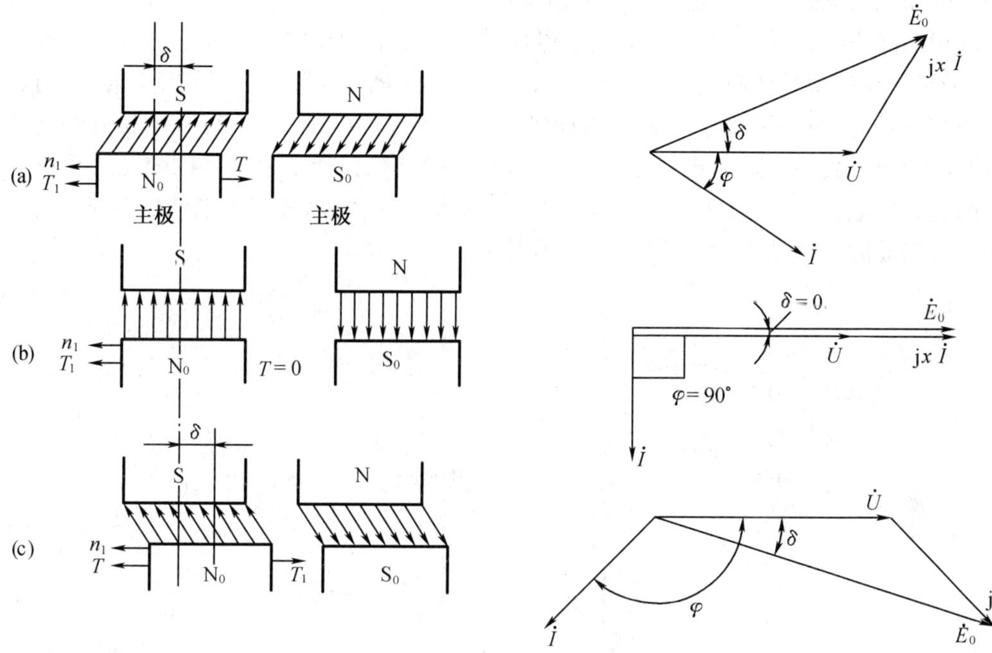

图1-120　同步发电机过渡到同步电动机的过程

(a)发电机状态;(b)瞬态;(c)电动机状态

如果逐步减少发电机的输入功率,转子将瞬时减速,δ 角减小,相应的电磁功率 P_M 也减小。当 δ 减到零时,相应地电磁功率也为零,发电机的输入功率只能补偿空载损耗,这时发电机处于空载运行状态,并不向电网输送功率,如图1-120(b)所示。

继续减少发电机的输入功率,则 δ 和 P_M 变为负值,电机开始自电网吸取功率和原动机一起共同提供驱动转矩来克服空载制动转矩,供给空载损耗。如果再卸掉原动机,就变成了空转的电动机,此时空载损耗全部由电网输入的电功率来供给。如在电机轴上再加上机械负载,则负值的 δ 角将增大,由电网输入的电功率和相应的电磁功率也将增大,以供给电动机的输出功率。此时,功率角 δ 为负值,即 $\dot{E}_0$ 滞后于 $\dot{U}$,主极磁场落后于气隙合成磁场,转子受到一个驱动性质的电磁转矩作用,此时可以想象为由气隙合成磁场拖着转子磁场同步转动。如图1-120(c)所示。

综上所述,同步电机有如下几种运行状态:

$0° < \delta < 90°$,同步电机处于发电状态,向电网输送有功功率,同时也可输送或吸收无功功率;

$\delta = 0°$,同步电机处于发电机空载运行状态,只向电网送出或吸收无功功率;

$\delta \approx 0°$,同步电机处于电动机空载运行状态,从电网吸收少量有功功率,供给电机空转损耗,并可向电网送出或吸收无功功率;

$-90° < \delta < 0°$,同步电机处于电动机运行状态,从电网吸收有功功率,同时可向电网送出或吸收无功功率。

二、同步电动机的启动

同步电动机的电磁转矩是定子旋转磁场与转子励磁磁场间产生吸引力而形成的，只有两个磁场相对静止时，才能得到恒定方向的电磁转矩。如给同步电动机加励磁并直接投入电网，由于转子在启动时是静止的，故转子磁场静止不动，定子旋转磁场以同步转速 n_1 对转子磁场作相对运动，则一瞬间定子旋转磁场将吸引转子磁场向前，由于转子所具有的转动惯量，还来不及转动，另一瞬间定子磁场又排斥转子磁场向后，转子上受到的便是一个方向在交变的电磁转矩，如图 1－121 所示，转子所受的平均转矩为零，故同步电动机不能自行启动。因此要启动同步电动机，必须借助于其他方法。

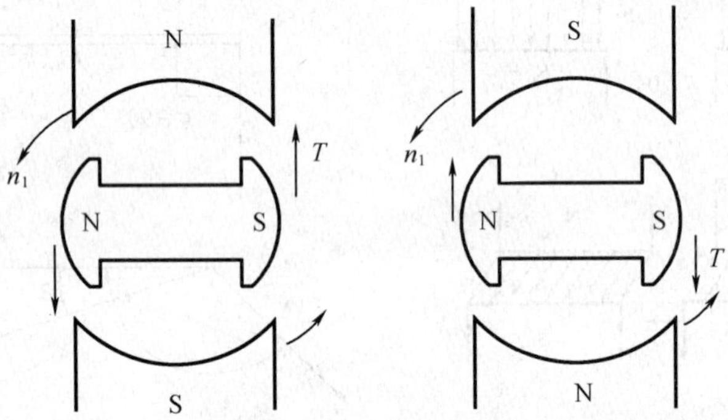

图 1－121　同步电动机启动时定子磁场对转子磁场的作用

同步电动机常用的启动方法有三种，即辅助电动机启动法、变频启动法和异步启动法。

第一种启动方法是辅助电动机法。通常是用一台与同步电动机极数相同的小型异步电动机把同步电动机拖动到异步转速，然后投入电网，加入直流，靠同步转矩把转子牵入同步。这种启动方法投资大、不经济、占地面积大，不适合带负载启动，所以用得不多，个别用于启动同步补偿机。

第二种启动方法是变频启动法。这是一种性能很好的启动方法，启动电流小，对电网冲击小，但它要求有为同步电动机供电的变频电源，这在过去是难以实现的。近年来由于交流变频调速的迅速发展，变频电源已进入工业应用阶段。变频启动是在启动之前将转子加入直流，然后使变频器的频率从零缓慢上升，旋转磁场牵引转子缓慢地同步加速，直到额定转速。这种启动方法只要有变频电源是容易实现的。现在，除应用变频调速的变频电源对同步电动机进行启动外，还有专门为启动同步电动机的变频电源，这种电源将电动机启动后，投入电网，变频电源即被切除，因此它可以用一台变频电源分时启动多台同步电动机。这样的变频电源只在启动时短时应用，所以它的容量可比同步电动机小。

第三种启动方法是应用最广的异步启动法。异步启动法是通过在凸极式同步电动机的转子上装置阻尼绕组来获得启动转矩的。阻尼绕组和异步电动机的笼型绕组相似，只是它装在转子磁极的极靴上，有时就称同步电动机的阻尼绕组为启动绕组。同步电动机的异步启动方法如下：

首先将同步电动机的励磁绕组通过一个电阻短接，如图 1－122 所示。短路电阻的大小约为励磁绕组本身电阻的 10 倍。串电阻的作用主要是削弱由转子绕组产生的对启动不利的单轴转矩。而启动时励磁绕组开路是很危险的，因为电动机刚启动时定子旋转磁场与转子之间相对速度很大，而励磁绕组的匝数很多，定子旋转磁场将在该绕组中感应很高的电压，可能击穿励磁绕组的绝缘。

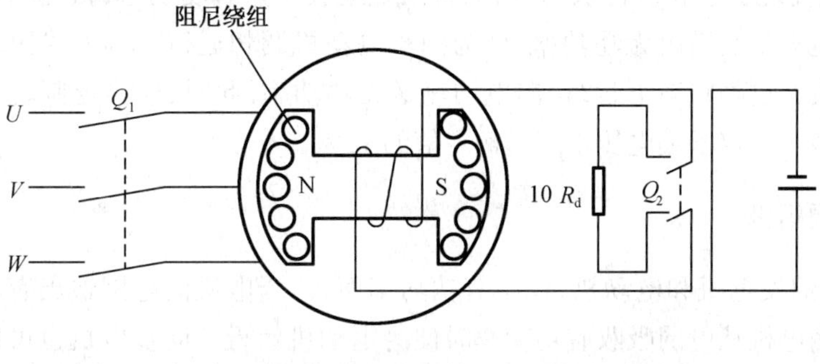

图1－122　同步电动机异步启动法原理线路图

第二步，将同步电动机的定子绕组接通三相交流电源。这时定子旋转磁场将在阻尼绕组中感应电动势和电流，此电流与定子旋转磁场相互作用而产生异步电磁转矩，同步电动机便作为异步电动机而启动。

第三步，当同步电动机的转速达到同步转速的95%左右时，将励磁绕组与直流电源接通，则转子磁极就有了确定的极性。这时转子上增加了一个频率很低的交变转矩，即是转子磁场与定子磁场之间的吸引力产生的整步转矩，将转子逐渐牵入同步。凸极同步电动机由于有磁阻转矩，比隐极机更易牵入同步，当容量小、惯性小时，仅靠磁阻转矩也常可牵入同步。同步电动机牵入同步是一个复杂的过渡过程，如果条件不满足，还不一定能成功。一般地说，在牵入同步前转差越小，同步电动机的转动惯量越小，负载越轻，牵入同步越容易。

如果电动机在正常励磁电流下牵入同步运行失败，可采用强迫励磁措施，将励磁电流增大，这时最大电磁转矩将大幅度增加，牵入同步就比较容易。

在三相同步电动机的异步启动时，和三相异步电动机一样，为了限制过大的启动电流，可以采用降压方法启动。通常采用自耦变压器或电抗器来降压，在转速接近同步速时，应先恢复全电压，然后再给予直流励磁使同步电动机牵入同步运行。

3.4　同步电动机调相运行及同步调相机

绝大多数接到电网上的负载既消耗有功功率，也消耗无功功率，因此电力系统除了要供给负载有功功率外还要供给无功功率。一个现代化的电力系统，异步电动机负载需要的无功功率占电网供给的总无功功率的70%，变压器占20%，其他设备占10%。这些无功功率完全由电网供给，就会导致功率因数的降低。电网的传输能力是一定的，负载功率因数越低，电网能输送到用电点的有功功率越小，致使整个电力系统的设备利用率降低。此外，由于功率因数降低，也使得线路损耗和压降增大，同时输电质量下降，运行很不经济。为此，在负载需要大量无功功率的用电点，装上同步调相机补偿负载所需的无功功率来提高电网的功率因数。另外，还可以让同步电动机作调相运行向电网提供无功功率。

一、同步电动机调相运行

同步电动机处于空载运行状态，从电力系统吸收少量有功功率，抵偿电动机运转的各种损耗，并向电力系统送出无功功率，即为同步电动机调相运行。其方式为增加转子励磁电流，使电动机在过励状态下运行，向电网输送无功功率，此时，应当控制转子电流和定子电流不超过额定值，定子端电压不超过额定值的10%。

二、同步调相机

通常所说的发电机和电动机，仅指有功功率而言，当电机向电网输出有功功率时便为发电机运行，当电机从电网吸收有功功率时便为电动机运行。同步电机也可以专门供给无功功率，特别是感性无功功率，这种专供无功功率的同步电机称为同步调相机或同步补偿机。

同步调相机实际上就是一台在空载运行情况下的同步电动机。它从电网吸收的有功功率仅供给电机本身的损耗，因此同步调相机总是在接近于零的电磁功率和零功率因数的情况下运行。忽略调相机的全部损耗，则电枢电流全是无功分量，其电动势方程式为

$$\dot{U} = \dot{E}_0 + \mathrm{j}\dot{I}x_1$$

根据此式可画出过励和欠励时同步调相机的相量图，如图1-123所示。从图可见，过励时，电流 $\dot{I}$ 超前 $\dot{U}$ 90°，而欠励时，电流 $\dot{I}$ 滞后 $\dot{U}$ 90°。所以只要调节励磁电流，就能灵活地调节它的无功功率的性质和大小。由于电力系统大多数情况下带感性无功功率，故调相机通常都是在过励状态下运行，即向电网提高无功功率，提高功率因数。

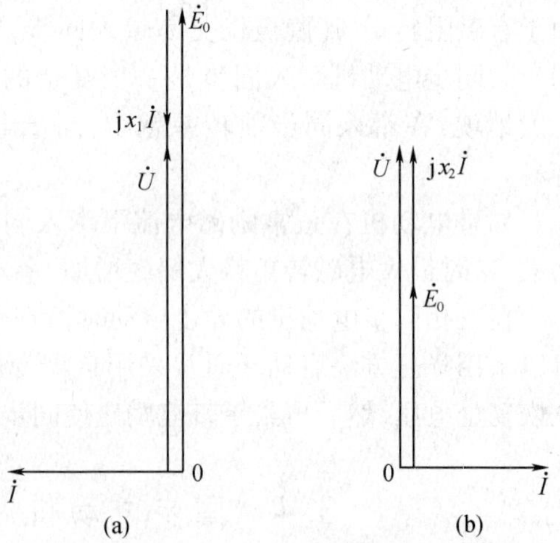

图1-123 同步调相机的相量图

(a)过励时；(b)欠励时

同步调相机的额定容量是指它在过励时的视在功率，通常按过励状态时所允许的容量而定，这时的励磁电流称为额定励磁电流。考虑到稳定等因素，欠励时的容量为过励时额定容量的50%～65%。同步调相机一般采用凸极式结构，由于转轴上不带机械负载，故在机械结构上要求较低，转轴较细，静态过载倍数也可以小些，相应地可以减小气隙和励磁绕组的用铜量。为节省材料，调相机的转速较高。调相机的转子上装有鼠笼绕组，作异步启动之用。启动时常采用电抗器降压法，以限制启动电流和启动时对电网的影响。

【相关训练】

实训一　三相同步电动机实训

一、实训目的

掌握三相同步电动机的异步启动方法。

二、实训预习要点

1. 三相同步电动机异步启动的原理及操作步骤。
2. 三相同步电动机怎样作为无功发电机(即调相机)使用?

三、实训项目

三相同步电动机的异步启动。

四、实训方法

1. 实训设备

序号	型号	名称	数量
1	DD03	导轨、测速发电机及转速表	1件
2	DJ23	校正直流测功机	1件
3	DJ18	三相凸极式同步电机	1件
4	D32	交流电流表	1件
5	D33	交流电压表	1件
6	D34-3	单三相智能功率、功率因数表	1件
7	D31	直流电压、毫安、安培表	1件
8	D41	三相可调电阻器	1件
9	D42	三相可调电阻器	1件
10	D52	旋转灯、并网开关、同步机励磁电源	1件
11	D51	波形测试及开关板	1件

2. 三相同步电动机的异步启动

(1)按图1-124接线。其中R的阻值为同步电动机MS励磁绕组电阻的10倍(约90 Ω),选用D41上90 Ω固定电阻。R_f选用D41上90 Ω串联90 Ω,加上90 Ω并联90 Ω,共225 Ω阻值。R_{f1}选用D42上900 Ω串联900 Ω,共1 800 Ω阻值并调至最小。R_2选用D42上900 Ω串联900 Ω,加上900 Ω并联900 Ω,共2 250 Ω阻值并调至最大。MS为DJ18(Y接法,额定电压U_N=220 V)。

(2)用导线把功率表电流线圈及交流电流表短接,开关S闭合于励磁电源一侧(图

1－124中为上端）。

（3）将控制屏左侧调压器旋钮向逆时针方向旋转至零位。接通电源总开关，并按下“开”按钮。调节D52同步电机励磁电源调压旋钮及R_f阻值，使同步电机励磁电流I_f约0.7 A。

（4）把开关S闭合于R电阻一侧（图1－124中为下端），向顺时针方向调节调压器旋钮，使升压至同步电动机额定电压220 V，观察电机旋转方向，若不符合则应调整相序使电机旋转方向符合要求。

（5）当转速接近同步转速1 500 r/min时，把开关S迅速从下端切换到上端让同步电动机励磁绕组加直流励磁而强制拉入同步运行，异步启动同步电动机的整个启动过程完毕。

（6）把功率表、交流电流表短接线拆掉，使仪表正常工作。

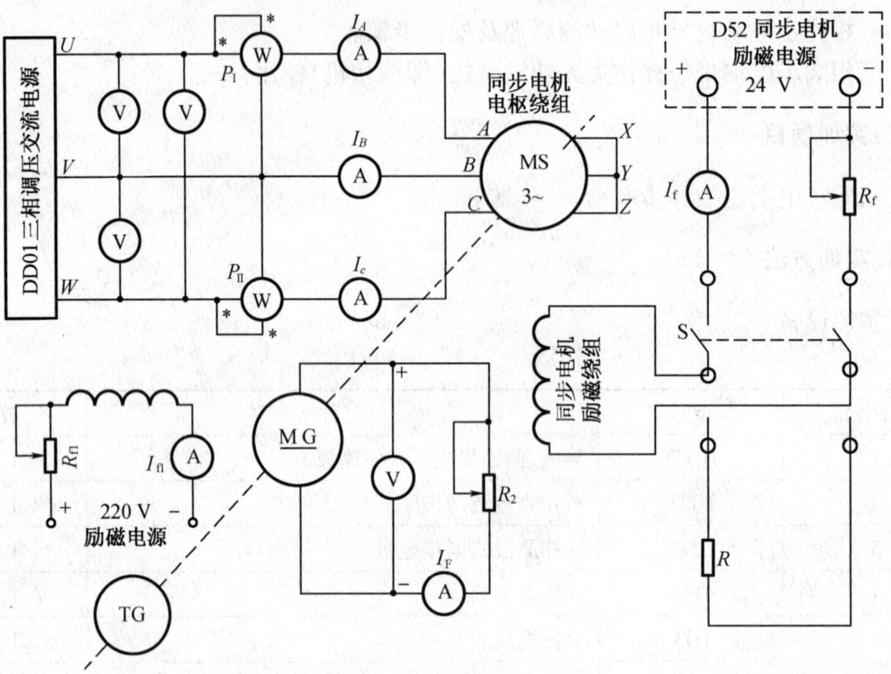

图1－124 三相同步电动机实验接线图

实训二 同步电动机常见故障的检测

一、目的要求

1. 熟悉同步电动机的基本结构。
2. 掌握同步电动机常见故障的处理方法。

二、工具和仪表

1. 工具：验电笔，短路测试器，36 V校验灯，220 V/36 V变压器，复合青壳纸等绝缘材料，常用电工工具等。

2. 仪表：500 V兆欧表，钳形电流表。

三、组织步骤

1. 布置团队工作任务。
2. 分别收集整理解决方案的资料，独立思考，小组讨论确定工作计划。
3. 利用各种教学资源独立学习，然后分小组讨论确定解决方案。
4. 按照既定的解决方案实施，如机车的操纵、整备检查、机车试验等，记录实施过程的现象和数据。
5. 按照职业标准进行检查，分小组讨论、评价工作完成过程中较好和不足的部分。

四、操作步骤

1. 教师设置一个事先告知学生的故障，指导学生掌握正确的检查步骤及处理方法。
2. 设置人为的自然故障，由学生检修。
3. 掌握常见的修理集电环的方法。
4. 掌握相间短路的判断和检修。
5. 掌握匝间短路的判断和检修。
6. 掌握电动机接地故障的判断和检修。

五、注意事项

1. 认真观察教师的示范动作。
2. 认真观察各种故障现象。
3. 检修时，注意安全。
4. 用短路测试器时，应先将其铁芯放在定子铁芯上后再接通。
5. 用穿绕修补法穿绕线圈时，注意不要使绝缘线交叠。
6. 用小木棒敲击槽口端面的齿片时，力量不要过大。
7. 用划线板撬动线圈时，要沿着齿片撬动。
8. 不要损伤邻近线圈的绝缘。

六、思考题

1. 凸极和隐极同步发电机各有什么特点，应用上有什么不同？
2. 自励和他励发电机有什么不同？
3. 什么是电枢反应？有几种典型的电枢反应？
4. 启动大容量异步电动机对同步发电机的电压有何影响，为什么？
5. 如何根据不同性质的负载调节励磁电流？怎样才能保证同步发电机的电压不随负载发生变化？
6. 所谓无穷大电网有什么特点？发电机与无穷大电网及同容量电网并联如何调有功和无功功率？
7. 同步电动机和异步电动机有什么区别？

任务4　直流电动机的运行与维护

【学习目标】

1. 掌握直流电动机的使用维护方法。
2. 掌握直流电动机电刷中性位置的判断方法。

【任务分析】

直流电机是实现直流电能和机械能相互转换的一种旋转电机。直流电动机结构复杂，成本高，具有易磨损的电刷和易损坏的换向器，因此运行维护比较麻烦。但直流电动机能在宽广的范围内平滑而又方便地调节转速，可实现频繁的快速启动、制动和反转，有较强的过载能力，能承受频繁的冲击负载，可以满足生产过程自动化控制系统的各种特殊要求，同时直流电动机还具有使用方便可靠、波形好、对电源干扰小等优点。所以直流电动机在早期的船舶中应用得非常广泛，但是随着交流调速技术的发展，直流电动机逐渐被交流电动机取代。但是在某些小型船舶和一些特殊设备仍然有直流电动机在使用。因此掌握直流电动机的使用和维护方法具有一定的实际指导意义。

【相关知识】

4.1　直流电机的基本工作原理

电机是利用电磁作用原理进行能量转换的机械。直流电机是实现直流电能和机械能相互转化的旋转电机，将直流电能转换为机械能的称为直流电动机，将机械能换转为直流电能的称为直流发电机。

直流电动机的主要优点是启动性能和调速性能好，过载能力大。因此，应用于对启动和调速性能要求较高的生产机械，例如大型机床、电力机车、轧钢机、造纸机和纺织机械等。

直流发电机主要用作直流电源，供给直流电动机、电解、电镀等所需的直流电能。

直流电机的主要缺点是结构复杂，使用有色金属多，生产工艺复杂，价格昂贵，运行可靠性差，故有逐步被交流电机取代的趋势。

一、直流电动机的基本工作原理

图1-125是一台直流电动机的模型。N和S是一对固定的磁极，可以是电磁铁，也可以是永久磁铁。磁极之间有一个可以转动的铁质圆柱体，称为电枢铁芯。铁芯表面固定一个用绝缘导体构成的电枢线圈 $abcd$，线圈的两端分别接到相互绝缘的两个弧形铜片上，弧形铜片称为换向片，它们的组合体称为换向器，在换向器上放置固定不动而与换向片滑动接触的电刷 A 和 B，线圈 $abcd$ 通过换向器和电刷接通外电路。电枢铁芯、电枢线圈和换向器构成的整体称为电枢。

作为直流电动机运行时，将直流电源加于电刷 A 和 B，则线圈 $abcd$ 中流过电流，导体 ab 中，电流由 a 流向 b，导体 cd 中，电流由 c 流向 d。载流导体 ab 和 cd 均处于N，S极之间的磁

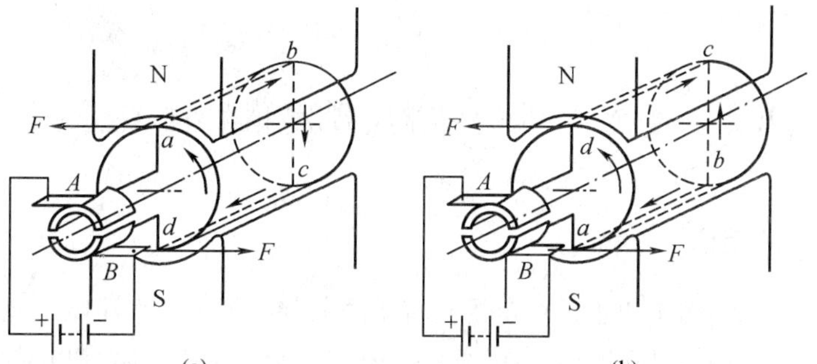

(a) (b)

图1－125 直流电动机的工作原理图

场当中，受到电磁力的作用（电磁生力），形成一个转矩，称为电磁转矩，用左手定则可知这转矩的方向为逆时针方向，使整个电枢逆时针方向旋转。当电枢旋转180°，导体 *cd* 转到N极下，*ab* 转到S极下，由于电流仍从电刷 *A* 流入，使 *cd* 中的电流变为由 *d* 流向 *c*，而 *ab* 中的电流由 *b* 流向 *a*，从电刷 *B* 流出，用左手定则判别可知，电磁转矩的方向仍是逆时针方向。

由此可见，加于直流电动机的直流电源，借助于换向器和电刷的作用，使由电刷通入的直流电流变换为线圈中流过的交变电流，从而使电枢产生的电磁转矩的方向恒定不变，确保直流电动机朝一定的方向连续旋转。同时电枢线圈中必然产生感应电势，称为反电势，使电枢线圈电流不致过大。这就是直流电动机的基本工作原理。

实际的直流电动机，电枢圆周上均匀地嵌放着许多线圈，相应的换向器由许多换向片组成，使电枢线圈所产生的总的电磁转矩足够大并且比较均匀，电动机的转速也就比较均匀。

二、直流发电机的基本工作原理

作为直流发电机运行时，用原动机拖动电枢朝某一方向旋转，如图1－126所示。这时导体 *ab* 和 *cd* 分别切割N极和S极下的磁力线，感应产生电动势（磁生电），电动势的方向用右手定则确定，*ab* 中电动势的方向由 *b* 指向 *a*，*cd* 中电动势的方向由 *d* 指向 *c*，电刷 *A* 为正极性，*B* 为负极性。电枢旋转180°时，导体 *cd* 转至N极下，电动势方向由 *c* 指向 *d*，电刷 *A* 与 *d* 所连换向片接触，仍为正极性；导体 *ab* 转至S极下，电动势的方向变为 *a* 指向 *b*，电刷 *B* 与 *a* 所连换向片接触，仍为负极性。可见，直流发电机电枢线圈中的感应电动势的方向是交变的，而通过换向器和电刷的作用，在电刷 *A*，*B* 两端输出的电动势是方向不变的直流电动势。若在电刷 *A*，*B* 之间接上负载，发电机就能向负载供给直流电能。同时电枢的载流导体在磁场中受电磁力的作用，产生一个反转矩，使转速得以稳定运行。这就是直流发电机的基本工作原理。

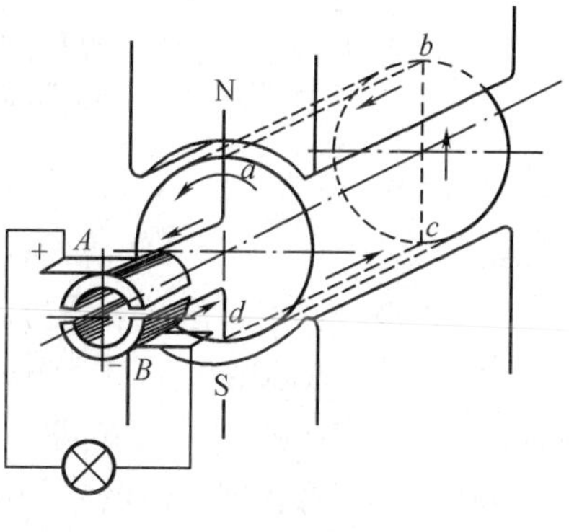

图1－126 直流发电机的工作原理图

可见一台直流电机原则上既可以作为电动机运行,也可以作为发电机运行,取决于外界不同的条件,称为电机的可逆原理。

4.2 直流电机的结构、额定值和主要系列

一、直流电机的结构

与交流电机一样,直流电机也是由定子和转子两大部分组成。直流电机运行时静止不动的部分称为定子,主要作用是建立磁场,由机座、主磁极、换向极、端盖、轴承和电刷装置等组成。

运行时转动的部分称为转子,主要作用是产生电磁转矩和感应电动势,是直流电机进行能量转换的枢纽,所以通常又称为电枢,由转轴、电枢铁芯、电枢绕组,换向器和风扇等组成。图 1－127 是直流电机的纵剖面图,图 1－128 是横剖面示意图。分别简单介绍如下。

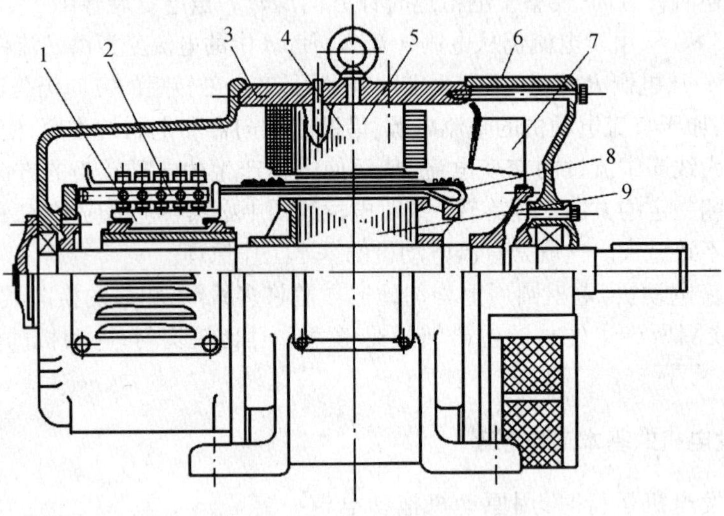

图 1－127 直流电机的纵剖面图

1—换向器;2—电刷装置;3—机座;4—主磁极;5—换向极;6—端盖;
7—风扇;8—电枢绕组;9—电枢铁芯

1. 定子部分

(1)主磁极　作用是建立气隙磁场。主磁极由主磁极铁芯和励磁绕组两部分组成,如图 1－129 所示。铁芯用 0.5～1.5 mm 厚的钢板冲片叠压铆紧而成。励磁绕组用绝缘铜线绕制而成。励磁绕组套在主磁极身上,再将整个主磁极用螺钉固定在机座上。

(2)换向极　两相邻主磁极之间的小磁极叫换向极,也叫附加极或间极。作用是改善换向,减小火花。换向极由换向极铁芯和换向极绕组组成,如图 1－130 所示。换向极的数目与主磁极相等。

(3)机座　电机定子部分的外壳称为机座,见图 1－127 中的 3,机座起整个电机的支撑和固定作用,也是磁路的一部分。一般为铸钢件或由钢板焊接而成。

(4)电刷装置　用以引入或引出直流电压和直流电流。电刷装置由电刷、刷握、刷杆和刷座等组成,如图 1－131 所示。

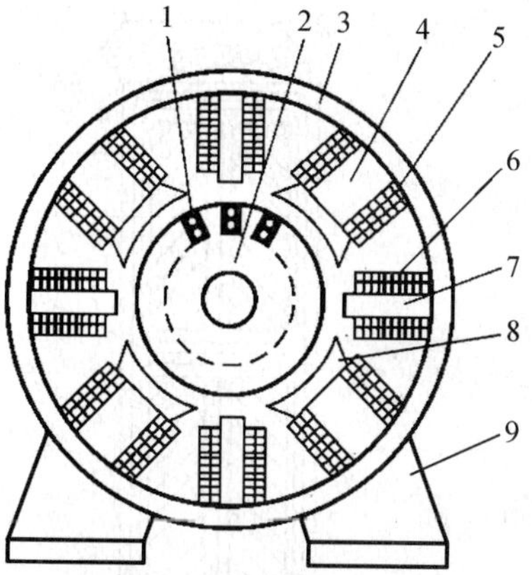

图1-128　直流电机横剖面示意图

1—电枢绕组;2—电枢铁芯;3—机座;
4—主磁极铁芯;5—励磁绕组;6—换向极绕组;
7—换向极铁芯;8—主磁极极靴;9—机座底脚

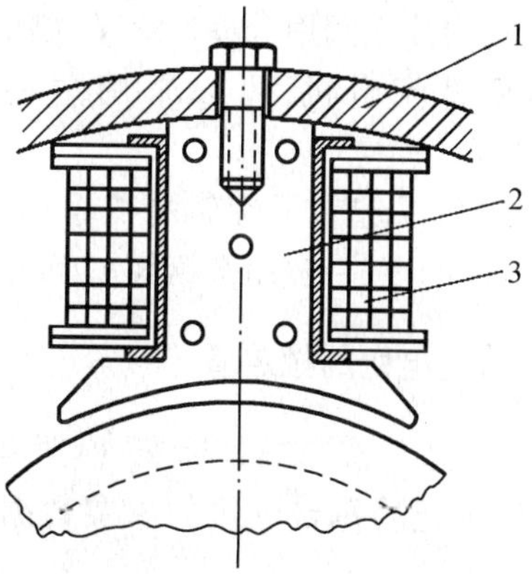

图1-129　主磁极

1—机座;2—主磁极铁芯;3—励磁绕组

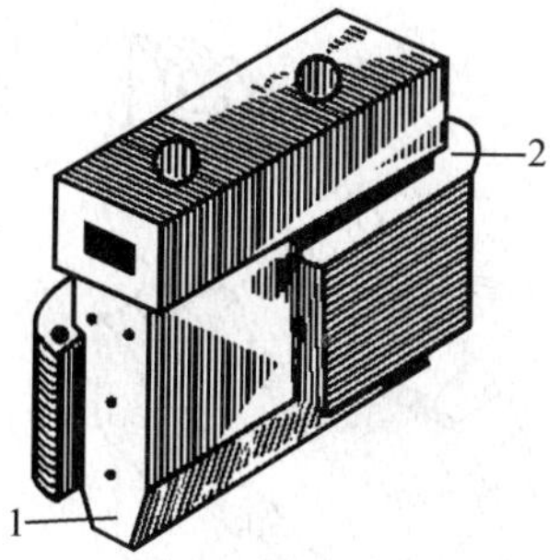

图1-130　换向极

1—换向极铁芯;2—换向极绕组

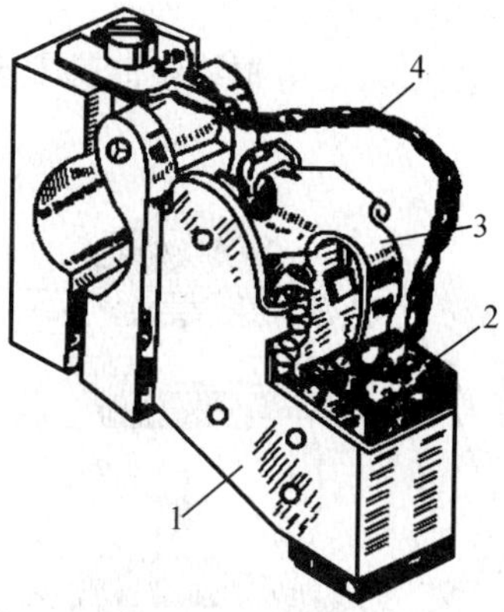

图1-131　电刷装置

1—刷握;2—电刷;3—压紧弹簧;4—铜丝辫

2. 转子(电枢)部分

(1)电枢铁芯　是主磁通磁路的主要部分,同时用以嵌放电枢绕组。电枢铁芯用0.5 mm厚的硅钢片冲制的冲片叠压而成,冲片的形状如图1-132所示。叠成的铁芯固定在转轴或转子支架上。铁芯的外圆开有电枢槽,槽内嵌放电枢绕组。

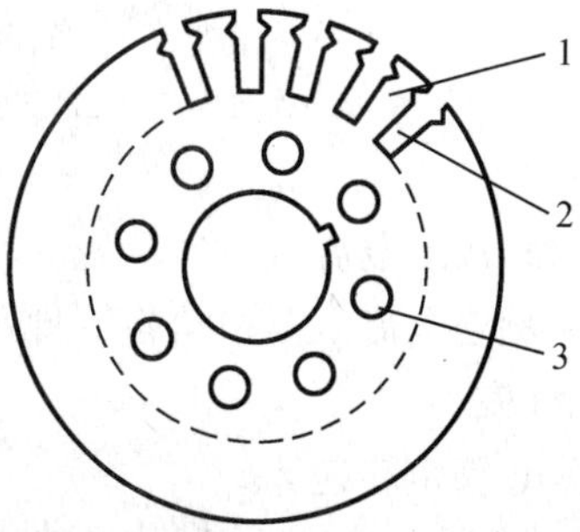

图1-132　电枢铁芯冲片

1—齿;2—槽;3—轴向通风孔

(2)电枢绕组　作用是产生电磁转矩和感应电动势,是直流电机进行能量变换的关键部件。它由许多线圈按一定规律连接而成。线圈边嵌放在铁芯槽内,如图1-133所示。

(3)换向器　普通换向器是由许多换向片组成的圆柱体,换向片之间用云母片绝缘,如图 1－134 所示。对于小型直流电机,可以采用塑料换向器,如图 1－135 所示。

(4)转轴　起转子旋转的支撑作用,需有一定的机械强度和刚度,一般用圆钢加工而成。

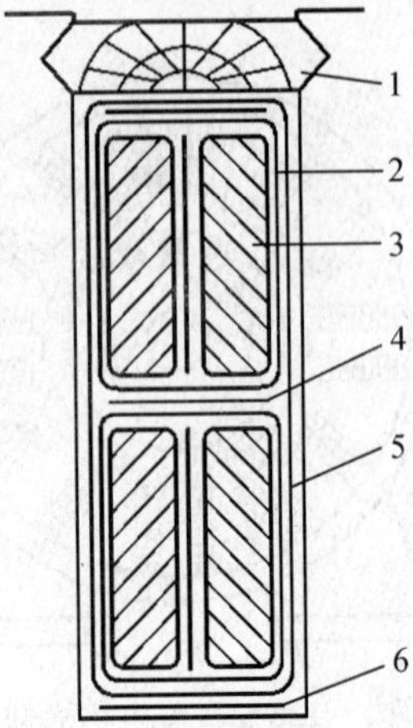

图 1－133　电枢槽内绝缘

1—槽楔;2—线圈绝缘;3—导体;4—层间绝缘;5—槽绝缘;6—槽底绝缘

二、直流电机的额定值

电机制造厂按照国家标准,根据电机的设计和试验数据而规定的每台电机的主要数据称为电机的额定值。

1. 额定功率 P_N

额定功率 P_N 指电机按照规定的工作方式运行时所能提供的输出功率。对电动机,是指轴上输出的机械功率;对发电机,是指电枢输出的电功率,单位为 kW(千瓦)。

2. 额定电压 U_N

额定电压 U_N 是电枢绕组能够安全工作的最大外加电压或输出电压,单位为 V(伏)。

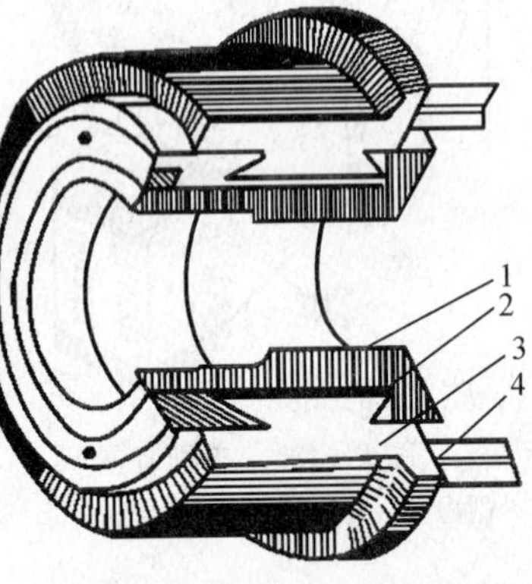

图 1－134　普通换向器

1—V 形套筒;2—云母环;3—换向片;4—连接片

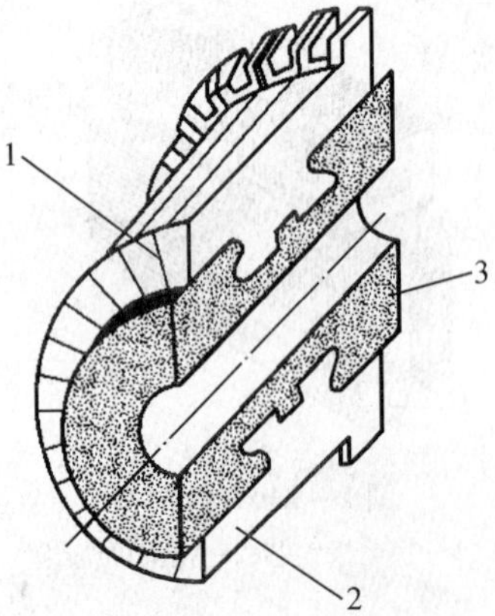

图 1－135　塑料换向器

1—云母片;2—换向片;3—塑料

3. 额定电流 I_N

额定电流 I_N 是电机按照规定的工作方式运行时,电枢绕组允许流过的最大电流,单位为 A(安)。

4. 额定转速 n_N

额定转速 n_N 是指电机在额定电压、额定电流和输出额定功率的情况下运行时,电机的旋转速度,单位为 r/min(转/分)。

额定值一般标在电机的铭牌上,故又称为铭牌数据。还有一些额定值,如额定效率 η_N

和额定温升 τ_N 等不一定标在铭牌上,可查产品说明书得到。

额定功率与额定电压和额定电流的关系:

直流电动机 $P_N = U_N I_N \eta \times 10^{-3}$ kW

直流发电机 $P_N = U_N I_N \times 10^{-3}$ kW

直流电机运行时,如果各个物理量均为额定值,就称电机工作在额定运行状态,亦称为满载运行,电机利用充分,运行可靠,并具有良好的性能。

4.3 直流电机的磁场

磁场是直流电机进行能量转换的媒介。因此,在分析直流电机时必须先对直流电机中磁场的大小及分布规律等有所了解。

一、直流电机的励磁方式

主磁极上励磁绕组通以直流励磁电流产生的磁通势称为励磁磁通势,励磁磁通势单独产生的磁场称为励磁磁场,又称主磁场。励磁绕组的供电方式称为励磁方式。按励磁方式的不同,直流电机可以分为以下四类。

1. 他励直流电机

励磁绕组由其他直流电源供电,与电枢绕组之间没有电的联系,如图1-136(a)所示。永磁直流电机属于他励直流电机。图1-136中电流正方向是以电动机为例设定的。

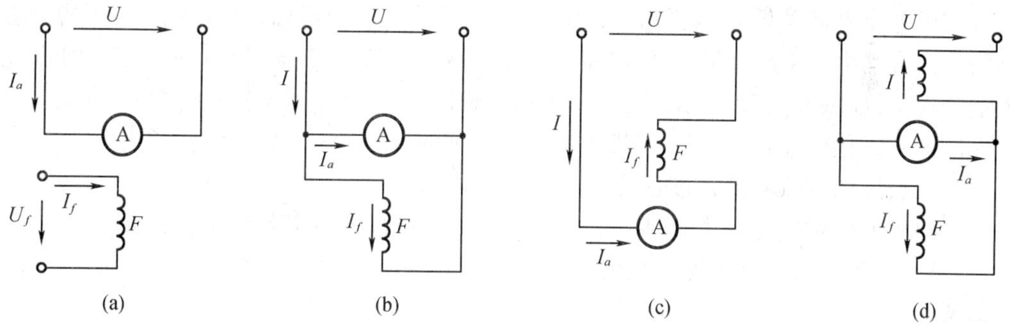

图1-136 直流电机的励磁方式

(a)他励;(b)并励;(c)串励;(d)复励

2. 并励直流电机

励磁绕组与电枢绕组并联,如图1-136(b)所示。励磁电压等于电枢绕组端电压。

以上两类电机的励磁电流只有电机额定电流的1%~5%,所以励磁绕组的导线细而匝数多。

3. 串励直流电机

励磁绕组与电枢绕组串联,如图1-136(c)所示。励磁电流等于电枢电流,所以励磁绕组的导线粗而匝数较少。

4. 复励直流电机

每个主磁极上套有两个励磁绕组,一个为并励绕组,一个为串励绕组,如图1-136(d)所示。两个绕组产生的磁通势方向相同时称为积复励,相反时称为差复励,通常采用积复励方式。

直流电机的励磁方式不同,运行特性和适用场合也不同。

二、直流电机的空载磁场

空载运行时电枢电流为零或近似等于零,所以,空载磁场是指主磁极励磁磁通势单独产生的励磁磁场,亦称主磁场。一台四极直流电机空载磁场的分布示意图如图 1-137 所示,图中只画一半。

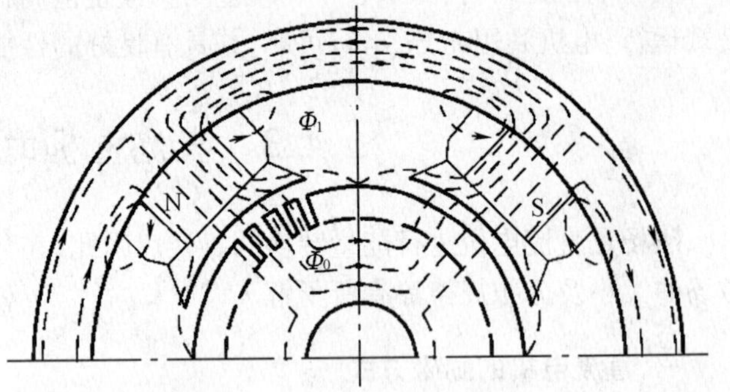

图 1-137 直流电机的空载磁场

1. 主磁通和漏磁通

图 1-137 中同时与励磁绕组和电枢绕组相匝链的磁通称为主磁通,用 Φ_0 表示。主磁通经过的路径称为主磁路。由主磁极、气隙、电枢齿、电枢磁轭和定子磁轭 5 部分组成。另一部分仅与励磁绕组匝链的磁通称为漏磁通,以 Φ_s 表示。漏磁通比主磁通小得多。

2. 直流电机的空载磁化特性

直流电机运行时,要求气隙磁场每个极下有一定数量的主磁通,叫每极磁通 Φ,当励磁绕组的匝数 N_f 一定时,每极磁通 Φ 的大小主要决定于励磁电流 I_f。空载时每极磁通 Φ_0 与空载励磁电流 I_{f0} 的关系 $\Phi_0=f(I_{f0})$ 或 $\Phi_0=f(F_{f0})$ 称为电机的空载磁化特性。由于构成主磁路的 5 部分当中有 4 部分是铁磁性材料,所以空载磁化特性 $\Phi_0=f(I_{f0})$ 在 I_{f0} 较大时也会出现饱和现象,如图 1-138 所示。为充分利用铁磁性材料,又不至于使磁阻太大,电机的工作点一般选在磁化特性开始转弯,亦即磁路开始饱和的部分(图中 A 点附近)。

3. 空载磁场气隙磁密分布曲线

主磁极的励磁磁通势主要消耗在气隙上,当近似地忽略主磁路中铁磁性材料的磁阻时,空载气隙磁通密度分布为一礼帽形的平顶波,如图 1-139(b)所示。B_{av} 为磁通密度的平均值。

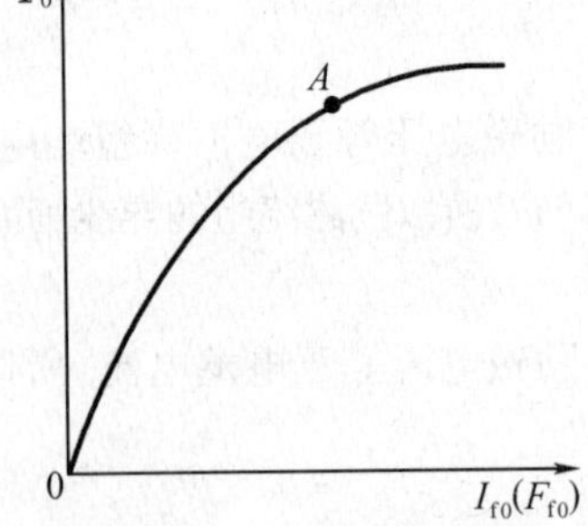

图 1-138 空载磁化特性

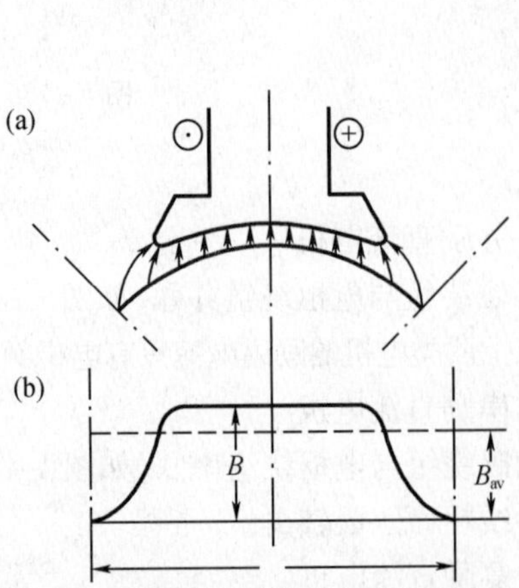

图 1-139 空载时气隙磁密分布

三、直流电机的电枢反应及负载磁场

1. 直流电机的电枢反应

负载时,电枢绕组流过电枢电流 I_a,产生电枢磁通势 F_a,与励磁磁通势 F_f 共同建立负载时的气隙合成磁场,使原来的气隙磁密的分布发生变化。通常把电枢磁通势对气隙磁场磁密分布的影响称为电枢反应。

先分析电枢磁通势单独作用时在电机气隙中产生的电枢磁场,再将电枢磁场与空载磁场合起来就可得到负载磁场,与空载气隙磁场相比较,可以了解电枢反应的影响。

2. 直流电机的电枢磁场

电枢电流的分布以电刷轴线为分界线,电枢磁通势的轴线与电刷轴线相重合,一台两极直流电机电枢磁通势单独作用产生的电枢磁场分布如图1－140所示。

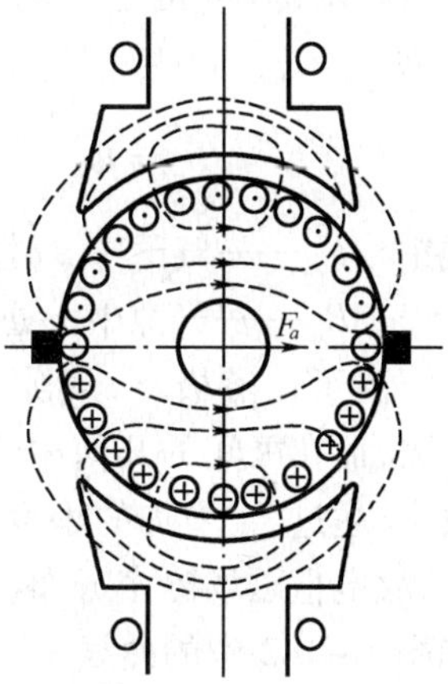

图1－140　电枢磁场

如果假设图1－140所示电枢绕组只有一个整距元件,其轴线与磁极轴线相垂直,如图1－141(a)所示。该元件有 N_C 匝,元件中电流为 i_a,每个元件的磁通势为 i_aN_C 安匝,由该元件建立的磁场的磁力线分布如图1－141(a)所示。如果假想将此电机从几何中性线处切开展平,可得一个整距元件产生的磁通势的分布情况如图1－141(b)所示,为一个以两个极距 2τ 为周期、幅值为 $\frac{1}{2}i_aN_C$ 的矩形波。

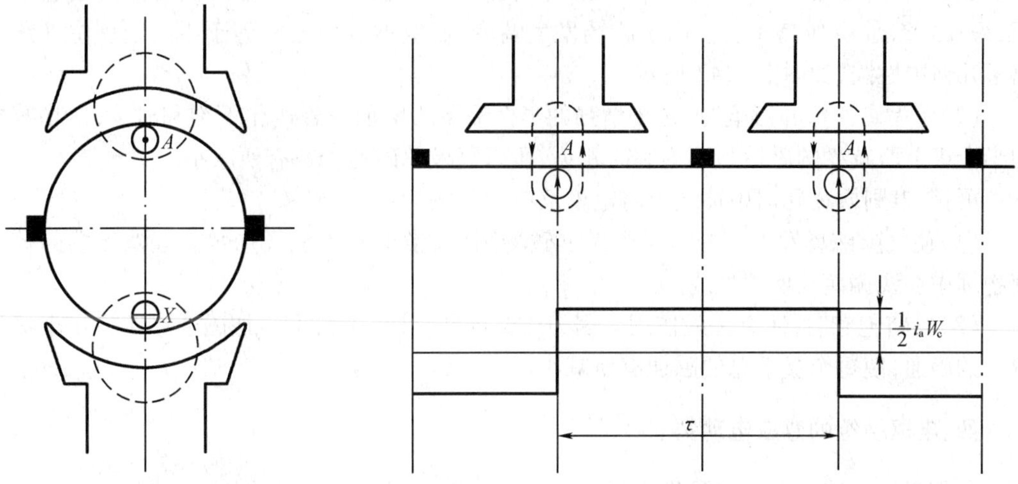

图1－141　一个绕组元件的磁通势

(a)磁力线路径;(b)磁动势的空间分布

当电枢绕组有许多整距元件均匀分布于电枢表面时,每一个元件产生的磁通势仍是幅值为 $\frac{1}{2}i_aN_C$ 的矩形波,把这些矩形波磁通势叠加起来,可得电枢磁通势在空间的分布为一

个以两个极距 2τ 为周期的多级阶梯形波。为分析简便起见，可以近似地认为电枢磁通势 F_{ax} 空间分布为一三角形波，如图1－142中的曲线2所示。

如果忽略铁芯中的磁阻，认为电枢磁通势全部消耗在气隙上，则根据磁路的欧姆定律，可得电枢磁场磁密的表达式为

$$B_{ax}=\mu_0\frac{F_{ax}}{\delta}$$

式中 F_{ax}——气隙中 x 处的磁通势；

B_{ax}——气隙中 x 处的磁密。

由于在磁极下，气隙 δ 较小且变化不大，而在极间的几何中性线附近，气隙较大，超过 F_{ax} 增加的程度，使 B_{ax} 反而减小，故电枢磁场磁密分布波形为马靴形，如图1－142中的曲线3所示。

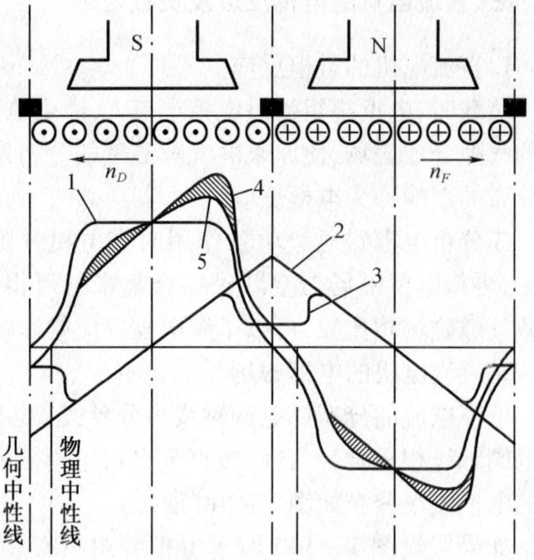

图1－142 直流电机的电枢反应

3. 负载时的气隙合成磁场

(1)不考虑磁路饱和时，可利用叠加原理，将空载磁场的气隙磁密分布曲线1和电枢磁场的气隙磁密分布曲线3相加，即得负载时气隙合成磁场的磁密分布曲线，如图1－142中的曲线4所示。对照曲线1和4可见：电枢反应的影响是使气隙磁场发生畸变，使半个磁极下的磁场加强，磁通增加，另半个极下的磁场减弱，磁通减少。但增加和减少的磁通量相等，每极总磁通 Φ 维持不变。由于磁场发生畸变，使电枢表面磁密等于零的物理中性线偏离了几何中性线，如图1－142所示。

(2)考虑磁路饱和影响时，磁场增强的半个极下所增加的磁通比不饱和时少，磁场减弱的半个极下所减少的磁通与不饱和时相近，所以每极总磁通会略有所减小。

可见，电刷放在几何中性线上时电枢反应的影响为：

(1)使气隙磁场发生畸变。半个极下磁场削弱，半个极下磁场加强。气隙磁场的畸变使物理中性线偏离几何中性线。

(2)磁路饱和时，还有去磁作用。因为磁路饱和时，半个极下增加磁通小于另半个极下减少的磁通，使每个极下总的磁通有所减小。

四、电枢绕组的感应电动势

电枢绕组的感应电动势是指直流电机正负电刷之间的感应电动势，也就是电枢绕组一条并联支路的电动势。电枢旋转时，电枢绕组元件边内的导体切割气隙合成磁场，产生感应电动势，由于气隙合成磁密在一个极下的分布不均匀，如图1－143所示，所以导体中感应电动势的大小是变化的。为分析推导方便起见，可把磁密看成是均匀分布的，取一个极下气隙磁密的平均值 B_{av}，从而可得一根导体在一个极距范围内切割气隙磁密产生的电动势的平均值 e_{av}，其表达式为

$$e_{av}=B_{av}lv$$

式中　l——电枢导体的有效长度(槽内部分)；

v——电枢表面的线速度。

由于

$$B_{av}=\frac{\Phi}{\tau l}$$

$$v=\frac{n}{60}2p\tau$$

因而，一根导体感应电动势的平均值

$$e_{av}=\frac{\Phi}{\tau l}l\frac{n}{60}2p\tau=\frac{2p}{60}\Phi n$$

设电枢绕组总的导体数为 N，$N=2SN_C$，则每一条并联支路总的串联导体数为$\frac{N}{2a}$，因而电枢绕组的感应电动势

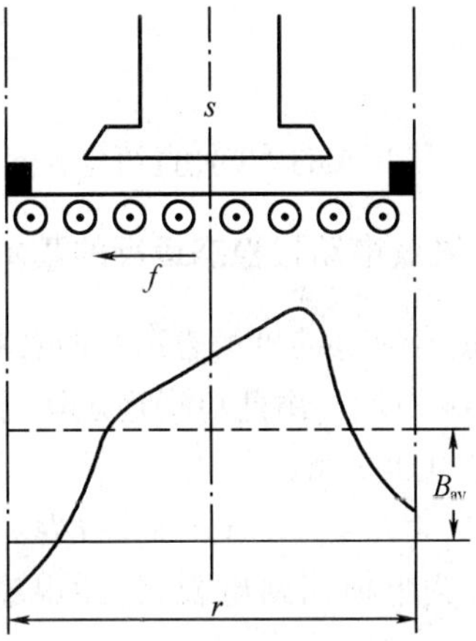

图1－143　气隙合成磁场磁通密度的分布和平均磁通密度

$$E_a=\frac{N}{2a}e_{av}=\frac{N}{2a}\cdot\frac{2p}{60}\Phi n=\frac{pN}{60a}\Phi n=C_e\Phi n$$

式中，$C_e=\frac{pN}{60a}$称为直流电机的电动势常数。

每极磁通 Φ 的单位用 Wb(韦伯)，转速单位用 r/min 时，电动势 E_a 的单位为 V。

上式表明：对已制成的电机，电枢电动势 E_a 与每极磁通 Φ 和转速 n 成正比。

五、电枢绕组的电磁转矩

一根导体所受电磁力的大小为

$$f_x=B_x li_a$$

其平均值为

$$f_{av}=B_{av}li_a$$

一根导体所受电磁力形成的电磁转矩为

$$T_{av}=f_{av}\frac{D}{2}$$

式中，D 为电枢外径。

不同极性磁极下的电枢导体中电流的方向也不同，所以电枢所有导体产生的电磁转矩方向都是一致的，所以电枢绕组的电磁转矩

$$T=NT_{av}=NB_{av}li_a\frac{D}{2}=N\frac{\Phi}{\tau l}l\frac{I_a}{2a}\cdot\frac{1}{2}\cdot\frac{2p\tau}{\pi}=\frac{pN}{2\pi a}\Phi I_a=C_T\Phi I_a$$

式中，$C_T=\frac{pN}{2\pi a}$，对已制成的电机是一常数，称为直流电机的转矩常数。

磁通的单位用 Wb，电流的单位用 A 时，电磁转矩 T 的单位为 N·m(牛·米)。

上式表明，电磁转矩 T 与每极磁通 Φ 和电枢电流 I_a 成正比。

4.4 直流电动机的工作特性

按励磁方式的不同,直流电动机分为四类。

一、直流电动机稳态运行的基本关系式

并励直流电动机稳态运行时各物理量及其正方向如图1-144所示。由此可得稳态运行时的基本方程式。

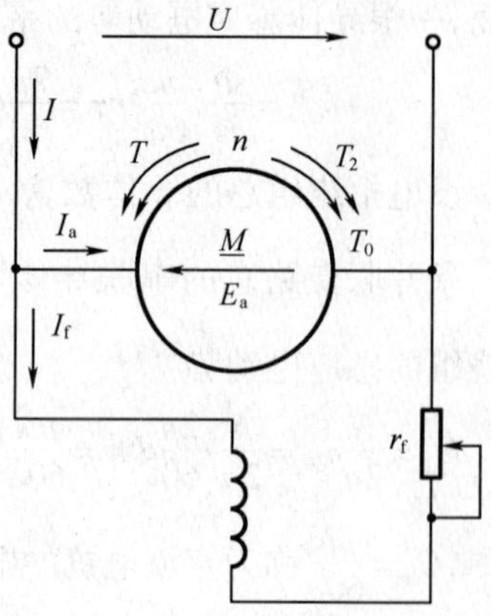

图1-144 并励直流电动机

(1)电压平衡方程式

$$U = E_a + I_a R_a$$

式中,R_a 为电枢回路电阻,包括电刷和换向器之间的接触电阻。

(2)转矩平衡方程式

稳态运行时的转矩平衡关系式为拖动转矩等于总的制动转矩,即

$$T = T_2 + T_0$$

式中 T_2——负载转矩;

T_0——空载转矩。

(3)功率平衡方程式

将电压平衡方程式两边均乘以电枢电流 I_a,得

$$UI_a = E_a I_a + I_a R_a$$

可以写成

$$P_1 = P_{em} + p_{Cua}$$

式中 $P_1 = UI_a$——电动机从电源输入的电功率;

$P_{em} = E_a I_a$——电磁功率;

$p_{Cua} = I_a^2 R_a$——电枢回路的铜损耗。

电磁功率

$$P_{em} = E_a I_a = \frac{pN}{60a}\Phi n I_a = \frac{pN}{2\pi a}\Phi I_a \frac{2\pi n}{60} = T\Omega$$

式中,$\Omega = \frac{2\pi n}{60}$——电动机的机械角速度,rad/s(弧度/秒)。

从上式可知,电磁功率既具有电功率性质,又具有机械功率性质,其实质是由于电磁功率是电机由机械能转换为电能的那一部分功率。

将转矩平衡方程式两边乘以机械角速度 Ω,得

$$T\Omega = T_2\Omega + T_0\Omega$$

可写成

$$P_{em} = P_2 + p_0 = P_2 + p_{mee} + p_{Fe}$$

式中 $P_{em} = T\Omega$——电磁功率;

$P_2 = T_2\Omega$——轴上输出的机械功率;

$p_0 = T_0\Omega$——空载损耗,包括机械损耗 p_{mee} 和铁损耗 p_{Fe}。

由此可以作出并励直流电动机的功率流程图，如图 1－145(a)所示。图中 p_{Cuf} 为励磁损耗，并励时，由输入功率 P_1 供给，他励时，由其他直流源供给，功率流程图如图 1－145(b)所示。

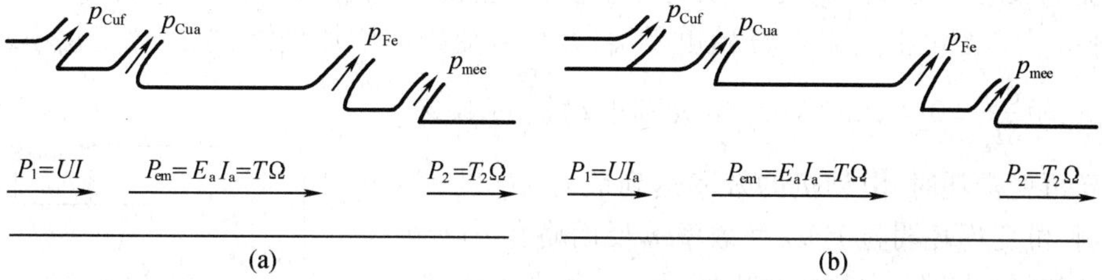

图 1－145　直流电动机功率流程图

(a)并励直流电动机；(b)他励直流电动机

并励直流电动机的功率平衡方程式

$$P_1 = P_2 + p_{Cuf} + p_{Cua} + p_{Fe} + p_{mee} = P_2 + \sum p$$

式中　$\sum p = p_{Cuf} + p_{Cua} + p_{Fe} + p_{mee}$——并励直流电动机的总损耗。

二、并励直流电动机的工作特性

工作特性是指当电动机的端电压 $U=U_N$、励磁电流 $I_f=I_{fN}$、电枢回路不串外加电阻时，转速 n、电磁转矩 T、效率 η 分别与电枢电流 I_a 之间的关系曲线。

(1)转速特性 $n=f(I_a)$

当 $U=U_N$、$I_f=I_{fN}(\Phi=\Phi_N)$时的 $n=f(I_a)$称为转速特性。

由 $E_a=C_e\Phi n$ 和 $U=E_a+I_aR_a$ 可得转速特性公式

$$n=\frac{U_N}{C_e\Phi}-\frac{R_a}{C_e\Phi}I_a$$

忽略电枢反应的去磁作用，$\Phi=\Phi_N$ 不变，则 I_a 增加时，n 下降，但因 R_a 一般很小，所以 $n=f(I_a)$为一条稍稍向下倾斜的直线，如图 1－146 中的曲线 1 所示。负载较重、I_a 较大时，电枢反应的去磁作用有可能使 Φ 减小，因而使转速特性出现上翘现象，如图 1－146 中的虚线所示。

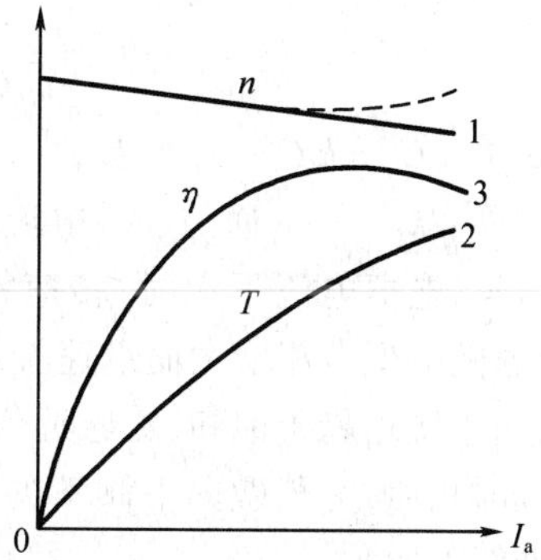

图 1－146　并励电动机的工作特性

1—转速特性；2—转矩特性；3—效率特性

(2)转矩特性 $T=f(I_a)$

当 $U=U_N$、$I_f=I_{fN}(\Phi=\Phi_N)$时 $T=f(I_a)$称为转矩特性。

由 $T=C_T\Phi I_a$ 可知，不考虑电枢反应影响时，T 与 I_a 成正比，转矩特性为过原点的直线。如果考虑电枢反应的去磁作用，则当 I_a 增大时，转矩特性略为向下弯曲，如图 1－146 中的曲线 2 所示。

(3)效率特性 $\eta=f(I_a)$

当 $U=U_N$、$I_f=I_{fN}$时的 $\eta=f(I_a)$称为效率特性。

并励直流电动机的效率

$$\eta = \frac{P_2}{P_1} \times 100\% = \left(1 - \frac{\sum p}{P_1}\right) \times 100\% = \left(1 - \frac{p_{\mathrm{Fe}} + p_{\mathrm{mee}} + p_{\mathrm{Cuf}} + p_{\mathrm{Cua}}}{U(I_a + I_f)}\right) \times 100\%$$

直流电机的损耗分两大类,一类是不变损耗,包括 p_{Fe},p_{mee} 和 p_{Cuf},另一类是可变损耗即电枢铜耗 p_{Cua}。当电枢电流 I_a 开始由零增大时,可变损耗增加缓慢,总损耗变化小,效率 η 明显上升;由 $\frac{d\eta}{dI_a} = 0$ 可求得当 I_a 增大到电动机的不变损耗等于可变损耗时,电动机的效率达到最高, I_a 进一步增大时,可变损耗明显上升,使效率 η 反而略有下降。效率特性如图 1-146 中的曲线 3 所示。一般电动机在负载为额定值的 75% 左右时效率最高。

三、串励直流电动机的工作特性

图 1-147 所示是串励直流电动机的原理接线图。串励直流电动机最根本的特点是励磁绕组与电枢绕组串联,$I_f = I_a$。

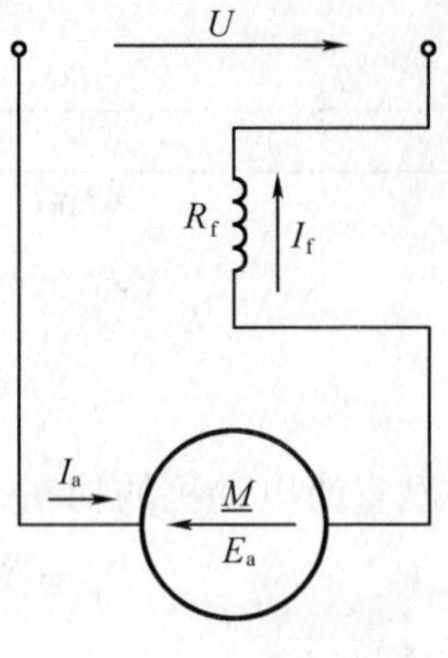

图 1-147 串励直流电动机

(1)转速特性

$U = U_N$ 时的 $n = f(I_a)$

串励直流电动机的电压平衡方程式为

$$U = E_a + I_aR_a + I_aR_f = E_a + I_a(R_a + R_f) = E_a + I_aR'_a$$

式中 $R'_a = R_a + R_f$——电枢回路的总电阻;

R_f——串励绕组的电阻。

将 $E_a = C_e\Phi n$ 代入上式,可得

$$n = \frac{U}{C_e\Phi} - \frac{R'_aI_a}{C_e\Phi}$$

当 $I_f = I_a$ 较小时,磁路没有饱和,$\Phi = k_fI_f = k_fI_a$,代入上式,可得

$$n = \frac{U}{C_ek_fI_a} - \frac{R'_a}{C_ek_fI_a}I_a = \frac{U}{C'_eI_a} - \frac{R'_a}{C'_e}$$

式中 $C'_e = k_fC_e$——常数;

k_f——磁通与励磁电流的比例系数。

可见,电枢电流不大时,转速特性具有双曲线性质,转速随电枢电流增大而迅速降低。当电枢电流较大时,由于磁路趋于饱和,磁通近似为常数,转速特性与并励时相似,为稍微向下倾斜的直线,如图 1-148 中的曲线 1 所示。

要注意的是当电枢电流较小时,电动机的转速将升得很高,会导致转子损坏,所以串励直流电动机不允许在空载或轻载下运行。

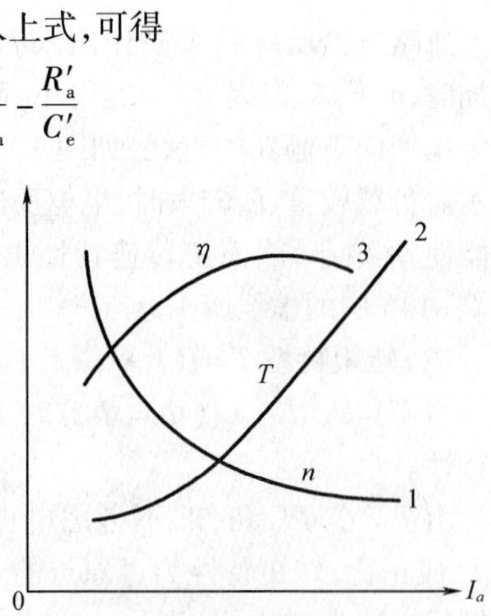

图 1-148 串励电动机的工作特性

1—转速特性;2—转矩特性;
3—效率特性线

(2)转矩特性 $T = f(I_a)$

串励时 $T = C_T\Phi I_a = C_Tk_fI_a^2 = C'_TI_a^2$

I_a 较小时，磁路不饱和，C'_T为常数，则电磁转矩与电枢电流的平方成正比，当 I_a 较大时，磁路饱和，Φ 为常数，T 与 I_a 成正比，转矩特性如图 1－148 中的曲线 2 所示。这一特性使串励直流电动机在同样电流限值（一般为额定电流的 2 倍左右）下具有比他励直流电动机大得多的启动转矩和最大转矩，适用于启动能力或过载能力要求较高的场合，如拖动闸门、电力机车等负载。

（3）效率特性

串励直流电动机的效率特性与并励直流电动机相同。

四、复励直流电动机的工作特性

图 1－149 所示是复励直流电动机的接线图。一般采用积复励，其转速特性介于并励电动机和串励电动机之间。如图 1－150 中的曲线 2 所示，既有较高的启动能力和过载能力，又可允许空载或轻载运行。

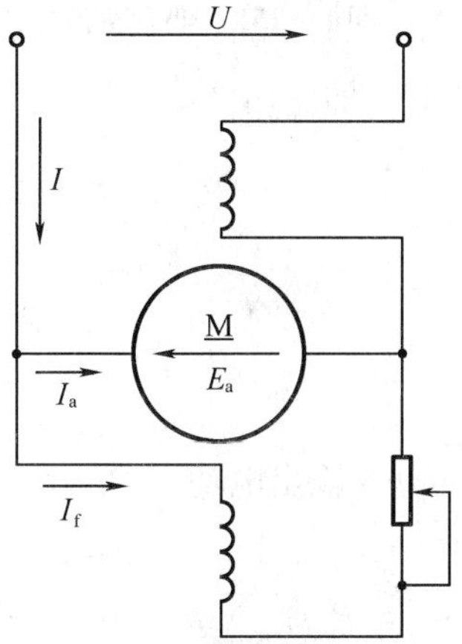

图 1－149　复励直流电动机

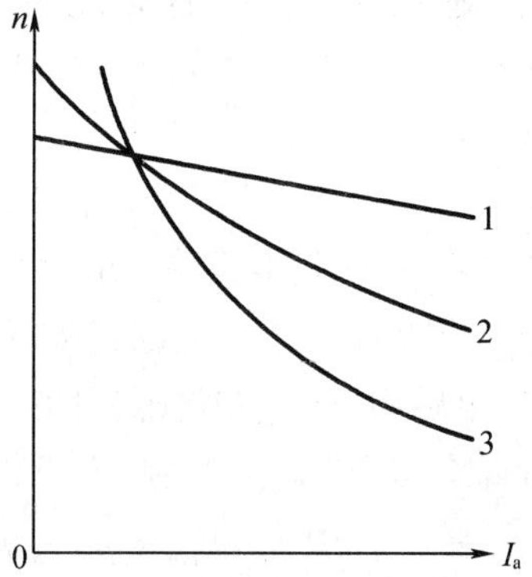

图 1－150　复励直流电动机的转速特性

1—并励；2—积复励；3—串励

4.5　直流发电机

根据励磁方式的不同，直流发电机可以分为他励发电机、并励发电机、串励发电机和复励发电机。励磁方式不同，特性就不同。

一、直流发电机稳态运行时的基本方程式

他励直流发电机稳定运行时的物理量及其正方向如图 1－151 所示。由此可得

1. 电动势平衡方程式

$$U = E_a - I_a R_a$$

2. 转矩平衡方程式

$$T_1 = T + T_0$$

式中，T_1 为原动机的拖动转矩；T 为电磁转矩；T_0 为空载损耗转矩。

3. 功率平衡方程式

将上式两边同乘以电枢机械角速度 Ω,可得

$$T_1\Omega = T\Omega + T_0\Omega$$

可以写成

$$P_1 = P_{em} + p_0$$

式中　$P_1 = T_1\Omega$——原动机输给发电机的机械功率,即输入功率;

$P_{em} = T\Omega$——发电机的电磁功率;

$p_0 = T_0\Omega$——发电机的空载损耗功率,也包括 p_{mec} 和 p_{Fe} 两部分。

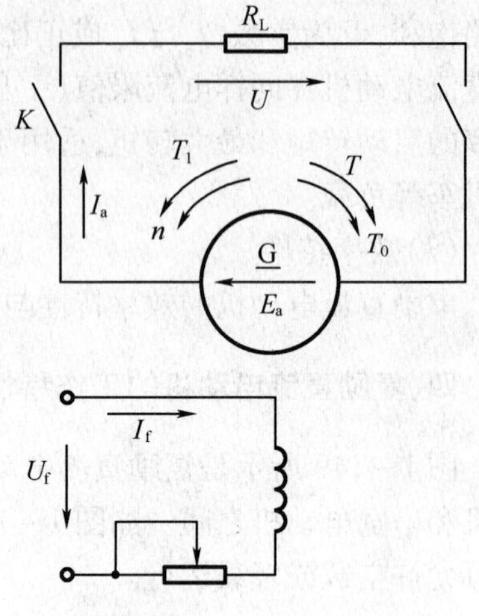

图 1-151　他励直流发电机

电磁功率

$$P_{em} = T\Omega = \frac{pN}{2\pi a}\Phi I_a \frac{2\pi n}{60} = \frac{pN}{60a}\Phi n I_a = E_a I_a$$

可见,直流发电机的电磁功率亦是既具有机械功率的性质,又具有电功率的性质,是机械能转换为电能的那一部分功率。

将电动势方程式两边乘以电枢电流 I_a,得

$$E_a I_a = UI_a + I_a^2 R_a$$

即

$$P_{em} = P_2 + p_{Cua}$$

式中　$P_2 = UI_a$——发电机输出的电功率;

$p_{Cua} = I_a^2 R_a$——电枢回路铜损耗。

可见,电磁功率 P_{em} 扣除电枢回路铜损耗 p_{Cua},余下部分为输出电功率 P_2。

综合以上功率关系,可得功率平衡方程式

$$P_1 = P_{em} + p_0 = P_2 + p_{Cua} + p_{mec} + p_{Fe} = P_2 + \sum p$$

他励直流电动机的功率流程图如图 1-152 所示。

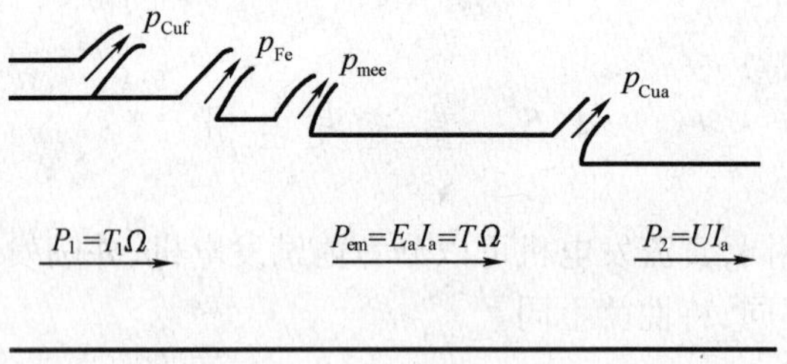

图 1-152　他励直流发电机的功率流程图

一般情况下,直流发电机的总损耗

$$\sum p = p_{Cua} + p_{Cuf} + p_{Fe} + p_{mec}$$

直流发电机的效率

$$\eta = \frac{P_2}{P_1} \times 100\% = \left(1 - \frac{\sum p}{P_2 + \sum p}\right) \times 100\%$$

二、他励直流发电机的运行特性

直流发电机运行时,转速一般保持为额定值不变。因此,运行特性就是 U, I_f, I_a 三个物理量保持其中一个不变时,另外两个物理量之间的关系曲线。

1. 空载特性

$n = n_N$、$I_a = 0$ 时 $U_0 = f(I_f)$ 称为空载特性。

空载特性可以通过空载试验来测定,试验线路如图 1 – 153 所示。

空载特性如图 1 – 154 所示,与空载磁化特性 $\Phi = f(I_f)$ 相似,都是一条受磁路饱和影响的曲线。且由于铁磁性材料的磁滞现象,所求特性的上升分支 1 和下降分支 3 不重合,一般取其平均值作为该发电机的空载特性,如图中曲线 2 所示。一般情况下,发电机的额定电压处于空载特性曲线开始弯曲的线段上,即图中 A 点附近。图中 $I_f = 0$ 时的 $U_0 = E_r$ 为剩磁电压,为额定电压的 2% ~4% 。

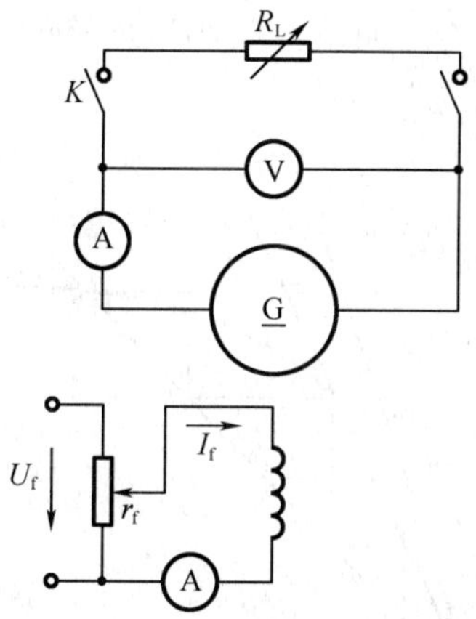

图 1 – 153　他励直流发电机试验线路

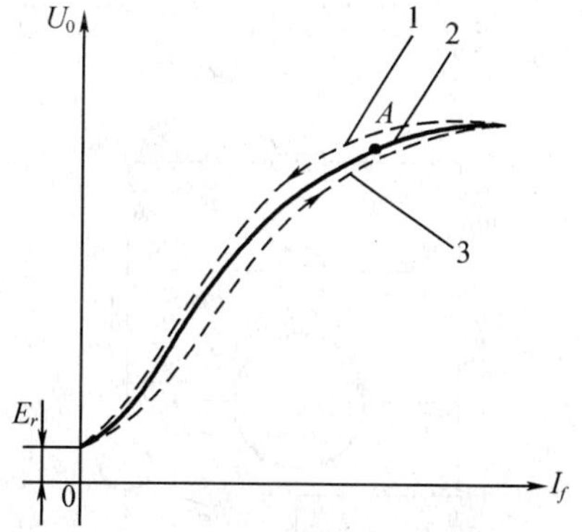

图 1 – 154　他励直流发电机的空载特性

空载特性应在发电机的额定转速下测出。如果转速不是额定值,则空载特性应按转速成正比地上升或下降。并励和复励直流发电机的空载特性也用他励方式测取。

2. 外特性

$n = n_N$、$I_f = I_{fN}$时的 $U = f(I)$ 称为外特性。

外特性可以通过负载试验来测定,试验线路仍如图 1 – 153 所示。他励直流发电机的外特性,如图 1 – 155 所示,是一条稍稍向下倾斜的曲线。使端电压 U 下降的原因有两个:一是当 I_a 增大时,电枢回路电阻上压降 I_aR_a 增大,使 U 下降;二是 I_a 增大时,电枢反应的去磁作用使 Φ 减小,E_a 减小,从而使 U 下降。

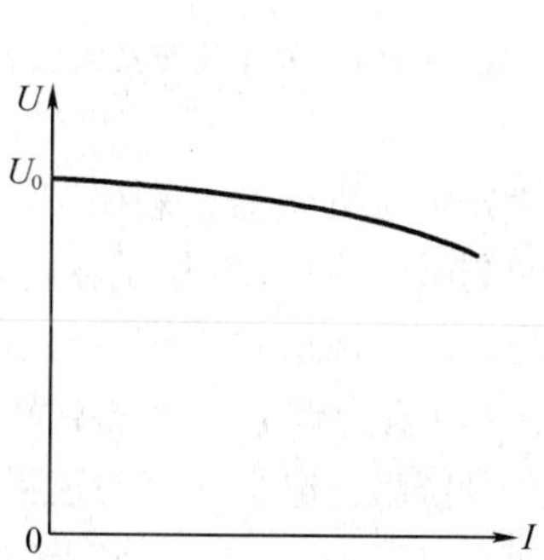

图 1 – 155　他励直流发电机的外特性

发电机端电压随负载电流增大而降低的程度用电压变化率来表示。

$$\Delta U\% = \frac{U_0 - U_N}{U_N} \times 100\%$$

$\Delta U\%$ 是衡量发电机运行性能的一个重要数据，一般他励发电机的 $\Delta U\%$ 为 5% ~10%。

3. 调节特性

$n=n_N$、U=常数时的 $I_f=f(I)$ 称为调节特性。

调节特性同样可用图 1－153 所示线路进行测试得到。形状如图 1－156 所示。由图可见：调节特性是随负载电流增大而上翘的。

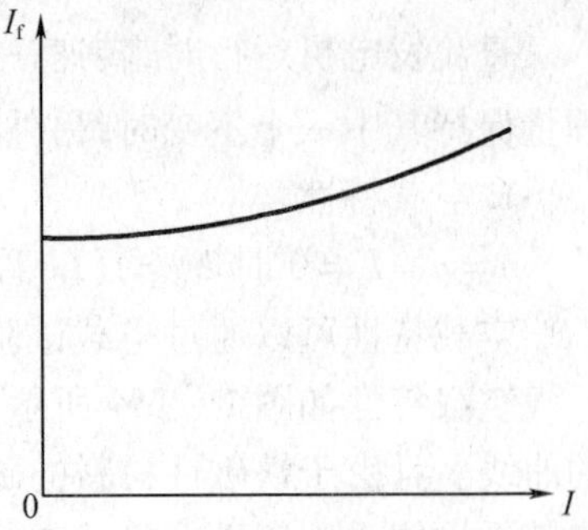

图 1－156 他励直流发电机的调节特性

三、并励直流发电机的自励过程和自励条件

并励直流发电机在电压尚未建立以前，励磁电流为零，如何在一定条件下，使发电机的端电压和励磁电流互相促进，使电压不断提高，直至所需数值，这就是首先要分析的自励建压过程。并励直流发电机的原理接线图如图 1－157 所示。

图 1－158 中曲线 1 是发电机的空载特性 $U_0=f(I_f)$；曲线 2 是励磁回路的伏安特性 $U_0=U_f=f(I_f)$，当励磁回路总电阻 R_f 为常数时，此特性为一直线。

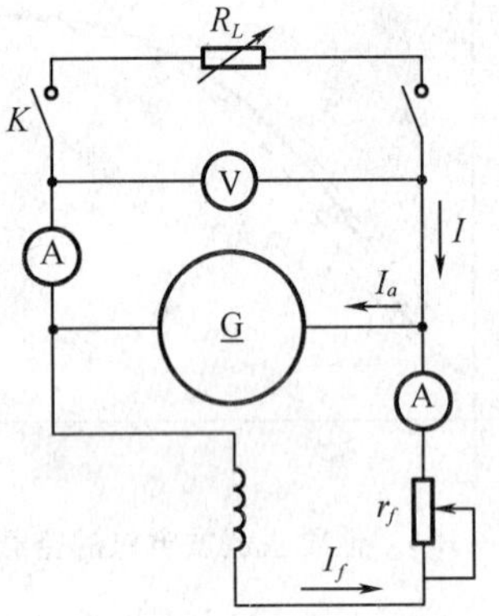

图 1－157 并励直流发电机的原理接线图

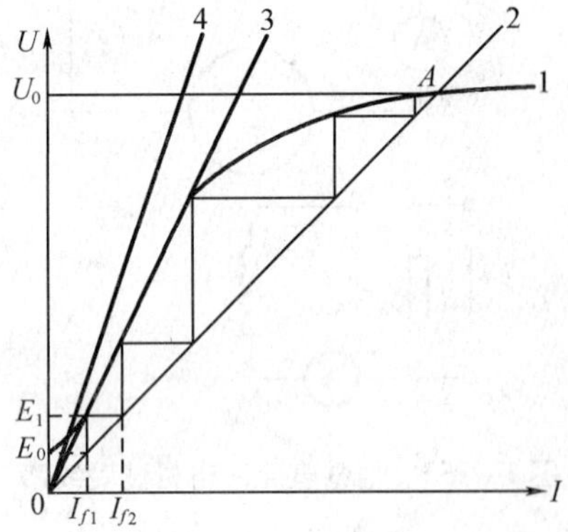

图 1－158 并励发电机自励建压的过程

如果电机磁路有剩磁，当发电机电枢朝规定的方向旋转时，电枢绕组切割剩磁产生不大的剩磁电动势 E_r，作用在励磁回路，产生一个很小的励磁电流 I_{f1}，如果励磁绕组并联到电枢绕组的极性正确，则 I_{f1} 产生的励磁磁通与剩磁磁通方向一致，使总磁通增加，感应电动势增大为 E_1，励磁电流随之增大为 I_{f2}，如此互相促进，不断增长，空载电压就能建立起来。如果并励绕组与电枢两端的连接不正确，使励磁磁通与剩磁磁通方向相反，剩磁被削弱，电压就建立不起来。

由于并励直流发电机的自励过程结束，进入稳态运行时，既要满足空载特性，又要满足励磁回路的伏安特性（亦称磁场电阻线），因此最后必然稳定在两条特性的交点 A。A 点所对应的电压即为发电机自励建立起来的空载电压。显然，如果增大励磁回路的调节电阻 r_f，从而使 R_f 增大，则励磁回路伏安特性的斜率加大，A 点沿空载特性下移，空载电压降低。当励磁回路总电阻增加到 R_{cr} 时，伏安特性与空载特性直线部分相切（曲线 3），没有明确的交点，空载电压没有稳定值，这时励磁回路的电阻值 R_{cr} 称为临界电阻。如果励磁回路电阻大

于临界电阻 R_{cr}，伏安特性如曲线 4 所示，$U_0 \approx E_r$，空载电压就建立不起来。

综上所述，并励直流发电机自励建压必须满足以下三个条件：

(1)电机磁路中要有足够的剩磁，如果没有剩磁，可用其他直流电源(例如蓄电池)给主磁极充磁；

(2)励磁绕组并联到电枢两端的极性要正确，如果并联极性不正确，可将并励绕组并到电枢绕组的两个端头对调；

(3)励磁回路的总电阻小于该转速下的临界电阻。

四、并励直流发电机的运行特性

1. 空载特性

并励直流发电机的空载特性一般是在他励方式下测得的，所以测取方法和特性形状与他励直流发电机相同。

2. 外特性

$n = n_N$、R_f = 常数时，端电压 U 与负载电流 I 之间的关系称为并励直流发电机的外特性。

外特性可用试验方法测得，试验线路如图 1－157 所示。测得的外特性如图 1－159 中曲线 1 所示，图中曲线 2 为他励时的外特性。可见并励直流发电机的外特性向下倾斜的程度超过他励，因为并励直流发电机的负载电流增大时，除他励时电枢回路电阻压降和电枢反应去磁作用使端电压下降外，由于端电压下降时必将引起励磁电流减小，使每极磁通和感应电动势减小，从而使端电压进一步降低。亦即使端电压随负载电流增大而下降的原因由两个变为三个，所以并励直流发电机的电压变化率比他励时大，一般可达 10%～15%，有时可达 30%。

3. 并励直流发电机的调节特性

由于并励直流发电机负载电流增大时电压下降较多，为维持电压恒定所需增加的励磁电流也就较大，所以调节特性上翘程度超过他励，如图 1－160 中的曲线 1 所示，图中曲线 2 为他励时的调节特性。

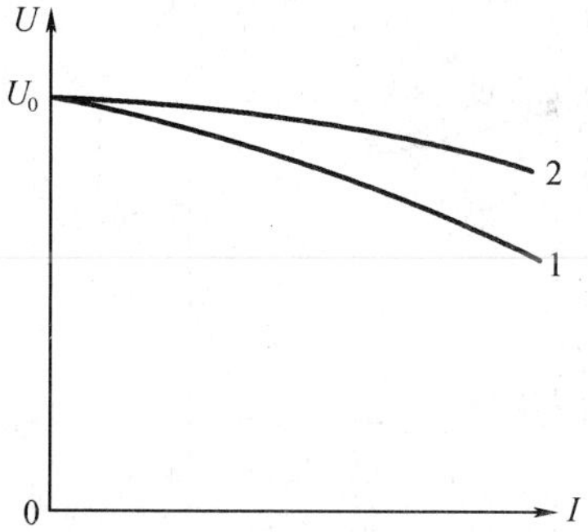

图 1－159　并励直流发电机的外特性

1—并励；2—他励

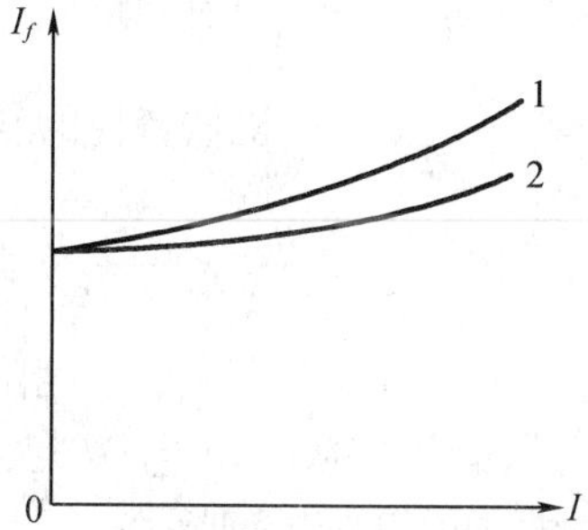

图 1－160　并励直流发电机的调节特性

1—并励；2—他励

五、复励直流发电机的外特性

复励直流发电机主磁极上同时套有并励绕组和串励绕组。一般采用积复励，且由并励绕组起主要作用，产生的磁通维持产生空载额定电压，串励绕组起辅助作用，产生的磁通随负载电流自动变化，以补偿电枢反应的去磁作用和电枢回路电阻压降的影响，使发电机的端电压在一定负载范围内基本稳定。根据串励绕组补偿程度不同，积复励直流发电机又分为平复励、过复励和欠复励，它们的外特性分别如图1-161中的曲线2,1,3所示。一般采用平复励，适用于要求电压基本恒定不变的场合。

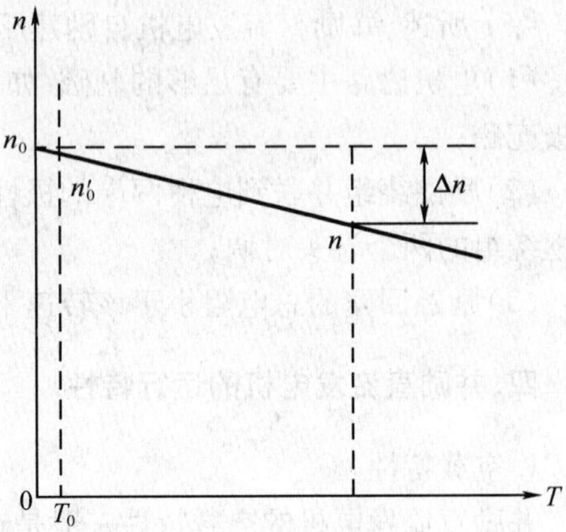

图1-161 复励直流发电机的外特性

1—过复励；2—平复励；3—欠复励

4.6 他励电动机的机械特性

电动机的电磁转矩 T 与转速 n 的关系曲线 $n=f(T)$ 称为电动机的机械特性。

一、机械特性方程式

由基本公式

$$T=C_T\Phi I_a$$

$$E_a=C_e\Phi n$$

$$U=E_a+I_aR$$

得

$$n=\frac{E_a}{C_e\Phi}=\frac{U-I_aR}{C_e\Phi}=\frac{U}{C_e\Phi}-\frac{R}{C_e\Phi}I_a=\frac{U}{C_e\Phi}-\frac{R}{C_eC_T\Phi^2}=n_0-\beta T$$

式中 $R=R_a+R_{sa}$；

R_{sa}——电枢回路串接的附加电阻；

$n_0=\dfrac{U}{C_e\Phi}$——理想空载转速；

$\beta=\dfrac{R}{C_eC_T\Phi^2}$——机械特性的斜率；

$\Delta n=\beta T=\dfrac{R}{C_eC_T\Phi^2}$——负载时的转速降。

当 U,R,Φ 为常数时，$n=f(T)$ 为一条向下倾斜的直线，如图1-162所示。

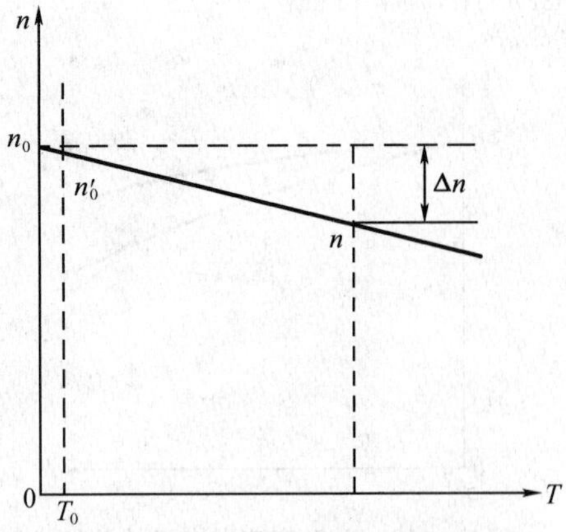

图1-162 他励直流电动机的机械特性

二、固有机械特性

$U=U_N$，$\Phi=\Phi_N$，电枢回路不串电阻时的机械特性。

其方程式为

$$n=\frac{U_N}{C_e\Phi_N}-\frac{R_a}{C_eC_T\Phi_N^2}T=n_0-\beta_N T$$

由于 R_a 较小，特性的斜率 β_N 小，所以他励直流电动机的固有机械特性是一条稍稍向下倾斜的直线，如图 1－162 所示，斜率小的特性称为硬特性。其额定转速变化率

$$\Delta n_N\%=\frac{n_0-n_N}{n_N}100\%$$

一般为 10% 左右。

三、人为机械特性

1. 电枢串接电阻时的人为机械特性

$$U=U_N, \Phi=\Phi_N,\ R=R_a+R_{sa}\text{时的 } n=f(T)$$

其方程式为

$$n=\frac{U_N}{C_e\phi_N}-\frac{R_a+R_{sa}}{C_eC_T\Phi_N^2}T$$

可见 n_0 不变，斜率随 R_{Sa} 的增大而增大，转速降也随串联电阻的加大而增加。如图 1－163（$R=R_a+R_{sa}$）所示。

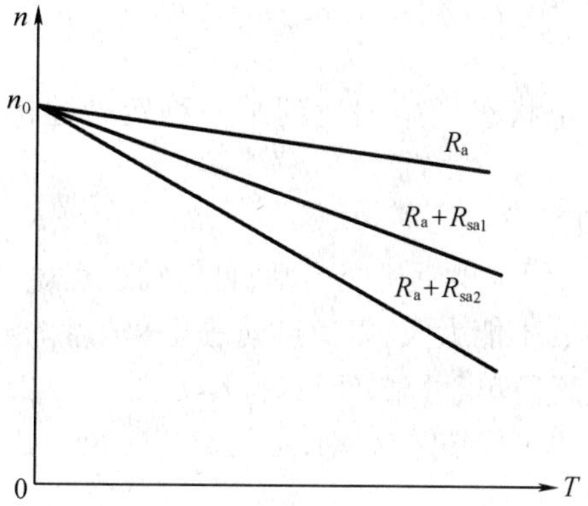

图 1－163　他励直流电动机电枢串联电阻时的人为机械特性

（$R_{sa1}<R_{sa2}$）

2. 降低电压时的人为机械特性

$\Phi=\Phi_N, R_{sa}=0$，降低电压时的机械特性方程式为

$$n=\frac{U}{C_e\Phi_N}-\frac{R_a}{C_eC_T\Phi_N^2}T$$

特性的斜率 β 不变，n_0 与 U 成正比变化。特性如图 1－164 所示。

3. 减弱磁通时的人为机械特性

$$n=\frac{U_N}{C_e\Phi}-\frac{R_a}{C_eC_T\Phi^2}T$$

随着磁通 Φ 减弱，n_0 增大，斜率 β 也增大，特性如图 1－165 所示。

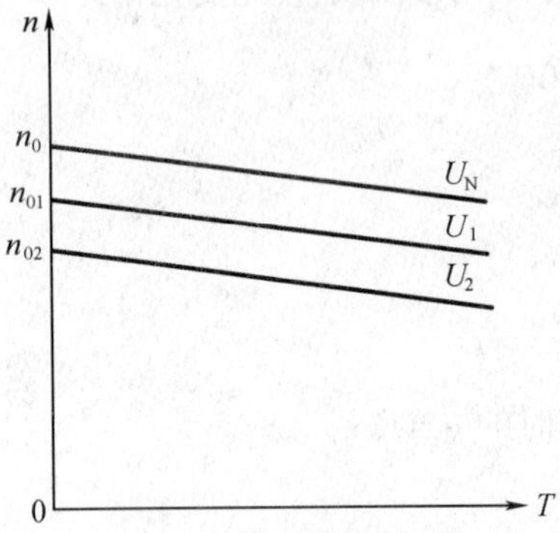

图 1－164 他励直流电动机降低电压时的人为机械特性($U_2 < U_1 < U_N$)

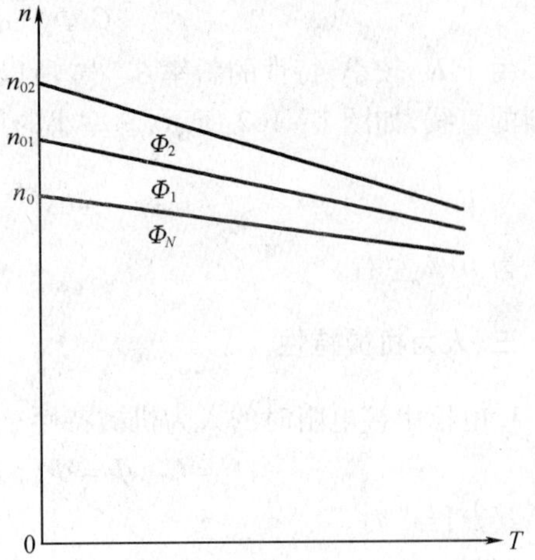

图 1－165 减弱磁通时的人为机械特性($\Phi_2 < \Phi_1 < \Phi_N$)

4.7 直流电动机的启动

电动机接通电源,由静止状态开始加速到某一稳定转速的过程称为启动过程,简称启动。

直流电动机的启动一般要求:

(1)启动转矩 T_{st} 足够大,保证电动机能启动,且启动过程短;

(2)启动电流的起始值 I_{st} 不能太大,以免换向恶化和产生冲击转矩;

(3)启动设备与控制装置简单、可靠、经济、操作方便。

将额定电压直接加至电枢两端进行启动,称为直接启动。由于启动开始时,$n=0$,$E_a=0$,启动电流

$$I_{st}=\frac{U-E_a}{R_a}=\frac{U}{R_a}$$

可能达到额定电流的 10～20 倍,换向火花严重,冲击转矩也易损坏传动机构。所以一般工业用他励直流电动机不允许直接启动。只有功率很小的直流电动机,相对来说 R_a 较大,加上电机惯性小,启动快,可以采用直接启动。

为限制直流电动机的启动电流,可以采用两种启动方法,一是电枢回路串接电阻,二是降低电源电压。

电枢回路串电阻分级启动接线图如图 1－166 所示。图中 K 为主接触器的主触点,K_1,K_2,K_3 分别为控制用接触器 K_1,K_2,K_3 的主触点,r_1,r_2,r_3 为电枢回路串入的三段启动电阻,通过 K_1,K_2,K_3 分三次切除,称为三级启动。图 1－167 为三级启动的机械特性图,图中 I_1 为限定的起始启动电流,是启动过程中的最大电流,通常取 $I_1=2I_N$,相应地启动过程中的最大转矩 $T_1=2T_N$;I_2 为启动过程中电流的切换值,通常取 $I_2=(1.1\sim1.2)I_N$ 或 $I_2=(1.2\sim1.5)I_L$,式中 I_L 为启动时电动机所带负载所对应的电枢电流;I_2 相应的转矩 T_2 称为切换转矩,显然 $T_2=(1.1\sim1.2)T_N$ 或 $T_2=(1.2\sim1.5)T_L$,假定启动过程中负载转矩 T_L 大小不变。

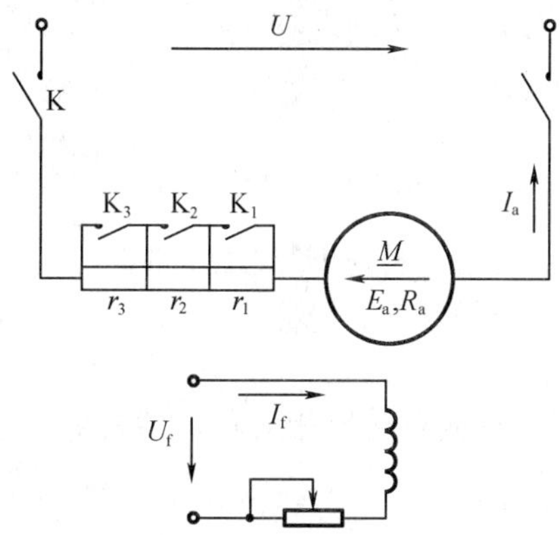

图1-166　电枢串电阻三级启动电路图

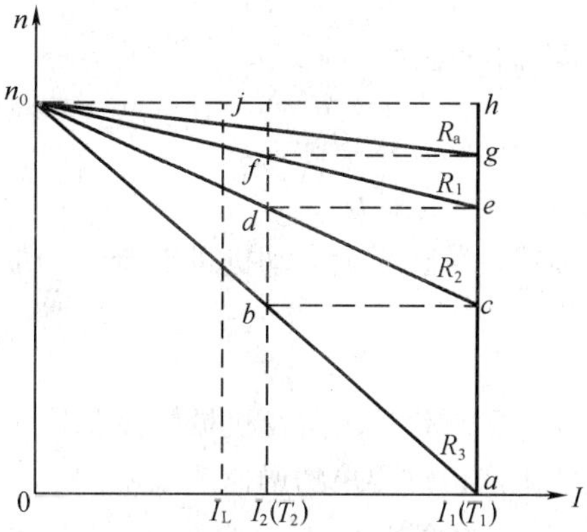

图1-167　电枢串电阻三级启动机械特性图

启动时，先加励磁，使 $I_f = I_{fN}$，$\Phi = \Phi_N$。闭合主触点K，接通电枢电源，启动电流为 $I_1 = \frac{U_N}{R_3}$，启动转矩 $T_1 > T_L$。电动机沿 $R_3 = R_a + r_1 + r_2 + r_3$ 的机械特性 abn_0 升速，随着转速 n 上升，感应电动势 E_a 增大，电枢电流 I_a 下降，转矩 T 下降，加速度变小；当 I_a 下降到 I_2 时，转矩降到切换转矩 T_2，加速度相当小了，为了加速启动过程，使控制接触器 K_3 的主触点闭合，将电阻 r_3 短接，电枢回路电阻由 R_3 降为 $R_2 = R_a + r_1 + r_2$，机械特性变为 cdn_0，由于转速不能突变，工作点由 b 平移至 c，如果启动电阻配置恰当，则 c 点相应的转矩又上升为最大转矩 T_1，加速度增至最大，转速迅速上升，I_a 及 T 又下降；当 I_a 降至 I_2，T 降为 T_2 时，让接触器 K_2 的主触点闭合，r_2 切除，电阻由 R_2 降为 $R_1 = R_a + r_1$，特性变为 efn_0，工作点由 d 平移至 e，转速沿 efn_0 上升，I_a 及 T 下降，到 f 点时，使 K_1 闭合，启动电阻全部切除，工作点由 f 平移至固有机械特性上的 g 点，然后沿固有机械特性 gjn_0 继续升速，直至稳定负载转速 n_L，工作于固有机械特性与负载机械特性的交点 j，启动结束。

这种方法可以限制启动电流不超过限值，启动性能决定于所选的启动级数。级数越多，启动转矩平均值越大、启动越快、平稳性越好，但是自动切除各级启动电阻的控制设备也就越复杂，初投资高，维护工作量亦大，为此一般空载启动时取 $m = 1 \sim 2$，重载启动时取 $m = 3 \sim 4$。电枢回路串电阻启动的优点是方法简单，操作方便；缺点是能量损耗较大，经济性较差。适用于容量不大，对启动性能要求不太高的场合。

无论是启动或是正常运行，都应注意避免并励绕组电路发生断路，以免发生事故。

降低电源电压，也能减少启动电流，但由于设备复杂，投资成本大，因此只在要求比较高的场合使用。

4.8　他励直流电动机的调速

电气调速是指在负载转矩不变的条件下，通过人为的方法改变电动机的有关参数，从而调节电动机和整个拖动系统的转速。

从他励直流电动机的机械特性方程式

$$n = \frac{U}{C_e \Phi} - \frac{R_a + R_\Omega}{C_e C_T \Phi^2} T$$

可以看出，调速方法有三种：电枢回路串电阻 R_Ω 调速、降压调速和弱磁调速。

一、调速指标

1. 调速的技术指标

(1)调速范围 D

额定负载转矩下电动机可能调到的最高转速 n_{max} 与最低转速 n_{min} 之比，即

$$D=\frac{n_{max}}{n_{min}}$$

式中 n_{max} 受电动机换向及机械强度的限制，n_{min} 受生产机械对转速相对稳定性要求的限制。不同的生产机械要求的调速范围不同。

(2)静差率 δ

电动机由理想空载到额定负载运行的转速降 Δn_N 与理想空载转速 n_0 之比，用百分数表示

$$\delta=\frac{\Delta n_N}{n_0}\times100\%=\frac{n_0-n_N}{n_0}\times100\%$$

一般为 5% ~10% 。

静差率 δ 的大小反映静态转速相对稳定的程度，δ 越小，转速降 Δn_N 越小，转速相对稳定性越好。不同的生产机械要求不同的静差率。

静差率与机械特性硬度有关。机械特性越硬，静差率越小，相对稳定性越好，但机械特性的硬度相同时，静差率 δ 并不相等，而是 n_0 较低的其 δ 较大。

生产机械对静差率的要求限制了电动机允许达到的最低转速 n_{min}，从而限制了调速范围。下面以调压调速的情况为例推导 D 与 δ 的关系，图 1 - 168 中曲线 1 和 3 为不同电压下的两条特性，可得

$$D=\frac{n_{max}}{n_{min}}=\frac{n_{max}}{n_0'-\Delta n_N}=\frac{n_{max}}{n_0'\left(1-\frac{\Delta n_N}{n_0'}\right)}=\frac{n_{max}}{\frac{\Delta n_N}{\delta}(1-\delta)}=\frac{n_{max}\delta}{\Delta n_N(1-\delta)}$$

可见：生产机械允许的最低转速时的静差率 δ 越大，电动机允许的调速范围 D 越大。所以调速范围 D 只有在对 δ 有一定要求的前提下才有意义。

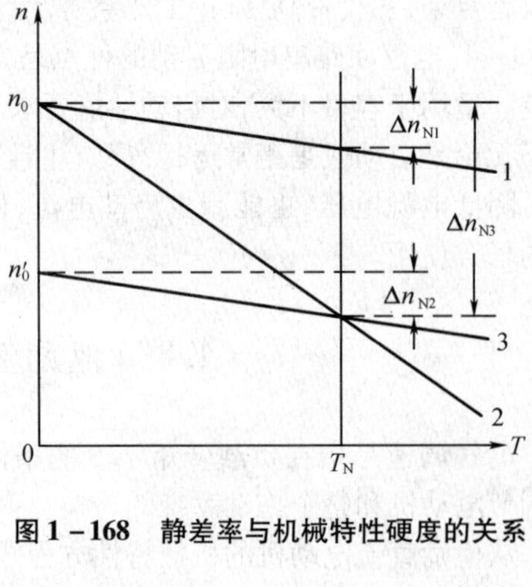

图 1 - 168　静差率与机械特性硬度的关系

(3)平滑性

在一定的调速范围内，调速的级数越多，调速越平滑，平滑程度用平滑系数 φ 来衡量。φ 的定义是相邻两级转速或线速度之比，即

$$\varphi=\frac{n_i}{n_{i-1}}=\frac{v_i}{v_{i-1}}$$

显然，φ 越接近于 1，调速平滑性越好，$\varphi-1=\varepsilon$ 可以小于任意数，则 n 可调至任意数值，平滑性最好，称为无级调速。

(4)调速时的容许输出

调速时的容许输出是指保持额定电流条件下调速时,电动机容许输出的最大转矩或最大功率与转速的关系。容许输出的最大转矩与转速无关的调速方法称为恒转矩调速方法;允许输出的最大功率不变的称为恒功率调速方法。

2. 调速的经济指标

经济指标包含三个方面:一是调速设备初投资的大小;二是运行过程中能量损耗的多少;三是维护费用的高低,三者总和较小者经济指标均较好。

二、调速方法

1. 电枢回路串电阻调速

保持 $U=U_N$,$\Phi=\Phi_N$,电枢回路串入适当大小的电阻 R_{sa},从而调节转速。原理可从图1-169所示机械特性上看出。

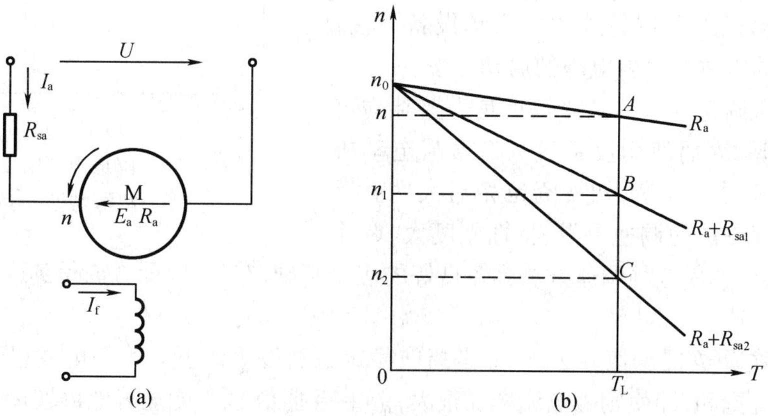

图1-169 电枢串电阻调速

(a)原理接线图;(b)机械特性图

串电阻调速的物理过程:$R_{sa}\uparrow$,E_a 不能突变,故 $I_a=\dfrac{U-E_a}{R_a+R_{sa}}\downarrow$,$T\downarrow$,$n\downarrow$,$E_a\downarrow$,$I_a$ 回升,T 回升到等于 T_L 时稳定,速度已由 $n_1\downarrow$ 至 n_2。要注意的是调速前后 T_L 不变,所以 T 不变,I_a 也不变。

这种调速方法,其调节区间只能是电动机的额定转速向下调节,机械特性的硬度随外串电阻的增加而减小,当负载较小时,低速时的机械特性很软,负载的微小变化将引起转速的较大波动。在额定负载时,其调速范围一般是2:1左右。然而当为轻负载时,调速范围很小。这种调速方法是属于恒转矩调速性质,因为在调速范围内,其长时间输出额定转矩不变。

电枢回路串接电阻调速的优点是方法较简单,但由于调速是有级的,调速的平滑性很差。再加上串上电阻以后电能损耗较大,所以这种调速方法近来在较大容量的电动机上很少采用,只是在调速平滑性要求不高,低速工作时间不长,电动机容量不大的场合才采用这种调速方法。

2. 降低电源电压调速

保持 $\Phi=\Phi_N$、$R_{sa}=0$、降低电源电压 U，从而调节转速。原理可以从图 1－170 机械特性上看出。

降压调速的物理过程：$U\downarrow$，$I_a\downarrow$，$T\downarrow$，$n\downarrow$，$E_a\downarrow$，I_a 回升，T 回升至等于 T_L 时恢复稳定运行，但 n 已降低。

电枢降压调速方法调速的平滑性较好，因为改变整流器的整流电压是依靠改变触发器脉冲的相位，所以能连续变化，也就是端电压可以连续平滑调节，因此可以得到任何需要的转速。电枢降压调速方法的理想空载转速随外加电压的平滑调节而改变，而曲线的斜率不随速度变化而改变，所以特性的硬度大，调速的范围也相对大得多。

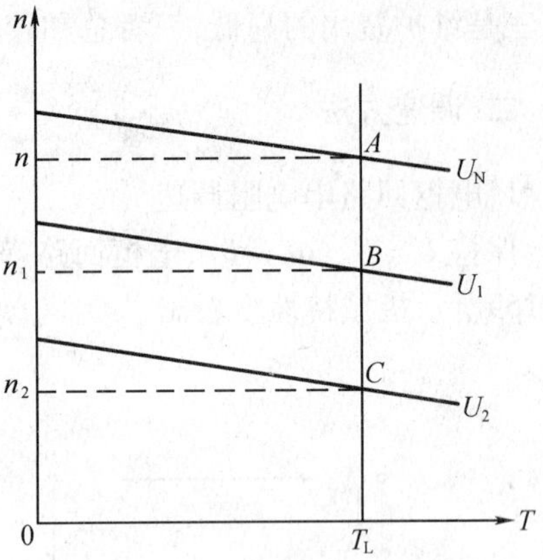

图 1－170 降低电源电压调速的机械特性

电枢降压调速方法还可以靠调节电枢两端电压来启动电动机而不用另外添加启动设备，这就是前面所说的靠改变电枢电压的启动方法。

电枢降压调速方法的主要缺点是需要独立可调的直流电源，因而使用设备较只有直流电动机的调速方法来说要复杂，初投资也相对大些。但由于这种调速方法的调速平滑、特性硬度大、调速范围宽等特点，就使这种调速方法具备良好的应用基础，在工、农业方面得到广泛应用。

3. 弱磁调速

改变主磁通 Φ 的调速方法，一般是指向额定磁通以下改变。因为电动机正常工作时，磁路已经接近饱和，即使励磁电流增加很大，但主磁通 Φ 也不能显著地再增加很多，另外会造成损耗增大，使得电动机过热，所以一般所说的改变主磁通 Φ 的调速方法，都是指往额定磁通以下调，所以又叫弱磁调速。而通常改变磁通的方法都是增加励磁电路电阻，减小励磁电流，从而减小电动机的主磁通 Φ。

保持 $U=U_N$、$R_{sa}=0$，调节励磁电流使之减小，亦即减弱磁通，从而调节转速。原理可从图 1－171机械特性上看出。弱磁调速的物理过程：$I_f\downarrow$，$\Phi\downarrow$，n 暂来不及变，故有 $E_a=C_e\Phi n\downarrow$，$I_a\uparrow$ 超过$\Phi\downarrow$ 的程度，$T=C_T\Phi I_a\uparrow$，$n\uparrow$，使 E_a 由一开始的下降经过某一最小值逐渐回升。I_a 相应地由一开始的上升经最大值后下降，T 随之下降至等于 T_L，恢复稳定运行，转速由 n_1 上升为 n_2。

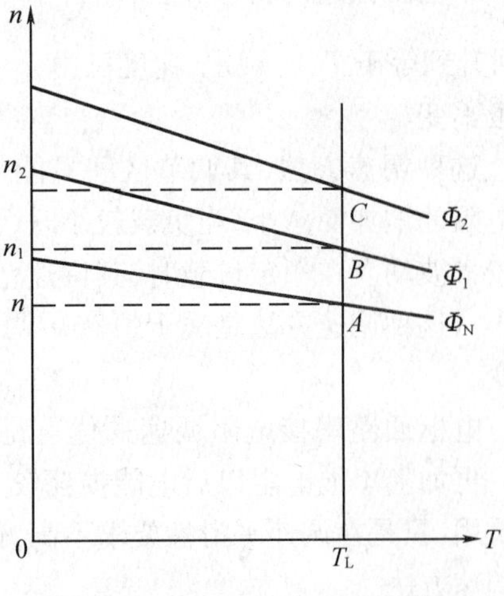

图 1－171 弱磁调速时的机械特性

采用弱磁调速方法，当减弱励磁磁通 Φ 时，虽然电动机的理想空载转速升高、特性的硬度相对差些，但其调速的平滑性好。因为励磁电路功率小，调节方便，容易实现多级平滑调节。

因为电动机发热所允许的电枢电流不变，所以电动机的转矩随磁通 Φ 的减小而减小，所以这种调速方法是恒功率调速，适于恒功率性质的负载。这种调速方法是改变励磁电流，所以损耗功率极小，经济效果较高。又由于控制比较容易，可以平滑调速，因而在生产中可广泛应用。

除了上述三种基本的调速方法外，为了扩大调速范围，通常把降压和弱磁两种调速方法结合起来，在额定转速以上，采用弱磁调速，在额定转速以下采用降压调速。这种调速方法在船舶起货机和电动舵机中有时采用。如直流“发电机－电动机(G－M)”调速系统和“晶闸管整流器－电动机(SCR－M)”调速系统通过调节励磁电流或晶闸管的导通角实现降压调速，通过改变电动机的励磁电流实现弱磁调速。

4.9　直流电动机的制动

电动机制动的方法分两大类：机械制动和电气制动，这里分析电气制动。电气制动的主要特征是电磁转矩 T 的方向与转速 n 的方向相反。

电动机制动运行的作用是使系统快速减速、停车和匀速下放重物。

根据实现制动的方法和制动时电动机内部能量转换关系的不同，电气制动分为三种：能耗制动、反接制动和回馈制动。

一、能耗制动

1. 实现能耗制动的方法

能耗制动的电路如图1－172所示。将电枢从电源上断开，通过制动电阻 R_{sa} 闭合。电枢由于惯性继续朝原来的方向旋转，切割磁场，产生感应电动势 E_a，方向与电动状态时相同，不同的是电枢电流 I_a 变为由 E_a 产生，与原来方向相反，电磁转矩 $T=C_e\Phi I_a$ 随之反向，T 与 n 反向，进入制动状态。制动过程中，电动机靠系统的动能发电，消耗在电枢回路的电阻上，故称为能耗制动。

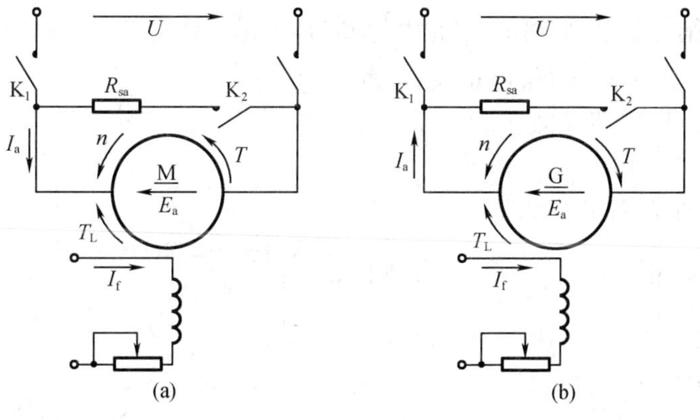

图1－172　能耗制动原理接线图

(a)电动状态；(b)能耗制动状态

2. 能耗制动的机械特性

此时 $U=0$，$R=R_a+R_{sa}$，机械特性方程式

$$n = -\frac{R_a + R_{sa}}{C_e C_T \Phi^2} T$$

可见其机械特性为过零点且位于第二、四象限的直线，如图 1 – 173 所示，其斜率决定于所串制动电阻的大小。

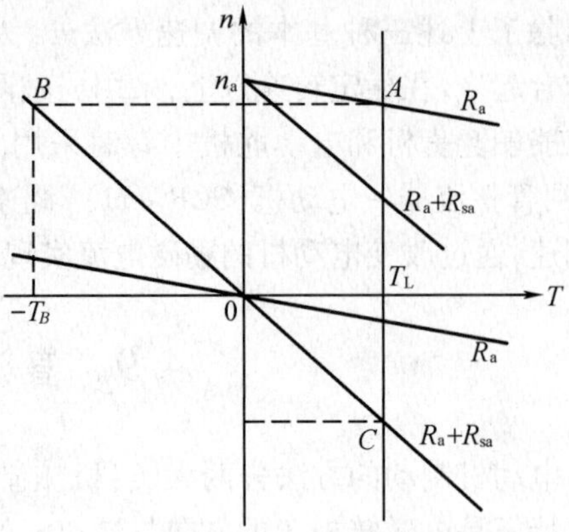

图 1 – 173　能耗制动的机械特性

3. 能耗制动的特点与适用场合

设备简单，操作方便，运行可靠；制动平稳，便于准确停车；低速时制动效果较差。适用于一般生产机械和要求准确停车的场合制动停车，提升装置用于低速匀速下放重物。

二、反接制动

他励直流电动机主磁通方向不变，只有在电枢电流 I 和反电动势 E 方向相反时才产生制动力矩，因此不论是改变电流方向还是改变电动势的方向，使得 I 和 E 的方向一致，都将产生制动力矩。因此，对位能性负载而言，反接制动有两种情况：一种是转速反向的反接制动；另一种是电源反接的反接制动。

1. 电源反接制动

(1) 实现方法

接线如图 1 – 174 所示，使 K_1 断开、K_2 闭合，即电枢电源反接的同时串入一个制动电阻 R_{sa}，由于 U 反向，电流 $I_a = \frac{-U - E_a}{R_a + R_{sa}} = -\frac{U + E_a}{R_a + R_{sa}}$ 反向，T 反向，进入制动状态。

(2) 机械特性

$$n = \frac{-U}{C_e \Phi} - \frac{R_a + R_{sa}}{C_e C_T \Phi^2} T = -n_0 - \frac{R_a + R_{sa}}{C_e C_T \Phi^2} T$$

机械特性在第二象限，如图 1 – 175 中的 BC 段所示。设电动机制动以前工作在电动状态，在固有特性上的 A 点运行，电枢反接，转矩瞬时变为 $-T_B$，沿 BC 迅速减速。

(3) 分析

电源反接制动时，如不串入附加电阻，则制动起始时的电枢电流 $I_a = -\frac{U + E_a}{R_a}$，其值将达额定电流的 20 ~ 40 倍，即直接启动电流的两倍左右，这是绝对不允许的，所以必须串入制动电阻，一般限制最大电流为 $2I_N$。

电源反接制动时，从电源吸收的电能和系统的动能全部消耗在电枢回路中，能量损耗大。

(4) 特点与适用场合

设备简单，操作方便，制动转矩平均值较

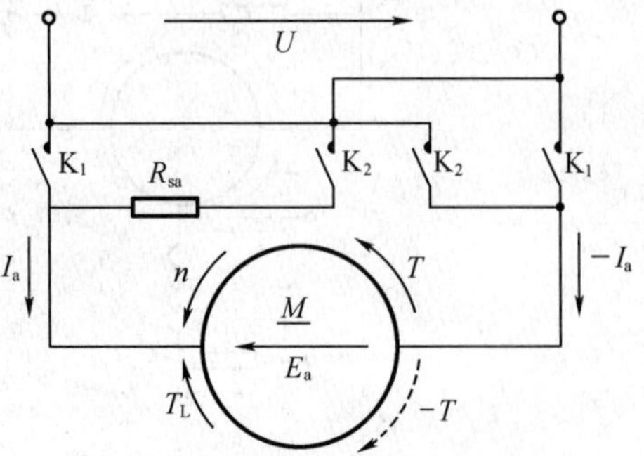

图 1 – 174　电源反接制动原理接线图

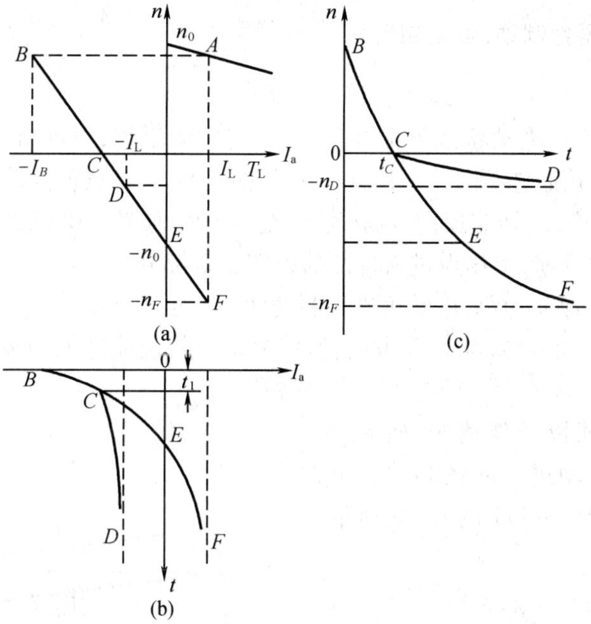

图1－175　电源反接制动的机械特性和过渡过程

(a)机械特性曲线;(b)转速变化曲线 $n=f(t)$;(c)电流变化曲线 $I_a=f(t)$

大,制动强烈。但能量损耗大,适用于要求快速停车的拖动系统,对于要求快速并立即反转的系统更为理想。

2. 转速反向的反接制动

(1)实现方法

他励电动机拖动位能性负载,电枢回路串入较大电阻,使 $n=0$ 时的电磁转矩(启动转矩)小于负载转矩 T_L。

(2)机械特性

$$n=\frac{U}{C_e\Phi}-\frac{R_a+R_{sa}}{C_eC_T\Phi^2}T=n_0-\frac{R_a+R_{sa}}{C_eC_T\Phi^2}T$$

机械特性为电枢回路串较大电阻时人为特性在第四象限的部分,也就是正向电动运行时机械特性向第四象限的延伸,如图1－176所示。

(3)分析

反接制动时,$I_a(R_a+R_{sa})=U-(-E_a)=U+E_a$,两边同乘以 I_a,则得

$$I_a^2(R_a+R_{sa})=UI_a+E_aI_a$$

式中 UI_a 为电网输入电动率,E_aI_a 为由负载的位能自轴上输入转换而来的电磁功率,均消耗在电枢回路的电阻上,能量损耗大。

(4)特点与适用场合

设备简单,操作方便,电枢回路串接电阻较大,机

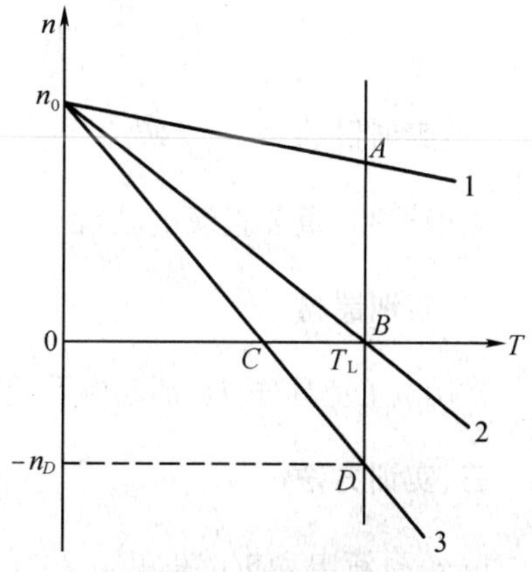

图1－176　转速反向反接制动的机械特性

械特性较软,转速稳定性差,能量损耗大,适用于低速匀速下放重物。

三、回馈制动(再生制动、发电制动)

1. 实现方法

他励直流电动机在电动状态下提升重物时,将电源反接,电动机进入电枢反接制动状态,转速 n 沿特性 BC 段(参看图 1-175(a))迅速下降,至 C 点转速降到零时,如不断开电源,电动机必将反向启动,转速反向升高,至 E 点,$T=0$,但 $T_L\neq 0$,系统在 T_L 的作用下沿特性的 EF 段继续反向升速,工作点进入特性的第四象限部分,这时 $|-n|>|-n_0|$,$E_a>U$,电流 I_a 及 T 均变为正,而 n 为负,电动机进入制动状态。至 F 点,$T=T_L$,匀速下放重物。由于 $E_a>U$,电流 I_a 与 E_a 同方向,与 U 反方向,所以电动机将位能转换为电能回馈电网,故称回馈制动。

他励直流电动机降压调速时,使 n_0 突然降到小于 n,会自动进入回馈制动状态,加快减速过程。如图 1-177 的 BC 段所示。

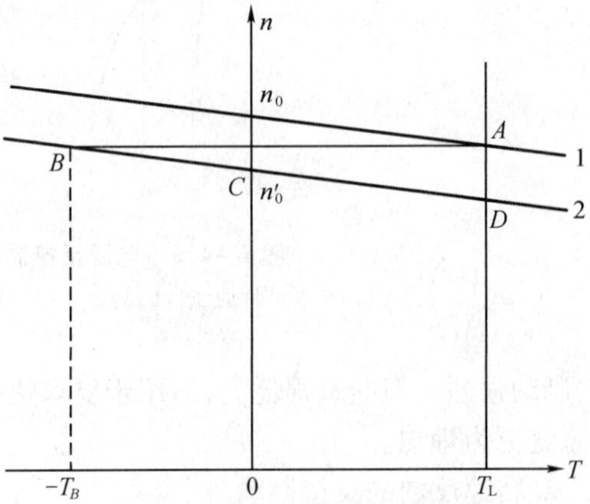

图 1-177 降压调速时出现的回馈制动

2. 机械特性

由上所述,可能在第四象限,也可能在第二象限。

3. 分析

回馈制动过程中,有功率 UI_a 回馈电网,能量损耗最少。

4. 特点与使用场合

实现的条件是必须使 $|n|>|n_0|$,故不能用于快速停车,能量损耗最少。适用于高速匀速下放重物和降压、增加磁通调速过程中自动加快减速过程。

【相关训练】

实训一 直流电动机的拆装

一、实训目的

正确拆卸、组装直流电动机。

二、实训器材

常用电工工具、拉具、活动扳手、手锤、紫铜棒、木锤、仪表、兆欧表一块、直流电动机一台。

三、实训方法

(一)直流电动机的拆卸

1. 拆除电动机外部连接导线,并做好线头对应连接标记。

2. 用利器或用油漆等在端盖与机座止口处做好明显的标记(不能用粉笔做标记)。

3. 如有联轴器的电动机，要做好电动机轴伸端与联轴器上的尺寸标记，再用拉具拉下联轴器。

4. 拆卸。拆卸时应先拆除电动机接线盒内的连接线，然后拆下换向器端盖（后端盖）上通风窗的螺栓，打开通风窗，从刷握中取出电刷，拆下接到刷杆上的连接线；拆下换向器端盖的螺栓、轴承盖螺栓，并取下轴承外盖；拆卸换向器端盖。拆卸时在端盖下方垫上木板等软材料，以免端盖落下时碰裂，用手锤通过铜棒沿端盖四周边缘均匀地敲击；拆下轴伸端端盖（前端盖）的螺栓，把连同端盖的电枢从定子内小心地抽出来，注意不要碰伤电枢绕组、换向器及磁极绕组。并用厚纸或布将换向器包好，用绳子扎紧；拆下前端盖上的轴承盖螺栓，并取下轴零外盖；将连同前端盖在内的电枢放在木架上或木板上，并用纸或布包好。轴承一般只在损坏需要更换时方可取出，如无特殊原因，不必拆卸。

5. 清除电动机内部的灰尘和杂物，如轴承润滑油已脏，则需更换润滑油脂。

6. 测量电动机各绕组的对地绝缘电阻。

7. 重新装配好电动机。

8. 按所做标记校正电刷的位置。

（二）注意事项

1. 拆下刷架前，要做好标记。

2. 抽出电枢时要仔细，不要碰伤换向器及各绕组。

3. 抽出的电枢必须放在木架或木板上，并用布或纸包好。

4. 装配时，拧紧端盖螺丝，必须四周用力均匀，按对角线上下左右拧紧，不能先将一个螺丝拧紧后再去拧另一个螺丝。

（三）实训记录表

步骤	内容	工艺要点
1	实训前的准备工作	电工工具： 电工仪表： 其他工具： 电动机铭牌：
2	拆卸小型 直流电动机	1. 拆卸顺序： 2. 拆卸方法： 3. 零部件放置与记录：

步骤	内容	工艺要点
3	装配小型 直流电动机	1. 装配步骤： 2. 装配方法： 3. 接线：
4	装配后的试验检查	1. 绝缘电阻测试 2. 直流电机通电试验

实训指导教师________ ____年____月____日

实训二　直流电动机的接线及电刷中性位置的确定

一、实训目的

掌握直流复励电动机的接线方法；掌握直流电动机电刷中性位置的判断方法。

二、实训器材

直流复励电动机一台，直流稳压电源一台，万用表一块，常用电工工具一套。

三、实训内容和步骤

（一）直流电动机的接线

1. 直流电动机出线端的辨认

用万用表的欧姆挡（$R\times1$，$R\times10$）去测量电动机的出线端，则：并励绕组阻值最大；串励绕组很小，而且转子转动时阻值不变化；电枢绕组加换向绕组阻值很小，而且转子转动时阻值变化。

2. 复励电动机的接线

先接成并励电动机，启动电动机看旋转方向是否正确，如果旋转方向与实际所需的方向相反，则将电枢绕组两端接线对调。

再接上串励绕组，启动电动机，加上部分负载，如果转速上升则说明接成了差复励，如果转速平稳或降低则说明接成了积复励。

（二）直流电动机电刷位置的确定

直流电动机在出厂前或在检修之后均须进行性能测试，其测试项目之一便是确定电刷几何中性线位置。因为电刷一旦偏离中性线，电刷下火花就比较严重，可能导致电枢绕组和励磁绕组发热，甚至造成整流不正常，故直流电动机的电刷必须与磁感应强度为零的线圈连接，即必须在几何中性线上。

直流电动机检修后在组装时可按做好的标记确定。如果标记不准确或未做标记时，可用试验方法调整，使电刷准确地放在几何中性线上。常用方法如下：

（1）感应法

按图1－178接线。转子静止，并激绕组 F_1F_2 经开关S接1.5 V或3 V直流电源，电枢绕组 A_1A_2 两端接毫伏表或微安表。当不断地开合开关S时（不可一直接通），观察毫伏表的指针，若不断地摆动，则说明电刷不在几何中性线上，这时转动刷架直到毫伏表指针摆动最小，电刷就在几何中性线上了，然后紧固刷架座圈螺钉。

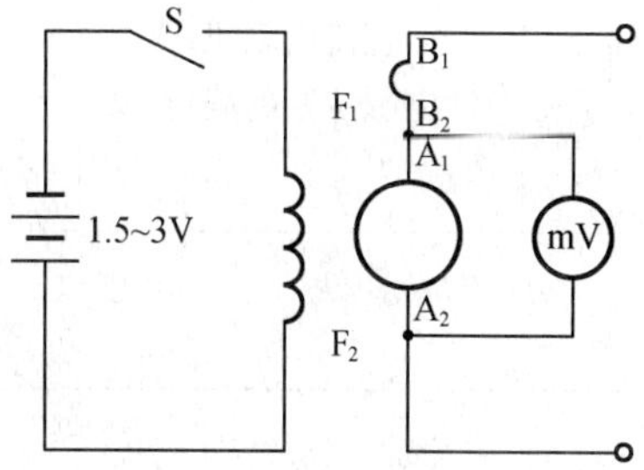

图1－178　感应法确定电刷中性线位置接线图

（2）正反转法

试验时用他激方式。在外加电压、激磁电流、负载都保持不变时，使电动机正转及反转。若正、反转的转速不相等则表明电刷未在几何中性线上。这时转动刷架，直到正反转转速相等为止，电刷就在几何中性线上了，然后紧固刷架座圈。

（3）动静法

在电枢绕组和换向极绕组通以适当电流不接励磁绕组，如果电枢不动，则表明电刷位置正确，否则电刷位置就不在中性线上，须移动电刷架，直至电枢不动为止。

（4）火花观察法

如果电动机没有其他故障，可通过观察火花情况来判断电刷位置是否正确。电刷处于中性线位置上，电刷下应无火花或火花最小，否则应调整电刷位置，使电刷下无火花或火花最小。

（三）实训记录表

步骤	内容	工艺要点
1	实训前的准备工作	电工工具： 电工仪表： 其他工具： 电动机铭牌：
2	直流电动机出线端的辨认	1. 辨认方法： 2. 出线端记录：

步骤	内容	工艺要点
3	复励电动机的接线	
4	直流电动机 电刷位置的确定	1. 电刷位置的确定方法 2. 电刷位置的确定工艺

实训指导教师________ ___年___月___日

实训三　直流电动机的故障排除

一、实训目的

掌握排除中小型直流电动机常见故障的技能。

二、实训器材

常用电工工具一套，万用表、钳形电流表、兆欧表各一块。

三、实训内容与方法

在运行中，直流电动机的故障多种多样，产生故障的原因较为复杂，并且互相影响。当直流电动机发生故障时，首先要对电动机的电源、线路、辅助设备（如磁场变阻器、开关等）和电动机所带负载进行仔细的检查，看它们是否正常，然后再从电动机机械方面加以检查，如检查电刷架是否有松动、电刷接触是否良好、轴承转动是否灵活等。就直流电动机的内部故障来说，多数故障会从换向火花增大和运行性能异常反映出来，所以要分析故障产生的原因，就必须仔细观察换向火花的显现情况和运行时出现的其他异常情况，通过认真地分析，根据直流电动机内部的基本结构和积累的经验作出判断，找出原因。

直流电动机的常见故障主要有以下几种。

（一）运行时的换向故障

直流电动机的换向情况可以反映出电动机运行是否正常。良好的换向，可使电动机安全可靠地运行和延长它的寿命。一般直流电动机的内部故障，多数会引起换向出现有害的火花或火花增大，严重时灼伤换向器表面，甚至妨碍直流电动机的正常运行。以下就机械和电气两方面原因做一概要分析，并介绍一些基本维护方法。

1. 机械原因

直流电动机的电刷和换向器的连接属于滑动接触。因此,保持良好的滑动接触,才可能有良好的换向,但腐蚀性气体、大气压力、相对湿度、电动机振动、电刷和换向器装配质量等因素都对电刷和换向器的滑动接触情况有影响,因此当电动机振动或由于电刷和换向器本身的原因使电刷和换向器的滑动接触不良时,就会在电刷和换向器之间产生有害的火花或使火花增大。

(1)电动机振动　电动机振动对换向的影响是由电枢振动的振幅和频率高低所决定的。当电枢向某一方向振动时,就把电刷往径向推出,由于电刷具有惯性以及与刷盒边缘的摩擦,不能随电枢振动保持和换向器的正常接触,于是电刷就在换向器表面跳动。随着电动机转速的增高,振动愈大,电刷在换向器表面跳动越大。电动机的振动大多是由于电枢两端的平衡块脱落或位置移动造成电枢的不平衡,或是在电枢绕组修理后未进行平衡引起的。一般说来,对低速运行的电动机,电枢应进行静平衡;对高速运行的电动机,电枢必须进行动平衡,所加平衡块必须可靠地固定在电枢上。

(2)换向器　换向器是直流电动机的关键部件,要求表面光洁圆整,没有局部变形。在换向良好的情况下,长期运转的换向器表面与电刷接触的部分将形成一层坚硬的褐色薄膜。这层薄膜有利于换向并能减少换向器的磨损。当换向器装配质量不良造成变形或片间云母突出,以及受到碰撞,使个别片凸出或凹下、表面有撞击疤痕或毛刺时,电刷就不能在换向器上平稳滑动,使火花增大。换向器表面沾有油腻污物也会使电刷接触不良,而产生火花。换向器表面如有污物,应用沾有酒精的抹布擦净。换向器表面出现不规则情况时,可在电动机旋转的情况下,用与换向器表面吻合的曲面木块垫上细玻璃砂纸来磨换向器。若仍不能满足换向要求(仍有较大火花),则必须车削换向器外圆,当换向器片间云母突出,应将云母片下刻,过深的下刻易在片间堆积炭粉,造成片间短路。下刻片间云母之后,应研磨换向器外圆,方能使换向器表面光滑。

(3)电刷　为保证电刷和换向器良好的滑动接触,电刷的压力应保持均匀,电刷间弹簧压力相差太大,会造成个别电刷过热和磨损太快。当电刷弹簧压力不合适、电刷材料不符合要求、电刷型号不一致、电刷与刷盒间配合太紧或太松、刷盒边离换向器表面距离太大时,就易使电刷和换向器滑动接触不良,产生有害的火花。同一台电动机必须使用同一型号的电刷,因为不同型号的电刷性能不同,通过的电流相差较大,这对换向是不利的。新更换的电刷需要用较细的玻璃砂纸研磨。经过研磨的电刷,空转半小时后,在负载下工作一段时间,使电刷和换向器进一步磨合。在换向器表面初步形成氧化膜后,才能投入正常运行。由机械引起的电气原因:直流电动机的电刷通过换向器与几何中线上的导体接触,使电枢元件在被电刷短路的瞬间不切割主磁场的磁通。

2. 电气原因

电枢绕组的故障与电动机换向情况具有密切的联系,以下就一般中小型电动机常见的几种主要故障作个概述。

(1)电枢元件断线或焊接不良　直流电动机的电枢绕组是一种闭合绕组,如电枢绕组的个别元件产生断线或与换向器焊接不良,则当该元件转动到电刷下,电流就通过电刷接通,而离开电刷时电流亦通过电刷断开,因而在电刷接触和离开的瞬时呈现较大的点状火花,这会使断路元件二侧的换向片灼黑,根据灼黑的换向片可找出断线元件的位置。若用电压表检查换向器片间电压,断线元件或与换向器焊接不良的元件二侧的换向片片间电压特别高。

由于电枢绕组的形式不同,表现在换向片灼黑的位置上亦有差别。如绕组是连续叠绕的电枢绕组,被灼黑的二换向器片间的元件在换向器上的跨距接近于一对极距,并串联了与电动机极对数相同数量的元件后,再回到相邻的换向片上,所以当有一个元件断线焊接不良时,灼黑的换向片数等于电动机的极对数。

(2)电枢绕组短路　电枢绕组有短路现象时,电机的空载和负载电流增大。短路元件中产生较大的交变环流,使电枢局部发热,甚至烧毁绕组。在电枢绕组个别地方有短路时,一方面破坏了电枢绕组并联支路间的电路平衡,同时短路元件中的交变环流产生的影响使换向产生有害的火花或火花增大。电枢绕组有一点以上接“地”,就通过“地”形成短路,用电压表检查时,连接短路元件的二换向片片间电压为“0”或很小。电枢绕组短路可能由下列情况引起:换向器片间短路、换向器之间短路、电枢元件匝间短路或上下层间短路等。短路元件的位置可用短路侦察器寻找。

(3)定子绕组故障　定子绕组中的换向极和补偿绕组是用来改善电动机换向的,所以和电动机换向的情况有密切的关系,这些故障如下:

①换向极或补偿绕组极性接反　换向极或补偿绕组能克服或补偿电枢反应造成的主磁场波形的畸变,保持电动机的物理中心线不因负载变化而产生移动。同时在换向元件中产生足够的换向电动势去抵消电抗电动势。当换向极或补偿绕组极性接反时,则加剧了电枢反应造成的主磁场波形畸变,使换向元件中阻碍换向的电动势加大,使换向火花急剧增大,换向片明显灼黑。

②换向极或补偿绕组短路　个别换向极或补偿绕组由于匝间或引线之间相碰而短路时,同样会使火花增大。一般可检查各极的绕组电阻,正常情况下各极绕组电阻间的差别一般不超过5%。

③换向极绕组不合适　换向极除抵消电枢反应外,能使电枢元件在换向过程中产生一个换向电动势,大小和电抗电动势相等,方向相反。两者若能互相抵消,电枢绕组元件在换向过程中不产生附加电流。在电动机修理后,若换向情况再三调整还不能满足要求,从电动机内部也找不出故障原因,这就可能是由换向极磁场不合适引起的。

(4)电源的影响　近年来晶闸管整流装置发展非常迅速,逐步取代了直流发电机组,它具有维护简单、效率高、质量轻等优点。使用中改进了直流电动机的调节性能,但这种电源带来了谐波电流和快速暂态变化,对直流电动机有一定的危害,这种危害随晶闸管整流装置的型式及使用方法的不同而变化很大。

电源中的交流分量不仅对直流电动机的换向有影响,而且增加了电动机的噪声、振动、损耗、发热。为改善这种情况,一般采用串接平波电抗器的方法来减少交流分量。若用单相整流电源供电而不外加平波电抗器时,直流电动机的使用功率仅可达到额定功率的50%左右。一般外加平波电抗器的电感值为直流电动机电枢回路电感的2倍左右。

(二)换向器片间短路和换向器接地

(1)换向器片间短路　故障现象表现为两换向片间电阻为零。短路的线圈中会产生较大的短路电流,使绕组发热,换向火花变大。可用毫伏表测量片间电压,查出短路点,方法与检查电枢绕组短路相同。若由于换向器表面积垢或落上金属碎屑产生片间短路,一般只须清除污垢和碎金属屑即可排除故障。若短路点不在换向器表面,须拆开换向器检查。

(2)换向器接地　当用兆欧表检查出有电枢接地现象时,可用毫伏表测量片间电压,找出接地点。拆开绕组与换向片的焊点,分别检查绕组和换向器。确认是换向器接地时,要先检查接地片是否是由于污物或烧灼而接地。如是这样,可用刮刀清除污物,用汽油清洗干净。若在内部接地时,须拆开换向器检查。

(三)转速故障

一般小型直流电机在额定电压和额定负载时,即使励磁回路中不串电阻,转速也可保持在额定转速的允许范围内。中型直流电机必须接入磁场变阻器,才能保持额定励磁电流,而达到额定转速。

(1)转速偏高　在电源电压正常情况下,转速与主磁通成反比。当励磁绕组中发生短路现象,或个别磁极极性装反时,主磁通量减少,转速就上升。励磁电路中有断线,便没有电流通过,磁极只有剩磁。这时,对串励电动机来说,励磁线圈断线即电枢开路,与电源脱开,电动机就停止运行;对并励或他励电动机,则转速剧升,有飞车的危险,如所带负载很重,那么电动机速度也不致升高,这时电流剧增,使开关的保护装置动作后跳闸。

(2)转速偏低　电枢电路中连接点接触不良,使电枢电路的电阻压降增大时电机转速就偏低。所以转速偏低时,要检查电枢电路各连接点(包括电刷)的接头焊接是否良好,接触是否可靠。

(3)转速不稳　直流电动机在运行中当负载逐步增大时,电枢反应的去磁作用亦随之逐步增大。尤其直流电动机在弱磁提高转速运行时,电枢反应的去磁作用所占的比例就较大,在电刷偏离中性线或串励绕组接反时,则去磁作用更强,使主磁通更为减少,电动机的转速上升,同时电流随转速上升而增大,而电流增大又使电枢反应去磁作用增大,这样恶性循环使电动机的转速和电流发生急剧变化,电动机不能正常稳定运行。如不及时制止,电动机和所接仪表均有损坏的危险。在这种情况下,首先应检查串励绕组极性是否准确,减小励磁电阻并增大励磁回路电流。若电刷没有放在中性线上则应加以调整。

(四)电流异常

直流电动机运行时,应注意电动机所带负载不要超过铭牌规定的额定电流。但在故障的情况下(如机械上有摩擦、轴承太紧、电枢回路中引线相碰或有短路现象、电枢电压太低等),会使电枢电流增大。电动机在过电流下长时间运行,就易烧毁电动机绕组。

(五)局部过热

凡电枢绕组中有短路现象时,均会产生局部过热。在小型电动机中,有时电枢绕组匝间短路所产生的有害火花并不显著,但局部发热较严重。导体各连接点接触不良亦会引起局部过热;换向器上的火花太大,会使换向器过热;电刷接触不良会使电刷过热。当绕组部分长时间局部过热时,会烧毁绕组。在运行中,若发现有绝缘烤糊味或局部过热情况,应及时停机检查修理。

任务5　控制电机

【学习目标】

掌握几种船舶常用控制电机的基本工作原理。

【任务分析】

控制电机是现代控制系统中应用非常广泛的重要执行部件,例如船舶柴油机转速的控制和测量,交流电动传令钟指令的传递和接收,雷达的自动定位,船舶舵机的操控,锅炉温度的自动调节以及各种控制装置的自动记录等。因此在船舶实际工作中,掌握控制电机的基本原理和使用方法具有重要意义。

控制电机的类型很多,这里仅介绍船舶常用的几种:伺服电动机、测速发电机、自整角机及步进电机。按照它们在控制系统中的作用,可分为执行元件和测量元件。

控制电机与前面学过的电机没有本质的区别,也有交直流的区别,也是由定子和转子两大部分组成。普通电机是进行能量转换的装置,其主要问题是解决如何提高能量转换的效率;而控制电机的主要任务是完成控制信号的传递和转换,主要性能要求是动作迅速、准确、精度高、响应快、稳定可靠、体积小、质量轻等。

【相关知识】

5.1 伺服电动机

伺服电动机是自动控制系统中的执行元件,其任务是将接收到的控制电信号转变为电机转轴上的角位移或角速度,又称执行电动机。信号强时转速高,信号弱时转速低,没信号时停转,这就是伺服电动机的伺服性。

按电流种类分,伺服电动机分为交流和直流两种。在船舶上一般用于调整柴油机油门开度的大小,从而改变柴油机的转速。

1. 交流伺服电动机

图 1－179 是一种交流伺服电动机的外观图。

交流伺服电动机是一种两相异步电动机,其定子铁芯线槽中嵌放着两套空间位置相差 90°电角度的绕组,如图 1－180 所示。

图 1－179 交流伺服电动机

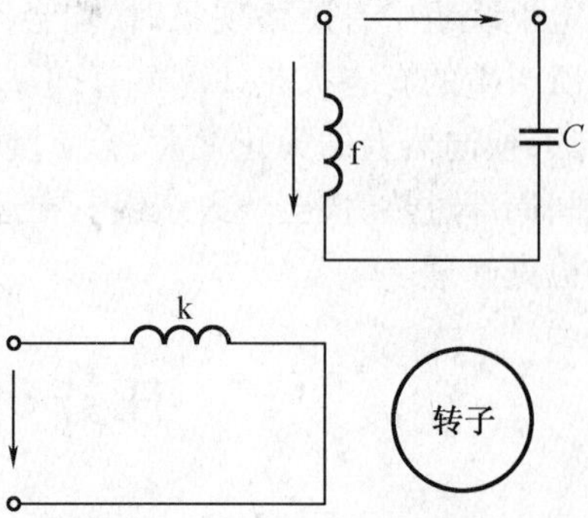

图 1－180 交流伺服电动机原理图

绕组 f 接恒压交流电源,称为励磁绕组;绕组 k 接控制电压信号,用以控制电机转速,称为控制绕组,控制信号通常由放大器放大后输出给控制绕组。转子的类型有两种,一种是笼型，与普通笼型转子相似，只是为了减小转动惯量而做得细长一些；另一种是空心杯形转子，为了减小转动惯量，杯形转子通常做成空心薄壁圆筒状。

图1－180中的励磁绕组f与电容C串联，与单相异步电动机相似，电容C起分相作用。适当选择电容值，可使励磁电压U_f相位超前电源电压U，而控制电压U_k与电源电压U的频率和相位相同。这样，控制电压与励磁电压之间存在相位差，相应地，控制电流与励磁电流之间也存在相位差。于是，在时间上有相位差的控制电流和励磁电流，分别流经在空间上有相位差的控制绕组和励磁绕组，便会建立一个旋转磁场，使转子产生电磁转矩并旋转。

从伺服的角度讲，控制电压为零时，转子应该停转，但若不采取措施，此时的伺服电动机同单相异步电动机一样，会在单相励磁电流产生的脉振磁场作用下继续旋转。为避免这种自转现象，通常要增大转子回路的电阻，使控制电压消失后的电磁转矩变成制动转矩，以致转子停转，故交流伺服电动机都具有很大的转子电阻。

2. 直流伺服电动机

直流伺服电动机就是小型的他励直流电动机，原理和结构与普通直流电动机一样。图1－181是一种直流伺服电动机的外观图。

图1－181　直流伺服电动机

不管是交流伺服电动机还是直流伺服电动机，控制电压通常加到电枢绕组上，励磁绕组的电压恒定不变。当控制电压增大或减小时，电动机转速随之升高或降低；改变控制电压的极性，电动机就反转；控制电压消失，电动机就停转。控制电压也可加到励磁绕组上，通过磁场大小和方向的变化来控制电动机的转速和转向。

5.2　测速发电机

测速发电机是自动控制系统中的测量元件，其任务是将机械转速信号转换为与转速成正比的电压信号，在自动控制系统中有着广泛的应用。

按电流种类，测速发电机也分为交流和直流两种。在船舶上一般用于测量主机转速的大小。

1. 交流测速发电机

与交流伺服电动机的结构相似，交流测速发电机也有定子和转子。定子铁芯上嵌放着空间位置相差90°电角度的两个绕组，其中一个为励磁绕组，外接恒定的交流电压；另一个为输出绕组，转子旋转时，输出绕组两端可产生与转速成正比的输出电压。输出电压信号完全反映了转速信号的大小和转向。转子多采用空心杯形转子，由高电阻率的非磁性材料制成，如硅锰青铜，杯形转子可看成是一个由无数根并联导条组成的笼型转子。

2. 直流测速发电机

直流测速发电机是一种微型他励直流发电机。直流发电机的结构与直流电动机相同，包括定子和电枢两大部分。电枢在外力拖动下旋转时，电枢绕组中的导体切割定子产生的主极磁场，电枢绕组中产生方向交变的感应电动势，通过换向器与电刷的滑动接触，电枢绕组中方向交变的电动势转变为电刷之间方向不变的直流电动势。

直流测速发电机工作时，主极磁场保持恒定，被测机械拖动电枢以转速n旋转，电枢绕

组中产生与 n 成正比的感应电动势,通过电刷向外输出与转速成正比的电压 U,转速信号转变为电压信号。

直流测速发电机的技术数据中列有"最小负载和最高转速"限制一项,主要目的是保证输出电压与转速之间保持线性关系。

5.3 自整角机

自整角机是测量机械转角的控制电机,用于同步连接系统中,它利用电的连接,可使两个在机械上不相连接的转轴作同步偏转。

在实际应用中,自整角机总是成对使用,一个是发送机,另一个是接收机。

根据两台自整角机的转子绕组,即励磁绕组的连接与否,输出的形式也有所不同。

如果两台自整角机的励磁绕组连接在一起,加上同样的励磁电压,那么当两台自整角机的转角存在差值时,输出是力矩的形式。该力矩会使两台自整角机转动,直到两台自整角机转角的差值为0时,该力矩也降为0,自整角机转动停止。可以看到,这种连接方式下自整角机的工作特点是转角存在差值时,能自动对齐转角。这也是自整角机名称的由来。

在这种连接方式中,把主动引起转角差值的一台自整角机称为力矩式发送机,引起转角差值的因素是外界力量,也就是被测的转角量。把被动对齐转角的一台自整角机称为力矩式接收机。力矩式接收机上如果接一个指针,就可以实时得知被测的转角的大小。力矩式自整角的功能是传递角度。在船舶上一般用于车钟和舵角指示器。由于控制电机本身的体积和功率都较小,因而输出的力矩也较小,在需要带动大负载的时候就必须采取改进措施。

如果两台自整角机的励磁绕组没有连接在一起,一台自整角机的励磁绕组加上励磁电压,另一台自整角机的励磁绕组悬空,那么当两台自整角机的转角存在差值时,输出是电压信号的形式,电压信号从另一台自整角机的励磁绕组输出。该电压信号与转角的差值存在一定的函数关系。可以看到,这种连接方式下自整角机的工作特点是转角存在差值时,能输出与转角差值对应的电压信号。

在这种连接方式中,把主动引起转角差值的一台自整角机称为控制式发送机,把被动对齐转角的一台自整角机称为控制式接收机。因此这种自整角机又称为控制式自整角机。

在自动操舵控制系统中,常采用控制式自整角机,它将舵叶的偏转角转化成电压输出,用于作为控制信号或反馈信号。

力矩式自整角机和控制式自整角机的结构基本相同,包括定子和转子两大部分。定子铁芯上嵌放单相励磁绕组,作为磁极,产生交变磁场;转子铁芯上嵌放三相绕组,称为整步绕组。

力矩式自整角机的原理接线图如图 1-182 所示。发送机和接收机的三相整步绕组按序号规定相互连接。两机的励磁绕组接同一单相交流电源,从而在两机中各建立一个一对磁极的脉动磁场,并分别在各自的三相整步绕组中产生感应电动势。三相各绕组中感应电动势的大小与其同励磁绕组轴线之间的位置有关。当发送机和接收机转子位置对应一致时,在各自对应的三相绕组中所产生的感应电动势大小相等、方向相反,绕组中没有电流。当发送机转子转过一个角度后,两机中各自对应绕组中的电动势不再相等,将产生电流。此电流与接收机的励磁磁场相互作用,使其转子中产生电磁转矩,驱动接收机转子顺着发送机转子偏转的方向转动，直到两个转子的位置一致。此时对应绕组中的感应电动势大小相等、方向相反，没有电流，接收机转子中的电磁转矩消失，转子停止转动。如果外加力矩始终作用于发送机转子上，使其转子连续不断地旋转，则接收机转子也就以相同转速不断旋转。如果发送机反向旋转，则接收机也反转，从而实现不同转轴之间角位移或角速度的同步传送。

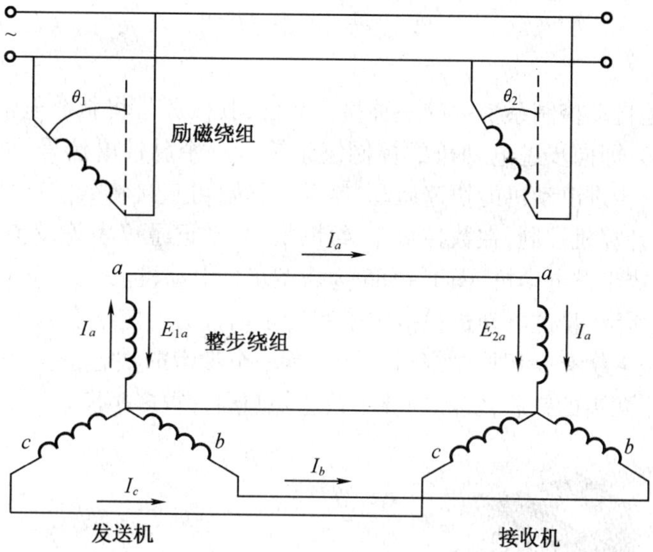

图1－182　力矩式自整角机原理图

控制式自整角机的原理接线图如图1－183所示。它与力矩式自整角机的区别在于其接收机的单相绕组并不是作为励磁绕组接单相交流电源，而是作为输出绕组对外输出电压。当发送机的单相励磁绕组接单相交流电源时，在发送机中建立脉动磁场，从而使其三

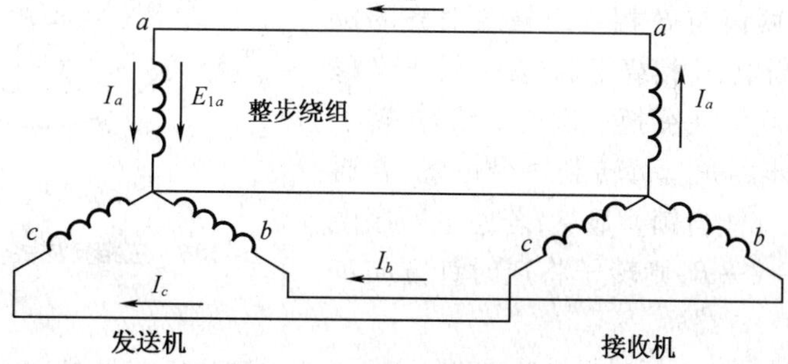

图1－183　控制式自整角机原理图

相整步绕组中产生感应电动势。这一感应电动势使相互连接的两机整步绕组中产生电流，这一电流又使接收机中产生磁场而使其输出绕组中产生感应电动势，对外输出电压。输出绕组中产生的感应电动势是一个随两个转轴偏差角变化而变化的正弦交流电，这样当偏差角的方向发生变化，输出电压相位变化 180°，再经相敏整流后得到一个既能反映偏差角大小，又能反映偏差角偏转方向的直流输出电压。

5.4 步进电动机

步进电动机是自动控制系统中的一种执行元件，其任务是将脉冲电信号转换为相应的角位移或直线位移，即向步进电动机的控制绕组输入一个脉冲电信号，电动机就转动一个角度或前进一步。步进电动机能快速启动、制动、反转，可直接将数字脉冲信号转换为角位移，故很适合微型计算机控制，在数控机床、绘图机、自动记录仪表等设备中有广泛的应用。图 1－184 为混合式步进电动机，图 1－185 为微型步进电动机。

如图 1－186 所示，步进电动机包括定子和转子两部分。定子有六个均匀分布的磁极，每两个相对的磁极上绕有一相控制绕组。转子是一个带齿的铁芯，转子没有绕组。图中的转子可看作是一个两齿的铁芯，实际的转子铁芯外圆周有很多小齿。

图 1－184 混合式步进电动机

图 1－185 微型步进电动机

当只有 A 相控制绕组通电时，A 相磁极产生电磁吸力，使转子转到两齿与 A 相绕组轴线对齐的位置。如果通电状态不变，转子的位置也不会变，转子在此位置上有自锁能力。当 A 相绕组断电，B 相绕组通电时，B 相磁极产生电磁吸力，将距离它们最近的转子齿吸引过去。于是转子沿顺时针方向转过 60°，转到两齿与 B 相绕组轴线对齐的位置。当 B 相绕组断电，C 相绕组通电时，转子又将顺时针方向转过 60°。每变换一次通电状态，转子转过的角度称为步距角。每转到一个位置，若通电状态不变，转子都能自锁。显然，若通电顺序由 A—B—C 变成 A—C—B，则转子将逆时针方向步进转动。

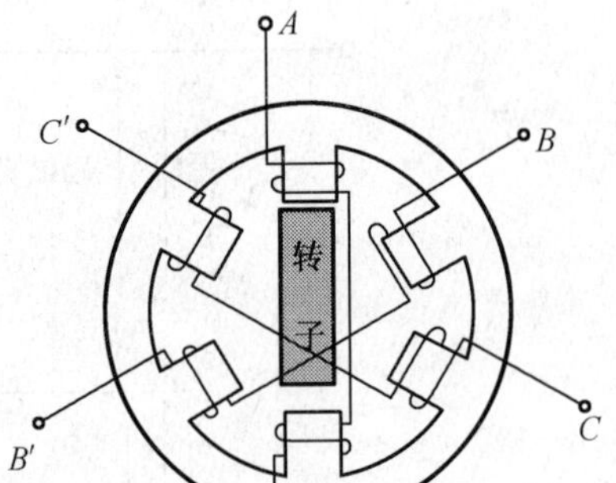

图 1－186 三相反应式步进电动机原理图

控制绕组的通电状态每切换一次叫作一拍，上述三相依次通电的方式称为三相单三拍运行。若 A，B 两相绕组同时通电，则转子将转到 A，B 两相中间的位置上，此位置处 A，B 两相磁极对转子齿的吸引力相平衡。这种按 *AB*—*BC*—*CA* 顺序通电的方式称为三相双三拍运行,“单”和“双”的区别在于每一拍是一相绕组通电还是两相绕组通电。单三拍和双三拍方式的步距角都是 60°。若将两种运行方式组合起来,即按 *A*—*AB*—*B*—*BC*—*C*—*CA* 的顺序依次通电,则步距角就变成 30°,这种方式称为三相六拍运行。

三相双三拍运行和三相六拍运行在通电切换过程中始终保持有一相持续通电,力图使转子保持原位,因而起到一定的阻尼作用,转子运行较平稳。单三拍运行则没有这种作用,切换瞬间,转子失去自锁能力,平稳性较差。

项目2 电动机控制电路的认识与安装

项目描述：

电动机的启动、调速、反转和制动都是依赖于控制箱来实现的。继电 - 接触器式控制是电力拖动系统中最基本、最简单的控制方法，主要是由各种有触点的继电器、接触器、按钮、行程开关等组成的控制电路完成对电力拖动系统中电动机各种状态的控制，实现对电力拖动系统的保护及生产自动化。继电 - 接触器式控制系统尽管存在着动作次数受限制、触头易受电弧损伤、维护保养量大等缺点，但是由于结构简单、成本低、调整维护方便等优点，在船舶电力拖动系统的控制中仍然广泛使用。

通过本项目的学习，应达到以下要求：

一、知识要求

1. 熟悉船舶常用低压电器的维护方法。
2. 掌握认识电器系统图的方法。
3. 掌握电动机的基本控制电路。
4. 熟悉船舶电力拖动的典型控制线路。

二、能力要求

1. 掌握接触器的维护方法。
2. 掌握继电器参数的调整方法。
3. 掌握电动机连续运转控制电路的安装方法。
4. 熟悉 Y - △降压启动控制线路的安装方法。
5. 熟悉电动机的双速调速控制线路的安装方法。

任务1 常用低压电器的维护

【学习目标】

1. 掌握开关、低压空气断路器、行程开关、熔断器、控制按钮、接触器、继电器和主令控制器等常用低压电器的结构、原理和作用。

2. 掌握接触器的维护和继电器参数的整定方法。

【任务分析】

所谓低压电器指工作在交流 1 200 V、直流 1 500 V 额定电压以下的电路中，能根据外界信号（电量或非电量信号），自动或手动接通和断开电路的电器。电器是构成控制系统的最基本元件，它的性能将直接影响控制系统能否正常工作。电器能够依据操作信号或外界现场信号的要求,自动或手动改变系统的状态、参数,实现对电路或被控对象的控制、保护、测量、指示及调整。它的工作过程是将一些电量信号或非电量信号转变为非通即断的开关信号或随信号变化的模拟量信号,实现对被控对象的控制。电器的主要作用如下:

(1)控制作用　如机舱或货舱通风机的正、反转控制,起货机、锚机等甲板机械的转速控制等。

(2)保护作用　能根据设备的工作特点,对设备、环境以及人身安全实行自动保护,如电动机的过载保护、短路保护、断相保护、过电流保护、失磁保护等。

(3)测量作用　利用仪表及与之相适应的电器,对设备、电网或其他非电量参数进行测量,如电流、电压、功率、转速、温度、压力等。

(4)调整作用　低压电器可对一些电量和非电量进行调整,以满足用户的要求,如电动机速度的调节、柴油机油门的调整、空调和冷库温度调节等。

(5)指示作用　利用电器的控制、保护等功能,显示检测出的设备运行状况与电气电路工作情况。

(6)转换作用　在用电设备之间转换或对低压电器、控制电路分时投入运行,以实现功能切换,如被控装置操作的手动与自动的转换,机旁控制与遥控功能的转换,船舶主电源与应急电源之间的自动切换。

低压电器的用途广泛,功能多样,种类繁多,工作原理也不相同。低压电器可按用途或工作电压等方法来分类。按用途可分为以下几类:

(1)配电电器　配电电器主要用于供、配电系统中,进行电能输送和分配。对这类电器的主要技术要求是分断能力强、限流效果好、热稳定性能好。这类电器主要有刀开关、自动开关、隔离开关、转换开关以及熔断器等。

(2)控制电器　控制电器主要用于各种控制电路和控制系统。对这类电器的主要技术要求是有一定的通断能力,操作频率要高,电气和机械寿命要长。如接触器、继电器、转换开关、电磁阀等。

(3)主令电器　主令电器主要用于发送控制指令。对这类电器的主要技术要求是操作频率要高,抗冲击,机械寿命要长。如按钮、主令开关、行程开关和万能转换开关等。

(4)保护电器　保护电器主要用于对电路和电气设备进行安全保护。对这类电器的主要技术要求是有一定的通断能力,反应要灵敏,可靠性要高。如熔断器、热继电器、电压继电器和电流继电器等。

(5)执行电器　执行电器主要用于执行某种动作和传动功能。这类低压电器有电磁铁、电磁离合器等。

低压电器还可按操作方式分为手动电器和自动电器;按工作原理分为电磁式电器和非电量控制电器等。电磁式低压电器是采用电磁现象完成信号检测及工作状态转换的,它是低压电器中应用最广泛、结构最典型的一类。

目前大多数船舶采用的都是交流380 V或440 V电压,因此船舶上应用了大量的低压电器。随着电子技术、自动控制技术和计算机技术的飞速发展,自动电器越来越多,不少传统低压电器将被电子线路所取代。但是即使在以计算机为主的控制系统中低压电器也是不可能完全被替代的。本任务主要介绍用于电力拖动及控制系统领域中的常用低压电器。

【相关知识】

1.1 开　关

一、刀开关

刀开关(一般是塑壳式)是低压电器中结构比较简单、应用较广的一类手动电器,主要用于隔离电源,也可用来非频繁地接通和分断容量较小的低压配电电器。

塑壳刀开关由操作手柄、熔丝、触刀、触点座和底座组成,靠触刀与触点座的分合来接通和分断电路。塑壳的作用是防止电弧飞出灼伤操作人员和防止极间电弧造成电源短路。其结构和图形文字符号如图 2-1 所示。

在使用时,进线座接电源端的进线,出线座接负载端导线,拉闸后刀开关与电源隔离,便于更换熔丝。熔丝起短路保护作用。安装刀开关时,合上开关时手柄在上方,不得倒装或平装。倒装时手柄有可能因自重下滑而引起误合闸,造成安全事故。

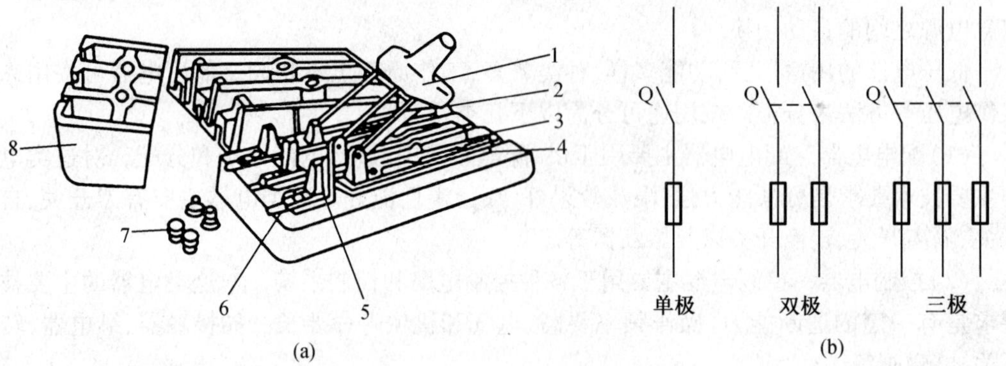

图 2-1　塑壳刀开关的结构图和符号

(a)结构图;(b)符号

1—瓷柄;2—动触头;3—出线座;4—瓷底座;5—静触头;6—进线座;7—胶盖紧固螺钉;8—胶盖

二、封闭式负荷开关

封闭式负荷开关和塑壳刀开关一样是一种手动电器,常用于电气设备中作隔离电源用,有时也用于直接启动小容量的鼠笼型异步电动机。

HH 型封闭式负荷开关俗称铁壳开关,其外形见图 2-2(a)。其主要由钢板外壳、触刀开关、操作机构、熔断器等组成,如图 2-2(b)所示。刀开关带有灭弧装置,能够通断负荷电流,熔断器用于切断短路电流。一般用于小型电力排灌、电热器、电气照明线路的配电设备中,用于不频繁地接通与分断电路,也可以直接用于异步电动机的非频繁全压启动控制。

铁壳开关的操作结构有两个特点:一是采用储能合闸方式,即利用一根弹簧以执行合闸和分闸的功能,使开关的闭合和分断时的速度与操作速度无关。它既有助于改善开关的动作性能和灭弧性能,又能防止触点停滞在中间位置。二是设有联锁装置,以保证开关合闸后便不能打开箱盖,而在箱盖打开后,不能再合开关,起到安全保护作用。其图形符号如图 2-2(c)所示。

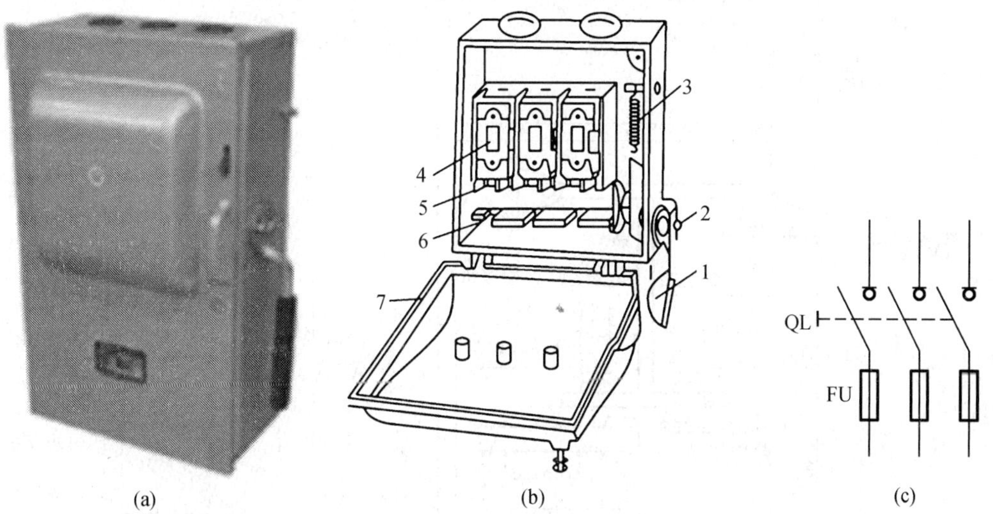

图 2－2　封闭式负荷开关的结构图和符号

(a)外形图;(b)结构图;(c)符号

1—手柄;2—转轴;3—速断弹簧;4—熔断器;5—夹座;6—闸刀;7—外壳前盖

1.2　空气断路器

低压空气断路器又称自动开关或空气开关,用于低压配电电路中不频繁的通断控制。低压空气断路器既具有一般开关的接通和断开电路的功能,又具有一般开关所没有的保护功能,在电路发生短路、过载或欠电压等故障时能自动分断故障电路,是一种控制兼保护电器。

断路器的种类繁多,按其用途和结构特点可分为框架式断路器、塑料外壳式断路器(塑壳式断路器)、直流快速断路器和限流式断路器等。框架式断路器主要用作配电线路的保护开关,而塑料外壳式断路器除可用作配电线路的保护开关外,还可用作电动机、照明电路及电热电路的控制开关。下面以塑壳断路器为例简单介绍断路器的结构、工作原理、使用与选用方法。

1. 断路器的结构和工作原理

断路器主要由三个基本部分组成,即触头、灭弧系统和各种脱扣器,包括过电流脱扣器、失压(欠电压)脱扣器、热脱扣器、分励脱扣器和自由脱扣器。

图 2－3 是断路器工作原理示意图及图形符号。断路器开关是靠操作机构手动或电动合闸的,触头闭合后,自由脱扣机构将触头锁在合闸位置上。当电路发生上述故障时,通过各自的脱扣器使自由脱扣机构动作,自动跳闸以实现保护作用。过电流脱扣器用于线路的短路和过电流保护,当线路的电流大于整定的电流值时,过电流脱扣器所产生的电磁力使挂钩脱扣,动触点在弹簧的拉力下迅速断开,实现断路器的跳闸功能。热脱扣器用于线路的过负荷保护,工作原理和热继电器相同。失压(欠压)脱扣器用于失压保护,如图 2－3 所示,失压脱扣器的线圈直接接在电源上,处于吸合状态,断路器可以正常合闸;当停电或电压很低时,失压脱扣器的吸力小于弹簧的反力,弹簧使动铁芯向上使挂钩脱扣,实现短路器的跳闸功能。分励脱扣器用于远距离控制跳闸,当远距离接通分励脱扣器时断路器跳闸。

不同断路器的保护是不同的,使用时应根据需要选用。在图形符号中也可以标注其保护方式，如图 2－3 所示，断路器图形符号中标注了失压、过负荷、过电流三种保护方式。

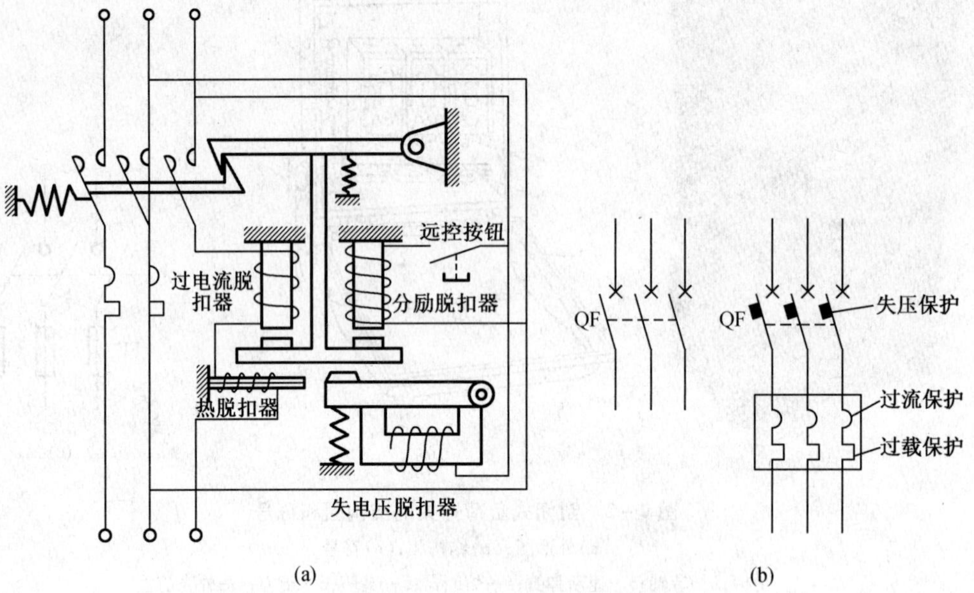

图 2－3 低压空气断路器的结构和符号

(a)低压空气断路器的结构；(b)低压空气断路器的符号

2. 低压断路器的选择原则

低压断路器的选择应从以下几方面考虑：

(1)断路器类型应根据使用场合和保护要求来选择。如当额定电流小于 600 A，短路电流不太大，一般选用塑壳式断路器；额定电流比较大或有选择性保护要求时选用框架式断路器；短路电流很大时选用限流型断路器；控制和保护含有半导体器件的直流电路时应选用直流快速断路器等。

(2)断路器额定电压、额定电流应大于或等于线路、设备的正常工作电压、工作电流。

(3)断路器极限通断能力大于或等于电路最大短路电流。

(4)欠电压脱扣器额定电压等于线路额定电压。

(5)过电流脱扣器的额定电流大于或等于线路的最大负载电流。

1.3 行程开关

根据生产机械的行程发出命令以控制其运行方向或行程长短的主令电器称为行程开关。若将行程开关安装于生产机械行程终点处，以限制其行程，则称为限位开关或终点开关。行程开关广泛应用于各类生产机械的控制以限制这些机械的行程，如船舶机舱行车、起货机、电梯等，当生产机械运动到某一预定位置时，行程开关就通过机械可动部分的动作，将机械信号转换为电信号，以实现对生产机械的控制，限制它们的动作或位置，对生产机械予以必要的保护。

行程开关按其结构可分为直动式（如 LX1，JLXK1 系列）、滚轮式（如 LX2，JLXK2 系列）和微动式（LXW－11，JLXK1－11 系列）三种。

直动式行程开关的外形及结构原理如图2-4所示,它的动作原理与按钮相同。但其触头的分合速度取决于生产机械的运行速度,不宜用于速度低于0.4 m/min的场所。

滚轮式行程开关的结构原理如图2-5所示。当滚轮1受到向左的外力作用时,上转臂2向左下方转动,推杆4向右转动,并压缩右边弹簧8,同时下面的小滚轮5也很快沿着操纵杆6迅速转动,因而使动触头迅速地与右边的静触头分开,并与左边的静触头闭合。这样就减少了电弧对触头的损坏,并保证了动作的可靠性。这类行程开关适合于低速运动的机械。滚轮式行程开关又分为单滚轮自动复位和双滚轮(羊角式)非自动复位式,由于双滚轮式行程开关具有两个稳态位置,有"记忆"作用,所以有些情况下可简化控制电路。

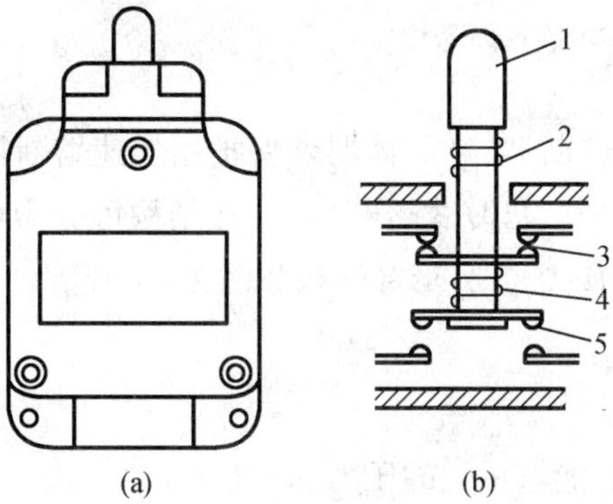

图2-4　直动式行程开关

(a)外形图;(b)原理图

1—顶杆;2—弹簧;3—动断触头;

4—触头弹簧;5—动合触头

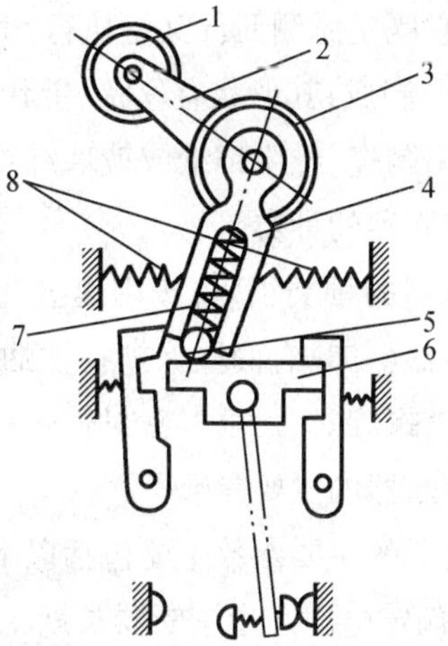

图2-5　滚轮式行程开关的内部结构

1—滚轮;2—上转臂;3—盘形弹簧;4—推杆;

5—小滚轮;6—操纵杆;7—压缩弹簧;8—左右弹簧

微动式行程开关(LXW-11系列)的结构原理如图2-6所示。它是行程非常小的瞬时动作开关,其特点是操作力小且操作行程短,常用于机械、纺织、轻工、电子仪器等各种机械设备和家用电器中,作限位保护和联锁。微动开关可看成尺寸甚小而又非常灵敏的微动式行程开关。

行程开关的触点在电路图中的图形和文字符号如图2-7所示。

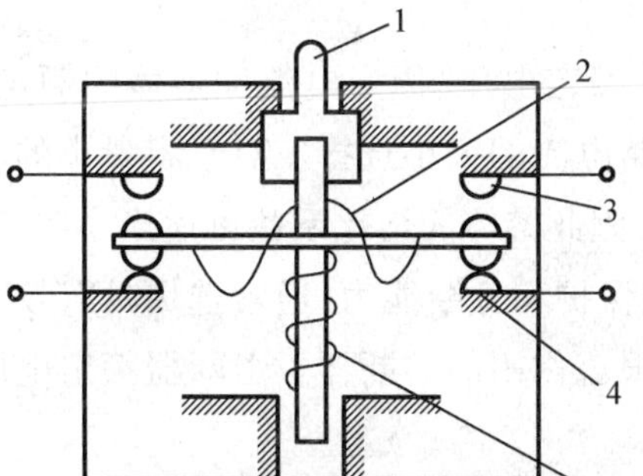

图2-6　微动式行程开关的内部结构

1—推杆;2—弹簧;3—动合触头;4—动断触头;5—压缩弹簧

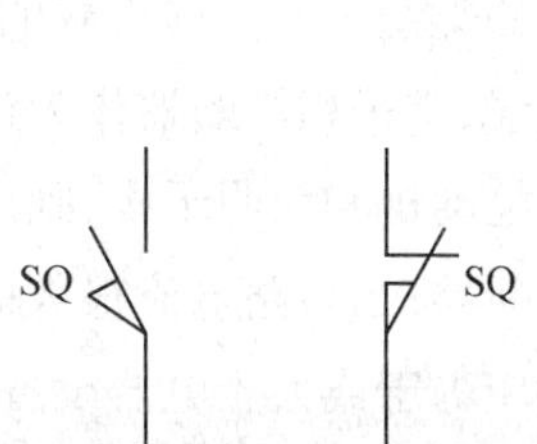

图2-7　行程开关的触点符号

(a)常开触点;(b)常闭触点

1.4 熔 断 器

熔断器是一种结构简单、使用方便、价格低廉的保护电器。主要用作电路或用电设备的短路保护,有时对严重过载也可起到保护作用。熔断器的熔体串联在被保护电路中,当电路正常工作时,熔体中通过的电流不会使其熔断;当电路发生短路或严重过载时,熔体中通过的电流很大,使其发热,当温度达到熔点时熔体瞬间熔断,切断电路,起到保护作用。

熔断器由熔体(俗称保险丝)和安装熔体的熔管(或熔座)两部分组成。其中熔体是关键部分,它既是感测元件又是执行元件,熔体是由低熔点的金属材料(如铅、锡、锌、铜、银及其合金等)制成,其形状有丝状、带状、片状等;熔管的作用是安装熔体及在熔体熔断时熄灭电弧,多由陶瓷、绝缘钢纸或玻璃纤维材料制成。

1. 熔断器的种类

熔断器的种类很多,按用途分为一般工业用熔断器、半导体器件保护用快速熔断器和特殊熔断器(如具有两段保护特性的快慢动作熔断器、自复式熔断器)。按结构可分为半封闭瓷插式、螺旋式、无填料密封管式和有填料密封管式,其外形和结构如图 2-8 所示。

2. 熔断器的主要参数

熔断器的主要参数主要包括以下几点:

(1)额定电压　指熔断器长期工作时和分断后能够承受的压力。

(2)额定电流　指熔断器长期工作时,电器设备温升不超过规定值时所能承受的电流。熔断器的额定电流有两种:一种是熔管额定电流,也称熔断器的额定电流;另一种是熔体的额定电流。厂家为减少熔管额定电流的规格,熔管额定电流等级少,而熔体电流等级较多,在一种电流规格的熔断管内有适于几种电流规格的熔体,但熔体的额定电流最大不能超过熔断管的额定电流。

(3)极限分断能力　指熔断器在规定的额定电压和功率因数(或时间常数)条件下,能可靠分断的最大短路电流。

(4)熔断电流　指通过熔体并能使其融化的最小电流。

3. 熔断器的选择

选择熔断器时主要要考虑熔断器的种类、额定电压、额定电流和熔体的额定电流等。熔断器的类型主要依据负载的保护特性和短路电流的大小选择。对于容量小的电动机和照明支线,常采用熔断器作为过载及短路保护,因此熔体的熔化系数可适当小些;对于较大容量的电动机和照明干线,则应着重考虑短路保护和分断能力,通常选用具有较高分断能力的熔断器;当短路电流很大时,宜采用具有限流作用的熔断器。熔断器额定电压的选择值一般应等于或大于电器设备的额定电压。

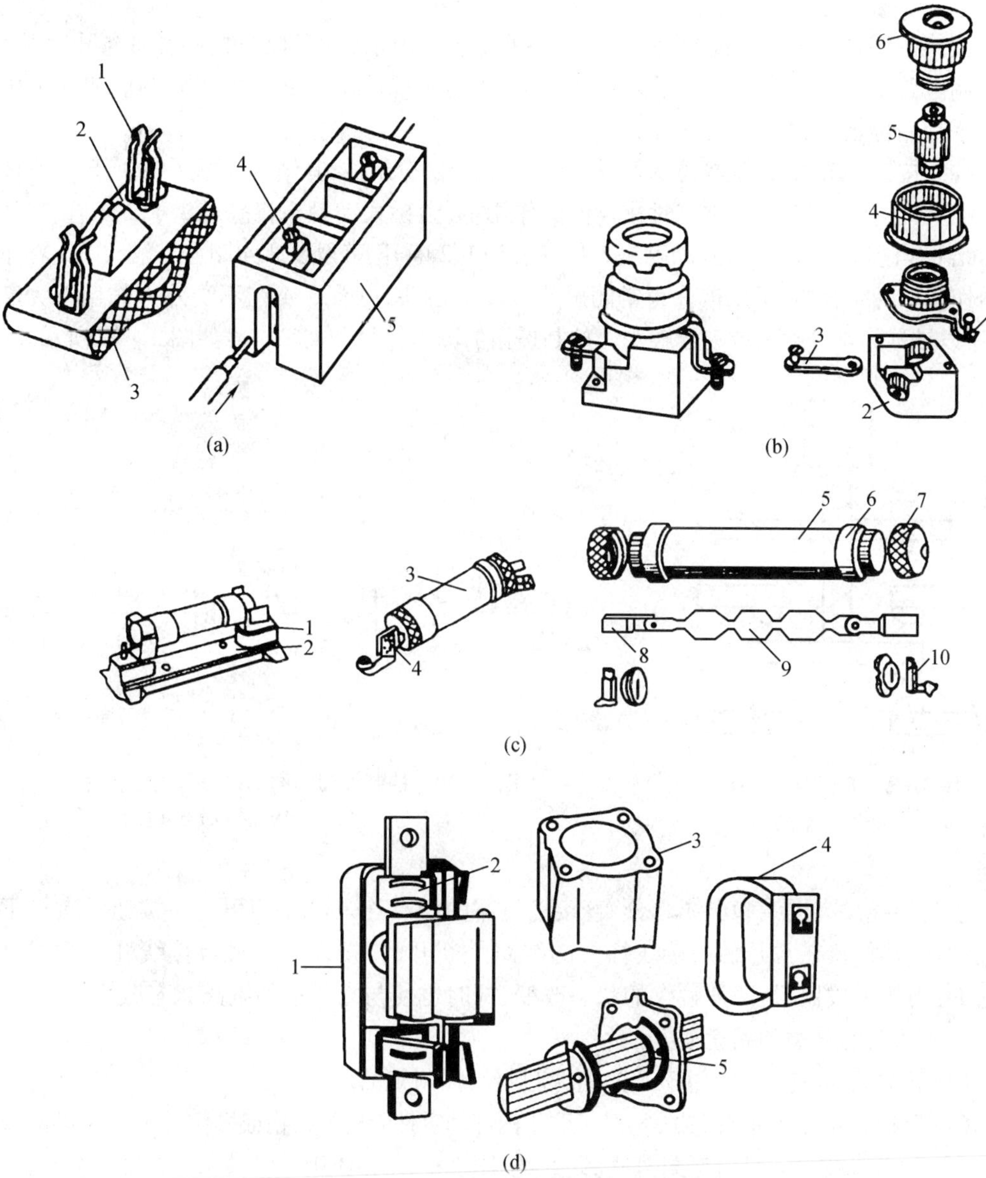

图 2-8　熔断器的结构示意图

(a)RC1A 系列瓷插式熔断器

1—动触点;2—熔丝;3—瓷盖;4—静触点;5—瓷底

(b)RL1 系列螺旋式熔断器

1—上接线柱;2—瓷底;3—下接线柱;4—瓷套;5—熔芯;6—瓷帽

(c)RM10 系列无填料密封管式熔断器

1,4—夹座;2—底座;3—熔断器;5—硬质绝缘管;6—黄铜套管;7—黄铜帽;8—插刀;9—熔体;10—夹座

(d)有填料封闭式熔断器

1—瓷底座;2—弹簧片;3—管体;4—绝缘;5—熔体

1.5 控制按钮

控制按钮是一种结构简单,使用广泛的手动主令电器,它可以与接触器或继电器配合,在控制电路中对电动机实现远距离自动控制,用于实现控制电路的电气联锁。船舶上电动机的手动启停控制大多采用按钮实现。

控制按钮一般由按钮、复位弹簧、触点和外壳等部分组成,其结构如图 2-9 所示。它既有常开触头,也有常闭触头。常态时在复位的作用下,由桥式动触头将静触头 1,2 闭合,静触头 3,4 断开;当按下按钮时,桥式动触头 5 将静触头 1,2 断开,静触头 3,4 闭合。触头 1,2 在不受外力作用下为闭合的,所以被称为常闭触头或动断触头,触头 3,4 在不受外力作用下为断开的,所以被称为常开触头或动合触头。控制按钮的图形符号和文字符号如图 2-10 所示。

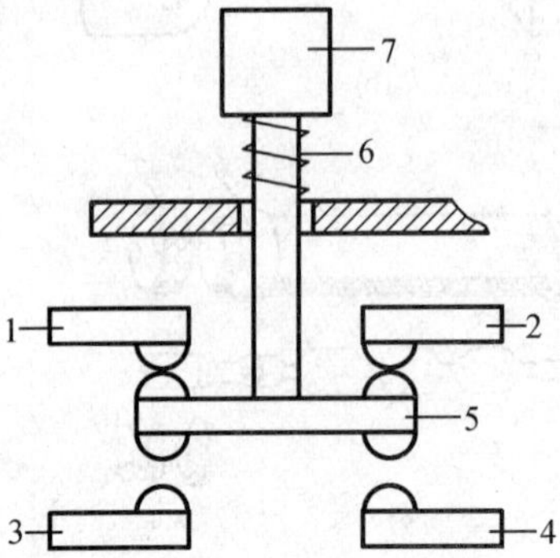

图 2-9 典型控制按钮的结构示意图

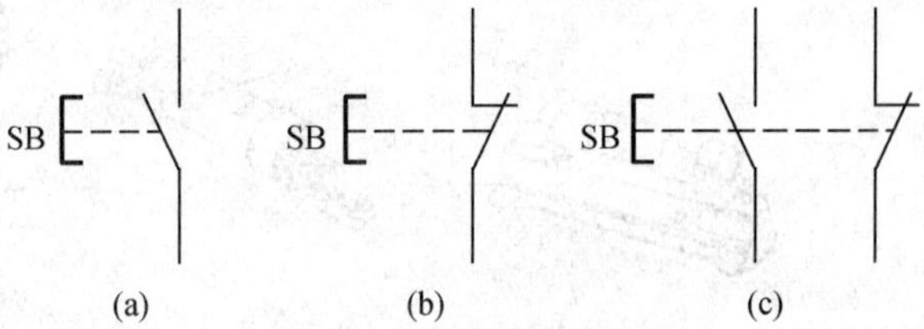

图 2-10 控制按钮的图形符号和文字符号

(a)常开触头;(b)常闭触头;(c)复合触头

按钮接线没有进线和出线之分,直接将所需的触点连入电路即可。在按钮没有按下即不施加外力时,接在常开触点接线柱上的线路是断开的,接在常闭触点接线柱上的线路是接通的;当按下按钮时,两种触点的状态改变,同时也使与之相连的电路状态改变。

控制按钮的分类和用途如下:

(1)开启式按钮　一般用于开关柜、控制台、控制柜的面板上。

(2)保护式按钮　带有保护外壳,可防止内部的零件受机械损伤或操作者触及带电部分。

(3)防水式按钮　带有密封外壳,防止雨水浸入,户外使用。

(4)防爆式按钮　适用于煤矿等有爆炸性气体和尘埃的环境使用。

(5)防腐式按钮　适用于有化工腐蚀性气体的环境使用。

(6)紧急式按钮　有红色大蘑菇头突出于按钮螺帽之外,供需要紧急切断电源时使用。

(7)钥匙式按钮　只有用钥匙插入按钮才可操作,防止误动作。

(8)旋转式按钮　用手把旋转操作触头,接通或分断电路。

(9)带灯按钮　带有指示灯的按钮,尚可兼做指示灯。

(10)自持按钮　按钮内装有自持装置,一般为面板操作。

(11)双速按钮　触头机构的操作可以通过接触器对具有 2 个绕组的双速电机进行无间歇的转换,保证电机及其他起重机在转速变换时的机械性能。

1.6 接　触　器

接触器是一种用来频繁地接通和断开负荷电流的电磁式自动切换电器，具有低压释放的保护功能，适用于频繁操作和远距离控制，是电力拖动自动控制系统中使用最广泛的电气元器件之一，在船舶上主要用于控制电动机的启停。接触器按其使用的电源种类的不同可分为直流 CJ204 系列接触器和交流接触器；按其动作原理可分为电磁式、气动式和液压式；按其主触点的极数可分为单极、双极、三极、四极、五极几种。交流接触器在船舶上广为使用，下面就以交流接触器为例来简单介绍一下接触器的结构和工作原理。

1. 结构和原理

CJ20 系列交流接触器的结构示意图如图 2－11 所示，主要由电磁机构、触点系统、灭弧装置和其他辅助部件四大部分组成。

（1）电磁机构　电磁机构由线圈、铁芯和衔铁组成，用作产生电磁吸力，带动触点动作。

（2）触点系统　触点分为主触点及辅助触点。主触点用于接通或断开主电路或大电流电路，一般为三极。辅助触点用于控制电路，起控制其他元件接通或断开及电气联锁作用，常用的有常开、常闭各两对；主触点容量较大，辅助触点容量较小。辅助触点结构上通常常开和常闭是成对的。辅助触点不能用来断开主电路。主、辅触点一般采用桥式双断点结构。

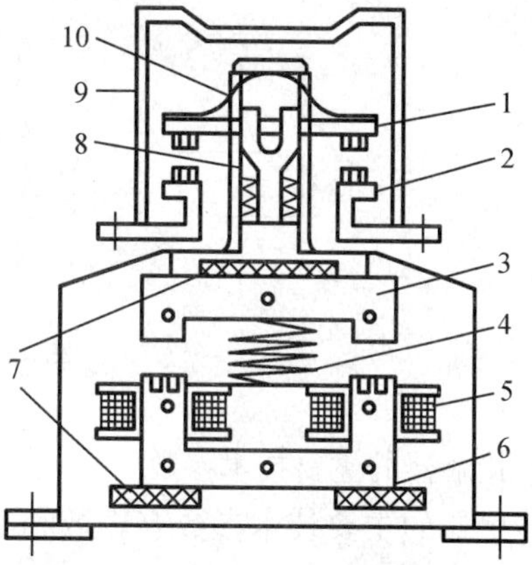

图 2－11　CJ20 系列交流接触器结构示意图

1—动触点；2—静触点；3—衔铁；4—弹簧；5—线圈；6—静铁芯；7—垫毡；8—触点弹簧；9—灭弧罩；10—触点压力弹簧

（3）灭弧装置　由于接触器的主触头通过的电流较大，在主触点断开的瞬间，触点间会产生电弧，为防止烧坏触头，接触器通常都装有灭弧装置，灭弧装置常采用窄缝灭弧及栅片灭弧，对于小容量的接触器，采用电动力吹弧、灭弧罩等。

（4）其他辅助部件　包括反力弹簧、缓冲弹簧、触点压力弹簧、传动机构、支架及底座等。

当接触器的吸引线圈得电后，线圈电流在铁芯中产生磁通，该磁通对衔铁产生电磁吸力，当电磁吸力克服复位弹簧的反作用力时使衔铁带动触点动作。触点动作时，常闭触点断开，常开触点闭合。当线圈中的电压值降低到某一数值时（一般为线圈额定电压的 85%），铁芯中的磁通下降，电磁吸力减小，当减小到不足以克服复位弹簧的反力时，衔铁在复位弹簧的反力作用下复位，使主、辅触点的常开触点断开，常闭触点恢复闭合。船舶上通常采用接触器控制电动机的启停控制，如图 2－12 所示为接触器控

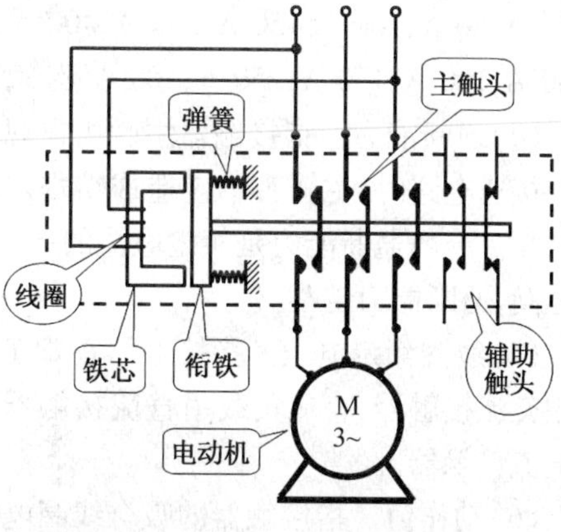

图 2－12　接触器控制电动机的一种接线示意图

制电动机的一种接线图。

直流接触器的结构和工作原理与交流接触器基本相同,都是利用电磁吸力工作的。但是在电磁机构上还有很大区别:交流接触器的铁芯和衔铁由硅钢片叠压成以减少铁损,而直流接触器线圈的电流恒定不变,铁芯和衔铁则由整块钢做成;交流接触器线圈产生的磁通、磁感应强度都是随电流交替变化的,为避免线圈吸力出现零值,在铁芯上必须安装短路铜环,而直流接触器没有这个必要;交流接触器的线圈因具有较大的交流阻抗,所以线圈的匝数比较少,而且线径比较粗,而直流接触器的线圈则匝数比较多而且线径比较细。另外,在使用时注意,交流接触器不能接在直流电源上,以防烧坏,直流接触器也不可以接交流电源。

2. 接触器的符号

接触器的图形符号如图 2-13 所示,文字符号为 KM。

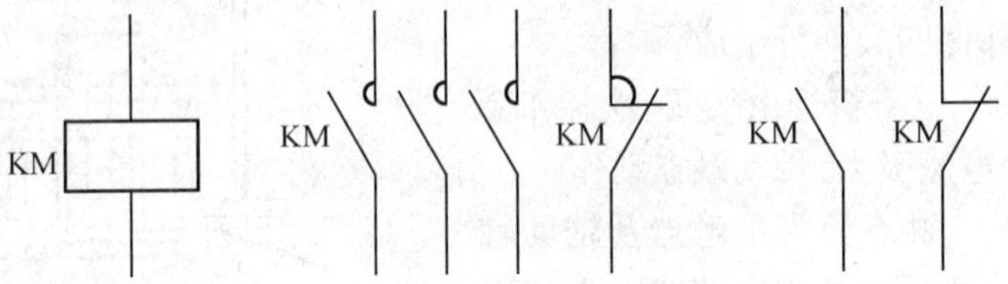

图 2-13　接触器的符号

3. 接触器的主要技术参数

接触器的主要技术参数有极数和电流种类、额定电压、额定电流、额定通断能力、线圈额定电压、动作值等。

(1)接触器的极数和电流种类　按接触器主触头的个数确定其极数,有两极、三极和四极接触器;按主电路的电流种类分为交流接触器和直流接触器。

(2)额定工作电压　指主触头之间正常工作电压值,也就是主触头所在电路的电源电压。直流接触器的额定电压有 110 V,220 V,440 V 及 660 V;交流接触器的额定电压有 220 V,380 V,500 V 及 660 V 等。

(3)额定电流　指接触器主触头在额定工作条件下的电流值。直流接触器的额定电流有 40 A,80 A,100 A,150 A,250 A,400 A 及 600 A;交流接触器的额定电流有 10 A,20 A,40 A,60 A,100 A,150 A,250 A,400 A 及 600 A。

(4)通断能力　指接触器主触头在规定条件下能可靠接通和分断的电流值。在此电流值下接通电路时,主触头不应造成熔焊。在此电流值下分断电路时,主触头不应发生长时间燃弧。一般通断能力是额定电流的 5~10 倍。这一数值与开断电路的电压等级有关,电压越高,通断能力越小。

(5)线圈额定电压　指接触器正常工作时线圈上所加的电压值。选用时,一般交流负载用交流接触器,直流负载用直流接触器,但对动作频繁的交流负载可采用使用直流线圈的交流接触器。

(6)动作值　指接触器的吸合线圈电压和释放电压。一般规定接触器在线圈额定电压 85% 及以上时,应可靠吸合。释放电压不高于线圈额定电压的 70%。

目前,我国常用的交流接触器主要有 CJ20,CJX1,CJX2 和 CJ24 等系列;引进产品应用较多的有德国 BBC 公司的 B 系列、西门子公司的 3TB 和 3TF 系列，法国 TE 公司的 LC1 和 LC2 系列等；常用的直流接触器有 CZ18，CZ21，CZ22，CZ10 和 CZ2 等系列。

CJ20 系列交流接触器的型号含义如图 2－14 所示。

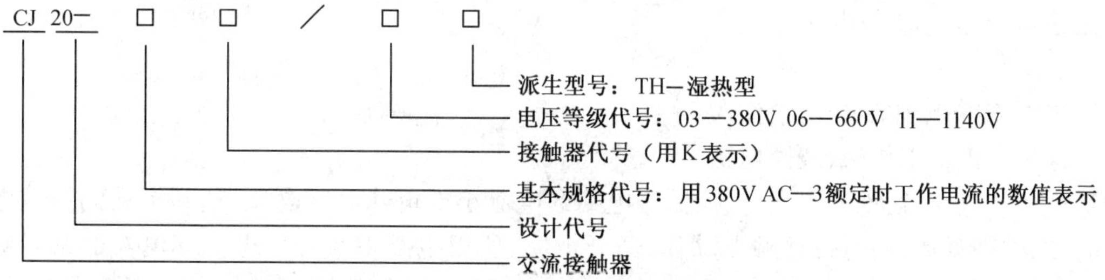

图 2－14　CJ20 系列交流接触器的型号含义

1.7　继　电　器

继电器是一种根据某种输入信号的变化来接通或断开控制电路，实现自动控制和保护的电器。其输入量可以是电压、电流等电信号，也可以是温度、时间、速度、压力等非电信号。

继电器种类很多，常用的有电压继电器、电流继电器、功率继电器、时间继电器、速度继电器、温度继电器、压力继电器等。本节仅介绍电力拖动和自动控制系统常用的继电器。

1. 电磁式继电器

电磁式继电器是应用得最早、最多的一种继电器，其结构和工作原理与接触器大体相同，也由铁芯、衔铁、线圈、复位弹簧和触点等部分组成，其典型结构如图 2－15 所示。按输入信号的性质，电磁式继电器可分为电流继电器、电压继电器和中间继电器。

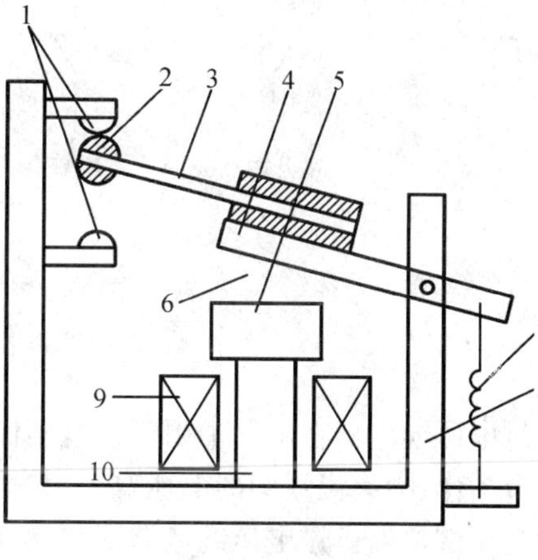

图 2－15　电磁式继电器的典型结构

1—静触点；2—动触点；3—簧片；4—衔铁；5—极靴；6—空气气隙；7—反力弹簧；8—铁轭；9—线圈；10—铁芯

(1) 电磁式电流继电器

触点的动作与线圈的电流大小有关的电磁式继电器称为电磁式电流继电器，电磁式电流继电器的线圈工作时与被测电路串联，以反应电路中电流的变化而动作。为降低负载效应和对被测量电路参数的影响，其线圈匝数少，导线粗，阻抗小。电流继电器常用于按电流原则控制的场合。如电动机的过载及短路保护、直流电动机的磁场控制及失磁保护。电流继电器又分为过电流继电器和欠电流继电器，电流继电器的符号如图 2－16 所示。

过电流继电器主要用作电路的过电流保护。正常工作时，线圈电流为额定电流，此时衔铁为释放状态；当电路中电流大于负载正常工作电流时，衔铁才产生吸合动作，从而带动触点动作,断开负载电路。所以电路中常用过电流继电器的常闭触点。由于在电力拖动系统中,冲击性的过电流故障时有发生,因此常采用过电流继电器作电路的过电流保护。

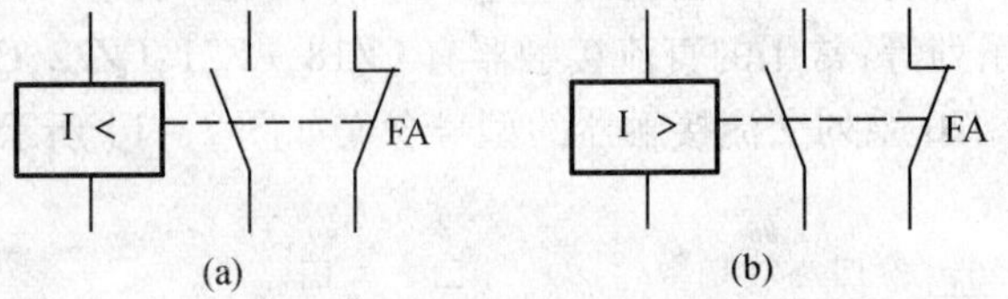

图 2-16 电流继电器的符号

(a)欠流继电器;(b)过流继电器

欠电流继电器在电路中作欠电流保护。正常工作时,线圈电流为负载额定电流,衔铁处于吸合状态;当电路的电流小于负载额定电流,达到衔铁的释放电流时,衔铁则释放,同时带动触点动作,断开电路,所以电路中常用欠电流继电器的常开触点。在直流电路中,由于某种原因而引起负载电流的降低或消失,往往会导致严重的后果,如直流电动机的励磁回路断线,会产生飞车现象,因此在实际电路中必须设有失磁保护。因此,欠电流继电器在有些控制电路中是不可缺少的。当电路中出现低电流或零电流故障时,欠电流继电器的衔铁由吸合状态转入释放状态,利用其触点的动作而切断电气设备的电源。

(2)电磁式电压继电器

触点的动作与线圈的电压大小有关的继电器称为电压继电器。它可用于电力拖动系统中的电压保护和控制,使用时电压继电器的线圈与负载并联,其线圈的匝数多、线径细、阻抗大。按线圈使用的电流的种类可分为交流型和直流型;按吸合电压相对额定电压的大小又分为过电压继电器和欠电压继电器。电压继电器的符号如图 2-17 所示。

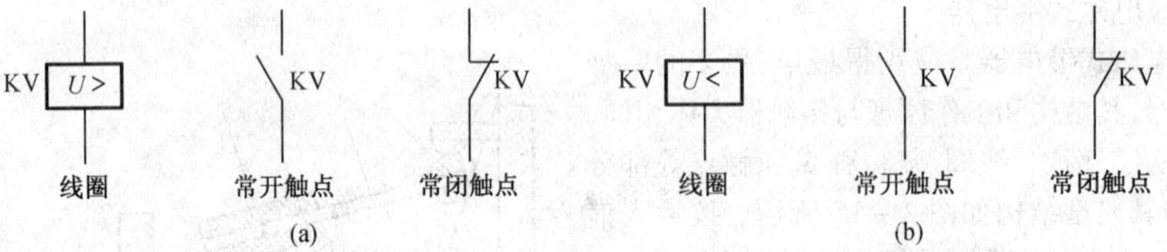

图 2-17 电压继电器的符号

(a)过电压继电器;(b)欠电压继电器

过电压继电器在电路中用于过电压保护。过电压继电器线圈在额定电压时,衔铁不产生吸合动作,只有当线圈的电压高于其额定电压的某一值时衔铁才产生吸合动作,所以称为过电压继电器。过电压继电器衔铁吸合而动作时,常利用其常闭触点断开需保护的电路的负荷开关,起到保护的作用。交流过电压继电器吸合电压的调节范围为 $U_x=(1.05\sim1.2)U_N$。因为直流电路不会产生波动较大的过电压现象,所以产品中没有直流过电压继电器。

欠电压继电器在电路中用作欠电压保护。当电路中的电气设备在额定电压下正常工作时,欠电压继电器的衔铁处于吸合状态;如果电路出现电压降低至线圈的释放电压时,衔铁由吸合状态转为释放状态,同时断开与它相连的电路,实现欠电压保护。所以控制电路中常用欠电压继电器的常开触点。

通常,直流欠电压继电器的吸合电压与释放电压的调节范围分别为 $U_x=(0.3\sim0.5)$

U_N和 $U_f=(0.07\sim0.2)U_N$；交流欠电压继电器的吸合电压与释放电压的调节范围分别 $U_x=(0.6\sim0.85)U_N$和 $U_f=(0.1\sim0.35)U_N$。

(3)电磁式中间继电器

中间继电器的吸引线圈属于电压线圈，但它的触点数量较多（一般有 4 对常开、4 对常闭），触点容量较大（额定电流为 5～10 A），且动作灵敏。其主要用途是当其他继电器的触点数量或触点容量不够时，可借助中间继电器来扩大触点容量（触点并联）或触点数量，起到中间转换的作用。电磁式继电器在运行前，须将它的吸合值和释放值调整到控制系统所要求的范围内。一般可通过调整复位弹簧的松紧程度和改变非磁性垫片的厚度来实现。中间继电器的图形符号见图 2－18。

图 2－18　中间继电器的图形符号

2. 时间继电器

从得到输入信号（即线圈通电或断电）开始，经过一定的延时后才输出信号（延时触点状态变化）的继电器，称为时间继电器。时间继电器可分为通电延时型和断电延时型。通电延时型是当接受输入信号后延迟一定时间，输出信号才发生变化；当输入信号消失后，输出瞬时复原。断电延时型是当接受输入信号时，瞬时产生相应的输出信号；当输入信号消失后，延迟一定的时间，输出信号才复原。时间继电器的符号如图 2－19 所示。

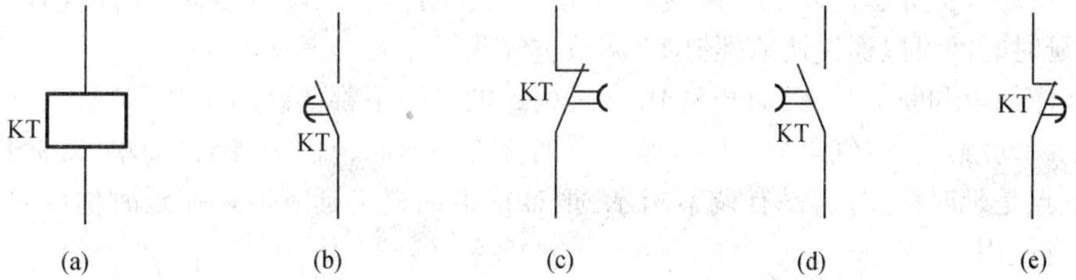

图 2－19　时间继电器的图形符号

(a)线圈一般符号；(b)通电延时闭合常开触点；(c)通电延时断开常闭触点；
(d)断电延时断开常开触点；(e)断电延时闭合常闭触点

时间继电器种类很多，常用的有电磁式、空气阻尼式、电动式和电子式等，目前用得最多的是电子式，这里简单介绍一下几种常见的时间继电器。

(1)空气阻尼式时间继电器

空气阻尼式时间继电器是利用空气阻尼原理达到延时的目的。它由电磁机构、延时机构和触点组成。其中电磁机构有交、直流两种。通电延时型和断电延时型的原理和结构基本相同，只是将其电磁机构翻转 180°安装。当衔铁位于铁芯和延时机构之间时为通电延时型；当铁芯位于衔铁和延时机构之间时为断电延时型。JS7—A 系列时间继电器如图 2－20 所示，图 2－20(a)为通电延时型、图 2－20(b)为断电延时型。

下面以通电延时型为例介绍一下工作原理，当线圈 1 得电后，衔铁 3 吸合，活塞杆 6 在塔形弹簧 8 作用下带动活塞 12 及橡皮膜 10 向上移动，橡皮膜下方空气室内的空气变得稀薄，形成负压，活塞杆只能缓慢移动，其移动速度由进气孔气隙大小来决定。经一段延时后，活塞杆通过杠杆 7 压动微动开关 15，使其触点动作，起到通电延时作用。当线圈断电

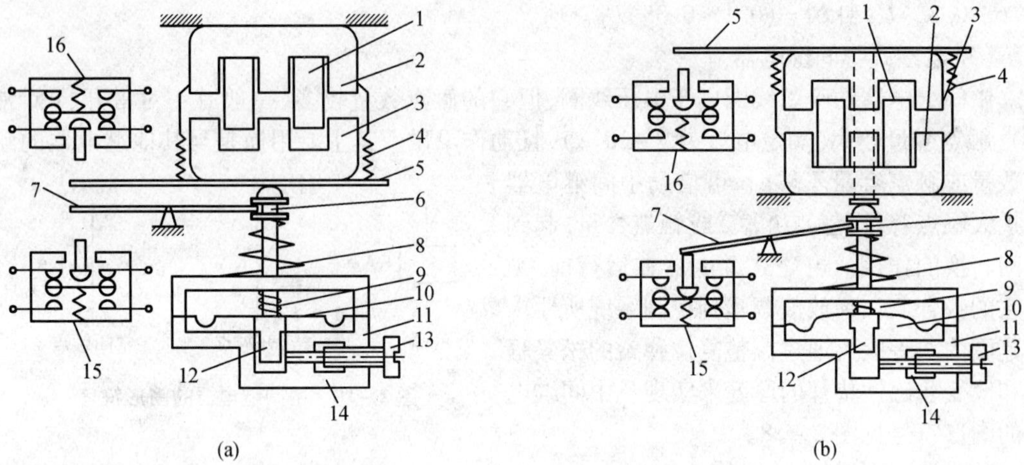

图 2-20　JS7—A 系列时间继电器

(a)通电延时型;(b)断电延时型

1—线圈;2—铁芯;3—衔铁;4—反力弹簧;5—推板;6—活塞杆;7—杠杆;8—塔形弹簧;9—弱弹簧;10—橡皮膜;11—空气室壁;12—活塞;13—调节螺钉;14—进气孔;15,16—微动开关

时,衔铁释放,橡皮膜下方空气室内的空气通过活塞肩部所形成的单向阀迅速排出,使活塞杆、杠杆、微动开关等迅速复位。由线圈得电至触点动作的一段时间即为时间继电器的延时时间,延时时间可以通过调节螺钉 13 调节进气孔气隙大小来改变。

在线圈通电和断电时,微动开关 16 在推板 5 的作用下都能瞬时动作,其触点即为时间继电器的瞬动触点。空气阻尼式时间继电器的优点是延时范围大、结构简单、寿命长、价格低廉。缺点是延时精度低,没有调节指示,很难精确地整定延时值。在延时精度要求高的场合,不宜使用。

(2)晶体管时间继电器

晶体管时间继电器除了执行继电器外,均由电子元件组成,没有机械部件,因而具有寿命和精度较高、体积小、延时范围大、调节范围宽、控制功率小等优点。晶体管时间继电器利用电容对电压变化的阻尼作用作为延时的基础。

随着半导体集成电路的广泛应用,晶体管时间继电器得到了长足的发展。目前,我国已有采用集成电路和显示器件制成的 JS14P,JS14S,JSS1 系列等数字显示时间继电器。这种时间继电器的特点是延时精度高、延时范围广、触点容量大、调整方便、工作状态直观、指示清晰准确等。如图 2-21 为 JS20 单结晶体管延时继电器电路。电路的工作原理如下:当接通电源后,经二极管 V_1 整流、电容 C_1 滤波以及稳压管 V_3 稳压的直流电压通过 R_{w2},R_4,V_2 向电容 C_2 快速充电。电容 C_2 上电压按指数规律逐渐升高,当电压大于单结晶体管的峰点电压时,单结晶体管导通,输出电压脉冲触发晶闸管 VT。VT 导通后使继电器 K 吸合,其触点动作。本电路还利用一常开触点将 C_2 短路,使 C_2 迅速放电,为下次使用作准备。此时氖指示灯 N 起辉。当切断电源时,K 释放,电路恢复为原始状态,等待下次动作。

3. 热继电器

三相异步电动机在实际运行中,常会遇到因电气或机械原因等引起的过电流(过载和断相)现象。如果过电流不严重,持续时间短,绕组不会超过允许温升,这种过电流是允许

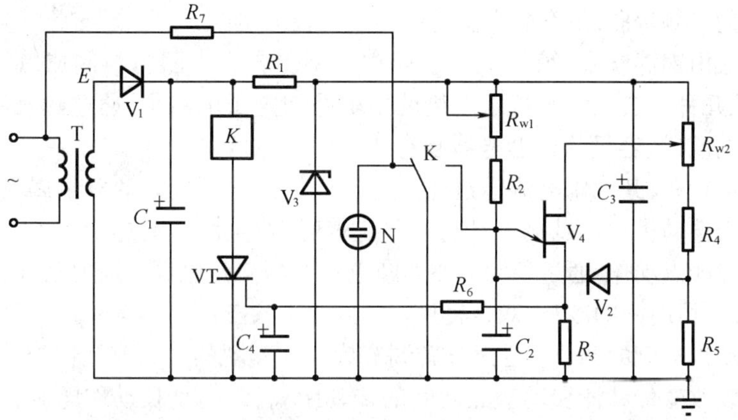

图 2－21　单结晶体管时间继电器通电延时电路

的；如果过电流情况严重，持续时间较长，则会加快电动机绝缘老化，甚至烧毁电动机，因此，在电动机回路中应设置电动机过载保护装置。常用的电动机过载保护装置种类很多，使用最多、最普遍的是双金属片式热继电器。双金属片式热继电器利用电流热效应原理工作，具有与电动机容许过载特性相近的反时限动作特性，主要与接触器配合使用。热继电器除了用于对三相异步电动机的过载保护外通常还用作电动机的断相保护。

(1)热继电器的工作原理

图 2－22(a)所示是双金属片式热继电器的结构示意图，图 2－22(b)所示是图形符号。由图可见，热继电器主要由双金属片、热元件、复位按钮、传动杆、拉簧、调节旋钮、复位螺丝、触点和接线端子等组成。

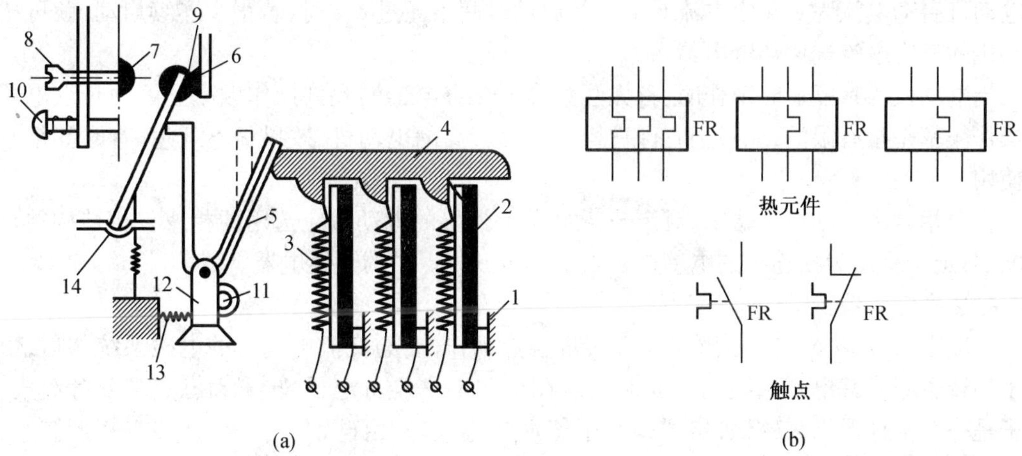

图 2－22　热继电器的结构原理图

(a)结构示意图；(b)符号

1—双金属片固定支点；2—双金属片；3—热元件；4—导板；5—补偿双金属片；6—常闭触点；7—常开触点；8—复位螺钉；9—动触点；10—复位按钮；11—调节旋钮；12—支撑；13—压簧；14—推杆

双金属片是一种将两种热膨胀系数不同的金属用机械辗压方法使之形成一体的金属

片。由于两种热膨胀系数不同的金属紧密地贴合在一起，当产生热效应时，使得双金属片向膨胀系数小的一侧弯曲，由弯曲产生的位移带动触头动作。

热元件一般由铜镍合金、镍铬铁合金或铁铬铝等合金电阻材料制成，形状有圆丝、扁丝、片状和带状几种。热元件串接于电机的主电路即定子电路中，通过热元件的电流就是电动机的工作电流（大容量的热继电器装有速饱和互感器，热元件串接在其二次回路中）。当电动机正常运行时，其工作电流通过热元件产生的热量不足以使双金属片变形，热继电器不会动作。当电动机发生过电流且超过整定值时，双金属片的热量增大而发生弯曲，经过一定时间后使触点动作，通过控制电路切断电动机的工作电源。同时热元件也因失电而逐渐降温，经过一段时间的冷却，双金属片恢复到原来状态。

热继电器动作电流的调节是通过旋转调节旋钮来实现的。调节旋钮为一个偏心轮，旋转调节旋钮可以改变传动杆和动触点之间的传动距离，距离越长动作电流就越大，反之动作电流就越小。

热继电器复位方式有自动复位（AUTO）和手动复位（HAND）两种，将复位螺丝旋入，使常开的静触点向动触点靠近，这样动触点在闭合时处于不稳定状态，在双金属片冷却后动触点也返回，为自动复位方式。如将复位螺丝旋出，触点不能自动复位，为手动复位方式。在手动复位方式下，需在双金属片冷却后恢复原状时按下复位按钮才能使触点复位。

(2)热继电器的选择原则

热继电器主要用于电动机的过载保护，使用中应考虑电动机的工作环境、启动情况、负载性质等因素，具体应按以下几个方面来选择：

原则上热继电器的额定电流应按电动机的额定电流选择。对于过载能力较差的电动机，其配用的热继电器（主要是发热元件）的额定电流可适当小些，通常，选取热继电器的额定电流（实际上是选取发热元件的额定电流）为电动机额定电流的60%～80%。

在不频繁启动的场合，要保证热继电器在电动机的启动过程中不产生误动作。通常，当电动机启动电流为其额定电流6倍以及启动时间不超过6 s时，若很少连续启动，就可按电动机的额定电流选取热继电器。

当电动机为重复短时工作时，首先注意确定热继电器的允许操作频率。因为热继电器的操作频率是很有限的，如果用它保护操作频率较高的电动机，效果很不理想，有时甚至不能使用。

在三相异步电动机电路中，对定子绕组为Y连接的电动机应选用两相或三相结构的热继电器；定子绕组为△连接的电动机必须采用带断相保护的热继电器。

4. 速度继电器

速度继电器是依靠电磁感应原理实现触点动作的，与交流电动机的电磁系统相似，由定子和转子组成其电磁系统。速度继电器在结构上主要由定子、转子和触点三部分组成。转子是一个圆柱形永久磁铁，定子是一个笼形空心圆环，由硅钢片叠成，并装有笼形绕组。图2－23为速度继电器的结构和图形符号图。

速度继电器工作时，速度继电器转子的轴与被控电动机轴相连接，而定子空套在转子上。当电动机转动时，速度继电器的转子随之一起转动，这样，永久磁铁的静止磁场就成了旋转磁场。定子内的笼型导体因切割磁场而产生感应电动势，从而产生电流。此电流与旋转磁场相互作用产生电磁转矩，于是定子跟着转子相应偏转。转子转速越高，定子导体内产生的电流越大，电磁转矩也就越大。当定子偏转到一定角度时，装在定子轴上的摆锤推动簧片动作,使常闭触点打开而常开触点闭合。当电动机转速下降时,速度继电器的转子转速也随之下降,定子导体内产生的电流也相应减少,因而使电磁转矩也相应减小。当继电器转子的转速下降到一定数值时,定子产生的电磁转矩减小,触头在弹簧作用下复位。速度继电器的动作转速一般不低于120 r/min,复位转速约在100 r/min以下,该数值可以调整,工作时,允许的转速高达1 000～3 600 r/min。由速度继电器的正转和反转切换触点动作,来反映电动机转向和速度变化,常用的速度继电器有JY1和JFZ0系列。

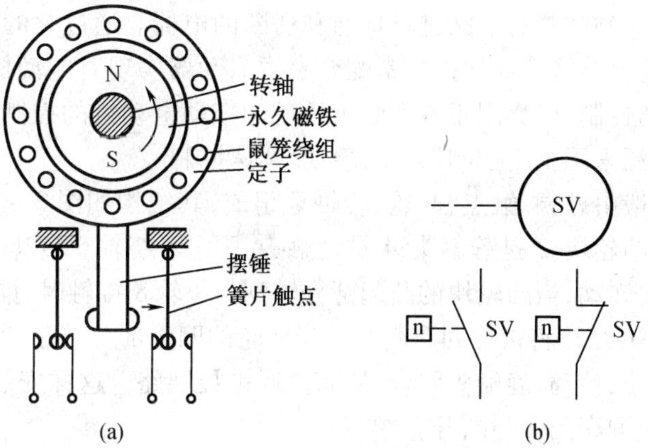

图2－23 速度继电器的结构和图形符号

(a)结构示意图;(b)符号

5. 压力继电器

压力继电器广泛用于各种气压和液压控制系统中,通过检测气压或液压的变化,发出信号,控制电动机的启停,从而提供保护。在船舶上压力继电器广泛应用到各种设备的自动控制系统中,如泵浦的自动切换控制、冷库和空调的压缩机的启停控制、水柜水位的控制等。图2－24(a)为一种简单的压力继电器结构示意图,由微动开关、给定装置、压力传送装置及继电器外壳等几部分组成。给定装置包括给定螺帽平衡弹簧3等。压力传送装置包括

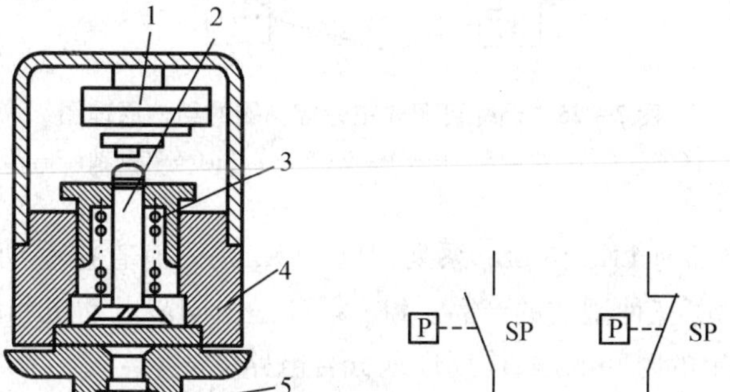

图2－24 压力继电器结构图和符号

(a)结构示意图;(b)符号

1—微动开关;2—滑杆;3—给定螺帽平衡弹簧;4—橡皮膜;5—入油口管道接头

入口管道接头5、橡皮膜4及滑杆2等。使用时液体或气体压力经管道接头入口管道接头5进入管路，将压力传送给橡皮膜4，当管内的压力达到某给定值时，橡皮膜4便受力向上凸起，推动滑杆2向上，压合微动开关，发出控制信号。旋转弹簧3上面的给定螺帽，便可调节弹簧的松紧程度，改变动作压力的大小，以适应控制系统的需要。

1.8 主令控制器

主令控制器是一种频繁对电路进行接通和切断的电器。通过它的操作，可以对控制电路发布命令，与其他电路联锁或切换。常配合磁力启动器实现对电动机的启动、制动、调速及换向，实行远距离控制，广泛用于各类起重机械的拖动电动机的控制系统中。船舶锚机、绞缆机和起货机广泛采用主令控制器进行启动、调速控制。

主令控制器一般由外壳、触点、凸轮、转轴等组成，其结构如图2－25所示，图中1与7为固定于方轴上的凸轮块；3是静触头；4是动触头，固定于绕轴6转动的支杆5上。当转动方轴时，凸轮块随之转动，当凸轮块的凸起部分转到与小轮8接触时，推动支杆5向外张开，使动触头4离开静触头3，将被控回路断开。当凸轮的凹陷部分与小轮8接触时，支杆5在反力弹簧作用下复位，使动、静触头闭合，从而接通被控回路。这样安装一串不同形状的凸轮，可使触头按一定顺序闭合与断开。

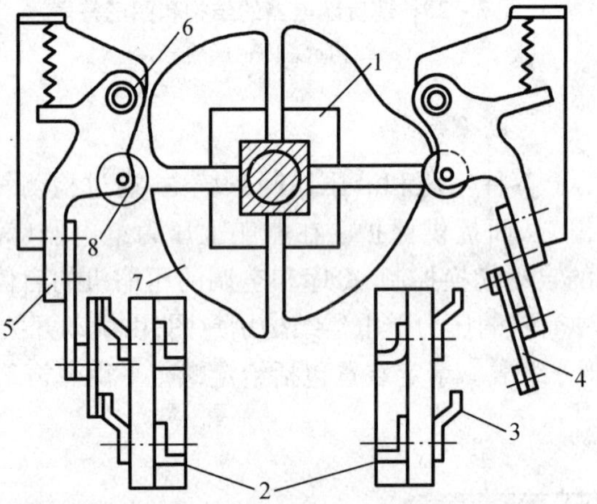

图2－25 凸轮可调式主令控制器的结构原理图

1—凸轮块；2—接线端子；3—静触点；4—动触点；5—支杆；6—转动轴；7—凸轮块；8—小轮

常用的主令控制器有LK_5和LK_6系列，其中LK_5系列有直接手动操作、带减速器的机械操作与电动机驱动等三种型式的产品。LK_6系列是由同步电动机和齿轮减速器组成定时元件，由此元件按规定的时间顺序，周期性地分合电路。

控制电路中，主令控制器触点常采用图形符号或操作手柄在不同位置时的触点分合状态表表示，如图2－26所示，图(a)为图形符号表示，触点用小圆圈表示，虚线表示挡位，在虚线上涂上黑点表示触点在对应的挡位接通，没有黑点则表示断开。图(b)为触头分合状态表，表中将触点与挡位分别画在表格中的行和列，对应的格子内用“×”表示触点在该挡位接通，空白表示断开。

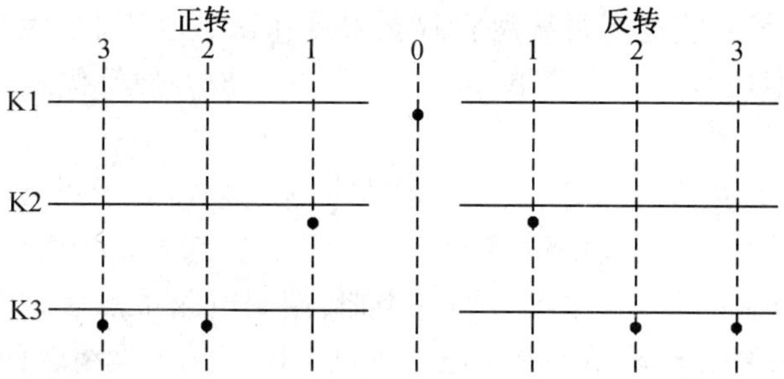

(a)

触头	正转			0	反转		
	3	2	1		1	2	3
K1				×			
K2			×		×		
K3	×	×				×	×

(b)

图2-26　主令控制器的触头表示方法

(a)主令控制器的图形符号;(b)主令控制器的触头分合状态表

任务2　认识电器系统图

【学习目标】

1. 掌握控制线路的规范和要求。
2. 熟练掌握船舶电气设备控制线路的读图步骤和方法。

【任务分析】

为保证船舶正常生产和人命安全,船舶上有很多的用电设备,这些设备都是由控制箱来进行控制和保护。船舶电气设备管理人员的职责就是要保证设备的正常工作,一旦设备发生故障,必须在短时间内尽快修复,使其恢复使用。要具备这种能力,除了掌握设备的结构和工作原理外,更重要的是要读懂控制线路图。因此掌握控制线路的规范、要求及读图步骤和方法是船舶电气设备管理人员的基本技能,对船舶电气设备的保养及维修非常重要。

【相关知识】

控制线路图示法

继电-接触器式控制是电力拖动系统中最基本、最简单的控制方法,以此实现对电力拖动系统的启动、制动、反转和调速的控制，完成船舶实际生产任务及实现对电力拖动系统的保护。继电－接触器式控制系统尽管存在着动作次数受限制、触头易受电弧损伤、维护保养量大等缺点，但是由于结构简单、成本低、调整维护方便等优点，在船舶电力拖动系统的控制中仍然广泛使用。

为保证船舶正常生产和人命安全，各种电气设备均需处于正常状态，这就要求对它进行控制和监测，这些功能的实现都离不开控制设备。控制设备种类繁多、功能各异，但其控制原理、基本控制电路、设计方法等方面均类似；控制电路虽然多种多样，但是无论电路有多复杂，也都是由一些比较简单的基本电气控制电路有规律地组合而成的。比如继电－接触器控制系统是由各种有触点的接触器、继电器、按钮、行程开关和其他电器等组成，将有关元件用导线连接成一定的电气线路，便组成了一个控制系统。为了表达电气设备控制系统的组成结构、工作原理、安装、调试、维修等技术要求，需要用统一的工程语言即用工程图的形式来表达，这种工程图就是电气线路图。

一、控制线路中电器及其图形符号和文字符号

电气线路图是工程技术的通用语言，为了便于交流与沟通，在电气控制线路中，各种电器元件的图形、文字符号都必须符合国家的标准。为了便于掌握国外先进技术和先进设备，便于国际交流和满足国际市场的需要，国家标准局参照国际电工委员会（IEC）公布的有关文件，制定了我国电气设备有关国家标准，采用新的图形和文字符号及回路标号，颁布了GB/T 4728（1－4）—2005 电气简图用图形符号、GB 6988—2008 电气制图标准。

1. 图形符号

国家电气图形符号标准 GB/T 4728 规定了电气图中图形符号的画法，该标准和国家电气制图标准 GB 6980 于 1990 年 1 月 1 日正式贯彻执行。国家标准中规定的图形符号基本与国际电工委员会（IEC）发布的有关标准相同。图形符号由符号要素、限定符号、一般符号以及常用的非电操作控制的动作符号（如机械控制符号等），根据不同的具体器件情况组合构成。国家标准除给出各类电气元器件的符号要素、限定符号和一般符号以外，也给出了部分常用图形符号及组合图形符号示例。因为国家标准中给出的图形符号例子有限，实际使用中可通过已规定的图形符号适当组合进行派生。

2. 文字符号

国家标准 GB/T 7159—1987《电气技术中的文字符号制订通则》规定了电气工程图中的文字符号，它分为基本文字符号和辅助文字符号。基本文字符号有单字母符号和双字母符号。单字母符号表示电气设备、装置和元器件的大类，例如 K 为继电器类器件这一大类；双字母符号由一个表示大类的单字母与另一表示器件某些特性的字母组成，例如 KA 即表示继电器类器件中的中间继电器（或电流继电器），KM 表示继电器类器件中控制电动机的接触器。辅助文字符号用来进一步表示电气设备、装置和元器件的功能、状态和特征。

本章附录中列出了部分常用的电气图形符号和基本文字符号，实际使用时需要更多更详细的资料，请查阅国家标准。

二、电气线路图

电气控制线路是由各种有触点的接触器、继电器、按钮、行程开关等组成的控制线路。为了表达电气设备控制系统的组成结构，工作原理及安装、调试、维修等技术要求，需要用

统一的工程语言,也就是电气线路图来描述。常用电气线路图有电路图和接线图两种。

1. 电路图

电路图是用符号按其工作顺序排列,详细表示电路、设备或全套装置的全部组成和电气连接,而不考虑实际位置。这种图能够清楚地表明电路的功能,主要是用来分析电路的工作原理,又叫电气原理图。绘制电路图时遵循的一般规定如下:

(1)控制系统内全部电机、电器或其他带电部分,都应按标准绘制,标注图形和文字符号。

(2)电路图分为主电路和控制电路两部分。电气原理图中,一般主电路和控制电路分为两部分画出。主电路是设备的驱动电路,在控制电路的控制下,根据控制要求由电源向用电设备供电。主电路通常用粗实线画在电路图的左侧(或上方)。在电力拖动线路中,实际上就是设备的电源、空气开关、电动机及其他用电设备等。控制和辅助电路一般用细实线画在电路图的右侧(或下方)。控制电路、辅助电路要分开画。控制电路画出控制主电路工作的控制电器的动作顺序,画出用作其他控制要求的控制电器的动作顺序。控制电路由接触器和继电器线圈,各种电器的常开、常闭触点组合构成控制逻辑,实现需要的控制功能。辅助电路是指设备中的信号和照明部分。主电路、控制电路、其他辅助的信号照明电路和保护电路一起构成电气控制系统。电气原理图中的电路可水平布置或者垂直布置。水平布置时,电源线垂直画,其他电路水平画,控制电路中的耗能元件画在电路的最右端。垂直布置时,电源线水平画,其他电路垂直画,控制电路中的耗能元件画在电路的最下端。

(3)各电器按未通电或不受外力作用时的状态绘制

①继电器和接触器的线圈处在失电状态。

②断路器和隔离开关在断开位置。

③零位操作的手动控制开关在零位状态。

④机械操作开关和按钮在不受外力状态。

⑤保护类元器件处在设备正常工作状态。

(4)同一电器的不同部件按作用画在不同位置,但标以相同的文字符号(以数字进行区别)。电气原理图中的所有电器元件不画出实际外形图,而采用国家标准规定的图形符号和文字符号表示。原理图中,同一电器的各元件不按它们的实际位置画在一起,而是按其在线路中所起作用分别画在不同电路中,但它们的动作却是相互关联的,必须标以相同的文字符号。比如接触器 KM 的线圈画在控制电路中,而三对常开主触点则画在主电路中。若线圈得电,主触点随即动作,因此,均须标以相同的文字符号 KM,以此来表示它们属于同一个接触器的元件,其状态的改变受同一个接触器控制。若图中相同的电器较多时,需要在电器文字符号后面加上数字以示区别,如 KM_1 和 KM_2 等。

(5)图中各元件的动作顺序一般是:从上到下,从左到右。对有直接电联系的交叉导线连接点要用小圆圈或小黑点表示。

2. 接线图

接线图是用规定的符号来表明各电器元件在电路上的联系,同时又表明各元件相互间的位置,主要是供施工、检修用。电气接线图是按照电器元件的实际位置和实际接线绘制的,根据电器元件布置最合理、连接导线最经济等原则来安排。它为安装电气设备、电器元件之间进行配线及检修电气故障等提供了必要的依据。在绘制安装接线图时一般应遵循以下原则:

(1)各电器元件用规定的图形、文字符号绘制,同一电器元件各部件必须画在一起。各电器元件的位置应与实际安装位置一致。

(2)不在同一控制柜或操作台上的电器元件的电气连接必须通过端子排进行。各电器元件的文字符号及端子编号应与原理图一致,并按原理图的接线进行连接。

(3)走向相同的多根导线可用单线表示,但线径不同的导线例外。

(4)画连接导线时,应标明导线的规格、型号、根数等规格要求,以便施工人员顺利施工。

三、电气原理图坐标图示法

电气原理图坐标图示法是在上述电气原理图基础上发展而来的,分为轴坐标标注和横坐标标注两种方法。

1. 轴坐标标注法

轴坐标标注法首先根据线路的繁简程度以及线路中各部分线路的性质、作用和特点,将线路分为交、直流主电路,交、直流控制电路及辅助电路等。为便于标注坐标,将线路各电器元件均按纵向画法排列。每一条纵向线路为一线路单元,而每一个线路单元给定一个轴坐标,并用数字表示。这样每一线路单元中的各电器元件具有同一轴坐标。在对线路单元进行坐标标号时,为标明各线路性质、作用和特点,往往对同一系统的线路单元用一定的数字来标注轴坐标。图2-27为某设备的轴坐标图示法电气原理图,图中根据线路性质、作用和特点分为交流主电路、交流控制电路、交流辅助电路和直流控制电路四部分。交流主电路轴坐标标号为100~108,交流控制电路轴坐标标号为200~211,直流控制电路轴坐标标号为300~309,交流辅助电路轴坐标标号为400~406。在轴坐标202标号的线路单元中有 SB_1,KM_1 等电器元件。在选定坐标系统与给定坐标后,下一步就是标注图示坐标。为了阅读,查找方便,可在线路图下方标注“正序图示坐标”和“逆序图示坐标”。

正序图示坐标一般标注在含有接触器或继电器线圈的线路单元的下方。在图2-27中标注了 KM_1 ~ KM_4 的正序图示坐标,在该线路单元的下方标注该继电器或接触器各触头的分布位置。如接触器 KM_1 在线路中用了4对常开触头、1对常闭触头,它们分别位于102,102,102,402,204号线路中,这样各对触头的位置便于查找,作用也容易分析。

逆序图示坐标一般标在各线路单元的下方,用来标注该线路单元中的触头和受控制线圈所在的轴坐标号。如在图2-27中的402线路单元中含有触头 KM_1,KM_1 的线圈在202线路单元中。

由上可知,正序图示坐标是以线圈为据找触头,而逆序图示坐标则是以触头为据找线圈。图示坐标的标注采用与否,可根据线路图的繁简程度决定。线路简单的,正、逆图示坐标均可不标注;线路不算很复杂的,一般只标注正序图示坐标即可;比较复杂的线路,可根据需要标注正、逆序图示坐标。线路越复杂,越能体现标注坐标的优越性。

2. 横坐标标注法

采用横坐标标注法,线路上的各电器元件均按横向画法排列。各电器元件线圈的右侧,由上到下标明各支路的序号1,2, …,并在该电器元件线圈旁标明其常开触头(标在横线上方)、常闭触头(标在横线下方)在电路中所在支路的标号,以便阅读和分析电路时查找。图2-28是某电气控制线路的一部分,就是使用这种横坐标标注法,图中接触器 KM_2,KM_3 实现的是点动控制功能。KM_2 的常闭触头在控制电路4支路中有1对,KM_3 的常闭触头在控制电路3支路中有1对。

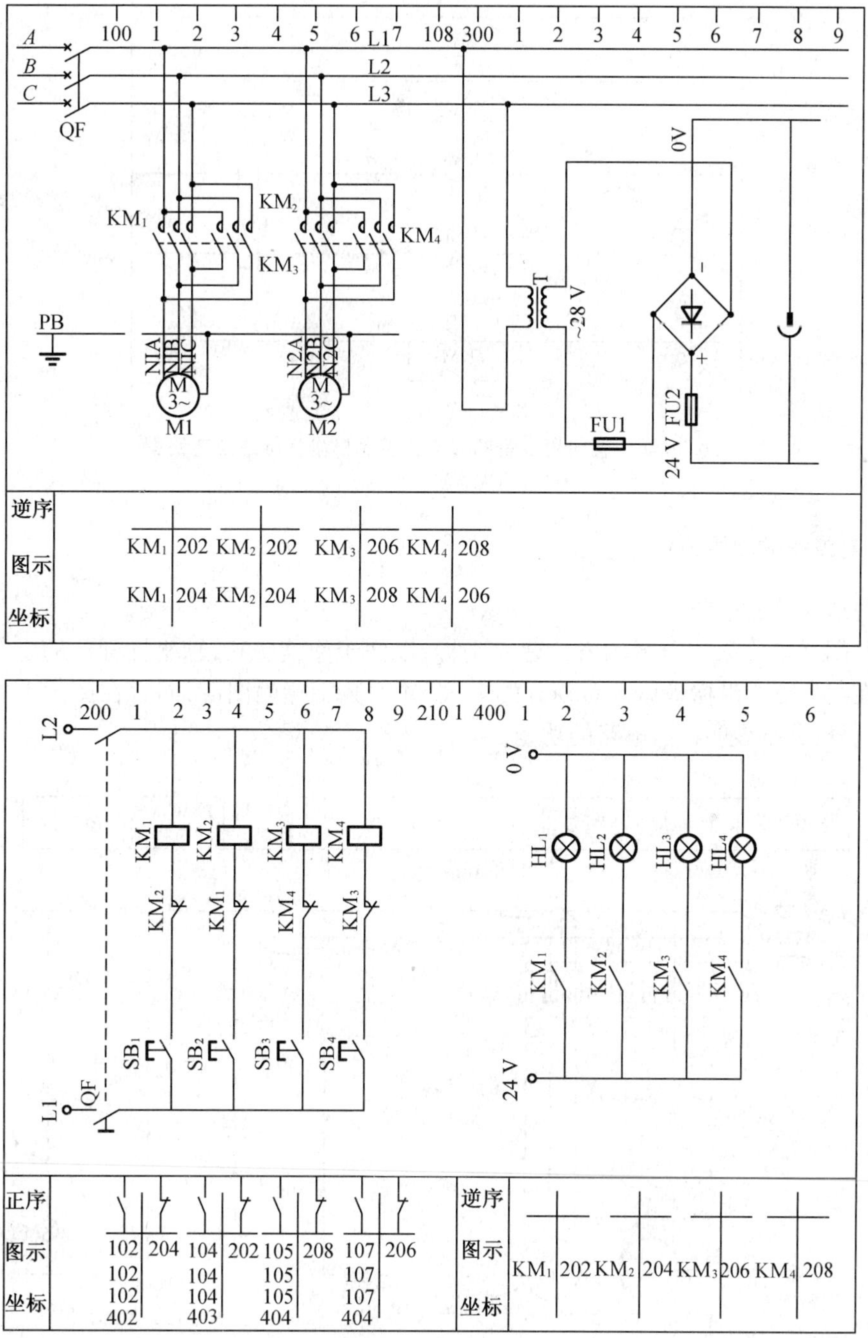

图 2－27　某船用设备的电机控制轴坐标图示法电路图

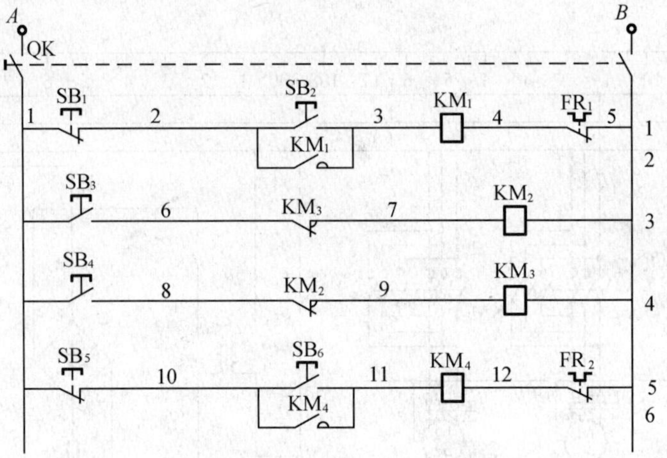

图 2－28　某船用设备的多电机控制横坐标标注法电路图

四、电路图的阅读方法

1. 图形区域的划分

工程图样通常采用分区的方式建立坐标，以便于阅读查找，轴坐标标注的电气原理图常采用在图的下方沿横坐标方向划分的方式，并用数字标明图区，同时在图的上方沿横坐标方向划分，分别表明该区电路的功能。

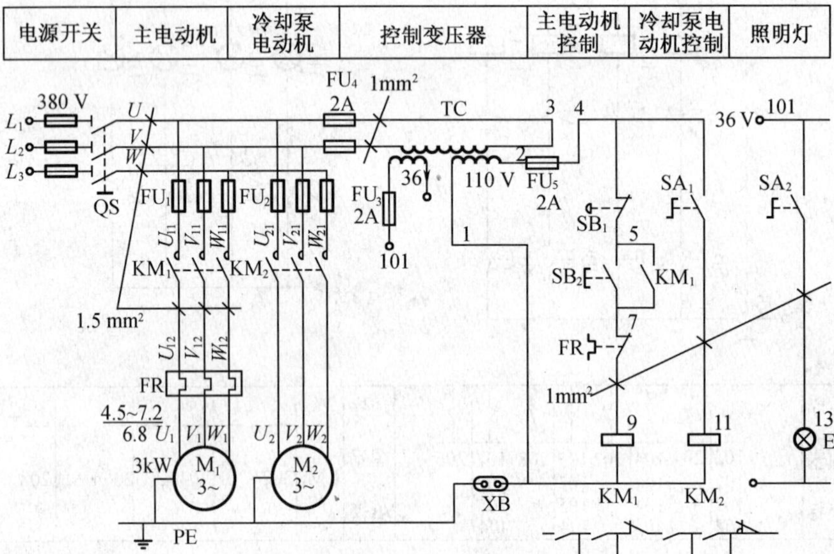

图 2－29　某船用设备的多电机控制图的区域标注法

2. 读图方法

(1)电气读图概述

电气图的最基本应用主要有三个方面:电气日常维护管理人员根据对电气图的识读,分析运行中电气设备的工作状态和性能,对电气设备进行维护、检修和故障排除;电气工程技术人员根据对电气图的识读,对电气设备进行安装、调试,并使电气设备投入正常运行;电气工程高级技术人员对电气系统设计人员设计的图样进行审核、编制施工预算和预案,指导电气安装人员进行实际电气安装与调试。

第一种读图要求相对最为简单,读图的工作量相对最少。读图的目的是通过看懂电气图,能够找出图中标示的电气工程项目的安装位置,能够根据电气设备的工作状态或故障现象,分析电气设备的性能或故障原因,提出维护方案或维修方案,进行实际检查,排除设备的故障或可能存在的隐患,提高设备的性能,保证电气设备处于良好的工作状态。因此,这种读图涉及的电气图纸相对较少,读图的工作量也相对较小。第二种读图要求相对较高,必须对安装设备所涉及的所有电气图样完全理解。然后根据所读的电气图样进行电气安装和调试。在调试过程中还必须根据设备的种种现象采取必要的措施进行实际调整。对调试中出现的问题必须能够分析原因,并进行改正,直到所安装的电气设备达到最佳状态以投入实际运行。因此不但要求读图者能够读懂电气图,还需要读图者有较为广泛的知识。读图时也不能局限于几张有关的电气图样,而必须将整个电气系统的所有图纸结合起来读,才能全面理解设计者的设计思路,才能又好又快地完成电气安装和调试任务。第三种读图要求相对最高,读图的工作量也最大。电气技术人员要对设计图样进行审核,就必须对所有图样进行全面、仔细地阅读,不仅要读懂电气图样表达的内容,还要根据国家颁布的各种标准对电气图进行审核,寻找可能存在的不妥或错漏之处。对于复杂的电气系统,审查图样需要各个方面会同进行,并举行会审,以确定用于施工的完整图样。然后根据会审的图样编制预算和预案,组织施工。施工安装完毕后要根据图样进行调试,使电气系统以最佳的状态投入运行。因此,这种读图要求有很宽广的知识面,要求有相当的经验积累。读图时要综合各方面的规定、规范、要求进行仔细研读,是电气读图的最高要求。

从上面的分析可以知道,读电气图最基本的是能看懂电气图,看懂电气图后,就能了解电气设备的实际性能和工作原理,就能指导电气技术人员对电气设备进行维护管理和维修保养。船舶电气管理人员的日常工作主要就是对所管电气设备进行维护、保养和修理,以保证电气设备一直处于正常状态,确保国家财产和人命安全。下面就电气技术人员的读图基本要求和步骤进行归纳性的介绍。

(2)电气读图的基本方法

结合电工、电子技术基础知识读图。在船舶的供配电系统中,柴油发动机、配电板、电力拖动系统、各种照明电路、各种电子电路、仪器仪表、警报等,都是建立在电工、电子技术基础理论上的。因此,要想准确、迅速地看懂电气图,必须具备一定的电工、电子技术知识。如三相感应电动机的正反转控制,就是利用电动机的旋转方向是由三相交流电的相序决定的原理,用两个接触器实现切换,从而改变接入电动机的三相交流电的相序,实现电动机正反转。

结合电器元件的结构和工作原理读图。电路是由各种电气设备、元器件和装置组成的,如船舶供配电系统中的变压器、各种开关、接触器、继电器、熔断器、互感器等;电子电路中的电阻器、电容、电感、二极管、三极管、晶闸管以及各种集成电路等。因此,只有熟悉这些电气设备、元器件结构和工作原理,理解其用途、特点以及它们与周围器件的关系,理解它们在整个电路中的地位和作用,才能正确并快速读图。

结合典型电路读图。典型电路就是常用的基本电路,是船舶各种复杂电路的基础。如三相异步电动机的启动、换向、调速、制动、过载保护、零压保护、顺序控制、行程控制等,直流电动机按时间方式、按电流方式或按转速方式这三种典型的启动方式,甲板机械中的恒功率或恒转矩调速等。无论电路多复杂,都是由典型电路组成、派生的,因此熟悉各种典型电路就能正确而又快速地读图。

结合电气图的制图要求读图。电气图的绘制有一定的基本规则和要求,按照这些规则和要求画出的图具有规范性、通用性。

结合其他专业知识读图。在船舶上为了完成很多不同的任务,设有很多机械设备,如为主机服务的各种泵、靠离码头所需的锚机和绞缆机、保障船员生活的冰机和空调等。这就需要电气人员既要有扎实的电气知识,还要懂得所控制设备的工作原理。比如在读空调的线路图时,就少不了有关空调工作原理的基本知识,制冷系统的常识,保证压缩机正常工作的条件和各种保护。这样一旦系统发生故障,就能根据故障现象,依靠所掌握的电气知识和机械方面的工作原理,快速判断并排除故障。

3. 电气读图步骤

在读电气原理图之前,首先要了解被控对象对电力拖动的要求;了解被控对象有哪些运动部件以及这些部件是怎样动作的,各种运动之间是否有相互制约的关系;熟悉电路图的制图规则及电器元件的图形符号。这就要求我们在读图之前要看设备说明书和图纸说明。阅读设备说明书的目的是了解设备的机械结构、电气传动方式、对电气控制的要求、设备和元器件的布置情况以及设备的使用操作方法、各种按钮、开关等的作用。

通常电气原理图分为主电路、控制电路和辅助电路。读电气原理图时要先从主电路入手,掌握电路中电器的动作规律,根据主电路的动作要求再看与此相关的电路。一般步骤如下:

(1)首先是查看本设备所用的电源;

(2)分析主电路有几台电动机,分清它们的用途、类别;

(3)分清各台电动机的动作要求,如启动方式、调速方式及制动方式,各台电动机之间是否有相互制约关系;

(4)了解主电路中所用的控制电器及保护电器。

在了解上述内容后就可进行控制电路和辅助电路的阅读和分析了。由于生产机械的类型不同,工作任务也不同,它们对电力拖动提出的要求也就不一样,表现在电路图上有各种不同的控制及辅助电路。分析控制电路时首先分析控制电路的电源电压;接着再了解控制电路中采用了几个接触器、哪些继电器、检测什么信号、触头的位置及触头在电路中的作用。

分析控制电路必须随时结合主电路的动作要求来进行,只有全面了解主电路对控制电路的要求后,才能真正掌握控制电路的动作原理。不能孤立地看待各部分的动作原理,而要注意各个动作之间是否有相互制约的关系,如电动机正、反转之间设有互锁环节,伙食冰机冷却水泵马达与压缩机马达之间的联锁环节等。控制电路一般是按动作顺序绘制的,因此分析时就可从左到右或从上而下地按顺序进行。比较复杂的控制电路,可分成几个功能来分析,如电源部分、启动部分、调速部分、制动部分、保护部分、应急停车等。

辅助电路一般比较简单，通常它包含照明和信号部分。信号灯是指示生产机械动作状态的，工作过程中可方便操作者随时观察，掌握各运动部件的状况，判别工作是否正常。通常以白色灯指示电源，绿色灯指示正常工作，红色灯指示出现故障。

任务3　电动机的基本控制电路

【学习目标】

1. 熟练掌握几种电动机的基本控制电路。
2. 熟练掌握船舶电气设备控制线路中的各种保护环节。

【任务分析】

船舶电气设备都是由控制箱来进行控制和保护的，控制箱的主要组成部分就是控制线路。有的控制线路比较简单，工作原理一目了然；有的控制线路相对比较复杂，对船舶电气设备管理人员的要求就比较高。不管控制线路有多么复杂，它都是在一些基本控制电路的基础上演变而来的。

控制线路难免会发生各种故障，为了保护电源和用电设备，必须设置多种保护环节。

因此，掌握电动机的基本控制电路和各种保护环节是船舶电气设备管理人员的基本技能，对船舶电气设备的保养及维修非常重要。

【相关知识】

3.1　电动机的基本控制电路

一、点动控制

所谓点动，即手动按下按钮时，电动机运转工作；手松开按钮时，电动机停止工作。它能实现电动机短时转动，整个运行过程完全由操作人员决定。生产机械中常常需要试车或调整，有些机械设备在运行过程中为确保安全必须要有人监视等，这些都需要具有点动控制功能，尽管线路简单，在船舶上仍有很多地方采用。如机舱的盘车机、行车，甲板上的舷梯、艇机等都需要有点动控制。

图2－30为一个最简单的点动控制线路。按下启动按钮，线圈有电，主触头吸合，电动机启动运转；手松开，线圈失电，触头恢复原状，电机停止运转。这种启动方式，启、停和运行都需操作者一直参与。点动电路采取的保护措施主要有主、控制电路的短路保护，由熔断器来实现。

二、连续运转控制

船舶上大多数电动机如机舱的泵浦、风机等要求能够连续运转，也就是要求电动机能长时间连续运行。大多数鼠笼式电动机的连续控制线路是采用磁力启动器控制的。电动机连续运转的控制线路见图2－31。

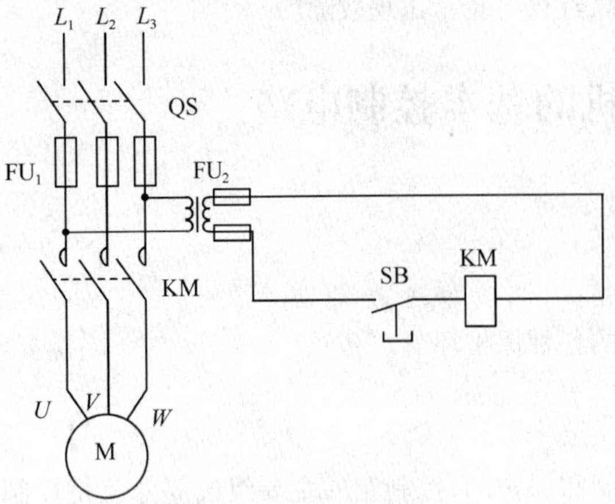

图 2-30 点动控制线路

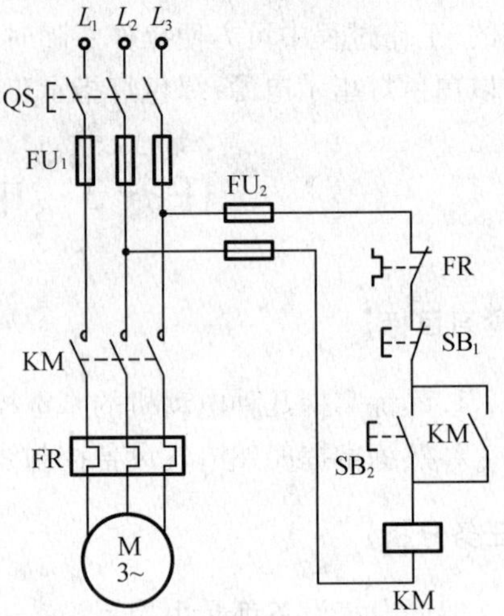

图 2-31 电动机连续运转的控制线路

启动电动机时,先将电源开关 QS 闭合。当按下启动按钮 SB_2 时,接触器 KM 线圈有电,KM 的常开主触头闭合,电动机接通电源而直接启动。同时它的常开辅助 KM 闭合,当松开 SB_2 按钮时,控制回路可通过其辅助触头使线圈 KM 继续通电。这种依靠接触器自身常开触点而使其线圈保持通电的现象称为自锁(或自保)。起自锁作用的辅助触点称为自锁触点。自锁触头有两个作用,除了自锁作用外还可起到失压保护作用。

如果要使电动机 M 停止运转,只需将停止按钮 SB_1 按下,接触器 KM 线圈失电,接触器释放,其常开主触头打开,电动机 M 停止运转,同时,自锁触头也断开。当 SB_1 恢复到原来位置时,接触器 KM 不会动作。只有再操作启动按钮,电动机才能再启动。

三、点动及连续双重控制

有些生产机械既需要连续运转,又需要在进行调整工作时采用点动控制,这就需要点动、连续双重控制电路。图 2-32(a)是用选择开关选择点动控制或者连续控制;图 2-32(b)是用复合按钮 SB_3 实现的点动控制,SB_2 实现连续控制。需要点动控制时,按下点动按钮 SB_3,其常闭触点先断开自锁电路,常开触点后闭合,接通启动控制线路,KM 线圈通电,电动机启动运转;当松开点动按钮 SB_3 时,其常开触点先断开,常闭触点后闭合,线圈断电释放,电动机停止运转。用 SB_2 和 SB_1 来实现连续控制。图 2-32(c)是采用中间继电器实现连续控制的电路。正常工作时,按下按钮 SB_2,中间继电器 KA 通电并自锁,同时接通接触器 KM 线圈,电动机连续转动;调整工作时,按下点动按钮 SB_3,此时 KA 不工作,其使 KM 连续通电的常开触点断开,SB_3 接通 KM 的线圈电路,电动机转动,SB_3 一松开,KM 的线圈断电。电动机停止转动,实现点动控制。

四、多地点控制

多地点控制是指在两地或两个以上地点进行的控制操作。有些机械设备为了操作方便常要求能在多个地点进行操作,比如船舶上为主辅机服务的泵浦通常要求既能在机旁控制又能在集控室进行控制,这样的控制要求可通过在电路中串联或并联电器的常闭触点和

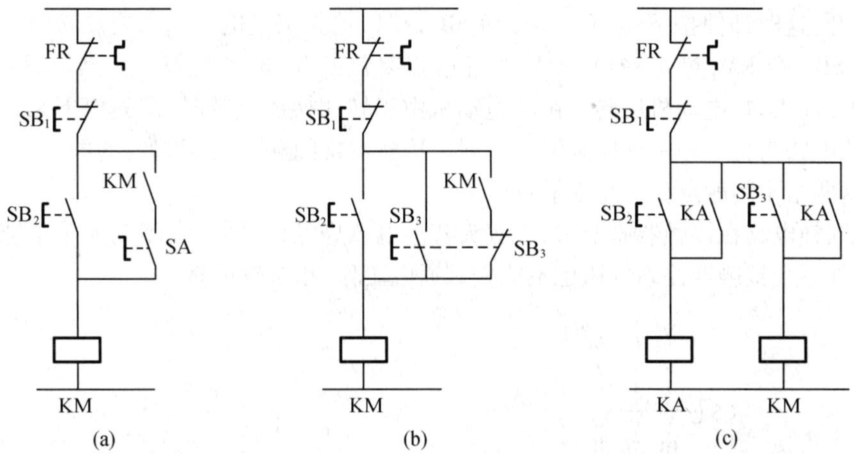

图 2－32　点动及连续双重控制电路

常开触点来实现。多地点控制按钮的连接原则为:常开按钮(启动按钮)均相互并联,组成“或”逻辑关系,常闭按钮(停止按钮)均相互串联,组成“与”逻辑关系,图 2－33 为两地点控制电路。

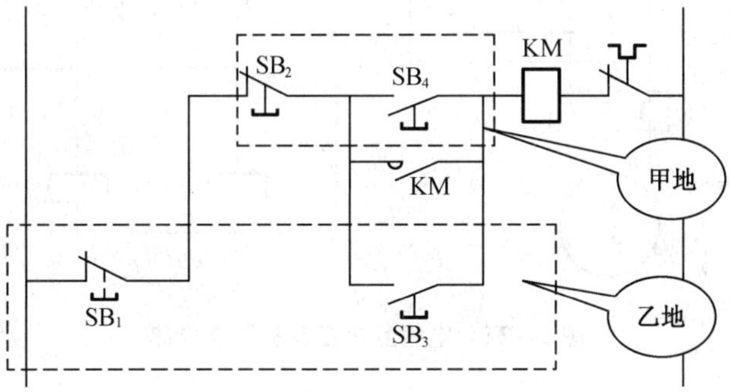

图 2－33　两地点控制电路

五、正反转互锁控制

在船舶生产实际中,许多设备均需要有两个相反方向的运行控制,以满足生产的需要。如锚机的起锚和抛锚、通风机的吸气和排气、起货机的提货和落货等。这类控制可通过电动机的正转与反转来实现。为了实现电动机的反向运转,只要将电动机三相电源进线中任意两线对调即可,在电路中任意两线对调可由两个接触器实现。

接触器 KM_1 和 KM_2 触点不能同时闭合,以免发生相间短路故障,因此需要在各自的控制电路中串接对方的常闭触点,构成互锁。互锁的含义就是互相“锁住”对方,不让对方同时处于工作状态。一方处于工作时,另一方就被“锁住”不能再处于工作状态,除非处于工作状态的一方停止工作。通常采取的互锁形式有电气、机械和多重互锁等。

1. 电气互锁

电气互锁是将接触器的常闭辅触头串接到被互锁的另一个接触器的线圈回路中。如

图 2－34 所示电路，按下正向启动按钮 SB_2 后，KM_1 线圈得电并自锁，电动机正转，KM_1 常闭触点断开，这时即使按下反向启动按钮 SB_3，KM_2 也无法通电。当需要反转时，需先按下停止按钮 SB_1，令 KM_1 断电释放，KM_1 常开触点复位断开，电动机停转。然后再按下 SB_3，KM_2 线圈才能得电，电动机反转。由于电动机由正转切换成反转时，需先停下来，再反向启动，故称该电路为正－停－反控制电路。利用接触器常闭触点互相制约的关系称为电气互锁，因此这两个常闭触点称为互锁触点。

电气互锁电路在接触器通断时，主触头若被电弧烧黏住，则其常闭辅触头不能闭合，即使按下另外一个接触器控制按钮也不能使其通电工作，相对较可靠。

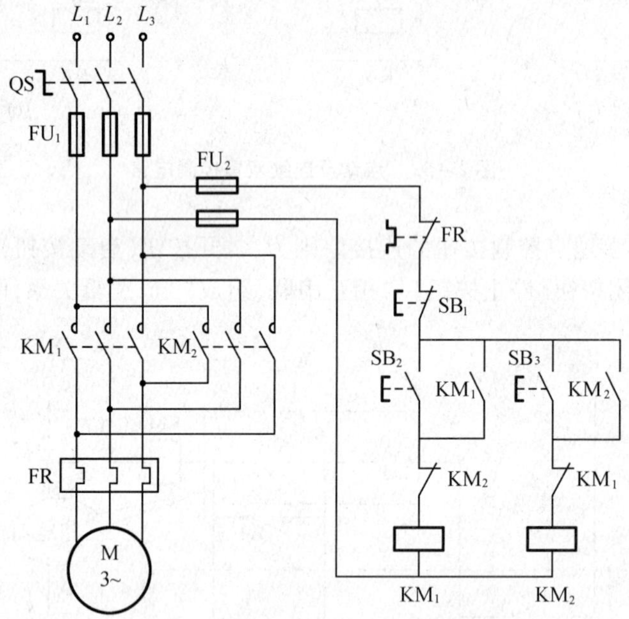

图 2－34 电气互锁正反转控制电路

2. 机械、电气双重互锁

图 2－34 中，电动机由正转到反转，需先按停止按钮 SB_1，在操作上不方便，为了解决这个问题，可利用复合按钮进行控制，如图 2－35 所示，启动按钮均换为双层按钮，则该电路为按钮机械互锁的控制电路。

假定电动机正在正转，此时接触器 KM_1 线圈吸合，主触点 KM_1 闭合。要使电动机换向，只需按下复合按钮 SB_3 即可。按下 SB_3 后，其常闭触点先断开 KM_1 线圈回路，KM_1 释放，主触点断开正序电源。复合按钮 SB_3 的常开触点后闭合，接通 KM_2 的线圈回路，KM_2 通电吸合且自锁，KM_2 的主触点闭合，负序电源送入电动机绕组，电动机作反向启动并运转，从而直接实现正、反向切换。欲使

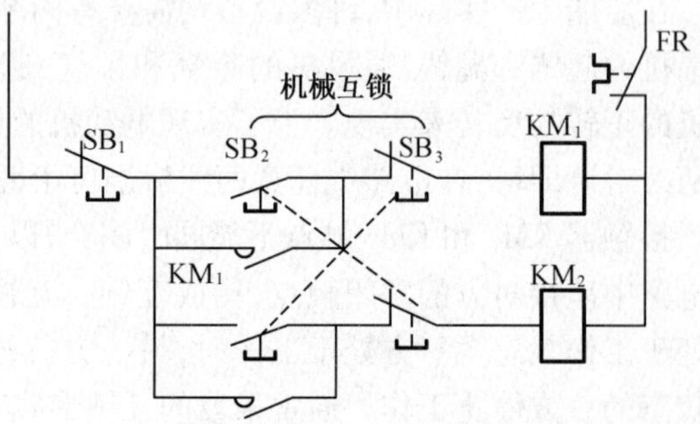

图 2－35 机械互锁电路

电动机由反向运转直接切换成正向运转，操作过程与上述类似。

按下 SB_2 时，只有 KM_1 可得电动作，同时 KM_2 回路被切断；按下 SB_3 时，只有 KM_2 可得电动作，同时 KM_1 回路被切断，因此采用复合按钮起到了机械互锁的作用。但只用按钮进行机械互锁，而不用接触器常闭触点之间的互锁，较不可靠。在实际中可能会出现由于负载短路或大电流的长期作用，造成接触器的主触点被烧焊在一起，或者由于接触器的机构失灵使衔铁卡住总是在吸合状态，这都可能造成主触点不能断开，这时如果另一接触器动作，就会造成电源短路事故。如果采用接触器常闭触点进行电气互锁（如图2-36所示），不论什么原因只要一个接触器是吸合状态，它的互锁常闭触点就必然将另一接触器线圈电路切断，这就能避免事故的发生。因此将电气互锁和机械互锁组合在一起则成为多重互锁，这样既可直接反向，又提高了可靠性。

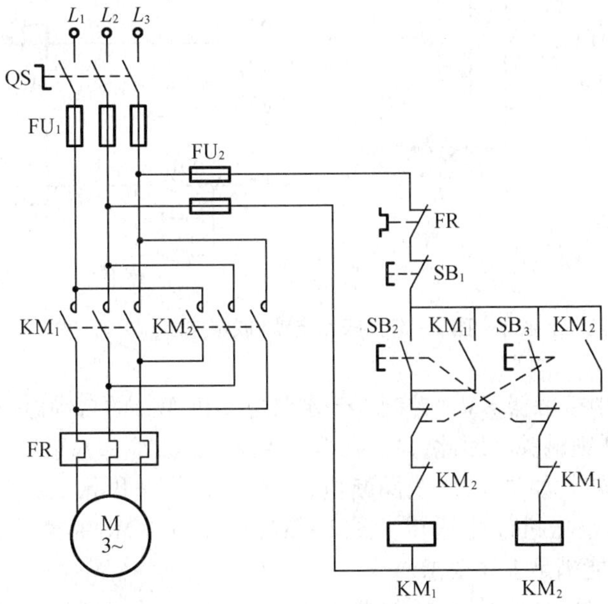

图2-36　机械、电气双重互锁电路

当然，以上只是基于线路图的理论上的分析，在船舶实际生产中，一般会尽量避免直接反向启动。这是因为如果采取直接反向启动的方法来改变电动机的运转方向，这相当于给电动机先进行反接制动，然后再反向加速，这会使转子受到很大力矩的冲击，对电动机不利。所以大容量的电动机应避免采取这种直接反向启动的方法。最好先按下停止按钮，待2~3分钟后，即电动机转速接近零时再按下反向启动按钮。

六、顺序启动（又称联锁控制）

生产机械都是由许多部件组成的，不同的部件之间是相互联系同时又相互制约，在操作时为了保证设备的工况正常，对电动机的启动、停止必须按一定顺序来控制，这就称为电动机的顺序控制。这种情况在船舶机械设备中很常见，如船舶上某些空压机正常工作时需要冷却水进行冷却，所以要求冷却水泵先运行，冷却水压力建立后才能启动空压机。有些船舶甲板上的电动起货机中的主拖动电动机的启动，只有在为它冷却的风机电动机启动后它才能启动。顺序启动联锁控制电路如图 2－37 所示,电动机 M_2 必须在 M_1 启动后才能启动,这就构成了两台电动机的顺序控制。

启动时合上电源开关 QS,按下启动按钮 SB_2,接触器 KM_1 线圈通电吸合并自锁,M_1 启动运转。KM_1 的常开触点闭合为 KM_2 线圈通电准备了条件。这时按下启动按钮 SB_3,KM_2 线圈通电吸合并自锁,M_2 启动运转。从而实现了 M_1 先启动,M_2 后启动的顺序控制。

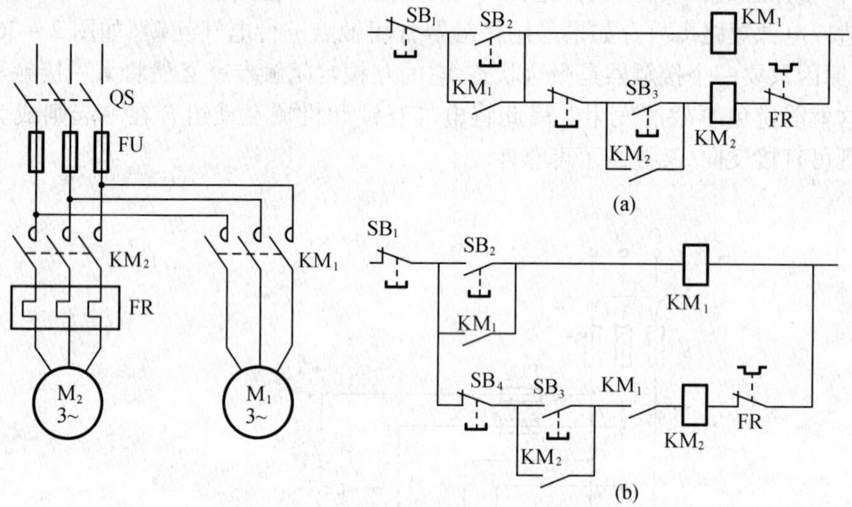

图 2－37 顺序启动(联锁控制)

在图 2－37(a)中接触器 KM_1(控制冷却水泵电动机 M_1)的自锁触头又是 KM_2(控制空压机电动机 M_2)的联锁触头。因此,只有在 KM_1 线圈通电,冷却水泵启动后,KM_2 线圈才能通电,空压机启动运转。如果 KM_1 线圈断电,冷却水泵停止供水,由于 KM_1 触头打开,使 KM_2 线圈立即断电,空压机停止运转。图 2－37(b)是用 KM_1 的另一个常开辅助触头与 KM_2 线圈串联,同样能满足上述要求。

联锁控制的要点是先启动接触器的常开触头与后启动接触器线圈串联;先停止接触器的常闭触头与后停止的停止按钮并联。

3.2 控制线路的保护环节

生产设备在使用过程中难免会出现机械或电气方面的故障,这样就会使电动机处在不正常状态,将会影响电动机的工况、使用寿命甚至在短时间内烧毁电机,所以对电动机采取有效的保护措施是非常重要的。电气控制线路中电气控制的保护环节非常多,通常设有以下保护环节。

一、短路保护

短路保护是电气控制线路中最基本、最常见的保护功能。当电路发生短路时,短路电流会达到额定电流的数十倍,它会在短时间内引起电器设备绝缘损坏和产生强大的电动力,使电机和电路中的各种电器设备产生机械性损坏。因此当电路出现短路电流时,必须迅速而可靠地断开电源。短路保护的作用就是在短路电流刚出现时,就立即切断电路电源,使电路和电器设备免受短路电流的损害。熔断器和空气开关是最常用的短路保护电器。

图 2-38(a)为采用熔断器作短路保护的电路。当主电机容量较小,其控制电路不需另设熔断器,主电路中熔断器也作为控制电路的短路保护。当主电机容量较大,则控制电路一定要单独设置短路保护熔断器。图 2-38(b)为采用自动开关作短路保护的电路。自动开关的过流线圈用作短路保护,线路出现短路故障时,自动开关动作断开电路,故障排除后重新合上开关,重新工作。

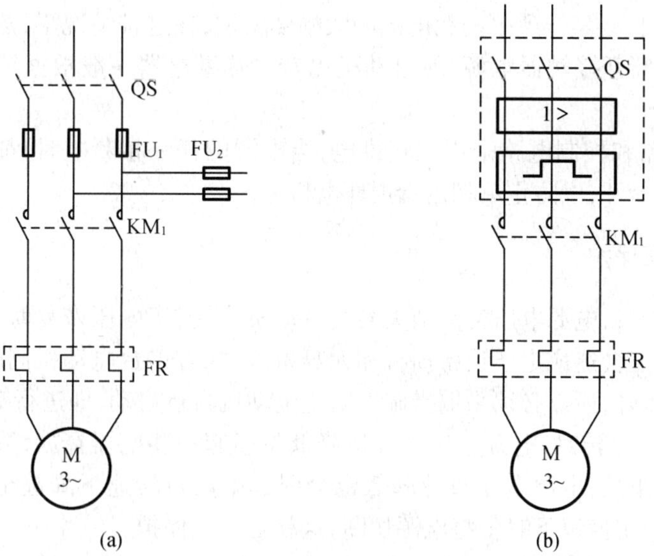

图 2-38　短路保护

(a)采用熔断器作短路保护的电路;(b)采用自动开关作短路保护的电路

二、过载保护

电动机的负载突然增加、断相运行或电网电压降低都会引起电动机过载。电动机长期过载运行,绕组温升超过其允许值,电动机的绝缘材料就要变脆,寿命就会减少,严重时会损害电动机,所以应设过载保护环节。

过载保护一般采用热继电器作为保护元件。热继电器具有反时限特性,由于热惯性的关系,热继电器不会受短路电流的冲击而瞬时动作;当有 8~10 倍额定电流通过热继电器时,需经 1~3 s 动作,这样,在热继电器动作前,热继电器的发热元件可能已烧坏。所以,在使用热继电器作过载保护时,还必须装有熔断器或过流继电器配合使用。图 2-39 所示为电动机的过载保护电路。

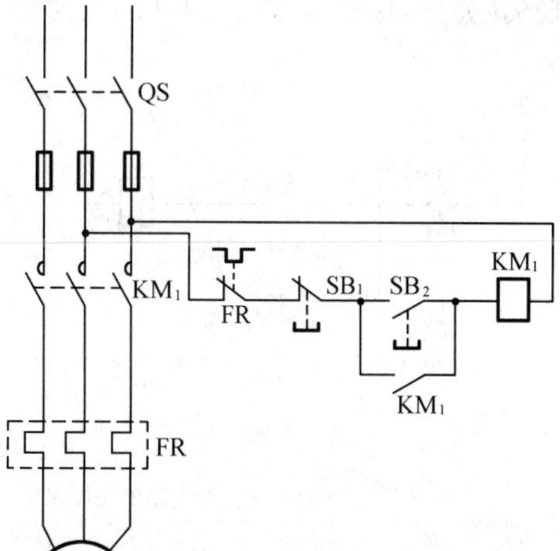

图 2-39　过载保护

对于容量较大的电动机,过载保护可以采用电流互感器,热继电器的发热元件接在电流互感器的二次回路中。电机过载时流经电流互感器的电流增大,它的二次回路电流也按一定比例增加,这样热继电器可用小规格的产品。也有的电路里面采用温度继电器进行过载保护。

三相交流异步电动机运行时,任一相断线(或失电),会造成单相运行,此时三相异步电动机为了得到同样的电磁转矩,定子电流将大大超过其额定电流,导致电动机发热烧坏,缺相运行的电动机,还伴随着剧烈的电振动和机械振动,因此也要对电动机进行断相保护。断相保护一般是将热继电器的发热元件串接在三相主电路的任意两相之中,在任一相发生断路(缺相)故障时,必然导致另两相电流的大幅度增加,在这种情况下,热继电器起着缺相保护的作用,它将断开接触器电源,使电动机停转。热继电器一般根据被保护的电器的额定电流值选取。

起货机主电路和控制电路采用三相供电,当电源的任一相断电时,都能使控制电路失电,电动机和电源断开,以防止单相运行损坏电机。

三、失压、欠压保护

在电动机运行时,电源电压突然消失会使电动机停转,当电压恢复时,电动机如果可以自行突然启动,可能会造成生产设备损害和人身事故,如有多台电动机同时启动,还会使线路上产生很大的压降,所以必须采取措施以防止电动机自行启动,即进行有效的失压保护。

当电动机正常运转时,电源电压过分地降低将引起一些电器释放,造成控制线路不正常工作,可能发生事故;电源电压过分降低也会引起电动机转速下降甚至停转。因此需要在电源电压降到一定值以下时就将电源切断,这就是欠压保护。

在用按钮控制的线路中,通常利用按钮的自动恢复作用和接触器的自锁作用,实现失(欠)压保护。电源失压或欠压时,接触器释放,此时接触器的主触点和辅助触点同时动作,使电动机电源切断并失去自锁。当电源电压恢复正常时,操作人员必须重新按下启动按钮,才能使电动机启动,如图 2-40(a)所示。用主令控制器控制时,则一般采用零压继电器实现失(欠)压保护,如图 2-40(b)线路中的 KV 继电器。

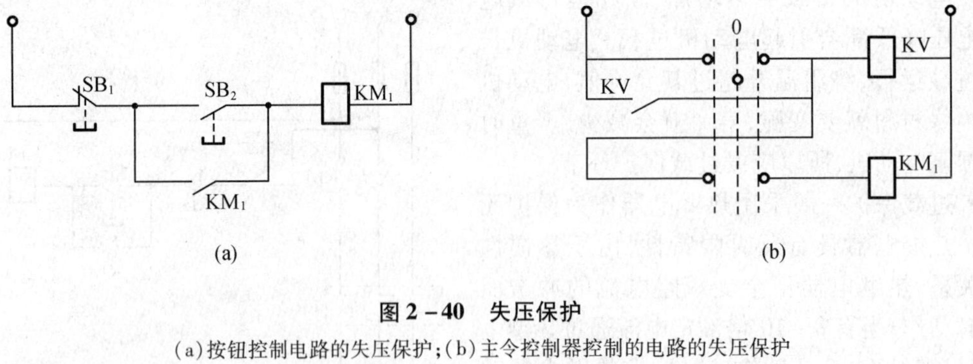

图 2-40 失压保护

(a)按钮控制电路的失压保护;(b)主令控制器控制的电路的失压保护

四、失磁保护

直流并励和复励电动机在启动和工作时,励磁电路一定不能断开,否则由于磁路中只有很小的剩磁，就可能发生事故。若电动机是静止的，由于转矩太小将不能启动，如果把启动电阻切除得太多，会引起电枢电流的剧增和烧毁电枢绕组；如果电动机有载运转，断开励磁电路也将立刻使它停止，这时反电动势急剧下降，也会引起电枢电流的剧增和烧毁电枢绕组；如果电动机空载运转，转速可能上升到使机械“飞车”，为了防止电动机在失磁下启动和运转，可以在并励绕组中串联电流继电器的线圈来检测励磁电流。在正常励磁电流下，电流继电器吸合接通控制电路，当励磁电流减小到危险值时，继电器释放，切断控制电路，使电动机停转。

任务4 电力拖动的典型控制线路

【学习目标】

1. 熟练分析船舶电力拖动几种典型的控制线路的工作原理。
2. 初步掌握几种典型控制线路的安装方法。

【任务分析】

远洋船舶有很多台电动机，功能繁多，型号不尽相同，功率可能相差很大，它们对保证船舶正常安全航行及船舶生产起着很大的作用。

船舶绝大部分电动机集中在机舱，需要在机旁或远距离（如在集控室）进行启动和停止的操作，既要求启动设备简单可靠，又要注意减少对船舶电网的冲击；而拖动甲板机械工作的电动机除了启动和停止操作以外，绝大部分还要求具有正、反转及调试和制动的功能。

船舶电气设备的使用者和管理者每天都会接触电动机，而电动机的工况与其相应的控制线路有很大的关系。具备熟练分析船舶电力拖动典型控制线路工作原理的能力对船舶电气管理人员来讲是非常必要的。

【相关知识】

4.1 电动机的启动控制线路

一、交流电动机的启动控制线路

上节介绍的启动控制电路是电动机的直接启动控制。船舶上由于电站的容量有限，大容量电动机的启动一般采取降压的方法来降低对电网的冲击。当然，由于减小了启动电压，必然也会减小启动转矩，因此降压启动的方法仅局限于空载或轻载启动。对于某些需要重载启动的场合，可采用绕线式异步电动机串电阻启动。

船舶上常见的交流电动机的降压启动方法有星形－三角形降压启动、定子串电阻降压启动、自耦变压器降压启动，下面分别简单介绍一下。

1. 星形－三角形降压启动控制线路

正常运行时，定子绕组为三角形连接的笼型异步电动机，可采用星形－三角形的降压启动方式来达到限制启动电流的目的。

启动时,定子绕组首先连接成星形,待转速上升到接近额定转速时,将定子绕组由星形连接改接成三角形,电动机便进入全压正常运行状态。主电路由 3 个接触器进行控制,KM_1、KM_3 主触点闭合,将电动机绕组连接成星形;KM_1、KM_2 主触点闭合,将电动机绕组连接成三角形。Y - △换接启动的控制电路的形式比较多,图 2 - 41 是其中的一种,控制电路中,用时间继电器来实现电动机绕组由星形向三角形连接的自动转换。

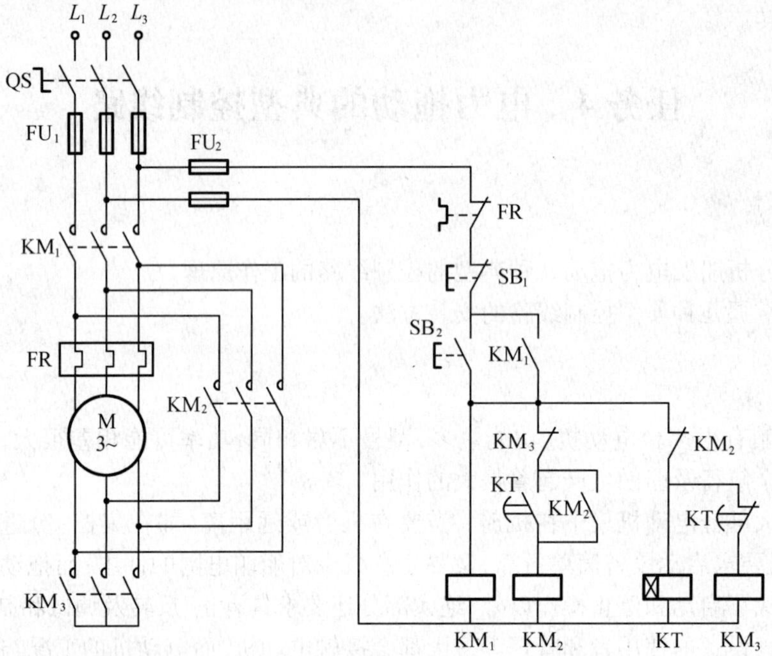

图 2 - 41 星形 - 三角形降压启动控制电路

启动时按下启动按钮 SB_2,KM_1 通电并自锁,接着时间继电器 KT,KM_3 的线圈通电,KM_1 与 KM_3 的主触点闭合,将电动机绕组连接成星形,电动机降压启动。待电动机转速接近额定转速时,KT 延时完毕,其常闭触点动作断开,常开触点动作闭合,KM_3 失电,KM_3 的常闭触点复位,KM_2 通电吸合,将电动机绕组连接成三角形,电动机进入全压运行状态。

2. 定子串电阻降压启动控制线路

电动机定子串电阻降压启动的原理是电动机启动时,在三相定子绕组中串接电阻分压,使定子绕组上的压降降低,启动后再将电阻短接,电动机即可在全压下运行。这种启动方式不受接线方式的限制,设备简单,常用于限制中小型设备的启动电流。

图 2 - 42 给出了串电阻降压启动的控制电路。图中主电路由 KM_1,KM_2 两组接触器主触点构成串电阻接线和短接电阻接线,并由控制电路按时间原则实现从启动状态到正常工作状态的自动切换。

启动时按下启动按钮 SB_2,接触器 KM_1 通电吸合并自锁,时间继电器 KT 通电吸合,KM_1 主触点闭合,电动机串电阻降压启动。经过 KT 的延时,其延时常开触点闭合,接通 KM_2 的线圈回路,KM_2 的主触点闭合,电动机短接电阻进入正常工作状态。电动机正常运行时,只要 KM_2 得电即可,但图 2 - 42(a)在电动机启动后 KM_1 和 KT 一直得电动作,这是不必要的,图 2 - 42(b)就解决了这个问题,KM_2 得电后,其常闭触点将 KM_1 及 KT 断电,KM_2 自锁。

这样，在电动机启动后，只要 KM_2 得电，电动机便能正常运行。

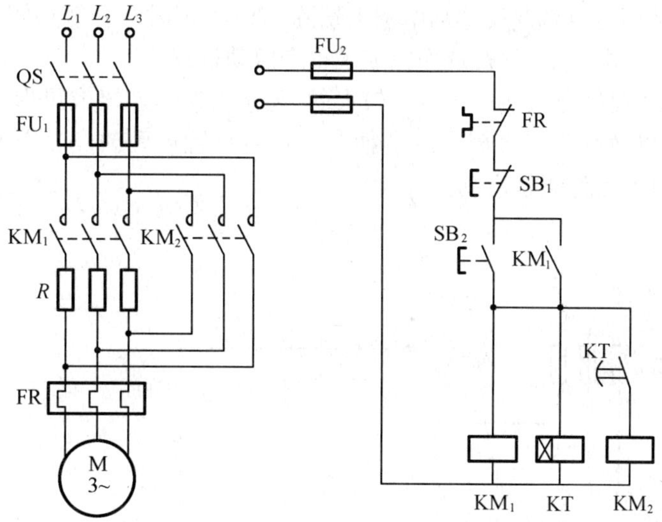

(a)

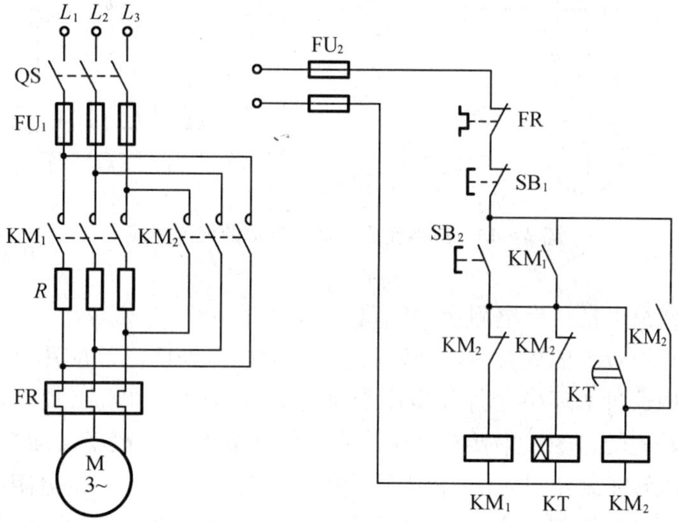

(b)

图2-42　定子串电阻降压启动控制电路

3. 自耦变压器降压启动控制线路

在自耦变压器降压启动的控制线路中，电动机启动电流的限制，是依靠自耦变压器的降压作用来实现的。电动机启动的时候，定子绕组得到的电压是自耦变压器的二次电压。一旦启动结束，自耦变压器便被切除，额定电压通过接触器直接加于定子绕组，电动机进入全压运行。

图2-43为自耦变压器降压启动的控制线路。启动时，合上电源开关QS，按下启动按钮 SB_2，接触器 KM_1 的线圈和时间继电器KT的线圈通电，KT瞬时动作的常开触点闭合，实

现自锁。KM_1 主触点闭合，将电动机定子绕组经自耦变压器接至电源，这时自耦变压器连接成星形，电动机降压启动。延时时间结束后 KT 延时常闭触点断开，使 KM_1 线圈失电，KM_1 主触点断开，从而将自耦变压器从电网上切除；而 KT 延时常开触点闭合，使 KM_2 线圈通电，电动机直接接到电网上运行，从而完成了整个启动过程。

自耦变压器减压启动方法适用于容量较大的、正常工作时连接成星形或三角形的电动机。其启动转矩可以通过改变自耦变压器抽头的连接位置得到改变。它的缺点是自耦变压器价格较贵，而且不允许频繁启动。

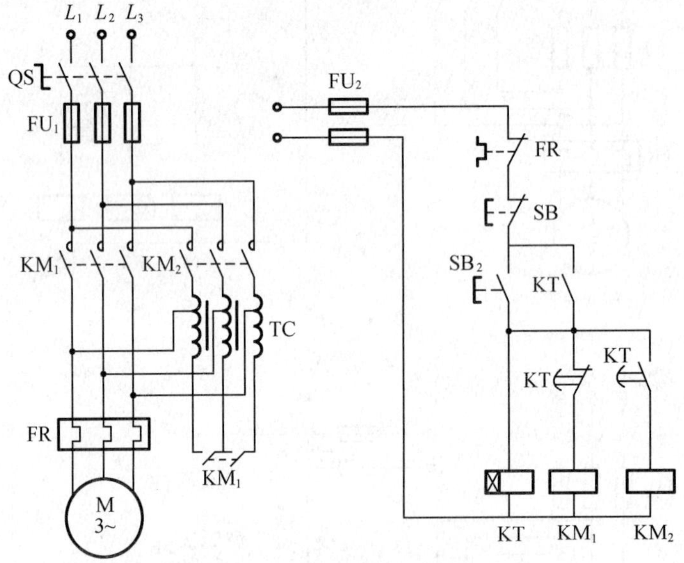

图 2-43 自耦变压器降压启动的控制线路

4. 绕线转子绕组电动机串电阻启动线路

在要求启动转矩较大的场合，绕线转子绕组电动机得到广泛的应用。绕线转子电动机可以在转子绕组中通过滑环串接外加电阻启动，达到减小启动电流、提高转子电路的功率因数和增大启动转矩的目的。串接在转子绕组中的外加电阻一般都接成 Y 形。在启动前，外加电阻全部接入转子绕组，启动过程中外接电阻被逐段短接。短接电阻的时刻可以通过检测启动过程中的电流值来确定，也可以采用时间继电器延时固定的时间实现，下面就介绍一下控制电路。

(1)按时间原则控制

控制过程中选择时间作为变化参量进行控制的方式称为时间原则。图 2-44 采用时间继电器控制绕线转子异步电动机的启动。这个控制电路使用 3 个时间继电器依次将转子电路中的三级电阻自动切除。

启动时合上空气开关 QF，按下启动按钮 SB_2，接触器 KM_1 线圈获电吸合且自锁，KM_1 主触点闭合，电动机 M 串三级电阻启动；时间继电器 KT_1 线圈得电吸合开始计时，当到达计时时间后 KT_1 常开触点延时闭合，接触器 KM_2 线圈得电吸合，KM_2 主触点闭合，切除一级启动电阻 R_1；同时时间继电器 KT_2 线圈得电吸合开始计时，当到达计时时间后 KT_2 常开触点延时闭合，使接触器 KM_3 线圈得电吸合，KM_3 主触点闭合，又切除第二级启动电阻 R_2；时间继

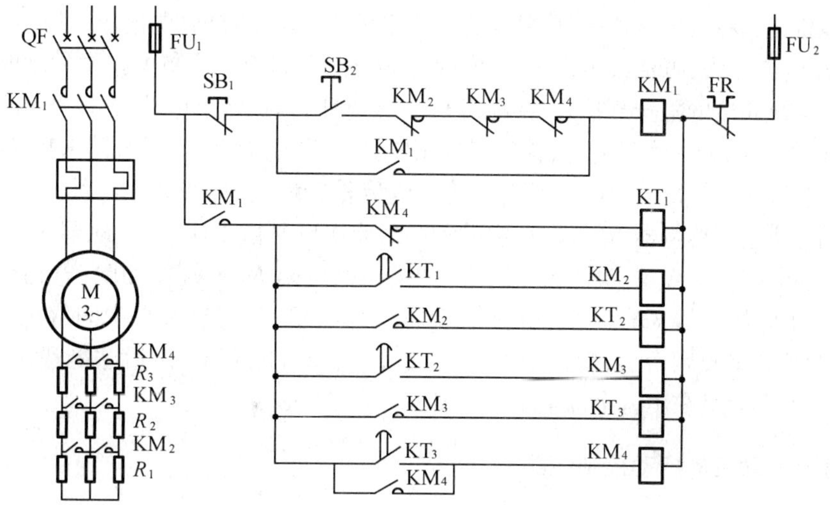

图2-44　采用时间继电器控制的绕线转子异步电动机的串电阻启动电路

电器 KT_3 线圈又得电吸合开始计时，当到达计时时间后 KT_3 常开触点延时闭合，使接触器 KM_4 线圈获电吸合，KM_4 主触点闭合，切除最后一级启动电阻 R_3，同时 KM_4 的动断触点依次将 KT_1，KT_2，KT_3 和 KM_2，KM_3 的电源切除，使 KT_1，KT_2，KT_3 和 KM_2，KM_3 的线圈断电释放，电动机启动结束。

（2）按电流原则控制

控制过程中选择电流作为变化参量进行控制的方式称为电流原则。图2-45中采用电流继电器控制绕线转子异步电动机的启动。这个控制电流是根据电动机转子电流的变化，利用电流继电器来自动切除转子绕组中串入的外加电阻。

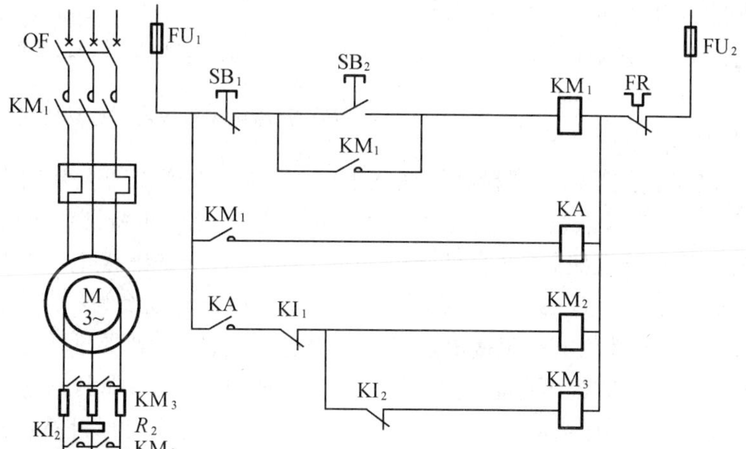

图2-45　采用电流继电器控制绕线转子异步电动机的启动电路

图中 KI_1 和 KI_2 是电流继电器,其线圈串接在转子电路中,这两个电流继电器的吸合电流的大小相同,但释放电流不一样,KI_1 的释放电流大,KI_2 的释放电流小。刚启动时,转子绕组中启动电流很大,电流继电器 KI_1 和 KI_2 都吸合,它们接在控制电路中的动断触点都断开,转子绕组的外接电阻全部接入;待电动机的转速升高后,转子电流减小,电流继电器 KI_1 先释放,KI_1 的动断触点恢复闭合,使接触器 KM_2 线圈获电吸合,转子电路 KM_2 的动合触点闭合,切除电阻 R_1;当 R_1 电阻被切除后,转子电流重新增大,但当转速继续上升时,转子电流又会减小,使电流继电器 KI_2 释放,它的动断触点 KI_2 又恢复闭合,接触器 KM_3 线圈又获电吸合,转子电路中 KM_3 的动合触点闭合,把第二级电阻 R_2 又短接切除,电动机启动完毕正常运转。中间继电器 KA 作用是保证启动时全部电阻接入,只有在中间继电器 KA 线圈获电,KA 的动合触点闭合后,接触器 KM_2 和 KM_3 线圈方能获电,然后才能逐级切除电阻,这样就保证了电动机在串入全部电阻下启动。

二、直流电动机的启动控制线路

直流电动机在启动的瞬时,转速为 0,与转速成正比的反电动势也为 0,如果采用直接启动,由于电枢绕组阻值一般很低,所以启动电流会很大,可达到额定电流的 10 ~ 20 倍,将可能导致电动机换向器和电枢绕组的损坏,因此除了容量很小的电动机外一般不能直接启动,最常用的启动方法是在电枢绕组上串接电阻来限制启动电流。如图 2 - 46 所示为电动机串两级电阻启动时的机械曲线。启动初始串接电阻 R_1 和 R_2,电流为 I_1,当转速上升到 n_1(b 点)时,电枢电流随之下降到 I_2,这时切除第一级电阻 R_1,电动机转到第二条机械特性曲线上,于是电枢电流立即上升到 I_1(c 点),随着转速升高,到达 n_2 转速(d 点)时电枢电流又随之下降到 I_2,这时再将第二级启动电阻 R_2 切除掉,电动机转到第三条机械曲线(自然特性曲线)上工作,于是电枢电流立即上升到 I_1(f 点),随着转速升高,到达额定转速(e 点)时,电动机的电枢电流也将为额定电流。

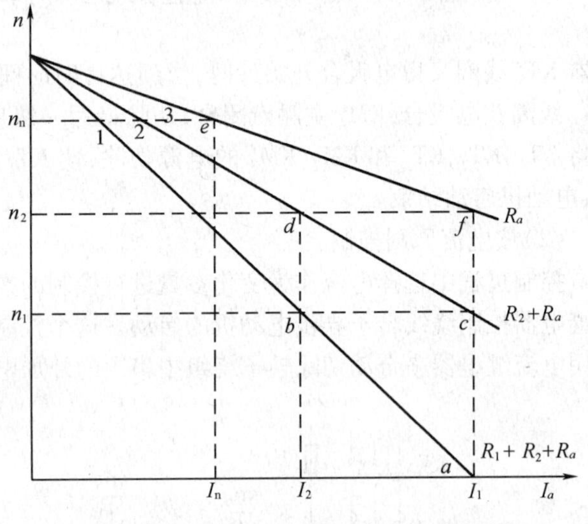

图 2 - 46 直流电动机串电阻启动的过渡过程

在启动过程中为了避免出现短接电阻时刻不准造成的冲击,就要准确地确定短接各级电阻的时刻,短接电阻的时刻可以通过检测启动过程中电枢电流下降到 I_2 时的电流值来确定,也可以通过检测电动机达到 n_1 和 n_2 时的转速来确定,同样也可以计算出启动过程中电枢电流两次从 I_1 下降到 I_2 的时间来确定。根据采用的方法的不同,控制电路也不同。直流电动机启动控制线路的切换方式有:按转速方式启动、按电流方式启动和按时间方式启动。下面主要介绍一下按这三种方式串电阻自动启动的控制电路。

1. 按转速方式

图 2 - 47 为并励直流电动机按转速原则的串电阻启动控制电路,图中 FV_1,FV_2 是电压

继电器，用来检测电枢电动势，由于直流电动机的电动势和转速成正比，所以相当于检测转速。R_3，R_4 为经济电阻，作用是使直流接触器 KM_1，KM_3 线圈正常工作时电流减小。FA_1，FA_2 为电流继电器，若启动电阻切除时间不准确，启动电流可能会过大，这时由 FA_1 实现过电流保护；启动时若励磁回路断电电枢电流会很大，所以由 FA_2 进行保护以防损坏电动机。$R-V$ 组成放电回路，为并励绕组提供放电回路。

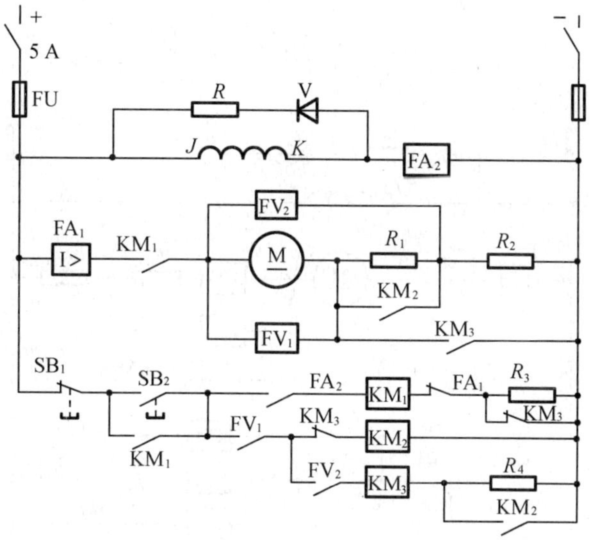

图 2-47　直流电动机按转速方式自动启动控制线路

启动时先将转换开关 SA 闭合，使电机励磁回路有电，保证电机启动过程处于最大励磁状态。SA_2 合上后，KM_1 线圈通电，由于这时转速为 0，所以感应电动势也为 0，FV_1、FV_2 不动作，电动机串电阻 R_1，R_2 启动，电动机工作在第一条曲线上。随着转速上升，电势增加，当增加到到 FV_1 的动作值时 FV_1 动作，使得 KM_2 得电动作，KM_2 的主触头将 R_1 短接掉，电动机电枢绕组只串 R_2，电动机转到第二条曲线上。随着转速的升高，电势增加到 FV_2 的动作值时 FV_2 动作，使得 KM_3 得电动作，KM_3 的主触头将 R_2 短接掉，电动机电枢绕组不串电阻，电动机在第三条特性曲线（自然特性曲线）上加速，直到达到额定转速，电动机正常运行。

要停止电动机的运行，只要按下停止按钮 SB_1，所有接触器 KM_1，KM_2 和 KM_3 的线圈全部失电，电动机的主电路失电，自行停车。

电动机停车后，只要关掉电源开关 SA 即可。但由于电机的励磁绕组电感很大，必须进行放电，二极管 V 和电阻 R 就组成了放电回路，二极管 V 的作用是保证正常工作时 R 不消耗电能。

2. 按电流方式

图 2-48 为并励直流电动机按电流方式的自动启动控制电路，启动时利用电流继电器 FA_2 和 FA_3 切除串接电阻（注意：接触器线圈属于电压线圈，匝数多、线径细、电感大，吸合动作时间相对较慢；电流继电器线圈属于电流线圈，匝数少、线径粗、电感小，吸合动作时间相对较快）。启动时按下启动按钮 SB_2，KM_1 线圈通电，接通主电路，电动机启动；FA_2 与 KM_2 两个线圈同时通电，但由于 FA_2 的动作时间比 KM_2 快，于是电动机串联电阻 R_1，R_2 启

动,电动机工作在第一条曲线上,随着电动机转速上升电枢电流下降,到 FA_2 的设定值后 FA_2 释放,KM_2 吸合并切除电阻 R_1,同时 FA_3,KM_3 有电,由于 FA_3 的动作时间比 KM_3 快,于是电动机串联电阻 R_2 继续启动,电动机转到第二条特性曲线上,随着电动机转速上升电枢电流下降,到 FA_3 的设定值后 FA_3 释放,KM_3 吸合并切除电阻 R_2,电动机电枢绕组不串电阻,电动机在第三条特性曲线(自然特性曲线)上加速,直到达到额定转速,电动机正常运行,电动机启动过程完成。

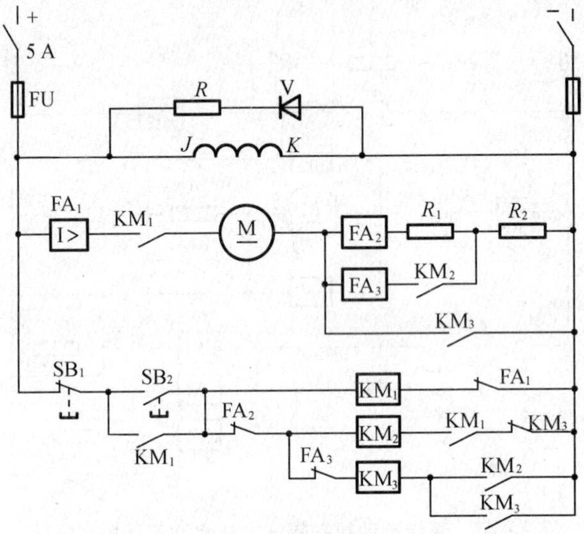

图 2-48 直流电动机按电流方式的自动启动控制线路

3. 按时间方式

图 2-49 为并励直流电动机的按时间方式的串电阻启动电路。启动时先将转换开关 SA 闭合,使电动机励磁回路有电,保证电动机启动过程处于最大励磁状态。SA 合上后,时间继电器 KT_1 线圈通电,常闭触头断开,保证启动时 KM_1 线圈通电,KM_2 线圈不通电。按下启动按钮 SB_2,接触器 KM_1 得电,电枢串 R_1,R_2 启动,同时 KT_1 失电开始延时,KT_1 延时结束后常闭触点闭合,使得 KM_2 线圈得电,KM_2 的主触点闭合短接掉 R_1,同时 KT_2 线圈失电,开始延时,KT_2 延时结束后常闭触点闭合,使得 KM_3 线圈得电,KM_3 的主触点闭合短接掉 R_2,电动机电枢绕组不串电阻,电动机在第三条特性曲线(自然特性曲线)上加速,直到达到额定转速,电动机正常运行,启动过程结束。

要停止电动机的运行,只要按下停止按钮 SB_1,所有接触器 KM_1,KM_2 和 KM_3 的线圈全部失电,电动机的主电路失电,自行停车,同时时间继电器线圈通电,为再次启动作准备。电动机停车后,系统的关机操作只要关掉电源开关 SA 即可。但由于电机的励磁绕组电感很大,必须提供二极管 V 和电阻 R 组成的放电回路,V 的作用是保证正常工作时 R 不消耗电能。

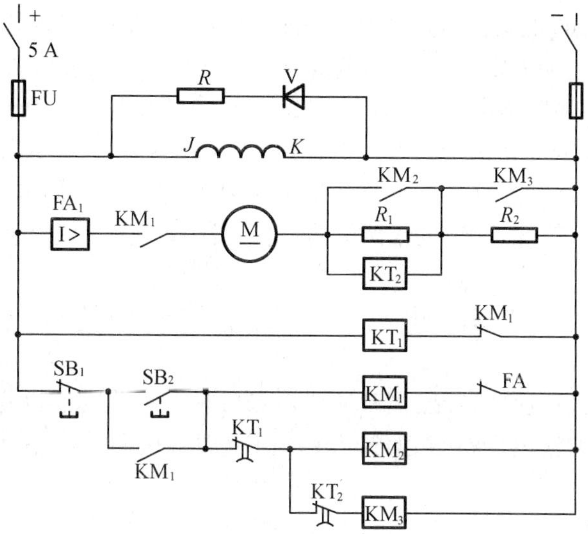

图 2－49　直流电动机按时间方式自动启动控制线路

4.2　电动机的调速控制线路

实际生产中，对机械设备常有多种速度输出的要求，通常采用单速电动机时，需配有机械变速系统以满足变速要求。当设备的结构尺寸受到限制或要求速度连续可调时，常采用电气调速。目前交流电动机的电气调速已得到广泛的应用，船舶上中小型设备应用较多的是多速交流电动机。由项目 1 的内容知道，电动机的转速与电动机的磁极对数有关，改变电动机的磁极对数即可改变转速。采用改变极对数的变速方法一般只适合笼型异步电动机，这里以双速电动机为例分析这类电动机的控制电路。

图 2－50(a)为双速异步电动机调速控制线路。图中主电路接触器 KM_1 的主触点闭

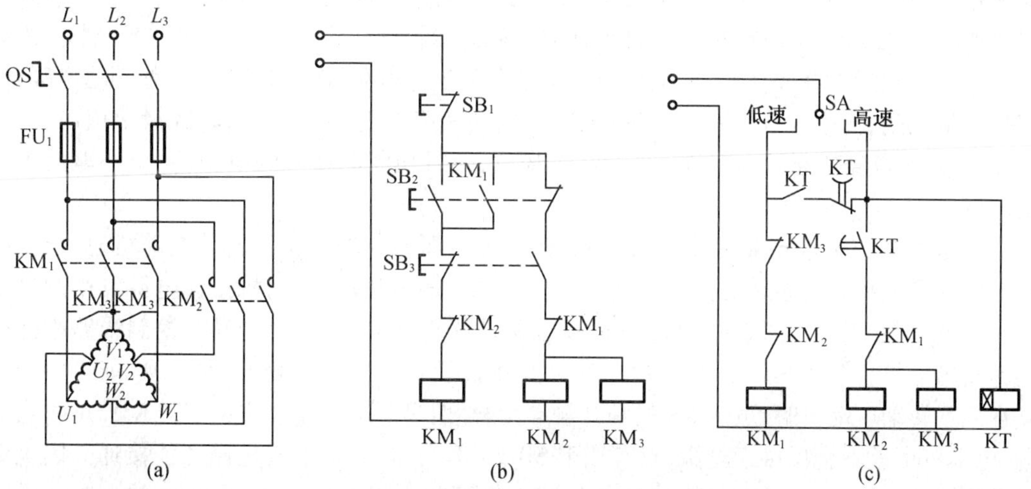

图 2－50　双速异步电动机调速控制线路

合,构成三角形连接;KM_2 和 KM_3 的主触点闭合构成双星形连接。图 2-50(b)控制电路由复合按钮 SB_2 接通 KM_1 的线圈电路,KM_1 主触点闭合,电动机低速运行。SB_3 接通 KM_2 和 KM_3 的线圈电路,其主触点闭合,电动机高速运行。为防止两种接线方式同时存在,KM_1 和 KM_2 的常闭触点在控制电路中构成互锁。图 2-50(c)的控制电路用于大功率的电动机,选择开关选择低速运行或高速运行。选择低速运行时,接通 KM_1 线圈电路,直接启动低速运行;选择高速运行时,首先接通 KM_1 线圈电路低速启动,然后由时间继电器 KT 切断 KM_1 的线圈电路,同时接通 KM_2 和 KM_3 的线圈电路,电动机的转速自动由低速切换到高速。

4.3 电动机的制动控制线路

电气制动是指通过电路的转换或改变供电条件使其产生与实际运转方向相反的电磁转矩——制动力矩,迫使电动机迅速停止转动。下面就接简单介绍几种典型的制动控制电路。

1. 反接制动控制线路

反接制动控制时是将异步电动机定子绕组中的三相电源相序改变,使定子绕组产生方向相反的旋转磁场,从而产生制动转矩,实现制动。反接制动要求在电动机转速接近零时及时切断反相序的电源,以防止电动机反向启动。当想要停车时,首先将三相电源切换,然后当电动机转速接近零时,再将三相电源切除,控制线路就是要实现这一过程。

其实现电路如图 2-51 所示,主电路中接触器 KM_1 的主触点用来提供电动机的工作电源,接触器 KM_2 的主触点用来提供电动机停车时的制动电源。假如电动机正在正方向运行,如果把电源反接,电动机转速将由正转急速下降到零。如果反接电源不及时切除,则电动机又要从零速反向启动运行。所以必须在电动机制动到零速时,将反接电源切断,电动机才能真正停下来。控制线路是用速度继电器来“判断”电动机的停与转的。电动机与速度继电器的转子是同轴连接在一起的,电动机转动时,速度继电器的常开触点闭合,电动机停止时常开触点断开。

图 2-51(a)控制电路的工作原理是,启动时合上电源开关 QS,按下启动按钮 SB_2,接触器 KM_1 线圈通电吸合且自锁,KM_1 主触点闭合,电动机启动运转。当电动机转速升高到一定数值时,速度继电器 KS 的常开触点闭合,为反接制动作准备。停车时,按下停止按钮 SB_1,KM_1 线圈断电释放,KM_1 主触点断开电动机的工作电源;而接触器 KM_2 线圈通电吸合,KM_2 主触点闭合,串入电阻 R 进行反接制动,当转速降至速度继电器 KS 的设定值以下时,KS 的常开触点复位断开,使 KM_2 线圈断电释放,及时切断电动机的电源,防止了电动机的反向启动。

但是这个控制电路存在着一个问题,在停车期间如果需要用手转动电动机时,速度继电器的转子也将会随着转动,其常开触点闭合,KM_2 通电动作,电动机接通电源发生制动作用,这样不利于工作。图 2-51(b)图的反接制动线路能够解决这个问题,控制线路中停止按钮使用了复合按钮 SB_1,并在其常开触点上并联了 KM_2 的常开触点,使 KM_2 能自锁。这样在用手转动电动机时,虽然 KS 的常开触点闭合,但只要不按复合按钮 SB_1,KM_2 就不会通电,电动机也就不会反接于电源,只有按下 SB_1,KM_2 才能通电,制动电路才能接通。因电动机反接制动电流很大,故在主回路中串入电阻 R,可防止制动时电动机绕组过热。

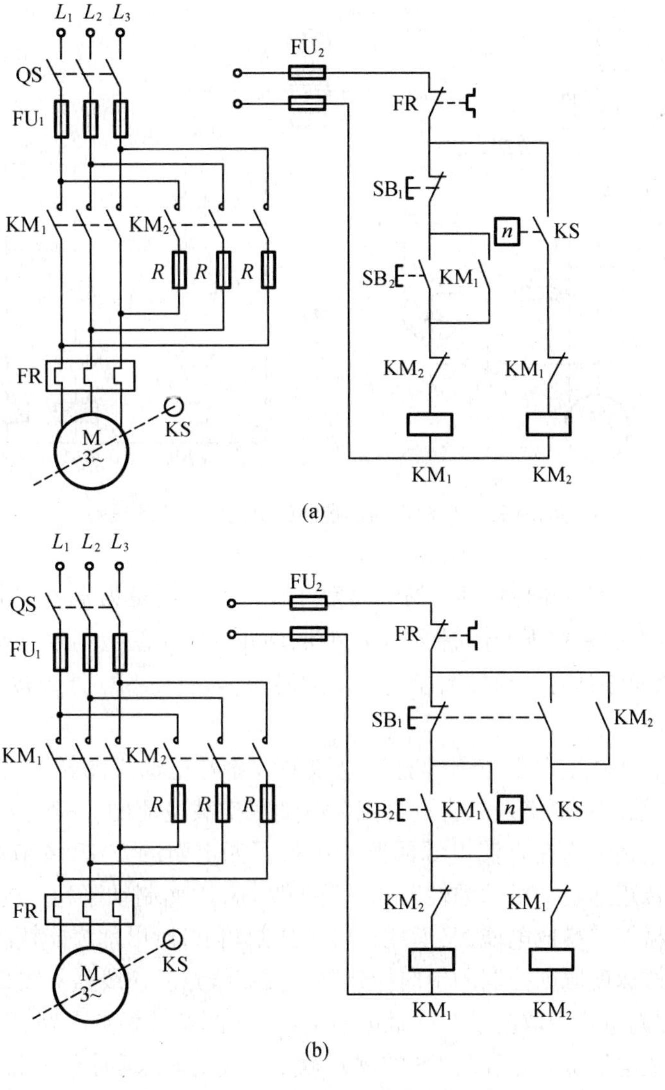

图 2－51　反接制动控制线路

2. 能耗制动控制线路

能耗制动控制是在切断三相电动机的三相交流电源的同时，将一直流电源引入定子绕组产生静止磁场，电动机转子由于惯性仍沿原方向转动，则转子在静止磁场中切割磁力线，产生一个与惯性转动方向相反的电磁转矩，实现制动。

(1)单向运行能耗制动控制线路

图 2－52 为按时间原则控制的单向能耗制动线路。图中变压器 TC、整流装置 VC 提供直流电源。接触器 KM_1 的主触点闭合接通三相电源，KM_2 将直流电源接入电动机定子绕组。

启动时按下启动按钮 SB_2，接触器 KM_1 通电吸合并自锁，其主触点闭合，电动机启动运行。停车时，采用时间继电器 KT 实现自动控制，按下复合按钮 SB_1，KM_1 线圈失电，切断三相交流电源。同时，接触器 KM_2 和 KT 的线圈通电并自锁，KM_2 在主电路中的常开触点闭合，直流电源被引入定子绕组，电动机能耗制动，SB_1 松开复位。制动结束后，由 KT 的延时

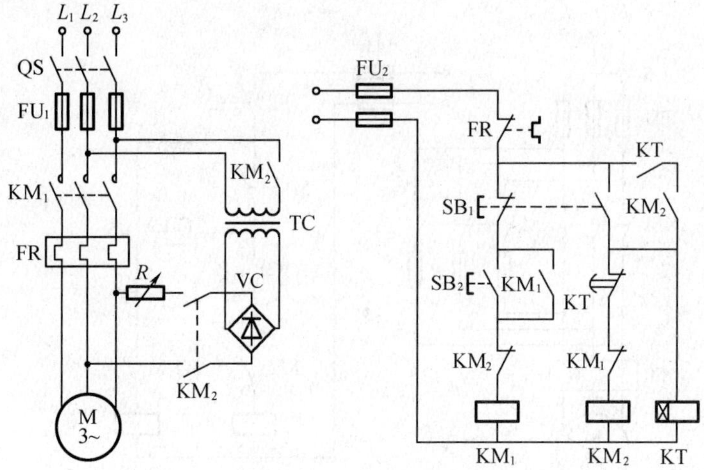

图 2-52 按时间原则控制的单向能耗制动线路

常闭触点断开 KM_2 的线圈回路。KT 的瞬时常开触点的作用是为了考虑 KT 线圈断线或机械卡阻故障时，电动机在按下 SB_1 后能迅速制动，两相的定子绕组不致长期接入能耗制动的直流电流，此时该线路具有手动控制能耗制动的能力，只要使 SB_1 处于按下的状态，电动机就能实现能耗制动。

能耗制动的制动转矩大小与通入直流电流的大小与电动机的转速 n 有关，同样转速，电流大，制动作用强。一般接入的直流电流为电动机空载电流的 3～5 倍，过大会烧坏电动机的定子绕组。电路采用在直流电源回路中串接可调电阻的方法，调节制动电流的大小。能耗制动时制动转矩随电动机的惯性转速下降而减小，因而制动平稳。这种制动方法将转子惯性转动的机械能转换成电能，又消耗在转子的制动上，所以称为能耗制动。

图 2-53 为按速度原则控制的单向能耗制动控制线路。该线路与图 2-52 控制线路基本相同，仅是在控制电路中取消了时间继电器 KT 的线圈及其触点电路，而在电动机转轴伸出端安装了速度继电器 KS，并且用 KS 的常开触点取代了 KT 延时常闭触点。这样，该线路中的电动机在刚刚脱离三相交流电源时，由于电动机转子的惯性速度仍很高，KS 的常开触点仍然处于闭合状态，所以，接触器 KM_2 线圈在按下按钮 SB_1 后通电自锁。于是，两相定子绕组获得直流电源，电动机进入能耗制动。当电动机转子的惯性速度接近零时，KS 常开触点复位，KM_2 线圈断电而释放，能耗制动结束。

图 2-54 为电动机按时间原则控制可正反转运行的能耗制动控制线路。KM_1 为正转接触器，KM_2 为反转接触器，KM_3 为制动用接触器，SB_2 为正向启动按钮，SB_3 为反向启动按钮，SB_1 为总停止按钮。在正向运转过程中，需要停止时，可按下 SB_1，KM_1 断电，KM_3 和 KT 线圈通电并自锁，KM_3 常闭触点断开并锁住电动机启动电路；KM_3 常开主触点闭合，使直流电压加至定子绕组，电动机进行正向能耗制动，转速迅速下降，当其接近零时，KT 延时常闭触点断开 KM_3 线圈电源，电动机正向能耗制动结束。由于 KM_3 常开触点的复位，KT 线圈也随之失电。反向启动与反向能耗制动的过程与上述正向情况相同。

电动机可逆运行能耗制动也可以按速度原则，用速度继电器取代时间继电器，同样能达到制动目的。

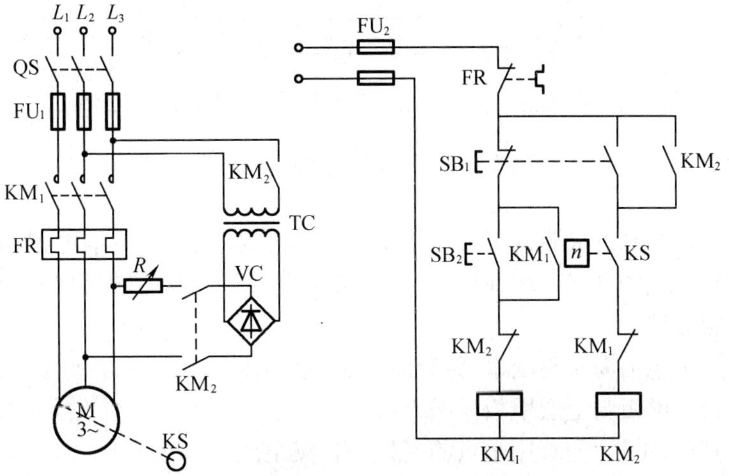

图 2-53　按速度原则控制的单向能耗制动控制线路

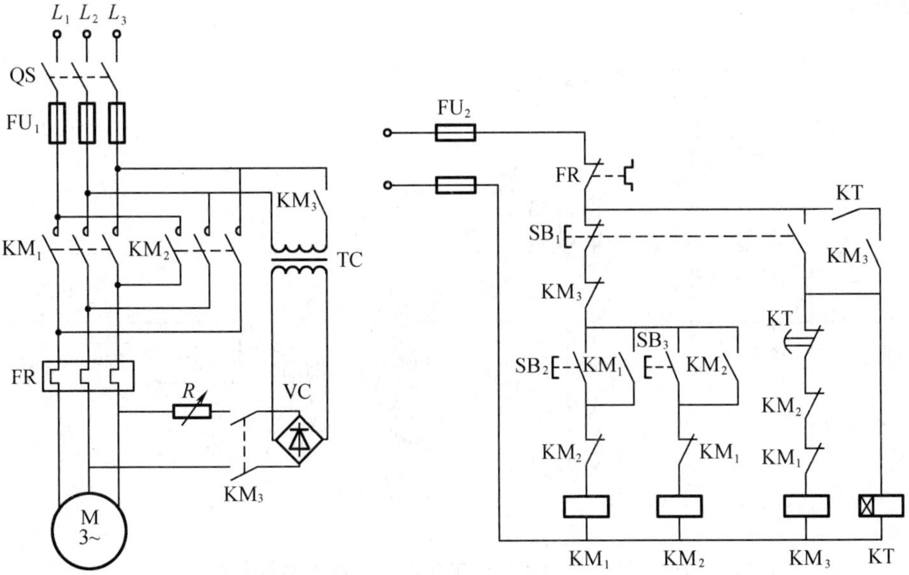

图 2-54　可逆运行的能耗制动控制线路

4.4　双 位 控 制

船舶上很多设备的物理量并不需要严格维持在某一个恒定值，而是往往要求维持在某一低限值到高限值的范围内即可，如空调的温度、空气柜的空气压力、水柜和油柜的液位等，这就是双位控制，属于闭环控制方式。如图 2-55 所示为双位控制的原理框图，当系统输出的高限值达到设定的高限值时，通过比较后将控制开关打开，系统停止工作，随着被调量的下降，当输出降到低限值时，控制开关又开始闭合，系统又投入工作。

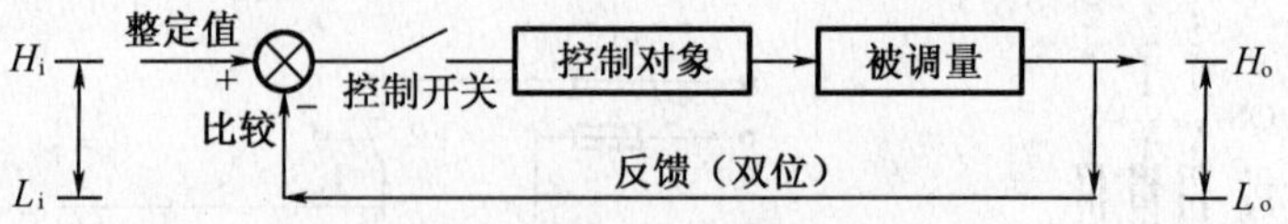

图 2-55 双位闭环控制系统框图

实现双位闭环控制的元件比较多，通常采用压力继电器、液位继电器、温度继电器等，它们在双位控制系统中既是比较元件，又是开关元件。下面以船舶日用水柜为例介绍双位控制系统的控制原理。

船舶的日用水包括海水与淡水，储存海水、淡水的水柜一般放在机舱里，需采用压力水柜才能把水送到主甲板与上层甲板。图 2-56 所示是某压力水柜给水原理及水泵控制电路图，图中水柜为压力水柜，随着用水量的变化，水、气空间容积在变化，即液位高度和气压都在变化。水位上升，气的空间高度减小，气压增加。如果不考虑漏气损耗，气压大小与水位高低成正比，高限水位 H_H 对应着高限压力，低限水位 H_L 对应着低限压力。因此，对于像这样密封容器式的双位液位高度的控制，可以采用双位压力的控制方式，因此可以用双位压力继电器来作为其控制元件。

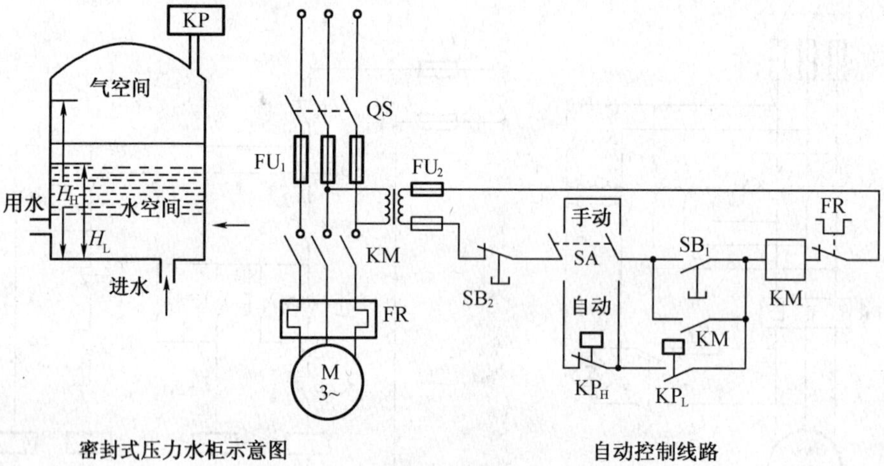

图 2-56 压力水柜给水原理及水泵控制电路图

日用水柜双位控制电路通过转换开关 SA 实现手动和自动控制的转换，当转换开关 SA 放在手动控制时，该电路即为一连续运转控制电路。SA 扳在自动位置，通过按钮 SB_2，SB_1 来控制水泵的启动与停止。当转换开关打到“自动”位置，若水位处正常水位时，即水位高于 H_L，低于 H_H，此时由于 KP_H 闭合，KP_L 断开，接触器 KM 线圈未得电，水泵电机不运行。随着用水量增加，水位高度和气压逐渐下降。当气压(水位)降到低限 H_L 以下时，压力继电器低压触点 KP_L 由正常水位时的“开启”状态转换为“闭合”状态，水泵电机接触器 KM 线圈得电动作，其常开主触点闭合，水泵启动，向水柜补充水；其常开辅触点闭合，实现自锁。当气压(水位)升高，并高于低限 H_L 时，虽然压力继电器 KP_L 触点打开，但因为接触器 KM 自锁触点的自锁作用，KM 线圈仍通电，所以水泵继续补水，直到气压(水位)升高到高限时，压

力继电器高压触点 KP_H 断开，使接触器 KM 线圈断电，水泵停止补水。当水位再次降到高限以下时，KP_H 恢复闭合，但由于 KP_L 为“开启”状态，因此接触器 KM 线圈仍不能得电，直到水位再继续下降到低限时，KP_L 闭合，水泵方能重新启动补水。这一过程就是压力（水位）检测的双位闭环控制。

需要注意的是，为了防止水泵频繁启动和停止，高、低压动作之间的差值不能设置得过小。

【相关训练】

实训一　三相异步电动机的点动与连续控制

一、实训目的

1. 了解交流接触器、热继电器和按钮的结构及其在控制电路中的应用。
2. 学习异步电动机基本控制电路的连接方法。
3. 学习按钮、熔断器、热继电器的使用方法。

二、实训器材

交流接触器 1 只、热继电器 1 个、二位（或三位）按钮 1 个、三相电动机 1 台、熔断器 5 个、三相刀开关 1 个、电工工具 1 套 、导线若干。

三、实训原理

1. 继电接触器大量应用于对电动机的启动、停止、正反转、调速、制动等控制，从而使生产机械按规定的要求动作；同时，也能对电动机和生产机械进行保护。
2. 图 2 - 57 是三相异步电动机直接启动的控制电路。

四、实训方法和步骤

1. 在实验板上找到交流接触器等，了解其结构及动作原理。
2. 通过实验，掌握基本电路的接线方法。
3. 按图 2 - 57（b）（c）异步电动机直接启动线路进行连接，经老师检查允许后方可送电。
4. 2 - 57（b）图的控制电路改接为 2 - 57（d）图后，即变成既能点动控制又能连续运转控制的电路。

五、实训总结

1. 控制电路中自锁功能如何实现，起什么作用？
2. 什么是零压保护？零压保护是如何实现的？
3. 在控制线路中，热继电器起什么作用？它的整定值调节的原则是什么？

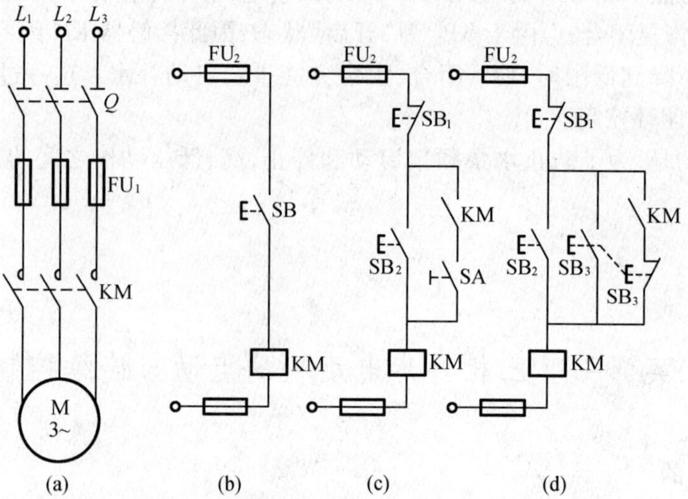

图 2 - 57　三相异步电动机直接启动的控制电路

实训二　三相异步电动机的正、反转控制电路

一、实训目的

1. 熟悉三相异步电动机正反转控制电路的工作原理。
2. 进一步熟悉三相异步电动机基本控制电路的连接。
3. 学会可逆旋转控制电路的故障分析及排除的方法。

二、实训器材

交流接触器 2 个、热继电器 1 个、三联按钮 1 个、三相刀开关 1 个、熔断器 5 个、三相电动机 1 台、电工工具 1 套、导线若干。

三、实训线路及原理

1. 继电接触器大量应用于对电动机的启动、停止、正反转、调速、制动等控制，从而使生产机械按规定的要求动作；同时，也能对电动机和生产机械进行保护。

2. 图 2 - 58 是三相异步电动机正、反转控制电路。

四、实训方法和步骤

1. 在实验板上找到接触器、热继电器、熔断器等电气器件，了解其结构及动作原理。
2. 通过实验，掌握基本电路的接线方法。
3. 三相异步电动机正、反转线路连接好后，须经老师检查后方可送电。
4. 观察三个启停按钮按下后电动机的旋转情况。

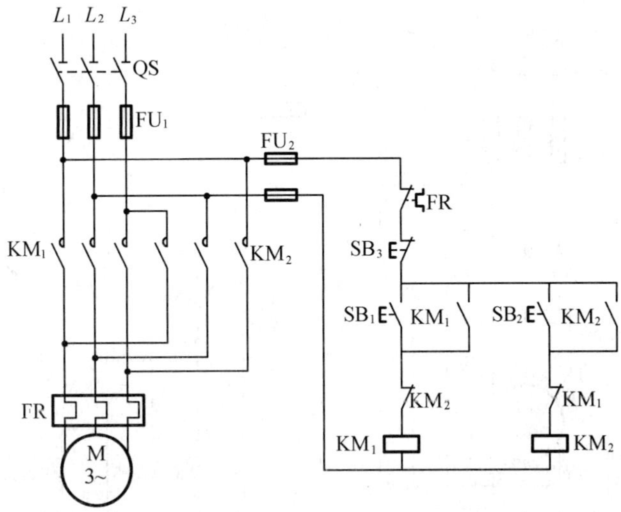

图2-58 三相异步电动机正、反转控制电路

五、实训总结

1. 控制电路中具有哪些保护环节?
2. 接触器的互锁功能是如何实现的? 互锁的作用是什么?
3. 按下正、反转按钮,电动机旋转方向不变的原因有哪些?

实训三 三相异步电动机Y-△降压启动控制电路

一、实训目的

1. 熟悉空气阻尼式时间继电器的结构、原理及使用方法。
2. 掌握异步电动机Y-△启动控制电路的工作原理及接线方法。
3. 进一步熟悉电路的接线、故障分析及排除方法。

二、实训器材

交流接触器3个、热继电器1个、二联按钮1个、时间继电器1个、熔断器5个、三相刀开关1个、三相电动机(△接法)1台、电工工具1套。

三、实训线路图

图2-59是异步电动机Y-△启动的控制电路。

四、实训方法和步骤

1. 检查电器元件是否良好,分清时间继电器的类型。
2. 用粗线接好主回路,用细线接好控制电路,经老师检查后进行下列操作。
3. 合上Q,按下SB_2,观察各电器元件的动作。

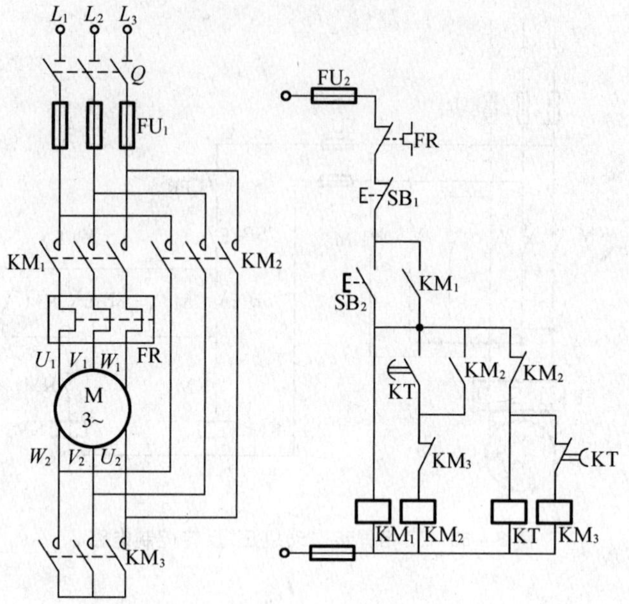

图 2-59 异步电动机 Y-△启动的控制电路

4. 调节 KT 的延时,观察其动作时间和电动机的启动情况。

五、实训总结

1. 异步电动机 Y-△启动控制电路有何优点、缺点？适用于什么情况？
2. 时间继电器 KT 的延时太短有何影响？
3. 若延时常开、常闭触点接反会发生什么现象,为什么？

项目3　机舱辅机电力拖动控制系统的维护

项目描述:

随着船舶电气技术的飞速发展,电气设备的自动化程度越来越高。船舶电气系统的自动化控制是实现“无人机舱”的必要条件。现代船舶机舱辅机的种类很多,一般都能实现自动控制。这里主要选择几个重要的、典型的电气自动控制系统进行分析,主要涉及空压机、泵的自动切换、油水分离器、分油机、辅锅炉及船舶制冷等自动控制系统。

通过本项目的学习,应达到以下要求:

一、知识要求

1. 熟悉船舶空压机的自动控制系统。
2. 掌握泵的自动切换原理。
3. 掌握自动排油控制及油分浓度报警器的原理。
4. 熟悉分油机的自动控制系统。
5. 掌握船舶辅锅炉自动控制系统的工作原理。
6. 掌握船舶制冷自动控制系统的结构和工作原理。

二、能力要求

1. 具备熟练分析船舶主要继电接触器控制电路工作原理的能力。
2. 具备船舶机舱辅机电力拖动控制系统维护和保养的能力。
3. 具备分析和排除船舶主要继电接触器控制电路故障的能力。

任务1　空压机自动控制系统的维护

【学习目标】

1. 了解空压机在船舶上的作用。
2. 掌握空压机自动控制系统的工作原理和维护方法。

【任务分析】

空压机是船舶的重要设备,它在柴油机船上用来提供压缩空气。主要用途有:①主机启动与换向(即提供启动空气和控制空气);②启动主柴油发电机组;③为气动辅机(如舷梯、救生艇起落装置)或其他需要气源的设备(如压力水柜、汽笛、离心泵自吸装置、气动控制系统等)供气;④检修工作中用来吹扫零部件、滤器等。

因此,掌握空压机自动控制系统的工作原理和维护方法,对于保证船舶航行安全具有重要意义。

【相关知识】

一、压缩空气系统介绍

船舶空压机的设置一般是两套主空压机,互为备用,由船舶主电源提供电能;同时还要安装一台应急空压机,以保证在船舶主电源故障或者两台主空压机都故障时,应急空压机能够启动工作,提供船舶应急使用的压缩空气。应急空压机一般采用小型柴油机作为原动力,柴油机采用蓄电池或者手摇方式启动。

主空压机系统通常安装两个储存压缩空气的高压空气瓶,两个高压空气瓶管路间采用桥阀连接,两个空气瓶之间的压缩空气可以连通同时使用,也可以关闭桥阀分别独立工作。在高压空气瓶上设有安全阀(在压缩空气仪表或其他故障,当空气瓶内的压力大于安全阀设定值时,此阀自动打开泄放,确保船舶安全)。每个空气瓶上装有压力表。一般还设有压力变送器,以供船舶集控台遥控监视。空气瓶安装手动泄放阀一个,与相应的控制阀和管系共同组成压缩空气系统。

下面介绍两种典型的空压机控制线路及其工作过程。

二、典型空压机控制线路分析

1. 第一种自动控制线路

如图 3-1 所示,原理分析:合上电源开关 QS(图示开关位置在空位)。如要手动启动,则把转换开关放在“手动”位置,此时时间继电器 KT_1,KT_2 的线圈通电,KT_1 的瞬时触点闭

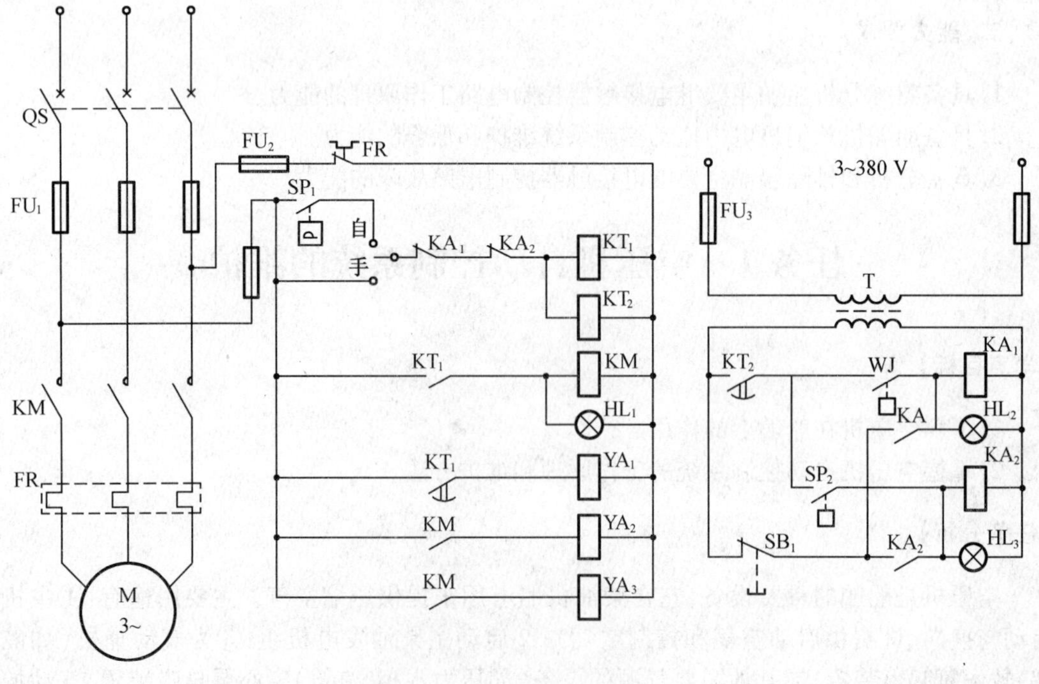

图 3-1 空压机控制线路一

合，接触器 KM 线圈通电，主触点闭合，空压机启动，运行指示灯 HL_1 亮。KM 的辅助触点闭合，使放残电磁阀 YA_2，YA_3 通电，关闭阀门停止放残，启动过程中因 KT_1 的延时触点还没有闭合，卸载电磁阀 YA_1 不通电使空压机与大气相通，电动机可以在轻载下启动。KT_1 经延时后，其延时触点闭合，YA_1 通电使空压机接入空气瓶，使高压气体打入空气瓶，KT_2 的延时常开触点延时闭合时，如果滑油压力已经建立起来，则滑油压力继电器 SP_2 的触点就断开。如果冷却水的温度正常，则冷却水温度继电器 WJ 的触点断开，中间继电器 KA_2，KA_1 的线圈不通电。当滑油压力和冷却水温度出现问题时(滑油压力低于下限整定值或冷却水温度高于上限整定值)，SP_2 或 WJ 触点闭合，KA_2 或 KA_1 的线圈通电并自保，其串联在 KT_1，KT_2 回路中的常闭触点打开，使 KT_1，KT_2 失电，KM 主触点断开，空压机停止运行。同时故障指示灯 HL_3 或 HL_2 亮。排除故障后，若要重新启动，必须先按复位按钮 SB_1，使 KA_2 或 KA_1 断电，才能回到正常控制状态。要停止空压机运行，只要把转换开关放回“空位”。

如要空压机自动启动，就把转换开关放在“自动”位置。时间继电器 KT_1 线圈串入空气压力继电器 SP_1 的触点，当空气瓶中的空气压力低于整定值的下限时，SP_1 触点闭合，KT_1 和 KT_2 线圈通电，接触器 KM 动作，空压机启动。重复上面的启动工作过程。当空气瓶中的空气压力达到整定值的上限时，SP_1 的触点断开，使 KT_1，KM 线圈断电，空压机就停止运行。

2. 第二种自动控制线路

图 3-2 为某万吨级无人机舱自动化船舶主空压机系统电气原理图。图中 3-2(a)为主回路电路，3-2(b)为控制电路，3-2(c)为报警电路。

(1)压缩机的手动控制原理

①手动启动压缩机的过程

当船舶主配电板 440 V，60 Hz 电源提供到空压机控制箱，在空压机控制箱上的控制位置转换开关 SA_1 置于“就地”位置，合上控制箱电源开关 QS，这时电源指示灯 HL_1 亮，指示控制线路有电。控制线路延时继电器 KT_1 得电工作，经 30 s 延时后，控制线路中的 KT_1 延时闭合触点闭合。控制电路电源经压缩机热继电器 FR 的常闭触点，经空压机温度开关 ST 的常闭触点，高温报警回路中报警继电器 KA_2 的常闭触点，低油压报警回路继电器 KA_1 的常闭触点，就地转换开关 SA_1 闭合触点到启动方式控制开关 SA_2 的上端。将 SA_2 开关打到“手动”方式，压缩机接触器 KM_1 通电工作，压缩机 M 启动，压缩机运行指示灯 HL_2 亮。压缩机上的泄放电磁阀 YV 开始工作，和接触器 KM_1 并联的延时继电器同时得电动作。在 KT_1 延时闭合后，延时准备回路中延时继电器的工作线圈得电动作，压缩机泄放电磁阀回路中的 KT_3 瞬时闭合，延时断开触点闭合，同时切断低油压报警回路中串接的触点。经 3~5 s 延时后，泄放回路中的 KT_2 延时闭合触点闭合，泄放电磁阀 YV 通电关闭(泄放电磁阀为断电打开，通电关闭型)停止泄荷。压缩机开始工作，向系统内提供压缩空气。

②手动停止压缩机的过程

如果要停止压缩机，只需要将控制方式装置转换开关 S_1 打到“0”位，KM_1 断电，压缩机断电停机。

(2)压缩机的自动控制原理

在电气原理图中的 SP_1，SP_2 两个压力继电器分别起主用和备用作用。两台空压机的主用和备用不是固定的，可以根据实际工作状态进行相互转换。主、备用的转换是通过控制箱上的 SA_3 转换开关实现的。主用空压机的自动控制压力为 2.5~3 MPa，备用空压机的自动控制压力值设定为 2.3~2.8 MPa。

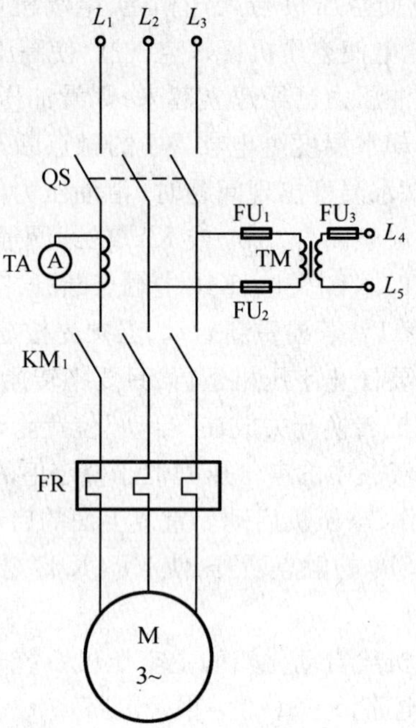

L1
L2
L3
QS
TA
A
FU1
FU3
L4
TM
L5
FU2
KM1
FR
M
3~

(a)

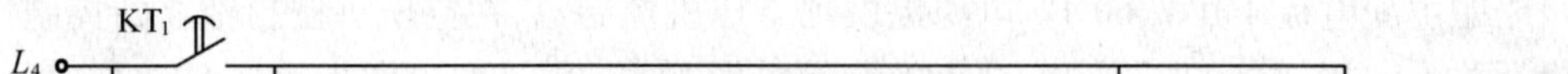

KT1
L4
FR
KA1
KA2
ST
V
L6
KT2
SA1
SA3
KT3
KT3
SA2
SP1
P
SP2
P
P
L7
主
从
SP3
SA4
HL1
HL1
L5
KT1
KM1
KT2
JS
h
KT3
YV

(b)

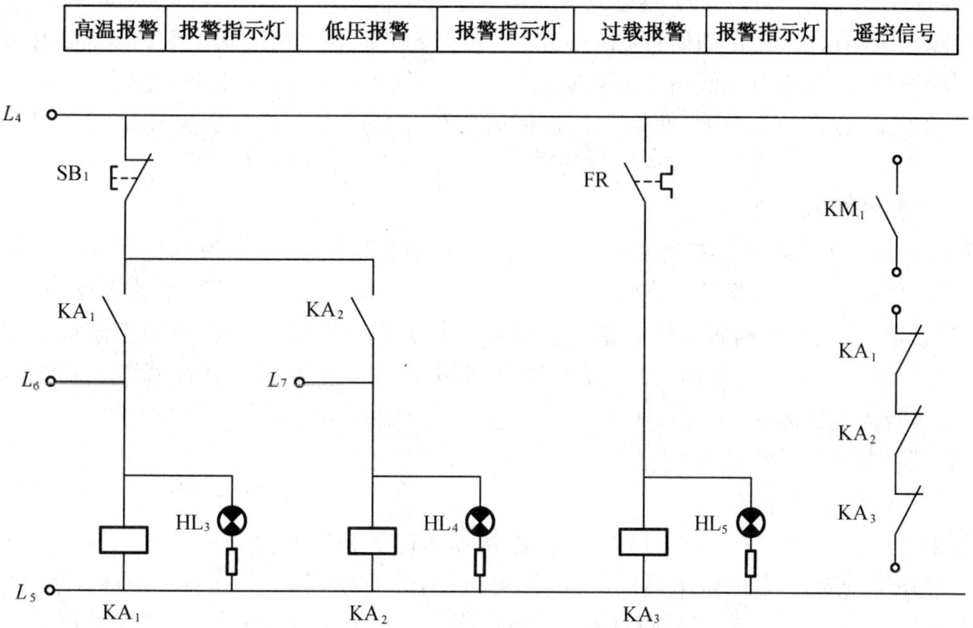

(c)

图3-2　空压机控制线路二

(a)空压机主回路电路;(b)空压机控制电路;(c)空压机报警电路

M—空压机电机;QS—主开关;FR—热继电器;KM_1—主接触器;KT_1—通电延时继电器;KT_2—通电延时继电器;KT_3—断电延时继电器;KA_1,KA_2,KA_3—辅助继电器;TA—电流互感器;TM—变压器;JS—计时器;SB_1—手动复位按钮;SA_1—就地、遥控转换开关;SA_2—手动、自动转换开关;SA_3—主、从转换开关;SA_4—选择开关;HL_1—电源指示灯;HL_2—压缩机运行指示灯;HL_3—高温报警指示灯;HL_4—低压报警指示灯;HL_5—过载报警指示灯;FU_1,FU_2,FU_3—熔断器;SP_1,SP_2,SP_3—压力开关;ST—温度开关;YV—泄放阀

我们现在以假定1号空压机为主用空压机,2号空压机为备用空压机来说明空压机的自动启、停过程。在电气原理图中只给出了1号空压机的控制原理图。2号空压机的控制原理图和1号空压机的工作原理是一样的。两台控制箱共用一组压力继电器,两个控制箱之间自动控制部分连接起来。在1号空压机控制箱上的控制位置转换开关置于“就地”位置,合上控制箱电源开关QS,控制线路有电。同样操作2号空压机控制箱的开关。假设此时压缩空气瓶的压力为2 MPa以下,首先将主、备用转换开关打到“1”位置,控制方式开关打到“自动”位置。这时控制电源经自动启停压力开关SP_3的常闭触点使空压机主接触器KM_1得电动作,压缩机启动运行。在高温报警、低油压以及过载状态下的工况同手动时作用一样。运行指示灯HL_2亮,计时器JS开始计时。2号压缩机同样运行工作,泄荷结束后两台空压机开始向空气瓶内压缩空气。

两台空压机运行一段时间后,空气瓶的压力不断升高。当空气瓶的压力达到备用空压机停机设定值2.8 MPa时,备用空压机压力继电器SP_2触点断开,备用压缩机停止运行。这时主用空压机继续运行,当空气瓶的压力达到3 MPa时,主用空压机压力继电器SP_1触点断开,主用1号压缩机停止运行。

当空气瓶的压力降低,降低到2.5 MPa时,主用空压机压力开关SP_1重新闭合,主用空压机重新启动运行，当空气瓶压力达到 3 MPa 时，空压机受压力开关控制又自动停车。在没有故障停车的情况下，自动启停循环工作。如果空气瓶压力降低到 2.5 MPa 后，由于各种原因继续降低，当压力降低到 2.3 MPa 以下时，备用空压机压力开关 SP_2 也闭合。备用空压机启动工作，在自动工况下，两台空压机同时工作。当压力升高到 2.8 MPa 时备用空压机停止工作，当压力升高到 3 MPa 时主用空压机停止运行，如此往复工作。

(3)空压机的遥控控制过程

遥控位置一般在机舱集控室控制台上。在控制箱电源开关合上，控制箱和系统具备启动条件后，将控制位置转换开关 SA_1 打到“遥控”位置。在集控台上进行手动操作，其工作过程与“就地”手动控制过程一样。遥控自动启动的工作过程与“就地”自动控制也是相同的。根据控制位置开关的变换，在实际工作中，根据具体工作要求选择控制方式和控制地点，为操作者提供了方便。

(4)压缩机的故障停机控制原理

①空压机低油压停机

如果低于系统设定最低压力值时，延时继电器 KT_3 的延时线路中串接的油压压力继电器 SP_3 常开触点闭合，延时继电器断开，线圈得电动作，开始延时，如果在 5 ~ 15 s 后，油压仍然低于设定值，此时 KT_3 延时断开触点断开，泄放电磁阀开始泄荷。接通低压报警继电器 KA_2，其常闭触点断开，使 KM_1 断电，压缩机停机，低压报警灯 HL_4 报警。如果要重新启动压缩机，需要在排除油压低故障后，手动复位开关 SB_1 按下，复位后压缩机才能再次启动。

②空压机高温停机

如果空压机在工作过程中出现高温情况，这时温度继电器 ST 常闭触点断开，高温报警继电器回路中的报警控制继电器得电动作，使 KM_1 断电，压缩机停机泄荷，高温报警灯 HL_3 报警。如果要重新启动压缩机，需要在排除高温故障后，同样将手动复位开关 SB_1 按下，复位后压缩机才能再次启动运行。

③空压机过载停机

在空压机的电机电流过大或断相工作时，热继电器 FR 动作，同样切断压缩机控制回路电源，使 KM_1 断电，压缩机停止运行。排除故障后，手动复位热继电器，才能重新启动空压机。

无论是低油压报警停机、高温报警停机以及电机过载停机均属于保护空压机系统安全的非正常停机。所以出现上述故障停机时，要查清原因排除故障后才能启动空压机，切莫盲目复位后就启动空压机，以免对空压机造成损坏。

任务 2　泵浦自动切换控制系统的维护

【学习目标】

掌握船舶机舱泵浦自动切换控制系统的工作原理和维护方法。

【任务分析】

船舶中为主机服务的燃油泵、滑油泵、冷却水泵等主要电动辅机，为了控制方便和工作可靠均设置两套机组。这两套机组不仅能在机旁控制(LOCAL)，也能在集控室进行遥控

(REMOTE),而且当运行机组出现故障时能实现备用机组的自动切换,使备用机组立即启动并投入工作,从而保证主、辅机处于正常工作状态。

因此,掌握船舶机舱泵浦自动切换控制系统的工作原理和维护方法,对于保证船舶航行安全具有重要意义。

【相关知识】

一、船舶机舱泵浦自动切换控制系统介绍

通常泵浦自动切换控制电路具有以下基本功能:

(1)手动启停控制　可手动控制任一台泵浦的启动、停止。

(2)自动启动控制　使一台泵浦自动启动运行,另一台备用。

(3)自动切换控制　当运行泵浦出现故障时,自动发出声光报警信号,备用机组立即启动投入工作,原运行泵浦自动停机。

(4)顺序自动启动　电网因某种原因失电后,所有泵都停止运行,电网恢复供电后如果各组泵浦都同时启动,电流很大,因此会对电网造成冲击,所以各组原来运行泵浦应按事先设定的时间顺序逐台启动,防止电网超负荷。

下面就以两个典型的泵浦自动切换控制线路为例分析一下自动切换控制电路的工作原理。

二、典型的泵浦自动切换控制线路分析

1.第一种典型的泵浦切换控制电路

某轮泵浦的控制电路如图3-3所示。其工作原理如下:

(1)遥控手动起停控制(以1号泵为例介绍)

SA_1 放在遥控位置,按下 SB_{12},KA_{10}得电并自锁,同时控制接触器 KM_1 得电,电动机运转。停机时按下 SB_{11},KA_{10}失电使得 KM_1 也失电,电动机停止运转。

(2)自动启动控制(以1号泵运行,2号泵备用为例)

将遥控自动选择开关 SA_1,SA_2 置于自动位置,组合开关 SA_{11}置于运行位置,SA_{21}置于备用位置。

当电源开关 QS_1,QS_2 合闸后,1号泵、2号泵控制回路分别从变压器副边1,2,3,4端获电。对1号泵来说则有:

继电器 KA_{11}通过 KA_{13}的常闭触头通电,其在2号泵控制电路中的常闭触头 KA_{11}断开,起互锁作用。

时间继电器 KT_2 通电,经延时后使 KA_{12}通电。此时其两个常开触头分别闭合:串接在运行选择开关后的常开触头闭合使 KA_{10}通电,其常开触头闭合,使接触器 KM_1 通电,1号泵启动;另一个串接在 KA_{13}继电器线圈回路的常开触头闭合,为 KA_{13}通电作准备,并且起到自锁作用。KM_1 通电时,KM_1 的常开辅触头闭合使 KT_3 通电,开始延时,若延时期间管路建立起压力,压力继电器 KPL_1 动作,KT_3 延时结束后使 KA_{13}通电动作,串接在 KA_{11}线圈回路的常闭触头断开,此时 KA_{11}完全由 KPL_1 控制。若延时结束,管路还没有建立起来压力,则压力继电器 KPL_1 不能闭合,此时 KT_3 延时也已结束,则 KA_{11}失电,其接在2号控制箱的常闭触头闭合,与 SA_{22}一起控制 KA_{20}通电(2号机此时的 KA_{22}继电器也已得电),从而使得 KM_2

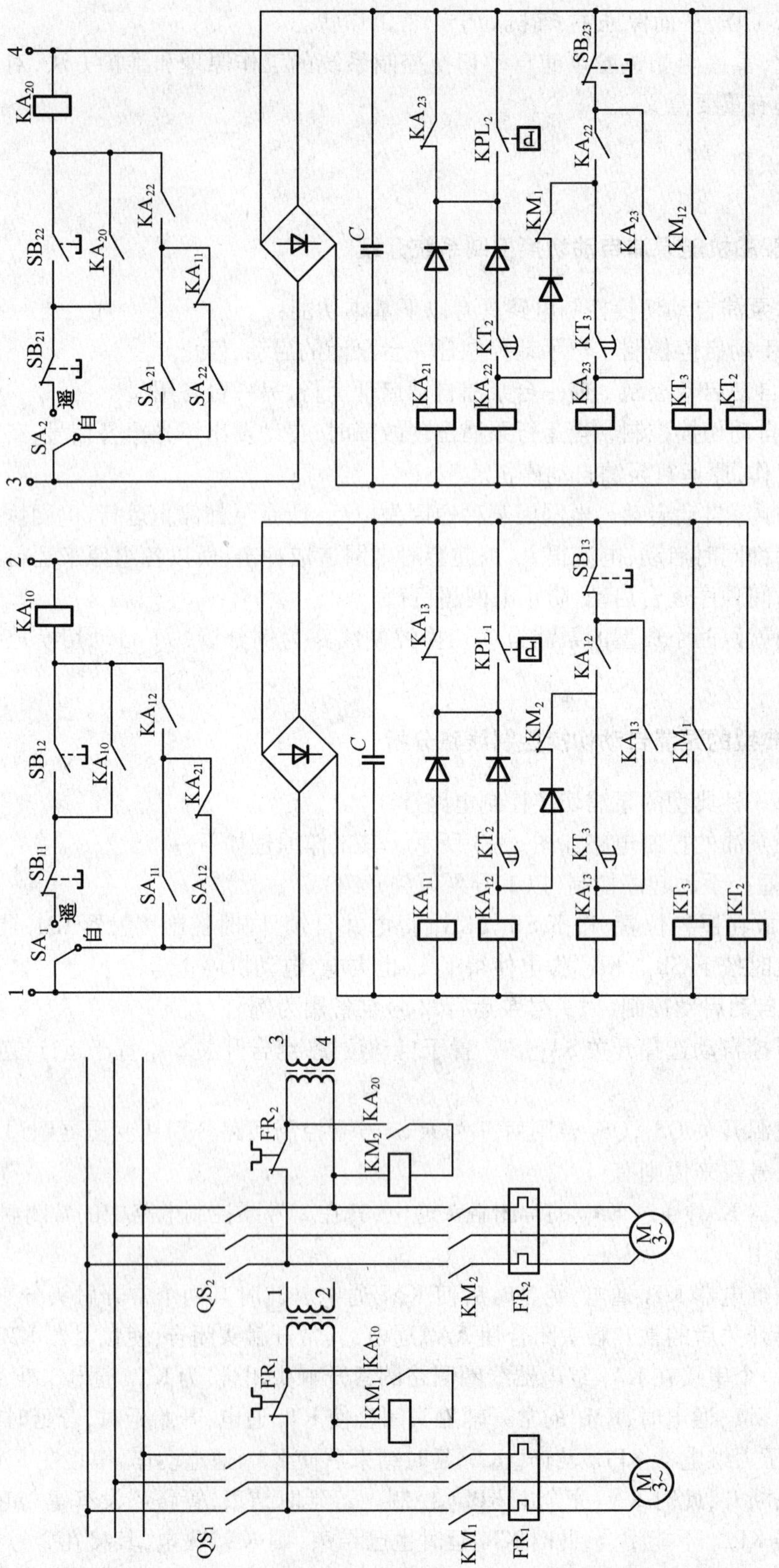

图 3-3 某船舶机舱泵浦的自动切换控制电路

接触器通电，2 号泵启动。KM_2 串接在 1 号机控制箱的常闭辅触头断开，KA_{12}失电，其常开触头断开使得 KA_{10}失电，从而使得 KM_1 失电，1 号泵停掉。

(3)自动切换

在1号泵正常工作期间，泵的出口压力由压力继电器监视，当泵出现故障时其出口压力下降，当出口压力下降至某一值时，压力继电器 KPL_1 触点断开，KA_{11}失电，其接在 2 号控制箱的常闭触头闭合，与 SA_{22}一起控制 KA_{20}通电(2 号机此时的 KA_{22}继电器也已得电)，从而使得 KM_2 接触器通电，2 号泵启动。KM_2 串接在 1 号机控制箱的常闭辅触头断开，KA_{12}失电，其常开触头断开使得 KA_{10}失电，从而使得 KM_1 失电，1 号泵停掉。

(4)顺序自动启动

电网失电后机舱所有泵都停止工作，当恢复供电时，各组原来运行的泵应按事先整定的时间顺序，先后逐台启动，以防止电网超载。由上面启动过程的分析可知，电动机从供电到启动运转的时间由 KT_2 的延时时间决定，所以只要对不同的电动机设置不同的延时时间，就能实现电动机的顺序启动。

2. 第二种典型的泵浦自动切换控制电路

图 3 -4 为某轮泵的自动切换控制线路原理图。图中元器件如下：

SA—— 手动、自动切换控制开关，打在“0”位置，为手动切换操作，不能自动切换；打在“1”位置，1 号机组为运行机组，2 号为备用机组；打在 2“位置，2 号机组为运行机组，1 号为备用机组。

KT_1—— 时间继电器，用于延时压力监视投入。

KT_2—— 时间继电器，用于压力波动延时自动切换，防止频繁误动作。

KP—— 压力继电器，用于监测出口压力，进行自动切换。

3KA—— 自动切换继电器。

其工作原理如下：

(1)手动操作

将控制开关 SA 置于“0”位置，如启动 1 号机组，按下 $1SB_2$ 使 1KA 得电，其常开触头 $1KA_1$ 闭合自锁；常开触头 $1KA_2$ 闭合使 1KM 接触器得电，1KM 的主触头闭合，使 1 号机组电动机启动运行，1KM 的辅助触头 $1KM_1$ 闭合，计时器投入计时，同时运行指示灯 H_1 亮。

(2)自动切换操作(以 1 号机组运行，2 号机组备用为例)

将控制开关 SA 置于“1”位置，即选择 1 号机组为运行机组，2 号机组为备用机组，当 1 号机组发生故障时，能自动切换到 2 号机组启动投入工作。

按下 $1SB_2$ 使 1KA 得电，其常开触头 $1KA_1$ 闭合自锁；常开触头 $1KA_2$ 闭合，使1KM 主接触器得电，1KM 的主触头闭合，1 号泵电动机运行；常开触头 $1KA_3$ 闭合，使得 KT_1 时间继电器有电，开始启动延时，在延时时间内若机组运行正常，泵输出端建立压力，则压力继电器 KP 动作使得 4KA 中间继电器有电，其常开触头 $4KA_1$ 闭合形成自锁，在 3KA 回路中的常闭触头 $4KA_2$ 打开，防止启动延时引起误切换。当启动延时时间到时，KT_1 的常开触头闭合，此时 4KA 常闭触头 $4KA_2$ 已打开，不会使 3KA 得电。如果在启动延时时间内，没有建立起压力，压力继电器 KP 不动作，无法使中间继电器 4KA 得电，它的常闭触头 $4KA_2$ 保持闭合状态，启动延时时间到后，KT_1 常开触头闭合(说明 1 号机组启动过程中有故障)，就会使 3KA 有电，自动切换到 2 号机组，即 3KA 有电，它的常开触头闭合，使得 2KA 有电，其常开触点闭合接通 2KM 主接触器，其主触头闭合使 2 号机组投入运行。同时 2KM 的常闭辅触

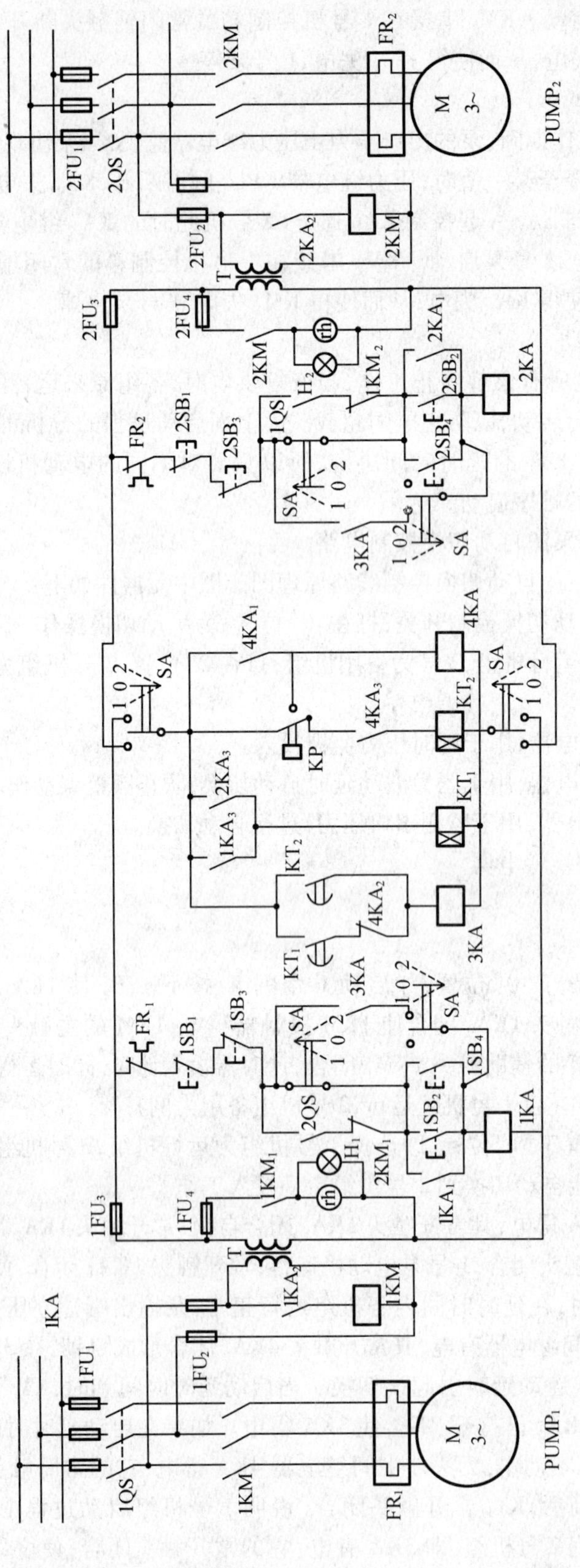

图 3-4 某船舶泵的自动切换控制电路原理图

头 $2KM_1$ 打开使 1KA 失电,1KA 的常开触头 $1KA_2$ 打开,使得 1KM 失电,1KM 的常闭辅触头 $1KM_2$ 闭合,提供 2KA 的自锁回路。

如果 1 号机组启动时正常,在正常运行时机组发生故障,此时管路出口压力变低,压力继电器释放,则使 KT_2 时间继电器得电开始延时,在 KT_2 的延时时间内,如果压力恢复则压力继电器动作,断开 KT_2 线圈回路,KT_2 不能动作。如果延时时间内压力不能恢复,则延时结束后 KT_2 的常开触头闭合,使 3KA 有电进行自动切换动作,3KA 的常开触头闭合,使得 2KA 有电,接通 2KM 主接触器,其主触头闭合使 2 号机组投入运行。同时,2KM 的常闭辅触头 $2KM_1$ 打开,使得 1KA 失电,1KA 的常开触头 $1KA_2$ 打开使 1KM 失电,1KM 的常闭辅触头 $1KM_2$ 闭合,提供 2KA 的自锁回路。

任务 3　油水分离器自动控制系统的维护

【学习目标】

掌握船舶机舱油水分离器自动控制系统的工作原理和维护方法。

【任务分析】

船舶舱底水中混有各种油、淤泥、杂质和其他沉积物。这种污水,特别是含油类较多的污水如果不加以处理直接排放至舷外,会造成航行水域和停泊水域的严重污染。国际海事组织(IMO)MARPOL 73/78 防污公约规定:凡 10 000 总吨及以上的任何船舶,应装有滤油设备,而且当排出物含油的质量分数超过 15×10^{-6} mg/L(15 ppm)时能发出警报并自动停止含油物的排放。

油水分离器是船舶重要的防污染设备之一,是在正常情况下排放机舱舱底水的唯一途径,它是主管机关上船检查时的必查设备,对保证船舶的正常营运非常重要。如果不能正常工作将直接造成对环境的污染,从而导致船舶滞留,给船公司造成极坏的影响和损失。因此在日常设备的维护管理中要把油水分离器放在非常重要的地位,掌握船舶机舱油水分离器自动控制系统的工作原理和维护方法,对于保证船舶航行安全具有重要意义。

目前,安装在船舶上的油水分离器,主要是利用物理处理方法,将污水中的油分分离出来。它的自动控制任务包括水中含油浓度的监测、浓度超标报警、分离后满足标准的污水排出舷外以及被分离出来的污油自动排放到污油柜中等。

【相关知识】

3.1　油水分离器系统介绍

船用油水分离器电气控制系统图见图 3-5。它由螺杆泵马达、电加热器、液位计、真空表、温度表、电磁阀、精度为 15×10^{-6} mg/L 的油分浓度计等部分组成。其中真空表控制螺杆泵的运转,温度计控制加热器的工作,液位计控制排油电磁阀的开启,油分浓度计控制排外电磁阀的动作。

油水分离器的电气控制,主要包括三个部分:污水泵马达的启动、油位的检测和油分浓

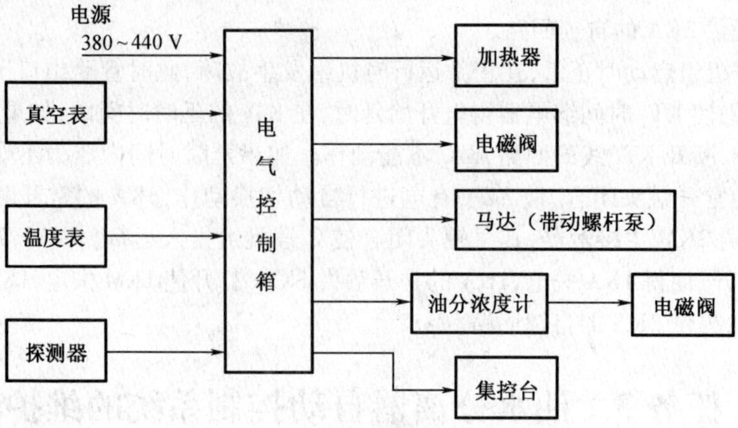

图 3-5 油水分离器控制系统图

度的检测。

油水分离器多数以重力分离作为粗分离，以聚合及过滤吸附作为细分离。它由两个串联的圆柱形分离筒组成，筒内分别装有孔径不同的油滴聚合装置。污水经两级处理后，可基本上除去油分，净化了的水从第二级分离筒排出舷外。集油腔的油位由双电极检测器或单电极电容式检测器检测，并由自动控制装置把油排至污油柜。污油柜中的污油可送至焚烧炉的储存柜以备焚烧，或用泵经管系驳至岸上或接收船加以回收处理。处理后的水流回至舱底，舱底泵把舱底水驳至污水储存柜暂存。

为加强油和水的分离效果，污水储存柜内常设有蒸汽或电加热系统，把污水加热到40 ℃左右。如果需要岸上的设施或接收船处理时，可用舱底泵把该柜污水和舱底水全部排出。此外，油水分离器还设有清水系统。在启动油水分离器时，先打开清水阀把清水引入分离筒然后再送进污水。当油水分离器工作时间较长时，油水分离器可用清水工作一段时间，用以清洗两级分离筒及聚油装置。

由于马达的启动是一般的常规磁力启动，所以这里不作详细介绍，只是重点介绍油水分离原理、油位的检测及油分浓度检测三部分内容。

3.2 油水分离及自动排油控制原理

一、油水分离原理

图 3-6 所示为 SMT—5A 型油水分离器内部结构示意图，它以重力分离作为粗分离，聚合和过滤吸附作为细分离。

待分离的污水由污水泵从污水柜中送至油水分离器，污水从分离筒 1 上部的进水管 8 进入分离筒。粗大油滴依靠相对密度（比重）差上浮，进入分离筒上部的集油腔而与水分离，含有细小油滴的污水继续自上而下、由外向里流向由金属丝网制成的聚合装置 4。在聚合装置中，细小的油滴逐渐聚合成大油滴，获得足够的浮力后，进入分离筒上部的集油腔。在聚合装置中无法聚合成大油滴的微小油滴随污水流至分隔板 5 下侧的由聚乙烯材料制成的油水分离膜柱 6，微小油滴不断聚合成足够大的油滴，浮出油水分离膜柱最后进入集油腔。这样,污水柜中的污水经过重力、聚合装置和油水分离膜柱的处理,可基本上除去油分,从出水管9排出。

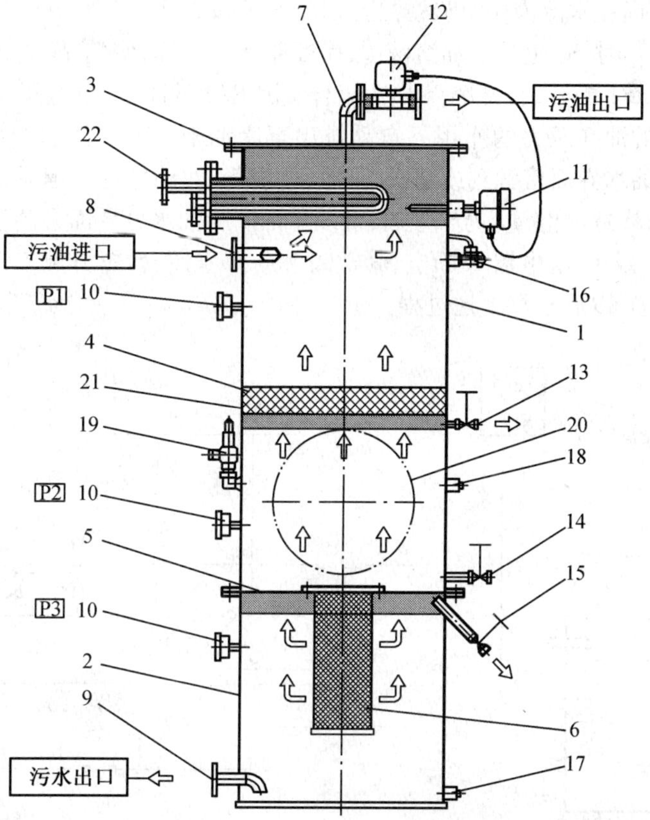

图3-6　SMT—5A型油水分离器内部结构示意图

1—上部筒体;2—下部筒体;3—顶盖;4—聚合装置;5—分隔板;6—分离膜柱;7—污油排放管;8—进水管;9—出水管;10—压力表;11—电极;12—电动阀;13,14,15—阀;16—测试阀;17,18—泄放口;19—安全阀;20—检修口;21—多孔板;22—蒸汽加热器

在油水分离器工作期间,上部集油腔内被分离出来的污油会逐渐增多,油水分界面会随之下移,油水分界面由单电极式检测控制器11监测。当油水分界面下移至电极棒以下时,检测控制器将自动使电动阀12获电打开,把集油腔内的污油排至污油柜中。污油柜中的污油可以送至焚烧炉烧掉或由接收船加以处理。

二、自动排油控制原理

目前较为常见的自动排油控制采用双电极式检测器或单电极电容式检测器控制,下面就以双电极式检测控制原理为例介绍自动排油控制的工作原理。

图3-7为双电极式检测控制电路原理图。两个检测电极 S_1 和 S_2 分别置于油水分界面控制范围的上限和下限的位置上。它根据油、水溶液导电性质的不同,检测油水分界面的高低位置,控制排油阀的开关动作。当油水分界面在高位时,电极 S_1 和 S_2 都浸在水溶液中,由于水溶液含有酸、碱或盐的成分,是一种弱电解质溶液,能够导电,所以两个电极 S_1 和

S_2 回路均呈导通状态。三极管 T_1 导通，T_2 截止，继电器 R 无电不动作。电磁阀 V_1 不动作，因此不进行排油，随着分离筒上部集油腔的油增多，油水分界面逐渐下移。当油水分界面低于电极 S_1 时，S_1 处于油溶液中。由于油溶液电解质常数很大，几乎不导电，所以 S_1 处于断路状态，但是 S_2 尚在水溶液中，仍然导通，因此电磁阀还是处于关闭状态。当油水界面继续下降，超过电极 S_2 时，S_2 也处于油溶液中，呈断路状态，从而使 T_1 截止，T_2 导通，继电器 R 通电，其常闭触点 R/1 断开，常开触点 R/2 闭合。因 R/2 的闭合，电磁阀 V_1 有电而动作，打开排油阀，集油腔的油在压力的作用下自动排出至废油柜。随着污油的排出，油水分界面又会继续上升，当油水界面接触到或超过 S_2 时，电极 S_2 回路导通。但是，由于 R/1 回路是断开的，所以 T_1 仍然是截止，T_2 仍然导通，继续排油。当油水分界面升高于电极 S_1 时，电极 S_1 回路导通，使 T_1 截止，继电器 R 断电，其常闭触点 R/1 闭合，常开触点 R/2 断开，电磁阀失电关闭，停止排油，以后重复上述过程。

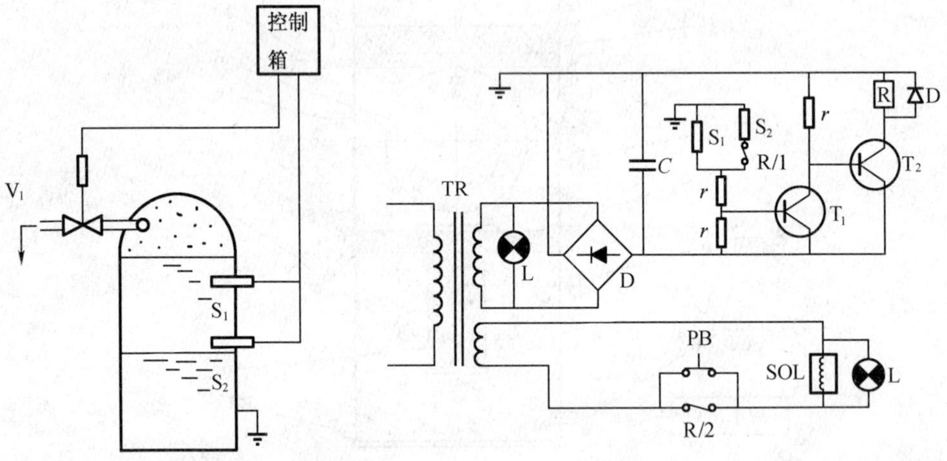

图 3-7 双电极式检测控制电路控制图

图中 PB 为应急排油开关，在应急情况下，可操作此开关，控制电磁阀进行应急手动操作排油。

3.3 油分浓度报警器

经油水分离器净化的水能否排出舷外，需要经水中含油浓度检测器（简称油分浓度计）进行检测，随时指示水中含油浓度值。若浓度超过规定的标准，控制系统应发出声光报警，并自动停止含油物的排放。同时管理人员要检查系统的工作情况，并及时排除故障，直到水中含油浓度符合标准为止。

通常用光学方法来检测水中含油浓度。它又分为混浊度法、红外线吸收法、紫外线吸收法及光散射法等。

一、混浊度法

混浊度法的原理是根据含油污水的混浊程度即透光程度来反映水中含油浓度。图 3-8为混浊度法水中含油浓度检测器原理图。它主要由光源、测量室、光电元件、转换电路、超声波装置、恒压阀和指示仪表等组成。该检测器每测一次水中含油浓度值需要 15 s 时间。为了克服检测液中悬浮物对混浊度测量的影响,故在 15 s 时间内采用两次测量的方法。其测量过程及混浊度变化曲线如图 3－9 所示。

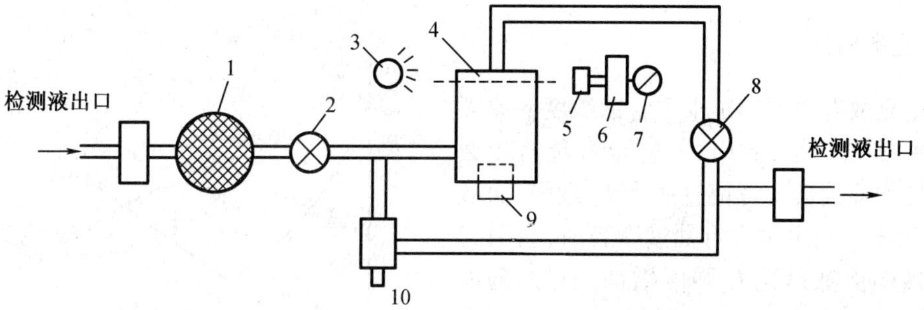

图 3－8　混浊度法水中含油浓度检测器原理图

1—滤器;2—电磁阀;3—光源;4—监测器;5—光电元件;6—转换电路;
7—指示仪表;8—电磁阀;9—超声装置;10—恒压阀

第一次测量:在 T_1 的 3 s 内,关闭电磁阀 8,打开电磁阀 2,检测液经滤器 1 和电磁阀 2 进入测量室 4。在 T_2 的 3 s 内,超声波装置 9 发出的超声波仅使检测液中的悬浮物乳化,并使混浊度逐渐达到稳定。在 T_3 的 3 s 内,超声波装置停止工作,光电元件 5 得到一个反映悬浮物浊度的电信号,并由拾取脉冲将该信号送到电路的记忆单元。

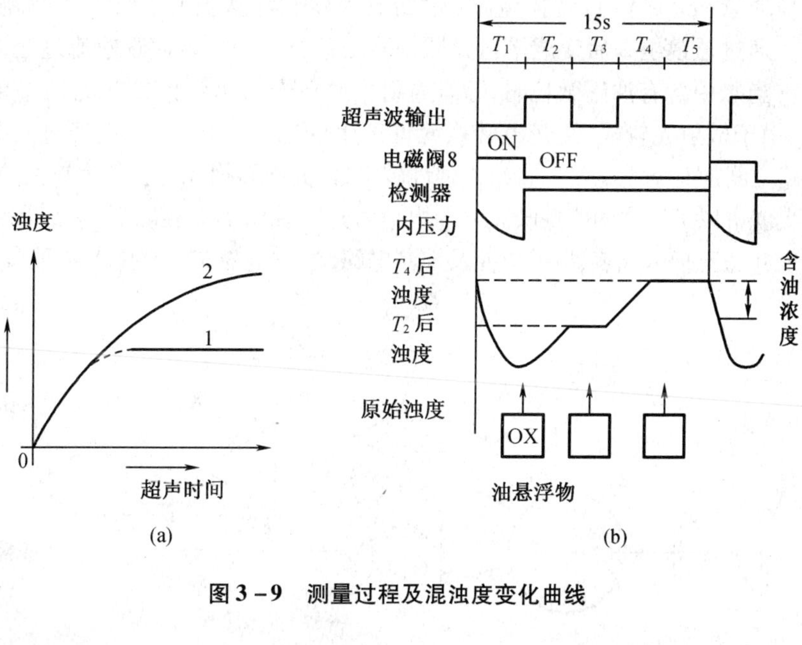

图 3－9　测量过程及混浊度变化曲线

第二次测量:在 T_4 的 3 s 内,超声波装置又工作,发出比第一次频率高、功率大的超声波,使检测液中的油分乳化。在 T_5 的 3 s 内,超声波装置停止工作。光电元件得到一个反映悬浮物与油分浊度之和的电信号,再由拾取脉冲将该信号送至电路的记忆单元,把记忆单元中的两个信号相比较求出差值就反映了水中含油浓度。然后,关闭电磁阀 2 打开电磁阀 8,放掉测量室中的检测液。进入下一次测量的过程与上述动作相同,测量是连续进行的。

该检测器装有恒压阀10,其作用是使测量室中的检测液处于恒压状态(如0.03 MPa),消除检测液中存在的气泡所造成的测量误差。该检测器测量精度为5×10^{-6} mg/L,测量的检测液压力为0.03~0.3 MPa,测量的检测液温度为2~45 ℃,报警整定值为15×10^{-6} mg/L。

二、光散射法

利用光散射原理测定水中含油浓度的原理是当水中没有油滴微粒时,入射光I_0能直接通过充满检测液的玻璃管使直射光I_D最强,而散射光I_S为零。当水中含有油滴微粒时,直射光I_D强度减弱而散射光I_S强度增加。它们随油分浓度的变化曲线如图3-10所示。其中,I_D的变化呈指数曲线规律,I_S是随含油浓度的增大而增加,但出现最大值后会随油分浓度的增大而减小。这是因为油分浓度太高时,过多的油滴反而会阻碍散射光的透过。由图可知I_D和I_S随含油浓度的变化是非线性的,而且含油浓度的检测范围也不大。为解决这个问题,可将两个信号相除,得到I_S/I_D的变化曲线。从图上可见I_S/I_D随含油浓度变化规律在较宽的测量范围内保持线性关系。

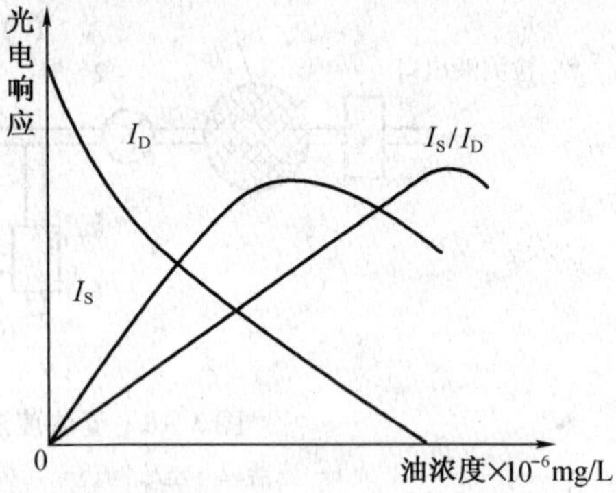

图3-10 油滴对光的散射效应

图3-11所示为根据光散射原理制成的水中含油浓度检测器。它由传感器(包括点光源、透镜组、玻璃管和光电池)、转换电路(包括放大器和除法器)、指示仪表和报警器等组成。点光源1通过透镜组2后变成平行光照射到玻璃管3上。玻璃管中流过经油水分离器净化了的水。当水中含有油滴微粒时,除有直射光照在光电池4上以外,还有散射光照在光电池11上。由于散射光较弱,经光电转换元件产生的电流比较小,需要经过两级放大。在两级放大电路之间加有调零电路。直射光强度较大,经光电转换元件会产生较大的电流,所以只要一级放大就可以了。这两路反映光强的电信号送入除法器6相除后,其商数就反映了水中含油的浓度并送至指示仪表、报警单元及控制电路(通过电磁阀控制排水或回水)。

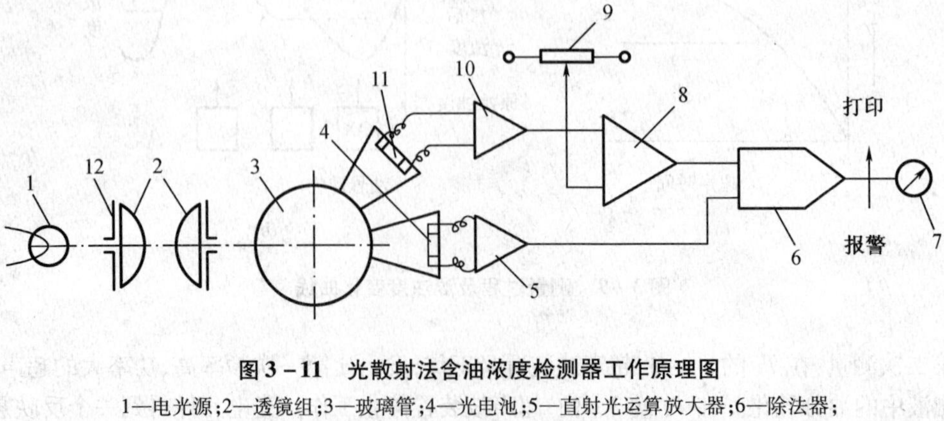

图3-11 光散射法含油浓度检测器工作原理图

1—电光源;2—透镜组;3—玻璃管;4—光电池;5—直射光运算放大器;6—除法器;7—浓度指示仪表;8,10—散射光运算放大器;9—调零电路;11—光电池;12—光栅

【相关训练】

实训　油水分离器的维护

一、实训目的

掌握油水分离器的维护方法。

二、实训器材

船用油水分离器系统一套。

三、实训内容与方法

(一)油水分离器维护要点

同船舶上其他设备一样,为了使油水分离器长期处于良好的工作状态,必须经常进行保养,保养期视使用情况而定,一般按下列情况安排:

1. 每周转动二位三通阀处于“清水”位置约几分钟。

2. 转动调流盖(松、紧)观察出水量有无变化,若无变化,可能是出水螺丝孔堵塞,应对其清洁,使其畅通。

3. 关闭箱门,打开测量室的调流盖,用水清洗取样室的玻璃管。

4. 在确认玻璃管清洁的情况下,旋紧调流盖,打开清水阀门冲洗管路,并调节水流量达1 L/min。

5. 接通电源几分钟后复位运行,若油浓度值不为零,请按操作说明进行调零。

6. 检查内部干燥砂是否白色,若变色可取出烘干或调换。

7. 若属下列情况时,应按说明书调试部分的零位调节程序操作进行。

(1)长时间中断后恢复使用;

(2)线路板维修(包括主线路板及电源线路板);

(3)更换探测器零部件。

8. 当长时间中断使用时,应关闭电源,旋出调流盖,清洗取样室内的玻璃管,并放尽残水。

9. 当环境温度在1 ℃以下时,取样室内的残水应放尽,以避免玻璃管破裂,同时也把清洁水和各取样水的进口阀门关闭。

(二)油水分离器的维护周期(见表3-1)

表3-1　系统维护

维护周期	维护内容
每月	对液位开关、温度开关进行一次检查清洁
	测量加热器绝缘
	紧固件紧固
	油分浓度计进行一次测试
	检查油分超标后报警是否正常
	排外阀及循环阀是否正常
每季度	对控制箱内的元件进行检查、紧固件紧固、箱体内外清洁

任务 4　分油机自动控制系统的维护

【学习目标】

掌握船舶分油机自动控制系统的工作原理和维护方法。

【任务分析】

随着现代科技的发展和石油的广泛应用，分油机越来越广泛地应用于现代工程领域的各个方面。尤其是在船舶上，分油机用来分离出燃油和润滑油(轻柴油、重柴油、燃料油)中的水分和机械杂质，以达到减少机器故障，提高机械设备的使用效率，并延长机器使用寿命的目的，是船舶燃油和滑油工作系统中必设的专用设备。只要柴油机开始工作后，分油机也伴随着其工作。在船舶上，常常是润滑油、柴油、燃油分油机同时工作，分别负责主机(动力机)和辅机(发电机)的各种用油处理，处于不可或缺的重要地位。作为船舶机舱燃油、滑油系统中关键设备的分油机，它的运行状况的好坏直接影响燃、滑油油料的品质，进而影响船舶动力系统的运行工况，在某些特殊的情况下甚至会影响到船舶的航行安全。而远洋船舶运输成本中燃油部分比例的上升，以及原有冶炼技术的提高，使得劣质燃油在船舶中获得了越来越广泛的使用，分油机长期处于恶劣的工作环境中，发生故障的可能性也大大地增加。因此，要求轮机管理人员熟知分油机的控制过程和工作机理，熟练地对分油机进行操作和进行故障诊断，确保分油机安全有效地运行，尽量减少故障的发生。

【相关知识】

4.1　分油机功能及发展介绍

船舶分油机一般采用离心式，是一种专门清除燃油中混入的少量杂质和水分的净化装置。它是利用油、水及杂质的比重不同，在高速旋转的分离筒内所产生的惯性离心力不同这一基本原理而工作的。在高速旋转的分离机转鼓中，杂质受到的离心力将是其所受重力的几千倍或更高。当待净化的油料被连续地供入高速旋转的分离机转鼓中并随转鼓作高速旋转时，油中密度较大的机械杂质和水分被甩向转鼓的外围，水被引出，杂质通过排渣口清除。而密度相对较小的净油所受的离心力较小，将会聚集于转轴附近，并从特设的出油口流出。

分油机控制系统的形成和发展是和现代机电控制技术的发展密切相关的。分油机按排渣方式经历了从人工排渣、手控自动排渣到全自动排渣的过程，人工排渣是在分油机每运行一段时间后，都需要定期地停车拆卸分离筒，人工清除聚集在分离筒里面的淤渣，分油效率低，劳动强度大。手控自动排渣分油机上安装了一个手动控制阀，分油机的每一步过程都是靠人为地操纵控制阀，控制着分离筒的密封和开启，从而实现分油过程和排渣过程的自动完成。全自动排渣分油机上装有一套时序控制系统，分油机的启动、正常工作、排渣、停车都是通过时序控制系统定时地完成的。分油机的时序控制就是利用一套自动控制系统，直接模拟手动操作过程，按预先规定好的时间顺序，自动控制内外管进水和断水；控制进油和冲洗水、水封水阀的开闭等。这样，就能完成分油机分油排渣再分油等一系列动作。

分油机的控制技术是从20世纪60年代开始随着自动控制技术的发展而实现快速发展的，首先是凸轮时序控制器和多回路继电器控制器系统应用在分油机控制系统中，它以凸轮时序控制开关作为自动排渣分油机程控系统的核心元件，辅以一些继电器、接触器、按钮开关、电磁阀就构成了分油机的控制系统。由于船舶机舱工况恶劣，温度高、湿度大、机械振动强，经过一段时间的使用，这种控制系统大多会出现线路、元器件老化，可靠性变差等现象；其次就是那些为数众多的触点开关，在恶劣的环境下反复使用后表面容易磨损、氧化，有些触点甚至发生严重的机械变形，导电性能及接触可靠性降低，经常会造成各继电器的误动作，影响分油机的正常工作，甚至烧毁电器设备，造成事故。20世纪80年代，随着计算机技术和电子技术的发展，单片机和可编程控制器（PLC）作为工业设备控制系统得到飞速的发展，在船舶设备控制方面也广泛应用。而可编程控制器（PLC）作为分油机时序控制的控制单元，不仅具有很强的抗干扰能力及很高的可靠性，而且简单易学、维护方便。随着PLC控制技术的发展，可编程控制器的功能也越来越完善，在逻辑控制方面更具有优势。因此用可编程控制器（PLC）作为时序控制器的分油机控制系统得到广泛的应用。

4.2　常规分油机时序程序控制系统

一、自动排渣分油机的工作概况

如图3－12所示，自动排渣分油机是在普通分油机的基础上加上活动底盘，配水盘、密封环、滑动环、复位弹簧以及相应的自动控制设备组成。

图中，在进工作水的内管、外管和高置水箱（其位置应高于分油机1.5～3.0 m，靠水箱中水的静压向内、外管提供工作水）之间装有手动控制阀（手动时用）和电磁阀（自动时用）。这里先说明手动控制时的工作过程。手动控制阀有四个位置：

“1”位——开排渣口；

“2”位——空位放水；

“3”位——封闭排渣口；

“4”位——正常分油。

可以通过手动控制阀以进入不同的工况。自动控制时，则是通过控制电磁阀V1－1和V2－1通电或断电来实现上述功能。下面以手动控制来说明：

1. 开排渣口

当手动控制阀放在“1”位时，外管进水而内管断水，外管的水压使左侧的滑动环f下压，打开左侧和活动底盘相通的垂直出水口h，活动底盘下部空间的工作水经h和出水口i排出，导致活动底盘下落，打开排渣口S，使分离筒中的渣油和水一起从排渣口S排出。此为开排渣口过程。

2. 空位放水

当排渣完毕后，将手动控制阀打至“2”位，此时外管和内管均断水，原积存于分离筒内的水从左边的g口排出，复位弹簧使滑动环向上复位，关闭和活动底盘下部空间相连的垂直出水口h，但排渣口S仍为打开状态，此为空位放水状态。如果不再分油，则各有关部件一

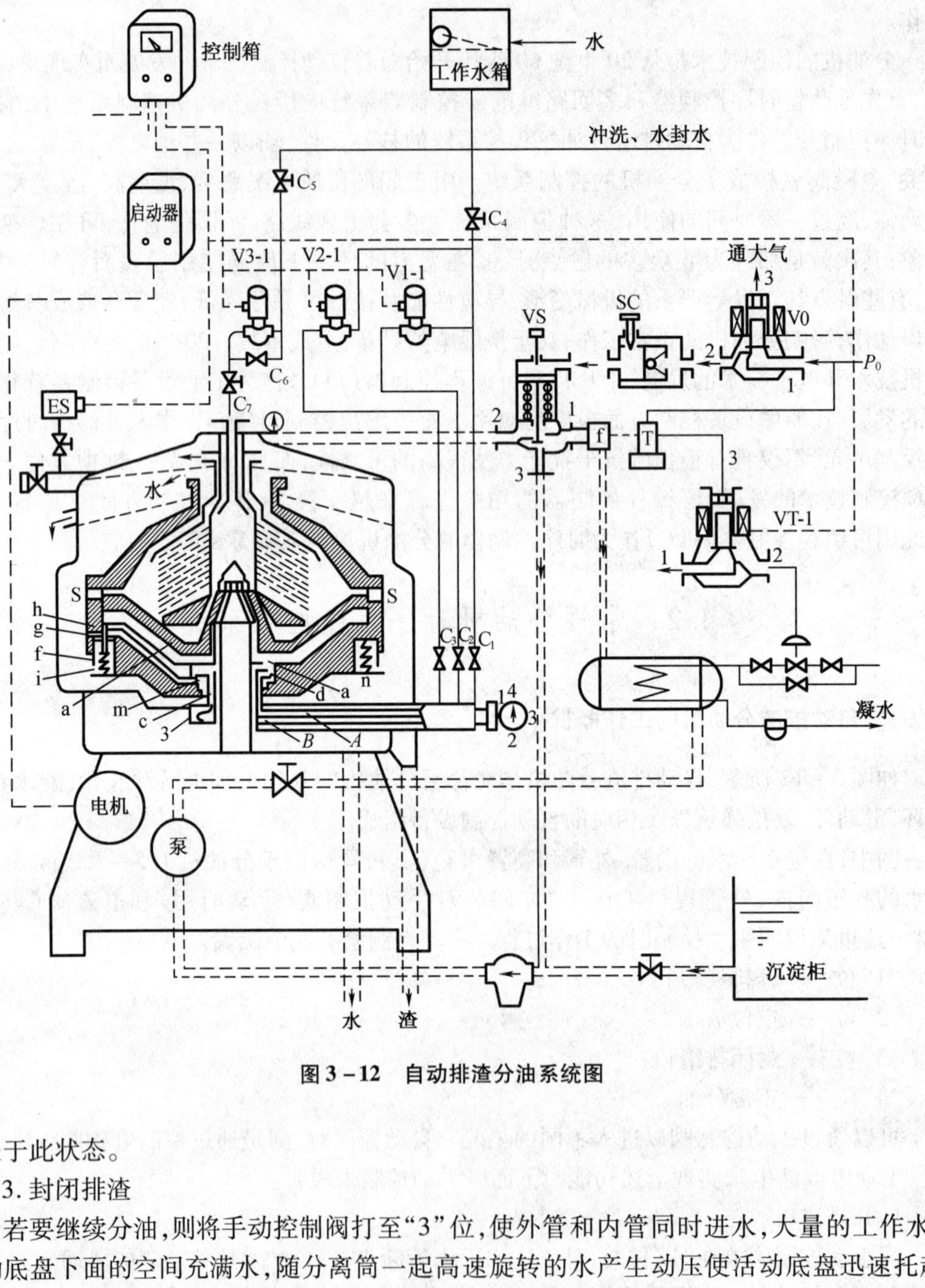

图 3-12 自动排渣分油系统图

直处于此状态。

3. 封闭排渣

若要继续分油，则将手动控制阀打至“3”位，使外管和内管同时进水，大量的工作水使活动底盘下面的空间充满水，随分离筒一起高速旋转的水产生动压使活动底盘迅速托起，封闭排渣口 S，为分油做好准备，此为封闭排渣口工况。

4. 正常分油

正常分油时应注意外管进水的时间不能过长，否则过量的水会使左边和活动底盘相连的垂直出水口 h 打开，导致活动底盘下面空间的水经 h 和 i 泄出而使活动底盘再次落下，故经一定时间（约 5 s）后，应将手动控制阀打至“4”位。在此位置，外管断水而内管进水，以保持活动底盘托起封闭排渣口并补偿工作水的损失。在此状态下，可以打开进水封水和冲洗水阀 C_5，C_7，向分离筒内注入水封水，水封水在筒内高速旋转形成水封后，再慢慢打开进油阀 VS，注入待分离的油，进行正常分油。

正常分油期间，净油不断从上部的出油口送入日用油柜，分离出的水则不断从上部的出水口排出。

当经过一定时间（如 2 h）后，应将手动控制阀从“4”位打至“1”位，开排渣口排渣。其过程同“开排渣口”工况。

二、时序自动控制系统的组成

分油机的时序自动控制系统是利用一套按时间顺序自动地控制内、外管进水和断水，控制油阀和冲洗水及水封水阀的开闭的自动控制系统，用来自动完成分油机的分油、排渣、再分油等一系列程序动作而无须人工进行操作。

图 3－13 中，电磁阀VT－1是用于控制加热油的。在正常分油的情况下，电磁阀 VT－1 断电，阀芯下落，切断与大气的通路 1，温度调节器 T（f 为温度检测元件）输出的控制信号经阀 VT－1 的通路 3 和 2 控制蒸汽调节阀的开度，对待分油进行恒温控制。在停止分油时（此时电磁阀 V0 断电），电磁阀 VT－1 通电，阀芯吸上，切除温度调节器，蒸汽调节阀的控制空气通大气，蒸汽阀全开，加快对油的加热强度。

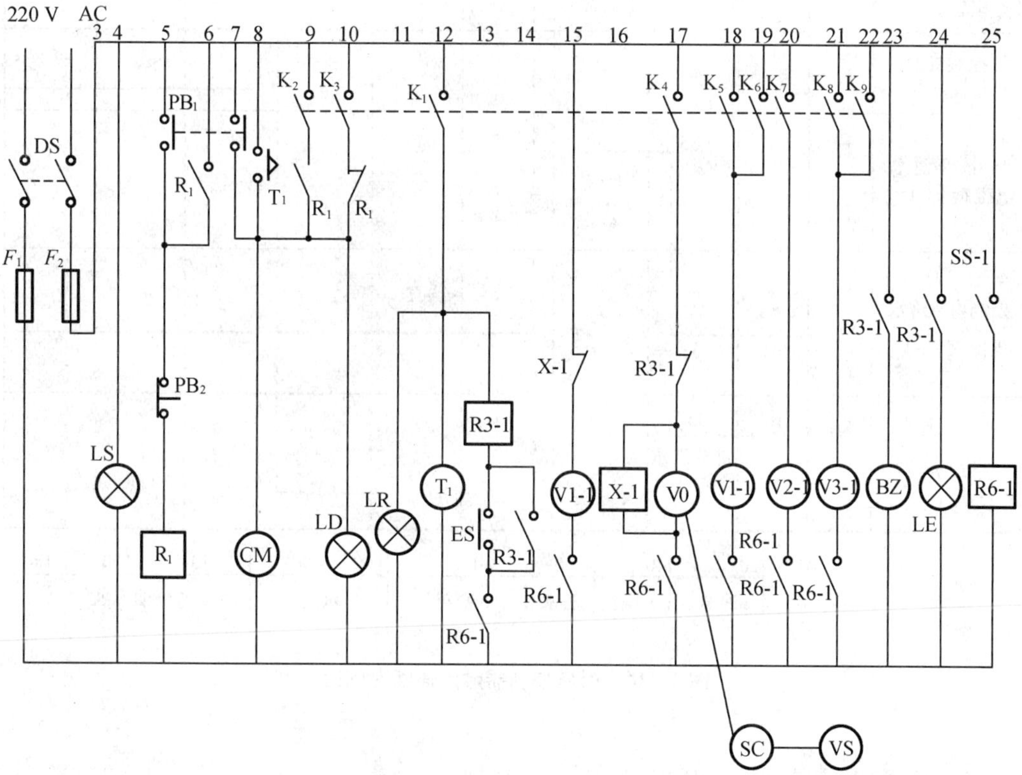

图 3－13　自动排渣分油机控制电路图

ES 是压力开关，在分油过程中，当发生跑油等故障时，ES 动作，其常开触点闭合，通过控制电路发出报警信号，同时切断电磁阀 V0 的通路，停止向分油机进油。在此情况下，要求立即停止分油机的工作，待故障排除后再启动分油机。

分油机在进行分油、排渣、再分油的动作过程中,各电磁阀的开闭顺序是由时序控制器和定时器来控制的。时序控制器一般采用凸轮式的,它由电动机 CM 经减速装置带动以一定的速度转动,在凸轮轴上装有 12 组凸轮,与时序控制系统直接有关的有 9 组,每一组凸轮控制一个微动开关。定时器用于根据油中含渣量的多少预先整定好自动排渣的时间。当达到整定的排渣时间后,定时器的控制触点闭合,停止分油,进行排渣。

时序控制器和定时器的触点通、断时间如图 3 – 14 所示。粗线处为触点接通,无线处表示触点断开。

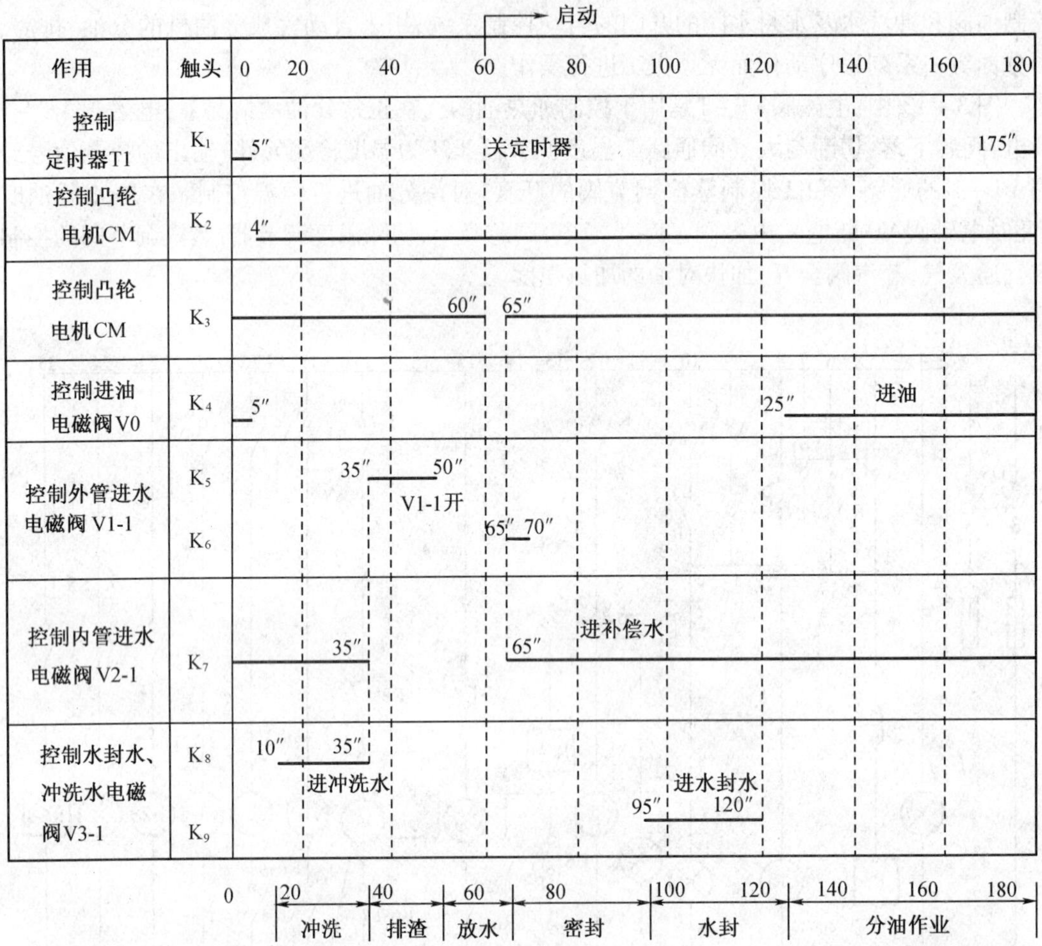

图 3 – 14 时序控制器触点通断时间表

三、分油机时序控制电路分析

分油机的时序控制电路如图 3 – 14 所示。

1. 分油前的准备

在分油机时序控制电路投入工作前,要检查工作水箱水位,如果该水位是自动控制的,则应使水位控制系统投入工作。

接通电磁阀 V0 和温度调节器的气源,为待分油进入分油机并对油温进行自动调节作准备。

启动分油机电动机,使分离筒的转速稳定。

2. 空位放水(上次停机后的状态)

合上电源开关DS,电源指示灯LS亮。把选择开关SS-1(25-支路)打至要投入工作的分油机位置。触点SS-1(25)闭合后,继电器R6-1(25)通电动作,其常开触点R6-1(14,15,17,18,20,21)闭合,为有关电磁阀通电作准备。分油机在停机时,时序控制器的凸轮总是停在图3-14的60″位置(原因后述)。在此位置上,只有触点K_2是闭合的,其余触点(K_1,K_3,K_4,K_5,K_6,K_7,K_8,K_9)全部断开。其中K_1断开使定时器T_1断电停止,正常分油指示灯LR熄灭;K_3断开使时序控制器电机停止运行,排渣指示灯LD熄灭;K_4断开使电磁阀V0断电,禁止待分油进入分油机而在机外循环;中间继电器X-1失电,其常闭触点X-1(15)闭合,电磁阀VT-1通电,使蒸汽阀的控制气直通大气而蒸汽阀全开,增强对待分油的加热;K_5,K_6断开,电磁阀V1-1断电,切断外管进水;K_7断开,电磁阀V2-1断电,切断内管进水(放水状态);K_8,K_9断开,电磁阀V3-1(21)断电,禁止冲洗水和水封水进入分油机。此时分油机的活动底盘落下,排渣口打开,滑动环复位,分油机处于空位放水工况。

3. 密封(活动底盘托起封闭排渣口)

按下时序控制电路的启动按钮PB_1(5),继电器R_1通电吸合,其常开触点R_1(6)闭合自保;常闭触点R_1(10)断开,使时序控制器电机不能通过K_3(10)支路获电,而常开触点R_1(9)闭合,因K_2闭合,CM和LD通过支路9获电,一方面排渣指示灯LD亮,另一方面时序控制器电机CM从60″位置开始运行,直到65″前。

当时序控制器运行到65″位置时,K_3(10)闭合,但因R_1(10)断开,此时无用,CM仍通过支路9获电;K_6(19)和K_7(20)同时闭合,电磁阀V1-1和V2-1获电,外管和内管同时进水把活动底盘托起,封闭排渣口,这是密封工况,直到70″前。

当时序控制器运行到70″位置时,K_3(10)和K_7(20)保持闭合而K_6(19)断开。其中K_7(20)闭合使V2-1保持通电,内管保持进水用以补偿活动底盘下面空间的工作水;K_6(19)断开,V1-1失电,外管停止进水。在70″至95″这段时间是让活动底盘可靠地封住排渣口,等待进行正常分油。

4. 形成水封

当时序控制器运行到95″位置时,K_9(22)闭合,电磁阀V3-1通电打开,水封水进入分油机的分离筒内形成水封。直至120″位置,K_9(22)断开,电磁阀V3-1断电关闭,停止水封水进入分油机。用25″时间形成水封以确保分油时不发生跑油。

5. 进油分油

当时序控制器运行到125″位置时,K_4(17)闭合,电磁阀V0和中间继电器X-1通电动作。V0通电切断油在分油机外面循环的通路,使油慢慢进入分油机,开始进行分油。由于阀SC的作用,开始时进油较慢,以防破坏水封,延时3″~5″后,才让大量的油进入分油机,进行正常分油。

在125″~175″期间用于建立净油出口油压,使净油出口油压达到0.12 MPa。当净油出口压力达此值后,压力开关ES的触点ES(13)在正常位置(断开)。因为在175″前K_1(12)是断开的,在建立起正常油压前,T_1(12)和R3-1(13)不会通电,以免误发跑油信号。在电磁阀V0通电的同时,中间继电器X-1通电,X-1(15)断开,VT-1失电,使温度调节器T输出的控制信号对蒸汽阀的开度进行调节,以保证油温的恒定。

当时序控制器运行到175″后，K_1(12)闭合，排渣时间间隔定时器 T_1 开始通电计时，正常分油指示灯 LR 亮。这时，由于净油出口压力已达正常值，油压开关触点 ES(13)断开，继电器 R3－1 不会通电，其常闭触点 R3－1(17)保持闭合，电磁阀 V0(17)和中间继电器 X－1(16)保持通电而正常进油。

当时序控制器运行到180″（即0″）位置时，K_2(9)断开，支路7，8，9，10 均在断开状态，排渣指示灯 LD 灭，时序控制器电动机 CM 停止运行，此后，时序控制器的各触点保持在0″位置不变。分油机进行正常分油作业，等待排渣定时器 T_1 到时动作。

6. 排渣时间到，进冲洗水

当到达整定的排渣时间（如2 h）后，定时器 T_1 的常开触点 T_1(8)闭合，排渣指示灯 LD 亮，同时时序控制器电动机 CM 通电从0″位置开始运行，开始排渣过程。

当时序控制器运行到4″位置时，K_2(9)闭合，由于继电器 R_1 是通电的，其常开触点 R_1(9)早已闭合，故电动机 CM 不会因定时器触点 T_1(8)断开而断电停转。再过1″(即5″位置)时，K_1(12)断开，正常分油指示灯 LR 熄灭，定时器 T_1 断电复位，T_1(8)断开，为重新通电计时作准备。

同时，K_4(17)断开，电磁阀 V0 和中间继电器 X－1 断电，V0 断电，立即停止向分油机进油，使油在机外循环；X－1 断电，其常闭触点 X－1 (15)闭合，电磁阀 VT－1 通电，切除温度调节器 T 对蒸汽调节阀的控制，使蒸汽阀全开加强对待分油的加热。

当时序控制器运行到10″位置时，K_8(21)闭合，电磁阀 V3－1 通电打开，冲洗水进入分油机把大部分剩油排出，以免在排渣时浪费掉这部分油。同时，这部分水也对分油机内部进行清洗，直至35″前。

7. 开排渣口排渣

当运行到35″时，K_8(21)断开，电磁阀 V3－1 断电关闭，停止进水。同时 K_5(18)闭合，电磁阀 V1－1 通电打开使外管进水。K_7(20)断开，电磁阀 V2－1 断电关闭，使内管断水，于是活动底盘下部空间的水从左边出口泄出，活动底盘落下，右边的排渣口 S 打开，分离筒中的渣和水一起从排渣口排出，直至50″前。

8. 空位放水

当运行到50″位置时，K_5(18)断开，电磁阀 V1－1 断电关闭，外管也断水。

在50″~65″期间内，配水盘内的水已排空，在复位弹簧的作用下，滑动环复位，封闭活动底盘下部空间，为再次托起底盘、封闭排渣口做好准备。在第60″处，因 R_1(5)通电自锁，R_1(9)闭合，K_2 是闭合的，故 CM 和 LD 通电，此后重复密封、形成水封、正常分油、排渣等前述的过程，直至人工停机。

9. 停机操作

当需要停止分油机的分油作业时，可人工按下停止按钮 PB_2(5)，继电器 R_1 断电，其常闭触点 R_1(10)闭合，因正常分油期间时序控制器停在180″(即0″)位置，K_3(10)是闭合的，于是 CM 和 LD 通过支路10 通电开始运行，经过一次排渣的时序动作后，CM 总是通电运行到60″位置，K_3(10)断开，又因 R_1(5)已失电，CM 和 LD 全部断电而停在此处。时序控制器自动定在60″位置上不动。排渣完成后，断开分油机电源，使分油机停止工作。

10. 跑油报警

当因某种原因水封被破坏时，油会从分油机的出水口跑掉，若分离筒密封不好，油也会从排渣口跑掉。出现跑油故障时，油出口处的油压会降低，当低于0.08 MPa 以下时，压力继电器 ES 动作,触点 ES(13)闭合,继电器 R3－1 通电动作,其常闭触点 R3－1(17)断开,电磁阀 V0 及中间继电器 X－1 失电,停止向分油机内进油,同时切除温度调节器对蒸汽阀的控制,使蒸汽阀全开。R3－1(23)和 R3－1(24)闭合,报警指示灯 LE 亮,蜂鸣器 BZ 响,发出声光报警信号。

压力继电器 ES 的整定值范围是:当净油出口压力低于 0.08 MPa 时,触点 ES(13)闭合;当压力达到 0.12 MPa 时,触点 ES(13)断开。在时序图上可见,分油机刚开始分油时,K_1(12)是断开的,此时即使净油出口压力低于 0.08 MPa,ES(13)闭合,也不会误发跑油报警信号。

4.3 FOPX 型分油机的自动控制系统

一、FOPX 型部分排渣分油机概述

与一般分油机相比,FOPX 型部分排渣分油机的特点是待净化的油连续进入分油机,且在排渣期间也不切断油的供给。由于该型号分油机在净化不同密度的燃油时不受低密度的限制,取消了比重环,给使用和管理带来了极大的方便,因此在船上得到了广泛的应用。图 3－15 是 FOPX 分离系统自动控制原理图,图中分油机是具有部分排渣功能的 FOPX 分油机,每次分离筒开启时只有部分油渣被排出;EPC－400 是由微型计算机组成的控制单元,由它控制、监测整个分离系统的运行;WT200 型水分传感器安装在净油输出管路上,用于测量净油中水分的变化。下面主要介绍部分排渣分油机的工作原理、控制系统组成、水

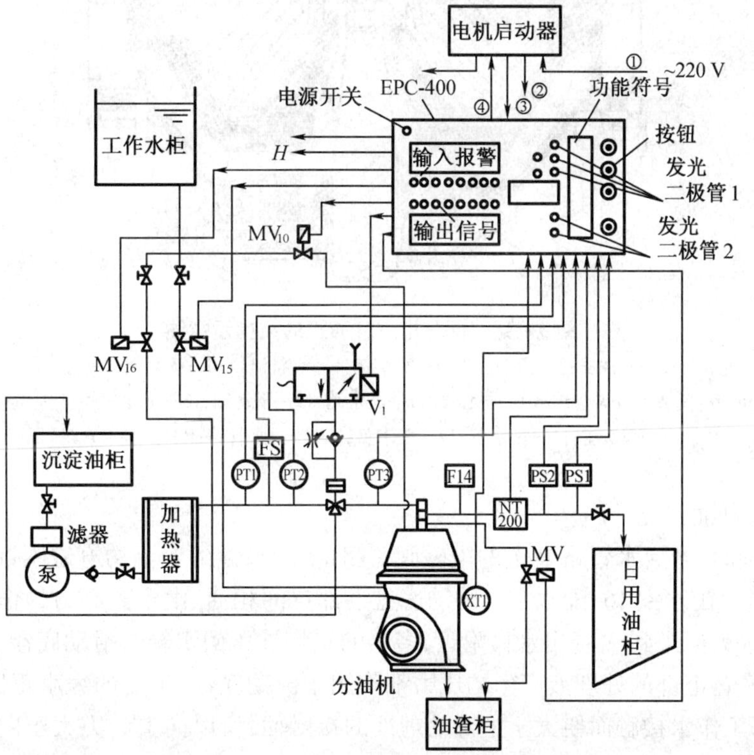

图 3－15　FOPX 分离系统自动控制原理图

分传感器的原理及 EPC－400 控制单元的主要功能。

二、部分排渣分油机的工作原理

图 3－16 为部分排渣分油机的结构示意图。要分离的污油通过静止的进油管 1 通过旋转分离筒的中心，在离开进油管时污油与配油器 2 接触加速到与分离筒同样的旋转速度。污油从配油器下部进入分离筒空间，直接流到锥型分离盘组 9 的外缘。然后在分离盘之间进行油与水和杂质的分离，净化的油流向分离筒的中心，再向上流到分油机的顶部，通过装在进口管上静止不动的向心泵 10 流出分油机。而分离出的油渣和污油中的水分则流到分离盘的外侧，在排渣之前聚集在分离筒周围的集渣空间 8 处等待排出。在分油机的下部有两条水管接到高置的工作水箱，A 管为密封水管路，B 管为开启水管路，两条管路上均装有电磁阀，电磁阀受 EPC—400 控制单元控制。

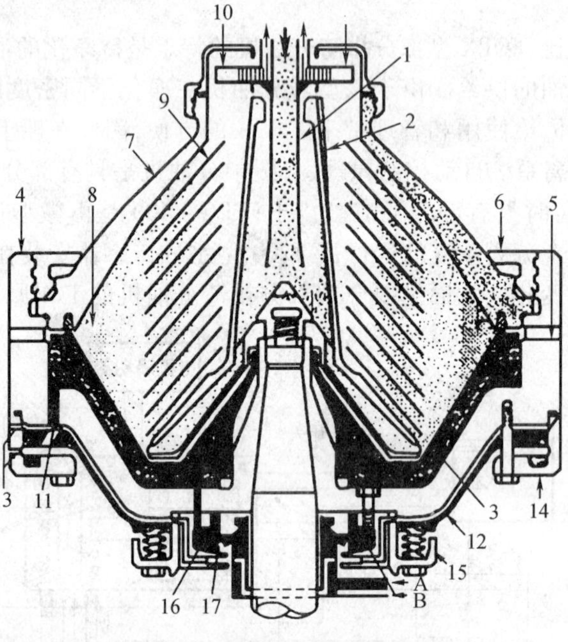

图 3－16 部分排渣分油机的结构示意图

1—进油管；2—配油器；3—滑动底盘；4—分离筒体；5—排渣口；6—锁紧圈；7—分离筒上盖；8—集渣空间；9—分离盘组；10—向心泵；11—泄水孔；12—滑动圈；13—泄水喷嘴；14—定量环；15—弹簧座；16—配水室；17—配水盘；A—密封水管路；B—开启水管路

（1）正常分油工况

正常分油时，开启水管路 B 上的电磁阀关闭，密封水管路 A 上的电磁阀打开，工作水经配水盘 12，进入配水室 16，配水室与滑动底盘下部空间相通，由于离心力的作用，滑动底盘下部空间的水只能进到 A 管出水口附近，多余的水将被压回水箱。滑动底盘下部空间的工作水和滑动底盘上部的处理液产生的压力都作用于滑动底盘，该力的大小正比于其作用面积，因为底部工作水接触面要大于上部处理液的接触面，所以向上的力大于向下的力，滑动底盘保持在上面位置，关闭分离筒周围的排渣口。同时，由于 B 管上的电磁阀关闭，没有水进入滑动圈 12 的上部空间，在弹簧的作用下，滑动圈 12 将泄水孔 11 关闭，维持滑动底盘下部空间的水位。分油机处于正常分油工况。

(2)部分排渣工况

分油机在分油过程中,随着时间的推移,聚集在分离筒周围的油渣和从油中分离出的水分将逐渐增多,其与油的界面将不断向分离筒中心推进,当其界面到达分离盘的外缘时,少量的水分会随净油排出分油机。在分油机净油出口管路上装有 WT200 型水分传感器(工作原理后述)将立即测出这一信号,并将这一信号送往 EPC－400 控制单元,再由 EPC－400 控制单元发出部分排渣控制信号,打开开启水管路上的电磁阀(此时分油机并不停止分油过程,密封水管路上的电磁阀仍处于打开状态),水直接进入开启室(滑动圈的上部空间)。在滑动圈上部开启室外围有一泄放喷嘴,因为进入开启室的水量大于从喷嘴排出的水量,所以在开启室中水量增多。由于离心力的作用,水作用在滑动圈上的压力增大,当该力超过弹簧力时,滑动圈向下移动。一旦滑动圈下移,泄水孔 11 稍稍打开。滑动底盘下部空间中压力作常高(约 6～8 MPa),这使得滑动底盘下部空间的工作水迅速经泄水孔 11 进入开启室,增大了开启力和滑动圈下移的速度。滑动圈很快下移到下面的位置,开启室的水通过滑动圈上的若干孔道流到它的下部空间。在此期间,密封管路上的电磁阀保持打开状态,水继续流入滑动底盘下部空间。然而,由于排出的水量大于进入的水量,滑动底盘下部水位向外移,使作用在滑动底盘向上的力减小,当该力小于分离筒内液体的向下作用力时,滑动底盘下落,打开集渣空间的排渣口进行排渣。

(3)密封工况

滑动圈除了上部有开启空间外,在其下部还有一个密封室,该密封室由滑动圈和定量环组成,在外围也有泄水喷嘴。由于进入滑动圈下部密封室内的水多于从泄水喷嘴排出的水量,在此空间积存一定量的水,在离心力的作用下,水施加在滑动圈下面向上的力增大,当该力和弹簧力一起超过开启室向下的压力时,滑动圈上移,将泄水孔 11 关闭,滑动底盘下部空间的水量开始增加。A 管路上的电磁阀一直打开着,当下部水作用力超过分离筒内液体的作用力时,滑动底盘上移关闭排渣口。排渣最后的步骤是通过 EPC－400 控制单元发出信号,关闭开启管路上的电磁阀,通过泄水喷嘴排出滑动圈上下空间全部工作水,分油机即进入正常分油工况。

分油机的排渣量取决于进入滑动圈开、关室内的工作水量。该排渣量在分油机工作时则不能改变。从滑动底盘下部排出的水量和分离筒排出的液体量在每次排渣时都是相同的。

部分排渣分油机也可以进行全部排渣操作。全部排渣时,第一步是停止进油,然后进冲洗水置换分离筒内的净油。当该步骤完成后关闭密封管路上的电磁阀,再打开开启管路上的电磁阀,分油机将进入全部排渣的工况,直至将分离筒内以及滑动底盘下部空间的液体全部排放完毕。其详细动作过程就不再分析了。

三、FOPX 型分油机的控制系统

在 FOPX 型分油机中,组成其控制系统的重要设备是 EPC－400 型自动控制和监视装置,它接收装在分油机进油管路上和净油出口管路上的传感器信号。对这些信号进行分析并加以处理,由输出端输出各种信息,对分油机进行控制,同时分油机的运行状态也通过在 EPC－400 型装置上的发光二极管的亮灭以及数字显示窗的数字进行指示。FOPX 型分油机自动控制系统组成原理如图 3－15 所示。

对 EPC－400 型装置来说，其主要输入信号由 PT_1 和 PT_2 接收。PT_1 和 PT_2 分别是燃油进口的高油温和低油温的温度开关，用以监视加热器出口的燃油温度。若 PT_1 闭合，发出燃油高温报警，并切断加热器电源。当油温下降到下限值时，PT_2 开关闭合发出低油温报警，并接通加热器电源，加热器可选择电加热器和蒸汽加热器。选用电加热器时，按 EPC－400 型装置上加热器按钮后，H 端向加热器提供 48 V 交流电源；选用蒸汽加热器时，H 端是24 V 交流电源。PT_3 是温度传感器，它用来检测待分油温度的实际值。接收的信号有两个用途：其一是将信号送至加热器温度控制系统的 PI 调节器，对燃油温度进行比例积分控制，把油温控制在给定值上；其二是送至 EPC－400 型装置中，当发生油温上下限报警时，可由数字显示窗显示油温的实际值。可见，分油机在正常运行期间，温度开关 PTl 和 PT_2 都是断开的，燃油加热系统在 PI 调节器控制下，可保持分油机最佳分离效果所要求的燃油温度值。只有在加热器装置出现故障时，温度开关 PT_1 和 PT_2 才起作用，因此可把 PT_1 和 PT_2 看作是加热器故障监视开关。FS 是低流量开关，它监视供油系统故障。若供油系统有故障，如滤器堵塞、管路泄漏、泵浦损坏等都会引起进油量降低。低到下限值时，低流量开关 FS 闭合，把该信号送至 EPC－400 型装置，发出低流量报警。在净油出口管路上装有流量表 F_{14}，随时指示分油机净化出燃油的数量。

在净油出口管路上分别装有两个压力开关 PS_1 和 PS_2。PS_1 是高压开关，实际上它是监视净油出口的正常压力的；净油出口压力正常时该开关断开，当分油机发生跑油等故障现象时该开关闭合，EPC－400 型装置收到这个信号后，要发出分油机故障报警并停止分油机工作，因此 PS_1 压力开关实际上是监视分油机故障的开关。PS_2 是低压开关，它是排渣口是否打开的反馈信号，当分油机需要排渣时，EPC－400 型装置发出排渣信号使滑动底盘下落打开排渣口，分离外侧空间的水和渣质立即从排渣口排出。这时净油出口压力会迅速下降，PS_2 开关闭合，它告诉 EPC－400 型装置排渣口已经打开，排渣程序正在执行。如果 EPC－400 型装置发出排渣信号后没有收到排渣口打开（PS_2 闭合）信号，说明分油机不能排渣。这时 EPC－400 型装置撤消排渣信号，数秒后第二次发出排渣信号，如果仍收不到排渣口打开信号，EPC－400 型装置最终确定该分油机不能排渣，发出不能排渣的报警并停止分油机工作。EPC－400 型装置发两次排渣信号的作用是防止误动作和误报警。

在净油出口管路上装有 WT200 型水分传感器，该传感器能精确地检测净油中的含水量。当分油机刚开始分油时，油水分界面远离分离盘外侧，净油中含水量极低，仅是在油中的乳化水。EPC－400 型装置把这个含水量存在读写存储器 RAM 中作为净油含水量的参考值。随着分油过程的进行，油水分界面不断向里移动，净油中含水量会逐渐增加。当净油中含水量达到 350 单位（相当于净油中含水量 0.2%）时，即达到了净油中含水量的触发值。根据上一次排渣后的时间间隔决定是打开排水阀 MV_5 进行排水，还是打开排渣口进行一次排渣。WT200 型水分传感器结构原理后述。

EPC－400 型装置的输出信号除在内部控制面板上的发光二极管亮灭及数字显示窗口的数字显示外，对外输出还包括控制待分油进入分油机的电磁阀 V_1。正常分油（包括正常排水和排渣）时，V_1 通电，压缩空气把三通活塞阀打开，被加热的燃油不断进入分油机。在停止分油时，电磁阀 V_1 断电，切断燃油进入分油机的通路，燃油经加热器在分油机外面循环。电磁阀 MV_{16} 是用来控制补偿水和密封水的。分油机在正常分油期间，该阀断续通电打开，经管 P_2 向滑动底盘下面的工作空间进补偿水，以保证滑动底盘托起，牢牢关闭排渣口。当需要排渣时，EPC－400 型装置输出的控制信号使操作水电磁阀 MV_{15} 及电磁阀 MV_{16} 均通电打开3 s,排渣口打开0.1 s后自动关闭进行一次排渣。电磁阀MV_{15}打开3 s后断电关闭。电磁阀MV_{16}连续打开一段时间后,又恢复断续通电状态。电磁阀MV_5是排水电磁阀,需要排水时EPC-400型装置输出一个信号使该电磁阀通电打开,在正常分油期间或在排渣期间该电磁阀均断电关闭。

XT是液体传感器,它是装在排渣口的温度传感器。它需要用空气冷却。在正常分油期间,排渣口没有液体流出,XT传感器应检测到低温值。如果在此期间检测到温度值升高,说明排渣口密封不严,有液体流出,则EPC-400型装置面板上相应的红色发光二极管闪光报警。在排渣期间,XT应检测到高温信号。如果没有检测到高温信号,说明排渣口没有打开。在老式的控制装置中,就是用这个信号作为排渣的反馈信号。但因为易出故障,在新的控制装置中采用PS_7作为排渣的反馈信号而不用XT。但在新的控制装置中仍保留它,用以检测在正常分油期间排渣口是否被牢牢地密封。

四、WT200型水分传感器

在FOXP型分油机自动控制系统中,WT200型水分传感器是很重要的部件,水分传感器安装在净油输出管路上,用于检测油中含水量的变化情况,水分传感器包括两个同心管和一个装在外部法兰管子上的箱子,见图3-17。两个管子彼此绝缘,形成筒状容器。两根管子相当于电容器的两个极板,流经筒状容器的净油相当于电容器的电介质。电容器的电容量与电容器电介质的介电常数成正比,因为水与矿物油介电常数之比为20~40,故随着油中水分增加,电容器的电容量将显著增大。EPC-400型装置为WT200型水分传感器提供20 V直流电源,该直流电流被装于水分传感器箱内的振荡器装置转化为交流电流。交流电流通过筒状容器,其大小正比于容器的电容量,也即正比于流经它的液体的介电常数。该电流经有屏蔽的电缆线送回到EPC-400单元作为水分传感器信号。净油中水分变化在1%~10%范围内时,水分传感器的精度接近0.05%,它无须校正。水分传感器由ALFALAVAL公司开发,已获得一些主要船级社的认可。此外,在水分传感器中有一块检验电路板,它监视振荡器的工作是否正常,EPC-400型装置每6 s检查一次这个信号,如果振荡器工作不正常,EPC-400型装置会发出报警并停止当前所执行的程序。

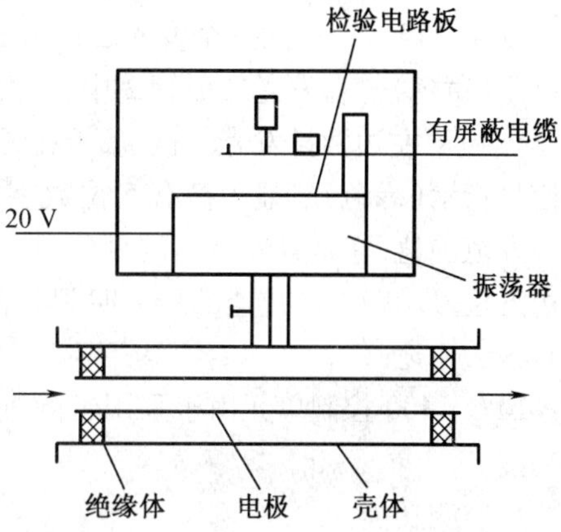

图3-17 WTZ00型水分传感器

五、EPC-400控制单元

EPC-400是由微型计算机组成的控制单元,它控制分油机系统的全部操作,具有监测控制、报警等多项功能,可用于多种型号的分油机系统控制。EPC-400型装置中的工作电源是48 V交流电,它来自分油机电机启动器,启动器接220V交流主电源①作为控制启动分油机的电源。按启动器上的启动按钮后,一方面启动分油机电机,另一方面使启动器中的继电器K_5通电,经变压器输出48 V交流电向EPC-400型装置供电。如果分油机系统出现故障需要停止分油机工作时,EPC－400 型装置经接线④输出一个停止信号,使继电器 K_3 通电,切断分油机电源。合上 EPC－400 型装置面板上的电源开关就接通了该装置的 48 V交流电源。

在系统工作过程中,所有工作状况都在 EPC－400 控制单元面板上通过发光二极管指示。在 EPC－400 型装置面板的右面有 4 个按钮(3 个功能按钮和 1 个报警复位按钮),操作按钮的状况也是用发光二极管指示的。操作者必须熟悉控制面板上按钮的功能。最上面的是加热器按钮,按此按钮接通加热器电源,对待分油进行加热,待分油在分油机外面循环。第二个按钮是程序启动/停止按钮,按一次该按钮,EPC－400 型装置执行预定的程序。它首先监视待分油的温度,当加热器把待分油加热到正常温度值(PT_1 和 PT_2 温度开关均断开)时,开始执行向分油机进油以及排水、排渣的正常程序。第三个按钮是手动排渣按钮,按一次该按钮,分油机执行一次排渣程序。第四个也是最下面的按钮是报警复位按钮,当分油机系统或控制系统出现故障时,EPC－400 型装置可能发出停止分油机工作或停止程序运行信号。其红色表示总报警发光二极管闪光。待故障排除后须按此复位按钮才能消除故障信号,并使程序恢复到启动前的状态。

发光二极管 1 中的三个发光二极管分别指示加热器工作(绿色)、程序运行(绿色)和程序停止(黄色)。在发光二极管 2 中,上面的是不排渣报警指示(红色),下面的是总报警指示(红色)。左边两排发光二极管,上排是各种输入信号的报警指示(红色),下面是正常输出信号指示(绿色)。显示窗有 5 位数字显示器,在运行期间,左边两位显示净油中含水量的触发范围值,它是触发范围的百分数。如果触发范围达到或超过 100%,则显示“——”。右边三位显示距下次排渣的最大时间。在参数设定和调整过程中,四个按钮及数字显示器也有很大用途。

EPC－400 控制单元由于采用了微机控制技术,功能十分齐全,归纳起来主要有以下几个功能。

1. 监测功能

通过 WT200 型水分传感器 EPC－400 控制单元对分油机出口净油中水分变化情况实行连续监测;通过 WT200 型传感器对进入分油机的待分油温度进行监测,同时对分油机各个工况实行连续监控。

2. 控制功能

EPC－400 控制单元对分油机的控制是通过对进油电磁阀、密封水电磁阀、开启水电磁阀、置换水电磁阀的控制来实现的,其控制过程按编制的微机控制程序进行。此处只简单介绍部分排渣过程的触发和置换水补充方式。

分油机在分油过程中,出口净油中的水分将会逐渐增大,当水分传感器的信号增大到预先设定的触发点时,便会触发部分排渣过程,见图 3－18。图中横坐标是时间轴,纵坐标是由水分传感器送来的信号。

EPC－400 控制单元在每次分油机进行部分排渣后,都将水分传感器送来的信号储存起来,与以后水分传感器送来的信号比较,当水分传感器信号与储存的信号之差达到允许的最大偏差时(其最大偏差称为触发范围,约为 0.2%),EPC－400 便送出部分排渣的控制信号,进行部分排渣操作。由此可见,分油机进行两次部分排渣的时间间隔是不确定的,这一点与前面所述的全部排渣分油机的完全不同。

在 EPC－400 型装置中设定了一个最短的排渣间隔时间 10 min 和一个最大的排渣间隔

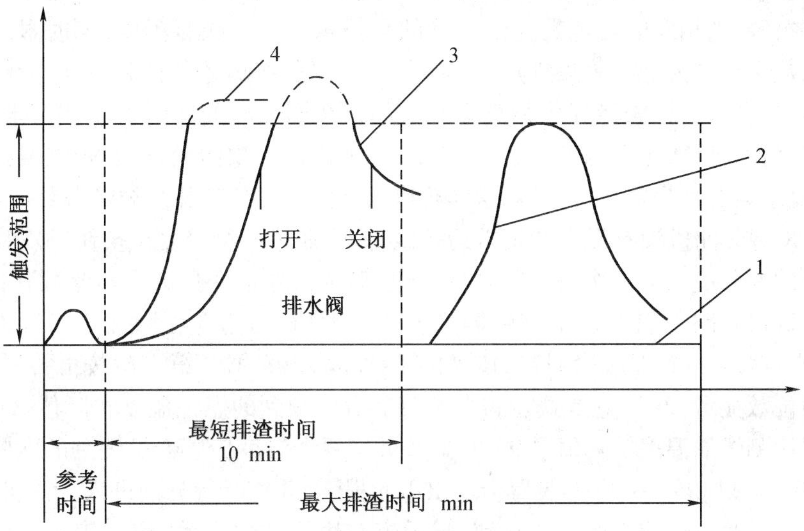

图3-18　EPC-400控制单元原理示意图

时间63min(可以根据需要调节)。如果待分油中含水量极少,从上次排渣算起在63 min内油水分界面仍在分离盘外侧一段距离,净油中含水量仍没有达到触发值,这时EPC-400型装置就决定排一次渣。在排渣前,先输出一个控制信号使电磁阀MV_{10}通电打开,向分油机内注入置换水。油水分界面逐渐向里移动,大约20 s净油中含水量会达到触发值,EPC-400型装置将输出控制信号使电磁阀MV_{15}和MV_{16}同时通电打开,进行一次排渣程序,该过程如图3-18中的曲线1所示。如果待分油中含有一定的水量,距上次排渣超过10 min,但不到63 min净油中含水量迅速增加到触发值,即油水分界面已经内移到接近分离盘外侧的边缘。这样,EPC-400型装置发出排渣信号,进行一次排渣。因为分离盘外侧有足够的水量,所以排渣前不用置换水。该过程如图中曲线2所示。如果待分油中水量较多,在上次排渣后的10 min之内,净油中的含水量就达到触发值,此时EPC-400型装置发出一个控制信号,使排水电磁阀MV_5通电打开向外排水。随着排水的进行,油水分界面不断外移,净油中的含水量迅速下降,一般排水阀打开20 s后关闭。距上次排渣10 min以上净油中含水量又达到触发值,则EPC-400型装置发出排渣信号,进行一次排渣。该过程如图中曲线3所示。如果待分油中含有大量的水,距上次排渣后较短的时间内净油中含水量就达到触发值,且排水阀打开120 s后净油中含水量仍未能下降到低于触发值,这时EPC-400型装置关闭排水阀,进行一次排渣。排渣后净油中的含水量又较快地增至触发值,且打开排水阀120 s后净油中含水量还不能下降到触发值以下,EPC-400型装置再进行一次排渣后停止待分油进入分油机,停止分油机工作,发出声光报警。该过程如图中曲线4所示。

3. 显示功能

在控制单元的面板上,除了通过发光二极管显示分油机的各种工作状况外,还有一个2+3数字显示器。正常情况下,显示器左边两位数显示触发范围值(即水分传感器送来的信号和储存的水分信号之间的偏差值与最大允许偏差值之比,用百分比表示),显示器右边两位数显示到下次排渣的最大时间。如果连续按动复位按钮,在显示器上可获得燃油温度值、分油机累计工作时间(×10小时)和实际水分传感器信号值。

在控制箱面板上4号按钮(最下面的一个按钮)是报警复位按钮,如果分油机在运行期间发生故障报警,则相应的红色发光二极管的总报警发光二极管闪烁,同时显示窗中显示报警内容的数字也在闪烁。故障排除后必须按报警复位按钮才能使程序初始化,使运行程序重新开始,或者撤消报警让程序继续运行。如果在同一时间同时发生几个报警状态,数字显示窗按报警先后次序显示第一个报警状态内容。按一次报警复位按钮,复位第一个报警,显示窗显示第二个报警状态内容,这样轮机人员就会清楚有几个故障需要排除。

在FOPX型分油机没有报警的正常运行状态下,通过按报警复位按钮,显示窗可显示4项实际运行的参数值。第一次按报警复位按钮,显示窗左边两位数显示参数代码"1C",表示是待分油进口管路上温度控制传感器输出的温度值,右边3位数显示实际温度值。如1C98表示控制温度传感器所检测到的燃油实际温度为98 ℃。第二次按报警复位按钮,显示器左边两位数显示"2C",它是高温报警传感器所检测到的燃油温度实际值。如2C95,表示该传感器检测燃油温度实际值是95 ℃。如果这两个温度传感器检测到的实际燃油温度相差超过30 ℃,则EPC-400型装置会发出声光报警,并切断待分油进入分油机的通路,中断程序的运行。第三次按报警复位按钮,显示窗左边两位数显示"3h",表示分油机运行的总时间,右面3位所显示的数字要乘10。如3h72说明分油机已运行了720 h。第四次按报警复位按钮,显示窗左面两位显示"4",右边三位显示净油中含水量的单位数而不是百分数,如4280表示现在净油中含水量是280个单位。

4. 报警功能

EPC-400控制单元具有较完善的报警功能,从而保证分离系统的安全运行。当一个报警功能被激发时,其控制面板上相应的发光二极管和共用的报警发光二极管开始闪光,一般情况下将切断分油机的进油。按复位按钮可将被激发的报警功能复位,发光二极管停止闪光。

5. 参数设置功能

FOPX型分油机是在EPC-400型装置中预先编制好的程序和已设定的参数下运行的,可同时利用控制箱面板上的4个按钮和数字显示窗来测试和调整有关运行参数。对FOPX型分油机预先设定的参数包括安装参数和过程参数。安装参数是不可调的,这些参数储存在EPROM中;过程参数是可调的,它存在RPROM中,管理人员可利用1,2,3号按钮来测试安装参数和过程参数,并可调整过程参数。不过,在参数测试和调整前,要把主控板上的选择开关转至"P"位,直到显示窗右边三位数字显示"pro",方可利用三个按钮进行测试和调整。其具体步骤请参看有关说明书,这里不再多述。

6. 其他功能

除了以上的功能外,EPC-400控制单元还有远距离通信功能,内装PI温度调节器,温度检测等功能,这里不再一一叙述。

任务5 船舶辅锅炉自动控制系统的维护

【学习目标】

掌握船舶辅锅炉自动控制系统的工作原理和维护方法。

【任务分析】

锅炉是用来提供蒸汽的设备。随着船舶向大型化、自动化方向的发展,以柴油机作为主动力的船舶上,虽然蒸汽不直接用于主机,但是为了保证船用燃油的加热分离、主机备车时缸套水升温、滑油的加热、生活用热水等生产和生活需要,在船舶上都设有锅炉。向辅助设施提供蒸汽的锅炉称为辅助锅炉或辅锅炉。

船用辅锅炉蒸发量一般设计在1~3 t/h之间,气压一般在0.7 MPa压力以下。随着船舶向全自动、无人机舱方向的发展,现在船用辅助锅炉均设计成全自动化的。在使用中,只要准备工作完成,在自动运行监控状态下,锅炉就能够实现自动点火产生蒸汽。在整个工作过程中水位、蒸汽压力都实现自动控制与调节,锅炉的启动与停止都是自动实现的。如果在使用工作中出现故障,自动控制装置能够发出声光报警,紧急情况下会自动停炉。

锅炉既是船舶的重要设备又是高压危险设备,因此机电管理人员必须熟知锅炉的控制过程和工作机理,熟练地对锅炉进行操作和故障诊断,确保锅炉安全有效地运行,尽量减少故障的发生。

【相关知识】

5.1　船舶辅助锅炉系统的组成

一、辅助锅炉炉体部分电气控制附件

安装在锅炉炉体及炉体附近的电气附件一般包括锅炉排烟温度传感器、水位调节器(水位电极、水位电磁式浮子开关或水位变送器等)、辅助锅炉蒸汽压力变送器、辅助锅炉蒸汽压力开关、风油比例调节器、点火电极、火焰监视器(光敏电阻或光敏电池等)、锅炉水位指示灯、燃油低压压力开关、点火油泵电机、锅炉燃烧器、燃烧器风机、锅炉水油分浓度计、锅炉燃油泵、锅炉水输送泵(有的还有锅炉强制给水泵)等。这些电气附件在锅炉控制中完成相应的控制功能。

二、机前仪表盘

在锅炉前一般安装一块集中在一起的仪表板,其中包括锅炉蒸汽压力指示、锅炉燃油供给压力指示、转接线接线盒、I/P转换器、压力变送器、燃油温度继电器等。

三、锅炉燃烧器及风机

锅炉转杯式燃烧器包括整个燃烧系统和控制线路部分。它是一套小型的燃烧装置。在燃烧器得到启动信号后,风机开始工作(有的燃烧器同时带动风机和点火油泵同时工作)进行预扫风。此时由于喷油电磁阀没有打开,虽然油泵已经工作,但没有燃油流入燃烧室。一般在喷油嘴之前与油管路之间循环。同时自行调节风门打开一定开度,燃烧室预扫风时间在20~40 s之间。预扫风即将结束时点火变压器工作,点火电极发出火花,预扫风结束。电磁阀打开,喷油嘴处燃油被雾化并由电火花点燃。

四、锅炉时序控制器

锅炉在整个自动控制过程中,从点火到锅炉燃烧这个过程,原来一直采用继电接触器组成的电路进行过程控制,但相对体积庞大、故障点多。随着电子工业的发展,当程序比较复杂时,越来越多的大中型船舶使用的是集成化的时序控制继电器,即由一个同步电动机通过减速器和电磁离合器带动一串凸轮,来控制一系列触点。当程序开始时电动机开始转动凸轮,按规定程序断开或闭合这些触点,来完成一系列动作。当一串程序结束,如果因点火失败而中断程序时,电磁离合器失电脱开、弹簧使凸轮轴转回到原始位置,触点全部复位(有的也可以按复位按钮复位)以备下一次重复这一程序。有的整个锅炉控制系统全部采用 PLC 可编程控制器来进行过程控制,程序控制就不作为一个单独的单元了。利用 PLC 可编程控制是非常方便的,每一类型锅炉燃烧时序控制方案不同,其功能的完善程度也不一样,PLC 的程序也不同,但是改变 PLC 的程序是很简单的。因此一台可编程控制器能适用和完成各种功能辅助锅炉的控制系统。PLC 时序控制就是将锅炉时序控制方案改画成梯形图,然后将梯形图语言所描述的燃烧时序控制程序用键盘输入 PLC 存储器中。

五、锅炉水位的自动控制装置

锅炉运行时水位会发生波动,水位太高引起蒸汽含湿量过高,水位过低时有可能烧坏锅炉。所以水位自动控制就是使锅炉的给水量与蒸发量基本一致,从而保持水位在一定范围内。锅炉水位变化量一般在 60 ~ 180 mm 之间。锅炉水位控制方式有连续控制和双位控制两种。连续控制一般应用在蒸发量大、气压相对比较高的锅炉控制中,而船舶辅助锅炉蒸发量比较小,气压一般也不是很高,一般采用双位控制即可满足要求。水位双位控制一般采用电极式水位控制器和浮子式水位继电器。另外现在有的船舶还采用电磁开关式水位控制器来进行水位控制,其基本原理与浮子式水位继电器控制原理基本相同。

六、火焰感受器(或称火焰传感器)

火焰感受器是用来监视辅助锅炉炉内有无火焰。当锅炉喷油点火后,如果点火没有成功或在燃烧过程中突然熄火,为避免继续向炉内喷油引起事故,要求立即关闭燃油电磁阀停止供油,并发出报警。因此自动化锅炉都装有火焰感受器。火焰检测的主要组成元件是光敏元件。辅助锅炉上常用的有光敏电阻、紫外线灯泡(属于光电管一类)和光电池。

七、锅炉凝水油浓度报警装置

锅炉凝水系统主要用于回收各处的蒸汽凝水,并防止混入水中的油污进入锅炉。各处用于加热油、水和空气的蒸汽,在加热管中放出热量后凝结为水,并经各加热设备回水管上的阻汽器流回热水井。加热油的蒸汽产生的凝水,有时有可能由于加热管的泄漏,从而将油带进锅炉中。锅炉中的水含油对其工作是很不利的。因为导热性比较差的油会黏附在锅炉受热面上或包含在水垢中,阻碍锅炉水对受热面的有效冷却,导致锅炉受热面的工作温度提高。如果受热面管壁长期保持在 500 ℃以上,管子就会爆裂。为了尽量减少含油量高的水进入锅炉中,随着轮机自动化程度的提高,越来越多的船舶辅助锅炉开始使用锅炉凝水油浓度检测报警装置。油浓度报警装置的作用是用来检测锅炉水中的含油量是否超出锅炉水样的要求(一般$\leqslant 15\times10^{-6}$ mg/L)。超出这个范围就会自动发出报警信号甚至自动停炉,同时将热水井中的水排入舱底，待查明原因并予以消除。这对于保证锅炉的安全生产是非常必要的。该报警装置一般分为报警传感器、浓度分析检测装置和声光报警三部分。

八、锅炉加药泵装置

锅炉加药泵广泛应用在大型船舶辅助锅炉系统中。锅炉加药泵装置分为锅炉加药泵、加药泵管系和加药装置，有的还具有水质分析功能。锅炉加药泵把药剂输送到锅炉水中后，使锅炉水中的钙、镁盐类形成泥渣，再通过排污的方法把它们排除，防止结垢，并使锅炉水保持足够的碱性，防止发生锈蚀。在必要的时候可以启动加药泵。加药泵一般功率都很小，体积也不大。

九、锅炉过量蒸汽泄放部分

锅炉过量蒸汽泄放是锅炉系统重要组成部分之一，是锅炉安全运行的重要保障。当锅炉压力超过规定值时，锅炉就要把压力释放出去，以免发生危险。目前，蒸汽泄放的控制方法大致有两种，一种是由电信号控制，一种是由压力传感器来控制。

十、燃烧的自动控制

油轮上的辅助锅炉一般采用比例控制，并且保证锅炉在不同负荷下，其送风量能基本适应喷油量的要求，同时要求气压稳定，对锅炉运行的经济性要求也较高。这样锅炉在不同负荷情况下，必须保证有一个最佳的风油比例。通常用风油比例调节器。在辅助锅炉燃烧自动控制系统中，大多数采用气压的双位控制。

十一、警报及保护环节

在辅助锅炉运行过程中，为了达到安全、可靠、无人值班的目的，除了对锅炉水位与燃烧采用自动控制外，还必须对各种危险工况采取安全保护措施。当设置安全保护装置后，一旦在锅炉点火、升汽或运行中产生异常情况，相应的感受元件就能检测故障产生的原因，并发出声光报警，紧急情况下还能使锅炉熄火，然后后扫风，以免产生各种事故，导致锅炉及各种设备的损坏甚至伤及人身安全。概括地讲，对于不同类型的锅炉，主要有以下几种安全保护环节：

(1)极限低水位由液位控制器检测；

(2)蒸汽压力过高由压力调节器检测；

(3)点火失败、异常熄火由火焰传感器检测；

(4)燃油压力过低由油路压力继电器检测；

(5)燃油温度过高或过低由温度调节器检测；

(6)电动机过载由热继电器检测。

5.2 锅炉的检测元件

传感器是各种设备控制装置的反馈元件，它就像人身体中的感觉器官。传感器能够使控制量(温度、湿度、水位、压力等)转换为能与基准输入量相比较的量(反馈回来的信号)。对于电气控制装置，由于基准输入量一般为电压和电流，所以所有传感器最终的作用就是使控制量转换为电压和电流。热电偶与热电阻是温度测量和控制中最常用的两种温度传感器。

一、热电偶

热电偶是将温度转换为电势(热电势)的一种感温元件,它是通过测量热电势来测定温度的。热电偶结构简单,性能相对稳定,使用方便,测量温度范围广、精度高。在温度环境较高的场所如锅炉炉体与排烟温度的测量。缺点是在低温度段热电势线性度差,在0 ℃以下测量就更加困难。

当A,B两种不同的金属接触时,由于两种金属的电子逸出功和自由电子密度不同,金属中作不规则热运动的自由电子从一个方向越过接触面的数目比从另一个方向过来的多。这样就使接触面不同的金属分别带正电和负电,并产生一个电位差。这个电位差就是接触电位差。

通过测定温差电势便可决定测定的温度。如果将这两种金属导线的任一端焊接在一起,就构成一只热电偶。两根导线就是所谓的热电极,一端是工作端,另外一端就是自由端。在温度测定时,将工作端置于测量介质中,自由端接入测量仪表。热电偶所产生的热电动势只与工作端温度存在一定关系,与工作端的长度、截面和直径无关。

为了减少温度测量误差,需要使用补偿导线连接。补偿导线极性要对应,否则适得其反,会增加误差。现在生产的热电偶在出厂时已经在导线一定范围内设计了补偿。在测温要求不是特别高的场所,不需要补偿导线。

热电偶安装部位应满足如下要求:通常安装在温度均匀且代表测量点的位置,一般要避开强磁场与电场以及电极部位,以免附加干扰信号产生。热电偶在使用过程中应尽量固定在合理部位且安装牢固,以免产生测量误差和损坏。

二、铂电阻

铂电阻是利用物质在温度变化时其电阻值变化的性质而制成的一种测温传感器。通过测量电阻的有规律的增减从而测量温度的变化。现在经常采用在铂电阻回路中加一稳定的直流电源,通过测量回路中电流的变化或电压分量的变化测量温度。它结构简单、性能相对稳定、使用方便、测温精确。但其测量范围仅仅限于低温段,一般不超过650 ℃。然而在0 ℃以下的范围内,它的测量温度下限可达 -200 ℃,而且线性度很好。所以铂电阻在600 ℃以下温度测量中广泛应用在各领域。

铂电阻的基本结构可以分为感温部分、绝缘套管、接线盒等几部分。常见外形和热电偶没有什么区别。只是感温部分是由铂电阻丝绕制,绕在绝缘材料(云母片等)制成的支架上。电阻丝的引出线一端与电阻丝焊牢,另一端则接到接线盒的接线柱上一起装在套管中。套管内材料常为石英砂,外部为不锈钢或黄铜。从感温部分引出线数目有两根、三根、四根的区别。只用两根引出线时,感温元件电阻包含引出线电阻。只有四根引出线才能完全消除引出线电阻的影响。通常在一定条件下三根引出线即能免除影响,是比较常用的方法。

三、压力变送器

压力变送器一般内部有一可变电容敏感元件,它能够将测量膜片(可动的极板)与电容

极板(固定极板)之间的差动电容转换成两线制4～20 mA DC输出信号。其原理基于下列关系式:

$$P=K(C_1-C_2)/(C_1+C_2)$$

式中　P——被测介质压力;

K——常数;

C_1——高压侧极板和测量膜片之间的电容;

C_2——低压侧极板和测量膜片之间的电容。

压力变送器可测量水、油等液体以及各种气体、水蒸气等压力值。输出信号4～20 mA DC,工作电压24 VDC,最高45 VDC,无负载时可在12 VDC工作。

四、火焰传感器

火焰传感器用于监测炉膛内有无火焰,一旦锅炉启动点火失败或正常燃烧时突然熄火,控制系统发出声光报警并执行停炉保护程序,它是保证锅炉可靠运行的关键。辅助锅炉中常用的火焰传感器主要有光敏电阻、光电池和紫外线检测管。

1.光敏电阻

光敏电阻元件是由涂在透明底板上的光敏层和金属电极引出线构成。光敏电阻的主要特性是接受光照射时其电阻值很小,无光照时其电阻值很大。图3-19是用光敏电阻组成的火焰传感器。由于光敏电阻1接受高温炉壁所辐射的可见光和红外线,会使光敏电阻误动作,为此,在安装时要避免高温炉壁的辐射线直接照射到光敏电阻上。此外,光敏电阻不可承受高温,否则会影响使用寿命。在光敏电阻的前面装有磨砂玻璃2可以阻挡红外线的透入。同时利用耐热玻璃和空气的冷却,可以保证光敏电阻的温度不会超过规定的范围。

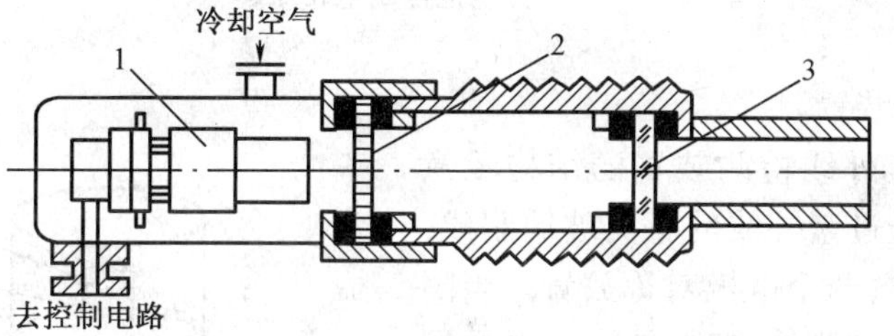

图3-19　光敏电阻火焰传感器

1—光敏电阻;2—磨砂玻璃;3—耐热玻璃

光敏电阻监视火焰的电路原理如图3-20所示。在图3-20(a)中,R_g是光敏电阻,无光照时,继电器J不动作;当有光照射时,R_g阻值减小,电流增大,继电器J动作。在图3-20(b)中,光敏电阻R_g被光照射时有基极电流,因此集电极有电流使继电器J动作;无光照射时,光敏电阻阻值极大,基极无电流,集电极无输出,继电器J因断电而释放。

2.光电池

光电池实际上也是一种半导体器件。它是利用有光照射后两电极之间产生电压的原理而工作的。图3-21是光电池控制电路原理图。图3-21(a)中采用RAR型硒光电池为光敏元。当它接受光照射时,正负极之间将会产生小于1 V的电压,经过放大器MV后放大

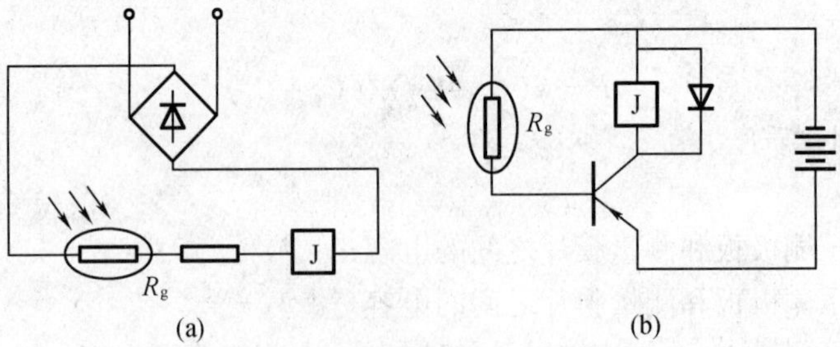

图 3-20　光敏电阻火焰监视电路原理图

到足以使继电器 FR 动作。图 3-21(b)采用 2CR11 型光电池，当它接受光照射时，光电池两极之间将会产生 0.5 V 的电压，经过晶体管放大后使继电器 J 动作。光电池使用寿命长，而且它的光谱敏感范围仅限于可见光，而不是红外线，这对火焰的监视是合适的，因此现在在船上用得越来越多。

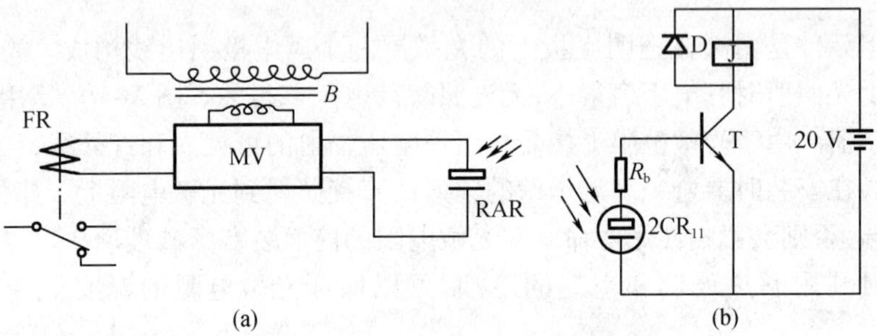

图 3-21　光电池控制电路原理图

3. 紫外线检测装置

图 3-22 是紫外线检测装置的结构示意图。管泡是用能透过紫外线的石英玻璃制成，泡内充以惰性气体，两个电极对称放置。当阴极接受到足够数量的紫外线时，就有光电子发射出来。在外电场的作用下，光电子加速运动使惰性气体电离，管子导通；若无光照射，紫外线管截止。紫外线管的优点是不受高温炉壁辐射的影响，它的特性较光敏电阻好，且在交、直流控制线路中均可使用。

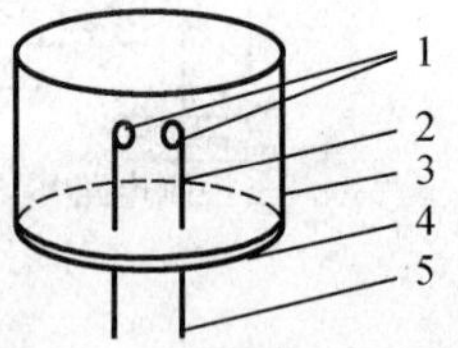

图 3-22　紫外线检测装置结构示意图

1—电极；2—引脚；3—石英玻璃泡；4—基座；5—管脚

5.3　锅炉的时序控制

锅炉的程序控制是指对锅炉的启动和停止按预先设定好的时间顺序进行的自动控制，它属于时序程序控制系统。图 3-23 是船舶锅炉的典型程序控制方案框图。

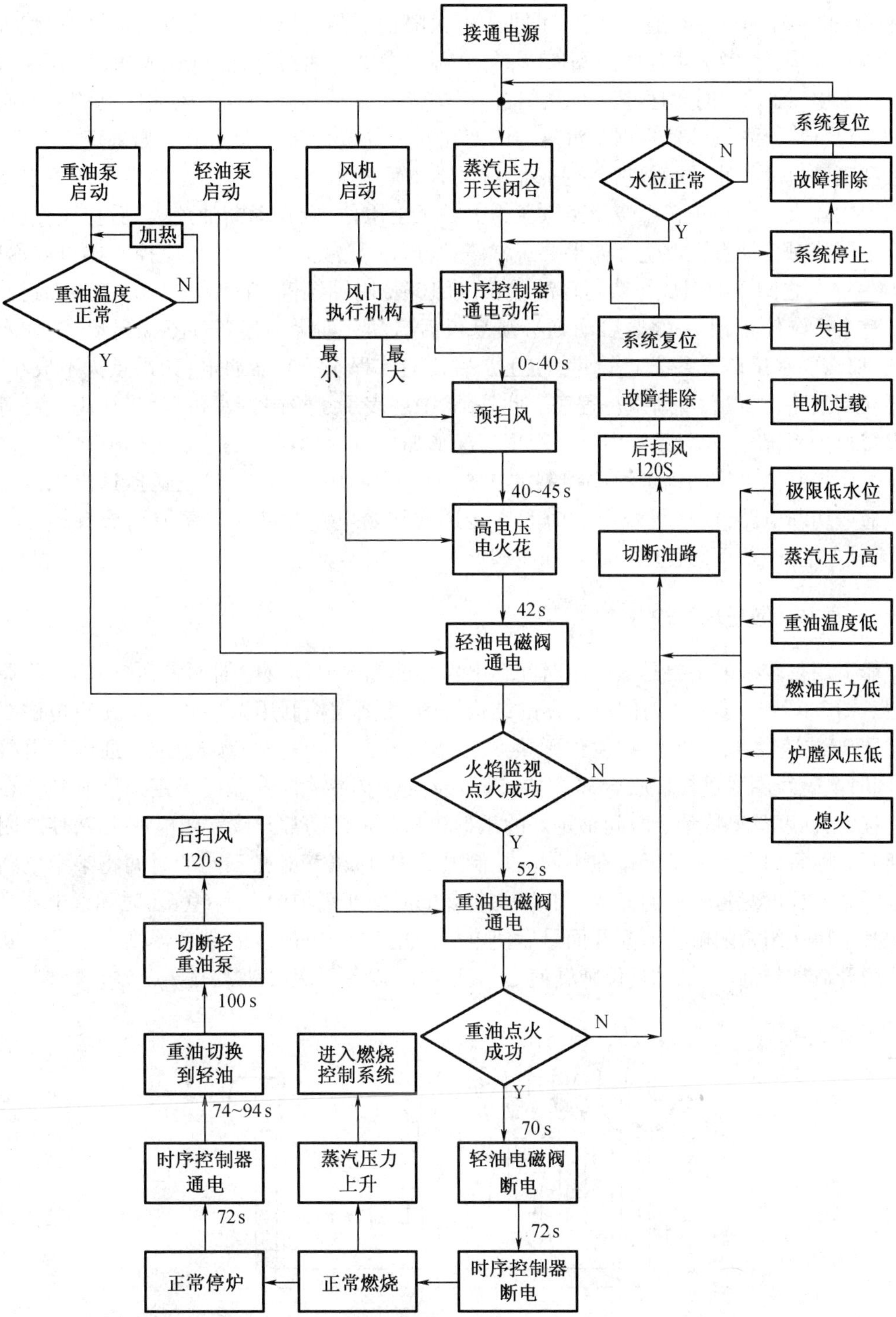

图 3－23　锅炉程序控制方案框图

从图 3－23 中可以看出程序控制器通电的条件是蒸汽压力开关闭合及水位正常等；通电以后在 40 s 内预扫风，而扫风的条件是风机启动；在 40～45 s 时风门减小，点火器产生电火花，第 42 s 轻油电磁阀通电，使轻油供入点火喷油器雾化点火；如果点火成功，火焰探测器探测到火焰，第 52 s 重油电磁阀通电，向主喷油嘴供重油；若重油点火成功，第 70 s 轻油电磁阀断电；第 72 s 时程序停留在此位置，锅炉进入正常燃烧。对于风油比例调节的自动锅炉，点火成功后，调节器根据蒸汽压力的变化对风油按比例自动调节。如果点火失败，则点火和喷油自动停止，同时进行后扫风，扫风结束后发出声光报警。有的锅炉还可自动进行第二次点火。锅炉正常燃烧使蒸汽压力上升至上限值，则自动断油熄灭，后扫风；汽压下降至下限值时自动点火燃烧。如果要正常停炉，可以人为发出指令，程序控制器再次通电，于 74～94 s 之间重油燃烧切换到轻油燃烧，第 100 s 时油泵停，在 100～120 s 之间后扫风，然后整个系统停止，下一次要启动则必须复位后启动。如果上述条件不满足要求，如水位太低，那么要水位调节系统工作使水位正常后才能使程序控制器通电；如果点火不成功，那么要切断油路，复位后重新执行程序。此外，图中还表示了极限低水位、蒸汽压力过高等八种报警保护系统，在实际系统中还可根据情况增加。

时序控制器是辅助锅炉程序控制的核心部分。它根据启动信号发送器送出来的电信号接通或切断电路，或根据规定的时间来接通或切断电路。目前时序控制器有触点控制器、无触点控制器、可编程序控制器和微型计算机控制器。

一、有触点时序控制器

船上用得较多的主要是多回路时间继电器和凸轮式时间继电器两种，它们的工作原理类似。图 3－24 是多回路时间继电器的结构简图，主要由控制用微型同步电机 1、电磁线圈离合器 2、减速器 3、标度盘 4、复位弹簧 5、爪形块 6 及几组电触点 7 组成。通电后电机转动，同时电磁线圈通过杠杆吸合离合器，从而经减速器带动标度盘以一定速度旋转。在旋转过程中，标度盘上按预定时间整定好的爪形块 6 分别推动常开或常闭电触头 7，使之闭合或断开。因每组电触头都安排在不同的控制电路中，所以就能在不同的时间将某个电路接通或断开。标度盘每转一圈完成所有启动步骤的时间在锅炉中常为 60 s。时间继电器尚能借助其末尾一组常闭触头的断开而最后使电机停止转动，电磁线圈离合器则要在电源断开后才脱开，这时标度盘依靠复位弹簧使之归复原位，以备下次启动之用。

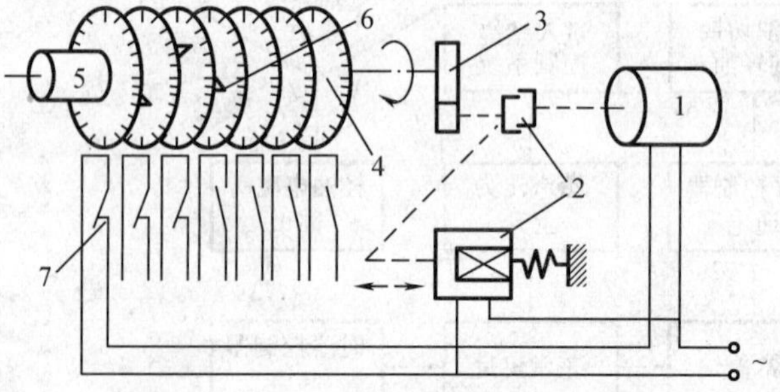

图 3－24　多回路时间继电器的结构简图

1—微型同步电机；2—电磁线圈离合器；3—减速器；4—标度盘；

5—复位弹簧；6—爪形块；7—电触点

二、无触点时序控制器

无触点时序控制器是利用晶体管的开关特性，使晶体管工作在饱和或截止状态，从而控制继电器通电或断开。延时作用是根据电容充放电原理组成的 *RC* 延时环节来实现的，其工作原理如图 3－25 所示。

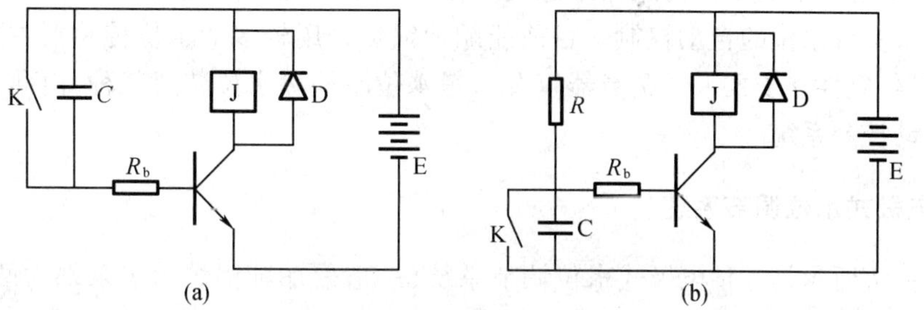

图 3－25　晶体管延时开关电路

(a)单管延时释放电路；(b)继电器延时通电电路

5.4　锅炉的水位控制

炉水由给水泵抽水提供。给水泵电动机由辅锅炉控制箱中的水位控制单元控制。控制单元接受水位传感器检测的水位信号。

辅锅炉的水位随着加热蒸发和蒸汽的使用而变化。水位降低到一定程度启动给水泵运行补充炉水。

图 3－26 是锅炉给水示意图。一般辅锅炉设定 3 个水位，高水位 *A*、低水位 *B* 和最低(危险)水位 *C*。正常水位在 *A* 和 *B* 之间，相差 60～120 mm。

水位控制单元是物理量控制的启动器。下限是低水位，水位传感器检测到低水位后，向启动器发出启动信号，电动机运行，给水泵供水；水位上升至高水位，水位传感器向启动器发出停止信号，给水泵停止供水。

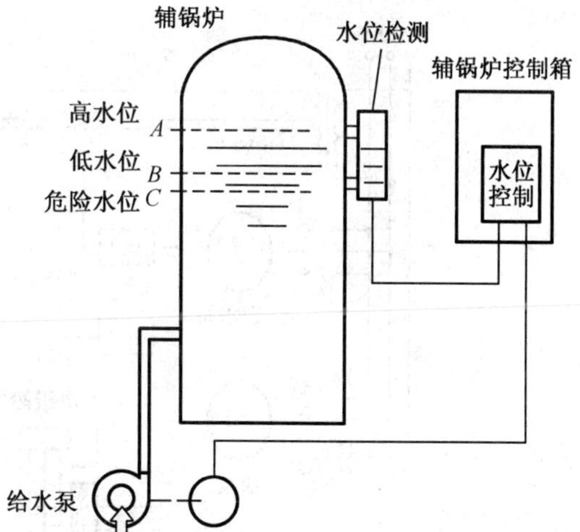

图 3－26　船舶辅锅炉锅炉给水示意图

辅锅炉的水位至少应湮没热交换器的火管，否则会因干烧而损坏。如果水位自动控制发生故障，不能及时给水，水位再降低会产生损坏事故，当水位低至最低水位时，水位传感器发出最低水位信号，水位控制单元发出声光报警信号并切断燃烧，保证安全。

锅炉的工作水位在安全水位(也即极限低水位)以上，是燃烧系统自动点火启动的必要条件。在蒸发量较小、蒸汽压力较低的辅锅炉中,大多采用双位水位自动控制系统。所谓双位水位控制是指锅炉的水位允许在上下限之间波动。当水位降到下限水位时,自动启动给水泵向锅炉供水,锅炉水位逐渐升高;当水位达到上限水位时,自动停止给水泵工作,停止锅炉供水。因此,锅炉在工作时,水位不会稳定在某一水位上。

一般锅炉水位控制都采用独立的控制系统。虽然不同的船舶给水控制的方法各有不同,但都是通过一定的水位传感器来感受水位变化信号,然后变换为电信号从而送入电气控制系统来实现水位的自动控制。目前船舶辅锅炉采用较多的水位传感器主要有电极式水位传感器、磁性浮子式水位调节器以及参考水位罐检测水位装置三种,由此构成了不同的水位自动控制系统。

一、电极式水位调节系统

图 3-27 所示是一种电极式水位调节系统(一般船舶辅锅炉给水泵都为两组,图中仅画出一组给水泵)。电极室水位应反映锅炉实际水位。因为炉水中有一定的盐分,所以它是导电的。电极式水位调节系统正是利用了水的导电特性而工作。在锅炉工作水位附近接出一个上下与锅筒相通的筒(为了防止由于船舶倾斜而出现的误动作,有的船舶采用双水柱筒),筒中水位与锅炉内水位相同,筒中插入三根长度不同并且与筒壳绝缘的铜棒,铜棒末端的安装高度恰好与锅炉的最高水位、最低工作水位和极限低水位相对应。1ZX 和 2ZX 是二极管桥式整流电路。水位调节可以采用手动和自动两种方式,通过转换开关 K 实现。当转换开关 K 置于手动位置时实现手动补水;当转换开关 K 置于自动位置实现自动补水。自动补水时,水位上升到最高水位使水面与铜棒 1 接触,继电器 1JY 有电动作,其常闭触点断开使接触器 1CJ 失电,使水泵停止工作;当水位下降至最低水位时,水面与铜棒 2 脱离接触,使水泵开始工作补水;如果由于某种原因锅炉水位未能上升,则水位到达极限低水位时,铜棒 3 也与水面脱离接触,则控制系统发出声光报警,同时使燃油泵停止工作,炉膛自

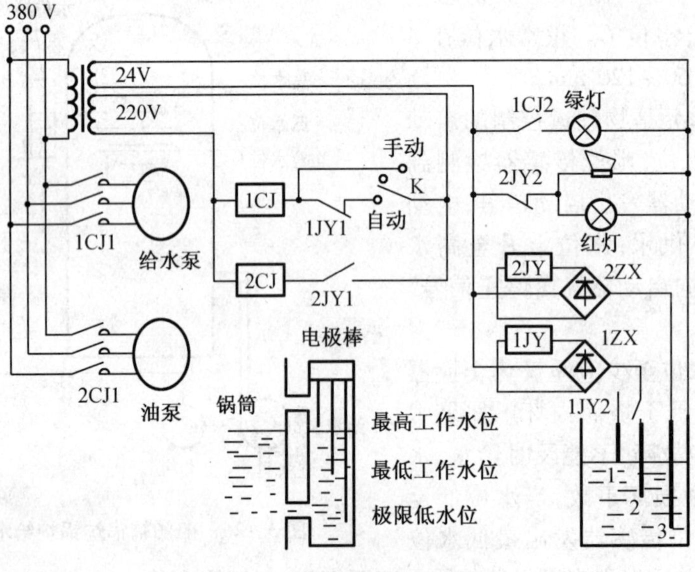

图 3-27 电极式水位调节系统

动灭火。

一般辅锅炉都装有两个电极室，一个工作，另一个备用（参照说明书转换电极室）。电极室由于长期使用，其中水的纯度会提高，电极及电极室壳体会结水垢，使电极室的导电性能降低。因此，电极室要定期放水和清洗。清洗前转用备用电极室，然后关掉电极室与锅炉汽和水空间相通的截止阀，再打开电极室底部的放水阀放掉电极室中的水。这时可拔出电极，打开电极室的上盖，清洗电极室壳体上的水垢并检查电极与壳体间的绝缘是否良好。如果绝缘不好，要更换绝缘材料。安装时要注意三根电极的位置。电极室装复后，打开与锅炉汽和水空间相同的截止阀，使电极室的水位与锅炉的实际水位一致。

二、浮子式水位调节系统

图3－28是磁性浮子式水位调节器。它利用漂浮在水面上的浮子1作为水位感受元件。浮子上下浮动时绕支点2摆动，摆动的最大幅度即为高、低工作水位差。浮子作上下摆动时，固定在一端的磁铁3也跟着作上下摆动，从而带动磁铁6使电触点开关7动作，以实现对水泵主接触器的控制，由此组成了锅炉水位双位调节自动控制系统。这种调节器由于存在机械传动，因此，故障率相对较高。

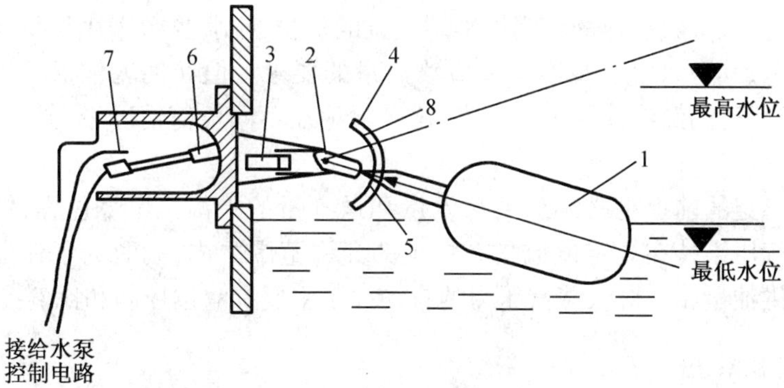

图3－28　磁性浮子式水位调节器

1—浮子；2—支点；3—磁铁；4—调节板；5，8—定位钉；6—磁铁；7—电触点

三、参考水位罐水位检测系统

图3－29是采用参考水位罐的水位检测系统。参考水位罐2上端通过截止阀与锅炉1汽空间相通，其下端有测量水位管3和参考水位管4通过截止阀分别接在差压变送器5的正负压室，测量水位管3通过截止阀与锅炉水空间相通。参考水位罐内水位是锅炉最高水位设定值，调整参考水位可以使之与锅炉允许的最高水位一致。1，2液面压力相等，所以差压变送器5承受管3和管4的压力与1，2的水位相一致，因此水位压差Δp就是锅炉最高水位与实际水位的差值。由此可见参考水位罐2的作用是把锅炉水位的变化转变为压差信号Δp的变化。差压变送器将水位差压信号转换成0.02～0.1 MPa的气压信号输出，送给相应的压力继电器，从而控制水泵的启动、停止以及极限低水位时的声光报警和停炉。采用参考水位罐实现水位检测系统是一种比例－积分调节，它可以实现对锅炉水位的定值控制。

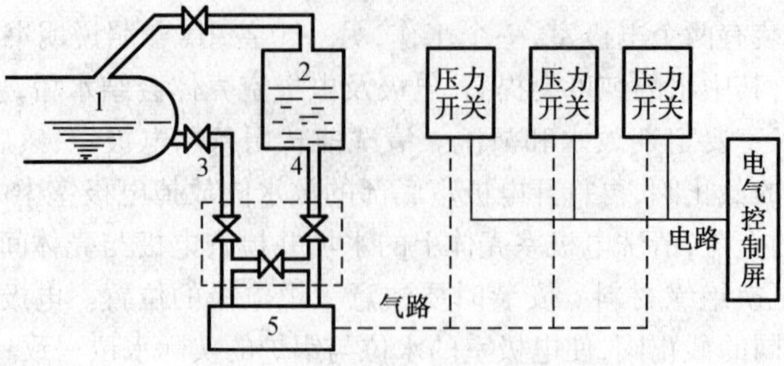

图3-29 采用参考水位罐的水位检测系统

5.5 蒸汽压力的自动控制

在燃烧自动控制系统中,锅炉的蒸汽压力被控量,它根据气压的高低自动改变进入炉膛的喷油量和送风量,维持锅炉气压恒定或在允许范围内波动。

对货轮辅锅炉燃烧自动控制系统的要求是简单、可靠,但对锅炉运行的经济性要求不是很严格。因此,大多数这样的辅锅炉采用气压的双位控制,少数采用比例控制,并保证锅炉在不同负荷下,其送风量能基本上适应喷油量的要求。但在油轮辅锅炉中,要求气压稳定,同时对锅炉运行的经济性要求比较高,这样锅炉在不同负荷情况下,必须保证一个最佳的风油比。

锅炉气压稳定的前提是必须保持蒸发量和送气量的平衡。燃烧过程自动调节的主要任务是使锅炉气压维持在规定值或是在规定的允许范围之内;同时为了保证燃烧良好,必须使供风量与供油量相适应。蒸汽压力的自动控制主要有双位控制和比例控制两种。

一、双位控制系统

燃烧系统的双位控制,就是气压上升至设定值上限时,停止燃烧;而气压下降至设定值的下限时,点火燃烧。采用双位控制系统的优点是结构简单、易于维护,缺点是锅炉的点火和熄火比较频繁。

如图3-30所示,锅炉内的蒸汽压力作用于压力双位调节器,实际上它就是一个压力继电器。当气压上升达到设定值上限时,作用在波纹管上的力使电触头断开,使驱动油泵和风机的电动机断电停转,燃油电磁阀也关闭,锅炉熄火。随着蒸汽的使用,炉内气压开始下降,当降至设定值下限时,压力继电器闭合将电路接通,风机和油泵启动,同时开启电磁阀,电点火器进行点火,锅炉重新燃烧,气压又开始上升,如此重复。上下限之间差值可以通过转动幅差弹簧上的调节螺钉加以调整。转动主弹簧1上的调节螺钉,可调整其设定气压值。双位调节系统燃烧器只能在其额定供油量和停止之间进行切换。蒸汽压力不灵敏区(即上下限差值)的大小决定了切换的频繁程度。由于小型辅助锅炉对供汽压力的稳定性要求不高,不灵敏区可以适当增大,以减少启动的次数。但增大气压的不灵敏区也是有限度的,因而锅炉需要经常点火和熄火,使有关设备元件的启动和停止十分频繁,容易引起故障和影响使用寿命。在负荷不稳定而蒸发量较大的锅炉中,这种不利工况就更加厉害。所以只有蒸发量小、负荷较稳定的锅炉比较适宜采用双位自动控制系统。对于货轮辅助锅炉,由于产生的蒸汽仅用于加热燃油、滑油以及日用生活用，它的蒸发量小、蒸汽压力低，对蒸汽压力的波动要求不高，一般都采用双位控制。

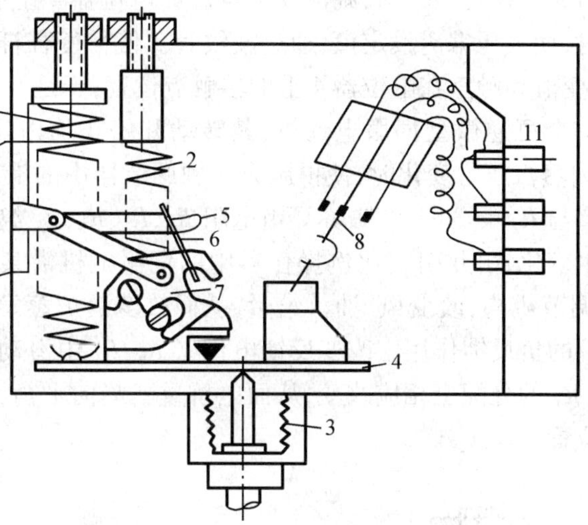

图3－30　YD－651型压力继电器

1—主弹簧；2—幅差弹簧；3—波纹管；4—杠杆；5—叉形臂；6—拉片；
7—定位片；8—电触头；9—控制压力指针；10—差动值指针；11—接线柱

此外，为了弥补双位自动控制系统只有最大和零两种输出的缺点，可采用多位调节系统。其特点主要是除了设置一个具有相当于锅炉高负荷喷油量的主喷油器外，还配置了一个相当于锅炉低负荷喷油量的辅助喷油器（甚至还有主喷油器带两个可切换使用的喷油器），辅助喷油器一般兼作点火喷油器，各喷油器配合不同的风量运行时，可有不同的产汽量。采用多位调节系统可以使锅炉不须经常点火和熄火，提高了运行安全性。

二、比例控制系统

对于用汽量比较大的船舶，特别是大容量的油轮，因为加热货油、驱动货油泵、锅炉给水泵等蒸汽辅机以及洗舱都需要大量蒸汽，锅炉的蒸发量大，需要气压稳定，故其蒸汽压力的自动控制多采用比例－积分环节，使喷油量与供汽量相适应，并使喷油量和供风量保持固定比例关系，使气压基本稳定在设定值，实现无差调节。

图3－31是比例控制系统方框图。该调节系统的基本组成部分是一个压力比例调节器

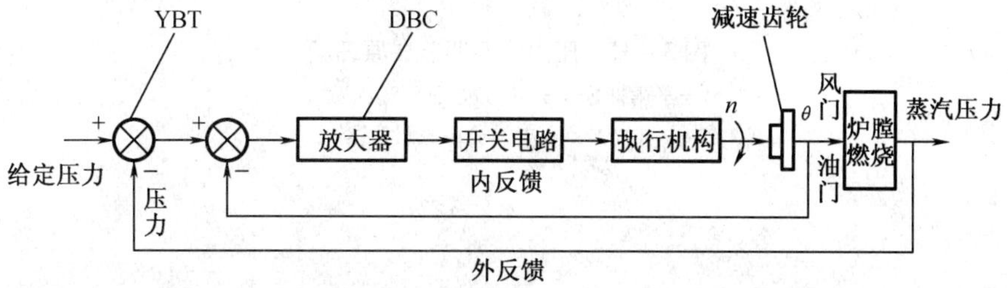

图3－31　比例控制系统方框图

YBT 和一个由比例调节器控制的电动比例操作器 DBC，同时调节回油阀和风门挡板。

图 3－32 是压力比例调节器的原理图。在蒸发量和供汽量平衡时，作用在波纹管 3 上的蒸汽压力与主弹簧 5 的拉力相平衡，则滑动触点 2 在电位器 4 上有一相应接触点。当锅炉的负荷突然变化时，使气压偏离设定值，通过波纹管 3 使平衡杠杆 1 发生偏转，带动滑动触点 2 摆动，从而改变滑动触点在电位器 4 上的接触点位置，于是发出调节电信号。电动比例操作器实际上是一个可逆微型伺服电动机，其转动和停止均由比例调节器控制。如图 3－33 所示，当锅炉内蒸汽压力变化时，使得压力比例调节器中的滑动触点 2（见图 3－32）发生偏转，改变了 R_1 与 R_2 的分配比，破坏了由电阻 R_1, R_2, R_3, R_4 组成的电桥的平衡，使得电桥的输出电压发生变化，由此引起比例操作器中的伺服电机沿某一方向转动，操纵回油调节阀和风门联动调节机构，改变风、油供给量，从而改变锅炉蒸发量。同时，有一与伺服电机轴的转角成比例的负反馈作用去改变反馈电位器 R_3, R_4 中滑动触点的滑动位置，所以这时电桥电阻 R_3 与 R_4 的分配也相应改变，从而电桥重新趋向平衡，风、油门最终就停留在适应锅炉新工况的位置上。

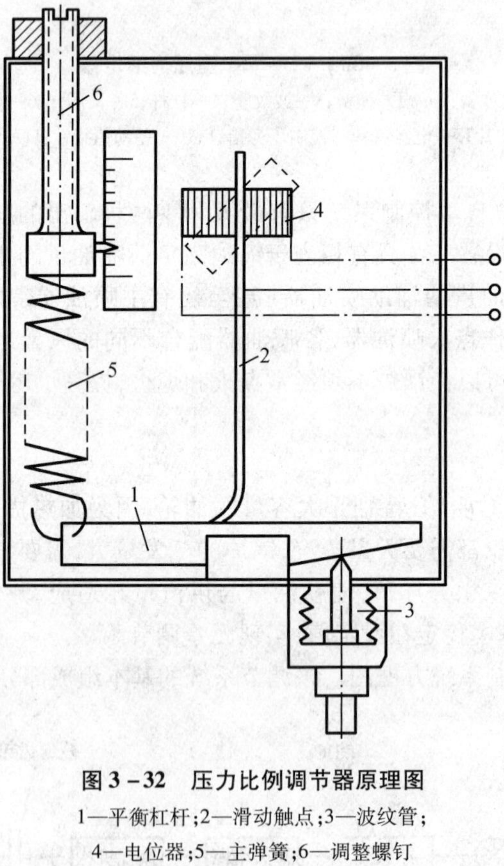

图 3－32　压力比例调节器原理图

1—平衡杠杆；2—滑动触点；3—波纹管；
4—电位器；5—主弹簧；6—调整螺钉

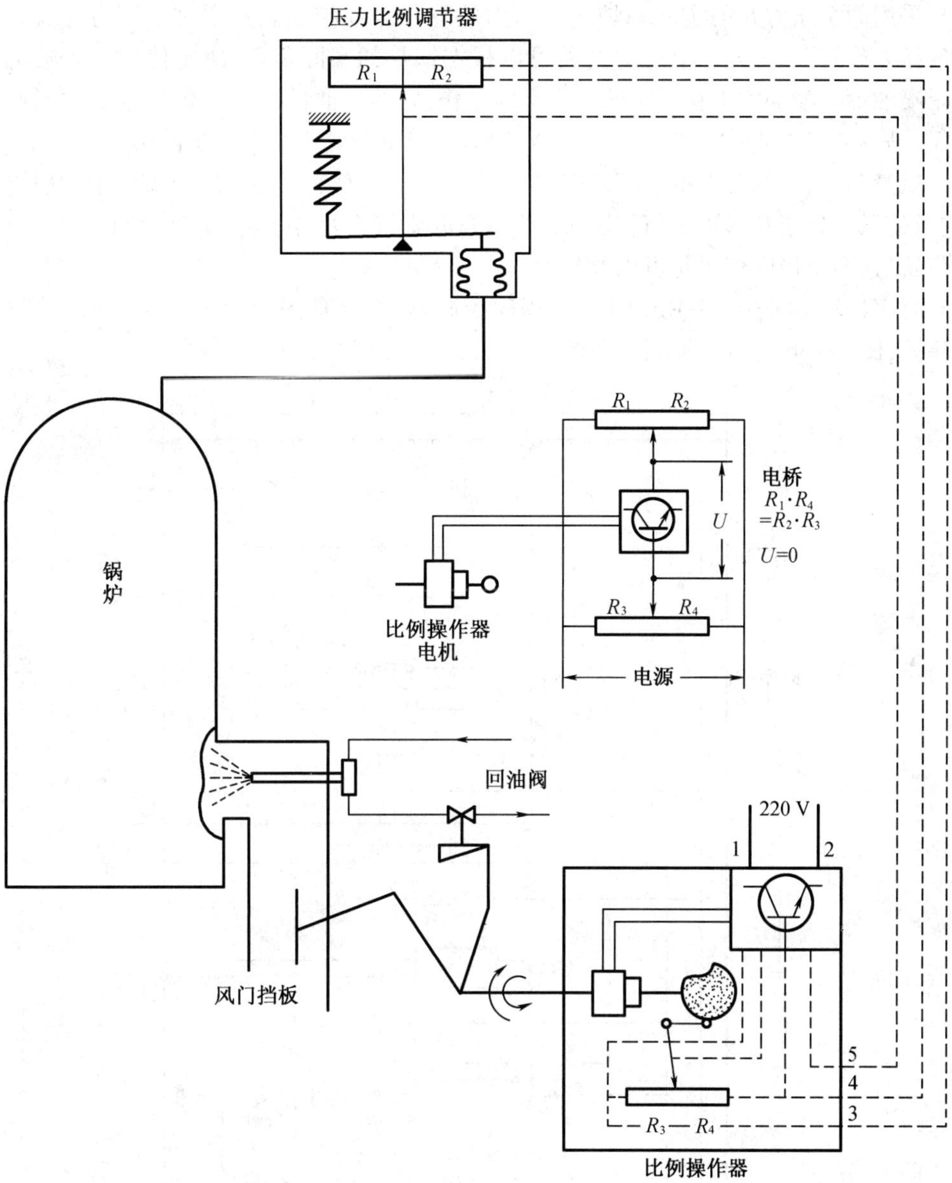

图 3－33　比例控制系统结构图

5.6　辅锅炉电气自动控制系统实例分析

该系统的燃烧器具有两个喷油嘴，分别由两个不同的电磁阀控制。控制喷油嘴 1 是通电关闭式回油电磁阀，控制喷油嘴 2 是通电开启式供油电磁阀，整个系统主要具有如下特点：

1. 系统设有手动－自动切换开关及相应的手动控制线路。

2. 适用于燃烧重油，设有燃油加热器及其控制线路和轻油－重油切换电路。燃油采用电加热。

3. 采用两个压力开关实现锅炉蒸汽压力的双位自动控制。其中一个压力开关控制燃烧器的接入或切除,另外一个压力开关可以根据锅炉的实际负荷,决定使用一个喷油嘴或是两个喷油嘴。喷油嘴 1 在气压的全范围内工作,它的喷油量比喷油嘴 2 大,约占总喷油量的 2/3。喷油嘴 2 只起一个附加的负荷调节作用,喷油量约占总喷油量的 1/3。

4. 风量和油量的配比,由风门(空气挡板)的适当开度来保证。风门由一个伺服电机操纵,它可使风门处于和锅炉负荷相适应的"部分负荷"(开度小)或"全负荷"(开度大)两个极限位置,这两个极限位置是可以调整的。

5. 时序控制器采用 RAQ15. 1d 系列程序控制器,其原理图如图 3-34 所示。图 3-35 是时序图,图 3-36 是电气控制线路图。

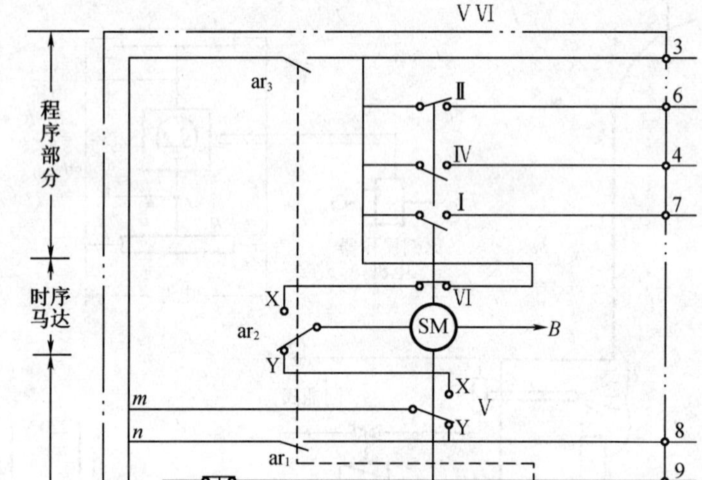

图 3-34 时序控制原理

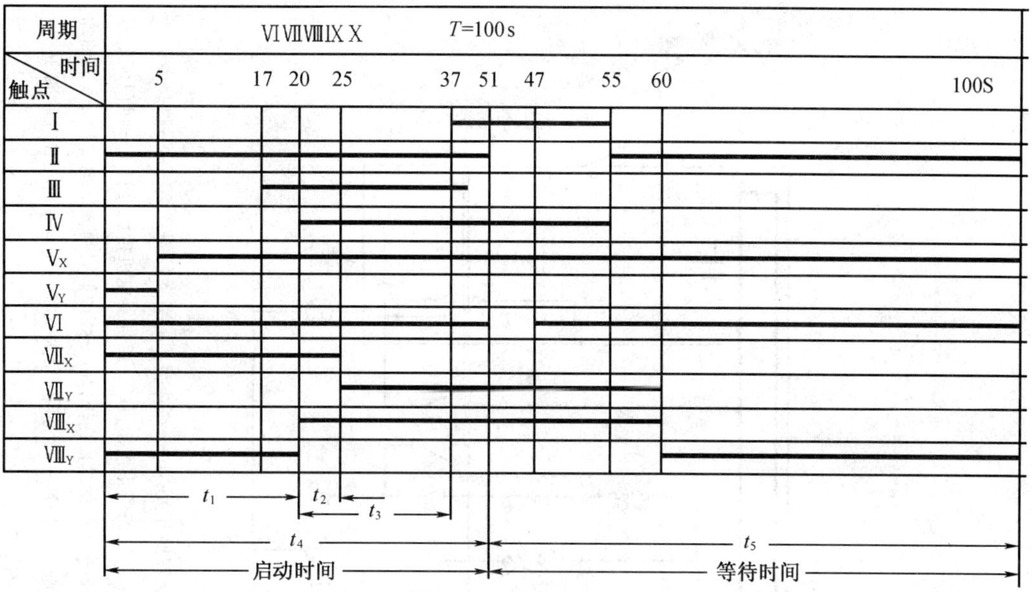

图3-35　锅炉自动控制时序图

6. 火焰传感器采用硒光电池。

7. 系统设有极限低水位、油温不正常及电机过载保护。

下面结合该系统电路图来分析其基本的工作原理。

一、系统手动控制工作原理

1. 合上电源开关 H_1，电源指示灯 L_1 亮，操作方式开关 $1a_1$ 转到“手动”位置，按下启动按钮 $1b_{10}$，使电源继电器 $1d_3$ 有电并自锁，其常开触点闭合使手动控制继电器 $1d_2$ 有电动作，切断时序控制器的电源及自动控制的相关线路，接通手动控制相关线路；

2. 如果使用重油，则把轻/重油转换开关 $1b_4$ 置“3”挡，此时如果燃油温度低于整定值，则常闭触点 $2e_2$ 闭合，使接触器 $2c_1$ 有电动作，燃油加热器投入工作，直到温度达到整定值；

3. 合上燃烧器电动机手动控制开关 $1b_9$ 使 $1C_1$ 有电动作，风机 BM 运转进行预扫风，油泵打油使燃油在管路中循环；

4. 预扫风 40 s 后，按下点火按钮 $1b_{12}$ 使点火变压器 Z 有电，点火电极产生火花，然后合上喷油嘴 1 的手动控制开关 $1b_5$，使电磁阀 D_1 有电动作，喷油嘴 1 开始喷油点火；

5. 从观察孔看到火焰后，松开人工点火按钮 $1b_{12}$，切除点火变压器 Z，炉内转入正常燃烧；

6. 根据负荷情况，可以通过喷油嘴 2 运行开关 $1b_2$ 来控制喷油嘴 2 的工作状况。

手动控制时，由于蒸汽压力开关不起作用，管理人员要及时注意压力表读数，炉内达到满压时要及时停炉，切断控制电源。

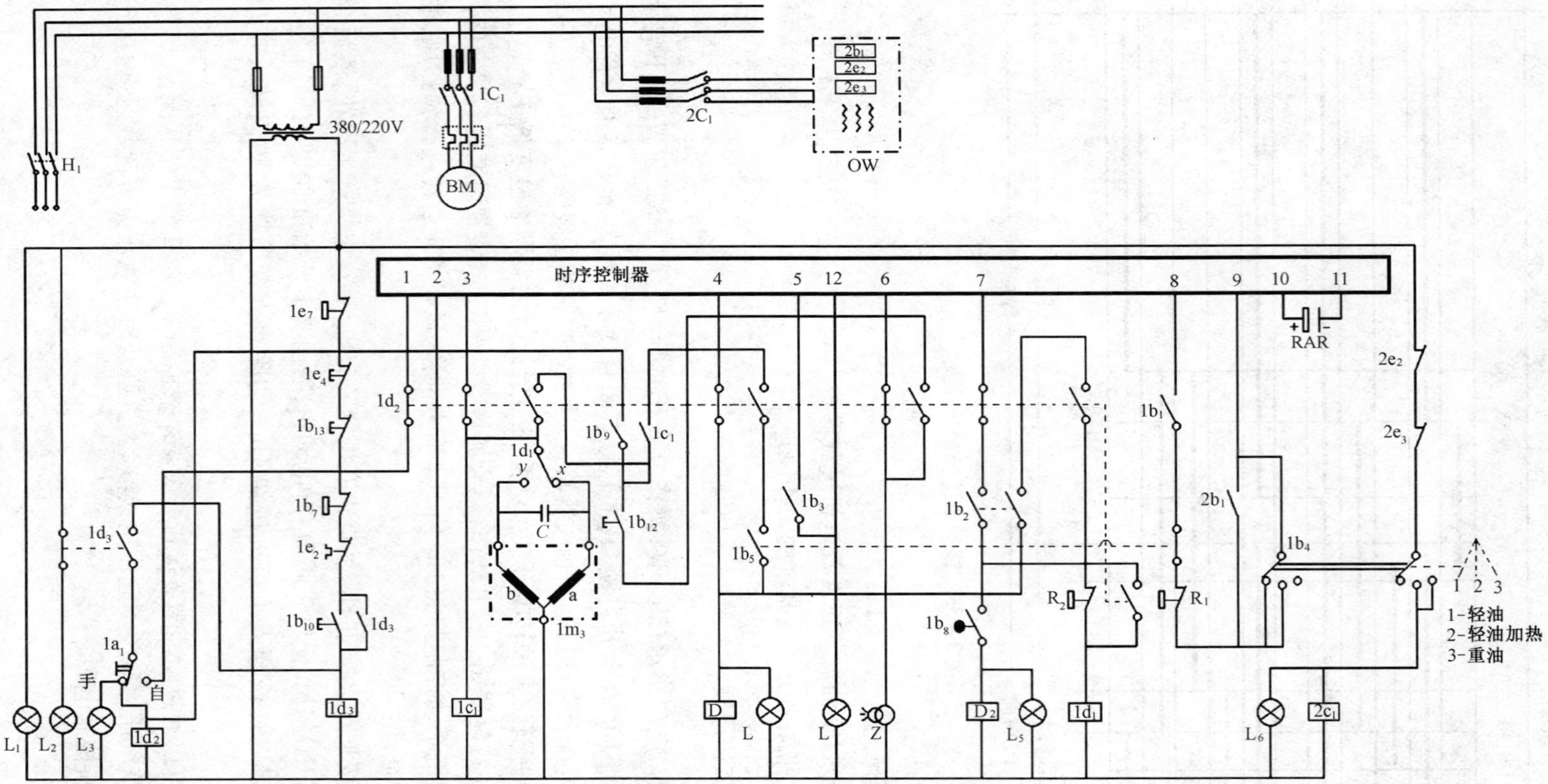

图 3-36 电气控制线路图

$1a_1$—手动/自动转换开关；$1b_1$—喷油嘴 1 运行开关；$1b_2$—喷油嘴 2 运行开关；$1b_3$—遥控复位按钮；$1b_4$—轻、重油转换开关；$1b_5$—喷油嘴 1 的手动控制开关；$1b_7$—燃烧器法兰开关；$1b_8$—风门、喷油嘴 2 联动开关；$1b_9$—燃烧器电机手动控制开关；$1b_{10}$—启动按钮；$1b_{12}$—人工点火按钮；$1b_{13}$—遥控停止按钮；$1c_1$—燃烧器电机接触器；$1d_1$—风门伺服器继电器；$1d_2$—手动控制继电器；$1d_3$—电源继电器；$1m_3$—风门伺服器电机；$1e_2$—电机过载保护；$1e_4$—停止按钮；$1e_7$—极限低水位保护；$2b_1$—燃油低温释放继电器；$2c_1$—燃油加热器接触器；$2e_2$—油温调节继电器；$2e_3$—燃油高温保护继电器；BM—燃烧器电机；D_1—喷油嘴 1 的电磁阀（通电关闭）；D_2—喷油嘴 1 的电磁阀（通电开启）；H_1—电源开关；L—电源指示灯；L_1 ~ L_6—指示灯；OW—电加热器；R_1，R_2—压力继电器触点；RAR—光电池传感器；Z—点火变压器

二、系统自动控制工作原理

1. 首先合上电源开关 H_1，电源指示灯 L_1 亮，说明控制电路有电；

2. 将手动/自动转换开关 $1a_1$ 置于“自动”位置，若使用重油，其加热器的工作与前面所述相同；

3. 把喷油嘴 1 和 2 的开关 $1b_1$ 和 $1b_2$ 都合上，然后按下启动按钮 $1b_{10}$，电源继电器 $1d_3$ 有电动作且自锁，其常开触点闭合接通时序控制器电源(1,2)，其常闭触点断开使红灯 L_2 灭；

4. 当燃油温度达到设定值时，燃油低温释放继电器 $2b_1$ 的触点由开启转为闭合，而锅炉蒸汽压力继电器 R_1 的常闭触点因炉内低压是闭合的，从而使时序控制器的 8,9 被接通，使得 AR 继电器有电动作，但由于该回路中有两个电阻 W_1，W_2，使联锁继电器 RK 不能动作，ar_4 闭合后，短接了电阻 W_1，W_2 及继电器 RK 的线圈Ⅰ；

5. ar_1 闭合为以后的动作作准备；ar_3 闭合后使燃烧器电动机接触器 $1C_1$ 有电，风机及油泵开始运行，对炉内进行预扫风，燃油在管路中循环，同时由于时间触点Ⅱ是闭合的，因此点火变压器有电，在预扫风的同时进行预点火；ar_{2x}闭合使得时序控制器伺服电机开始转动，各微动触点动作时序按图 3－35 的闭合表进行。当凸轮转到 5 s 时，相应凸轮使触点 VY 断开，VX 闭合，但由于 ar_1 已经闭合，不会使 AR 失电；

6. 当凸轮转到 17 s 时使触点Ⅲ闭合；当凸轮转到 20 s 时，触点Ⅳ闭合使电磁阀 D_1 有电，切断燃油循环回路，喷油嘴 1 开始向炉膛内喷油。由于点火电极早有点火火花等着，开始点火，此时，预扫风结束；

7. 若点火成功，由光电池 RAR 检测到并产生直流电压信号，经放大器 MV 放大后使熄火保护继电器 FR 动作，frY 断开，frX 闭合；

8. 当凸轮轴转到 37 s 时(也即第一个喷油嘴喷油 17 s 后)，触点Ⅰ闭合，使风门伺服器继电器 $1d_1$ 有电，其触点 $1d_{1x}$断开，$1d_{1y}$闭合，使风门伺服电动机正转，风门打到最大位置自动停止，同时触动风门喷油嘴 2 联动开关 $1b_8$ 闭合，使电磁阀 D_2 有电，第二个喷油嘴电磁阀打开，喷油嘴 2 开始喷油燃烧；

9. 当到了 41s 时，触点Ⅱ打开，点火变压器失电，同时，触点Ⅵ也打开，时序控制器伺服电机失电停转，启动结束，转入正常燃烧；

10. 当锅炉内蒸汽压力上升到压力继电器 R_2 的设定值时，触点 R_2 打开，使继电器 $1d_1$ 失电，$1d_{1y}$断开，$1d_{1x}$闭合，风门伺服电动机反转使风门关小到极限位置(可调)自动停止；同时风门喷油嘴 2 联动开关 $1b_8$ 断开，燃油电磁阀 D_2 失电，喷油嘴 2 停止喷油，只有喷油嘴 1 工作；

11. 若蒸汽压力继续上升，达到压力继电器 R_1 的设定值时，触点 R_1 打开，使时序控制器的 8,9 端点断开，继电器 AR 失电，触点 ar_1～ar_4 复位，整个自动控制系统停止工作，风机、油泵停止，电磁阀 D_1 失电，燃油在管路中循环；

12. 由于ⅥX 闭合，使时序控制电机 SM 在 41 s 位置开始继续转动，转到ⅤY 闭合ⅤX 断开，SM 失电停止转动；

13. 当锅炉内蒸汽压力降低到下限值时，压力继电器 R_1 和 R_2 又闭合，锅炉自动启动；

14. 若点火失败，也即时序从 20 s 转到 25 s 时，光电池没有电压信号输出，此时熄火保护继电器 FR 不会动作，使得联锁继电器 RK 的Ⅰ部分线圈只串联电阻 W_2 而有电动作，使

rk_1 断开、rk_2 闭合,从而切断了控制电源,整个控制系统停止工作,同时故障指示灯 L 亮;

15. 只有在故障排除后按下复位按钮 D,使继电器 RK 的Ⅱ部分线圈有电动作,RK 的触点又一次翻转使得 rk_1 闭合、rk_2 断开,时序控制器重新接通电源,时序控制电动机 SM 有电而从上次停止的位置开始转动,直到恢复零位后重新自动启动锅炉。

随着船舶技术的发展,船舶自动化的程度越来越高。而 PLC 因其可靠性高、运用灵活在自动控制领域已获得广泛的应用。目前在船舶中应用较多的丹麦的 AALBORG 公司、日本的 SUNROD 公司、VOLCANO 公司的锅炉自动控制系统,几乎都采用了可编程序控制器来实现控制目的。

【相关训练】

实训一　锅炉系统的调试

一、实训目的

了解锅炉系统的调试方法。

二、实训器材

1. 仪器仪表

根据锅炉原理及经验一般应准备 500 V 绝缘摇表、万用表、铂电阻校验仪(或标准电阻箱)、毫安发生器、钳形电流表。

2. 材料

酒精、白纱布、组合工具、绝缘胶带、校验用电水壶或电加热炉、手压泵、合适规格连接头、压力表头(量程合适)、手电筒等。环境要求现场清洁,无大的粉尘,有足够亮度的照明或临时照明,安全警示牌等。

三、实训方法和步骤

(一)调试前的准备工作

1. 图纸资料的准备

船舶辅助锅炉随机资料、电气原理图、锅炉电气系统图、锅炉系统电气接线图。

2. 仪器仪表的准备

3. 材料及现场的准备

(二)锅炉系统安装情况检查

1. 船舶辅助锅炉系统电源部分主配电板的安装接线应该全部结束,要具备向锅炉供电的条件。

2. 锅炉控制箱(柜)按照安装质量要求安装结束,接地正确可靠。电缆敷设、接线完毕。

3. 锅炉附件(所有电控元件)安装完毕,电缆到位接线完毕。

4. 锅炉供油、给水系统电缆到位,接线完毕。

(三)安装方式及系统完整性检查

1. 按照锅炉随机资料检查各控制元器件的安装位置是否符合规定的要求,安装方式是否与要求一致。

2. 根据锅炉系统电气原理图检查电气控制部分的完整性。电缆的敷设及规格是否满足设计图纸要求。

（四）通电前的检查工作

1. 检查从主配电板到锅炉控制箱的电源，从控制箱到机舱集控台的控制、运行、工作指示、故障报警等，锅炉控制箱到燃烧器，控制箱到机前仪表板、水泵电机的电缆接线完整性、正确性、牢固性进行检查，测量主回路和控制回路绝缘。

2. 检查系统电器元件、控制箱外观及控制箱内部元器件有无损坏，是否有与电气图纸规格及型号不一致情况存在，熔断器是否完整，报警及指示灯是否完整。并作好记录。

3. 确保所有锅炉系统空气断路器、电源开关均处在断开位置。

4. 绝缘测量。先测量锅炉电源部分的绝缘。用500 V兆欧表测量其绝缘值应该满足造船规范要求。然后测量锅炉系统所有电机的绝缘和外接设备的绝缘（同时应该注意如果是工作电压在DC24 V以下的元件或设备，应该用万用表或低压绝缘表测量以免损坏）。

5. 控制箱的维护与保养。使控制箱内无灰尘、接线紧固，必要时用酒精拭擦接点。

（五）通电调试过程

1. 电源部分的调试

测量配电板的电源，要保证三相电压均衡，且三相电压值在额定范围内，上、下范围波动在允许范围内。合电源开关，送电至控制箱开关前端，再次测量电压值在范围内。

2. 锅炉水位调节及锅炉给水设备的调试

首先手动启动锅炉给水泵，检查锅炉水泵的转向是否与标志相一致，否则停泵调相。用钳形电流表测量锅炉给水泵的启动电流及运行电流是否与设计值一样。启动另外一台锅炉给水泵重复上述试验。有的锅炉还设有强制循环水泵，也作同样的调试工作，同时校验热继电器的整定值。

3. 水位控制器的调试

手动操作锅炉给水泵向锅炉炉体加水，用万用表监视水位电磁开关的闭合情况。通过水位计观察炉体内水位。在最低水位时，控制锅炉给水的开关应闭合。在中间水位时，用于锅炉工作水位的电磁开关触点应闭合。到最高水位时，控制锅炉给水泵的触点断开，停止向锅炉给水。反复试验一次，在水位计上作好标记，以备将来再次调节水位值参考。此时将锅炉给水部分转换到自动状态，泄放锅炉里的水到最低工作水位，观察锅炉给水泵是否自动启动。如果在最低工作水位时启动正常，可进行下一步调试工作。否则检查水位控制器及水泵控制部分。启动正常后，模拟锅炉给水不正常工况，使锅炉水位继续下降，一直降到极低水位。检查控制锅炉停炉的水位继电器触点是否断开，在极低水位时要保证锅炉自动熄火、发出报警以引起值班人员注意并及时处理，确保安全。反复试验两次，有问题要查清原因及时调整水位值。

4. 锅炉燃油系统及点火油泵的调试

锅炉燃油系统一般在自动状态下是受压力开关控制的。首先应根据试验调试大纲用手压泵调整压力值，保证动作准确可靠。在模拟状态下试验点火油泵的工况，使其工作在正常状态下。

5. 点火电极和点火电磁阀及火焰探测器的调试

点火电极的试验一般按实际操作进行。需要模拟试验时，将点火电极由炉体上拆下，启动点火变压器的点火按钮或开关,观察电极端是否有点火火花。如果正常,点火试验结束。在点火时,检测点火供油电磁阀是否开启。正常状态下在点火时,电磁阀应打开供油。

(六)安全保护的调试

锅炉在自动控制过程中,最重要的控制要素是要确保安全保护的可靠性。锅炉在预扫气、点火和正常燃烧期间,如果发生某些故障,应能够发出声光报警,必要时自动停炉。故障排除后,要经过复位后才能够再次重新启动锅炉。在预扫气阶段提前检测到火焰,一般是在锅炉停炉后不久容易发生。通常是由于燃油阀的故障(没有关严),燃油经油头滴入炉膛内,停炉不久的炉腔灼热,或外界火种使燃油燃烧。这时不能点火喷油,时序控制器不能继续运行,否则会因炉膛积油过多而引起爆炸。

四、实训总结

1. 锅炉调试前的准备工作有哪些?
2. 锅炉调试分哪几个方面?
3. 锅炉系统通电调试应注意哪些?调试过程如何?
4. 锅炉安全保护有哪些?如何进行相应功能的调试?

实训二 锅炉系统常见故障分析与排除

一、实训目的

了解锅炉系统常见故障的类型、分析方法及排除方法。

二、实训器材

全自动锅炉系统一套。

三、典型故障及原因分析

(一)无法正常点火燃烧

1. 在电路上初步判断点火变压器回路

用万用表检查点火变压器的端电压。有电压而电极端无火花产生,可判断是点火变压器已损坏。排除方法是维修变压器或更换新的点火变压器。

2. 点火电极出现问题

旋开燃烧器检查内部。电极表面是否有结炭污物,点火电极间距是否过大,点火电极与喷油嘴之间的距离是否合适。排除方法是清洁两电极表面形成的污物和积炭,校正点火电极之间的距离,同时校正电极与喷油嘴之间的位置和距离。

3. 喷油嘴堵塞结焦

打开燃烧器检查内部。喷油嘴周围充满了污垢是由于长时间的使用和质量较差的油而造成积物堵塞喷油嘴,或者由于油温过低、雾化不良所造成。排除方法是拆下喷油嘴用干净的油或者高压空气进行冲洗,然后清洁管路上的滤器,选用较好的燃油。

4. 火焰感受器积满灰尘

拆下火焰感受器观察是否有灰尘污物。排除方法是清洁火焰感受器。若上述方法仍然不能解决,应该确认火焰感受器是否老化或故障。排除方法是用手电筒代替燃烧的火焰,来检查火焰感受器工作是否正常,如仍然无效,更换新的火焰感受器。

(二)油温低报警

1. 预加热电源没有投入

打开控制箱检查电源是否供给或者电源供给电路是否出现故障、开关是否损坏、接触器是否老化损坏、加热器是否损坏。排除方法是检查线路,更换损坏的元器件。

2. 油高温控制开关误动作,而不能复位

根据报警记录出现过高温报警,确认是误动作而无法自动复位。加热回路无法正常投入工作,油无法加热,致油温低报警。排除方法是修复油温加热温度开关,使其工作正常。

(三)燃烧器突然停火

1. 自动程序控制器故障

根据时序控制器动作顺序,检测时序控制器每一工作点的输入－输出信号是否正常。燃烧器上的凸轮开关部分工作是否有卡壳等现象。将锅炉控制改为手动控制,观察锅炉点火、燃烧是否正常。如果正常工作,可判断为时序控制器损坏,修复或更换新的时序控制器。

2. 锅炉蒸汽压力继电器损坏

用短接线短接压力继电器的触点,检查工作是否恢复正常。如果恢复正常则压力继电器损坏。排除方法是修复或更换新的压力继电器。

3. 锅炉蒸汽压力继电器设定值漂移

方法同2一样。设定值的漂移可造成锅炉突然熄火停炉,另外还可能使锅炉蒸汽压力过高、安全阀动作。排除方法是用合适的压力泵重新调整设定值,作好标记然后锁死,防止设定值改变。

4. 燃油电磁阀线圈烧坏或吸力不足,往复抖动

用铁制螺丝刀放在电磁线圈磁柱上,确认电磁阀线圈是否工作,吸力是否稳定,或者是电磁阀被卡死油路不通。造成燃油电磁阀损坏的最大可能是电源不稳定,或者电磁阀额定频率与电源频率不同。我们国家工频是50 Hz,而在国外有些船舶上是60 Hz,两种电源频率的变化经过一段时间就会造成损坏。

5. 造成突然停炉的其他故障

燃料油压力过低、水位太低、蒸汽压力突然升高、燃烧器电极过载、风压过低、锅炉水位极低等能造成突然停炉。出现上述停炉的原因,根据具体的锅炉设置,进行逐步的分析,最后确定故障点的存在,一一进行排除。

(四)无法点炉

1. 电源供电线路问题

检查相关设备有无绝缘低的问题,检查供电线路中开关的接通状态,接线部位是否有脱落或松动,是否存在电源断路的情况。

2. 燃料油质量太差

燃料油质量太差或燃料油中水分含量太高都是造成锅炉突然停炉的原因。另外油路不通也是造成停炉的原因。在这种情况下检查燃油管路和更换燃料油,检查过滤器。如果堵塞,应清洗或更换新的滤网。

总之,由于油的原因造成的无法点火问题,要定期清洗滤器和燃料油柜,严格定期排放

油柜底部的杂质和积水，另外燃料油加热需达到一定的温度。

(五)水泵自动切换报警

备用水泵启动运行，检查自动状态下的主用水泵是否过载停止。用手盘车看水泵是否有机械堵转现象。另外就是水泵正常运转，但管路不畅，锅炉出现低水位，备用水泵启动，或者是锅炉水位控制器出现问题。这要逐项进行检查过载、堵转的问题，最后模拟实验锅炉水位控制器排除故障。

(六)其他故障

当然还有其他多种原因，这时就要结合整个锅炉系统和锅炉工作状态作出准确、具体的判断加以排除。

四、实训总结

1. 船舶辅锅炉系统由哪几部分组成？
2. 锅炉的检测元件有哪些，工作原理是什么？
3. 锅炉系统有哪些典型的故障，如何分析和排除？

任务6　船舶制冷装置的自动控制系统

【学习目标】

掌握船舶制冷装置自动控制系统的组成、工作原理和维护方法。

【任务分析】

制冷是用人工方法从被冷却的对象中移出热量，使其温度降低到环境温度以下。在船舶上，制冷技术主要用于以下几个方面：

(1)伙食冷藏　船舶长时间在海上航行，需要自带食品，航程越远则需带的食品越多，储藏时间也越长。有些食品在常温下很快就会变质，气温越高腐烂越快。为使食品能长期储存，就必须设法消灭各种微生物，或抑制它们的繁殖。另外为了使水果蔬菜类食品保存期加长，还需要延缓它们生长成熟，因此在船舶上设置了伙食冰库。

(2)空气调节　为了向船员和旅客提供适宜的生活条件和工作环境，所以需要保持一定的舱室温度和湿度，因此在船舶上配备了空调设备。

(3)冷藏运输　为了满足生产需要，一些船舶上必须装设专门的制冷装置以进行货物的冷藏运输，如专用冷藏船、多用途冷藏船、冷藏集装箱运输船等。

因此，制冷装置是船舶营运不可缺少的重要设备之一，掌握船舶伙食冰库系统、空调系统和冷藏箱的控制原理，熟悉制冷装置的操作程序和故障诊断方法，确保其安全有效地运行，在船舶实际生产过程中非常重要。

【相关知识】

6.1　制冷原理

一、船舶制冷系统的基础知识

冷藏系统与空调系统的主要环节是制冷或制热装置,按工作原理分为压缩式、吸收式、真空式以及半导体式等几种,其中在船上用得最多的是压缩式制冷装置。其制冷原理如图3-37所示。压缩制冷装置由压缩机、冷凝器、热交换器、膨胀阀和蒸发器等几个基本部件组成,制冷剂通过管路在这些部件中往返流动,构成制冷的工作循环。

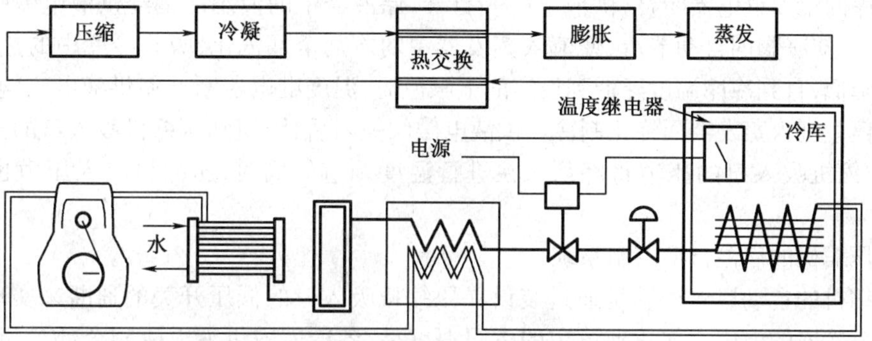

图3-37　蒸汽压缩制冷系统组成原理图

从物理学知道,任何液态物质在蒸发汽化时,都要吸收大量的热量,称为汽化潜热,利用这一规律,选择汽化温度很低的液体作为制冷剂,让它在一定的条件下蒸发汽化,则将从其周围吸取大量的热量,使周围温度迅速降低从而达到制冷的目的。气态制冷剂(氟里昂)经压缩机压缩后,进入冷凝器,管外流动的高温气态制冷剂与管内的冷却水(海水)进行热交换,使气态制冷剂转为液态,转换成液态的制冷剂进入储液器储存,再进入热交换器与从蒸发器返回的低温气态制冷剂进一步热交换,降低液态制冷剂的温度;膨胀阀是一种节流阀,利用小孔的节流、降压作用,加速液态制冷剂向气态转化;液态制冷剂在冷藏库蒸发器的盘管内汽化,吸收热量使库内温度下降;汽化后的气态制冷剂由压缩机抽回,经压缩、冷却又成为液态,再次送入冷藏库吸热制冷。制冷装置各环节中的制冷剂的相态变化如图3-38所示。

二、制冷装置的自动控制环节

为了能够根据外界条件的变化,自动调整制冷装置的工作、随时保持所需温度、保证安全运行,通常要求现代船舶制冷装置能实现自动控制。制冷装置的自动控制通常是由两个既相互独立又相互联系的系统共同实现的。这两个系统是冷库温度自动调节系统和压缩机自动控制系统。

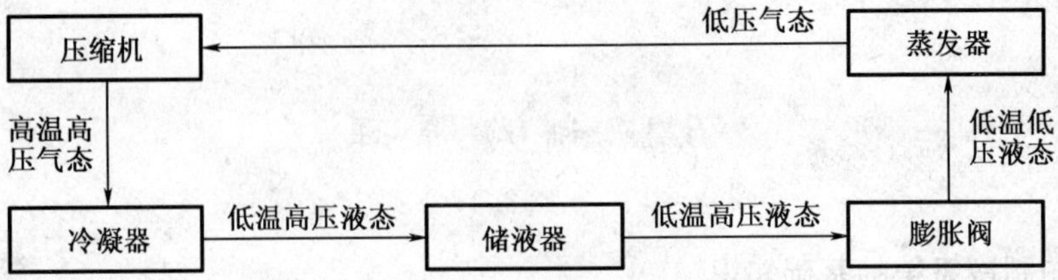

图3-38 各环节中的制冷剂的相态变化

1. 冷库温度自动调节系统

通过温度继电器来控制供液电磁阀的通、断,再经过膨胀阀的自动调节,从而控制流入冷库蒸发器的冷剂量来实现温度自动调节。当冷库温度高于设定的上限温度时,感温元件放在冷库的温度继电器闭合,供液电磁阀打开,储液器中的液态冷剂经供液电磁阀流入膨胀阀,再经膨胀阀的自动节流,使流入蒸发器中的冷剂全部汽化,吸收冷库中的热量,使冷库温度降低,直到冷库温度降低到设定的下限值时,温度继电器断开使供液电磁阀关闭,液态冷剂停止进入蒸发器而终止制冷。供液电磁阀关闭后,因回到压缩机吸入口的气态冷剂减少,压缩机吸入口的压力将降低。在进行温度调节的同时,压缩机吸入压力也发生了变化。

2. 压缩机的启停自动控制系统

压缩机的自动启停控制是通过装设在压缩机吸入口的低压开关的通断来实现的。当系统中各冷库的温度全部达到设定的下限温度后,各冷库的供液电磁阀全部关闭,所有的液态冷剂都无法通过供液电磁阀进入蒸发器并回到压缩机的吸入口,于是压缩机的吸入压力越来越低,直至降低到低压开关设定的下限值时,低压开关断开,使压缩机停止工作。当某一个或多个冷库温度升高到设定的上限值时,相应的供液电磁阀打开,对应的冷库蒸发器又有冷剂流入并汽化而回到压缩机的吸入口,于是压缩机吸入口的压力升高,当升高到低压开关的设定上限压力时,低压开关闭合,压缩机自动启动运行。这个过程就实现了压缩机吸入口压力对压缩机的自动启停控制。

三、制冷装置的保护环节

为了使系统安全、高效工作,制冷装置还应设有相应的保护和控制环节。

1. 高压保护

当压缩机的排出口压力过高时,高压开关断开,压缩机自动停止运行。

2. 油压保护

为了防止发生干摩擦造成压缩机损坏,应在压缩机运行后建立一定的滑油压力,因此应对压缩机设置滑油压力低压保护。通常采用压力开关实现,如果在压缩机启动后设定的时间内没有建立起一定的滑油压力,则压力开关断开,压缩机停止工作。

3. 低温冷库的融霜控制

当低温冷库的蒸发器长时间工作后,会在蒸发器上面结上一层厚霜而影响制冷效果,因此在系统工作一定时间后应由控制电路发出信号,通过融霜加热器进行融霜。

4. 压缩机的负荷控制

在大功率制冷压缩机启动时，如果负荷重载启动，启动电流会很大，将对电网造成冲击，因此最好能使压缩机在低负荷下启动；另外在压缩机运行后，为了提高效率最好能使压缩机的输出自动根据制冷量的要求变化，当系统的制冷量需求较低时，压缩机的吸入口压力较低（但在停机压力之上），控制器将输出信号使卸载机构动作，压缩机在低负荷下运行。

6.2　船舶伙食冰库的自动控制系统

船舶上为了能使船员食品能在一定时间内不腐烂变质，通常将食品储藏于低温舱室里，低温储藏食品的舱室称为伙食冰库。由于食品低温储藏要求的温度不同，就需要用不同的冷藏库储存食品，储存温度在0～5 ℃称为冷藏，主要是对蔬菜、水果的短期保鲜；食品储存温度在－15 ℃左右称为冷冻，主要是对鱼、肉等食品的长期储存。

伙食冰库主要采用蒸汽压缩制冷（简称压缩制冷）。制冷是利用制冷剂介质由液体变为气体的过程中需要吸收热量引起的制冷效果。下面就简单分析一下某轮伙食冰库的控制电路原理。

一、电路元器件介绍

图3－39、3－40、3－41所示为某轮采用的伙食冰库控制电路，主要元件包括：

（1）OPS　滑油压力保护开关，由差压开关、电加热元件和延时开关触点组成。在油压建立前，差压开关闭合，加热元件通电，若在设定时间内建立起油压，则差压开关断开，延时开关触点不动作，否则延时开关触点断开。

（2）HPS　高低压开关中的高压接点，排出压力高时断开。

（3）LPS　高低压开关中的低压接点，吸入压力低于停机压力时断开。

（4）LPC　卸载压力开关。当压缩机吸入压力降低到卸载设定值时，该开关触点闭合。

（5）TH　温度开关。

（6）MV　卸载电磁阀，当卸载压力开关触点LPC闭合时MV动作，带动卸载机构顶开吸气阀片，实现卸载及能量调节。

（7）89　电源主开关。

（8）SW，43　选择开关，其中SW为卸载方式选择开关，有“AUTO”“LOAD”“UNLOAD”三个选择位置；43为手、自动选择开关。

（9）88，MC　主接触器。

（10）AX，AU，HX，63X，88K，TX，5，4，84　辅助继电器。

（11）T，63T，10　时间继电器。

（12）3C，3T，3R　按钮，其中3C为启动按钮，3T为停止按钮，3R为复位按钮。

（13）51　压缩机马达过载保护继电器。

（14）R/P COMP. INTER LOCK　制冷压缩机联锁开关。如图3－39所示，当压缩机处于手动控制方式且压缩机正常工作时，或者压缩机处于自动控制方式，即使压缩机没有正常运转，只要合上电源主开关89，这两种情况下都会使图3－40中的R/P COMP. INTER LOCK的开关闭合，向图3－41中的电磁阀线圈提供电源。

（15）TIME CHART　时序控制器通断时间表。

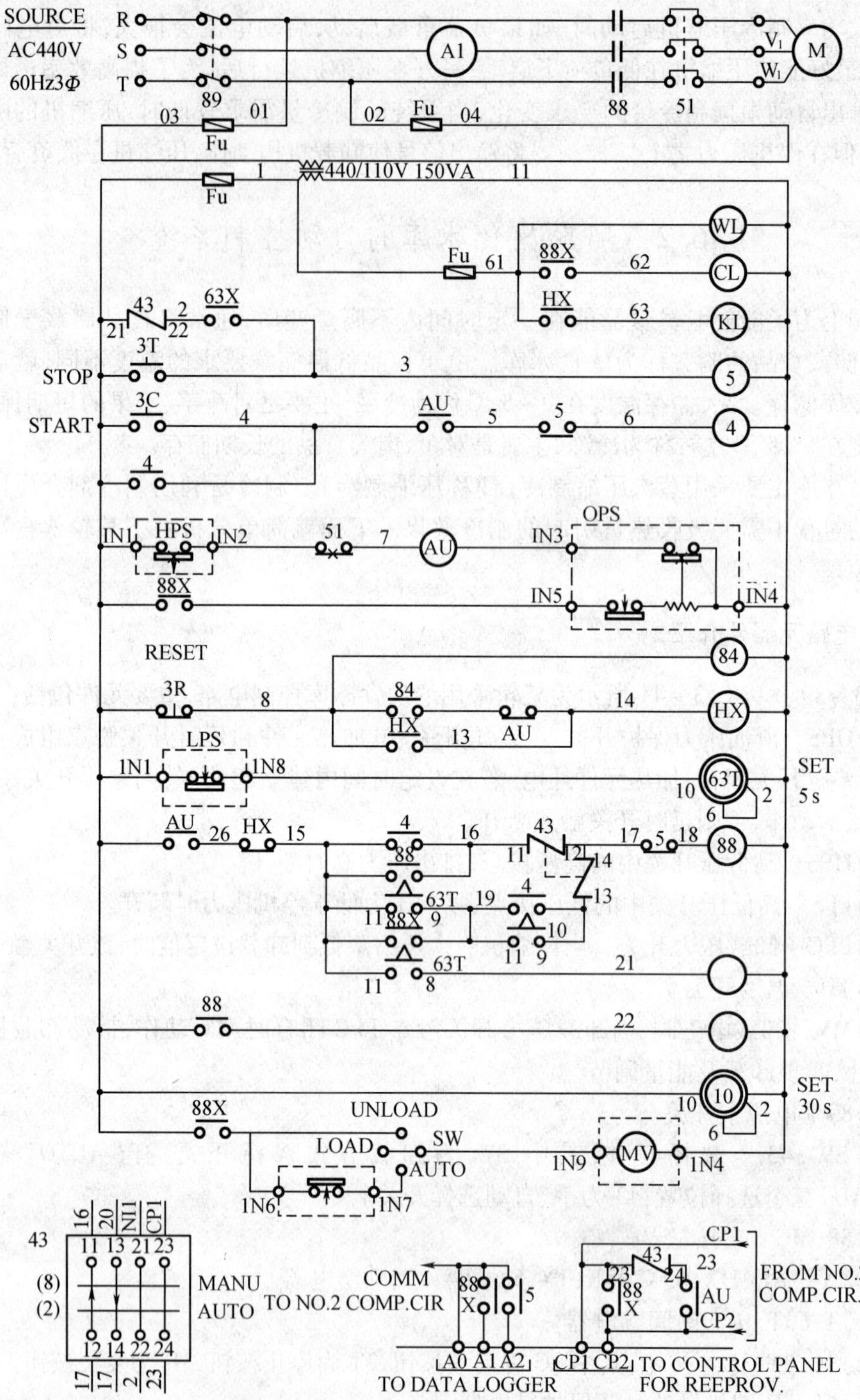

图 3 -39 **RKS10F** 制冷压缩机控制电路

(16) COS - D 冷库融霜选择开关，共有 7 种方式：AUTO 为自动方式；OFF 为断开；MEAT 为肉库；FISH 为鱼库；BEG 为菜库；LOBBY 为缓冲间；BEVER 为饮料库。

(17) MC_{11}，MC_{12}，MC_{13} 肉库融霜加热器接触器、盘管加热器接触器、冷库风机接触器。

(18)WL,GL,RL,DL 指示灯,其中WL为白灯(电源指示灯);GL为绿灯(运行指示灯);RL为红灯(故障指示灯);BL为蓝灯(制冷指示灯);DL为白灯(融霜指示灯)。

二、工作原理

1. RKS10F制冷压缩机控制电路工作原理

如图3-39所示为RKS10F制冷压缩机控制电路,合上电源主开关89后,电源指示灯WL亮,表示电源正常。时间继电器10通电吸合,其触点10(11,9)延时后闭合。辅助继电器84通电吸合,其常开触点闭合,为辅助继电器HX通电做好准备。当压力正常时,高低压开关的高压接点HPS闭合;在停机状态下,油压保护开关OPS闭合;压缩机电机不过载时,51闭合,使辅助继电器AU通电吸合,它连接于HX线圈回路中的触点AU断开,4线圈和88线圈回路中的触点AU闭合。在吸入压力不低的情况下,高低压开关的低压接点LPS闭合使时间继电器63T线圈通电吸合,其常开触点63T(11,9)延时后闭合,常闭触点63T(11,8)延时后断开,使线圈63X不能通电。

(1)手动控制方式时的工作原理(手自动选择开关43打至"MANU"位置)

将选择开关43打至"MANU"位置,触点43(11,12)闭合。启动压缩机时按下启动按钮3C,则中间继电器4通电吸合并自锁,其常开触点4(15,16)、4(19,20)闭合,4(15,16)闭合使主接触器88通电吸合并自锁,其主触点闭合使压缩机启动运行;辅助触点闭合使线圈88X通电动作,从而使其触点88X(61,62)闭合,运行指示灯GL亮;触点88X($1N_1$,$1N_5$)闭合使油压保护开关的加热元件通电加热;触点88X($1N_1$,$1N_6$)闭合为卸载电磁阀MV通电做好准备;触点88X(15,19)也要闭合。还有两个触点88X也要闭合,一个触点闭合使记录器的外部电路导通,另一个触点闭合使R/P COMP. INTER LOCK的开关闭合。

停止压缩机时按下停止按钮3T,辅助继电器5通电动作,其常闭触点5断开,使辅助继电器4和主接触器88失电,88的主触头断开切断压缩机马达电源,压缩机停止工作。辅助触点断开使辅助继电器88X失电,从而使运行指示灯GL熄灭。

(2)自动控制方式时的工作原理(手自动选择开关43打至"AUTO"位置)

将选择开关43打至"AUTO"位置,其触点43(13,14)闭合。使主接触器88通电吸合并自锁,其主触点闭合使压缩机启动运行,以下情况与手动方式相同。直到压缩机的吸入压力低于LPS整定的下限值时,LPS断开,时间继电器63T失电,其常开触点63T(11,9)立即断开,常闭触点63T(11, 8)立即闭合。63T(11,8)闭合使线圈63X通电,从而使辅助继电器5通电动作,其常闭触点5断开,使辅助继电器4和主接触器88失电,88的主触头断开切断压缩机马达电源,压缩机停止工作。辅助触点断开使辅助继电器88X失电,从而使运行指示灯GL熄灭。

(3)保护环节

该控制系统具有压缩机出口压力高压保护、滑油低压保护和压缩机过载保护等保护环节。当压缩机排出压力过高时高压开关HPS断开或滑油在规定时间内压力持续过低时OPS断开或压缩机马达过载时过载继电器51断开,它们都会使得辅助继电器AU失电,串接在主接触器88线圈回路中的AU触点断开,这样不管选择开关43在自动还是在手动控制方式,都会使主接触器88失电,压缩机都将被迫停止运行,起到保护作用;串接在辅助继电器HX线圈回路中的AU触点闭合使HX继电器通电并自锁,HX(61,63)触点闭合使得故障指示灯RL亮表示故障停机。88线圈回路中的HX触点会断开,确保压缩机不能启动,只有在重新启动压缩机时先按下“RESET”按钮使HX继电器失电,88线圈回路中的HX触点闭合,为主接触器88通电做好准备。

(4)能量控制

若卸载方式选择开关SW放在“AUTO”位置,当压缩机的吸入压力下降到整定的卸载压力以下时,卸载压力开关LPC闭合,卸载电磁阀MV动作,带动卸载机构顶开吸气阀,压缩机卸载或卸缸轻载运行;若开关SW放在“LOAD”位置,电磁阀MV始终不能有电,压缩机不能卸载;若开关SW放在“UNLOAD”位置,只要压缩机运行,卸载电磁阀就能通电而强制卸载运行。

2.冷库温度调节及自动融霜控制原理

冷库温度调节及自动融霜控制电路如图3-40和3-41所示,下面以肉库为例分析其工作原理。合上图3-40中主开关89,控制电路3,4,5,10会有电,同时电源指示灯WL_1亮。各冷库辅助继电器AX1,AX2,AX3,AX4通电吸合,它们在图3-41中对应的各触点闭合,为相关联电路上的线圈通电做好准备。当控制电路有电时,一方面给图3-41中的温度控制单元提供电源,以便各项操作和显示,另一方面给控制电路各线圈提供电源。

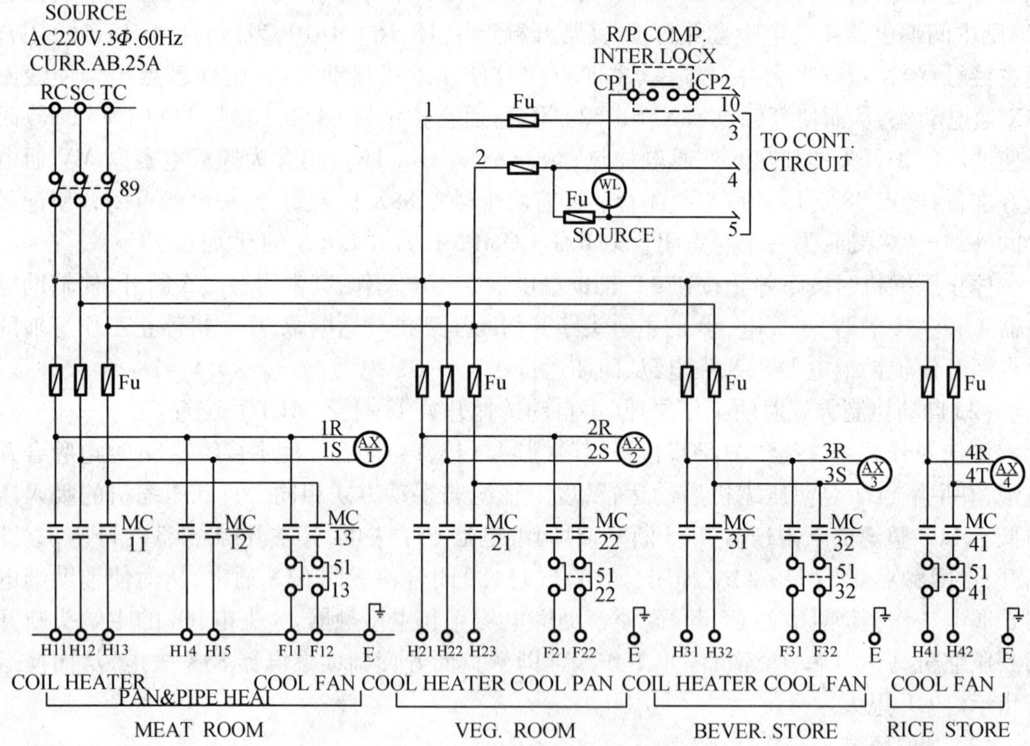

图3-40 冷库加热器和风机控制电路

(1)控制原理

当COS-D放在“AUTO”时,其触点(1,2),(5,6)导通,使辅助继电器X-A通电吸合。SW1放在“AUTO”,线圈MC11和MC13支路上的SW1的两个触点要闭合。根据时序控制器通断时间表,若TIME CHART处于非融霜期,各时间继电器(T-M,F,V,L,B)不会通电。假设目前冷库的温度没有达到设定温度的下限值,温度开关TH闭合。一方面电源从控制

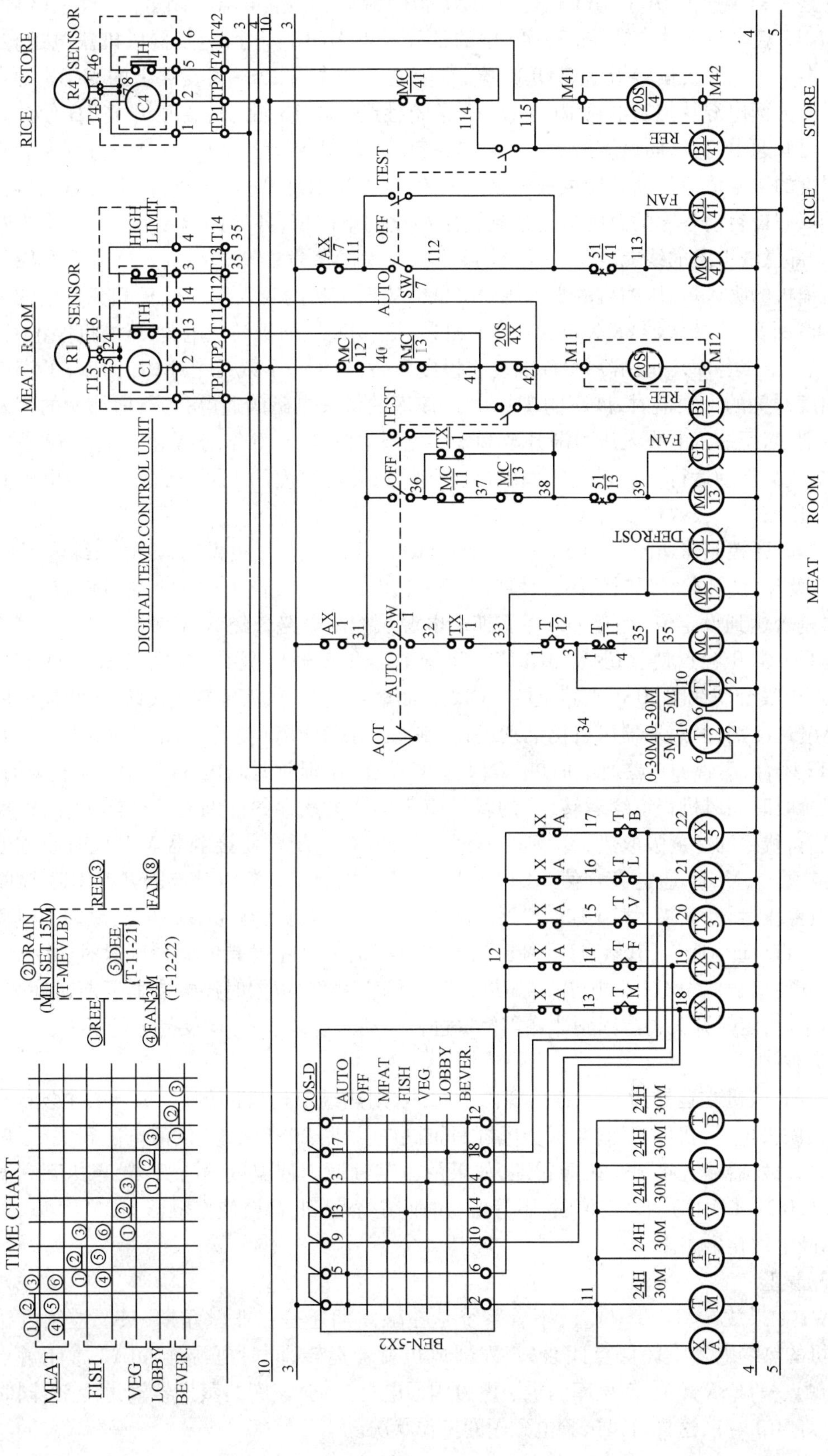
TIME CHART
MEAT
FISH
VEG
LOBBY
BEVER.
①REE
②DRAIN
(MIN SET 15M)
(T-MEVLB)
REE③
④FAN3M
(T-12-22)
⑤DEE
(T-11-21)
FAN⑧
COS-D
AUTO
OFF
MFAT
FISH
VEG
LOBBY
BEVER.
BEN-5X2
MEAT ROOM
SENSOR
DIGITAL TEMP.CONTROL UNIT
HIGH LIMIT
RICE STORE
SENSOR
AOT
AUTO
SW
OFF
TEST
DEFROST
FAN
REE
MEAT ROOM
RICE STORE

图3-41　冷库控制电路

电路3经AX1触点—SW1(OFF)触点—TX1常闭触点—热继电器常闭触点(51-13)使接触器MC13获电吸合并自锁,图3-40中的常开触点MC13闭合,蒸发器风机获电运转,同时图3-41中的风机运转指示灯GL11亮,供液电磁阀线圈20S-1支路上的MC13触点闭合。另一方面电源从控制电路10经MC12常闭触点—MC13触点—温度开关TH使该库的供液电磁阀通电打开,向该库的蒸发器输送冷剂,同时制冷指示灯BL11亮。直到库温降到设定温度的下限值,TH断开使供液电磁阀关闭,制冷指示灯BL11熄灭,但蒸发器风机仍继续运转。假设目前各库的温度都已达到设定温度的下限值,各库的温度开关TH均为断开状态,全部供液电磁的线圈均失电关闭,停止向该库的蒸发器输送冷剂。这时没有冷剂回流到压缩机的吸入口,压缩机的吸入压力降低。当压缩机的吸入压力低于LPS整定的下限值时LPS断开,主接触器88失电,88的主触头断开切断压缩机马达电源,压缩机停止工作。

此后,由于各库停止制冷,冷库温度将慢慢升高,当某一个或几个库(如肉库)的温度升高到温度开关的上限值时,该库的TH闭合,该库的供液电磁阀通电打开,向该库的蒸发器输送冷剂,当压缩机的吸入压力渐升至LPS的上限值时,LPS闭合,于是主接触器88获电动作,压缩机又启动运行。直到全部库温再次下降到设定温度的下限值,全部供液电磁阀再度关闭,压缩机的吸入口压力降低,才又一次停止运行。

根据时序控制器通断时间表,此时,若TIME CHART进入融霜期,则时间继电器(T—M)通电吸合,其触点经延时后闭合使线圈TX1通电,MC11支路上的TX1常开触点闭合,不管库温是否达到设定值,都会进入融霜期。电源从控制电路3经AX1触点—SW1(AUTO)触点—TX1常开触点使接触器MC12、时间继电器T12通电吸合,融霜指示灯OL11亮。MC12通电吸合使线圈20S1支路上的MC12常闭触点断开,供液电磁阀关闭,停止向该库的蒸发器输送冷剂,但蒸发器风机仍继续运转,制冷指示灯BL11熄灭。图3-40中的常开触点MC12闭合,盘管加热器通电加热。T12通电吸合,在延时时间内T12的触点不会动作,而这段延时时间风机仍继续运转,目的就是使蒸发器里残存的冷剂充分受热蒸发,以免融霜加热时,残存的冷剂吸取热量。延时时间一到,其触点闭合使接触器MC11、时间继电器T11通电吸合,MC11通电吸合使MC13线圈支路上的MC11常闭触点断开,MC13线圈失电,风机停止运转,其指示灯GL11熄灭。图3-40中的常开触点MC11闭合,融霜加热器通电加热。T11通电吸合,其触点延时断开,这段延时时间就是融霜时间。延时时间一到,其触点断开使接触器MC11失电,融霜加热器断电停止融霜、根据时序控制器通断时间表,融霜期结束后,定时开关再次回到非融霜位置进行自动温度调节,如此反复进行下去。

(2)保护环节

蒸发器风机在运转过程中若出现内部过热,则热继电器常闭触点(51-13)会断开使MC13线圈失电,风机停止运转,保护风机,同时也使线圈20S1失电,供液电磁阀关闭,停止向该库的蒸发器输送冷剂。在融霜期,如果由于某种原因使温度异常升高,当达到高温限制开关(HIGH LIMIT)的设定值时,不管融霜时间是否已到,都会使接触器MC11失电,融霜加热器断电停止融霜。

(3)试验

SW1如果放在“TEST”位置,不管系统是在融霜期还是在非融霜期,只要控制电路有电,风机的热继电器常闭触点闭合,蒸发器风机就会运转,同时电源经MC12常闭触点—MC13触点—TEST开关,使该库的供液电磁阀通电打开,向该库的蒸发器输送冷剂,同时制冷指示灯BL11亮,这样可以试验电磁阀的工作状况。

(4)COS－D的其他工作方式

当COS－D放在“OFF”位置,只要各冷库的蒸发器风机工作正常,控制电路有电,各冷库就始终处于非融霜期,各冷库只是进行温度的自动调节,也就是说各冷库没有融霜模式。当COS－D放在其他位置,比如放在“MEAT”,此时只要控制电路有电,线圈TX1就会通电吸合,不管时序控制器处于什么时期,肉库都会进入融霜状态,也就是对肉库进行强制融霜。

6.3　船舶中央空调的自动控制系统

由于船舶经常处于较高、较低的环境温度条件下航行,因此现代化的船舶为了改善人员的工作和生活条件,保证船员的正常工作和生活,通常装设空调装置,通过空调系统使舱内温度和相对湿度达到规定值,在环境温度较高时采用空调系统制冷以降低舱室温度;反之在较低温度时采用空调系统制热以升高舱室温度。大型船舶的空调装置大多为集中式,能够按照季节的不同,集中地将空气冷却或加热并经除尘、去湿或加湿等处理后,由通风机送到有关舱室。集中空调系统按形成冷气的方式不同可分为间接冷却式和直接冷却式两种。间接冷却式是通过冷剂来冷却淡水,再用低温的淡水冷却空气以产生冷气;直接冷却式是直接用冷剂来冷却空气以产生冷气,前者多用于大型客轮,后者多用于货船上。

远洋船舶空调的制冷方案大同小异,不过空调的压缩机组功能比较多,外界热负荷变化也比较大,一般空调压缩机都采用减载启动,随着外界热负荷的变化而自动卸载或增载(即自动减缸或增缸工作)。图3－42为某船舶安装的NSA45LR型空调装置的控制电路原理图。下面就简单分析一下该电路的控制工作原理,由于取暖工况较为简单,这里主要分析其制冷工况。

一、NSA45LR型空调装置的工作特点

在制冷工况下,当空调器回风温度高于设定值上限时,压缩机卸载启动,两个供液电磁阀仅开启一个,即只有一路冷剂管路开通。压缩机排出的高压冷剂经分油器、冷凝器、干燥器和一路冷剂管进入空气冷却器蒸发制冷。制冷的空气冷却器将来自回风口处的回风和新风冷却,然后被通风机抽出送各舱室降温。

在制热工况下,当室外温度低于规定值时,热蒸汽在气动调节阀的控制下进入空调器中的蒸汽加热器,将流过空调器的回风和新风加热,被加热的空气由通风机送入各舱室。当供风温度升到规定值时,蒸汽调节阀便自行关闭;当舱室内空气湿度过高或过低时,可手动调节加湿器进汽管中的蒸汽针阀来改变空气湿度,即必须设置加湿环节。

此外该系统只有风机启动后才能启动压缩机,只有压缩机联锁保护回路均导通,中间继电器4/2(15)动作后,才能允许压缩机启动运行,而且受回风调温开关控制启停。

二、系统控制电路原理图分析

1.元器件介绍

(1)20S/1,20S/2　供液电磁阀;

(2)20S/Q_1,20S/Q_2　卸载电磁阀;

(3)3C/F,3C/S,3C/C　启动按钮;

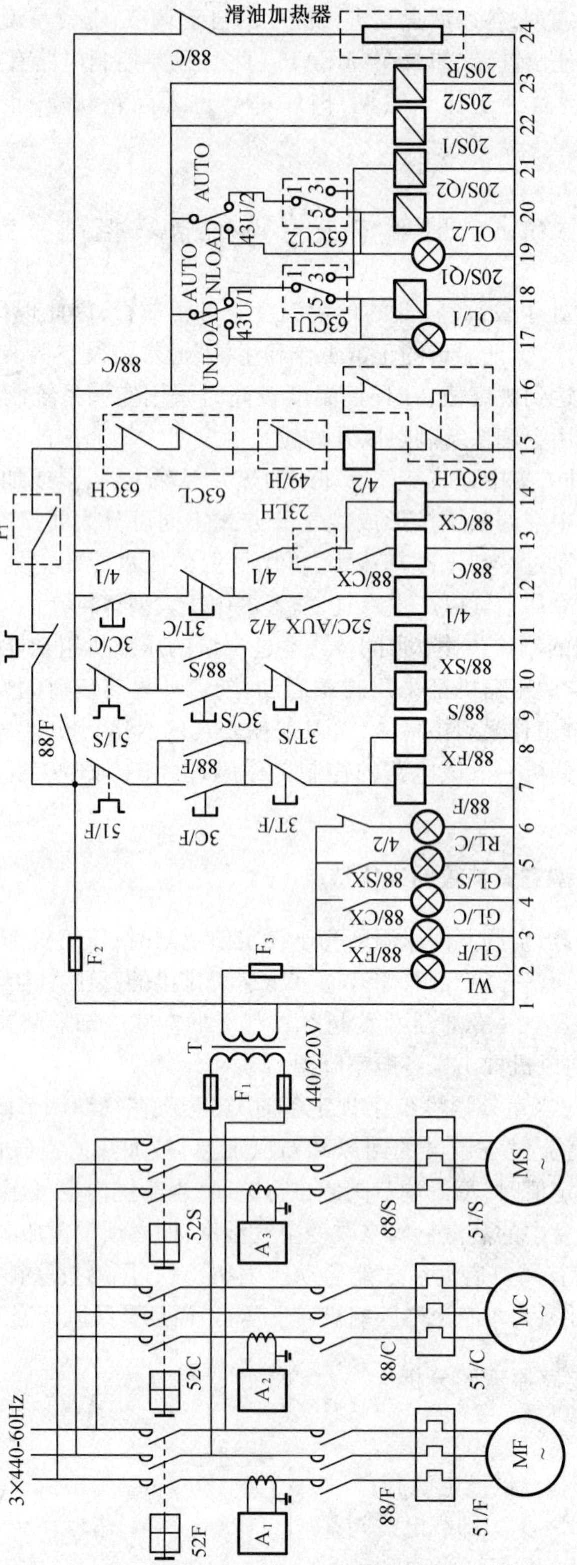

图 3-42 N SA45 LR 型空调装置控制电路原理图

(4)3T/F,3T/S,3T/C 停止按钮;

(5)43u_1,43u_2 卸载方式选择开关;

(6)49H 电机绕组热保护开关;

(7)51/F,51/S,51/C 热继电器;

(8)52F,52S,52C 自动空气开关;

(9)52C/AUX 空气开关辅助触点;

(10)63CH,63CL 高、低压开关;

(11)63CU_1,63CU_2 自动卸载开关;

(12)63QLH 油压开关;

(13)88/F,88/S,88/C 接触器;

(14)88/FX,88/SX,88/CX,4/1,4/2 继电器;

(15)A_1,A_2,A_3 电流表;

(16)F_1,F_2,F_3 熔断器;

(17)P_1 水压开关;

(18)T 变压器;

(19)WL,GL/F,GL/C,GL/S,RL/C,OL/1,OL/2 指示灯。

2. 压缩机的自动卸载启动

(1)合上空气开关52F,52C,52S后,电源指示灯WL(2)亮,控制电路有电,压缩机保护联锁电路不正常指示灯RL/C(6)亮。

(2)按下风机MF启动按扭3C/F(7),使接触器88/F(7)有电动作并自锁,启动通风机,同时继电器88/FX有电,使风机运行指示灯GL/F(3)亮。常开触点88/F(8)闭合,使滑油加热器(24)开始加热。常开触点88/F(9)闭合,为启动压缩机作准备。

(3)按下海水泵MS启动按钮3C/S(10),使接触器88/S(10)有电动作并自锁,启动海水泵,使冷凝器建立冷却水压,水压开关P1(14)闭合,同时继电器88/SX(11)有电,使海水泵运行指示灯GL/S(5)亮。

(4)将卸载方式选择开关43U/1(17),43U/2(19)扳向"AUTO"位置,使压缩机具有能量自动调节功能。

(5)若此时空调回风温度高于设定值上限,则温度调节器开关23LH(13)闭合,又因压缩机电动机的保护联锁电路均导通(即高、低压开关63CH、63CL(15)闭合;油压开关63QLH(15);电机绕组没有过热,其保护开关49H(15)闭合;电动机热继电器未动作,其触点51/C(11)闭合;冷却水压已经建立,水压开关P1(14)闭合),继电器4/2有电吸合,其在第12列的常开触点4/2(12)闭合,为压缩机的启动做好准备,其常闭触点4/2(6)使压缩机保护联锁电路不正常指示灯RL/C(6)灭。

(6)按下压缩机启动按钮3C/C(12),继电器4/1有电动作并自锁,其在第13列的常开触点4/1(13)使中间继电器88/CX(14)有电动作,常开触点88/CX(13)使接触器88/C(13)有电动作,压缩机启动,常开触点88/CX(4)使压缩机工作指示灯GL/C亮,常闭触点88/C(25)切断滑油加热器电路。

(7)压缩机启动后,接触器88/C常开触点(16)接通卸载控制电路,开启2号供液电磁阀20S/2(22)和回油电磁阀20S/R(23),以便供液制冷和将滑油分离器中分出的滑油送回曲轴箱内。

(8)由于启动时压缩机吸入压力尚低,故自动卸载开关 $63CU_1$(18)和 $63CU_2$(20)的端点 1,5 接通,卸载电磁阀 20S/Q_1(18)和 20S/Q_2(20)动作,压缩机卸 4 缸启动,电磁阀工作指示灯 0L/1(17),0L/2(19)亮。由于此时 1 号供液电磁阀 20S/1(21)关闭,故卸载启动时只有一路开通供液。

(9)若将卸载方式选择开关 43U/1(17),43U/2(19)扳向"UNLOAD"位置,使压缩机不具有能量自动调节功能,一直处于 2 缸(卸 4 缸)工作状态。

3. 自动温度控制和能量调节

(1)压缩机卸载启动后,随着其吸入压力的逐渐升高,自动卸载开关 $63CU_1$(18),$63CU_2$(20)的端点先后转向 1,3 接通位置,压缩机转入 6 缸全载运行,并且两个供液电磁阀均开启供液,全力制冷降温。

(2)随着舱室温度的降低,压缩机热负荷逐渐减少,当减少到压缩机吸入压力低达卸载设定值时,自动卸载并关 $63CU_1$(18)转向 1,5 接通位置,电磁阀 20S/Q_1(18)有电吸合,压缩机卸 2 缸运行。

(3)当空调器回风温度降到使温度调节器开关 23LH(13)断开时,接触器 88/C(13)失电,压缩机停转,同时压缩机运行指示灯 GL/C(4)灭。

(4)之后各舱室温度处于缓慢回升阶段。当回风温度达到设定值上限时,温度调节器开关 23LH(13)又闭合,自动卸载开关 $63CU_1$(18)和 $63CU_2$(20)的端点又转向 1,5 接通位置,压缩机又开始卸载启动。

三、典型故障分析

1. 压缩机无法启动

(1)由于压缩机的启动是受其联锁保护回路控制的,特别是压缩机启动前必须先启动风机,所以首先检查风机是否转动,若不转,先把风机不转的故障排除,若转,则检测压缩机启动控制线路(10)是否有电压。

(2)若压缩机启动控制线路(10)没有电压,说明常开触点 88/F(8)故障;若有电,则检查控制屏上压缩机保护联锁电路不正常指示灯 RL/C(6)是否熄灭。

(3)若压缩机保护联锁电路不正常指示灯 RL/C(6)已灭,说明继电器 4/2 有电吸合(要考虑常开触点 4/2(6), RL/C 灯(6)是否故障),则着重检查压缩机启动控制电路(10);若指示灯 RL/C(6)亮,则重点检查联锁保护回路(15)。

(4)检查压缩机启动控制电路(10)按如下步骤进行:按下启动按钮 3C/C(12),检查继电器4/1是否动作。如果不动作,检查停车按钮 3T/C(12)、继电器 4/2(12)的常开触点、压缩机电源空气开关的辅助触点 52C/AUX(12)、继电器 4/1 线圈及接线柱等;如果继电器 4/1 动作,则检查常开触点 4/1(13)、温度调节器开关 23LH(13)、继电器 88/CX(14)、接触器 88/C 及相应接线柱。

(5)检查联锁保护回路(15)按如下步骤进行:检查海水泵是否工作,水压开关 P1(14)是否正常;油压开关 63QLH 是否故障,或是常开触点 88/C 故障短路使油压开关动作;检查热继电器触点 51/C(11),高低压开关 63CH,63CL(15),压缩机电机绕组热保护开关 49H(15),继电器 4/2 线圈及相应接线柱。

2. 空调系统工作时,舱室温度比较高

(1)温度调节器开关 23LH(13)设定值较高,或是参数漂移。

（2）压缩机处于卸载工作状态，造成制冷量不够。一种原因是卸载方式选择开关43U/1（17），43U/2（19）置于"UNLOAD"位置，人为进行卸载运行；另一种原因是卸载选择开关置于"AUTO"位置，自动卸载开关63CU1（18）和63CU2（20）工作不可靠，或是供液电磁阀20S/1，20S/2线路故障。

（3）除了电气故障原因外，还有外界原因（海水温度高）及制冷系统方面的原因（冷剂不够、压缩机工作效率低等）也会导致制冷状况不好，舱室温度比较高。

6.4　船舶冷藏箱的自动控制系统

随着世界各国鲜活易腐农产品的生产、流通与消费的不断增加，给食品的低温储藏和运输业带来的空前广阔的发展前景，而被誉为海上活动冷库的冷藏集装箱是最为理想的运输工具，目前应用冷藏集装箱对货物进行冷藏运输已相当普遍。

冷藏箱是专为运输要求保持一定温度的新鲜水果、蔬菜、鱼、肉等食品而进行特殊设计的集装箱，相当于一个单间的组装式冷库。由于冷藏箱大多为单蒸发器系统，蒸发器离压缩机很近，所以冷藏箱设备少、结构紧凑、制冷量小。冷藏箱通常配备的冷凝器有风冷式和水冷式两种，有的冷藏集装箱只有风冷式冷凝器，这种冷藏箱只能放在甲板上，而有的同时配置有风冷式和水冷式冷凝器，这种冷藏箱就可放于通风不太好的货舱内。

冷藏箱所运货物的品种经常变化很大，不同的货物对冷藏的温度也不同，所以冷藏箱一般都具有很宽的调温范围。另外由于冷藏箱所运货物一般较为贵重，所以要求调温精度比较高，这就要求冷藏箱应采用更多的能量调节、温度调节措施以提高装置的制冷效果，改善调温精度。

冷藏箱作为一种流动性的冷库，运行必须绝对安全、可靠，所以为了便于管理和维修，冷藏箱控制系统一般设有温度自动记录、工况自动转换、运行安全保护、故障预报显示和故障自诊断能力。另外，为了适应船舶上的工作环境，冷藏箱在－30～＋65 ℃环境中应能正常工作，全部电气设备都应具有防风、防水和抗振能力。

目前在用的冷藏箱品种较多，如三菱（MITSUBISHI）箱、开利（CARRIER）箱、PAUL KLINGE（SABROE）箱、DA JIN箱和THERMO KING箱等，其中三菱（MITSUBISHI）箱和开利（CARRIER）箱应用较多，这里就简单介绍一下三菱（MITSUBISHI）冷藏箱和开利（CARRIER）冷藏箱的控制原理。

一、三菱（MITSUBISHI）冷藏箱的控制原理

图3－43所示为型号为CPE14－3BAⅢCS的三菱冷藏箱的结构示意图，图中上部主要设有密封在箱内的蒸发器、蒸发器风机以及新鲜空气通风口，中部主要设有冷凝器、冷凝器风机、控制箱以及控制随动阀、电子膨胀阀和液体喷射电磁阀等，下部主要设有制冷压缩机、储气箱、制冷系统外部管路以及电源变压器、电源。压缩机功率5.5 kW，制冷剂为R_{22}。控制系统采用微机控制器MMCCⅢA，温度设定范围为－30～＋25 ℃，冷藏方式的温度控制精度（CHILL）为±0.2 ℃，冷冻方式（FROZEN）则为±0.5 ℃。控制器具有同类冷藏箱所要求的各种功能：（1）温度和除霜控制；（2）自诊断和安全保护功能；（3）试验功能；（4）显示控制功能；（5）运行和运输数据记录功能；（6）数据通信功能。

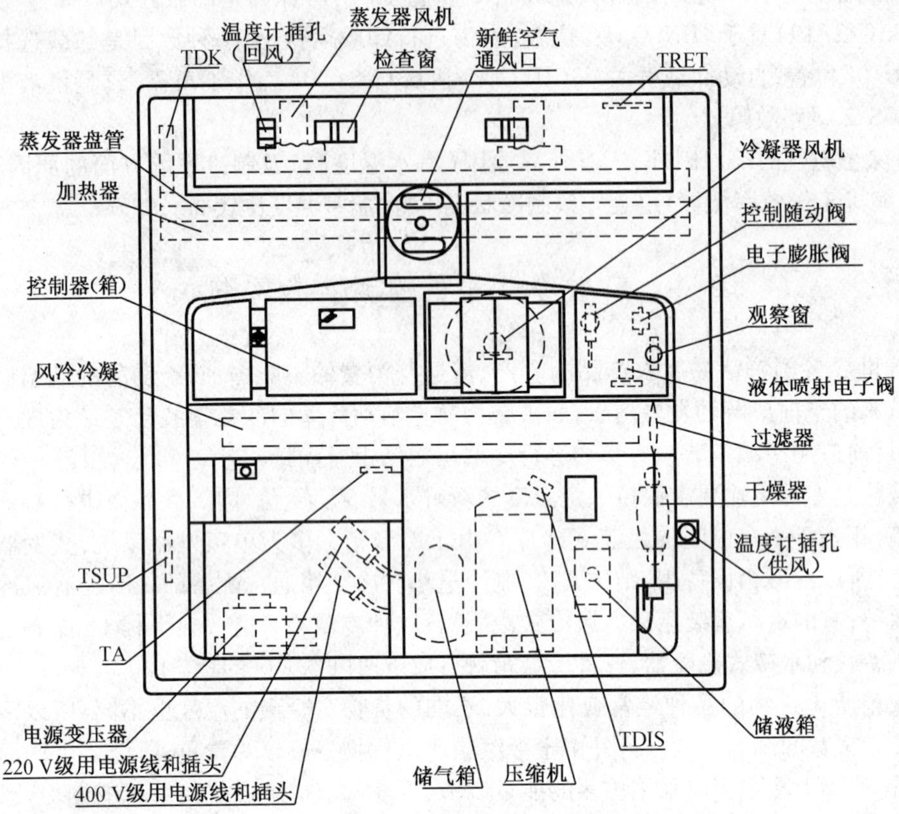

图 3-43　三菱 CPE14-3BAⅢCS 冷藏箱结构示意图

1. 制冷系统工作原理

如图 3-44 所示为该型号冷藏箱的制冷系统，采用一台全封闭涡流式制冷压缩机。压缩机排出的高温、高压冷剂气体进入风冷冷凝器(在冷藏方式中，当制冷运转挡转为容量控制或容量控制+低热时，控制随动阀 MV 被打开，部分高温冷剂气体经此阀进入蒸发器，实现无级能量调节，从而实现箱温的精确控制)。在冷凝器中，冷剂气体与外界空气进行热交换而被冷却和液化。液化冷剂经过储液箱进入干燥器和过滤器，分离水分及滤去杂质后，大部分进入电子膨胀阀 EEV，小部分经过液体喷射电磁阀 S_5、毛细管喷射入压缩机的吸气腔，避免压缩机过热。冷剂经过 EEV 突然膨胀，压力降到蒸发压力，经过液体分配器进入蒸发器。冷剂流过蒸发器盘形管时吸收箱内的热量而不断汽化，使箱内温度下降。最后冷剂离开蒸发器经储气箱进入压缩机吸气腔。安装在蒸发器出口管路上的温度传感器(TDK)和压力传感器(LPT)实时反映出口冷剂的过热程度。控制器 MMCCIIIA 根据过热程度控制电子膨胀阀 EEV 开度，以维持最适量的冷剂流入蒸发器。

2. 电气控制系统的结构

整个制冷系统的各种运行工况都是在控制器 MMCCⅢA 的控制下实现的。MMCCⅢA 接收系统中温度、压力、电压、电流等各种信号，进行分析、处理后，经输出通道控制压缩机、风机或加热器，实现冷藏箱的温度控制。

制冷电气控制系统的工作原理如图 3-45 所示(见插页)。以 MMCCⅢA 为核心，大致分为输入区(C,D 区)、信息处理与输出区(A,B 区)、执行区(F 区)和电源供给区(E,G 区)。

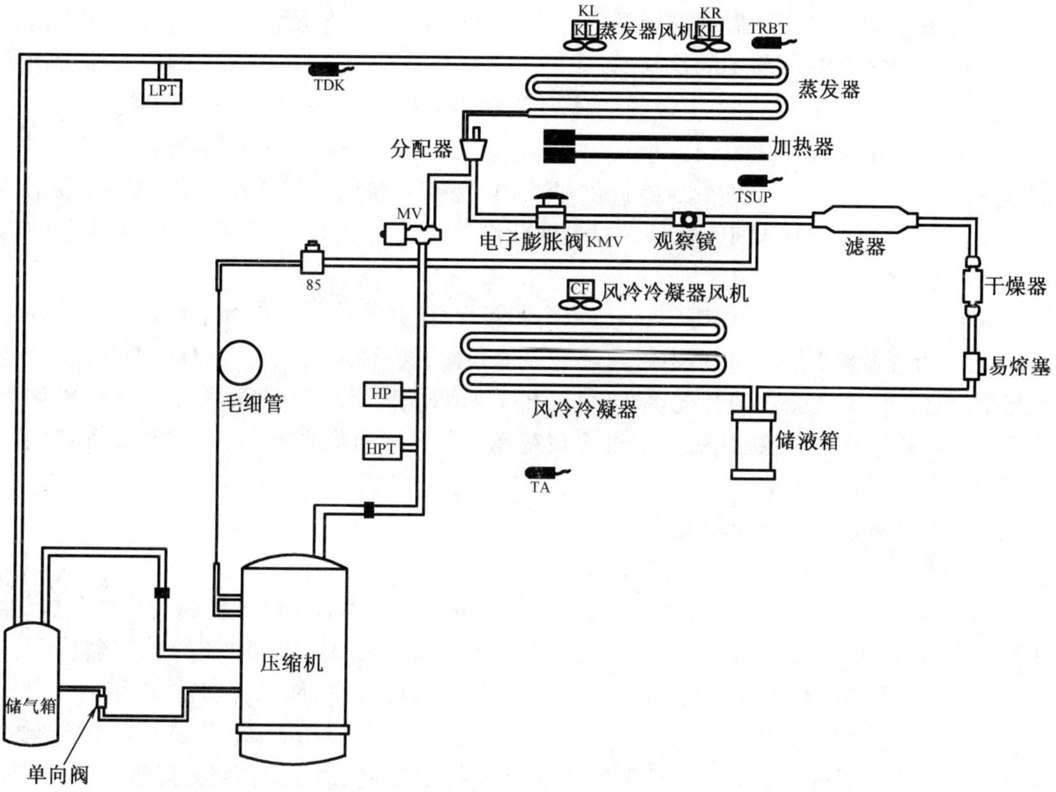

图3-44　三菱CPE14—3BAⅢCS型冷藏箱制冷系统

由图可见，C，D区接收的输入信号有：温度传感器TSUP检测的蒸发器供风温度；温度传感器TRET反映的回风温度（即冷藏箱温度）；温度传感器TDK检测蒸发器出口端冷剂温度；温度传感器TA检测的冷藏箱环境温度；温度传感器TDIS检测的压缩机出口温度，用于压缩机过热保护；低压传感器LPT和高压传感器HPT分别检测压缩机进出口压力；电流互感器CTM和CT1分别测量压缩机电机工作电流和主电路的工作电流；PT1为电压互感器。

A区中HK2是温度开关，在加热或除霜过程中一旦加热器过热，HK2自动断开，切除加热器HR1和HR2电源。HP是高压开关，用于检测压缩机出口冷剂异常，如果压缩机出口出现异常高压，HP断开，停止控制压缩机工作。

MMCCⅢA的输出控制分为开关量（A区）和模拟量（B区）两种。

A区域，通过MMCCⅢA内部继电器的控制触点（MGC1m，RVm，MC1m，CFR1m，EFR1m，EFR2m，HR1m，HR2m）分别控制接触器MGC1，MGC3，MC，继电器CFR，FRI，FRH，HR1，HR2，进而控制F区的主电路供电与相序、压缩机、风机和加热器。其中MC控制的电液喷射电磁阀S5装在冷剂管路上，用于进行液体喷射控制，防止压缩机过热。对应的控制关系是：MGC1m—RVm—相序接触器MGC1或MGC3；MC1m—接触器MC—压缩机CM；CFR1m—继电器CFR—冷凝器风机CF；EFR1m—EFR2m—继电器FRL或FRH—蒸发器风机（低速EL或高速ER）；HR1m—继电器HR1—加热器（H3，H4，H5，H6）；HR2m—继电器HR2—加热器（H1，H2）。

B区域，MMCCⅢA对电子膨胀阀EEV和随动阀MV进行连续的电压调节控制，其过程调节可采用 PID 调节，使系统处于最佳运行状态。EEV 有多种用途，通过调节能实现制冷能力控制、电力消耗控制、高压控制和制冷回路切断控制等。随动阀 MV 被安装在压缩机的排出管路上，它在 MMCCⅢA 的控制下，进行制冷的容量控制，并实现高温制冷气体旁通流量的无级调节。在 MMCCⅢA 上设置了对 EEV 和 MV 进行手动测试检查的功能。

冷藏箱配备 AC 440 V 和 AC 220 V 两种电源电压，适应不同地区或场所。内部所用的多种低压电源，由设备内置的变压器提供（E 区），还有后备电池用于维持各种运行数据的保存。在断电期间，MMCCⅢA 依靠内置电池能继续工作，控制器内部具有 64 K 字节的内存用于记录各种运行和运输资料。

MMCCⅢA 面板上有操作键、数字显示窗和指示灯，并有串行端口和上位机进行数据通信（包括日历、集装箱号码和 ID 资料），还能显示和检索各种运行数据。温度记录器记录冷藏箱运行过程中温度变化的情况。在面板（P－CONTR）背后的微动开关用于选择操作类型。在冷藏箱下部有监控插座，用于对冷藏箱运行状况的远距监控，通过它与驾驶室内冷藏箱监控系统进行联系。

3. 电气控制系统的控制功能

（1）启动

根据使用的电源电压等级，将电源选择开关（SELECT SWITCH）转换到对应的位置，合上断路器（CIRCUIT BREAKER）（G 区），接通控制电源开关（U. SW）和电路保护器（CPI）。MMCCⅢA 进入系统自检以及电源和其他输入信号的检测程序，如果一切正常，则启动制冷系统进入温度控制。MMCCⅢA 具有电源相序自动检测和翻转功能，在正序状态，输出触点 MGC1m 闭合，相序继电器 RVm 与 44 A 接通，正序接触器 MGC1 通电吸合，其触点 MGC1 闭合，向主电路供电；在负序状态，输出触点 MGC1m 依然闭合，但相序继电器 RVm 与 44E 接通，负序接触器 MGC3 通电吸合，其触点 MGC3 闭合，向主电路供电。

（2）温度控制

MMCCⅢA 根据实际温度与设定的温度之差遵循预设顺序进行“运转挡”转换来实现温度控制。所谓预设顺序就是系统的控制程序预先设定了机组根据实际温度变化过程运行在不同运转挡的顺序，相应的换挡顺序见表 3－2（a），（b）。

表 3－2（a） 冷藏（CHILL）方式

⊙：控制温度　　○：ON

运转档		温度（范围内）℃ −3 −2 −1 SET +1 +2 +3 +4 +5 +6	MC	CFR	FRH	FRL	HR1	HR2	EEV	MV	S5
－	初始设定	低热 全制冷									
0	全制冷		○	○	○				○		○
1	容量控制		○	○	○				○	○	○
2	容量控制-低热		○	○	○			○	○	○	○
3	低热				○			○			
4	高热				○		○	○			

表 3－2(b)　冷冻(FROZEN)方式

○:ON

运转挡 \ 温度		范围内 ℃ －6 －5 －4 －3 －2 －1 SET ＋1 ＋2 ＋3	MC	CFR	FRH	FRL	HR1	HR2	EEV	MV	S5
－	初始设定	小循环　全制冷									
0	全制冷		○	○	○	○			○		○
1	低循环					○					
2	低热				○			○			

表中:“SET”点表示设定温度;“范围内”显示预设的温度偏差允许范围。“○”表示相应的器件处于获电工作状态。

①冷藏(CHILL)方式——设定温度－5℃及其以上

由表 3－2(a)所见,冷藏(CHILL)方式有 5 个运转挡:①全制冷运行;②使用高温气体随动阀 MV 的容量控制运行;③容量控制＋低热运行;④低热运行;⑤高热运行。运行开始时,控制器根据供风温度高于还是低于设定温度将机组的初始运转挡设置在“全制冷”或“低热”运行状态。

机组在“全制冷”运转挡,MMCCⅢA 的输出触点 MC1m,CFR1m,EFR1m,MGC1m 闭合。MC1m 闭合,使接触器 MC 通电吸合,启动压缩机;MC 的辅触点 MC(23,24)闭合使喷液电磁阀 S_5 通电打开,部分液体冷剂经过毛细管喷射入压缩机的吸气腔,MC(13,14)闭合点亮制冷指示灯。触点 CFR1m 闭合,使冷凝风机继电器 CFR 通电吸合,启动冷凝风机。触点 EFR1m 闭合使蒸发器风机高速继电器 FRH(此时 EFR2m 中 27A 触点闭合)通电吸合,其主触点 FRH 闭合,两台蒸发器风机高速运行。而 MMCCⅢA 根据蒸发器出口冷剂的温度和压力推算出其过热程度,调节电子膨胀阀 EEV 的开度,保持最适量的冷剂流入蒸发器,使制冷能力与最少能耗下的热负荷相一致,保持机组连续运行。如果机组在“全制冷”运转挡下,供风温度降至设定温度,机组将转到下一挡的“容量控制”。此时,压缩机和风机运行状态保持不变,MMCCⅢA 根据蒸发器出口冷剂过热度和供风温度调节随动阀 MV 的开度,部分高温冷剂气体直接进入蒸发器,实现能量无级调节,使箱温精确地保持在所设定的范围内。输出触点 IRm 闭合,橙黄色指示灯 OL 指示箱温处于设定范围内。机组根据控制随动阀的开度、设定过热度和温度偏差状况,也可能会从容量控制转换到容量控制＋低热的运转挡运行或者两挡之间运行转换。

机组在“低热”运转挡,MMCCⅢA 的输出触点 MGC1m,HR2m,EFR1m 闭合。继电器 HR_2 通电吸合,一个加热器通电,EFR1m 使 FRH 通电吸合,两台蒸发器风机高速运转,系统处于低加热状态。当供风温度高于设定温度 1.5 ℃时,机组会进入上一挡的“容量控制＋低热”运转挡运行。

如果机组从“低热”运转挡投入工作,而此时供风温度低于设定温度 2 ℃时,机组会进入下一挡的“高热”运转挡,此时 2 台蒸发器风机高速运转,3 个加热器全部通电。当供风温度回升到高于设定温度 1 ℃时,机组重回到“低热”运转挡工作。

如表 3－2(a)所示,如果控制温度超出为各运转挡所设定的温度范围,机组就转换一挡进行运行。还应注意,在“冷藏”运行方式下,除了除霜时段外,蒸发器风机始终处于高速运转。

②冷冻(FROZEN)方式——设定温度低于 -5 ℃

由表3-2(b)所见,在冷冻方式下,机组根据回风和供风两者中的较高温度,利用“全制冷”“低循环(风扇工作)”和“低热”3个运转挡,实现温度控制。当回风或供风温度高于设定点温度时,MMCCⅢA使初始运转挡保持在“全制冷”运转挡,而制冷的开始阶段与冷藏方式相同(压缩机运行、冷凝器风机运行、2台蒸发器风机高速运行、喷液电磁阀 S_5 打开、MMCCⅢA对电子膨胀阀EEV开度进行不断调节)。当箱内温度下降到 -5 ℃时,输出继电器触点EFR2m与27B接通,蒸发器风机高速继电器FRH断电,低速继电器FRL通电吸合,其主触点FRL闭合,触点FRH断开(F区),两台蒸发器风机由高速转为低速运行。当控制温度升高到时,蒸发器风机从低速转为高速运行。

当温度低于设定点温度时,制冷系统进入“低循环”运转挡:压缩机和冷凝器风机停转;触点MC(23,24)断开,关闭 S_5;电子膨胀阀EEV被关断;控制随动阀MV被关断;仅仅2台蒸发器风机处于低速运行状态。当温度回升到设定温度上限时,压缩机重新启动,机组进入“全制冷”运转挡,将温度保持在所设定的范围内。

当控制温度低于设定点温度且超出2 ℃时[见表3-2(b)],输出继电器触点HR2m闭合,继电器HR2通电吸合,其触点接通副加热器(H1,H2)通电加热,输出继电器触点EFR1m闭合,EFR2m与27A接通(实际是EFR2m失电断开27B点),蒸发器风机高速继电器FRH通电吸合,两台蒸发器风机恢复到高速运行,压缩机、冷凝器风机均处于停转,EEV和MV关断,系统处于“低热”运转挡。当温度上升到设定点温度,系统进入“低循环”运转挡,如果温度继续回升,高于设定点温度,系统进入冷冻方式下的“全制冷”运转挡。

③除霜

只有当蒸发器出口冷剂的温度低于10 ℃时,才有可能进行自动或手动除霜操作。

a. 自动除霜

自动除霜操作由除霜定时器控制,本例机组的除霜定时器的除霜时间间隔挡有A(自动)。3—6—9—12 h,可用于自动或固定(3—6—9—12 h)方式进行除霜,在预设时可任选其中一个除霜时间进行自动除霜。如果选择自动方式,则系统就把最后一次的除霜时间与当前的一次进行比较并自动地对除霜定时器设定最佳的除霜时间间隔(程序会自动地在3—6—9—12 h挡中改变除霜时间),当除霜时间到时机组自动开始除霜。

也可通过手动预设方法(可调间隔为3,6,9或12 h)对除霜定时器进行固定的除霜时间间隔的设定,同样,当除霜时间到达时,机组自动开始除霜。但是不管除霜间隔设为多少,第一次除霜总是在系统运行3 h后进行的。

除霜时,压缩机、蒸发器风机都停止运行,输出继电器触点HR1m,HR2m,DRm,MGC1m闭合。HR1m闭合使主加热器继电器HR1通电吸合,其触点闭合使主加热器H3-H6通电加热;HR2m闭合使副加热器继电器HR2通电吸合,其触点闭合使副加热器H1,H2通电加热;此时,主、副两个加热器同时加热,很快将蒸发器上的霜层融化掉。DRm闭合使除霜指示灯亮。

当TDK感受到的温度高于15 ℃或除霜持续60 min时,除霜被终止。

b. 手动除霜

按下“手动除霜”的操作键,可随时开始进行除霜。其他动作顺序与上述自动除霜完全相同。

(3)安全保护功能

①压缩机出口高压保护

如果压缩机出口压力异常升高,高压传感器 HPT 将把检测到的信号传给 MMCCⅢA,MMCCⅢA 直接停止压缩机;3 min 后,当高压降到正常值时系统自动地重新启动压缩机。此功能仅执行3次。如果此项功能没有起作用,则高压开关 HP 断开,接触器 MC 断电,其触点断开使压缩机停机,喷液电磁阀 S_5 断电关闭,制冷指示灯熄灭;易熔塞也可能破裂释放出冷剂。

②压缩机进口低压保护

如果压缩机进口压力异常低,MMCCⅢA 将接受低压传感器 LPT 检测到的信号,直接停止压缩机和冷凝器风扇。3 min 后,当低压上升到正常范围内时,压缩机和冷凝器风扇自动地重新开始运行,此功能仅执行3次。

③压缩机过热保护

如果压缩机排温异常升高,MMCCⅢA 将接受压缩机排温传感器 TDIS 检测到的信号,直接切断压缩机和冷凝器风扇电源。

④压缩机电机过电流保护

如果压缩机电机电流持续数秒超出正常范围,则 MMCCⅢA 根据电流传感器 CTM 的信号,直接切断压缩机和冷凝器风扇电源。

⑤除霜终止保护

当 TDK 传感器上的温度升高到15 ℃或除霜持续60 min 时,MMCCⅢA 将依据 TDK 反映的信号,终止除霜。如果此项功能没有起作用,则过热保护恒温器(HK_2)断开,继电器 HR1,HR2 断电,其触点断开使主、副加热器断电,停止加热。

⑥环境高温保护

环境温度传感器(TA)将温度信号输送给 MMCCⅢA,低于50 ℃,全部设备保持正常运行,高于50 ℃,MMCCⅢA 发出信号控制机组停止运行。

⑦电流、电压异常保护

当 MMCCⅢA 获得电流传感器 CT1、电压传感器 PT_1 的异常信号,将使主电路上的动力设备停止工作;如果24 V 控制电路上电流过大,电路保护器 CP_1 断开起保护作用。

⑧MMCCⅢA 在系统运行过程中不断地检查系统运行状态,发现任何异常现象,警报 ALARM 灯亮,并显示警报代码。如果系统中传感器本身出故障,MMCCⅢA 显示相应警报代码,同时系统自动转换到"失效-保护温度控制"的运行方式,采用该功能的目的是使控制系统不会因传感器故障而使整个制冷系统停止工作。

4.冷藏箱的运行管理

冷藏箱在船舶运输过程中是由船舶管理人员负责进行管理的,要求及时排除故障,维持冷藏箱的正常运行,确保货物完好无损。管理人员应认真做好定时的巡回检查,及时发现问题并加以处理。常规的巡检主要有设备运行中有无异常噪声和振动;显示的实际温度是否在规定范围内,有无报警指示;查看和分析温度记录曲线,判断系统工况是否处于正常状态;检查设定值(如温度)是否偏移或丢失;观察冷剂管路上的水分指示器颜色,其中绿色表示冷剂中无水分,属正常,若显示黄色则表示冷剂中有水分,须处理;应用手动测试方式(MODE 键)检查该方式下所提供的一些工况参数、报警信息、运行状况与调整。

除了对运行中的冷藏箱进行外部察看之外,还应运用手动测试方式(MODE 键)检查,该方式提供如表3－3的用途(三菱)。

例如:使用MODE2—9,10功能检查EEV,MV是否能正常开启;使用MODE6—7,13,14功能检查蒸发器盘管出口温度传感器(TDK)、高压传感器(HPT)、低压传感器(LPT)的读数是否正常,可与压力表实测值进行比较;使用MODE E查询警报记录。

查看和分析冷藏箱温度记录曲线,是判断系统工况非常重要的手段。为了更好地了解冷藏箱温度记录盘温度曲线,首先介绍一下冷藏箱的几个基本工作状态。

(1)制冷状态(COOLING STATE) 当冷藏箱内温度高于设定温度时,冷藏箱进入制冷工作状态。

(2)加热状态(HEATING STATE) 当冷藏箱内温度低于设定温度时,冷藏箱进入加热工作状态。

(3)除霜状态(DEFROST STATE) 当冷藏箱蒸发器盘管(EVAPORATOR COIL)结霜过多,影响箱内冷气流动时,冷藏箱进入除霜状态。

(4)范围内状态(IN—RANGE STATE) 当箱内温度与设定温度接近时,冷藏箱进入范围内状态。其范围是设定温度的±0.5～±2.0 ℃,设定温度可根据用户需要设置。

表3－3 MODE(方式)键操作和动能

方式	用途	说明
5	设定和显示温度	变更或输入设定温度
C	显示控制温度	LED显示出控制温度
0	设定或显示除霜定时器	设定或输入用于除霜定时器的手动/自动开关
1	自动PTI运行	选择和操作MIN. PTI或MAX. PTI功能
2	手动试验运行	进行手动操作运行,最多可显示部件的13个I/O状态
3	湿度控制开始/停止及湿度设定和开始	输入湿度控制开始/停止,改变或输入设定的湿度
4	MER 0 ℃校正	0 ℃校正,改变或输入温度
6	显示运行数据	最多可显示22项运行数据,例如温度、压力、电流、电压等
E	显示当前的警报信息	最多可显示10个当前的报警代码

正常的温度曲线轨迹见图3－47冷藏箱温控曲线典型图例。

*A*段轨迹:是冷藏箱内温度的下降过程,一般情况下货物装箱后,其温度比设定温度高,此时冷藏箱进入制冷状态,箱内温度随时间不断下降,直至进入范围内状态。这段时间的长短取决于货物本身温度、装箱时的外部条件,以及货物是否预冷(PRE—COOLING)。当然,在这个时间段内可能存在除霜状态。

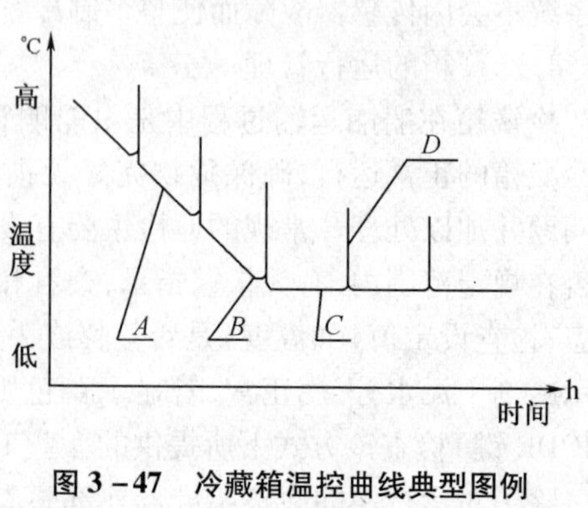

图3－47 冷藏箱温控曲线典型图例

B 段轨迹:此时箱内温度达到了设定温度的上限温度,即进入范围内状态。

C 段轨迹:此时箱内温度已达到设定温度,从 *B* 过渡至 *C* 通常只需几分钟的时间。在此期间,冷藏箱根据货温间断运行,以维持所需温度,直至进入除霜状态。

D 段轨迹:此时冷藏箱进入除霜状态。在运行轨迹上表现为温度在很短时间内(约 20 min)迅速上升,值得注意的是,此时温度记录盘所显示的只是蒸发器盘管上方的记录器感温棒的温度,蒸发器风机并未得电,故冷藏箱内温度并未因除霜而上升。

图 3 -48 是冷藏箱故障引起的 6 种温度变化曲线轨迹,在排除故障时,根据不同曲线采取相应措施。

(1)图 3 -48(a)中 *A* 到 *B* 段的轨迹为冷藏箱的除霜过程。加热器通电,蒸发器盘管温度迅速上升,使霜层融化。*B* 到 *C* 段为制冷机组在除霜后的制冷工作状态,由 *A*—*B*—*C* 大约只需 40 min,故 *AB* 段曲线轨迹应和 *BC* 段非常接近,但如出现图 3 -48(a)曲线时,可初步判定是加热功能不正常,通常是因为加热管损坏或失效或除霜时间过长造成的。机组在一段时间内维持除霜状态,在超过时限后(一般设置为 60 min),强制终止除霜,此时应着重检测加热元件的性能、状态。

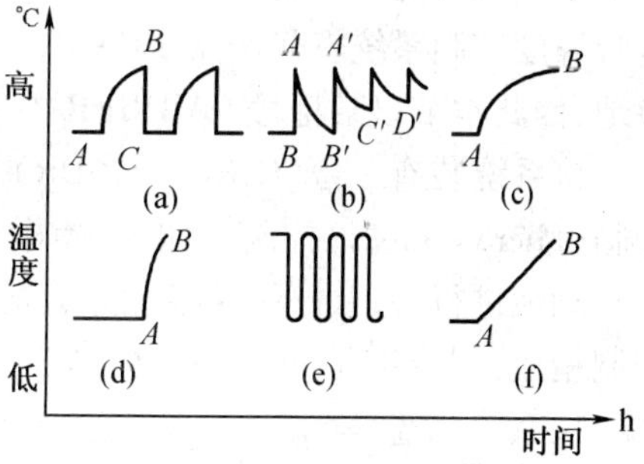

图 3 -48　冷藏箱故障引起的温度变化曲线

(2)3 -48(b)中 *B* 到 *A* 段(以及 *B*′到 *A*′段)的轨迹为冷藏箱的除霜过程。*A* 到 *B*′段(以及 *A*′到 *C*′段)的轨迹为冷藏箱的制冷过程。显然这样的轨迹表明制冷时间过长,而且 *B* 点、*B*′点、*C*′点和 *D*′点温度逐步升高,依此大致可判定机组的制冷剂不足或有泄漏,或是膨胀阀局部阻塞,造成冷剂供应不足,从而导致制冷量下降,箱内温度升高。此时应着重检查:①制冷剂管路是否有漏点;②冷剂视镜是否有大量气泡产生;③视镜的湿度指示是否显示制冷系统中含水分过多;④膨胀阀工作是否正常。

(3)图 3 -48(c)中 *A* 到 *B* 段的曲线轨迹表明机组压缩机已停止工作,不再制冷。这种情况大多是由于压缩机保护器件动作而造成的,可通过检测压缩机排气温度、压缩机电流、油压开关、冷凝压力等几个方面查找故障根源。

(4)图 3 -48(d)中 *A* 到 *B* 段轨迹表明机组除霜终止传感器失效,使除霜加热管不能在限定的温度下(一般设置为 15 ℃)停止工作,而使蒸发器盘管持续升温。通常加热管会在过热保护开关作用下停止工作。但除霜时间过长,蒸发器盘管温度过高,会给货物带来不良影响,所以应及时更换失效的除霜终止传感器。

(5)图 3 -48(e)所示为机组除霜动作频繁。其故障根源是箱内冷气运行不畅,使蒸发器盘管结霜迅速造成的。除霜后机组运行时间不长,又迅速结霜,如此循环,使货温不能维持在设定温度范围内。此时应着重检查蒸发器风机运行状态及其控制电路是否正常。当然,不正确的货物堆放,阻碍了冷气流动通道,也是出现此种故障的重要原因。

(6)图 3 -48(f)所示这段轨迹表明蒸发器盘管已严重结霜,使蒸发器与箱内冷气无法实现热交换,造成货温升高,它是由于机组未实施除霜引起的,应着手检查除霜传感器及加热管是否失效。

冷藏箱在运营中,有时是水路船舶运输,有时是陆路汽车运输,有时又置放堆场,冷藏箱所接的电源电压可能会遇到较大的偏差,甚至会遇高压冲击,将会导致控制板等元件损坏。

低压传感器(LPT)的输出数值不正常地偏高,微机控制器调节 EEV 开度变小,或者 EEV 本身问题,使进入蒸发器的制冷剂流量减少;这将导致压缩机处在空载运行,由此引起压缩机电动机也在较大电流下运转,如果这样状态的运行时间太长,极可能会烧坏电动机或继电器。而有些故障发生过程中不一定有报警提示。

二、开利(CARRIER)箱的控制原理

CARRIER 冷藏箱控制系统经历了以机械式调节器为核心的机械－继电器式控制系统、以电子控制器为核心的电子－继电器式控制系统、以微处理器为核心的具有通信功能的微电脑温度控制系统三代产品。CARRIER 箱目前已经广泛使用,遍及欧洲、美洲、亚洲等世界各地,因此本节以某型号 CARRIER 冷藏箱为例介绍一下控制原理。

该系统装有一台(Carrier－06DR)半封闭式 6 缸压缩机,制冷剂为 R134a。系统由微型电脑(Micro－$Link_2$)控制,由电脑操作板、电脑显示器和电脑温控器组成。正常工作时,它能自动地进行冷却、停机保温、加热、融霜、除湿等控制,使冷藏箱保持所需要的温度。温度控制精度:制冷工况 ±0.2 ℃;加热工况 －0.5 ~ +0.2 ℃。

1. 系统综述

(1)制冷工况

如图 3－49 所示,压缩机排出的高温、高压的冷剂气体经排出截止阀进入压力调节阀,该阀最小开启压力为 0.5 MPa,停机时该阀自动关闭,防止系统中制冷剂流回压缩机。然后进入风冷式冷凝器盘管,在冷凝器中,冷剂气体被冷却和液化,被液化的冷剂经过高压侧安全阀进入储液器(兼作水冷凝器,以备气温太高在有冷却水的地方使用),再经手动截止阀进入过滤－干燥器(此时在箱温特别高、热力膨胀阀 7 全开仍不足以维持蒸发器出口过热度在合适范围时,阀 19 自动开启向吸气管喷入少量制冷剂液体,以免压缩机吸气过热和排温过高),冷剂液体再经示液镜、热交换器、热力膨胀阀进入蒸发器。在此,冷剂吸收箱内的热量而不断汽化,同时使箱内温度下降,当它离开蒸发器时已呈过热状态,最后经热交换器、蒸发压力吸口调节阀 18(在冷藏箱设定温度低于－10 ℃或设定温度高于－10 ℃的降温工况时回气吸口电磁阀 17 有可能开启,以增加制冷量)进入压缩机的吸气端。

(2)制热工况

该系统采用电加热融霜,融霜温度传感器装在蒸发器上部,其融霜启、停间隔时间由微机控制,也可进行手动融霜。

2. 控制电路工作原理

图 3－50(见插页)所示为开利冷藏箱电气原理图,下面简单介绍一下它的工作原理。

(1)启动

将根据船舶电源将电源选择开关 VS 打到相应的位置(460 V 或 230 V),合上断路器(CB_1 或 CB_2),接通电源,一方面经变压器 TR 给控制电路供电;另一方面给主电路供电。若将机组开关 ST 闭合,制冷机组启动并开始温度控制。

(2)温度控制

①设定温度高于－10 ℃

a. 制冷

在运转开始时,供风温度传感器(STS)把检测到的温度信号送给微型电脑(Micro－

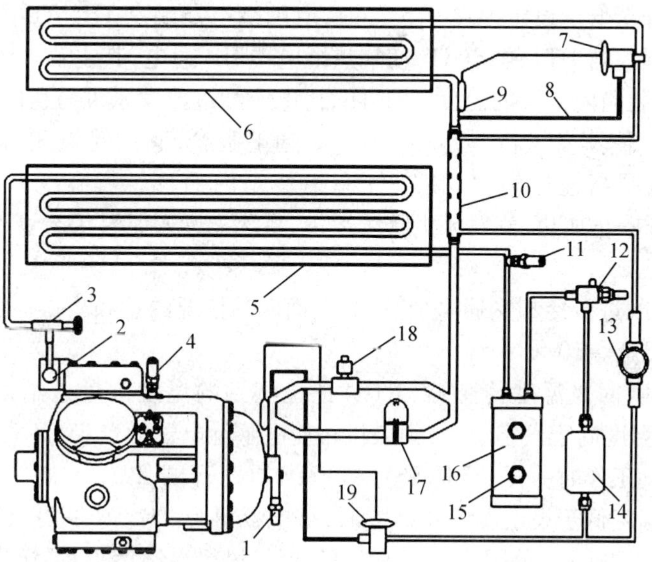

图 3-49　开利船用冷藏集装箱制冷系统

1—吸口截止阀;2—排气口截止阀;3—压力调节阀;4—低压侧压力释放阀;5—空气冷凝器;6—蒸发器;7—膨胀阀;8—外部平衡管;9—膨胀阀感温包;10—热交换器;11—高压侧压力释放阀;12—手动截止阀;13—湿度指示器;14—过滤-干燥器;15—示液镜;16—储液器或水冷凝器;17—吸口电磁阀;18—吸口调节阀 19—喷液膨胀阀

$Link_2$),如果供风温度高于设定温度,则微机将使电脑继电器触点 TC,TN,TE,TS 闭合。TC 闭合,电流经过熔断器 F_3、电脑连接点 KA_2,一路经压缩机马达内保护器IP-CP、冷剂高压安全开关 HPS、触点 TC 使压缩机马达接触器 CH 通电吸合,其主触点闭合使压缩机马达 CP 接通三相电源启动运转,而电脑将发出指令使蒸发压力调节阀 SMV 打开,制冷开始;另一路接到电脑连接点 KB_{10}。TS 闭合使回气电磁阀 SSV 开启,以增加制冷量(但为了限制压缩机的制冷量及工作电流,只有在环境温度低于 10 ℃或蒸发器回风温度低于 1.67 ℃时该电磁阀才有可能被开启)。TN 闭合,电流经过水压开关 WP(可选择)、冷凝风机马达内保护器 IP-CM、触点 TN,使冷凝风机马达接触器 CF 通电吸合,其主触点闭合使冷凝风机马达 CM 接通电源启动运转。TE 闭合,电流经过蒸发风机马达内保护器 IP-EM_1、IP-EM_2、触点 TE,使蒸发风机马达接触器 EF 通电吸合,其主触点闭合使蒸发风机马达 EM_1,EM_2 接通电源高速运转。当箱内供风温度达到设定温度范围时,电脑继电器触点 TI 闭合使范围指示灯 IRL 亮;TS 断开,SSV 断电关闭;蒸发压力调节阀 SMV 的开度关到最小。当供风温度低于设定温度0.2 ℃时,继电器触点 TC,TN 断开,停掉压缩机和冷凝风机,制冷指示灯 CL 熄灭,蒸发风机继续运行,系统进入保温状态。

其中,吸气调节阀(SMV)为一长期开启的电磁阀,作用是限制冷剂去压缩机的流量,SMV 利用感应电流的输出来控制阀的开启大小,供电为 0.2 A 时阀全开,为 1.3 A 时阀全关。而吸气电磁阀(SSV)的作用是用来增大(最大)冷剂的回流,该阀在设定温度为 -10 ℃以下及温度在进行冷冻时开启(除非限流作用而限制其工作)。

b. 制热

当控制温度降至低于设定温度 0. 5 ℃时，电脑继电器触点 TH, TE 闭合。TH 闭合，电流经过加热中止温控器 HTT、触点 TH 使加热继电器 HR 通电，其主触点闭合使加热器通电加热，从而升高集装箱内空气的温度。TE 闭合，电流经过蒸发风机马达内保护器 IP – EM_1、IP – EM_2、触点 TE 使蒸发风机马达接触器 EF 通电吸合，其主触点闭合使蒸发风机马达 EM_1, EM_2 接通电源高速运转，以使空气在集装箱内循环。当温度升到低于设定温度 0. 2 ℃时，TH 断开停止加热，蒸发风机继续运行，系统又进入保温状态。

c. 除湿

除湿时，机组既进行冷却又通电加热，是上面两种情况的总和。

②设定温度低于 –10 ℃

在运转开始时，回风温度传感器（RTS）把检测到的温度信号送给微型电脑（Micro – $Link_2$），如果回风温度高于设定温度，则微机将使电脑继电器触点 TC，TN，TE，TS 闭合，以下情况同压缩机冷却工作时一样，只是 SSV 和 SMV 是全开的，以增加制冷量，蒸发风机作低速运行。当回风温度低于设定温度 0. 2 ℃时，继电器触点 TC，TN 断开，停掉压缩机和冷凝风机，制冷指示灯 CL 熄灭，范围指示灯 IRL 亮，蒸发风机继续运行，系统进入保温状态。当回风温度升到高于设定温度 0. 2 ℃及提供足够停机时间时，继电器触点 TC，TN 闭合，使压缩机和冷凝风机重新启动制冷，制冷指示灯 CL 亮。

（3）融霜

符合融霜条件时可进行手动或自动融霜。

当系统开始自动融霜时，电脑继电器触点 TH，DR 闭合。TH 闭合，电流经过加热中止温控器 HTT、触点 TH 使加热继电器 HR 通电，其主触点闭合使加热器通电加热。DR 闭合使融霜指示灯 DL 亮，同时范围指示灯 IRL 亮。此时，压缩机、冷凝风机、蒸发风机停止工作。当盘管温度达到 30 ℃时，融霜中止温控器 DTS 将温度信号送给电脑，它将发出指令中止融霜，系统又恢复了其正常的工作状态。当手动融霜时，只要闭合手动融霜开关 MDS，电脑将发出指令进行融霜，以下同自动融霜时一样。

（4）安全保护功能

①电流过载

如果总电流过载，则断路器 CBl 或 CB2 跳闸；若控制电路电流过载，则保险丝 F3 熔断；若电脑电流过载，则保险丝 F1 和 F2 熔断。

②马达过热保护

若冷凝风机马达过热，则其内部保护开关 IP – CM 断开，停止其工作；若压缩机马达过热，则其内部保护开关 IP – CP 断开，停止其工作；若蒸发风机马达过热，则其内部保护开关 IP – EM 断开，停止其工作。当温度恢复正常时，内部保护开关自动复位，设备重新工作。

③加热器过热保护

加热器在加热时，如果达到了设定温度而 TH 没有断开，那么加热器的温度会继续升高。当达到 54. 5 ℃时，加热中止温控器 HTT 断开停止加热。

④冷剂低压保护

当冷剂压力异常低时，低压安全释放阀会动作。

⑤冷剂高压保护

当冷剂压力异常高时，冷剂高压安全开关 HPS 断开，停止压缩机的工作；若此开关没有起作用，高压安全释放阀会动作。

3. 冷藏集装箱电气管理要点

由于冷藏箱装货后已对温度进行设置，并且已经过一段时间的运行，因此电气管理人员在冷藏箱装船前要在堆场作以下检查：

(1)查看冷藏箱各显示屏显示是否正常。

(2)控制器工作是否正常，有否报警及报警种类，箱内温度是否在正常温度范围内(在除霜阶段显示温度高属于正常情况)。

(3)制冷装置各电器部件外观及工作情况。

(4)供电电缆、插头是否破损，防止漏电伤人或断路影响供电。

(5)冷藏箱一般均配有纸盘温度记录器。管理人员在冷藏箱上船前应注意根据纸盘温度记录器的记录判断前段时间制冷系统的工作状况。纸盘温度记录器主要有 PART - LOW 机械和 SAGINOMIYA 电子两种形式。该系统工作不受外界电源的影响，使用自备动力(机械式用发条、电子式用电池)连续工作。保鲜模式和冷冻模式均记录回风温度。系统工作结果通过记录纸盘保存下来，能反映冷藏箱前段时间的工作状态，包括制冷、除霜、保温等情况。每张记录纸盘可记录一个月的状态，可作为冷藏货物分析货损原因的依据。

冷藏集装箱装船后应尽快供电使之运行，接通(或断开)电源时，要确保制冷机组开关和电源开关处于关闭状态。决不能用电源线直接启动和关闭机组，船舶供电一般为 440 V/380 V 电压，不能在开关处于开启位置带电插拔，一旦漏电极其危险，且会损坏连接器材。另外，应注意不应用湿手或在潮湿的情况下插拔电缆，以防触电。系统通电运行后，电气管理人员应对其工作状况进行复查，由于冷藏箱在装运过程中会有碰撞，容易引起电线接插头以及印刷电路板松脱，应及时排查。如果发现有故障报警无法排除，应立即通知大副，安排码头有关人员检查、修理。如果故障在开船前无法排除，应将冷藏箱卸船。

在航行途中，应使用船舶配置的各种现代化手段如微机遥控系统对冷藏箱进行连续有效的监视记录，电气管理人员应至少每天进行全面检查、维护一次，重点注意查看纸盘温度记录器和有无报警，根据记录曲线判断系统存在的故障，特别是开航初期应加强检查。

项目4　船舶甲板机械电力拖动控制的维护

项目描述：

现代船舶一般都把锚机、绞缆机、起货机和舵机统称为甲板机械。

随着航运事业的不断发展，近年来造船工业也发展很快，无论是货船还是客船以及其他特种船舶，其甲板机械都在不断更新，尤其在甲板机械的驱动和控制方面都有很大的改进。在某些船舶上，已经把计算机控制技术应用到甲板机械的控制系统中，使得这些设备和系统工作更可靠，操作更方便，效率更高。

目前，船舶甲板机械大多采用电力拖动自动控制系统和电动液压自动控制系统。因此，其相应的控制回路为电气控制回路和液压控制回路。目前，在电气控制回路中，有些船舶已经把可编程逻辑控制器（PLC）和单片机引入控制系统，使得控制系统更为可靠，操作也更方便；在液压控制回路中，为了提高系统的自动化程度，大多采用电子技术和液压技术相结合的电－液复合系统，使得电动液压控制系统在船舶甲板机械的驱动及控制方面有了进一步的发展。

舵机是改变船舶航向或维持船舶已设定航向的重要设备。一旦失灵，船舶即会失去控制，甚至发生事故。

船舶航行于海上，处于与陆地完全不同的工作环境。机电设备运行的可靠性决定了船舶及船员的安全。因此，要求船舶机电设备必须适应海上各种恶劣情况，如高温、潮湿和海水的侵蚀、风浪引起的撞击和摇摆。另外，还要求机电设备操作灵活，维修方便。本项目还将介绍甲板机电设备的日常维护，引入典型实例来介绍一些故障处理方法。

通过本项目的学习，应达到以下要求：

一、知识要求

1. 熟悉船舶锚机和绞缆机自动控制系统的工作原理。
2. 熟悉船舶起货机自动控制系统的工作原理。
3. 了解船舶舵机的分类和工作原理。

二、能力要求

1. 具备熟练分析和排除船舶锚机和绞缆机自动控制系统典型故障的能力。
2. 具备熟练分析和排除船舶起货机自动控制系统典型故障的能力。
3. 具备分析和排除船舶舵机控制电路简单故障的能力。

任务1　锚机和绞缆机电力拖动系统维护

【学习目标】

1. 熟悉船舶锚机和绞缆机自动控制系统的工作原理。
2. 具备熟练分析、排除船舶锚机和绞缆机自动控制系统典型故障的能力。

【任务分析】

锚机、绞缆机是船舶必需配备的重要甲板机械，它们主要用来使船舶安全地停泊于锚地或系泊于码头及浮桶。锚机与绞缆机的型式根据船舶类型及布置有多种多样，如卧式锚机（带系缆滚筒）、立式锚机、立式绞缆机和卧式绞缆机等。有些船舶锚机、绞缆机为电力拖动，称为电动锚机和电动绞缆机，而电动锚机和绞缆机又分为直流拖动和交流拖动两种类型，其控制方式一般都与本船的电动起货机的控制方式基本相同。目前，大多采用交流三速锚机和绞缆机，或者采用G－M系统锚机和绞缆机，但两者拖动控制系统大体是相同的。现代大型船舶及工程船舶由于其功率较大，因此采用液压传动系统，即采用的是电动液压锚机和绞缆机。由于电动液压锚机和绞缆机控制系统一般比较简单，这里主要讨论电动锚机和电动绞缆机的控制系统。

【相关知识】

1.1　锚机、绞缆机的电力拖动与控制

锚机是保证船舶安全必需配备的重要设备之一，了解锚机的运行特点对机电管理人员非常重要。

一、锚机运行工作特点

一般船用锚机均采用锚链作为锚的系索，但锚链非常笨重粗大，所以不可能将它缠绕在滚筒上，而是通过链轮的传动，在专门的锚链舱中收放，此类称为航行锚机。而用于某些工程船舶的锚机（如打捞船、救生船的定位锚机，海洋调查船的深水锚机），由于其锚链特别长，体积大而改用钢缆，故采用卧式绞缆起锚机。

抛锚工况一般分两种情况，当海水不太深时，航行锚机均采用锚及锚链的重力进行自由落体抛锚，这时，利用锚机上的手动带式制动器来控制抛锚的速度。如果进行深水抛锚，由于深度大时速度快，手动控制器不易控制，所以采用电动抛锚，此时电动机是处于制动状态运行。

锚机在运行中有正常起锚和应急起锚两种情况，正常起锚过程示意图及作用力分析见图4－1。整个过程按拉力的变化特性分为五个阶段：

1. 第一阶段：收起躺在海底的锚链

锚机以全速收起躺在海底的一段锚链，此时可认为锚链悬垂的现状不变，只作平行移动。船舶在锚机收链的拉力 F_1 的作用下慢慢靠近抛锚点，此时锚机轴上的负载转矩是不

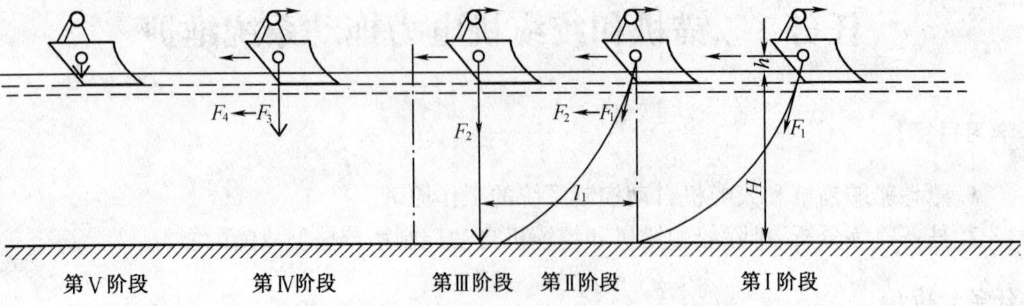

图4-1　正常起锚过程示意图及作用力分析

变的。如图“Ⅰ”所示。

2. 第二阶段:收紧锚链

此时锚爪紧紧抓住锚地泥土或石头,锚机将锚链拉紧,船舶在此力的作用下前进,负载转矩逐渐增加,转速下降,拉力由 F_1 增加到 F_2。如图“Ⅱ”所示。

3. 第三阶段:拔锚出土

在锚链拉紧后开始拔锚出土,此时电动机的负载转矩突然增大。如果电动机的拉力不能使锚出土,电动机便进入堵转状态,为防止电动机因较大的堵转电流而烧坏,要求锚机电动机的堵转力矩为额定力矩的2倍,并能承受一定的堵转时间。如果遇到仅依靠电动机拖动不能拔锚出土时,也可开动主机,借助螺旋桨推力来拔锚出土。如图“Ⅲ”所示。

4. 第四阶段:收起悬于水中的锚及锚链

拔锚出土后,电动机的负载力矩突然下降,随着锚链长度的不断缩短,拉力逐渐减小,电动机的负载转矩逐渐下降。如图“Ⅳ”所示。

5. 第五阶段:将锚拉入并紧固于锚链孔中

锚出水面后,电动机以很低的速度将锚拉入锚链孔中,此时由于锚与锚链孔间的摩擦,电动机的负载转矩有所增加。如图“Ⅴ”所示。

船舶对锚机有一定的技术要求,如抛双锚,当起锚时要求在双锚依次破土后在一定深度(规范规定80 m)处锚机应能同时收起双锚。起锚过程中电动机的典型负载图见图4-2。

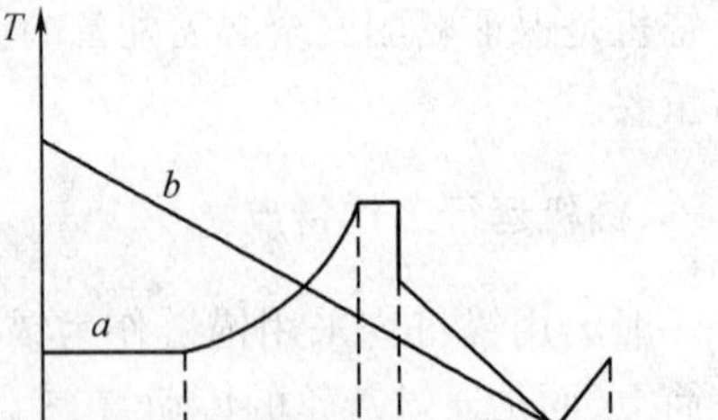

图4-2　典型的起锚阻力矩曲线

a—正常起锚;b—应急起锚

深水锚机的起锚过程与正常起锚过程基本相同。当水深大于锚链长度时,其起锚状态称为应急起锚。图4-2中 a 曲线表示正常起锚过程,b 曲线表示应急起锚过程。由 a 曲线可知,第Ⅰ阶段为收起躺在水底的余链阶段,锚链的拉力是不变的;第Ⅱ阶段随着悬链形状的改变,拉力变大,直到锚破土;第Ⅲ阶段为拔锚出土,此时锚链的拉力最大;第Ⅳ阶段为收锚出水,随着锚链长度减小,拉力成正比减小;图中第Ⅴ阶段,称为收锚入孔,是将锚拉入并紧固于锚链孔中,电动机的负载转矩有所增加。

锚机都具有系缆滚筒,供系泊时带缆绳之用,即与绞缆机的作用相同。绞缆机操作方便,但系缆时的受力情况相对比较复杂。开始系缆时受力较大,因为它要克服船舶的惯性,当船舶移动后,拉力就逐渐变小。现代大型船舶在码头系泊时,由于风向、风力、流向、流速、潮汐和船舶吃水的变化，船与码头的相对位置与相对高度时刻在变化，将引起系泊缆绳张力变化较大。为了防止缆绳绷断，必须随时进行调节。因此，现在有些船舶安装带有张力检测的自动绞缆机，它能自动保持缆绳张力恒定，避免发生事故，保护船舶安全，避免船舶将码头撞坏。

二、锚机、绞缆机对电力拖动系统的基本要求

由于各类船舶的锚机和绞缆机，其拖动控制系统基本是相同的，不论是电动还是液压锚机或绞缆机，它们的技术要求也基本相同。其技术要求可归结为以下几点：

1. 电力拖动装置应能满足在给定航区内，单锚破土后，能收起双锚。

2. 电动机启动次数不宜过于频繁，应能连续工作30 min，且要满足30 min内启动25次的要求。

3. 电动机应具有足够大的过载能力，应能满足任何一种起锚状态所需要的最大转矩，并且能在最大负载力矩下启动。

4. 电动机在堵转情况下能承受堵转电流的时间为1 min（堵转力矩为额定力矩的两倍）。在堵转时，对直流电动机而言，应能使电动机自动转到人为机械特性上运行，对交流电动机而言，应能自动转换到低速运行。要求电动机具有软的或下坠的机械特性。

5. 为满足必须的起锚速度和拉锚入孔时的低速，要求电动机有一定的调速范围，一般要求在5∶1～3∶1。

6. 为适应甲板上的工作条件和短期工作状态，应选用防水式和短期工作制（一般为30 min）的电动机。

7. 在锚机和绞缆机的控制系统中，应设置按时间或电流方式逐级自动启动的环节。

8. 在电动抛锚时，由于是位能性负载，所以要求控制系统必须具有稳定的制动抛锚功能，将加速抛锚变为匀速抛锚。

9. 采用电气和机械联合制动，以满足快速停车及系缆时具有轻载高速性能。

10. 控制电路应有短路、失压、过载及断相保护环节。

11. 控制电路应具有应急保护环节。

1.2 交流三速锚机电气控制线路分析

交流三速锚机电气控制系统与交流三速起货机电气控制系统很相似，如调速、正反转、逐级自动延时启动、电磁制动及机械制动等原理基本上是一样的。交流电动锚机电气控制线路图见图4－3。有了前面的基础，不难分析交流锚机电气控制系统的工作原理。

一、控制系统的特点

控制系统中的主令控制器上正反转操作均有三挡位置，分别来控制三挡速度，拖动电动机采用交流三速鼠笼式电动机，其定子上有两套绕组：一套为4极，称为高速绕组；另一套是变极绕组，16极低速是三角形（△）接法，8极中速是双星形（YY）接法，从△改接成YY属于恒功率调速。由于低速与中速合用一套绕组，因此需要进行△与YY转换，为此多用了一个接触器。系统设计低速与中速可直接启动，高速则要通过中速延时启动。由于电动机的中速与高速是设计成恒功率形式，因此线路中设置了在高速挡过载时能自动转换到中速挡

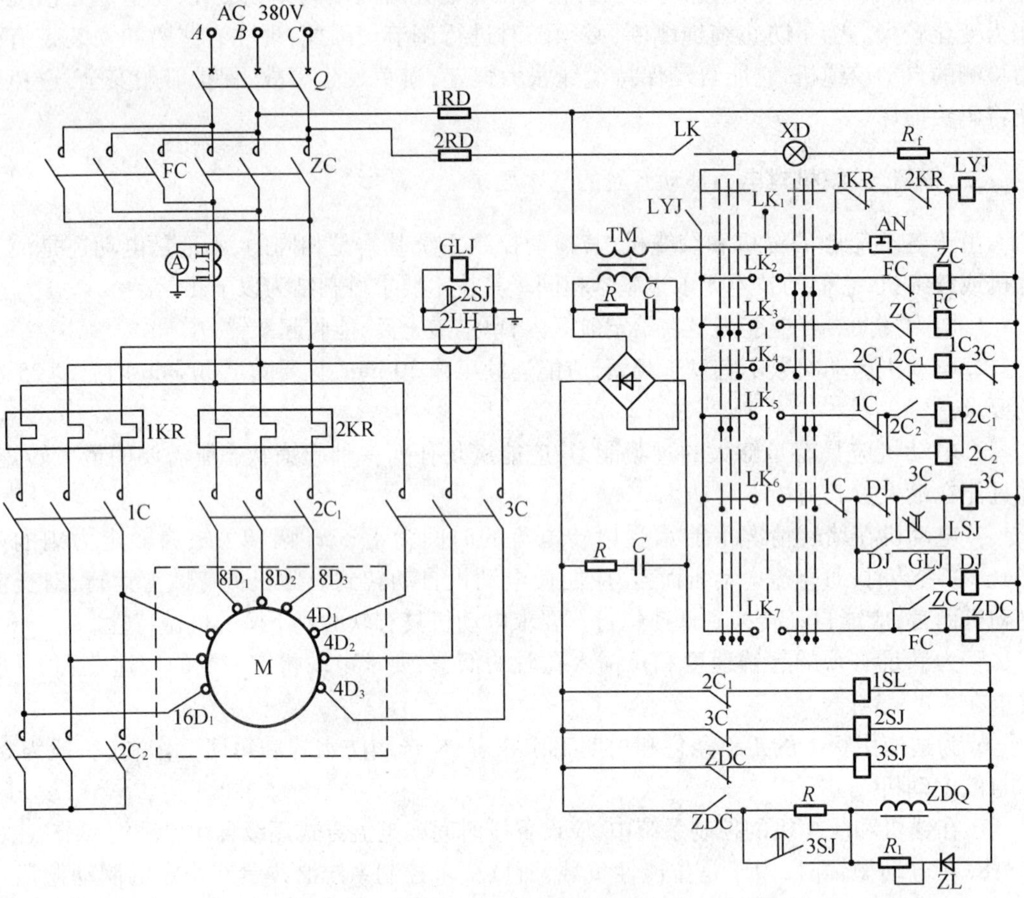

图 4-3 交流三速电动锚机电气控制线路图

运行的保护电路。因为该保护是由过流继电器来反映负载大小的，为了避免高速挡启动电流使过电流继电器误动作，所以设置了一个时间继电器，暂时短接过电流继电器。另外，正反转是对称控制线路，系统采用了可逆的对称控制，用主令控制器来控制锚机电动机的启动、调速、停止及反转。

当锚机电动机在高速挡运行时，一旦由于某种原因过载，系统能自动瞬时转换到中速挡运行。在负载减小后，为了重新回到高速挡运行，则主令控制器手柄必须从第三挡扳回到第二挡的位置，然后再扳到第三挡位置，锚机电动机才能重新进入高速运行。

系统中设置有失压保护，在低速与中速挡位置设置了热保护，在高速绕组回路设置了过载保护（过电流继电器 GLJ 的动作电流设置为高速挡额定电流的 110%）。方向主接触器 ZC 与 FC 之间以及 1C 与 2C 之间设置有机械联锁装置，目的是为了防止电源短路。控制电路采用熔断器作短路保护。

二、系统的工作原理

1. 启动及运行

合上电源主开关 Q 和控制电路电源开关 LK，主令控制器面板上的电源指示灯 XD 亮，表示主电源及控制电源都已提供。

(1)主令控制器手柄在零位

主令触头 LK1 闭合,失压继电器(又称零压继电器)LYJ 得电,其常开触点(3 -5)闭合,控制电路获电。

在直流回路中,1SJ 线圈获电,其常闭触点断开,使高速接触器 3C 线圈不能通电。2SJ 线圈获电,其常开触点闭合,保证了 GLJ 被短路而不起作用。3SJ 线圈获电,其常开触点闭合,短接线圈串联的电阻 R,为刹车接触器 ZDQ 线圈通电作准备。

(2)起锚第一挡

当手柄扳到起锚第一挡的位置时,主令触头 LK_1 断开,主令触头 LK_2,LK_4,LK_7 闭合,方向接触器 ZC 和低速接触器 1C 得电吸合,电动机低速绕组通电。同时 ZC 的辅助常开触点闭合,使得刹车接触器 ZDC 线圈得电吸合,这时刹车线圈获电,制动器松闸,电动机开始低速运转;此外,ZC 的常闭触点打开,使 FC 线圈不能获电,保证 ZC 与 FC 之间实现电气互锁;再者,ZDC 的常闭触点断开,使 3SJ 线圈失电,其触点延时打开,使刹车线圈串入经济电阻 R。

(3)起锚第二挡

当手柄扳到起锚第二挡位置时,主令触头 LK_4 断开,LK5 闭合。低速接触器 1C 线圈失电,其常闭触点闭合。中速接触器 2C 线圈得电吸合,其常开触点闭合,使 $2C_1$ 线圈得电,电动机中速绕组通电,进入中速运转。要注意的是,$2C_1$,$2C_2$ 和 1C 之间是通过各自的辅助触头进行电气联锁。另外,$2C_1$ 的常闭触点打开,使 1SJ 线圈失电,其常闭触点瞬时闭合,为高速接触器 3C 线圈通电做好准备。

(4)起锚第三挡

当手柄扳到起锚第三挡位置时,主令触头 LK_6 闭合。中间继电器 QJ 不得电,高速接触器 3C 线圈得电吸合,使电动机高速绕组通电,电动机进入高速运行。此外,3C 的辅助常闭触点断开,使 $2C_1$,$2C_2$,2SJ 线圈失电,其中 2SJ 的常开触点断开,使过电流继电器投入工作,对电动机进行过载保护。

(5)停车

停车时,主令手柄扳回零位,电动机失电,制动器线圈失电进行机械刹车,使电动机快速停转。

2. 抛锚

主令手柄放在抛锚各挡时,工作情况与起锚时相同,仅仅是方向接触器 FC 线圈通电,ZC 线圈断电,使电动机反转。另外,深水抛锚时,电动机在锚重拖动下进入再生制动状态,实现等速抛锚,其他情况读者可自行分析。

实训　电动锚机控制系统故障分析和排除

一、实训目的

掌握电动锚机控制系统典型故障的分析和排除方法。

二、实训器材

电动锚机控制箱一台(控制线路见图 4 -3)、常用电动工具一套、500 V 绝缘摇表、万用表和钳形电流表各一块。

三、实训内容及步骤

1. 课前熟悉电动锚机控制线路的工作原理。

2. 认识锚机控制屏上的各主要元器件，将电路原理图与控制屏上的实物对应。

3. 先分析主回路，然后分析控制回路，熟悉整个控制屏电路的动作过程。

4. 分析控制屏电路中各元器件实现的保护作用及原理。

5. 动手操作，观察控制屏上各元器件的动作情况。

6. 典型故障分析

该系统在运行过程中，除了电气方面可能发生故障外，机械方面也可能出现故障，在此只介绍电气方面可能发生的故障。

(1) 锚机电动机温升过高

电动机温升过高主要原因有以下几点：

①工作条件恶劣；

②操作频繁；

③启动电流大；

④高速制动。

在电动机发热严重时，热继电器 1RJ，2RJ 动作，保护电动机，但有时需要应急起锚，所以系统设置了紧急开关 AN，按下 AN 即可强制起锚。

(2) 系统高速上不去

出现这种故障常常是因为过电流继电器 GLJ 误动作或主令控制器触头及继电 - 接触器触头接触不良。另外，如果时间继电器 2SJ 延时时间整定过短，过流保护太早接入，在启动时也不能上高速。

(3) 电磁制动器失灵

如果启动后又立即抱闸，说明电磁制动器线圈回路发生短路，应检查经济电阻是否烧断、ZDC 的触头是否接触不良。

如果 ZDC 吸合，刹车还打不开，应检查时间继电器 3SJ 是否正常动作。手柄在“0”位时 3SJ 应该吸合，若 3SJ 正常动作，就应检查机械传动装置是否损坏。

其他故障检查可参照交流电动起货机的常见故障及处理方法。

四、注意事项

1. 每次调整时间继电器的延时，都必须在断开三相电源后进行，不可带电操作。

2. 接好线路必须经过严格检查，绝不允许同时接通交流和直流两组电源，即不允许 KM1，KM2 同时得电。

五、预习思考题

1. 详细分析交流电动三速锚机在主令手柄操作时的动作过程。

2. 阐述控制屏中的低压控制电器的作用。

任务2　船舶起货机电力拖动系统维护

【学习目标】

1. 熟悉船舶起货机自动控制系统的工作原理。
2. 具备熟练分析、排除船舶起货机自动控制系统典型故障的能力。

【任务分析】

船舶起货机的驱动方式有电动式和液压式两大类。其相应的控制回路为电气控制回路和液压控制回路。在电气控制回路中，当代船舶已经引入了可编程控制器和单片机；在液压控制回路中，大多采用电子技术和液压技术相结合的电－液复合系统，进一步提高了系统的自动化程度。

船舶起货机的性能直接影响装卸货的速度，从而影响船舶的营运成本。因此对机电管理人员来说，熟悉船舶起货机自动控制系统的工作原理，具备熟练分析、排除船舶起货机自动控制系统典型故障的能力非常重要。

【相关知识】

2.1　船舶起货机的特点及驱动与控制方法

一、电动起货机

电动起货机的种类很多。为了分析其电力拖动及驱动方式，就应该先了解它们的工作特点、基本性能及对电力拖动系统所提出的要求。

1. 起货机的工作特点

船舶甲板机械特别是起货机与船舶电站紧密联系。甲板机械中某些电动机单机功率已经接近单台发电机的容量，拖动电机的启动、制动、运行状态都会直接影响到船舶电网参数的变化。船舶电站的容量基本上是根据船舶机电设备的总容量来确定的，一般而言，船用起货机和大型重吊，能在额定负荷情况下，连续运行30 min，且能在1.5倍超载情况下，稳定运行2 min，启动转矩可达额定力矩值的2.5倍。对起货机来说，它为重复短时工作制。虽然载荷稳定，但电动机也需要较大的启动转矩，同时它为周期循环间歇作业，因而对电动机负载持续率有明确要求。船用起货机如果配备冷却装置，也可满足长期运行要求。

2. 调速要求

起货机对于电力拖动各项调速指标的要求并不高。一般要求调速范围在1∶10～1∶7。至于特性的硬度、静差率以及动态性能方面的指标都没有特殊的要求。目前在船用交流调速系统中，起货机大多采用变极调速系统。有的船舶起货机把可编程控制器（PLC）和单片机引入到控制系统中来，使其调速系统更为可靠，性能更佳。

3. 工作的可靠性要求高

起货机及其机电设备必须具备很高的可靠性，这是由船舶的特殊性所决定的。除了要求它们可靠运行外,还需要方便日常管理和维护,一旦发生故障,则要求依靠船员的能力能迅速排除,及早恢复使用,尽最大可能保持供电和继续运行。

4.对电气设备的要求

(1)通用性　同一用途的设备应具有同一规格,以保证良好的互换性。

(2)抗干扰性　目前电力电子器件在船舶中大量运用,必须抑制各种电磁干扰,提高电子设备和微机系统的电磁兼容性,以保证这些系统的正常工作。

(3)环境条件　要求机电设备能承受船舶在航行中发生的振动和冲击力,以及环境温度的变化。

二、液压起货机

目前国内外造船企业,在甲板机械的驱动方面,液压传动的机械设备逐渐在增加。甲板起重机大多采用液压传动。近年来,我国船用甲板起重机的发展以电动液压起货机为主,例如南京绿洲机器厂引进了德国"LIEBHERR"公司高压(21MPA)型液压起货机,武汉船用机械厂引进了日本"IHI"公司中高压(7MPA,17.5MPA)液压起货机。

液压起货机操作方便,工作比较平稳,可实现无级调速,而且能吸收冲击性负荷和自动防止过载,并具有良好的制动能力。它们对环境温度和湿度不太敏感。但它们存在加工精度要求较高,制造安装比较复杂,维护管理工作量相对大的不足。

无论是电动甲板机械还是电动液压甲板机械都要满足运行的可靠性和安全性,要能承受正常营运产生的振动和冲击。

2.2　起货机电力拖动与控制的基本要求

一、船舶起货机的类型

船舶起货机的类型很多。依据拖动方式来分,有电力拖动起货机和电动液压起货机两种;从机械结构的形式来分,主要有吊杆式起货机、回转式起货机(克令吊)和行走(门吊)式起重机几种类型。在20世纪60年代到70年代,船舶起货机多数采用吊杆式起货机。20世纪80年代以后,回转式起货机(克令吊)逐渐增多,近年来,集装箱船舶的不断发展,行走(门吊)式起货机逐渐被采用。

电动起货机系统结构紧凑、振动、噪音较小,便于实现自动化和遥控;其缺点是电气线路较为复杂,在管理和维护方面有一定的要求。通常采用多电动机拖动或选用各种类型电动机的固有特性或人为特性来满足起货机对电力拖动提出的要求。

电动液压起货机能实现无级平滑调速,加速时间短,具有良好的制动能力,不需要电磁制动器。它的调速和换向是在液力机械中进行的,而电动机维持恒速不变,因此可采用普通鼠笼式异步电动机。它的缺点是工作效率低,制造精度要求高,油路系统复杂,一旦管路破损、漏油不易修复且对环境造成污染。

二、电动起货机的结构和运行特性

起货机与其他机电设备一样,由原动机、传动机构和执行机构三部分构成。电动起货机主要由以下三个部分构成:电动机、减速箱和离合器组成的传动机构及卷筒、电磁/机械刹车装置与吊杆等。

1. 吊杆式起货机

吊杆式起货机有单杆式和双杆式两种。单杆式电动起货机是一种具有电动回转和变幅的起货机,见图4-4。图中有三台电动绞车:1是提升和下降货物的升降绞车;2是吊杆升降的变幅绞车;3是吊杆回转的回转绞车。有两个主令控制器:一个用来提升和落货;另一个有特殊的结构,将变幅与回转控制合在一个手柄上操作,可按要求同时控制吊杆的升降和回转。这种起货机操作灵活平稳,并且可减少吊杆千斤索的伸缩次数,从而减轻工作强度,提高工作效率。

双杆式电动起货机是采用两台起货机在起货过程中相互配合进行工作的,见图4-5。在运行时,吊杆不转动,货物水平移动,靠两台起货绞车同时协调工作来完成。双杆吊货的工作过程见图4-6。图中横坐标表示时间 t,纵坐标表示电动机负载力矩 M_f(此负载按负载力矩与电动机力矩相平衡而进行作业),横坐标以上为电动状态,纵坐标以下为各段时间动作情况。分别叙述如下:

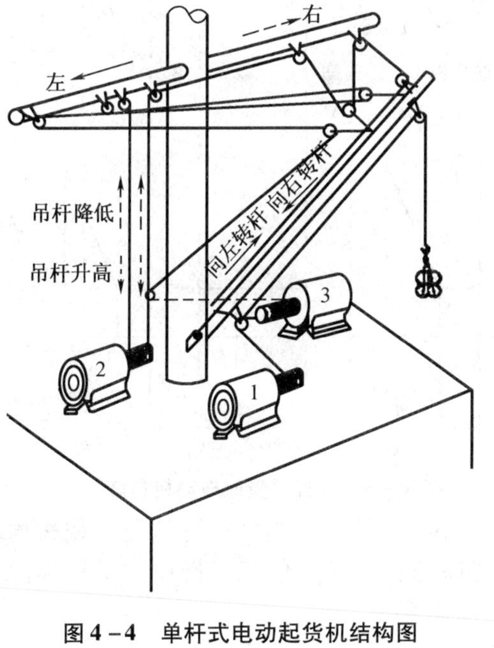

图4-4　单杆式电动起货机结构图

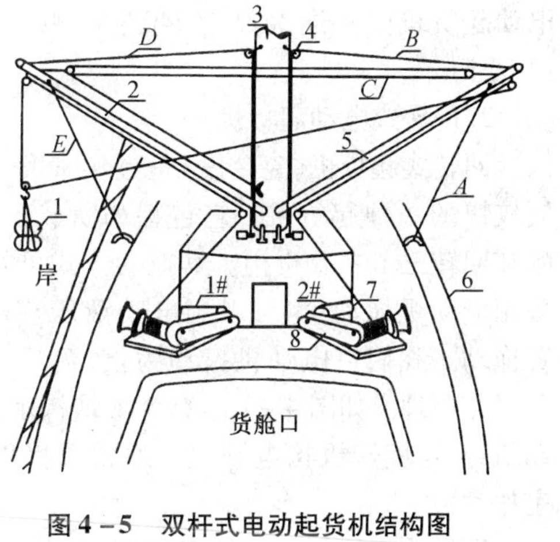

图4-5　双杆式电动起货机结构图

(1)在 t_1 时间内是吊货阶段。货物挂上钓钩,1号起货机起吊货物,这时1号上的负载力矩为 T_L,2号起货机收起松弛的钢索,其负载力矩为 T'_L。

(2)在 t_2 时间内,货物由舷外向舱口移动。这段时间,货物已吊到一定高度,2号起货机开始拉货物向舱口移动,其负载力矩从 T'_{L1} 逐渐增加到 T'_{L2},而1号起货机则松索,其负载力矩从 $-T_{L2}$(开始松索时货物拽拉电动机,为制动状态)到 $+T_{L2}$(负载移到2号起货机后,1号起货机不受负载拖拉,而是电动松索状态)。

(3)在 t_3 时间内,是落货阶段。此时货物已移到舱口上方,货物拽拉2号起货机电动机反转,其力矩为 $-T'_{L1}$;而1号起货机继续松索,其力矩为 $+T_{L3}$。

(4) t_4 是卸货时间。当货物放到舱底时,两台电动机停止工作,货物从钩钩上取下。

(5) t_5 是收索时间。一旦钓钩与货物脱开,电动机又开始电动收索。1,2 号电动机轴上的力矩为 T_{L4} 和 T'_{L4}。

(6)在 t_6 时间内,钓钩从舱口移至舷外,当钓钩提升到高于货舱口后,1 号起货机电动收索,力矩为 T_{L5},而 2 号起货机也为电动松索,力矩为 T'_{L5}。

(7)在 t_7 时间内是放下钓钩阶段。当钓钩移到码头上方时,1 号起货机电动松索,力矩为 T'_{L6}。

(8) t_8 为装货时间,两台电动机都停止工作。

以后的工作过程重复上述过程。

由图 4-6 可见,起货电动机是重复短期工作,即周期性有规律地运转,所以起货电动机一般采用专用的重复短期制。

起货机电动机的启动和制动次数甚多,启动和制动时电流很大,也将引起电动机发热,同时也影响电器的使用寿命,因此,对起货机电动机的接通次数也要加以限制。如国产变极(4/18/28)变速电动起货机的接通次数为 240/480/480 次/小时。

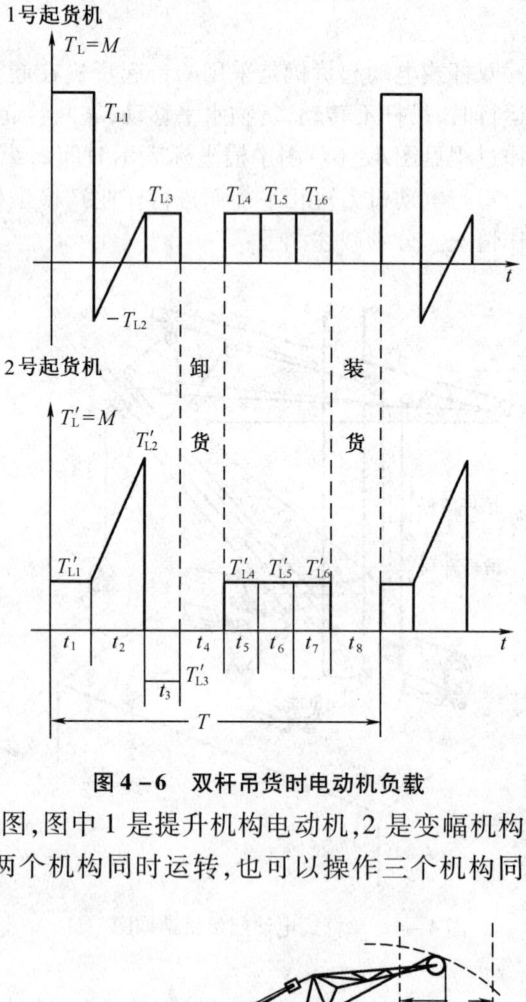

图 4-6 双杆吊货时电动机负载

2. 回转式电动起货机

回转式起货机(克令吊)是近年来发展较快的一种起货机。它包括吊货、变幅和回转三个主要机构。其拖动方式可采用电动机拖动,也可以用电动液压装置拖动。我们以电动机拖动为例,简述其工作原理。如图 4-7 是克令吊结构示意图,图中 1 是提升机构电动机,2 是变幅机构电动机,3 是旋转机构电动机。通常可操作两个机构同时运转,也可以操作三个机构同时工作。

回转式起货机的吊货过程可以用简化的负载图来表示,见图 4-8。图中纵坐标分别为提升机构、回转机构和变幅机构的电动机轴上的负载力矩,横坐标为时间 t。工作过程如下:

(1) t_1 时间为吊起货物阶段,同时伸距由最大到最小。

(2) t_2 时间为继续吊货至需要高度,同时开始回转(回转机构启动时,伸距必须最小)。

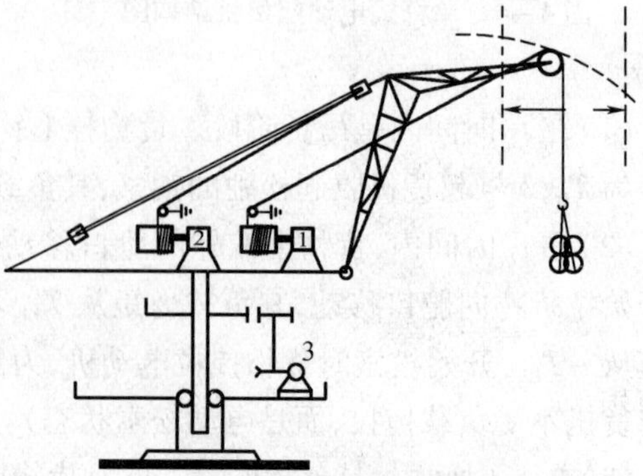

图 4-7 克令吊结构示意图

(3) t_3 时间回转至需要位置，伸距同步由最小开始变大。

(4) t_4 时间伸距继续变化至最大，同时开始落货。

(5) t_5 时间继续落货，直至“到位”。

(6) t_6 时间卸货(摘钩)，此时各电动机停止工作。

(7) t_7 时间空钩吊上，同时伸距由最大到最小。

(8) t_8 时间继续吊至需要高度，同时开始回转。

(9) t_9 时间继续回转至需要位置，同时伸距由最小开始变大。

(10) t_{10} 时间伸距继续变化至最大，同时开始落空钩。

(11) t_{11} 时间继续落空钩，直至“到位”。

(12) t_{12} 时间为装货，各电动机停止上作。

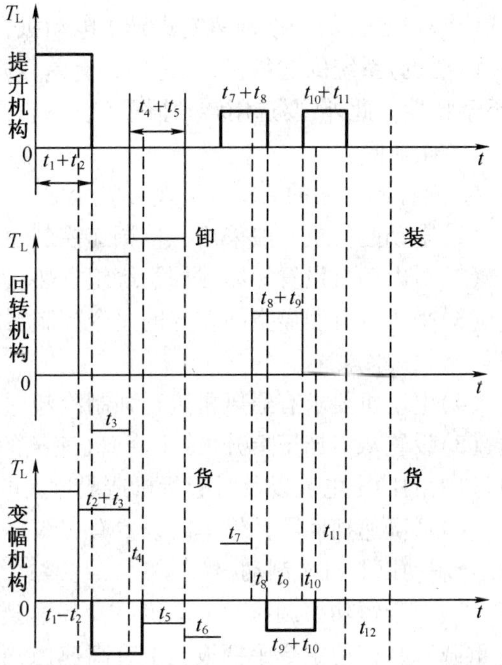

图4-8　各电动机轴上所受力矩的简化负载

从(1)~(12)是一个工作周期，以后重复上述过程。

三、船舶起货机电力拖动的基本要求

1. 提高生产效率

生产效率是起货机的重要指标，以每小时的起货量(t/h)表示，加快提升货物的速度可提高起货机生产率，但从安全生产的角度来看，提升速度越高越不安全。因此，起货量大时，起货的速度要相应减小。从电动机容量来看，在起货量一定的情况下，起货速度越高，电动机轴上输出的功率也越大，因此起货速度受到电动机容量的限制。为了提高生产效率，必须合理确定额定起货速度。

提高空钩速度可以缩短起货周期、提高生产效率。因为空钩高速时造成生产事故的可能性较小，一般起货机空钩运行速度比额定起货的速度高出许多。对电动起货机选用飞轮惯量(GD^2)小的电动机，以缩短系统的启动和制动时间，也是提高生产效率的一项有效措施。

2. 对调速范围的要求

调速范围是起货机的另一重要指标。起货电动机在运行过程中，既有空钩高速，又有重载低速，要求较广的调速范围。一般直流起货机调速范围为10∶1，调速性能良好；交流起货机的调速范围为7∶1，基本上也能满足起货的调速要求。而液压起货机的调速由液压控制系统实现，拖动电动机本身不需要调速。

3. 对电动机型式的要求

电动起货机必须选用防水式、重复短期工作制的电动机以适应甲板工作条件。直流起货机，一般采用启动力矩大而机械特性软的复励电动机以承受冲击负载，并且能适应轻载高速、重载低速的工况。对交流起货机,宜选用启动力矩大、转差率高而启动电流较小的深槽式(或双笼式)的变极调速笼式异步电动机,也可选用绕线式异步电动机。对 G - M(发电机 - 电动机)系统的起货机,宜选用具有差复励绕组的发电机,使电动机获得适应于起货机的下坠特性。此外,要选用转动惯量(或飞轮惯量 GD^2)小的专用电动机,使启动和制动过程短,能耗降低。

4. 对控制电路的要求

(1)电动起货机一般采用三挡调速控制,并能实现正反转运行。

(2)对电动机设置短路、过载、绕组过热、失压欠压、缺(断)相保护等环节。

(3)采用具有明显空间差异的主令控制器实现运行操作,以保证起货机操作灵活,工作可靠。

(4)电动机要求有通风机进行强制冷却,并设置通风机和起货电动机之间的联锁环节。

(5)设置从零挡至上升(或下降)高速挡的自动延时启动控制,以防止快速操作引起电动机过大的冲击电流以及对起货机造成过大的机械冲击。

(6)从高速挡回零挡停车时设置有三级自动制动控制:电气制动(再生制动)、电气与机械联合制动以及机械制动。

(7)对于恒功率调速的电动机,中、高速挡设置有重载不上高速的控制环节:当额定负载(重载)时,即使主令手柄扳至上升高速挡,电动机也只能运行于中速挡;若电动机运行于高速挡时出现重载,则应自动回到中速挡。

(8)设置"逆转矩"控制环节,即首先实现从高速挡到零挡的自动制动停车,然后再实现从零挡到反向高速挡三级延时启动的自动过程。

(9)交流变极电动起货机在手柄换挡过程中,电动机至少应保持有一副绕组通电,即设置有电磁制动器处于松闸的状态下防止"货物自由跌落"的保护环节。

(10)设置有电磁制动器线圈处于刹车状态下防止中、高速挡堵转的保护。

(11)设置发生故障时紧急停车或强行将货物低速放下等应急按钮,以防止事故扩大或造成严重货损。

2.3 交流恒功率变极起货机控制系统

一、交流恒功率变极调速起货机的参数及控制线路分析

图 4 - 9 是国产交流变极调速起货机控制电路原理图。此控制电路为国产 HJD 型交流电动起货机所使用。通过改变齿轮箱传动比,可以获得 1.5 t,3 t 和 5 t 三种起重量,其对应的额定起货速度为 40 m/min,35 m/min 和 24 m/min。1.5 t 起货机配用 JZF - H5 型 1.5/1.5/3 kW电动机;3 t 和 5 t 起货机配用 JZF - H6 型 38/26/4.5 kW 电动机。电动机是交流三速鼠笼式异步电动机,其定子有三套各自独立的绕组,定子绕组的极数为 4/8/28,同步转速为 1 500/750/215 r/min。4 极和 8 极是按恒功率设计,4 极为高速极,8 极为额定极。4 极只允许提升 1/2 额定负载,在空钩和轻载时用来提高运行速度。28 极为低速极,它的启动电流小(为额定电流的 2 倍),启动转矩大(为额定转矩的 2 倍),以适应起货机启动频繁的要求,同时也能起到低速落货的目的。

当这一控制线路用于双吊杆起货机时,用继电器 J 的另一触点构成两台起货机之间的

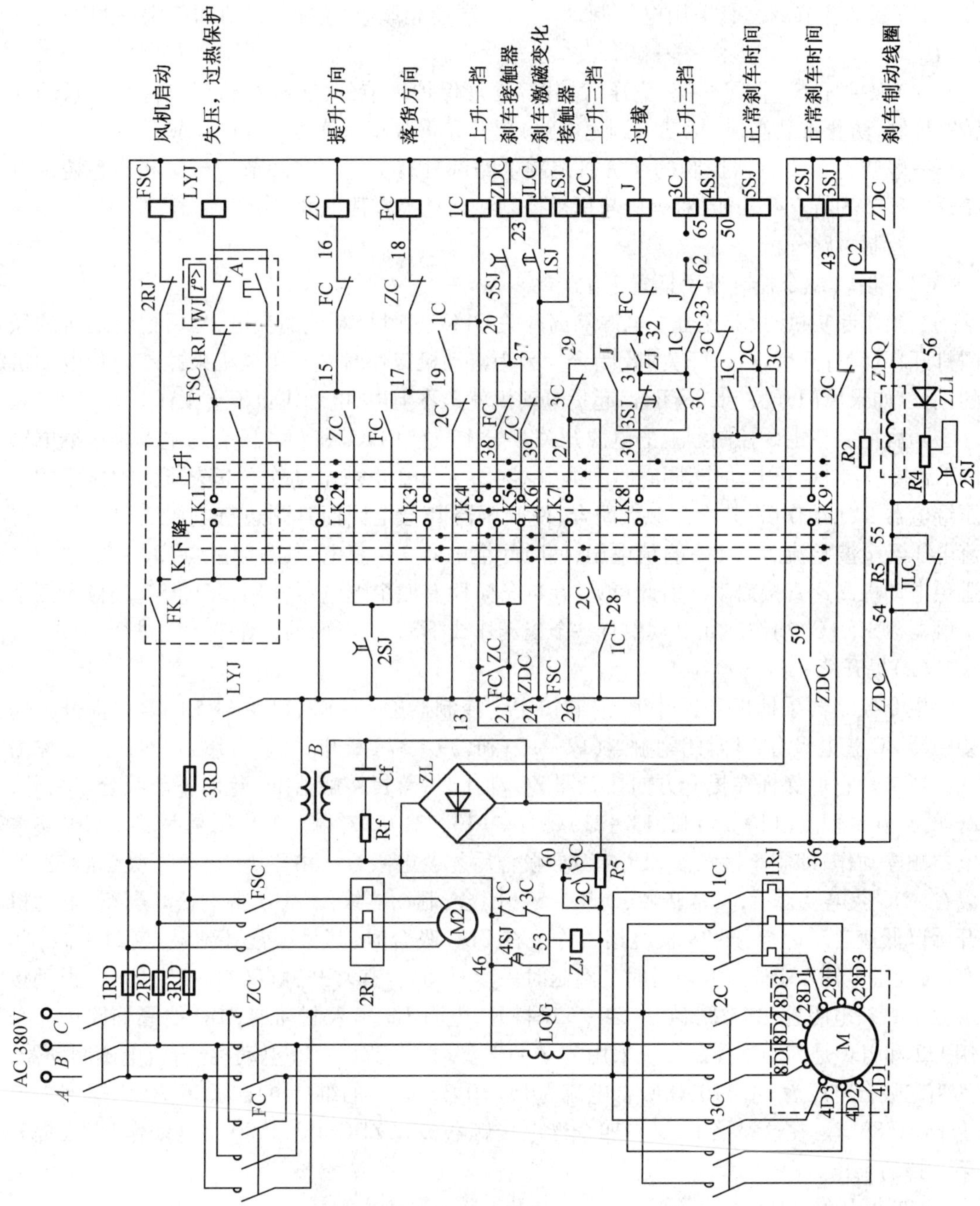

图 4-9　国产交流变极调速起货机控制电路原理图

高速联锁。图中(62-65)点是联锁点,用单杆起货机时,应把两点短接。

1. 起货机控制电路的组成

对各种交流电动起货机来说,控制电路中,一般都具有以下几个环节:

(1)利用主令控制器发出控制信号,使起货机按指令的要求工作;

(2)电动机的启动和调速环节　虽然控制电动机的转速的方法与直流电动机采用的方法不同,但控制的原则相同,一般多数采用时间原则,也有采用电流原则等其他方法;

(3)制动环节　一般采用电气制动与机械制动相联合的刹车制动和稳定落货的电气制动;

(4)保护环节　除了短路、失压、过载等常规保护环节外,还有对起货机特殊要求的逆转矩控制,防止重载高速(恒功率调速电路)提升和重载超速落货等保护环节。

一般继电-接触器控制的起货机控制电路都具有上述这些环节。了解和熟悉控制电路这些环节的特点及功能,对分析起货机控制线路是很有帮助的。

2. 控制电路分析

(1)准备(主令控制器手柄置零位)

在操作起货机时,首先合上电源隔离开关 GLK,这时控制电路获电,然后把电动机的风门打开,风门打开后,风门开关 FK 闭合。因为电动机工作时是利用风机来冷却起货电动机的,所以如果风门开关 FK 不闭合,起货电动机就送不上电,电动机也不会工作。

随后把装在主令控制器上的电源开关 K 合上,这时 LK1 和 LK4 闭合通电。零压继电器 LYJ 和接触器 1C 获电动作,同时时间继电器 4SJ 及 5SJ 也获电动作。起失压保护作用的零压继电器 LYJ 动作后,其常开触点闭合,使变压器 B 通电因而其副边有电压输出。这一交流电压经全波整流后输出一直流电压,使时间继电器 3SJ 获电,其常闭触点(30-31)断开,避免电动机高速直接启动。由此可见,在准备阶段有四个继电器(LYJ,3SJ,4SJ,5SJ)和两个接触器(FSC,1C)动作。如果其中有一个误动作或不动作,下面的工作就无法进行。

(2)提升第一挡

主令控制器手柄扳到提升第一挡时,主令控制器触点 LK2,LK4,LK5 闭合。提升方向接触器 ZC 获电吸合,其常闭副触点(17-18)和(39-37)断开。(17-18)这对副触点称为互锁环节。它们保证在提升方向接触器 ZC 动作时,落货接触器 FC 绝对不能吸合。另外,ZC 的常开副触点(14-15)和(13-21)闭合。(13-21)这对触点的作用是保证控制电路中电器顺序动作,即刹车接触器 ZDC 在 ZC 吸合后才获电吸合。由于 1C 已处于吸合状态,所以在 ZDC 获电吸合后,其常开触点(36-54)闭合,制动器线圈 ZDQ 得电松开刹车,电动机开始以低速启动运行,即 28 极绕组工作。在 ZDC 吸合时,其另一常开副触点(21-24)闭合,时间继电器 1SJ 通电开始延时。经延时一段时间后,其常开触点(24-25)闭合,强励接触器 JLC 获电吸合,其常闭触点(54-55)打开,电阻 R3 串入制动器 ZDQ 线圈回路中。采用 1SJ 和 JLC 是因为本控制系统采用 ZYZ-6F 型(配合 JZF-H6 电动机)直流电磁制动器,其额定吸合电压为 DC 110 V,吸合电流为 DC 10.35 A;它的维持电压为 DC 20 V,维持电流为 DC 1.89 A。在这一挡中,又有四个继电接触器(ZC,ZDC,ISJ,JLC)获电动作,完成提升第一挡的工作。

(3)提升第二挡

主令控制器手柄从第一挡扳到第二挡,此时,主令控制器触点 LK2,LK7,LK9 闭合。其中 LK7 的闭合,使接触器 2C 获电吸和,电动机 8 极绕组通电,电动机以中速投入运行。

触点 LK4 断开时,从(13-LK4)回路看,1C 线圈应失电,但由于电路(13-19-20)支路使 1C 线圈继续有电,只有在 2C 获电后,使其常闭副触点(13-19)断开,才能使 1C 线圈失电。因此它和 1C 常开副触点(19-20)保证了中速绕组确实获电后,才能让 1C 失电,使电动机的低速绕组脱离电网。这一环节的作用是保证电动机在换挡时,不能中断电动机绕组的供电,即当电磁制动器处于松闸的状态下,防止货物自由跌落。

在中速接触器 2C 吸合后,又使其常闭副触点(36-43)打开,直流时间继电器 3SJ 失电,其触点(30 - 31)经0.5 s后闭合,这表明起货机从中速绕组过渡到高速绕组运行,是按时间原则进行的。在这一挡中,要注意2C获电、1C和3SJ失电的工作过程。

(4)提升第三挡

在控制系统中,是把电动机的8极绕组和4极绕组设计为恒功率特性。以3吨交流起货机为例,8极时额定负载是3吨,则4极时额定负载是1.5吨。所以说,起货机的提升质量会在电动机的中速绕组中的电流反映出来。在本控制电路中,采用负载继电器ZJ作为检测元件。调整ZJ,使其在提升质量小于或等于1.5吨时,它不吸合,则其常开触点(31 - 32)不闭合;当提升质量大于1.5吨时,ZJ动作,常开触点闭合。

由上可见,提升超过50%负荷,ZJ的触点(31 - 32)就会闭合,使继电器J得电吸合后,接触器3C就不能吸合,因此电动机不可能加速到高速,仍保持在中速运行。如果提升质量在50%负荷以下或空钩状态,则负荷继电器ZJ不吸合,时间继电器3SJ在2C吸合后,经延时0.5 s后动作,接触3C获电吸合,使电动机进入高速运行。另外,假如起货机原来是运行在高速,当负荷突然超过50%时,ZJ将吸合,使继电器J得电而断开3C线圈回路,电动机将返回中速挡运行。同理,接触器2C的触点(28 - 27)和3C的触点(27 - 29)也构成使中速绕组在3C确实得电吸合后,2C才从电网上脱离。

时间继电器4SJ的作用是当从中速挡换到高速挡的过程中,避免出现的冲击电流,使ZJ误动作。因此换挡过程中,在3C得电时,4SJ断电,其触点(46 - 53)延时闭合,使ZJ断电。

(5)主令控制器手柄从零位直接扳到第三挡

该控制电路能实现逐级启动。首先保证低速28极绕组有很短的接通时间,这就是经接触器ZDC得电的固有动作时间,然后中速8极绕组接通,28极绕组断开,电动机由低速换到了中速。从中速到高速是通过时间继电器3SJ延时0.5 s,按时间原则完成。

(6)主令控制器手柄直接从二挡或三挡扳回零位

首先时间继电器2SJ失电,它的触点(13 - 14)延时断开,在延时时间内,接触器ZC不失电,保证了电动机从高速经再生制动转换到低速。延时完毕后,ZC失电,低速绕组失电,再生制动结束。另外,当手柄扳到零位时,虽然ZDC失电动作,使ZDQ失电,但刹车线圈ZDQ通过ZL2放电,使得电磁制动器仍能维持一段时间,保持松开状态。所以说制动是采用了三级制动过程,其过程如下:

①单独电气制动,即再生制动过程;

②电气与机械的联合制动,即再生制动加机械(电磁制动器)制动;

③单独机械制动,即电磁制动器制动停车。

采用上述三级制动,大大地缩短了制动时间,减少了制动能量的损耗,同时也减轻了电磁制动器的负担,可以延长制动器的有效使用时间。

(7)落货

落货各挡(从零位突然扳到第三挡,或从第二、第三挡直接扳回零位时)的工作过程与起货时的工作过程基本相似,只是在落货时,反向接触器FC接通,ZC不接通,电动机反转。在重载运行(落货)的情况下,电动机是在再生制动状态下运行。另外,如果起货机在卸落额定负载时,定子电流为电动机额定电流的1/2以下。因此,在落货第三挡不需要负载继电器控制,是因为FC的常闭副触头(32 - 22)断开,使继电器J不获电动作。实验表明,起货机在下放3吨重物时,4极电流仅为35 A左右,比它的额定电流55 A要小。

(8)主令控制器手柄从下降第三挡直接扳到上升第三挡或反之

假如开始时,手柄处在下降第三挡,时间继电器2SJ线圈有电,其常开触点(13-14)是闭合的,接触器FC和3C有电,此时电动机是在高速(4极)落货方向运行。当手柄突然直接扳到提升第三挡时,2SJ和ZDC失电,但2SJ有一段延时。在其延时时间内,FC仍有电,因而能保证完成落货第三挡到零的停车过程。在2SJ延时结束后,使FC失电,ZC接通,再来完成由零位到提升第三挡的自动逐级启动过程。

(9)保护环节及其功能

①应急切断

遇到紧急情况时,需要立即将控制电源切断(主令控制器上的开关K),即断开控制电源的开关K,使电动机停止运转。

②过载保护

热继电器2RJ是为保护冷却风机电动机而设置的。当该电动机过载时,经一定的时间2RJ动作,使风机接触器FSC失电,风机电动机脱离电网。另外,一旦风机停转,是不允许起货电动机继续运行的。该电路用FSC的副触点(24-26)来控制加速接触器2C及3C等,使它们失电,确保电动机中速与高速绕组不通电。但为了把吊在半空中的货物慢慢地落到地面,此时仍保持1C通电,使低速绕组仍能工作。

热继电器1RJ是用来保护起货电动机的。在低速绕组过载时,经一定的时间1RJ动作,切断控制电源及主电源,一般1RJ设置过载电流达到2IN时,能在15 s之间工作。

③方向接触器ZC,FC除了设置电气联锁外,还装有机械联锁装置。

④失压保护是由零压保护继电器LYJ来完成的。短路保护由熔断器(1RD-4RD)来完成。温度继电器WJ,安装在电动机内部。当电动机的温度超过130°±10%时,其WJ动作,使LYJ失电,电动机停止运行。操作人员可通过按钮A来检查WJ的工作状况。

二、交流变极三速电动起货机常见故障分析

目前,船舶采用的交流电动起货机大多数是采用变极调速。控制系统不是按照恒功率特性设计就是按照恒转矩特性设计,但整个控制环节大致相同,所以对交流三速起货机的控制系统及其线路分析时,应抓住它们的共同点,即共性问题,然后再考虑它们为满足其调速特性的要求的不同点。尤其对交流调速起货机在发生故障时,为了尽快排除故障,就应对交流三速起货机的机电系统和控制电路及控制过程有一个非常清晰的了解。首先,应对系统的组成,即它包括哪些主要环节,对各环节的主要功能必须做到心中有数;其次,要读懂控制电路原理图和接线图。读懂电路图是最基本的要求,看不懂或不认真看图纸就不可能对整个系统及控制电路和系统的工作程序做到心中有数。一旦系统出现故障,手忙脚乱,很难找出故障的原因及故障点。此外,应对系统中的控制元件的型号、位置及其在控制系统中所起的作用有一定的了解。在平时的保养过程中,认真查测每个主要元件的状态对管理人员是很有帮助的。不管多么复杂的一个控制系统,只要按照上述的方法去做,很快就会掌握其系统的工作原理及控制方法,一旦发生故障也能够立即排除。

就交流变极三速起货机控制系统来讲,它主要包括以下几个环节:

1. 起货电动机及主回路部分。

2. 控制部分。

(1)主令控制器电路;

(2)继电－接触器组成的电路。

3.保护环节。

4.调速环节。

5.制动环节。

在主回路中,一定要注意电动机的工作状况及方向接触器和变极接触器在各速运行的状态。主令控制器在装卸货时动作频繁,其传动机构及控制触点通过的电流大,平时要注意保养及检查,尽量减少发生故障的可能性。

方向接触器和加速接触器在操作工程中,动作顺序除了受主令控制器触点控制外,还与时间继电器的动作、延时时间有关,延时时间调节的准确合理是保证该系统正常工作的必要条件。

在系统中设置的各种保护装置,要求它们动作可靠。管理者要清楚各种保护装置的位置和保护的范围及功能。一旦出现故障或误动作,能及时排除。

交流起货机在运行过程中,根据不同的工况要求,可以在不同的速度下运行。在加速或减速的过程中,要求相邻两速的接触器必须保证后者接通后,前者才能释放。另外,要弄清楚逐级自动加速或逐级自动减速过程中涉及的各个接触器和时间继电器动作的次序。当出现故障时,能及时查测出故障部位。

交流起货机在运行过程中,有时要利用电气制动和电磁制动(属机械制动)的联合制动。其中电磁制动器由于动作次数比较频繁,经常容易出现故障,管理者应该熟练掌握电磁制动器的结构及间隙调整方法,要经常检查刹车盘及刹车片的状态,发现问题,应提早处理。

交流变极三速起货机的常见故障、发生故障的可能原因及处理方法见后面实训部分。

2.4　交流恒转矩变极起货机控制系统

一、恒转矩交流三速起货机的参数及线路分析

恒转矩交流三速电动起货机的特点是,中高速之间为恒转矩调速,并且高速也可以提升额定负载。这样防止重载高速运行的保护装置可以省去,使得控制线路变得更加简单,同时又提高了可靠性。另外,恒转矩起货机的高速挡启动转矩比恒功率起货机的大,所以启动加速的时间短,由此提高了生产效率。其特点是:高速绕组容量比中速绕组容量大一倍,即在额定容量相同时,高速绕组的容量比恒功率的大一倍。起货机空钩和轻载时,电动机的高速绕组的容量得不到充分利用。又因为高速挡其绕组容量大,所以启动电流比恒功率的要大,对船舶电站的冲击较大。因此,对电站的容量和发电机的调压装置要求较高。

目前,国外生产厂家及船东采用恒转矩型交流三速起货机的也比较多,如图4－10为西门子公司生产的恒转矩交流三速起货机的控制电路原理图。

1.基本结构及参数

起货机电动机 M_1 是交流三速鼠笼式电动机,它有三套独立绕组,双铁芯式。低速绕组单独用一个铁芯,中速和高速绕组合用一个铁芯,并配有直流圆盘式电磁制动器。起货电动机的主要技术参数如下:

额定电压:440 V,60 Hz

极数:4/8/28 极

额定转数:1 760/870/200 r/min;

额定功率:38/19/4. 4 kW;

负载持续率:25/25/25% ;

额定电流:69/55/38 A;

起重速度:改变减速齿轮箱传动比可提升 2. 5/5 吨重物,提升 5 吨货物时其速度 37. 5/18. 5/3. 1 r/min,提升 2. 5 吨货物时其速度为 73/36/6. 1 r/min。

主令控制器共设置 7 挡,零位、上升三挡和下降三挡。控制手柄带有复位弹簧,松手后能自动返回到零位。

吊杆电动机也采用交流鼠笼式电动机,配有专门的控制电路和直流电磁制动器。

2. 控制电路分析

(1)手柄置零位(准备)

首先做好使用前的准备工作。打开风门,风门开关 b_{12} 闭合,风机电动机接触器 c_{16} 获电吸合,风机开始运转来冷却起货电动机。同时,c_{16} 的常开副触点闭合。主令控制器 b_{11} 触头闭合,使失压继电器 d_{11} 得电动作并自锁。d_{11}(13 - 14)触点闭合,使控制电路获电,完成运行的准备。

另外,1 挡接触器 c_{13} 通电吸合,做好低速级通电准备;中速与高速跳闸继电器 d_{14} 得电动作并自锁,使 26 回路的触头 d_{14}(13 - 14)闭合,准备高速运行;时间继电器 d_{15} 得电动作,延时打开 18 回路常闭触头 d_{15}(5 - 6),断开 17,19 再生制动回路。在零位准备过程中,有 d_{11},d_{14},d_{15},c_{13} 得电吸合。

(2)提升第一挡

当手柄扳到提升第一挡时,主令触头 b_{11}(1—01)断开,b_{11}(3—03)接通,提升辅助继电器 d_{12} 得电吸合,其常开触点闭合使 16 回路接通,使提升接触器 c_{11} 获电吸合,28 极绕组通电;同时 d_{12}(13 - 14)和 c_{11}(17 - 18)的常开触点闭合(c_{13} 在 0 挡时已动作),25 回路接通,使 c_{17} 得电吸合,电磁制动器 s_{11} 通电松闸,电动机开始在低速启动运行,慢速起货。另外,由于 d_{12}(13 - 14)和 c_{11}(17 - 18)的常开触点闭合,使 24 回路也接通,二挡时间继电器 d_{16} 得电,触点延时闭合,为中速运行做好准备。在第二挡中有 d_{12},c_{11},c_{17},d_{16} 通电吸合。

(3)提升第二挡

当手柄扳到提升第二挡时,主令触头 b_{11}(9—09)接通,26 回路接通,中速接触器 c_{14} 得电吸合,电动机的 8 极绕组通电,c_{14} 吸合后,常闭副触点打开,使得 c_{13} 失电,28 极绕组被脱离电网,电动机进入中速运行。同时 22 回路中的 c_{14} 的常闭触点断开,使 d_{15} 失电,其常闭触点(5 - 6)闭合,18 回路接通,为再生制动作准备。另外,时间继电器 d_{17} 也获电,延时闭合在 27 回路的触头(3 - 4),为高速运行做好准备。在第二挡中有 c_{14},d_{17} 得电吸合,c_{13} 和 d_{15} 失电释放。

(4)提升第三挡

当手柄扳到提升第三挡时,主令触头 b_{11}(11—01)接通,高速接触器 c_{15} 得电吸合,电动机的 4 极绕组通电,c_{15} 的常闭副触点(19 - 20)打开,使 c_{14} 线圈失电释放,断开 8 极绕组,电动机进入高速运行。在这一挡中,c_{15} 得电吸合,c_{14} 失电释放。

关于落货各挡的动作过程与提升各挡的情况类同,读者可自行分析。

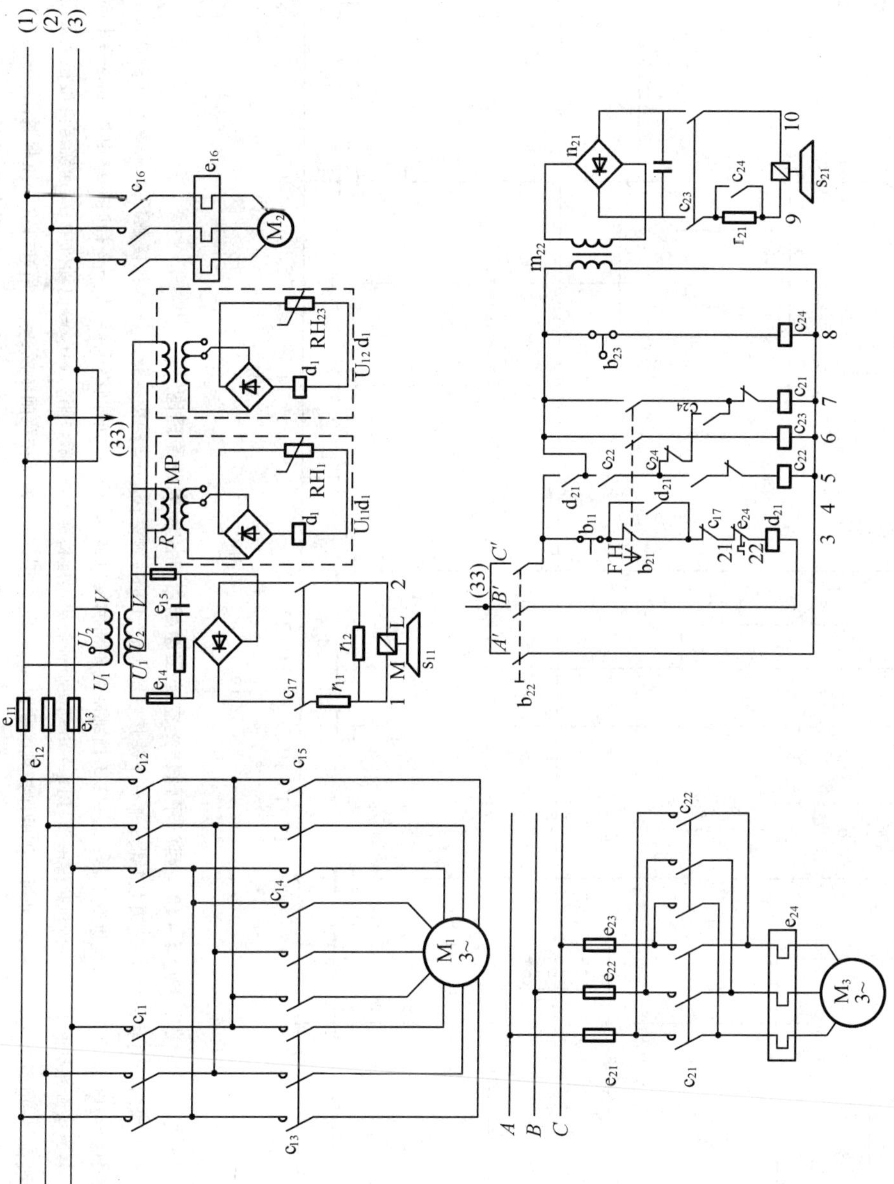

A
B
C
(1)
(2)
(3)
e11
e12
e13
e14
e15
e16
c11
c12
c13
c14
c15
c16
c17
M1 3~
M2
U1
U2
V
(33)
R
MP
RH1
RH23
d1
U1d1
U12d1
r11
r12
L
M
S11
1
2
A′
B′
C′
b22
b11
b21
b23
F H
d21
c21
c22
c23
c24
e24
21
22
3
4
5
6
7
8
9
10
m22
n21
r21
S21
e21
e22
e23
M3 3~

(a)

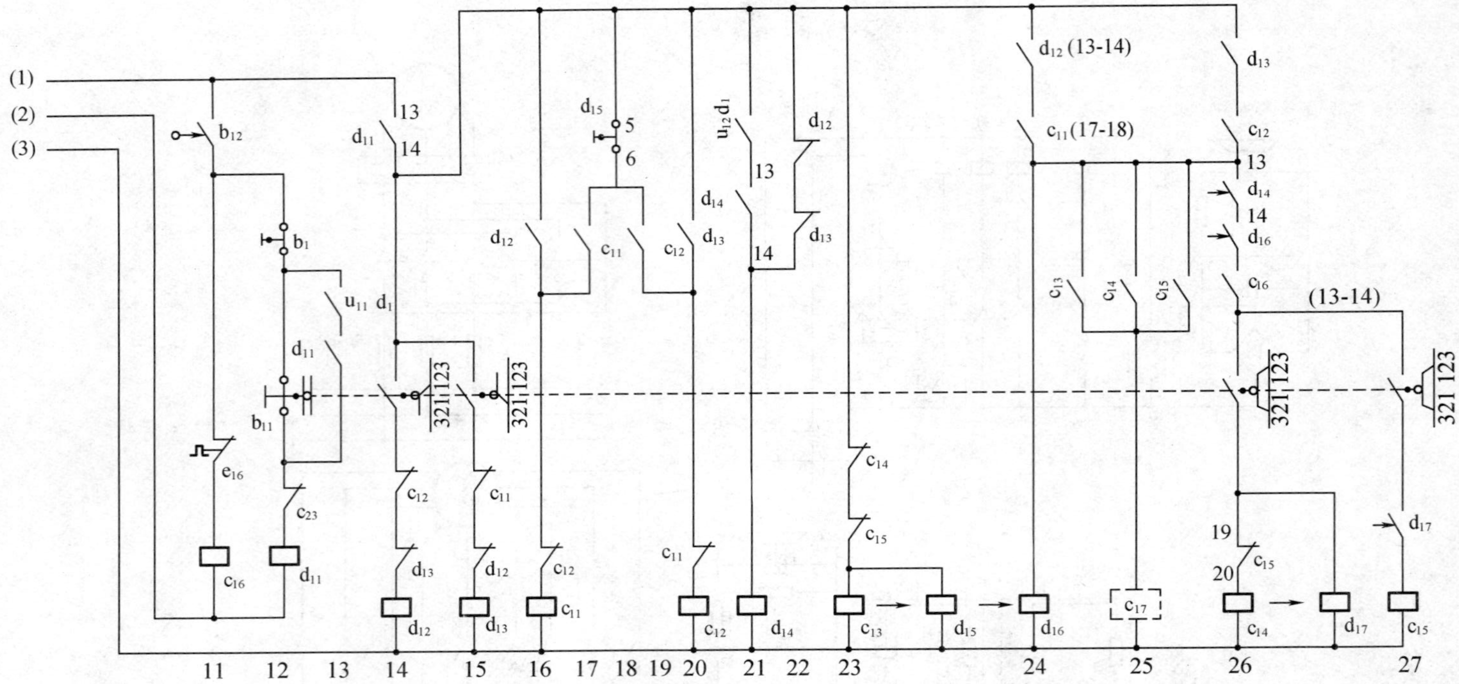

(b)

图 4－10　西门子恒转矩交流三速起货机控制电路原理图

b_1—紧急按钮；b_{11}—主令控制器；b_{12}—风门开关触头；c_{11}—上升接触器；c_{12}—下降接触器；c_{13}—1 挡接触器；c_{14}—2 挡接触器；c_{15}—3 挡接触器；c_{16}—风机接触器；c_{17}—制动接触器；d_{11}—零电压继电器；d_{12}—上升辅助继电器；d_{13}—下降辅助继电器；d_{14}—2/3 挡跳闸装置辅助继电器；d_{15}—制动时间继电器；d_{16}—2 挡时间继电器；d_{17}—3 挡时间继电器；e_{11}，e_{13}—控制线路熔断器；e_{14}，e_{15}—电磁刹车熔断器；e_{16}—风机热继电器；RH_1—电动机低速绕组温度检测器（热敏电阻）；RH_{23}—电动机中、高速绕组温度检测器（热敏电阻）；M_1—起货电动机；M_2—风机电动机；s_{11}—电磁制动器；u_{11}—电动机 1 挡的保护跳闸装置；u_{12}—电动机 2/3 挡的保护跳闸装置；b_{21}—吊杆机主令控制器；b_{22}—吊杆机开关；c_{21}—上升接触器；c_{22}—下降接触器；c_{23}—制动接触器；e_{21}，e_{23}—吊杆机熔断器；e_{24}—吊杆机电动机热继电器；M_3—吊杆机电动机；m_{22}—电磁刹车变压器；n_{21}—电磁刹车整流器；d_{21}—零电压继电器；s_{21}—电磁制动器线圈在这个控制电路中，电动机加速换挡时，使二挡接触器 c_{14} 得电吸合后，才能断开一挡接触器 c_{13} 线圈的电源，三挡接触器 c_{15} 得电吸合后，才能断开二挡接触器 c_{14} 线圈的工作电源，也就是说，主令控制器手柄扳到两挡之间位置时（换挡过程），总能保证有一个接触器接通。在换挡过程中，因为制动接触器 c_{17} 具有延时释放及制动器线圈 s_{11}（刹车线圈）放电延时释放的动作过程，使得制动器不会断电刹车。即设置有电磁制动器处于松闸的状态下防止"货物自由跌落"的保护环节。

（5）自动逐级延时启动过程

在主令控制器手柄突然快速从零位扳到提升（或下降）第三挡时，由于在零位时，时间继电器 d_{11}，d_{14}，d_{15} 和接触器 c_{13}，c_{16} 已得电吸合，这时 d_{12}，c_{11}（或 d_{13}，c_{12}）先后得电吸合，低速28极绕组通电。与此同时，24，25回路接通，电磁制动接触器 c_{17} 获电动作，使电磁制动器松闸，而 d_{16} 通电延时0.25 s后触头闭合，使26回路接通，即制动器松闸使电动机低速启动运转后，待 d_{16} 延时完，使 c_{14} 通电吸合，电动机转换到8极绕组工作，继续加速，由上述而知，电动机低速启动时间就是 d_{16} 的延时时间。由控制电路原理图可知，c_{14} 通电的同时，d_{17} 得电延时0.5 s后，27回路接通，高速接触器 c_{15} 得电吸合，电动机从8极绕组转换到4极绕组，电动机加速运转，直到高速稳定运行。从以上分析可以看出，主令控制器手柄突然从零位扳到第三挡时，电动机的启动过程与手柄操作快慢无关，该控制电路通过 d_{16}，d_{17} 的作用（时间原则），系统能保证自动逐级延时启动，电动机不会在4极，8极运转时产生堵转和直接启动的现象。

（6）停车过程

这种电动起货机在停车进行机械刹车之前，先通过再生制动来实现三级制动。主令控制器手柄从第二或第三挡突然扳到零位时，由于在第二、三挡时，第18回路中 d_{15} 的常闭触点5～6闭合，为再生制动做好了准备。当手柄突然回到零位时，虽然 d_{12}（或 d_{13}）失电释放，但 d_{15} 线圈通电，第18回路中 d_{15} 常闭触点5～6延时断开，因而，方向接触器 c_{11}（或 c_{12}）继续保持通电吸合，而此时 c_{13} 又通电吸合，使低速28极绕组通电，电动机进入再生制动运行状态。在 d_{12}（或 d_{13}）失电释放时，25回路断电，使 c_{17} 失电，其触点延时释放（c_{17} 为直流工作线圈，由于线圈和电容器的放电作用，使断电延时释放）。另外，电磁制动器 s_{11} 断电时（线圈也有放电延时过程），也是延时释放，所以此时不能立即进行机械制动。因此，当手柄扳回零位时，在 d_{15} 的延时时间内，电动机进行再生制动，使电动机转速急速下降。随后，c_{17} 和 s_{11} 相继释放，再生制动与机械制动同时进行，在 d_{15} 延时0.25 s后，c_{11}（或 c_{12}）失电释放，低速28极绕组断电，进入单独机械制动状态，直到停车。

（7）逆转矩控制

当主令控制器手柄从提升第三挡突然扳到落货第三挡（或相反）时，提升辅助继电器 d_{12} 失电释放，但落货辅助继电器 d_{13} 不能立即通电。这是因为 d_{15} 得电后，其常闭触点延时断开，运行期间使 c_{11} 仍保持有电吸合，所以 d_{13} 不能立即获电，c_{12} 也不得电，从而防止出现高速反接制动。此时，因为 c_{14}，c_{15} 失电，使23回路中的 c_{13} 得电吸合，低速28极绕组通电进行再生制动。在 d_{12} 失电时，c_{17} 也失电，经延时后释放，则 s_{11} 失电，经放电延时后动作进行机械刹车至停车。待 d_{15} 延时完毕，c_{11} 断电释放后，才使 d_{13}，c_{12} 相继获电吸合，电动机开始反向逐级延时启动，直到落货高速稳定运行。

3. 控制线路中的保护环节

控制线路中设置的保护环节及其功能如下：

(1)短路保护

控制线路和风机控制电路采用熔断器为 e_{11},e_{12},e_{13};吊杆电动机线路采用熔断器为 e_{21},e_{22},e_{23};刹车回路设有熔断器 e_{14},e_{15}。

(2)起货电动机的过载保护

系统采用热敏电阻 RH_1,控制一挡保护跳闸装置 u_{11},用 RH_{23} 控制二、三挡跳闸保护装置 u_{12} 来实现电动机的过载保护。当28极绕组长期过载时,热敏电阻 RH_1 阻值变大,大到一定值时,使 u_{11} 中的继电器 d_1 释放,d_1 的常开触点断开,使13回路中的 d_{11} 失电,d_{11} 失电动作,其(13-14)触头断开,使控制线路失电,起货机停止工作。当8极或4极绕组长期过载时,RH_{23} 阻值升高到使 u_{12} 中 d_1 释放,其触点断开,使得21回路中的 d_{14} 失电释放,d_{14} 的常开触点(13-14)断开后,26,27回路断电,使中、高速回路断电而不能工作,只允许在低速运行。

(3)风机过载保护

风机过载时,热继电器 e_{16} 动作,其触点断开(11回路),使接触器 c_{16} 失电,风机停止工作。同时,c_{16} 的副触点(26回路中的13-14)断开,使 c_{14} 和 c_{15} 不能通电。所以起货机不能在中、高速运行,只能在低速运行。

(4)吊杆电动机过载保护

当吊杆电动机过载时,热继电器 e_{24} 动作,其触点(21-22)断开(回路3),使零压继电器 d_{21} 失电,回路5中 d_{21} 的触点断开控制电路的电源,吊杆电动机停止工作。

(5)失压保护

利用 d_{11} 和 d_{21} 零电压继电器实现失压保护,并与主令控制器触头 b_{11}(1—0)和 b_{21}(2—4)组成零位联锁。如果因为失压停车,在电压恢复后,手柄必须扳回零位后,系统才能重新开始工作。

(6)联锁保护

吊杆电动机与起货电动机之间通过回路3中 c_{17} 和回路12中 c_{23} 的辅助触点实现电气联锁,两者同时工作。

(7)应急停车

在应急情况下,按下应急切断按钮 b_1,控制电路失电,起货机立即停止工作,但风机仍继续运转。

这种恒转矩交流起货机的控制电路与前面讨论的恒功率交流起货机的控制电路有其相同的部分,也有其不同的部分。对其不同的结构及不同的控制电路要有一个基本的了解,在平时维护检修时就能及时处理起货机发生的各种故障,保证船舶的正常运营。

这种起货机发生电动机过热或烧毁故障时,首先应排除刹车失灵,造成电动机堵转的故障,其次要注意制动环节,因为三极制动配合不好,电动机也会发生低速堵转。要检查 d_{15} 的延时时间和 c_{17} 的放电释放时间。另外,这种起货电动机的过载保护的检测元件是热敏电阻,所以要考虑到起货机常常处于过载和频繁的启停的工作状态。一旦热敏电阻失效,它就不能起到保护作用,当电机过载时,就会烧毁电动机。交流起货机的控制方法及控制线路有许多种,但其工作原理大致相同。起货机运行过程中出现的故障较多,有的故障原因也很复杂,甚至是多个因素造成的。所以要求管理人员必须熟悉电气系统的工作原理及各个元器件的作用及所在位置,只有这样才能迅速地排除故障。另外,平时的管理和维护也相当重要,一定不要忽视。

2.5　直流起货机的电力拖动控制线路分析

电动起货机的控制系统与前面分析的电动机基本控制线路相比较,其运行状态的变化和控制环节更为复杂。起货机的操作频繁,操作挡位多,一般上升与下降各有3~6挡,每挡的控制电路接线不同,因此需要使用能切换复杂的多回路控制电路的鼓形、凸轮控制器或主令控制器。使用鼓形与凸轮控制器直接切换主电路的手动控制系统,操作费力,并需要较强的操作经验,已很少应用。目前广泛使用切换控制电路的主令控制器,组成自动控制系统。主令控制器控制的起货机拖动系统可分为继电-接触器控制系统,发电机-电动机控制系统和可控硅控制系统等。

虽然现代客货船舶上几乎都已采用交流电力系统,但在交流船舶上仍广泛应用直流电机的G-M系统起货机。因为这种拖动系统简单、可靠,控制线路简单、电器少,维护保养的工作量少,调速平滑、调速范围广,可实现无级调速,启动电流和冲击负载下对电站的影响小等。但是它具有变流机组,总效率低,初投资成本高,电机的尺寸和质量大,而且直流电机维护麻烦。但如果采用双输出或三输出发电机时,变流机组的尺寸和质量可以减少。特别是大功率、频繁操作的散装货船,因G-M系统对电站要求低,更显出优越性。G-M系统与交流变极调速的拖动系统相比,电站容量可减小。

一、直流电动起货机的分类

直流电动起货机大致可以分为如下几种类型:

1. 单输出G-M系统直流电动起货机;
2. 双输出G-M系统直流电动起货机;
3. 三输出G-M系统直流电动起货机;
4. 带有磁放大器的G-M系统直流电动起货机;
5. 可控硅控制的电动起货机。

二、一般发电机G-M系统起货机控制线路

图4-11是装设在交流货船上的一般发电机的G-M系统起货机控制线路。G-M系统中采用带差复励绕组的发电机。两台起货电动机M_1,M_2为直流复励电动机,分别由直流发电机G_1,G_2供电。两台发电机由一台交流鼠笼式异步电动机M拖动。发电机和电动机的他励绕组由桥式整流器供电。G_1与G_2在M两端通过联轴节连接,常称为"挑担式"的变流机组。此控制系统可以实现改变电源电压和改变励磁的混合调速。适用于双杆吊的电力拖动。

1. 控制系统的组成

图4-11中,M为交流异步电动机;G_1,G_2为直流差复励发电机;M_1,M_2为直流复励电动机;SEG_1,SEG_2为发电机的串励绕组(差复励);SEM_1,SEM_2为电动机M的串励绕组(积复励);ShG_1,ShG_2为发电机的他励绕组;ShM_1,ShM_2为电动机的他励绕组;YB_1,YB_2为电磁制动器线圈;KM为交流接触器;QS为电源开关;FR为热继电器;SB为连接片;Q为熔断器;KA_1,KA_2为负载继电器;86A为吸合,56A为释放;$1KM_3$,$2KM_3$为辅助继电器;$1KM_1$,$2KM_1$为电磁制动接触器;$1KM_2$,$2KM_2$为磁场调节接触器;R_0~R_5为发电机励磁调节电阻

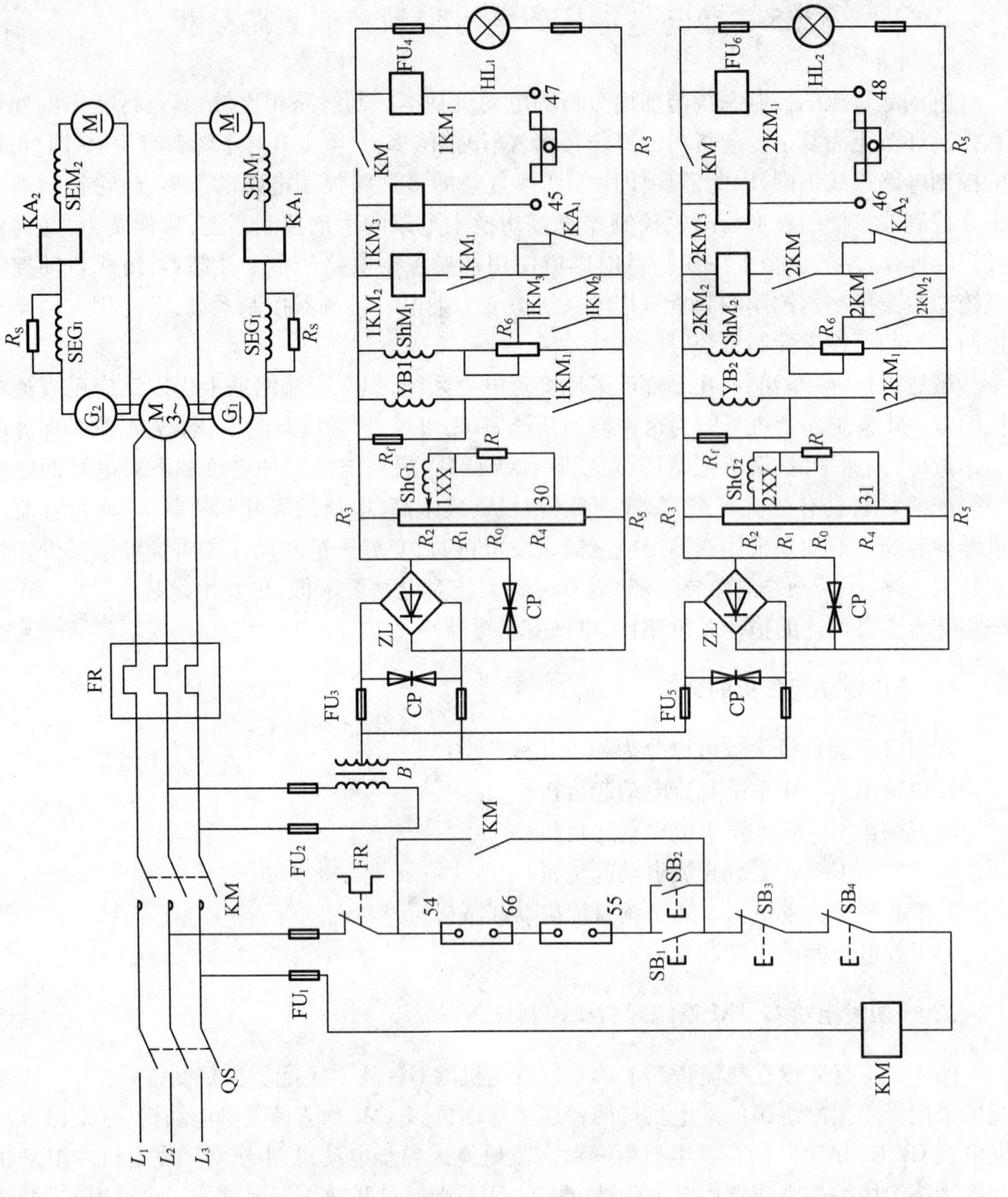

图 4－11　一般发电机的 G－M 系统起货机控制线路

(分压器)；R_f 为电磁制动器线圈放电电阻；R_S 为发电机串励绕组的分流绕组的分流电阻；HL_1，HL_2 为指示灯(装在主令控制器上)。

因此,这一系统主要有:交流笼式异步电动机 M 和两台带有差复励绕组的直流复励发电机 G_1 和 G_2；两台直流积复励电动机 M_1 和 M_2；两个电磁制动器 YB_1 和 YB_2；两台主令控制器,原动机的启动按钮和停止按钮各有两个,分别装在两个主令控制器上;由接触器 KM_1，KM_2，继电器 KA_1，KA_2，变压器、整流器、熔断器及电阻组成的两个直流控制箱。这个系统由以下几个主要电路组成:原动机的主回路和控制回路;由 G_1 和 G_2 分别与 M_1，M_2 组成的两套 G－M 系统的主电路;由 G－M 系统的他励绕组、电磁制动器线圈、主令控制器和直流控制箱组成的两套 G－M 系统的控制电路；由变压器、桥式全波整流电路组成的两套直流电源。这一系统的启动、调速、反向和制动等控制，全部通过操纵主令控制器控制电机的磁场来实现。发电机的他励绕组由 R_0 ~ R_5 组成的分压器上取得励磁电压。

主令控制器有零位和上升、下降各 5 挡，因两套 G－M 系统的线路和工作原理完全相同，分析控制系统的工作原理时，只需分析其中一套系统即可。

表 4－1 为主令控制器展开图。

表 4－1　主令控制器展开图

位置 / 端子	上升					0	下降				
	5	4	3	2	1		1	2	3	4	5
66						+					
55(54)						+					
47(48)	+	+	+	+	+		+	+	+	+	+
45(46)	+										
1XX(2XX)	0	0	0	0	0	－	－	－	－	－	+
30(31)	+	+	－	－	－	－	－	0	0	0	0
R_0					－	－	－	－			
R_1				0	0			0	0		
R_2		0	0							0	
R_3	0										0
R_4			－	－					－	－	
R_5	+	+	+	+	+		+	+	+	+	+

主令控制器的静触头 66 与 55（另一台为 66 与 54）接在 M 启动控制电路中，作为零位联锁保护。

主令控制器是鼓型旋转开关，展开图中的 55，47，45，30，1XX 是表示第一台主令控制器静触头的标号，括号内的 54，48，46，31，2XX 是第二台主令控制器相同位置静触头的标号。与电阻相连的静触头及 66 标号，两套相同。

展开图提供了主令控制器在各挡位置时，触头间的接通情况。符号 +、－、0 表示在任一挡位置下，具有相同符号的端子（静触头）接通。例如上升一挡下，端子 47 与 R_5 的符号都是 +，因此 R_5－47 两端接通。

2. 控制线路的工作原理

（1）零位，启动变流机组

两台主令控制器手柄皆放在零位，触头 66－55，66－54 接通，合上电源开关 QS，按启动按钮 SB_1，接触器 KM 通电动作，KM 主触头闭合、交流异步电动机 M 启动运转，使变流机组运转。同时直流控制电路供电，电动机他励绕组 ShM 通过电阻供电。KM 的三个辅助触头同时闭合，一个使接触器 KM 自锁，另两个使指示灯 HL 通电亮，指示变流机组已启动运行。并使制动接触器 KM_1 做好通电准备。

从表4－1可见，主令手柄在零位时，触头1XX－30－R_0接通，发电机他励绕组未供电，G－M系统接成如图4－12的电路（停车制动电路）。电动机因电磁制动器未通电不能运转。发电机有较小的剩磁电势，极性决定于剩磁的方向。

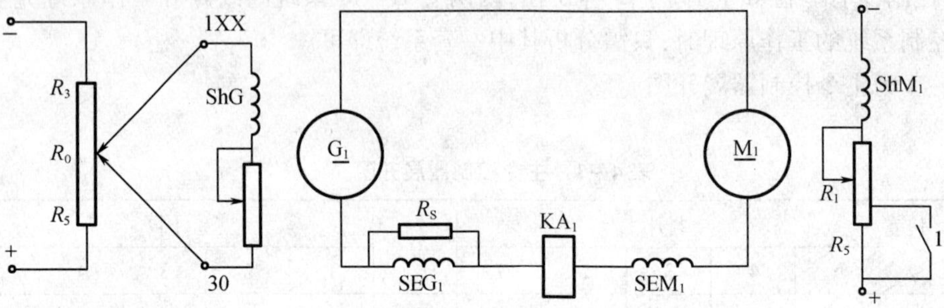

图4－12　零位

（2）上升第1挡

当主令控制器手柄放在上升第1挡时，零位联锁触头66－55断开，但KM已自锁，保持通电。R_5－47接通，制动接触器$1KM_1$通电动作，$1KM_1$主触头闭合，使制动线圈YB_1通电而松闸。$1KM_1$辅助触头闭合，$1KM_2$便通电动作，$1KM_2$触头闭合，将电动机他励绕组的励磁电路电阻R_5－R_6短接，电动机为额定励磁。同时30－R_0保持接通，1XX－R_0断开，1XX－R_1接通，使发电机他励绕组ShG_1从分压器电阻R_0R_1上获得较低的电压，如图4－13所示。励磁电流较小，发电机电压低，因此电动机启动运行后转速低。电动机在电动状态下运行时，发电机为差复励，电动机为积复励。电动机的机械特性如图4－14中的特性Ⅰ所示。

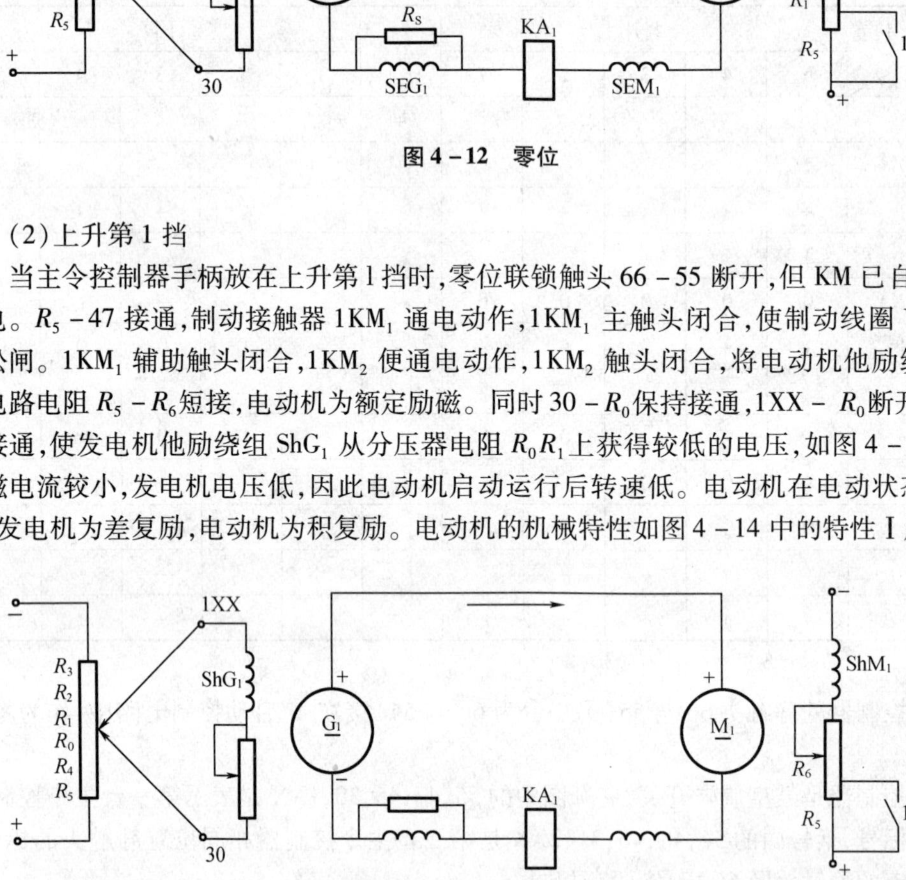

图4－13　上升第1挡

（3）上升第2挡

R_3－47，1XX－R_1接通，而且30－R_0断开，30－R_4接通。发电机他励绕组从分压器电阻R_1R_4上获得比第1挡更大的电压，使励磁增加，发电机电压升高，因此电动机转速比第1挡高。电动机的机械特性如图中的特性2所示，硬度与特性Ⅰ相同。

（4）上升第3挡

R_5－47，30－R_4接通，同上升第2挡，而1XX－R_1断开，1XX－R_2接通。发电机他励绕组跨接在分压器R_2R_4上，励磁电流比第2挡更大，发电机电压升高，电动机转速比第2挡高。电动机的机械特性如图中的特性Ⅲ所示。

(5)上升第4挡

R_5-47,1XX $-R_2$接通,同第3挡,而30 $-R_4$断开,30 $-R_5$接通。发电机他励绕组跨接在分压器 R_2R_5 两端,励磁电流比第3挡更大,发电机电压升高,电动机转速也相应升高。电动机的机械特性如图中的特性Ⅳ所示。

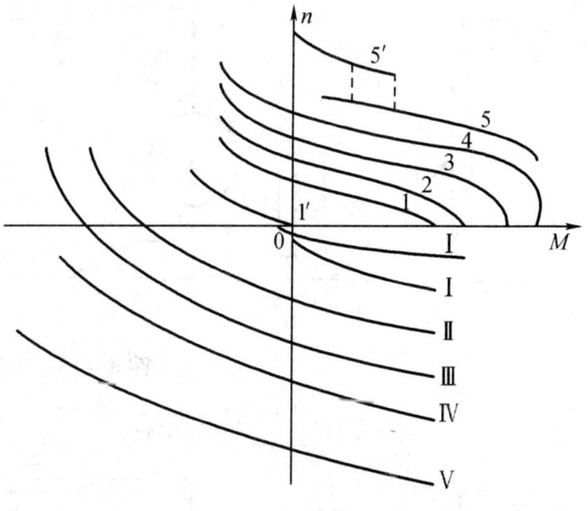

图4-14　G-M系统各挡机械特性

(6)上升第5挡

R_5-47、30 $-R_5$接通,同第4挡,而1XX $-R_2$断开,1XX $-R_3$接通,发电机他励绕组跨接在分压器 R_3 R_5,获得全电压,发电机电压最高。同时 R_5-45 接通,使辅助继电器$1KM_3$ 动作,$1KM_3$ 常闭触头打开。在重载时,电枢电流大,负载继电器 KA_1 动作,其触头闭合,因此保持 $1KM_2$ 通电,电动机的磁场无变化。轻载时,电枢电流小使 KA_1 释放,其触头打开,因而$1KM_2$ 断电释放,$1KM_2$ 触头断开,电动机他励绕组串入磁场电阻 R_5R_6,使励磁减弱,电动机转速提高。机械特性变软。电动机的机械特性如图中的特性Ⅴ所示。

(7)上升各挡扳到零位停车

停车利用电动机的再生制动和电磁制动器配合进行。当主令控制器手柄从上升各挡扳到零位时,因发电机的他励绕组失去外加电压,其电势 E_G急剧下降,因机械惯性,电动机转速不能突然改变,使电动机电势 $E_M>E_G$,电枢电流反向,进入再生制动状态。发电机串励绕组 SeG_1中电流反向,因而与剩磁方向相同,E_G的极性不变,电动机此时变为差复励。随电动机转速下降,E_M与 E_G相应减小,电枢电流为零时 $E_M=E_G$,此时的 E_G由剩磁产生。由于剩磁的作用,电动机停止在剩磁电势所对应的堵转点上。当 E_M小于剩磁电势后,电流又变为正向,电动机为电动状态,发电机的串励绕组 SeG_1起去磁作用,所以剩磁电势很小,可以近似认为电动机停止在特性坐标的原点。在手柄返回零位的同时 $1KM_1$ 断电,使电磁制动器 YB_1 断电,经电阻 R_f 放电延时后,制动器对电动机机械制动而停车。

(8)下降第1挡

零位联锁触头66-55断开,R_5-47 接通,$1KM_1$ 通电动作,$1KM_1$ 主触头闭合使制动器线圈 YB_1 通电,电动机松闸,$1KM_1$ 辅助触头闭合,使 $1KM_2$ 通电动作,将电动机励磁电路电阻 R_5-R_6短接。同时因1XX $-R_0-30$ 保持接通,发电机他励绕组无电压,主电路接成制动电路,如图4-15所示。

电动机在重物作用下反转落货,其反电动势与上升时相比较,极性相反。如不考虑发电机剩磁的作用,主电路的电流方向同上升时的方向,如图中箭头所示方向。发电机差复励绕组 SeG_1中的电流方向,决定了发电机电势 E_G的方向与上升时相反。$E_M>E_G$,所以电动机运行于再生制动状态,此时电动机为积复励。当负载转矩等于电动机制动转矩时,稳定落货。

(9)下降第2挡至第5挡

下降第2挡至第5挡,发电机他励绕组 ShG_1 通过分压器电阻供电,但极性与上升时相反,下降第2挡的接线如图4-16所示。

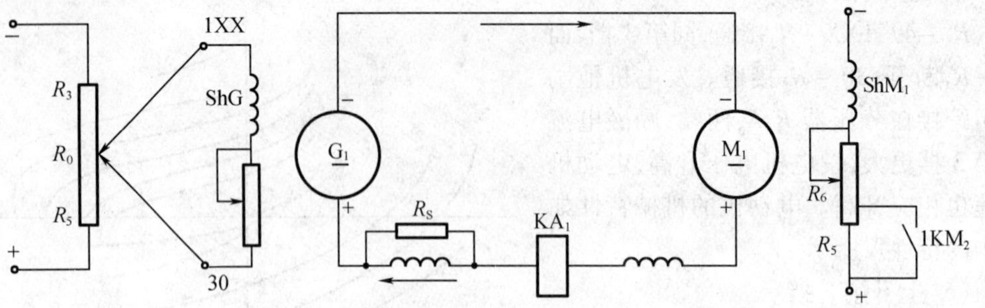

图 4-15　下降第 1 挡

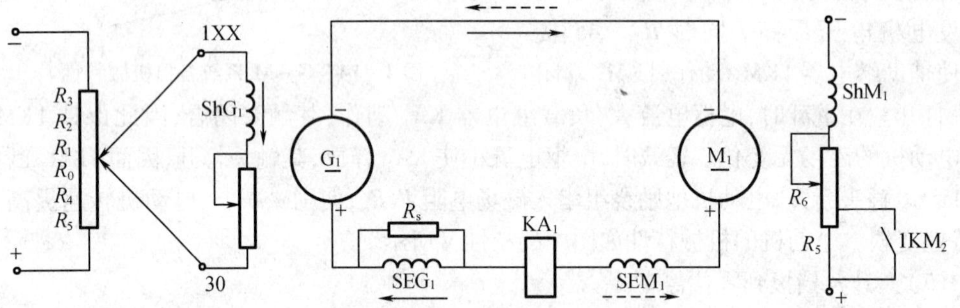

图 4-16　下降第 2 挡

发电机的电势极性与上升时相反,因而电动机反向启动运转。但各挡励磁电压大小不同,他励绕组与分压器电阻的连接分别为:第 2 挡 R_0-R_1,第 3 挡 R_4-R_1,第 4 挡 R_4-R_2,第 5 挡 R_5-R_3。电动机的磁场无变化,与下降第 1 挡相同,下降时继电器 $1KM_3$ 一直不动作,因而负载继电器 KA_1 不起作用。

下降时,当电动机在电动状态时,$E_M<E_G$,此时主电路电流方向与上升相反,发电机为差复励,电动机也为差复励状态。当电动机落货进入再生制动状态时,这时 $E_M>E_G$,发电机为积复励,电动机也为积复励状态。

(10)下降各挡停车和正反向操作

下降各挡停车时,其工作原理与上升停车相似。手柄回零位时,发电机他励绕组励磁经闭合回路放电衰减后,发电机 G_1 变为串励发电机运行,而电动机 M_1 在减弱励磁下再生制动,因为此时 $E_M>E_G$。E_M,E_G的极性及电枢电流的方向与下降各挡在再生制动状态运行时相同。制动器 YB_1 断电经放电后机械制动,下降各挡停车时,电动机的机械特性如图 4-14中的特性 4 所示,电动机运行在积复励状态。

由上升(或下降)各挡突然扳到下降(或上升)各挡时,电动机因机械惯性,转速不能突变,而发电机他励励磁因电磁场惯性不能立即反向,此时电动机运行于再生制动状态。当发电机电势反向后电动机运行于反接制动状态,此时 E_G 极性改变,E_G与 E_M 相加,但发电机与电动机都为差复励状态,使制动冲击电流受到限制。电动机在制动转矩作用下很快停车,然后反向启动运行。在此控制过程中,电磁制动器未机械制动。

(11)保护环节

电动机 M 有过载、短路和失压保护。短路保护通过熔断器 FU 实现;过载保护通过热继电器 FR 实现,整定在 139 A 时,持续 1.5 min 动作;失压保护与零位联锁通过主令控制器零位联锁触头 66－55、66－54 和交流接触器 KM 实现,只有主令手柄在零位时,机组才可能再启动,失压停车电压重现时,只有主令手柄扳回零位,按启动按钮,机组才能启动。

直流控制电路通过交流接触器 KM 实现联锁保护,只有 KM 通电,电动机启动后,G－M 系统才可能启动运行。直流控制电路通过熔断器 FU 实现短路保护。桥式整流器分别通过交、直流侧的硒整流器 CP 实现过电压保护。

三、双输出 G－M 系统起货机

目前在船舶上使用的直流起货机广泛地采用 G－M 系统(直流发电机－直流电动机调速系统)和 SCR－M 系统(晶闸管－直流电动机调速系统)。

1. G－M 系统的工作原理

这种控制系统如图 4－17(a)所示。起货直流电动机 M 由单独的变流机组供电。变流机组由发电机 G、励磁机 G_E 及拖动它们的交流电动机 M 组成。这三个电机同轴恒速运行。改变发电机磁场变阻器 R 的值就能改变发电机的端电压,以达到调节电动机转速的目的。改变发电机励磁电流的方向,便可以改变电动机的旋转方向。

G－M 系统的机械特性比接在大电网上的电动机的机械特性稍软些。其电动机的理想空载转速取决于发电机电势 E_G,当转矩一定,E_G 不同时其转速降 Δn 都相同,所以用改变 E_G(即改变电动机的外施电压)所得到电动机的机械特性是平行的,如图 4－17(b)所示。

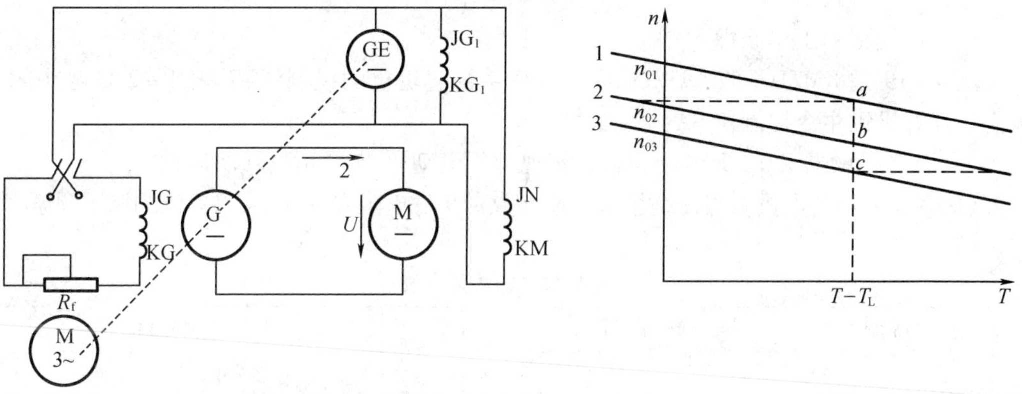

图 4－17　G－M 系统示意图

2. 双输出直流发电机

双输出直流发电机是具有两个输出电路的发动机。它的每一路输出电压的大小和方向可以独立控制且互不相干,其基本结构与普通单输出直流发电机相似,如图 4－18 所示。它有四个主磁极和四个换向极(图中未画出),每两个主磁极绕组组成一个独立的励磁电路。每两个电刷之间的电枢绕组组成一个独立的输出电路,与主磁极相对应。图中,控制主磁极 N_A,S_A 的励磁电流的大小和方向,就能独立控制由电刷 A＋到 A－间输出电压的大小和方向。控制主磁极 N_B,S_B的励磁电流的大小和方向,就能独立控制由电刷 B+到 B−间输出电压的大小和方向,并且互不干扰。

采用双输出直流 G−M 系统与一般的单输出直流 G−M 系统比较,具有电机台数少,体积小,质量轻,装机容量小等优点。

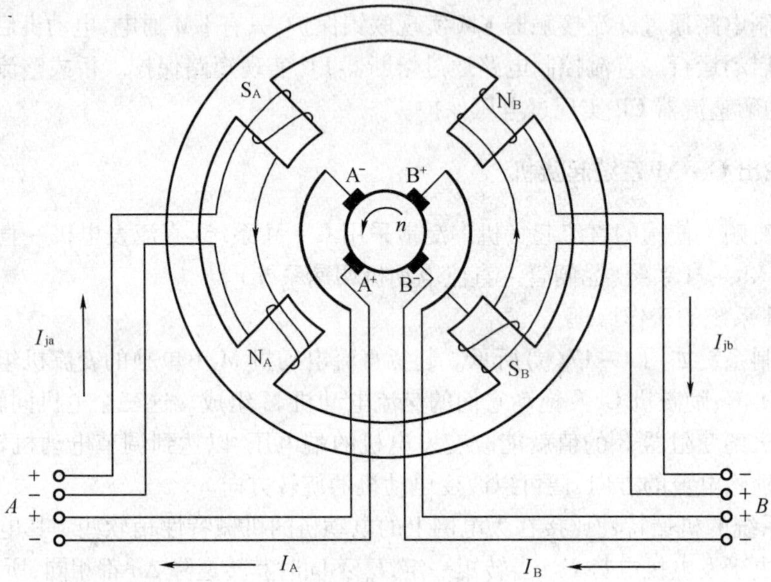

图 4−18 双输出发电机机构原理图

3. 控制线路的工作原理

图 4−19 是 KMZH−570 型双输出 G−M 系统起货机的控制线路,表 4−2 是触头闭合表。它通过操纵主令控制器 SA:

(a)控制接触器 KM_H,KM_L,KM_B,以实现起货电动机 M 的正反转和制动;

(b)改变直流发电机 G 励磁绕组 J_G-K_G电路的串联电阻 R_1-R_4,实现系统的调压调速。

表 4−2 触头闭合表

位置 端子	下降(L)					0	上升(H)				
	5	4	3	2	1		1	2	3	4	5
SA−1						×					
SA−2							×	×	×	×	×
SA−3	×	×	×	×	×						
SA−4	×	×	×	×	×		×	×	×	×	×
SA−5	×	×	×	×				×	×	×	×
SA−6	×	×	×						×	×	×
SA−7	×	×								×	×
SA−8	×										×

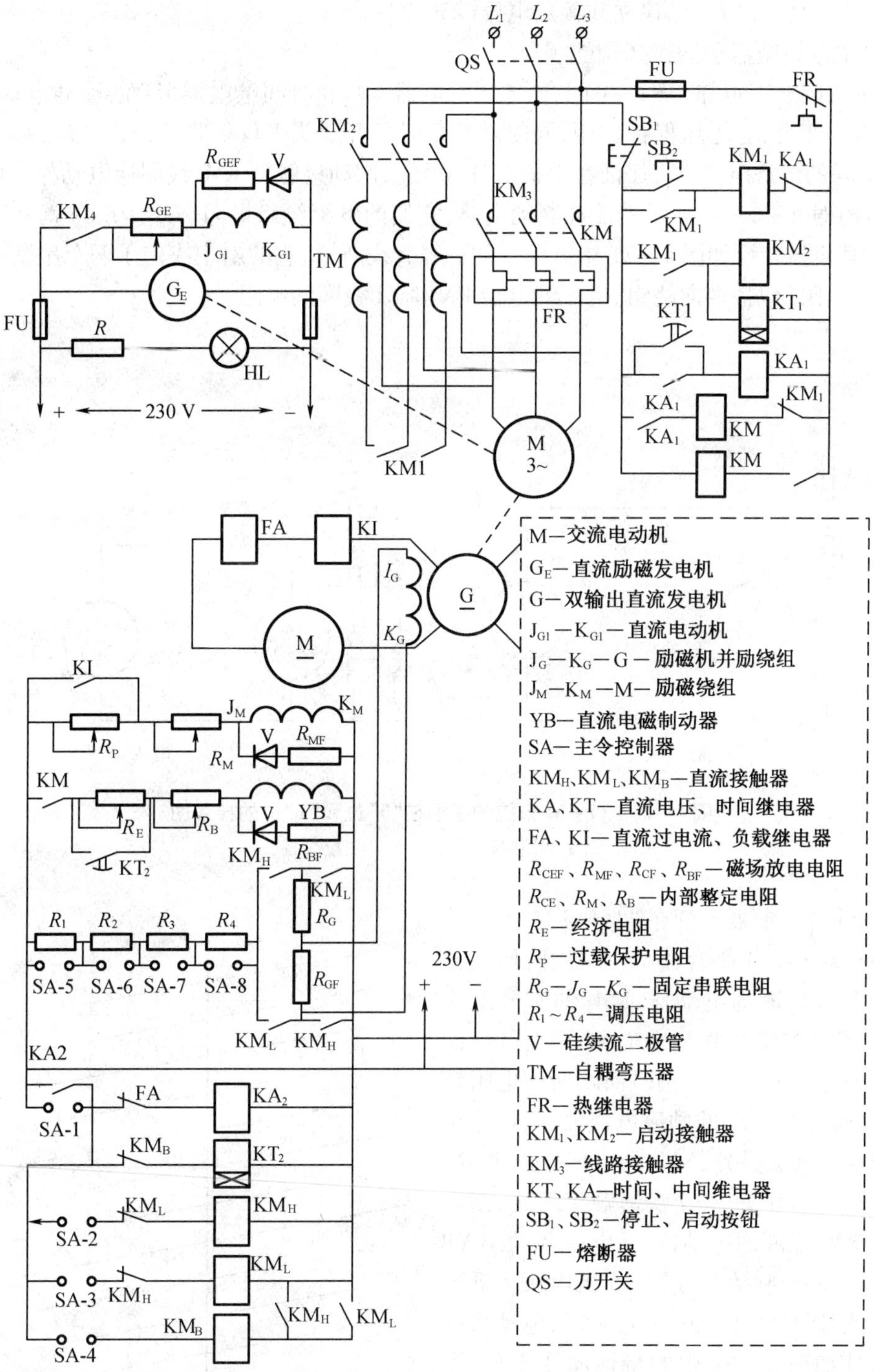

图 4-19　KMZH-570 型双输出 G-M 系统起货机的控制线路（左右两部分对称）

(1)变流机组 M-G-G_E 的启动

这是一个按时间控制方式采用自耦变压器降压启动的控制线路。在 G-M 系统投入运行以前，先启动交流电动机 M，带动直流发电机 G 和直流励磁机 G_E 以恒速运行，指示灯 H_L

亮，表示直流励磁机 G_E 已建立起额定电压(230 V)。

(2)主令控制器手柄在“0”位

由触头闭合表可知。SA－1 闭合，零压继电器 KA_2 和时间继电器 KT_2 线圈通电动作，常开触头 KA_2 闭合，起零压保护作用，同时常开延时断开触头 KT_2 立即闭合，短接与制动器线圈 YB 串联的经济电阻 R_E，保证在手柄离开“0”位(制动接触器 KM_B 线圈通电动作，其常开触头闭合)时 4－20(a)所示的能耗制动电路，它们的电枢绕组电阻($R_{aG}+R_{aM}$)就是能耗制动电阻，其机械特性如图 4－21 中过原点的一根直线所示，它的斜率决定于两个串联电枢电路中的总电阻(包括换向绕组、电流继电器 FA 和 KI 线圈的电阻)。

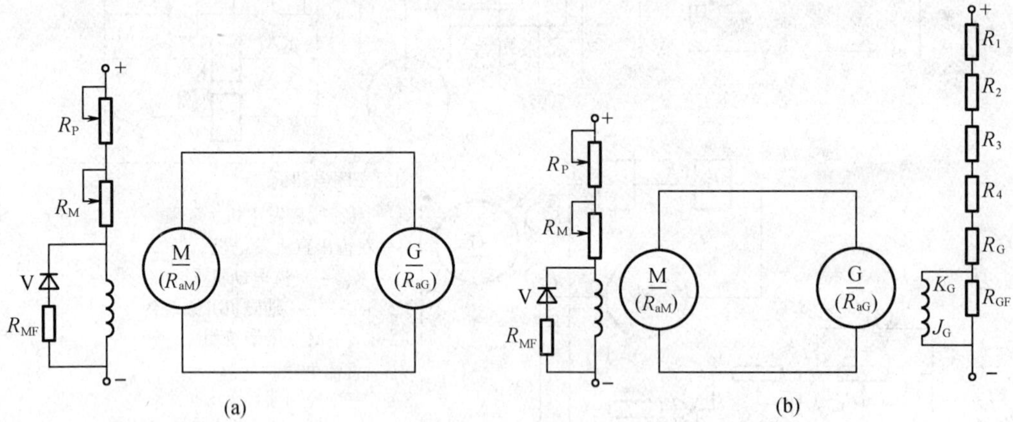

图 4－20　G－M 系统的手柄在“0”位和“1”位的接线图

(a)“0”位接线图;(b)“1”位接线图

(3)主令控制器手柄在“上升 1”位

SA－2、SA－4 闭合，SA－1 打开，使上升接触器 KM_H 线圈通电动作，KM_H 的常开触头闭合，使励磁电流经由 R_1-R_4 和 R_G 流向 G 的励磁绕组 J_G-K_G。由于励磁回路所串电阻较大，所以通过 J_G-K_G 的励磁电流较小，G 输出的电压也较低。另外，KM_H 的常闭触头断开，起互锁作用；KM_H 的常开联锁触头闭合，制动接触器 KM_B 线圈通电动作，使电磁制动器 YB 线圈通电，松开制动器，则 M 在低电压下低速运行。此时的主电路如图(b)所示，电动机的机械特性如图 4－21 中的特性曲线 1 所示。与此同时，KM_B 的常闭辅助触头打开，使时间继电器 KT_2 线圈断电，其常开触头延时打开，将经济电阻 R_E 串入制动器线圈回路，以减少其发热损耗。

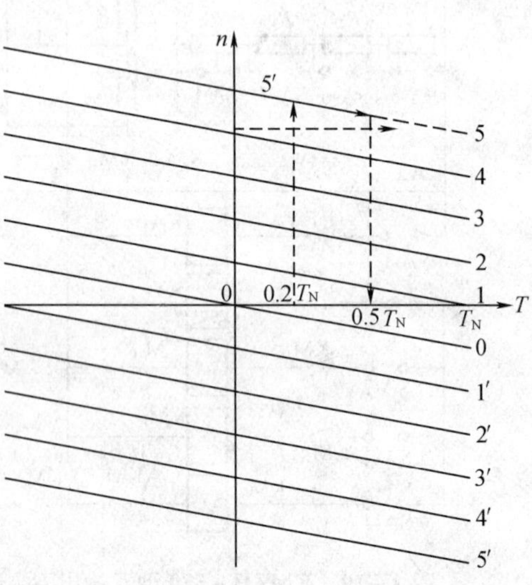

图 4－21　G－M 系统机械特性图

(4)手柄从“上升 1”到“上升 5”各位

从“上升 2”位开始，每将主令控制器手柄向加速方向扳动一位，其触头短接 R_1-R_4 中的一段电阻,使 G 的磁场逐级加强,其输出电压逐级升高,M 的转速也就逐级升高,直到"上升 5"位时把 R_1-R_4全部短接。这时 G 的励磁电流为额定值,它的输出电压最高,M 运行于额定电压下,如果起货机的负载超过 50% 的额定负载,负载继电器 KI 动作,把串于 M 励磁回路中的过载保护电阻 R_P短接,使 M 的励磁电流增加,转速下降,并使其机械特性变硬,如图 4-21 所示。当负载减小到 20% 的额定负载时,KI 衔铁释放,R_P又串入励磁回路中,使 M 的转速又上升,特性变软,如图中的特性 5 所示。

(5)手柄从"上升"各位迅速扳回到"0"(停车位)

方向接触器 KM_H和制动接触器 KM_B的线圈断电,发电机励磁绕组 J_G-K_G和电磁制动器的线圈均失电,但由于它们各自都并联有放电电阻 R_{GF}和 R_{BF},磁场放电电流不可能立即消失,都存在一个衰减的过程,因此发电机的输出电压 U_G和制动器的电磁吸力 f_{YB}都随时间 t 逐渐下降,如果发动机励磁绕组的放电电流的衰减速度比电磁制动器线圈的放电电流的衰减速度快得多,就会出现如图 4-22 所示的三级制动过程:再生(反馈)制动-能耗制动-能耗和机械刹车联合制动。

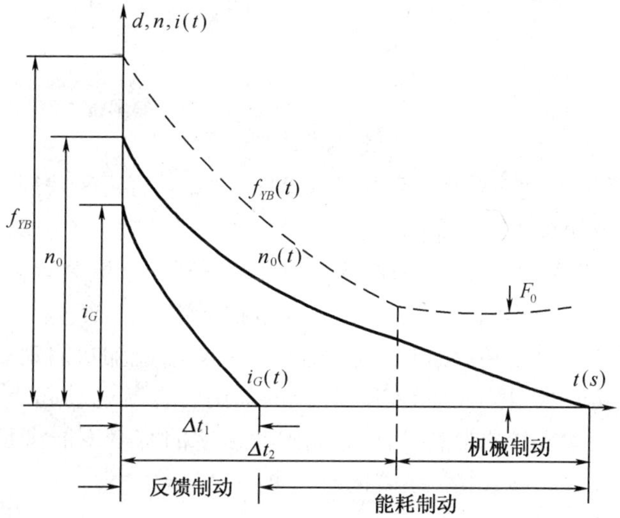

图 4-22　制动的过渡过程

图中 Δt_1为 G 励磁电流从正常衰减值减到近似为零所经历的时间,Δt_2为制动器电磁吸力从通电时的额定值衰减到不能克服弹簧反力而开始刹车时的 F_0所经历的时间。

(6)手柄在下降各位

线路的动作情况与上升过程基本一样,但在放重物下降时,电动机运行于再生(反馈)制动状态。

(7)从"上升"各位突然扳到"下降 5"(或相反)

若电动机正在"上升"某一位以较高速度运行,当将主令手柄迅速扳到"下降 5"位时,其速度不能立即改变,但发电机 G 的磁场已改变,电动机处于反接制动状态。由于主回路中仅有两台电机的电枢绕组电阻(机械特性较硬),因此会产生很大冲击制动电流和冲击制动力矩。为此该系统设有过电流保护装置,当主回路的电流超过过电流继电器 FA 的整定值时,FA 动作,其常闭触头打开,继电器 KA_2线圈断电,其常开触头打开,发电机失磁。若使系统继续工作,必须将主令手柄拉回到"0"位,使 KA_2重新动作后再逐级启动。

四、晶闸管直流电动起货机

目前船舶电动起货机中采用晶闸管直流电动机调速系统的类型较多,而且电路结构差别很大,但主要环节基本相似,比较典型的控制系统有以下几种方式,如图 4-23 所示。

1. 图 4-23(a)为接触器换向的反电枢可逆方式。由于这种线路比较简单、经济,100 kW 以下的晶闸管直流电动起货机常采用这种控制方式。但由于接触器的动作时间需要 0.1 ~

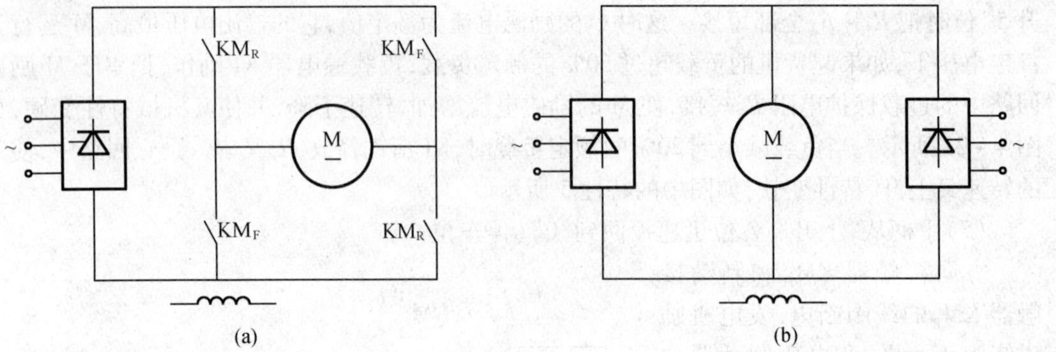

图 4-23　晶闸管直流起货机

0.2 s,因此在转换过程中便有 0.1 ~ 0.2 s 的死区,影响系统的快速性。另外接触器还有噪音及触头使用寿命问题。

2. 图 4-23(b)采用两组反并联晶闸管整流装置供电。通过控制使正反组整流装置交替工作:一组整流装置供给正向电枢电流,另一组整流装置供给反向电枢电流,使直流电动机能正反运转。这种可逆线路换向迅速,能缩短启动、停车的过渡过程时间,提高生产率。容量较大(100 ~ 150 kW 以上)的晶闸管直流电动起货机常采用这种控制方式。由于晶闸管装置容量的限制,当单套晶闸管装置的容量不能满足拖动电动机的要求时,可以并联使用几套晶闸管整流装置同时供电。

4.6　电动液压起货机

电动液压起货机是一种较新型的起货机,其应用日趋普遍。主要优点:便于实现无级调速和微动转动;启停时对电网的冲击小,能平稳地频繁启停和换向;此外还易于实现过载保护,又能吸收冲击负荷。但液压系统对制造和管理的要求较高,价格也比一般电动起货机系统的要高。

电动液压起货机主要由油泵机组、油马达及各种控制阀等组成,通过管路连接构成液压传动系统,油马达也叫液动机,用以拖动起货机卷筒转动,油马达的转动是利用高压油来推动,油泵的作用就是向油马达提供压力油液,而油泵由电动机拖动,故称电动液压起货机。油泵、拖动油泵的电动机及其启动设备合称为油泵机组,各种控制阀用来控制和调节液压系统中油的压力、流量和方向等,以保证拖动系统平稳而又协调地工作。与发电机-电动机起货机的功能相似,油泵机组相当于发电机组,油马达相当于电动机,各种控制阀相当于控制设备,而管路相当于导线。

一、液压系统工作原理

有关液压器件的详细结构和系统工作原理可参阅《船舶辅机》,这里仅简要介绍其基本工作原理。现以国产双吊杆式电动液压起货机为例,其左、右吊杆的卷筒驱动系统完全对称,液压元件和控制线路也完全相同。图 4-24 为左(或右)吊杆液压系统工作时的简图。液压系统由一台鼠笼式异步电动机 3 拖动主油泵 1 向油马达 2 提供压力油。油马达 2 拖动起货卷筒转动。主油泵与油马达构成独立的闭合循环回路,因此该系统称为“闭式系统”。

1. 主油泵和油马达

本液压系统中的主油泵为斜盘式双向变量泵，通过改变倾斜盘倾斜角的方向改变泵的吸排油的流动方向，从而调节油马达旋转方向；通过改变倾斜盘倾斜角的大小改变排量的大小，从而调节油马达的转速。在泵的端部装有变向变量的控制机构，只要拉动控制机构的拉杆，便可使倾斜盘偏转。倾斜盘与泵垂直时不排油，当向上拉动拉杆时，倾斜盘向某一方向倾斜（如对应于“起货”方向），而向下拉动拉杆时，便可向另一方向倾斜（对应于“落货”方向）。

油马达从结构上可分为柱塞式、滑板式和齿轮式等各种结构形式。本液压系统中使用的是柱塞式双向油马达。除主油泵外还有辅油泵（图中未画），用以向液压刹车（相当于电磁铁刹车）油缸8和旁通控制阀4等提供压力油，并向主油泵循环系统补充油液等。

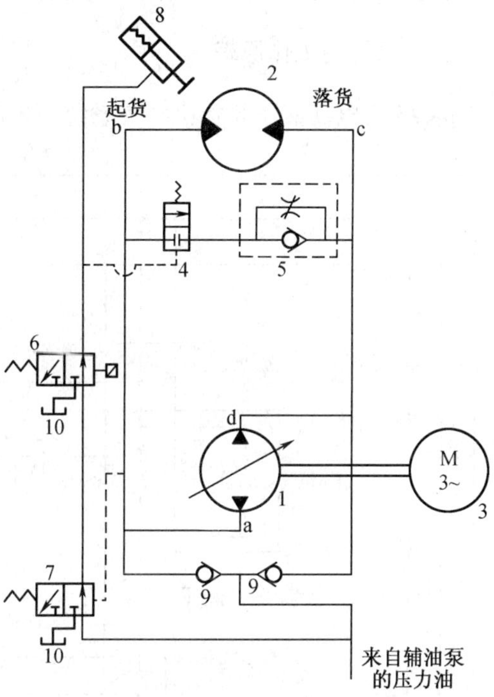

图4－24　液压系统工作时的原理图

1—主油泵；2—油马达；3—鼠笼式异步电动机；4—二位三通阀（旁通阀）；5—单向节流阀；6—电动二位三通阀（刹车电磁阀）；7—液压二位三通阀；8—刹车油缸；9—单向阀

2. 液压系统工作原理

根据图4－24所示，分析液压系统的起货、落货、调速和制动等工作状态。

（1）起货

油泵机组启动后，操纵主令手柄从“0”位扳到“上升”位，变量泵的倾斜盘向起货方向倾斜，变量泵a管排压力油，d管吸入，管路ab段内为高压油。阀7有液压信号而处于右位。但在油刹车松闸前，阀4处于上位，主油泵的排油经阀4和阀5组成的旁通支路流回吸油管d。主令手柄离开“0”位后，阀6通电而处于右位，来自辅油泵的压力油经阀6进入刹车油缸8，将克服弹簧力使油刹车松闸。同时流向刹车油缸的压力油进入阀4的控制油路，使阀处于下位而关闭，于是，高压油经ab管路流入油马达。油马达产生转动力矩带动卷筒旋转提升货物。改变主令手柄的位置，可改变变量泵倾斜盘的倾斜角大小而实现起货速度的调节。

（2）落货

主令手柄扳到“下降”位时，变量泵的倾斜盘向反向倾斜，使吸排方向与起货时相反。变量泵的高压油从c管进入油马达，使油马达产生反向转矩而反转落货。在空钩时，油马达克服摩擦力而拖动卷筒下降。而在下放重物时，在货重的作用下，油马达转速不断升高，当油马达排出的油量大于变量泵的排量时，油管ab内油压将高于cd管内的油压，这时便产生制动转矩。油马达由拖动卷筒变为阻碍卷筒旋转，当制动转矩随转速而增加到与货重产生的力矩平衡时，便以稳定转速等速落货。此时油马达以油泵状态运行，而油泵以油马达状态运行，其能量或供给同轴的另一个主油泵，或拖动电动机变为发电机状态运行，将电能反馈至电网，这一状态与电动起货机中电动机的再生制动状态类似。落货速度的调节，同样通过扳动主令手柄的位置,改变变量泵倾斜盘的倾斜角来实现。

二、电气系统的工作原理

图 4-25 为电动液压起货机电气系统原理图。该起货机吊杆的上下移动,是利用电动

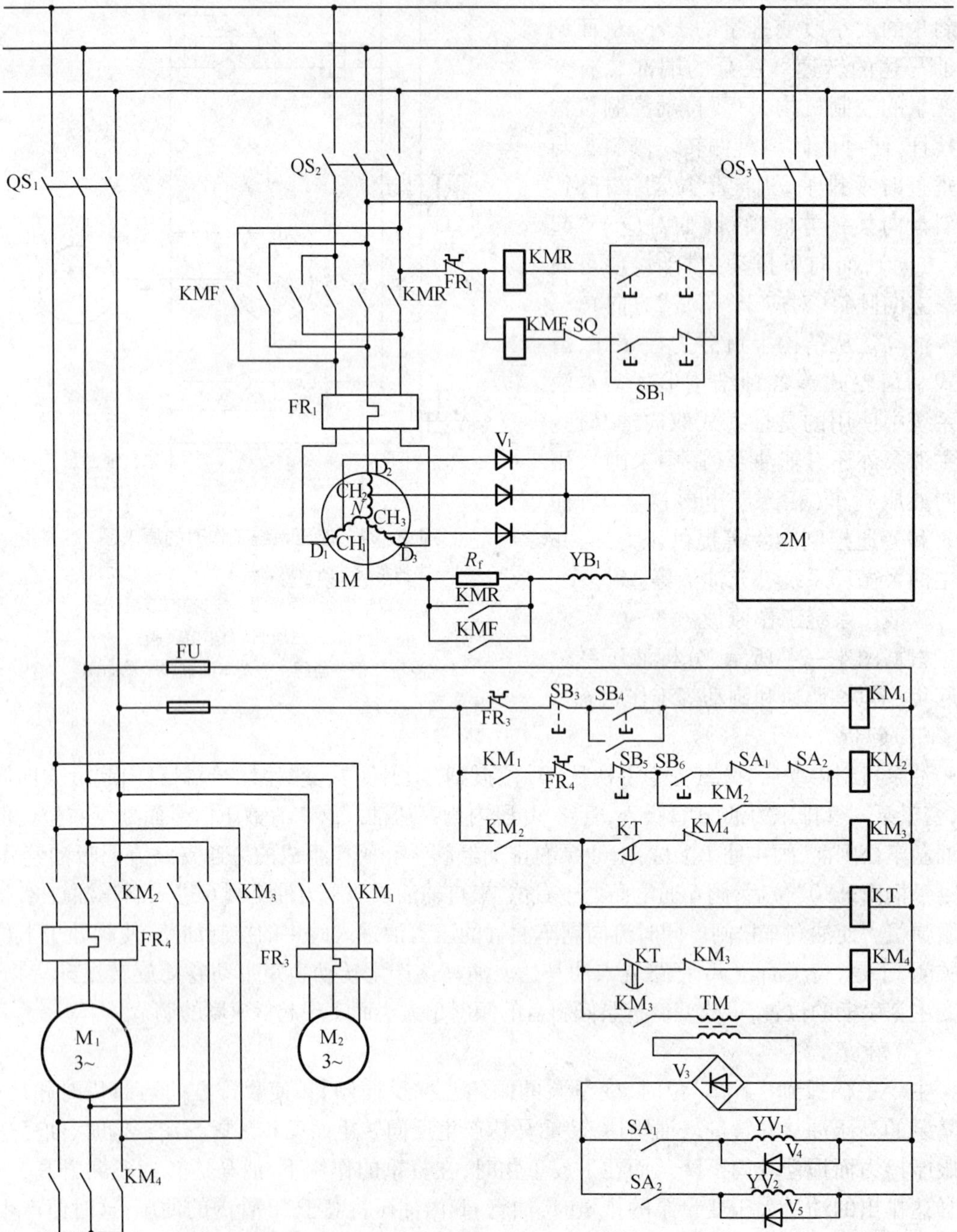

图 4-25 为电动液压起货机电气系统原理图

M_1—主油泵电动机;M_2—辅油泵电动机;1M,2M—吊杆电动机;SA_1,SA_2—零位开关;

YB_1,YB_2—直流电磁制动器;YV_1,YV_2—刹车电磁阀线圈

机 1M,2M 拖动的。因 1M,2M 的控制线路完全相同,故图中仅画出 1M 的控制线路。1M 的定子绕组有 7 根出线头,分别为 D_1,D_2,D_3,CH_1,CH_2,CH_3和 N。该型电动机附有直流电源,用电动机本身每相绕组的中间抽头 CH_1,CH_2,CH_3经硅整流器 V_1整流供电。为保证制动器动作灵敏,在电动机断电瞬时,接触器辅助触头 KMR 或 KMF 断开,使制动器线圈 YB_1经放电电阻 R_f放电,迅速刹车,而电动机通电时,使电阻 R_f短接,使制动器可靠动作松闸。吊杆电动机用正反转磁力启动器直接启动,通过按钮控制和联锁。

主油泵电动机 M_1的容量较大,采用 Y－△降压启动。根据液压系统的要求,应先启动辅油泵电动机约 1 min 后再启动主油泵电动机,为此利用接触器 KM_1的常开辅助触头与接触器 KM_2线圈联锁,来满足这一要求。

零位开关 SA_1,SA_2的常开触头,用来控制刹车电磁阀线圈 YV_1,YV_2。当起货机的主令手柄在"0"位时,该触头打开,电磁阀断电,液压制动器刹车。主令手柄离开"0"位时,触头闭合电磁阀通电,油刹车松闸。零位开关 SA_1,SA_2的常闭触头与主油泵接触器 KM_2线圈联锁,其触头与启动按钮 SB_6串联后,再与 KM_2自保触头并联。当主令手柄在"0"位时才能启动主油泵电动机,实现零位保护。主油泵电动机启动后,变压器 TM 供电,操纵主令手柄,液压系统才能工作。

实训一　交流起货机控制系统故障分析和排除

一、实训目的

掌握交流起货机控制系统典型故障的分析和排除方法。

二、实训器材

交流起货机控制箱一台(控制线路见图 4－9)、常用电动工具一套、500V 绝缘摇表、万用表及钳形电流表各一块。

三、实训内容及步骤

1. 课前熟悉交流起货机控制线路的工作原理。
2. 认识交流起货机控制屏上的各主要元器件,将电路原理图与控制屏上的实物对应。
3. 先分析主回路,然后分析控制回路,熟悉整个控制屏电路的动作过程。
4. 分析控制屏电路中各元器件实现的保护作用及原理。
5. 动手操作,观察控制屏上各元器件的动作情况。
6. 典型故障分析

(1)提升和下降各挡都不来车。故障的原因可能是:

①电源回路发生短路,或电源没能送到主回路和控制回路。

②刹车没打开或打开不到位。

③主令控制器失控。

④风门未打开或风门开关接触不良。

⑤热继电器触点断开或接触不良。

⑥零压继电器触点断开或接触不良。

排除故障的方法是：

①查测电源回路、检查熔断器、检查电源开关、检查短路点。

②检查制动器，使它动作活络，而且间隙要调整合适（一般在0.6～2 mm）。

③检查主令控制器的机械传动机构和触头位置。

④检查风门开关及其回路。

⑤检查热继电器，复位及修复。

⑥检查零压继电器及回路。

（2）有提升（或下降）而无下降（或提升）。故障的原因可能是：

①方向接触器的线圈短路或断路。

②方向接触器的主、副触点接触不良。

③主令控制器的触点接触不良。

排除故障的方法是逐一查测修复。

（3）主令控制器手柄从第三挡扳到零位，电动机仍然运转。手柄反向操作，电动机运转方向不变。故障的原因可能是：

①时间继电器2SJ失控。

②传动机构卡死或延时时间过长。

③逆转矩控制电路失控。

应该逐一检查、排除。

（4）落货时滑程太大。故障的原因可能是：

制动环节失控或制动时间调整过长，即2SJ延时时间过长，超过再生制动时间。

检查2SJ的延时工况，按要求调整，一般2SJ的延时时间常设定在0.7 s左右，不能大于1 s，目的是保证电动机有足够的再生制动时间。

（5）轻载情况下，高速上不去。故障的原因可能是：

负载继电器ZJ的整定值调得不对。应重新调整ZJ的动作值。

（6）电磁制动器打不开，电动机堵转。故障的原因可能是：

①电磁制动器线圈断路、短路或接地。

②时间继电器5SJ线圈断路，应该逐一查测，排除。

（7）电磁制动器不释放（制动）。故障的原因可能是：

①刹车片卡死或ZDC主触点卡死。

②加速接触器1C，2C和3C的副触点没断开。应逐一检查、修复。

（8）电磁制动器打开后又释放。故障的原因可能是：

换挡过程中没能保证1C，2C，3C同时有2只吸合，时间继电器5SJ延时时间太短。另外，经济电阻太大及反作用弹簧力太大也会出现制动器一打开就释放的现象。

要调整好5SJ延时时间，经济电阻不应串入太大，弹簧的强度应该调整合适。

（9）电磁制动器的温升太高。故障的原因可能是：

①刹车线圈匝间短路。

②摩擦片间隙太小或间隙不均匀。

③经济电阻太小或串入时间太迟。

排除故障的步骤是：

①查测刹车线圈，修复。

②调整刹车间隙。

③调整经济电阻阻值,调整 lSJ 的延时时间。

(10)摩擦片磨损太快。故障的原因可能是:

①摩擦片间隙调整得太小。

②摩擦片材料耐磨性差。

③电动机没有进行再生制动,造成电动机高速制动,即 2SJ 失灵或延时时间过短。

④摩擦片间隙调整得不均匀,造成受力不均,长期高速摩擦,使之变形。

排除故障的方法是:

①调整好间隙。

②换质量好、耐磨的摩擦片。

③调整 2SJ 延时时间(0. 25 ~0. 7 s)。

④重新安装刹车盘,使之间隙均匀。

(11)刹车刹不住重物。

发生这种故障时,要检查电磁制动器的反作用弹簧。因为弹簧力不强或断裂是造成故障的主要原因。另外,摩擦片太光滑或间隙过大,也可能发生刹不住车。

实训二 交流起货机控制系统的维护和保养

一、实训目的

掌握交流起货机控制系统的维护和保养方法。

二、实训器材

交流起货机控制箱一台、常用电动工具一套、500 V 绝缘摇表和万用表各一块。

三、实训内容及步骤

在船舶实际生产过程中,交流三速电动起货机的维护保养工作,一般要做到以下几点:

1. 日常检查与调整

①检查继电器和接触器的触头压力及行程,接触是否良好。

②检查失压继电器、过载继电器、时间继电器的工作状况是否满足控制系统的要求。

2. 一般性检修

通常每个航次进行一次,主要做以下几项工作:

①控制箱的清洁(特别是主触头)。

②固紧接线端子,检修活动部件。

③主令控制器清洁检查,活动部件要加油润滑。

④检查与调整所有电器元件,使其处于完好状态。

⑤检查主回路和控制回路是否有断路、短路、接地现象,并查测绝缘电阻(注意电子元件在测量绝缘电阻时应将其断开)。

3. 大修(季度检修)

除完成上述各项工作外,还应进行以下几项工作:

①查测与调整各电器的吸合电压(电流)值和释放电压(电流)值。

②查测与调整各保护电器的动作值。

③测量控制箱、电动机绕组和刹车线圈的绝缘电阻。

④冷却风机解体检修。

⑤刹车解体检修,更换零部件。

4. 值班维护检查

在起货机进行装卸货时,值班人员重点要做好以下工作:

①经常检查电动机、刹车及其主要接触器的温升。

②检查通风系统是否正常工作。

③检查电动机、刹车、电器动作情况。

如果发现不正常情况,应立即采取措施,把故障的损坏程度降到最低点;出现故障要及时排除,尽量减小对船舶装卸货的影响。

任务3 船舶舵机电力拖动系统的维护

【学习目标】

1. 了解船舶舵机的分类及自动控制系统的工作原理。

2. 初步具备保养、分析和排除船舶舵机自动控制系统一般故障的能力。

【任务分析】

舵机是改变船舶航向或维持船舶已设定航向的重要设备。一旦失灵,船舶即会失去控制,甚至发生事故。因此,我国《钢质海船入级与建造规范》(1996)根据《国际海上人命安全公约》(SOLAS 公约)的规定,对舵机的性能提出了明确的要求,其基本精神就是要求舵机必须具有足够的转舵扭矩和转舵速度,并且在某一部分发生故障时,应能迅速采取替代措施,以确保操舵能力,保证船舶安全。

船舶舵机的性能直接影响船舶的安全,从而影响人命安全。因此对机电管理人员来说,熟悉舵机自动控制系统的工作原理,具备保养、分析和排除船舶舵机自动控制系统典型故障的能力是非常重要的。

【相关知识】

3.1 舵机的组成及操舵系统

目前,船上广泛应用电力拖动舵机及自动操舵装置(俗称自动操舵仪)。舵机从驱动形式上可分为人力舵、电动舵、液压舵和电动液压驱动舵(俗称电动-液压舵),其中应用最广泛的是电动-液压舵。从控制形式上分为手动舵、随动舵、自动舵和自适应舵四种。自动舵和自适应舵是用来自动保持船舶在给定航向上自动航行的控制装置,实际是一种航向自动控制系统,其被控制量是航向。本任务主要讲述手动舵、随动舵、自动舵和自适应舵的工作原理以及操作知识。

舵机设备主要由下列几个部分组成：

(1)控制系统　由装在驾驶室的发送器和位于舵机间的接受器(又称受动器)等设备所组成，并可通过追随机构以完成控制舵机的任务，因此，这是舵机设备中的指挥系统。

(2)舵机　操舵的动力，根据操舵能源的不同，舵机可分为人力的、气动的、电动的和电(动)液(压)的，等等。远洋船舶一般都使用电(动)液(压)舵。

(3)转舵机构　是一套用来将舵机所发出的功率传递给舵柱的设备(如液压油缸 - 油压式转舵机构)，为了便于叙述，常将转舵机构包括在舵机之中。

(4)舵　亦称舵叶。它是一种用来承受水流作用力，以产生转船力矩的设备。目前，在海船上都广泛应用空心结构的流线型平衡舵。

下面介绍操舵系统的类型。

一、手动操舵系统

1. 手动操舵系统方块图

近代船舶上都装有手动操舵装置。它是一个开环控制系统，系统的主要环节可用方框图表示，见图 4 - 26。它主要包括如下环节。

图 4 - 26　手动操舵系统框图

(1)手柄　发出操舵信号的指令元件。

(2)放大器　用来放大指令信号供给执行机构。目前多采用半导体放大器、电 - 液放大器、磁放大器和电机放大器等。

(3)执行机构　用来推动舵转动的装置。一般用电动机或电动液压装置。

(4)传动装置　将执行机构的角位移传给舵。

(5)舵叶　用来调整航向。

2. 手动操舵的特点

手动操舵的特点是：手扳舵转，手放舵停；左舵左扳，回舵右扳；右舵右扳；回舵左扳。进行手动操舵，操舵人员必须经常观察罗经上航向指示及舵角指示器，再根据操舵要求扳动操舵手柄，发出操舵信号。每转舵一次，扳动操舵手柄两次(一次发出信号使舵偏转，一次消除信号使舵停转)。因此，这种操舵系统虽简单，但操舵人员劳动强度大。

二、随动操舵系统

1. 随动操舵系统方框图

随动操舵系统方框图如图 4 - 27 所示，它是由指令机构、比较机构、测量机构和调节对象等环节所组成，以此实现被调量的自动调节作用。其系统为闭环系统。在系统中被调量是舵角，调节对象是舵。从系统的框图可以看出，当人发出一个操舵指令时，则手轮即转动，发出偏舵信号。输出一个 U_i，它和 U_f 进行比较后产生一个偏差信号 e，偏差信号 e 经放大器环节放大后，送至执行机构，执行机构根据放大的偏差信号，决定调节对象的转动方向。通过测量机构所测得的舵角信号连至比较机构，当 $e=U_i-U_f=0$ 时，说明系统已完成了该命令的控制过程。

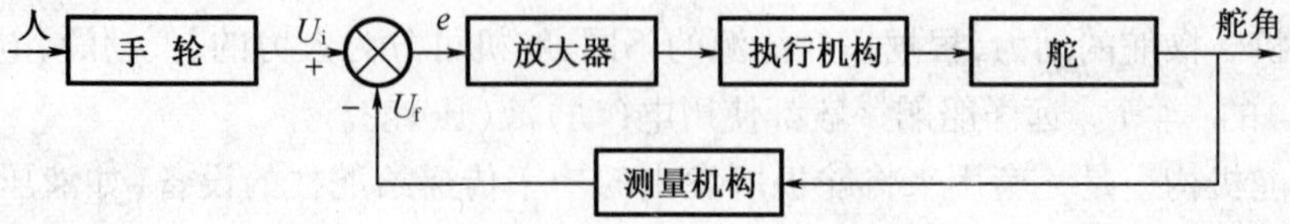

图 4-27 随动操舵系统方框图

2. 随动操舵的特点

随动操舵的特点是：操舵手轮向某舷转动发出一个指令舵角，舵叶就跟随手轮的方向转动某一舵角。操舵手轮转至零位，舵叶也跟随船舶的艏艉线上停下来。总之，随动操舵时舵叶的偏转角度与操舵手轮的指令角度总是一致的。

三、自动操舵系统

1. 自动操舵系统基本原理

自动操舵系统和自动操舵的基本原理如图 4-28 所示。

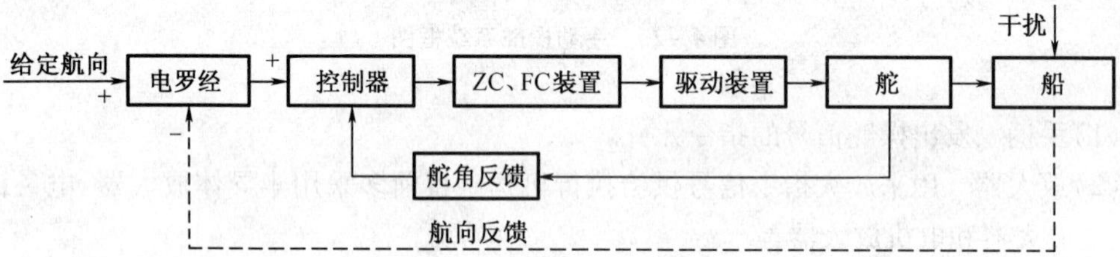

图 4-28 自动操舵系统框图

自动舵的调节对象是船，被调量是航向，自动舵系统包含了随动舵系统（即图 4-27 中的环节）。自动舵是由陀螺罗经传感元器件来代替人工发出操舵信号，使船回到给定航向。图中的控制器是自动舵的主要部件。给定航向与反馈信号之差就是航向偏差信号，此信号经自动舵中 PID 调节器及放大器至舵机电力系统，其中，ZC、FC 是电动舵使电动机正反转的控制环节（或电液舵左右舵电磁阀环节）。自动操舵系统必须具备舵角反馈和航向反馈，两者缺一不可。如果没有舵角反馈，它是一个结构不稳定的系统；如果没有航向反馈，它就不能自动地保持在给定的航向上。

2. 自动舵的分类

自动舵的种类很多，一般可按调节规律、检测元件的类型及放大器的种类来分。表 4-3是按照调节规律分类的情况。

表4－3　自动舵按调节规律分类情况

种类	操舵规律	特点
比例舵	$\delta = -K_1\psi$	偏舵角与偏航角成比例,结构简单,精度较差
比例－微分舵	$\delta = -\left(K_1\psi + K_2\dfrac{d\psi}{dt}\right)$	加快给舵速度,更好克服船舶回转
比例－微分－积分舵	$\delta = -\left(K_1\psi + K_2\dfrac{d\psi}{dt} + K_3\int\psi dt\right)$	可消除船舶不对称偏航,结构复杂,不易调整

注:δ—偏舵角;ψ—偏航角;K_1—比例系数;K_2—微分系数;K_3—积分系数。

3. 自动舵的基本要求

(1)自动操舵性能良好

①具有一定的灵敏度　当船舶偏离航向达一定角度(一般规定0.2°~0.5°)时,自动舵应能立即动作,并能以一定的舵角(即一次偏舵角),使船舶返回到给定航向上。

②能够产生二次偏舵角　当一次偏舵不足以使船舶返回正航向时,自动舵应能再次偏舵,一直到促使船舶回到给定航向为止。

③能产生稳舵角(亦称反舵角)　船舶在舵的作用下返回给定航向时,由于船舶的惯性可能向另一方向偏航,为了使船舶恰好回到给定航向而不超过,此时舵必须向另一舷转过一个小角度以抵抗船舶的惯性。

④能产生压舵角　由于船舶在航行中受到不对称的外界干扰(如一舷的风浪、螺旋桨不对称、装载量不对称等)会产生一舷的持续力矩,船将产生不对称偏航。为此,必须使舵偏离艏艉线一个舵角来抵消一舷的持续力矩。

⑤能方便地改变航向　在自动操舵时,既能维持船舶航行在给定的航向上,又能按需要使船在新的航向上航行。

(2)具有必要的调节装置

①灵敏度调节　灵敏度是指系统开始投入工作时的最小偏航角。它是根据天气、海况进行调节,风平浪静时调高些,大风大浪时调低些。

②舵角比例调节　偏舵角与偏航角比例关系为舵角比例。当舵角比例过小,就不能产生足够的转船力矩,回转性能不好;如果舵角比例过大,可能使船回转过头,稳定性能不好。因此,要根据船型、装载、航速等情况调节舵角比例,特别要注意,在大风大浪中航行时舵角比例不宜过大。

③反舵角调节　船舶在偏离正航向时,自动舵能使船舶恢复到原来的正航向上。在恢复过程中,作S形衰减振荡航行,为了使船尽快地恢复到正航向,必须具有微分环节,以得到需要的反舵角。其大小根据船型、装载及天气情况调节。

④压舵调节(也称偏航调节)　为了消除持续干扰力矩而给出一个舵角,此舵角可由人工给定或加积分环节产生。

⑤航向调节　即小角度改变航向调节,目前已可做到随意改变航向。

(3)要设有随动和手动操舵设备

在船舶进出港或遇到紧急情况以及自动舵失灵时应能立即转换为随动操舵或手动操

舵,以保证船舶航行的可靠性。

此外,自动舵还应设有双电源(两路供电),双机组换转等装置。

4. 自动舵的控制原理

(1)自动舵的比例控制

①比例舵的变化规律

所谓比例舵控制就是按船舶偏航角 ψ 与偏舵角 δ 成正比的规律来控制。其比例关系为

$$\delta = -K_1\psi \tag{4-1}$$

②比例舵的控制作用

由式(4-1)可见,K_1 是可调的比例系数,一般根据船型、吃水、装载量来确定。但船舶载荷增加(惯量加大),而且航速变慢,使周期 T 变长。为了缩短周期使船舶偏航迅速消除,就得加大 K_1。

(2)自动舵的比例-微分控制

①比例-微分舵的变化规律

这种控制的特点是除了比例舵角 $\delta_1 = -K_1\psi$ 外,还增加了一个与船舶偏航速度成比例的微分舵角。

$$\delta_2 = -K_2\frac{\mathrm{d}\psi}{\mathrm{d}t} \tag{4-2}$$

$$\delta = \delta_1 + \delta_2 = -\left(K_1\psi + K_2\frac{\mathrm{d}\psi}{\mathrm{d}t}\right) \tag{4-3}$$

式中,k_2 为微分系数。

③比例-微分舵的控制作用

如果船舶偏航速度大,产生的 $-K_2\frac{\mathrm{d}\psi}{\mathrm{d}t}$ 也大,则舵角 δ 就增加,船舶回航时 $\frac{\mathrm{d}\psi}{\mathrm{d}t}$ 变号,使回舵角增加。

船舶回至正航向时,便产生足够大的反舵角,克服船舶由于惯性向另一侧偏航。增加微分环节可使船舶较快地稳定在正航向上。

(3)自动舵的比例-微分-积分控制

①比例-微分-积分舵的变化规律

这种控制的特点是除了比例-微分舵角 $\delta = \delta_1 + \delta_2 = -\left(K_1\psi + K_2\frac{\mathrm{d}\psi}{\mathrm{d}t}\right)$ 外,又增加偏航角积分的舵角。

偏舵角 δ 和偏航角之间符合下列规律:

$$\delta = -\left(K_1\psi + K_2\frac{\mathrm{d}\psi}{\mathrm{d}t} + K_3\int\psi\mathrm{d}t\right) \tag{4-4}$$

式中,K_3 为积分系数。

这种类型自动舵属于比例-微分-积分控制系统(或 PID 系统)。

(2)积分控制的作用

船舶在航行时,常常由于船体和装载的不对称受单侧风和流等外力的影响,使船舶发生左、右向不对称的偏航。对称偏航时,S 航迹在正航向两侧对称,平均偏航角 $\delta = 0$。当不对称时,S 航迹在正航向一侧的摆幅增大,另一侧的摆幅减小,使 S 航迹的轴线方向偏离正

航向,即平均偏航角 $\delta \neq 0$。船舶受单侧力的横向漂移和小的偏航角(在系统灵敏区以内)都不能被检测到,因而无偏舵指令,这将使船舶"差之毫厘,失之千里"。但系统加入积分环节将对偏航角进行积分并发出与偏航角相应的恒定偏舵角指令,利用恒定的偏舵角来抵消持续的外力作用,保证船舶的正航向,这种作用还称为自动"压舵"调节。在正常的对称偏航的情况下,积分环节也能提高航向的稳定精度,因此它能检测小的偏航角。

由于比例-微分-积分控制系统的综合调节规律,因此它是动态和静态性能指标以及稳定性都比较好的一种自动检测系统。

3.2 "安修斯(ANSHUTZ)"型自动操舵仪

"安修斯(ANSHUTZ)"型自动舵属于"比例-微分-积分"自动操舵系统。它有自动和跟踪两种操舵方式,而无应急操舵。为了保证操纵系统的可靠性,自动和跟踪两种操舵系统相互独立,各有自己的通道。由操纵选择开关进行选择。当一套系统工作时,有联锁装置保证另一套不工作。"安修斯"自动舵的参数调节范围宽阔,可以和各种类型的舵机配套。

一、自动操舵系统的工作原理

自动操舵系统电气原理图如图 4-29 所示(见插页)。

将操纵方式选择开关 K_1 转到"自动"(AUTO)位置,此时自动信号发送器的航向接收机 J_1 与电罗经接通。

当船舶受到外力干扰偏离给定航向,如向右偏航 ψ 角时,电罗经显示出航向偏差,通过电气同步传递,使航向接收机 J_1 转动,带动航向刻度盘指示出偏航 ψ 角,同时通过差动齿轮带动信号发送机 J_2 转动,J_2 是一个线性旋转变压器,它的线性精度较高,能够符合舵角反馈电位器的精度要求(电位器线性精度为 1%)。所以,J_2 产生一个与偏航角成正比例的交流电压,并经过相敏整流,输出直流信号,经滤波电路将交流成分滤掉,然后经过灵敏度调节电路,送入运算电路进行比例、微分、综合运算。综合后的信号送到功率放大器,去控制继电器 CJ_5(或 CJ_6)动作,接通电磁阀线圈 T_1(或 T_2)电路,启动电磁阀使舵机工作,舵叶向左偏转一个 δ 角。在偏舵时带动舵角反馈电位器 R_{18} 的滑动键偏转,舵角反馈电路不再平衡,发出直流信号,经过微分电路后(其作用相当于将偏航角 ψ 积分),送入运算放大器并与偏航信号综合运算,当舵角反馈信号与偏航信号平衡时,运算放大器输出为零,继电器释放,电磁阀关闭,舵机停止工作。得到固定的左偏舵角,使船舶向正航向回航,这时 J_1 反转恢复给定航向,并带动 J_2 反转,使航向误差信号减小,由于舵角反馈信号的大小还没有改变,因此系统又不平衡,使运算放大器输入端信号极性改变,因而输出端便产生一个极性相反的电压信号,使继电器 CJ_6(或 CJ_5)吸合,接通另一个电磁阀线圈,开始回舵。当船舶回到正航向时,舵叶也回到首尾线上。所以其原理和其他类型的自动舵相同,其具体环节有它的特点,现分述如下:

1. 相敏整流电路

其相敏整流电路由二极管 $D_{13} \sim D_{16}$、电阻 $R_{35} \sim R_{38}$、负载电阻 R_{39}、变压器 B_1 的次级绕组组成,但它的输入交流电压信号来自线性旋转变压器。

航向信号经过相敏整流电路得到的是脉动直流电压信号。但是舵角反馈信号是由电位器和电阻组成的,其电源由电桥电路供给直流 $+EC_1$, $-EC_1$,因此反馈信号是没有脉动成分的直流电压信号。为了便于综合航向信号与舵角反馈信号,以保证精度,采用由电阻 R_{40},R_{41},R_{42},电容 C_{22},C_{23},C_{25},C_{26}组成的低频滤波电路,对航向信号进行滤波。

2. 灵敏度调节

灵敏度调节电路由一个波段开关 $K_{灵}$ 控制的三部分电路组成。它由电阻、二极管等组成一个闭锁环节,由于这个闭锁环节的存在,形成一定的死区,当航向偏差信号克服了这一闭锁电压后,信号才能输送到运算放大电路进行综合运算。因为 $R_{42} \sim R_{52}$阻值逐渐增大,所以闭锁电压由 5~11 挡是逐渐增加的。所以每向高挡移动一次,系统灵敏度就依次降低。共 11 挡,灵敏度调节范围是很宽的。另外还设有电阻 $R_{106} \sim R_{108}$供实船调试使用。

3. 舵角反馈装置

舵角反馈信号由舵角反馈电桥电路产生。电桥的二臂由电位器 R_{18}通过滑键分开,电桥的另外两桥臂分别由电阻 R_{60},R_{63}和 R_{62},R_{64}组成,当滑键在电位器的中心位置时,电桥平衡,输出电压为零。当滑键偏离中心位置时,电桥失去平衡,有信号电压输出,偏离中心位置越远,输出值也越大,偏离中心位置的方向不同,输出信号极性相反,以反应偏舵的方向。

在反馈回路中装有电容 C_{33},电阻 R_{65},R_{57},R_{70}等对偏舵信号进行微分,相当于对偏航信号进行积分的作用。

4. 放大电路(功率放大器)

由晶体管 $BG_9 \sim BG_{15}$等组成具有开关特性的功率放大电路,电路中各晶体管都处于开关特性状态,输入级由 BG_9 和 BG_{10}组成,若运算放大器输出信号为上“+”,则 BG_9 管导通,继电器 CJ_5 吸合,电磁阀线圈 T_1 中有电流通过,电磁阀被接通,舵偏转。为了使左、右舵和回零等对称性好,可以调节偏置电位器 R_{75},R_{87}或调节接地零位电位器 R_{94}。为了保证可靠截止和导通,提高电路准确可靠性,还设置了继电器辅助触头 CJ_{3-2},CJ_{4-2},用以调整 BG_9 和 BG_{10}的偏置。另外为了保护 BG_9 和 BG_{10},不至于击穿、过载,从自动信号发送机 J_2 的输出电压中,经过 D_{26},D_{27}整流后引入反偏置,当偏航过大,运算电路来的偏航信号太大,引入了偏航信号的负偏置,对运算放大器输入进来的信号予以抵消,从而保护了 BG_9 和 BG_{10}。

在直流电磁阀电路里还设有灭弧装置,由电容 C_{45},C_{46}和电阻 R_{102}组成。交流电磁阀则无灭弧装置。

二、跟踪操舵工作原理

跟踪操舵系统电气原理图见图 4-29。

将操纵方式选择开关 K_1 转到手动(HAND)位置,此时自动信号发送器的航向接收机 J_1 与电罗经的电路被切断,舵角反馈电位器 R_{18}与自动操舵的电路被切断,改接到跟踪操舵的电路上,它与跟踪操舵电位器 R_{17}组成电桥电路,并将直流电源改为交流电源供电。当手轮转动时,带动电位器 R_{17}上的滑动触头转动,产生相应的操舵信号,经灵敏度调节电路,进入三极管相敏整流放大电路,以差值的形式输入晶体管可控硅组成的开关电路,控制继电器 CJ_1 或 CJ_2 的接通或断开,从而控制电磁阀接通或断开,操纵舵机工作,使舵叶偏转或停止。

电位器 R_{17}与操舵手轮通过齿轮传动相连接,转动舵轮即可改变电位器 R_{17}上的滑动键的位置。而电位器 R_{17},R_{18}接成桥式电路,由 115 V,50 Hz(或 60 Hz)交流电源供电,如果两个电位器滑键所处的对应位置相同,则两滑键上输出电压为零。当移动一个滑键时,两个滑动键之间将输出一个交流电压,该交流电压的相位与两个滑动键的相互位置有关,而其大小与滑动偏转角成比例。

灵敏度调节电路由整流器 ZL_1，电阻 R_2，R_3，二极管 D_1，D_2 和电位器 R_4 等组成。在没有操舵信号输入前，该电路通过 R_2，R_3 已在二极管 D_1，D_2 上预置了一定的反向电压即闭锁电压，操舵信号产生后，只有在克服了这一反向电压后，才能输入到变压器 B_3 的初级。调节电位器 R_4 可以调节灵敏度，要求是：一方面使灵敏度尽量高些；另一方面又要使操舵时不发生振荡现象。

相敏放大电路由晶体管 BG_1，BG_2 等组成。这是三极管全波相敏整流电路。由 B_2 副边供给交流电压，基极、发射极之间接有信号电压，整流器 ZL_2 提供基极直流偏置。当无操舵信号输入时，BG_1，BG_2 工作情况完全相同，a 端与 b 端的电位相等。即 $U_a = U_b(\Delta U_{ab} = 0)$ 无差值信号输出。在有操舵信号输入后，BG_1，BG_2 管工作发生变化，一个导通程度增大，另一个则导通程度减小，增减程度与操纵信号的大小有关，也同时与输入信号的相位相对应。由于两个管子导通程度不同，a，b 两端的电位不再相等，有差值信号 ΔU_{ab} 输出。ΔU_{ab} 的大小、极性与操舵信号的大小、相位有关。从而实现了相敏整流，并予以放大。

差值信号 ΔU_{ab} 经过电感 L 和电容 C_3，C_4，C_5 滤波后，加到晶体管 BG_3，BG_4 的基极上，作为开关电路的直流输入信号。

开关电路由晶体管 $BG_3 \sim BG_6$，可控硅 SCR_1，SCR_2，整流器 ZL_3，ZL_4 等组成，整流器 ZL_3 提供了晶体管 $BG_3 \sim BG_6$ 的电源电压，ZL_4 提供可控硅主回路的电源，在没有差值信号 ΔU_{ab} 输入时，BG_5，BG_6 导通，在电阻 R_7，R_8 上产生电压降，使 BG_3，BG_4 的发射极电位高于基极电位，接近于零电位，稳压管 DW_1，DW_2 截止，可控硅 SCR_1，SCR_2 没有触发信号，所以可控硅 SCR_1，SCR_2 截止。当有差值信号输入，且 $U_a > U_b$ 时，通过二极管 D_{10}，使 BG_3 导通，而 BG_4 的基极仍低于发射极，所以 BG_4 仍截止。BG_3 导通后，BG_5 由导通变为截止，稳压管 DW_1 导通，触发可控硅 SCR_1 导通，继电器 CJ_1 获电，电磁阀 T_1 有电，舵机动作，假如给左舵。同理，当以 $U_a < U_b$ 时，则 BG_4 导通，BG_6 截止，则 SCR_2 触发导通，CJ_2 获电，T_2 有电，舵机动作，给出右舵，实现了跟踪操舵。

3.3 自适应操舵装置简介

船舶自动操舵装置（简称自动舵）是船上进行船舶操纵的重要设备，它能使船舶自动保持于设定航向。目前它已从电子式常规自动舵发展到新一代用微型计算机的具有自适应控制功能的自适应自动舵。

每艘船舶都有其自己固有的运动特性，其动态特性就是通常所称的船舶数学模型。船舶数学模型是随船速、装载吃水差和海况等因素的变化而变化。常规自动舵不可能在不断变化着的运行环境下实时精确地辨识船舶数学模型的参数，也不可能随着模型参数的变化自动调节其参数，所以经常会偏离其最佳工作状态。这样就会造成动舵次数多，转舵角的偏航角大的后果。一般动舵次数越多，转舵角度越大，船舶在转舵时所受到的海水阻力也越大。阻力增大会加重船舶主机的负荷，导致主机转速下降，其调速器必须增加燃油供给来防止转速下降，使燃油消耗增大。此外，阻力和偏航角的增大会降低船速，从而降低了船舶运营的生产率和经济效益。动舵次数多的另一恶果是会产生无效舵。当操舵频率超过船舶开始转向的极限操舵频率时，无论转多大舵角，船都不会转向，转舵成为无效舵，从节能的观点是不希望的。为提高船舶的操纵性能避免无效舵的发生，对常规自动舵历来是靠驾驶员的经验用手动方式调节 PID 旋钮。但如果 PID 旋钮调节不当不仅会增加主机的燃料消耗和降低船速，而且在遇到大风浪时会造成大角度的左右偏舵和大角度的左右偏航，这在大风浪中航行是危险的。显然，上述缺点很难满足 1975 年国际海协(IMO)通过关于自动舵执行标准的建议案 A342 条的规定：

(1)在有关船舶机动性内自动舵应使舵机以最小的动作来保持航向；

(2)自动舵能适应船舶各种气候和负载情况下不同的操纵性和确保在各种条件下的可靠操纵。

自适应自动舵根据可测量到的船舶现时状态的信息(如转舵角、船首向、偏航角和船速等)不断地实时辨识船舶模型和扰动模型的参数，或有效地滤除噪声，实施有效的控制使船舶能按设定的性能指标尽可能达到和接近最优控制。这样必然可以避免无效舵，在大风浪中航行时能自动限制转舵角实现节能和安全航行的目的。

自适应自动舵从 20 世纪 60 年代开始研制，目前已有多类产品投放市场。如原联邦德国 Anschutz 公司的 NAUTOPI LOT 型和 CPLATH 公司的 NAVIPILOTAD 型，日本 YEW 公司的 PT－21 型，东京计器公司的 PR－7000 型，三菱重工的 TONAC 型，英国 Recal－Decca 的 780 型，瑞典的 KADPIL 型和荷兰 Amerongen 教授设计的产品等。我国对自适应操舵装置的研制虽起步较晚，但近年来无论在理论研究和产品研制方面都取得了一定的进展。

1. 自适应自动操舵装置的描述

用微机控制具有自适应控制功能的自动舵称为自适应自动操舵装置。当船舶航行的条件为不确定或变化时(如风、浪、流外部干扰和船速、载重、吃水及转舵角的随机变化)，船舶航向控制系统中的被控对象(船)和对船的扰动(风、浪、流等)的数学模型的参数(或状态)是随机变化的。自适应自动舵通过测量船舶现时状态的连续信息(舵角、船首向、船速等)不断实时辨识船舶和扰动模型的参数或根据当前系统性能与期望的性能进行比较，作出使系统趋于最优的决策，并修正自动舵控制器的参数。对舵机实施有效的控制(这就是常说的自适应算法)，使得期望的性能指标尽可能接近和保持最优。

自适应自动舵涉及船舶和扰动的数学模型、模型的参数辨识、性能指标和自适应算法等一系列问题。

2. 自适应自动操舵装置的分类

目前较流行的自适应控制分成两大类，即自校正自适应控制和模型参考自适应控制。见图 4－30 和图 4－31。

自校正控制的自适应自动舵系统框图如图 4－30 所示。它包括被控对象和自校正控制器两部分。当船舶和扰动数学模型的参数(或状态)随机变化时，辨识器根据测量到的输入(舵角等)和输出(船首向等)信号用某种辨识算法，在线辨识船舶模型和扰动模型的参数与事先选定的性能指标通过控制算法对控制器的参数进行修正，再用修正后的参数和测得的输出量算出下一步应有的控制作用(即指令舵角)。随着运行过程的不断进行，自校正控制器不断地进行采样、估计、修正和控制，使控制的性能指标接近最优。

图 4－31 是模型参考自适应自动舵系统的框图。它包括参考模型，自适应机构和由被控对象与控制器组成的可调系统。参考模型对于给定的输入能够产生期望的输出响应。当被控对象(船)受到风浪等外界扰动时，可调系统的输出和参考模型输出之间存在着偏差。自适应机构根据选定的性能指标 J，由控制器去修正可调系统的参数，使 J 为最小，以达到可调系统的特性接近于理想参考模型特性。

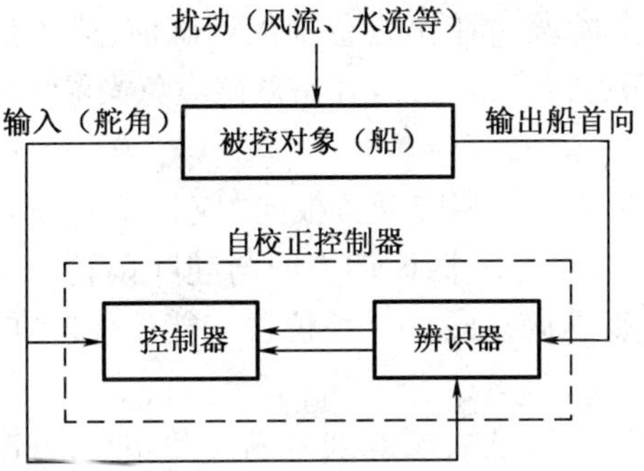

图 4-30 自校正控制的自适应自动舵系统框图

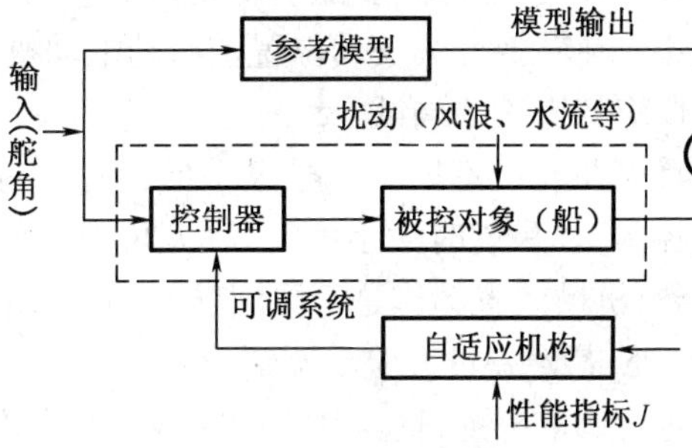

图 4-31 模型参考自适应自动舵系统的框图

【相关训练】

实训一 舵机电力拖动控制系统的调试

一、实训目的

对于新造船舶，在实习期间通过相关人员的指导，初步掌握舵机电力拖动控制系统的调试方法。

二、实训器材

实船舵机电力拖动控制系统一套。

三、实训内容及步骤

（一）初次通电前的准备工作

1. 清洁系统包括清洁控制箱、电动机接线盒、反馈装置、电磁阀和执行电动机等，同时检查自动操舵仪。

2. 熟悉图纸及舵机系统的工作原理，检查接线及安装情况。

3. 把系统中的熔断器按图纸要求的容量全部装好，指示灯泡应按规定数目安装好，并检查是否正常。

4. 检查绝缘电阻。主回路和控制线路的绝缘电阻值必须符合技术要求的规定。测量时应注意不得损坏各种半导体器件或印刷电路板。

5. 检查系统动作的灵活性，如电动机 - 油泵机组、机械执行机构、各种反馈装置、舵机装置、手柄等。

6. 准备好各种检查仪表。

7. 使舵叶处于零位。

8. 系泊试验时，主机应停车。

（二）电动液压舵机电气系统的调试步骤

调试分为应急操舵、随动操舵和自动操舵三个阶段。在作应急操舵调试前，应先启动控制箱。在转换开关手动位置上启动电动机，一切运行正常后，再开始调试应急操舵。

1. 应急操舵的调试

首先在舵机室控制台操纵手柄，为此应把操舵仪上的相应开关扳向“应急操舵”和“舵机室控制”。操舵时先小角度，后大角度。操舵时应注意手柄扳动方向与舵叶偏转方向是否一致；机械装置动作是否灵活、限位开关动作是否准确。限位开关位置应能使舵叶在左、右 35°处，若误差过大应予调整。

进行满舵操舵试验：从零向左或从零向右至满舵，再从右满舵到左满舵并相反，这时舵叶偏转应符合技术要求的规定。规范要求从一舷满舵到另一舷 30°所用的偏舵时间不得大于 28 s。

在舵机室调试完成后即可进行驾驶室应急操舵调试。合好相应开关，先核对舵角指示器工作是否正常。无误后，按同样步骤进行应急操舵调试。

2. 随动操舵的调试

把有关的转换开关扳向相应位置，转动操舵仪手轮，先作小角度随动操舵。检查偏舵方向是否与手轮转动方向一致；舵角指示器的指示舵角与实际舵叶偏转角度是否相等；反馈信号的相位是否正确等。然后作大角度操舵。偏舵情况与应急操舵一样。

如果发现系统不工作或跟踪角度不对等现象时，可以把反馈自整角机从舵机上拆下，在驾驶室内与操舵仪直接相连。可控硅或继电器输出处可接指示灯作负载。当手轮转某角度时指示灯亮，再用手拔自整角机转子到相应角度指灯灭。这时故障不在操舵仪，而在系统中其他元件或电路中，若指示灯亮，即为操舵仪有故障。

操舵仪有故障时，可先更换印刷电路板。若其他部分有故障可按控制线路故障检查法检查。正常后再继续调试随动探舵。

随动操舵调试中尚需检查系统有无振荡；偏舵角与舵角指示器的指示误差等。

3. 自动操舵的调试

系泊时可用人为改变航向的方法进行预调。

用随动操舵使舵叶置零位，即使舵叶处于船的首尾线上。将压舵旋转钮置零位，灵敏度调节即天气调节置一般位置（灵敏度不可过高），转换开关扳向“自动”位置。

转动压舵旋钮即航向改变旋钮，舵叶应偏转给定角度。调节舵角比例调整旋钮，对一定偏航角时，偏舵角应按比例变化。

预调结束后尚需进行航行调试，航行调试中要进行航向改变、航向稳定性、微分、压舵等试验，其指标可按技术要求检查。

（三）自动操舵仪的调试要点

调试前根据接线图和原理图检查接线和布线是否正确；检查连接和焊接质量；还应接好各外接线路，如电源、反馈信号、分罗经等。

1. 测量电源变压器各输出电压数值是否正确，电源电压在额定电压的 ±5% 范围内变化时，操舵仪应能正常工作。

2. 自整角机变压器调零位。如果零位不对，会使左、右舵偏舵灵敏度不对称。零位偏离大时，在自动操舵工作时船舶偏航角的信号会有误差。自动操舵仪安装时会有假零位现象，会产生要左舵来右舵或相反的故障。

3. 检查电源印刷电路板的各输出电压数值。若数值不对,应检查各元件的质量和焊接情况。

4. 检查相敏电路。理论上讲当相敏电路无输入时,应无输出信号。但是由于电路不可能做到绝对对称,所以一般都有极小的输出,但若输出信号过大,则应检查该电路板上元件的质量和焊接情况。

5. 测量无操舵信号时放大器的输入和输出,无偏航和操舵信号时,可控硅无输出或继电器不动作。若一边有输出信号时,应检查自整角机的零位或放大器的各元件有否损坏或质量不好等情况。

6. 随动操舵

给一小角度操舵角检查输出信号。给反馈信号后观察输出的变化情况。然后进行大角度操舵试验,记录各输入、输出的数据。

实训二　舵机拖动控制系统的使用及维护保养

一、实训目的

初步掌握舵机拖动控制系统的使用及维护保养方法。

二、实训器材

舵机电力拖动控制系统一套。

三、实训内容及步骤

(一)了解舵机电力拖动控制系统维护的周期及保养的主要内容

舵机电气系统维护的周期、内容及要求如下表4-4。

表4-4　舵机电气系统维护周期及内容要求

项目	周期	维护内容及要求
自动舵操纵台	6个月	主操舵器传动部分加油
	一年	检查齿轮及微型轴承等传动部分的油质,如变质,则洗净后重新加油
		清除操舵器内部的灰尘和污垢
		必要时更换易损零件
随动控制系统	每航次	对AEG式舵机,检查发讯器和受讯器的电阻、电刷、导电环;对滑环式舵机,检查滑环、导电滚轮;对手柄式舵机,检查复位触点及其他反馈装置
		检查系统中的各连杆、弹簧等机件
		清除装置内铜屑和灰尘
油泵控制系统	每航次	一般性检查

表 4-4(续)

项目	周期	维护内容及要求
电磁阀	3 个月	执行电磁阀解体、清洁、检查,其铁活动部分应无卡死、打毛等现象,行程应符合要求,测量电磁阀线圈的电阻,如有变化,应换新
舵角指示器	3 个月	检查电桥式舵角指示器的内部接触、磨损情况,消除灰尘并检查电源 清洁仪器内部,然后对各摩擦部分、轴、齿轮(橡皮件除外)加油
	6 个月	检查仪器的密封情况
		检查调光电阻及灯光是否合适

(二)开航前对舵机进行试验和校对

对舵时应注意以下各项:

1. 检查操舵台上的控制开关、按钮、指示灯及失压、过载报警、声光信号等装置,是否完整有效。

2. 观察两路供电转换使用情况,并用应急电源在驾驶台和舵机室分别操试。

3. 观察两套机组的转换运行是否可靠。

4. 用各种操舵方式在各操作台进行操试。检查应急舵操纵是否有效,并注意操舵装置的机械传动部件是否灵活可靠。

5. 观察控制系统工作是否正常。

6. 检查操舵装置、舵角指示器与舵叶实际位置的偏差。正舵位置时,偏差为 0°,在大舵角下,偏差不大于 2°。

7. 自动舵及电动舵机系统不应有跑舵、冲舵、不回舵及振荡等现象。

8. 检查舵从一舷 35°转至另一舷 30°所需时间是否符合规定。同时检查舵叶偏转快慢是否均匀,转舵时有无异常现象。

(三)航行期间的巡视检查

巡视检查应包括下列内容:

1. 查看机组的运行情况,电动机运转的声音、温升及换向器火花等应在允许范围内。

2. 检查制动器、电磁离合器、电磁阀、限位开关等动作是否可靠。

3. 观察各仪表读数、机组运行指示、舵位指示等装置的工作是否正常。

4. 有两套舵机拖动控制系统的船舶,应定期轮换使用。

(四)电动液压舵机日常维护注意事项

1. 对油泵电动机的维护与一般电动机相同。

2. 两台机组和启动箱应轮流使用,其各自运行时间应基本相同。

3. 经常检查各连接件有无松动或脱落等现象。

4. 备用的印刷电路板应经常互换使用,以保证其工作性能不变。

5. 禁止在自动舵电源没有断开的情况下,插、拔印刷电路板,否则可能损坏印刷电路板上的元件。

6. 禁止在印刷电路板没有拿掉的情况下,用摇表检查电路的绝缘,否则会由于电压过高而击穿板上半导体管和其他元件等。

7. 如果不是非常必须的话,不要轻易打开自动舵上盖板,防止灰尘、脏物侵入或碰坏小模数齿轮,从而影响自动舵齿轮传动精度和出现卡死的危险。

8. 主操舵台要定期检查,机械传动部分每六个月用润滑防锈油或航空仪表油加油一次,加油时必须注意微电机轴承上不能加入。

9. 印刷线路板上已调整好的电位器,没有特殊情况,应不予更改。

10. 执行电机(或电磁阀)要定期捡查,要保证其活动部分没有卡滞现象,电磁铁没有打毛现象。

11. 两套执行机构要轮换使用,以延长其寿命。

实训三 舵机拖动控制系统的主要故障

一、实训目的

初步掌握舵机拖动控制系统典型故障分析和排除方法。

二、实训器材

舵机电力拖动控制系统一套。

三、实训内容及步骤

(一)油泵电动机及其启动设备

在电动液压舵机中,油泵电动机是长期运行的,一般用普通三相异步电动机,其启动方式多为直接启动。

舵机由两台电动机 - 油泵机组互为备用拖动运行。每一台油泵电动机都从总配电板和应急配电板沿左、右舷分两路供电。对其电路故障的检查与一般电路的短路、断路和接地检查相同。备用电动机—油泵机组可以与工作机组自动切换。当工作机组出现故障时,另一台自动接通工作,同时故障机组被切除。在进出港、浅狭水道航行时,一般以两台机组同时并联运行。

舵机电动机启动箱的故障与一般启动箱的故障相同。

(二)应急操舵装置

应急操舵装置有两套,一套在驾驶室,一套在舵机室。它是一种线路简单的电动舵操舵装置,通过应急操舵手柄左右扳动,可以直接控制电磁阀线圈电源的接通和断开,从而控制舵叶的偏转。若应急操舵失灵,应检查电磁阀线圈的供电电路。包括手柄开关触点、电磁阀线圈、电缆、电源等部分有无异常。检查方法与前述控制电路故障检查方法相同。

有时由于油路管路中有故障或机械装置有异常使舵叶不能偏转,故同时也应检查舵机的机械管路系统。

(三)随动操舵装置

自动操舵仪在自动操舵和随动操舵的转换都是罗经带动信号发送机与手轮带动信号发送器的转换。自动操舵仪中的相敏整流、放大器、可控硅等电路在这两种操舵方式下都是工作的,所以系统发生故障时,与这些电路有关。当出现随动操舵失灵、灵敏度低、偏舵错误、舵角过大或过小等故障时,应检查下列项目:

1. 各开关位置是否正确,各旋钮是否起调节作用,电源电压数值是否符合要求。

2. 观察各部件是否有异常现象，如变压器是否发热、各接线头是否松动或脱落。

3. 印刷电路板是否已插紧。

4. 如果上述正常，可先操作应急舵，若正常则说明故障发生在电磁阀线圈以前的控制电路中。

5. 检查各印刷电路板上的元件，如果有备件，可逐块地更换试验。如更换后随动操舵恢复正常，那么故障就发生在刚刚换下的印刷电路板上，再检查该板上的元件和电路，找出故障元件，进行修理。

6. 常见的故障及原因

(1)手轮在零位，舵叶偏离零位

反馈装置松动或自整角机发送器松动使零位不准确；相敏电路有故障，元件参数发生变化，使电路不平衡；控制系统灵敏度过低也会发生舵位不准的现象。同时应检查舵机的机械部分工作是否正常。

(2)左右舵角不对称

自整角机发送器偏离零位；相敏电路输出信号不对称；放大电路三极管参数或特性变化。若操舵时舵叶不停，一直跑满舵，可能无舵角反馈信号，这时应检查反馈回路是否断路或有其他故障。

(3)随动操舵时只能单向来舵

相敏电路桥臂有断路、放大器或可控硅电路某元件损坏或断路；执行电动机或电磁阀线圈有损坏或不动作；电路中有虚焊，造成电路不通等。

(4)系统发生振荡

灵敏度旋钮调节不当，使灵敏度过高；检查灵敏度控制电路中的元件、线路有无异常；有时操舵速度过快会使系统振荡，一般随动操舵系统灵敏度调整到1°~2°。

(5)左右偏舵速度相差过大

检查左右电磁阀或执行电动机的工作有无异常；油路是否堵塞，使动作受阻或使电动机转速不正常。

(四)自动操舵装置

自动操舵时由罗经给出偏航信号，经控制系统作用使舵偏转，然后给出偏舵反馈信号自动对舵机进行控制。发生故障时，可先操作随动舵，若操舵正常，则故障发生在信号发送部分。这时可检查发送信号的自整角机的工作情况。

自动操舵仪的故障表现很多，下面介绍几个典型的故障及修理方法：

1. 自动舵不工作

执行装置系统的电源电路作如下检查：

①检查主电源、主变压器、机组等电源是否正常。

②在舵机房用手柄操舵时，检查电源工作是否正常。

③在驾驶室用手柄操舵时，检查电路的电源是否正常。

④操手动舵，检查液压源、机械传动、电动机电磁阀的工作是否正常。

随动、自动操舵系统的电源电路作如下检查：

①主变压器初级绕组供电是否正常。

②变压器次级绕组输出电压是否正常。

③各整流电路、稳压电路等线路端电压是否正常。

④若有异常,对电路进行修理、调试,元件损坏换新。

⑤检查自动舵指令发讯部分。自动舵指令的发讯常用电位器或自整角机,自整角机舵令发讯包括:舵令发送机、接收机和相敏整流。旋转航向整定旋钮,自整角发送机和相敏整流应有输出。一般自整角机有1 V的交流电压输入,相敏整流应有0.8 V的直流电压输出,直流电压输出大小与旋转角度成正比,直流电压的极性取决于旋转的方向。根据这些原则检查自整角机指令发讯部分工作是否正常。

⑥检查机械传动部分,观察齿轮的啮合状态。

⑦放大电路和开关电路作如下检查:信号比较单元的检查;运算放大器电路的检查;脉冲形成与开关电路的检查;继电开关或可控硅电路的检查。

2. 自动舵不准确

①检查舵叶机械零位是否准确。

②检查分罗经跟随主罗经是否准确。

③检查接收机机械传动,其阻力距不得大于0.01 N·m。

④检查舵机的发送、接收、反馈装置。若采用自整角机,需对自整角机进行检查。首先对自整角机进行校零。其方法为:确定机械零位,松开自整角机外壳的固定件,用万用表测量自整角机的输出电压,用手轻轻转动自整角机外壳(注意:此时转子不能转动),直到接线之间的电压达到最小(0.1 V左右)为止。若该点是稳定零点,即可紧固自整角机的固定件;若自整角机找不出稳定零点,可检查激磁绕组是否断路,整步绕组是否短路或开路,先排除故障,再校零点。

⑤检查相敏整流电路的输出是否平衡,即当相敏整流电路输入为零时,相敏整流输出电压不应超过0.02 V,否则需调整。

⑥检查电源变压器副边电压是否对称。

⑦检查四个桥臂的二极管特性和电阻是否相同。

若以上检查都没有出现异常,可调整四个桥臂电阻和输出电阻,使之输出平衡。

⑧检查放大电路。对集成运算放大电路,检查各结点工作电压是否正常;对分离件放大电路,检查各元件工作是否正常;检查放大器的灵敏度调节电路;检查开关电路、可控硅电路、电磁阀和执行电机的工作是否正常;检查自动舵比较环节工作是否正常;检查自动舵执行机构和传动机构运行是否灵活,部件磨损是否严重。

3. 自动舵不灵敏

①自动舵不灵敏与自动舵不准确有很大关系。

②检查机械传动部分是否滑动。

③检查液压源和执行电机等执行部分是否正常。

④检查电子电路的增益。

4. 自动舵不稳定

①检查放大器的增益,增益选择过高,系统易振荡。

②检查开关放大器电路的继电器特性,其宽度不超过灵敏度的二分之一。继电器特性过宽引起系统的不稳定。

③检查舵令的发送、反馈相位是否正确。

④检查舵令信号的发送、接收、反馈的自整角机工作是否正确。

⑤检查舵的旋转速度,旋转速度取得不合适,也会造成系统的振荡。

⑥舵机液压系统油路漏油,有空气造成舵机爬行或振荡也能引起系统不稳定。

五、自动舵修理后的检测与调试

1. 检测与调试的条件

①清洁修理现场,用目测和工具检查修理部分处理是否得当。

②检查电源、液压源和有关辅助设备工作是否正常。

2. 检测与调试

①测量系统的冷态绝缘电阻。

②用 500 V 的兆欧表测量操纵台内的电源接线柱对壳体绝缘,测量时拔掉放大板,系统处于接通自动工作状态,不送电,要求绝缘电阻大于 0.5 MΩ。

③检查自动舵发讯机所发讯号的极性。先不接通罗经接收机,调整航向匹配旋钮,给出船舶向右偏航的信号,观察舵角指示器是否为左舵,如果为左舵,说明自动舵发讯机的稳定零点找得正确,如果为右舵,而且检查接线是正确时,说明稳定零点找得不对,可将发讯机的外壳转动 180°,使发讯机极性达到要求。

④检查自动操舵仪的灵敏度。用随动舵手轮或自动舵旋钮进行操舵,观察舵叶动作是否达到要求的灵敏度,一般转动 1° ~2°指令舵角时,舵叶就开始动作,若达不到,可调节灵敏度旋钮。

⑤随动舵回零与对称性检查。检查随动舵回零与对称性时,把舵轮由零位向左或向右转动某一舵角,然后回零位,观察舵叶是否转动相应舵角回到首尾线。其误差在小舵角(0° ~5°)时不得超过 ±0.5°,大舵角(5° ~35°)时不得超过 ±1°。

⑥自动操舵回零与对称性检查。左右转动舵向匹配旋钮,给出某一指令舵角,然后回零位,观察舵叶是否转动相应舵角后回到首尾线,误差不得超过 ±1°。

⑦测定舵角指示误差。在任意一个操舵部位,进行简单操舵,在 30°操舵范围内,每隔 5°测量记录各操舵部位上舵角指示器与实际舵角的读数,其误差值应不大于 ±1°。

⑧检查压舵调节的工作情况。当自动舵偏航时,应能发出偏航声光报警信号,并检查消音按钮是否工作正常。

⑨检查比例环节的工作情况。在自动操舵状态,给定 5°偏航角,将比例分别置 1,2,3,4,5 挡,转舵角相应增大。

⑩检查微分环节的工作情况。在自动操舵状态,将比例舵调到零或最小挡,突加模拟偏航角,应立刻有转舵角输出,转舵角大小应随着微分调节的不同挡次而变化。

附　　录

常用电器分类及图形符号、文字符号

分类	名称	图形符号 文字符号
A 组件部件	启动 装置	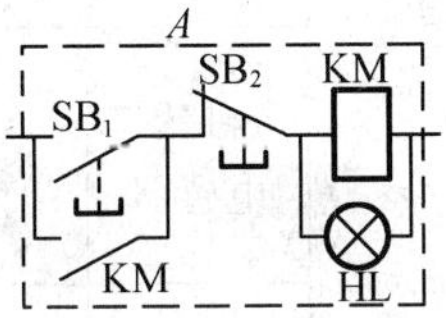
B 将电量变换成非电量，将非电量变换成电量	扬声器	 （将电量变换成非电量）
	传声器	 （将非电量变换成电量）
C 电容器	一般电 容器	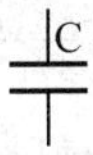
	极性电 容器	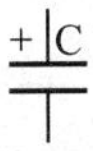
	可变电 容器	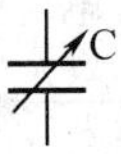
D 三进制 元件	与门	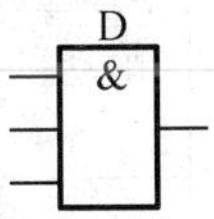
	或门	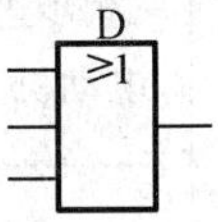
	非门	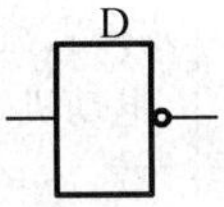
E 其他	照明灯	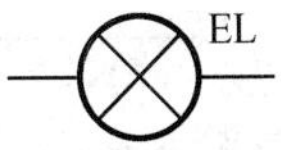
F 保护器件	欠电流 继电器	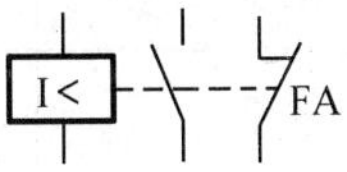
	过电流 继电器	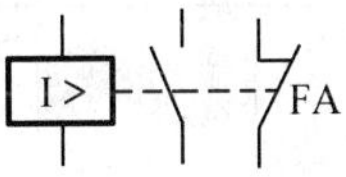
	欠电压 继电器	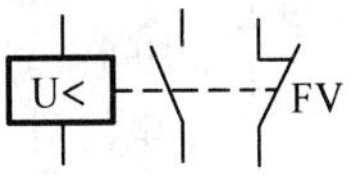
	过电压 继电器	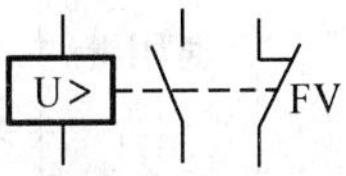
	热继电器	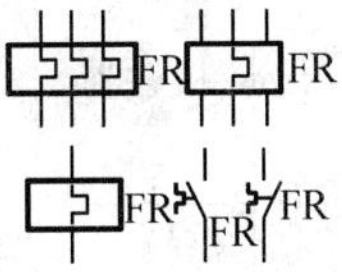
	熔断器	
G 发生器，发电机，电源	交流 发电机	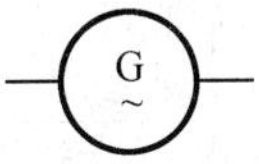
	直流 发电机	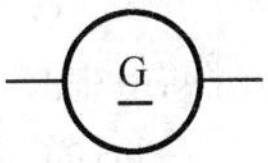
	电池	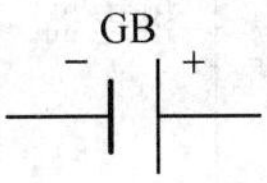

续表

分类	名称	图形符号 文字符号
H 信号器件	电喇叭	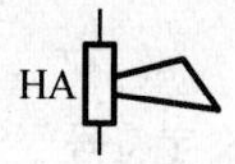
	蜂鸣器	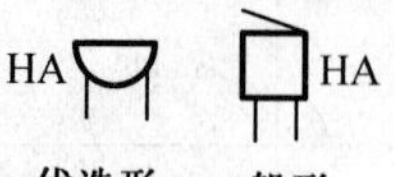 优选形　一般形
	信号灯	
I		（不使用）
J		（不使用）
K 继电器、 接触器	中间 继电器	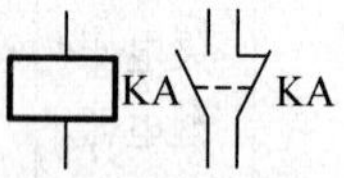
	通用继 电器	
	接触器	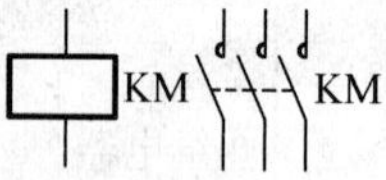
	通电延时 型时间 继电器	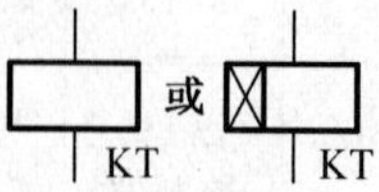 
	断电延时 型时间 继电器	 

分类	名称	图形符号 文字符号
L 电感器， 电抗器	电感器	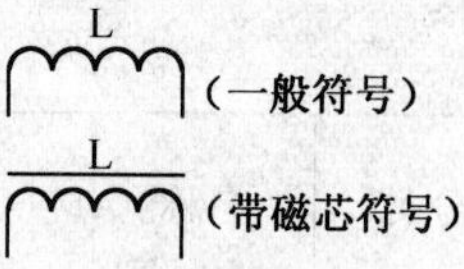
	可变 电感器	
	电抗器	
M 电动机	鼠笼型 电动机	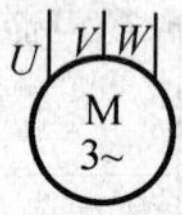
	绕线型 电动机	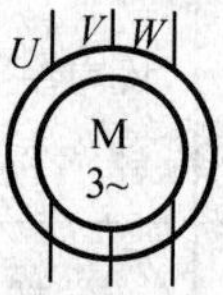
	他励直 流电动机	
	并励直流 电动机	
	串励直流 电动机	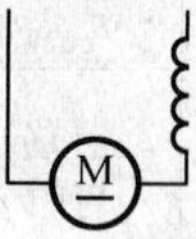
	三相步进 电动机	
	永磁直流 电动机	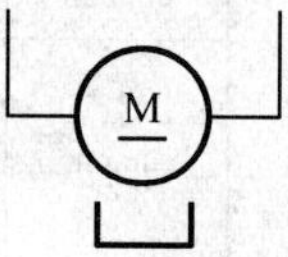

续表

分类	名称	图形符号 文字符号
N 模拟元件	运算放大器	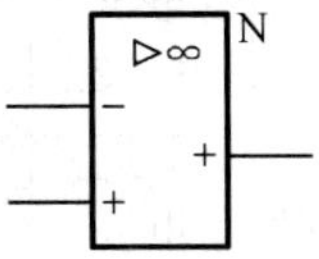
	反相放大器	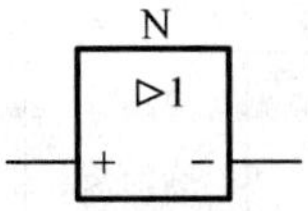
	数－模转换器	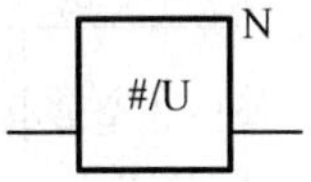
N	模－数转换器	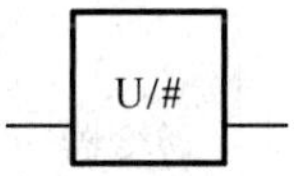
O		（不使用）
P 测量设备，试验设备	电流表	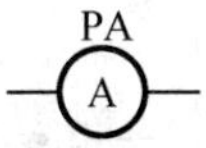
	电压表	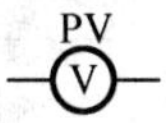
	有功功率表	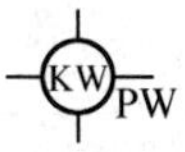
	有功电度表	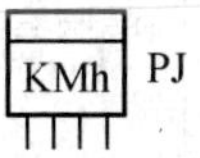
Q 电力电路的开关器件	断路器	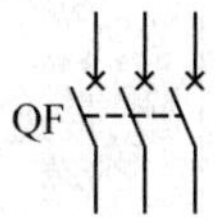
	隔离开关	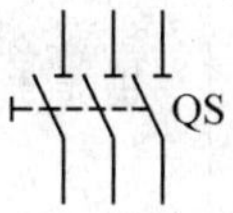

分类	名称	图形符号 文字符号
Q 电力电路的开关器件	刀熔开关	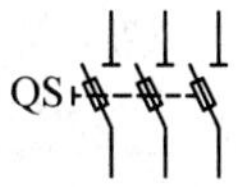
	手动开关	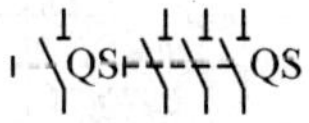
	双投刀开关	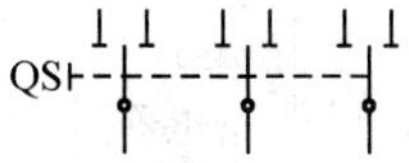
	组合开关旋转开关	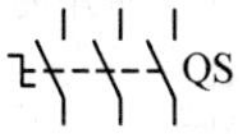
	负荷开关	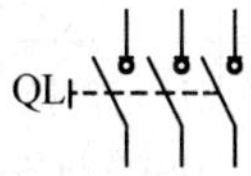
R 电阻器	电阻	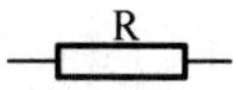
	固定抽头电阻	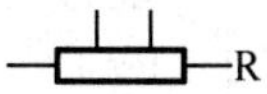
	可变电阻	
	电位器	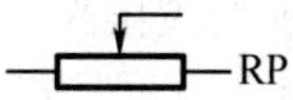
	频敏变阻器	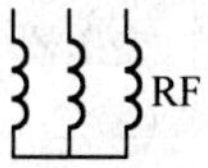

续表

分类	名称	图形符号 文字符号
S 控制、记忆、信号电路开关器件选择器	行程开关	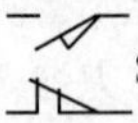 SQ
	压力继电器	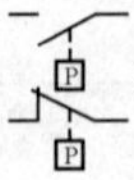 SP
	液位继电器	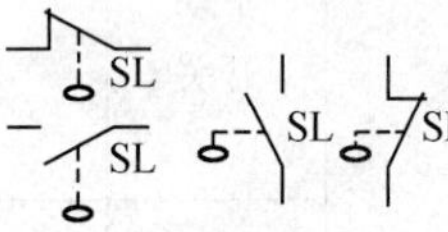 SL SL SL SL
	速度继电器	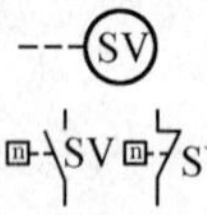 SV SV SV
	选择开关	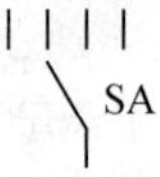 SA
	接近开关	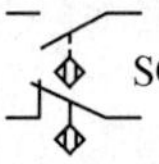 SQ
	万能转换开关、凸轮控制器	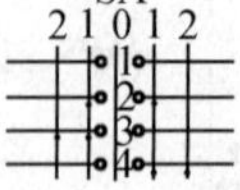 SA 2 1 0 1 2
	按钮	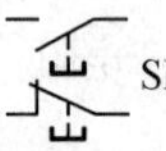 SB
	急停按钮	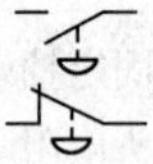 SB
T 变压器互感器	单相变压器	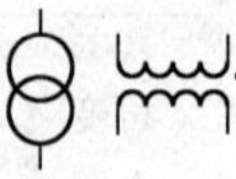 T
	自耦变压器	 T 形式1 形式2
	三相变压器（Y/△）	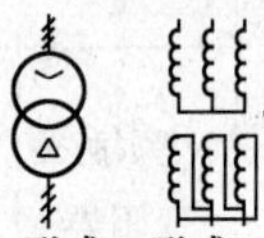 T 形式1 形式2

分类	名称	图形符号 文字符号
T 变压器互感器	电压互感器	电压互感器与变压器图形符号相同,文字符号为 TV
	电流互感器	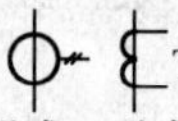 TA 形式1 形式2
U 调制器变换器	整流器	 U
	桥式全波整流器	 U
	逆变器	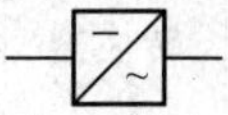 U
	变频器	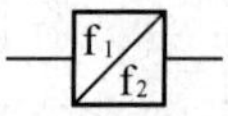 U
V 电子管晶体管	二极管	 V
	三极管	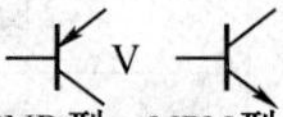 V V PNP型 NPN型
	晶闸管	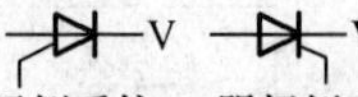 V V 阳极侧受控 阴极侧受控
W 传输通道,波导,天线	导线,电缆,母线	W
	天线	 W

续表

分类	名称	图形符号 文字符号	分类	名称	图形符号 文字符号
X 端子插头插座	插头	 XP 优选型　其他型	Z 滤波器，限幅器、均衡器、终端设备	滤波器	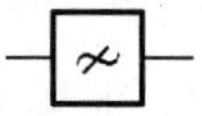 Z
	插座	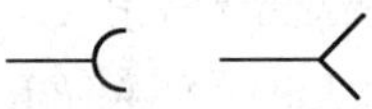 XS 优选型　其他型		限幅器	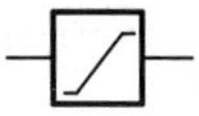 Z
	插头插座	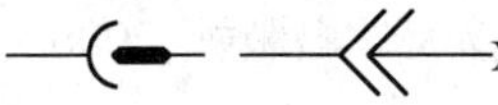 X 优选型　其他型		均衡器	 Z
	连接片	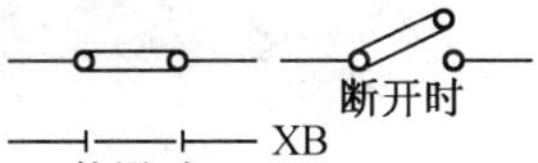 断开时 XB 接通时			
Y 电器操作的机械器件	电磁铁	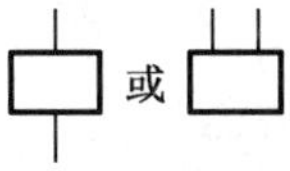 或 YA			
	电磁吸盘	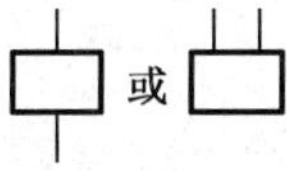 或 YH			
	电磁制动器	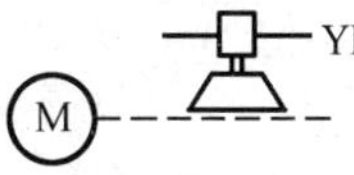 YB			
	电磁阀	 或 或 YV			

参考文献

[1] 史际昌. 船舶电气设备及系统[M]. 大连:大连海事大学出版社,2007.

[2] 郑华耀. 船舶电气设备及系统[M]. 大连:大连海事大学出版社,2005.

[3] 赵殿礼. 船舶辅机电气控制系统[M]. 大连:大连海事大学出版社,2003.

[4] 孙旭清,何吉庆. 船舶电机与电气控制系统[M]. 大连:大连海事大学出版社,2006.

[5] 刘明伟. 船舶电力拖动[M]. 北京:人民交通出版社,2006.

[6] 孙旭清. 船舶电气设备[M]. 大连:大连海事大学出版社,2007.

[7] 杨泽宇. 轮机自动化[M]. 哈尔滨:哈尔滨工程大学出版社,2006.

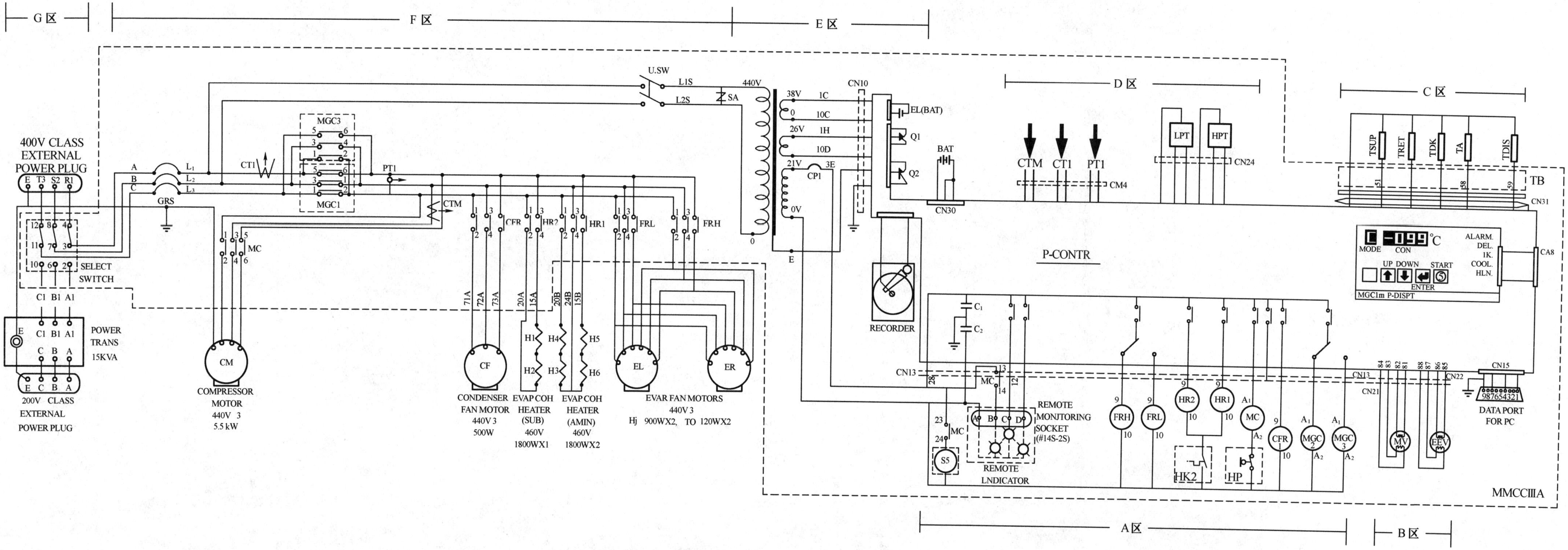

MC——MAIN CONTACTOR 压缩机主接触器

MGC1,3——PHASE CONTACTOR 相序接触器

HR1——HEATER RELAY(MAIN) 加热器继电器（主）

HR2——HEATER RELAY(SUB) 加热器继电器（副）

FRH——FAN RELAY.HIGH SPEED 风机高速继电器

FRL——FAN RELAY.LOW SPEED 风机低速继电器

CFR——CONDENSER FAN RELAY 冷凝器风机继电器

CPI——CIRCUIT PROTECTOR 电路保护器

EEV——ELECTRONIC EXPANSION VALVE 电子膨胀阀

MV——HOT GAS MODULATING VALVE 控制随动阀

U.SW——UNIT SWITCH 机组开关

SA——SURGE ABSORBER

OL——ORANGE LAMP(INRANGE) 范围内指示灯（橙）

HP——HIGH PRESSURE SWITCH 高压开关

RL——RED LAMP(DEFROST) 融霜指示灯（红）

GL——GREEN LAMP(COOL) 制冷指示（绿）

HPT——HIGH PRESSURE TRANSDUCER 高压传感器

LPT——LOW PRESSURE TRANSDUCER 低压传感器

CT1——CURRENT SENSOR 电流互感器

CTM——CURRENT SENSOR FOR COMP 电流互感器

TRET——RETURN AIR TEMP SENSOR 回风温度传感器

TSUP——SUPPLY AIR TEMP SENSOR 供风温度传感器

TDK——EVAPORATOR OUTLET SENSOR 蒸发器盘管出口温度传感器

TA——AMBIENT TEMP.SENSOR 周围环境温度传感器

TDIS——COMPRESSOR DISCHARGE TEMP.SENSOR 压缩机出口温度传感器

HK2——THERMOSTAT(OVERHEAT PROTECTOR) 防过热恒温器

S5——LIQUID INJECTION SOLENOID VALVE 液体喷射电磁阀

M——STEPPING MOTOR(RECORDER) 记录器电机

PT1——VOLTAGE SENSOR 电压互感器

Q1-Q2——POWER TRANSISTON 电源变压器

P-CONTR——CONTROL PRINTED CIRCUIT BOARD 控制电路板

P-DISPT——DISPLAY PRINTED CIRCUIT BOARD 显示电路板

BAT——BATTERY 电池

EL——LITHIUM BATTERY 锂电池

图3-45 三菱冷藏箱控制原理图

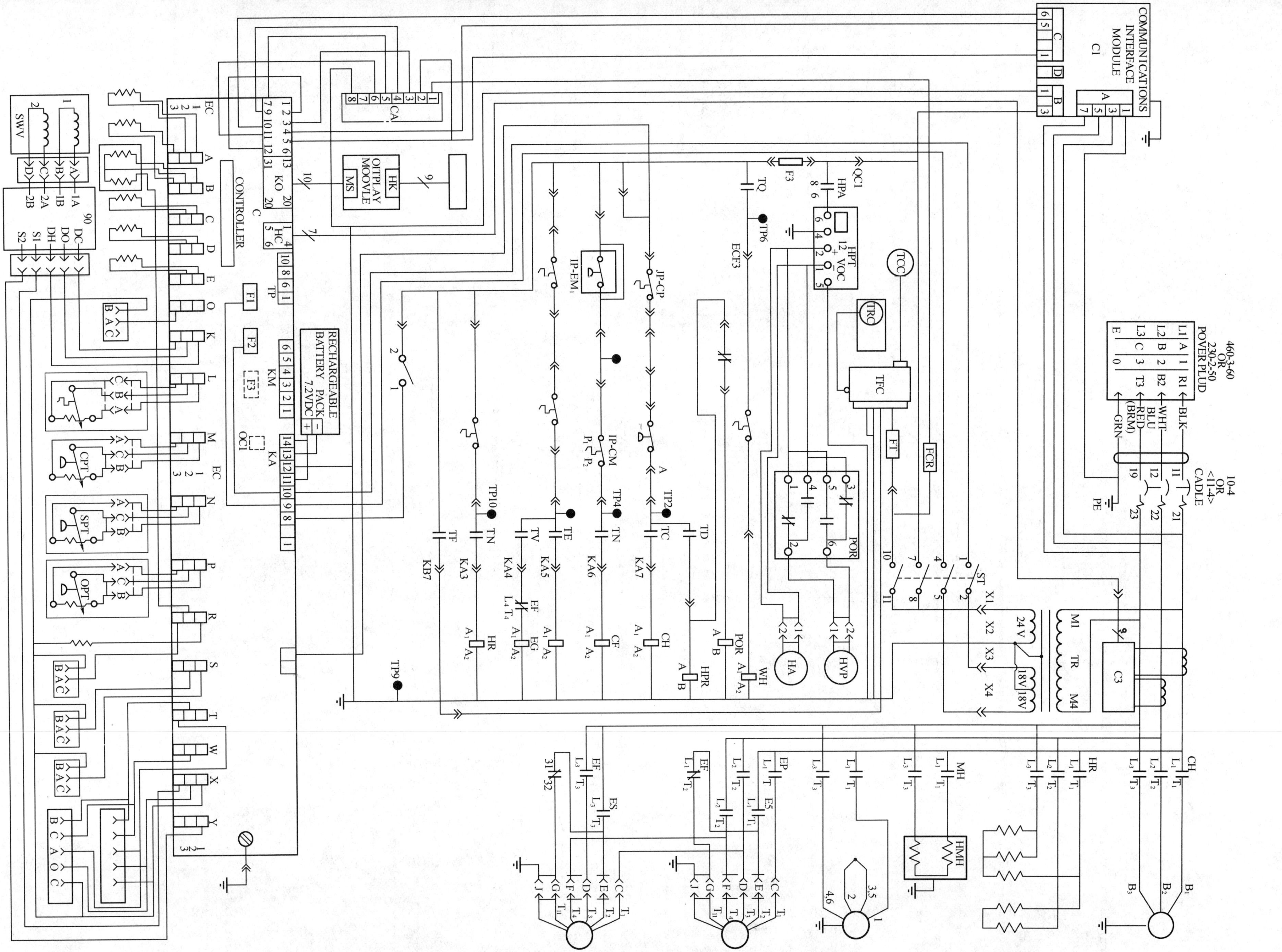

图3-50 开利冷藏箱电气原理图

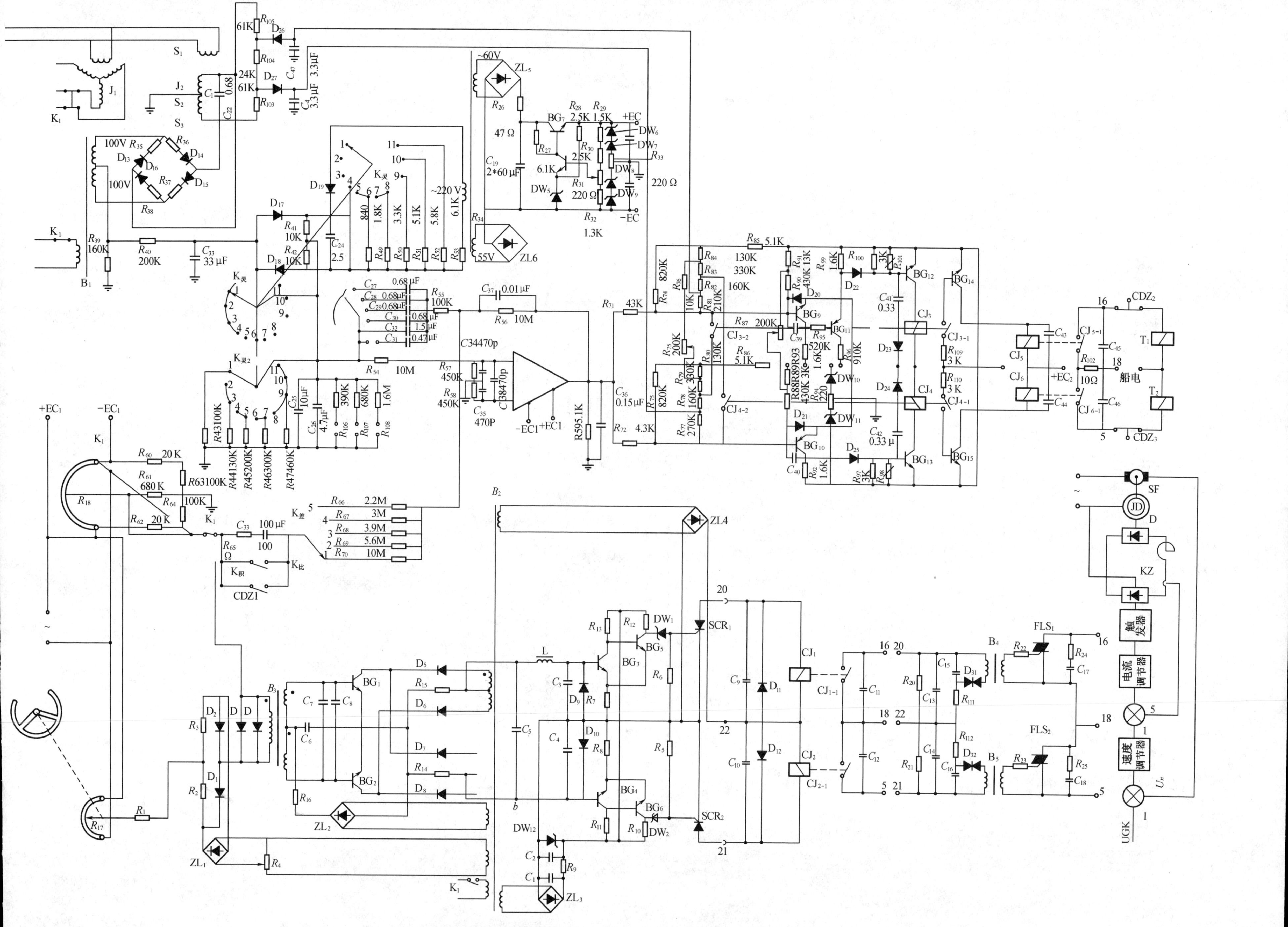

图4-29 安修斯(ANSHVT2)型自动操舵系统电气原理